東學西漸
北美東亞圖書館
1868–2008

周欣平 主編

COLLECTING ASIA
East Asian Libraries in North America, 1868–2008

目次

序言 i
再版前言 iii
簡體版前言 v
歷年大事年表 xiii
東亞歷史西元紀年表 xv

第一章　耶魯大學東亞圖書館史 2
第二章　國會圖書館東亞館藏史：參考書目指南 26
第三章　東方與東方的相會：哈佛燕京圖書館 38
第四章　麥嘉締圖書館和賓夕法尼亞大學的東亞文獻收藏 ... 62
第五章　東西方文明的交匯：
　　　　加州大學柏克萊分校斯塔東亞圖書館 76

第六章　加深理解：哥倫比亞大學斯塔東亞圖書館 94
第七章　秉承康乃爾大學辦學理念的華森東亞文庫 108
第八章　夏威夷大學中日韓藏書的歷史 122
第九章　普林斯頓大學東亞圖書館和葛思德文庫 140
第十章　令人神往的前景：多倫多大學東亞圖書館 160

第十一章　Berthold Laufer、紐伯瑞圖書館與
　　　　　芝加哥大學東亞圖書館 178
第十二章　回顧與展望：華盛頓大學東亞圖書館 194
第十三章　在挑戰中成長：史丹佛大學東亞圖書館 208
第十四章　加州大學洛杉磯分校東亞圖書館六十年 224
第十五章　密西根大學亞洲圖書館 236

第十六章	印第安納大學東亞圖書館	250
第十七章	明尼蘇達大學東亞圖書館	264
第十八章	加拿大太平洋地區中心的學術圖書館：英屬哥倫比亞大學亞洲圖書館	276
第十九章	堪薩斯大學東亞圖書館五十年	286
第二十章	全球資源共享與資訊服務：匹茲堡大學東亞圖書館	304
第二十一章	堅守和倡導傳統價值：俄亥俄州立大學的東亞館藏	316
第二十二章	北卡羅萊納大學教堂山分校的東亞館藏	332
第二十三章	玉米地中的珍寶：伊利諾大學厄巴那─香檳分校的東亞館藏	346
第二十四章	杜克大學東亞圖書館：變革的動力	358
第二十五章	加州大學聖地牙哥分校東亞圖書館的過去、現在和未來	376

| 附錄 | 387 |
| 索引 | 393 |

序言

張慧銖（Huei-Chu Chang）

華藝數位股份有限公司學術出版部總編輯、中興大學圖書資訊學研究所退休教授、中興大學圖書館前館長。

　　圖書館的館藏向為圖書館經營的重要資源，一所圖書館即便有了宏偉的建築、專業的館員，但若沒有豐富的館藏做後盾，便很難有出色的服務。因此，對於館藏的瞭解與建置是各類型圖書館的重要任務，尤以學術圖書館為最。

　　本書原為美加東亞圖書館館長於 2007 年參與加州大學柏克萊分校所舉辦的國際學術研討會之研究成果的集結，對瞭解近代東亞圖書館的創建、經營與發展有著重大意義。2010 年英文版在美國出版，2 年後簡體中文版亦問世，然始終未被臺灣市場廣泛引進。直至 2018 年，經與本書主編周欣平館長洽談，方有出版繁體中文版的機會。由於華藝學術出版部對於推廣優質著作一向不遺餘力，也一直秉持著將好的著作出版繁體中文版的職志，因而有了本書的誕生。

　　為求閱讀上的美觀、舒適，繁體版重新設計了封面與版型；又為使繁體中文世界的讀者閱讀無礙，內文敘述皆改用臺灣慣用的語詞，並且全面調整編輯體例，如：因應中文翻譯的差異，書中提到的外國人名若有既定譯名，或是漢學家有正式漢名，其姓名概以中文呈現，同時在初次出現時註明羅馬字母拼寫，其餘外國人名則逕用原文；正文、註釋與參考文獻的內容,亦均比對英文版逐一查證,並且修改為統一格式。

體例訂定後,正當編校作業如火如荼地進行之際,卻又浮現新的難題,諸如:註釋與參考文獻原本的格式參差不齊,編輯們雖盡可能地補足資訊,然囿於網路資源有限,許多文獻又遠在北美,如何逐一確認?然為求引文完整與正確,惟有連繫各圖書館請求協助。所幸得到多位館員與各章作者幫忙,泰半得以補齊。凡此種種,皆是編輯團隊期待繁體版能遵循學術專書寫作規範、提升學術嚴謹度所做的努力。

如今繁體中文版即將付梓,期盼本書的誕生,能作為圖書館學領域的專家、學者、學生們的參考資料,對其研究工作或教學與學習有所助益。也期待對北美東亞館藏建置故事有興趣的讀者,能因著這份參考資源而產生更多的連結與啟發。

2019 年 5 月 31 日
於華藝出版部

再版前言

周欣平（Peter X. Zhou）

加州大學柏克萊分校斯塔東亞圖書館（C. V. Starr East Asian Library）館長、大學圖書館副館長、北美東亞圖書館協會前主席。

　　自從《東學西漸：北美東亞圖書館 1868–2008》這本書 2012 年出版了中文簡體版後，中美兩邊的學界都有較好的反響。作為第一部全面反映北美最大的 25 個東亞圖書館歷史的專著，它描述了 1 百多年以來中國、日本和朝鮮（韓國）的書籍在北美地區的傳播和存藏歷史，時間上跨越了 3 個世紀，同時也展示了北美地區一批最著名的研究型大學裡漢學及中國學研究的歷程，講述了許多不為人知的故事。目前這本書的英文版已經在美國的一些大學的東亞研究課程中被使用，成為研究海外漢學和東亞研究的重要參考書之一。眾所周知，書籍的傳播與學術和文化的傳播是緊密相關的。讀者可以根據本書提供的線索，從中、日、韓典籍傳播到美洲的歷史中研究北美和東亞地區之間的文化及學術交流。

　　東亞學術圈包括中國、日本和朝鮮（韓國），這些國家的書籍流傳到西方，影響了西方的學術。在 21 世紀，東西方學術思想和文化的碰撞和相互影響變得更加明顯。由於東亞地區經濟文化的快速發展，東學西傳如今已是大勢所趨。以儒家文明為基礎的中、日、韓 3 國為人類文明發展做出過巨大貢獻。這 3 種文化中的思想精髓至今還在發揮作用，是東亞地區繁榮興旺的文化基礎。我堅信，通過這本書的出版，我們可以展示東方文化的力量和生命力。同時我也認為，在當今世界的變革中，我們仍然要堅守東亞文明，發展東亞文明。為促進東西方文明之間的瞭解盡綿薄之力，乃是本書再版的意義所在。

臺灣華藝數位股份有限公司常效宇總經理兩年前向我提出出版《東學西漸：北美東亞圖書館 1868-2008》繁體字版的想法，我欣然同意，也得到了美國亞洲研究學會和本書其他作者的支持。在這裡，我要感謝常效宇總經理和華藝數位股份有限公司學術出版部參加本書出版的編校人員，包括總編輯張慧銖，責任編輯吳若昕，以及杜小亞、林佩儒、謝宇璇、李宛庭各位同仁的辛勤工作和努力。沒有他（她）們的參與和努力，這本書的出版是絕無可能的。

2019 年 4 月 23 日

於加州柏克萊

簡體版前言

周欣平（Peter X. Zhou）

加州大學柏克萊分校斯塔東亞圖書館（C. V. Starr East Asien Library）館長、大學圖書館副館長、北美東亞圖書館協會前主席。

　　本書英文版題名為 Collecting Asia: East Asian Libraries in North America, 1868–2008。對許多西方讀者來說，本書探討的是北美東亞文獻的收藏史，但對於東方讀者來說，大量的東方學術著作流傳到西方更多地意味著東學西傳的過程。北美東亞圖書館的歷史也是一個東學西傳的發展史。眾所周知，在人類收藏文獻和文字檔案的 2 千多年歷史中，在前 1 千 5 百年，中國、日本和韓國的印刷文獻，不論從數量和影響力上來說，都居世界強勢地位。在古騰堡（Johannes Gutenberg）發明活字印刷機以前的幾百年裡，刻版印刷物就已經在東亞各國廣泛流傳。1 百多年前，這些印刷物來到了美洲，從而帶動了北美學界對東亞諸國的研究。因此，在出版這本書的中文版時，我把書名定為《東學西漸：北美東亞圖書館 1868–2008》。

　　在北美著名大學圖書館裡，來自世界各地的書籍大多綜合統一存放，唯有來自中國、日本和韓國的書籍自成一體，單獨陳列。中、日、韓文藏書是東亞學術思想的結晶，這種東方學術和西方學術共存與對比的收藏體系實際上也是人類文明發展的寫照。從學術發展史上來看，源自歐洲的文明（包括北美洲）和源自東亞的文明所產生的學術成果無疑是今天人類知識架構中最龐大和最重要的兩大組成部分，東亞學術典藏就代表了後一部分。我們探討東亞典籍的流傳實際上是在尋找東、西方學術思想的交融點和學術思想傳播的軌跡。這也就是說，北美東亞館藏史是東方學術思想在西方傳播的縮影。這些館藏大多建在頂尖的高等學府裡，它們的起源伴隨著北美地區的東亞研究乃至高等教育的興起。如同本書各章所述，眾多東亞研究學者在 1 百多年的歷史中為發展北美地區的東亞館藏作出了極大努力。由於東亞研究與東亞館藏的發展緊密相連，探討北美東亞圖書館的發展史也必須探討包括漢學在內的東亞研究體系在北美的發展過程。此外，東亞館藏的百年發展在很大程度上也反映了北美著名高校的辦學理念和宗旨，以及寬廣的國際視野、力爭卓越的雄心和厚重務實而又持續創新的探索精神，這些理念和精神在本書所敍述的歷史中得到了充分體現。

北美著名的東亞圖書館館藏都各自具有明顯的特色。比如說，加州大學柏克萊分校的東亞館藏與鄰近史丹佛大學的東亞館藏就很不一樣。美國東部著名大學和美國西部著名大學的東亞館藏的特點也不大相同。每個館藏的創建與成長都具有它獨特的時代和地域文化背景，都有一批具有智慧和遠見卓識的開拓者們的辛勤投入，經歷了百年滄桑和歷史演變，方才達到了今天的規模和氣勢。探討它們的發展史就必須將這 1 百多年所發生的重大歷史事件、人物和社會文化背景做一番梳理、記錄和回顧，旨在保留這段人類歷史上前所未有過的東西方文化交流與融合的史實，給予後人以啟發與借鑑。

時逢本書中文版的問世，我想著重敍述中文書籍在北美的傳播和發展。當第一本來自中國的圖書到達美國的時候，美國也正處在向世界強國地位衝刺的起跑線上。1869 年，中國同治皇帝將明清重要刻書 10 部共計 933 冊贈予美國國會圖書館，此為北美中文書籍典藏的濫觴，也標誌著中美文化交流的起始。其實，西方的學術思想傳播到中國與東方的學術思想傳播到北美在時間上是差不多的。西學東漸與東學西漸實際上是一個對等的歷史現象和契機，對於東西雙方來說都是重要的。19 世紀末，一些學者型的傳教士來到中國傳播基督教和西方的思想。他們回到美洲後，把一些中國的典籍和中國的學術思想帶回了美洲。他們中的代表人物是傅蘭雅（John Fryer）、麥嘉締（Divie Bethune McCartee）和恆慕義（Arthur Hummel Sr.）。20世紀初期，一些收藏家也開始在美國和加拿大創立中文館藏。他們中最具代表的是葛思德（Guion Moore Gest）、義理壽（I. V. Gillis）和Charles W. Wason。他們利用財力和人脈，從中國收集了各類中文典籍並將它們帶到美洲。

以上提到的人物中最重要的是恆慕義，他是第一位從傳教士轉變為圖書館學家的開創性人物。此人一生頗有建樹，曾在1948年擔任美國遠東學會（Far Eastern Association）首任主席，該學會是亞洲研究學會（Association for Asian Studies）的前身。恆慕義於1928年創建美國國會圖書館中國文獻部（1932年改名為東方學部，1978年又改名為亞洲部），開始大規模、系統地收集中文典籍。在他在任的27年中，恆慕義邀請了多位重量級的中國學者到國會圖書館作短期工作或訪問，其中包括方志學家朱士嘉、中國圖書館事業的先驅袁同禮、圖書館學家王重民、文獻學家鄧嗣禹等，開創了中美學者共建北美中文館藏的先河。抗戰期間，為了保護珍貴文物不受戰火的摧毀，在恆慕義的協助下，北平圖書館將2,800冊宋元明珍本圖書，於1941年由著名圖書館專家錢存訓負責押運到美國。這批書在珍珠港戰爭爆發前一個月運抵美國國會圖書館，由其暫為代存。24年後，也就是1965年，國會圖書館將這批圖書全數歸還給中國，現存臺灣故宮博物院。

回顧北美中文館藏的發展史，最令人欣慰的是它們幫助培養了一代又一代的漢學家、東亞問題研究專家和文化使者。在館藏發展過程中，華人學者和圖書館專家作出了重大貢獻。最早參與美國中文館藏建設的華人學者是中國第一個留美學生容閎。他是耶魯大學1854年的畢業生，並於1878年將個人的1,280多冊中文藏書捐贈給了母校，成為耶魯大學中文館藏的開始。華人學者裘開明於1927年在哈佛大學組建哈佛燕京圖書館，並擔任了第一任館長，是北美大學東亞圖書館的先驅人物。裘開明創立了「漢和圖書分類法」，在1980年代之前，此分類法是絕大多數北美東亞圖書館所採用的主要圖書編目系統。在裘開明之後，錢存訓於1947年擔任芝加哥大學遠東圖書館館長，享譽國際學界。其後，由於機緣巧合，曾擔任過北京大學校長和駐美大使的胡適也於1950年至1952年期間擔任了普林斯頓大學葛思德東方圖書館館長。一個世紀以來，在北美中文古籍善本和其他珍貴文獻的整理方面，多有中國學者和專家參與。應該指出的是，這些學界名流固然重要，但更重要的是那些不計其數的默默耕耘者終身為北美東亞館藏的發展作出的貢獻。1百多年來，北美東亞圖書館界的學者和能人賢達共同寫下了中西學術交流史上耀眼的一頁。因此，北美東亞圖書館發展的整體觀和歷史大輪廓是本書的重點所在。

　　北美東亞圖書館140年的發展歷程離不開北美的社會文化生態和國際政治經濟的大環境。北美東亞圖書館的高速發展期明顯開始於第二次世界大戰之後。隨著第二次世界大戰的發生，美國國力急劇上升，美國人也更迫切地需要瞭解中國。1960年代後，許多大學開始教授東亞語文，並增設有關東亞研究的課程。繼國會圖書館和各個頂尖大學的圖書館之後，許多重要大學的圖書館也都配合教學和科研，開始系統地收集中文出版物。與此同時，美國的各大基金會，如洛克菲勒基金會（Rockefeller Foundation）、福特基金會（Ford Foundation）等也注入了大量資金，幫助美國大學和研究機構建立大規模的中文館藏。到了20世紀下半葉的冷戰時期，美國《國防教育法》（National Defense Education Act）又以政府撥款的方式，從法律和資金方面給各大學發展中文館藏提供了強有力的保障。

　　二戰以前，北美中文藏書基本上是以文史哲為主的傳統漢學館藏。二戰以後，費正清（John King Fairbank）等人建立了範圍更為廣泛的中國研究，把研究的視角擴展到當代政治、經濟、軍事、外交和社會科學的所有領域。芮瑪麗（Mary Wright）和魯德福（Richard C. Rudolf）兩人都是二戰後美國新生代的中國問題研究專家，他們把收集中文典藏的視野擴展到近現代和民間文化等領域，而不再局限於傳統學科。芮瑪麗更是開創了收集當代中國政治、經濟、社會、軍事、民生和灰色文獻（即非正式出版物）的先河。

今天北美各個典藏機構總共收藏了中、日、韓文的書籍 1,600 萬冊左右，其中中文書籍 900 多萬冊，占 56% 左右。截止到 2008 年的統計數據顯示，收藏中文書籍最多的單位依次是美國國會圖書館、哈佛燕京圖書館、加州大學柏克萊分校斯塔東亞圖書館、普林斯頓大學東亞圖書館和葛思德文庫、耶魯大學東亞圖書館、芝加哥大學東亞圖書館、密西根大學亞洲圖書館、哥倫比亞大學斯塔東亞圖書館、康乃爾大學華森東亞文庫、史丹佛大學東亞圖書館、英屬哥倫比亞大學亞洲圖書館、加州大學洛杉磯分校東亞圖書館、華盛頓大學東亞圖書館、匹茲堡大學東亞圖書館和多倫多大學東亞圖書館等。它們的館藏包括大量善本，上溯中國早期的雕版印刷品、敦煌寫卷，下至宋、元、明、清時期的珍本。今天，北美東亞圖書館經過百年成長，館藏豐富，學科齊全，珍品薈萃，足以提供深度的教學與科研資源，亦是傳承和弘揚東方文明的重要基地。

20 世紀末，隨著電子科技時代的來臨，北美東亞圖書館均大力引進光碟、網路數據庫及多媒體資源，進而提供全新的資訊服務和數位圖書館建設。這種收藏方向反映了今天北美的中國研究已經進入了一個全方位、多層次的時代。但是，新科技也改變了我們的收藏方式和收藏內容。在數位化和資訊化時代之前，北美各個館藏的建設與發展走的是幾乎相同的路，採取的是類似的方法。然而，今天資訊技術已經改變了圖書館的收藏方式和內容。因此，1 百多年以來北美圖書館所走過的道路今後也就不會再重複。在這個歷史的轉折點，我們必須把過去的歷史加以整理和回顧，以便更好地走向未來。

最後我想談談《東學西漸：北美東亞圖書館 1868–2008》這本書的緣起。2007 年 10 月，20 幾位來自美國和加拿大的東亞圖書館館長在加州大學柏克萊分校召開了為期兩天的學術研討會，探討了過去 140 年北美東亞圖書館的歷史。我也正是在此時，萌生了出版此書的念頭。就北美東亞藏書的發展歷史來說，除了塵封在大學檔案館中零散的統計或簡報外，那時還尚無一本追溯東亞館藏史的著作。這本書無疑可以填補這一空白。當然，《東學西漸：北美東亞圖書館1868–2008》一書並沒有涵蓋北美所有的東亞圖書館館藏，例如，馬里蘭大學的戈登·普蘭奇館藏（Gordon W. Prange Collection）就沒有被包括在內，而它是收集二戰後日本報紙的最大特藏文庫。本書也沒有包括紐約公共圖書館的斯賓塞館藏（Spencer Collection），儘管它不是專門收集東亞史料的文庫，但也收藏了大量日文圖書。《東學西漸：北美東亞圖書館1868–2008》一書主要展示北美25所規模排名靠前的東亞圖書館從1868年到2008年的發展過程。

本書中文版根據英文版翻譯而成，但少數章節的內容有所刪減、增補或修改。全書的體例和英文版也略有不同。另外，所有外國人名在第一次出現時都在譯名後加注羅馬字母拼寫。中國人名的拼寫，如果譯名在英文版中採用的是拼音或韋氏音標拼寫，則不加標注；如果採用的是外國人名或不規範的羅馬字母拼寫，則按外國人名處理，在譯名後加以標注。

根據國內出版慣例，本書索引中標注的頁碼為英文版原書的頁碼，以方便讀者查閱原文。由於中文版的體例與英文版不同，原書頁碼在正文內的標注並非一直連貫，特此說明。

若非眾多人士的參與、協助和鼓勵，本書就不可能出版發行。我首先要對參與本書編寫的29位圖書館館長和學者致以最深的謝意。在本書的編寫、修改和出版過程中，他們深入挖掘了難得的史料，撰寫了各自的章節。由於他們對各自的館藏最為瞭解，他們的論述也最具權威性。在本書中文版的出版過程中，他們也對各自撰寫章節的譯文作了修改和審定。

在過去的幾年裡和我一起工作的亞洲研究學會的成員包括出版總監 Jonathan Wilson，他協助本書英文版的出版事宜。亞洲學會前任會長、加州大學柏克萊分校歷史學教授 Marry Elizabeth Berry 不僅協助了書稿的出版，而且還為本書撰寫了英文序。

亨利·盧斯基金會（Henry Luce Foundation）的 Terill Lautz 和

Helena Kolenda 為我們提供了最初的支持。在他們的鼓勵下，盧斯基金會於 2006 年撥款資助了這個研究專案，使我們順利召開了東亞圖書收藏史研討會，並使本書的英文版得以出版。蔣經國基金會為本書英文版的出版也提供了資助。謹在這裡致以深切謝忱。

Janet Opdyke 校閱了本書英文版的初稿。魯德修（Deborah Rudolph）、郭李錦桂、郭愷淳、薛燕、Amanda Buster、Tim Cooper、Luke Franks、Luke Habberstad 和 Michael Shapiro 在本書英文版的編寫過程中，提供了很多幫助。Diana Chen 製作了精美的圖片。

在本書中文版的出版過程中，我們得到了高等教育出版社查衛平副總編輯和丁豔紅女士的大力協助，孟照海、沈蕾娜二人擔任了中文版初稿的翻譯工作。加州大學柏克萊分校的何劍葉、趙亞靜、薛燕、郭愷淳和 Amber Fogarty 參加了全書的審校工作。稿成，又蒙北京清華大學國學院劉東教授賜序。在此，我對他們一併表示感謝。

2011 年 11 月 11 日
於加州柏克萊

歷史大事年表

本年表記錄了本書所涉及的 25 個北美東亞圖書館館藏建立的年分、順序及相關的歷史事件。

1868 年　耶魯大學收到日本德川（Tokugawa）時期的兩本木刻圖書《安政見聞志》和《安政風聞集》，以及中國廣東的教會從 1832 年到 1851 年間出版發行的八期《中國叢報》（Chinese Repository）。五年後，耶魯大學圖書館館長 Addison Van Name 開始從日本訂購圖書。1875–1876 年間，大學共購得 2,700 本日文圖書。1878 年，容閎將個人收藏的 1,280 本中文圖書捐贈給耶魯大學。

1869 年　美國國會圖書館獲得中國同治皇帝贈送的 10 部重要中文圖書，共計 933 冊。

1879 年　戈鯤化從中國到哈佛大學講授漢語，他隨身攜帶的圖書成為了哈佛大學最早獲得的東亞圖書。

1891 年　賓夕法尼亞大學建立了麥嘉締圖書館，來存放麥嘉締（Divie Bethune McCartee）捐贈的中日文圖書約 1,000 冊。麥嘉締是賓夕法尼亞大學畢業生，他在亞洲生活了幾十年，從事傳教和行醫活動，並曾擔任美國政府的顧問。

1896 年　傅蘭雅（John Fryer）受聘出任加州大學柏克萊分校首任阿加西（Agassiz）東方語言文學講座教授。他將自己的 2,000 餘冊中文圖書存放在校園裡，供該系師生使用，為該校最早的中文藏書。

1901 年　哥倫比亞大學獲得了一筆捐款，用以設立丁龍漢學講座教授席位。受 Seth Low 校長之請，美國駐華大使請求中國政府提供一批圖書。為此，李鴻章安排贈送給哥倫比亞大學 5,044 冊的《欽定古今圖書集成》。這批圖書成為哥倫比亞大學中文藏書之始。

1902 年　康乃爾大學獲得了一筆專款，開始購買東亞圖書。隨後，又獲該校中國留學生捐贈的圖書約 350 冊。

1920 年　夏威夷大學成立了日文系，兩年後又成立了中文系。這時，大學圖書館所藏約有 700 種日文圖書，350 種中文圖書，還有 650 種有關中國和日本的英文圖書。

1926 年　葛思德中文圖書館在加拿大蒙特利爾市的麥基爾大學成立，但所有權仍然歸葛思德（Guion Moore Gest）。1936 年，普林斯頓高等研究院宣布購買這批藏書，並將圖書館重新命名為葛思德東方圖書館，由普林斯頓大學管理。葛思德東方圖書館後搬遷到普林斯頓大學校園內。

1933 年　多倫多大學通過聖公會河南省主教懷履光（William Charles White），獲得約 40,000 冊的中文圖書。從 1933 年到 1935 年，該校中文藏書又增加了 10,000 冊地方志和 5,000 份拓片。

1936 年　芝加哥大學成立遠東圖書館。最初的館藏包括大學原來已有的 800 冊中文圖書以及顧立雅（Herrlee G. Creel）捐贈的 2,100 冊圖書。

1937 年　位於西雅圖的華盛頓大學利用洛克菲勒基金會的資助，購得了一批中文圖書，標誌著華盛頓大學東亞館藏的開始。

1945 年　史丹佛大學胡佛研究所開始收集當代中日文研究資料。日文資料的收藏工作委託給日本的一個專門機構，中文資料的收藏則委託給當時在北京的芮瑪麗（Mary Wright）和她的丈夫芮沃壽（Arthur Wright）。翌年，在美國空軍的幫助下，芮瑪麗飛抵延安，為胡佛研究所購買中文報紙、宣傳冊和圖書資料。

1948 年　魯德福（Richard C. Rudolph）在赴中國從事研究時，購買了許多中文工具書、叢書和其他圖書，這些資料為加州大學洛杉磯分校的東亞藏書奠定了基礎。此前一年，他創立了該校的東方語言系。

1948 年　密西根大學建立了遠東圖書館，後來更名為亞洲圖書館，密西根大學東亞書籍的收藏由此而開始。

1950 年　印第安納大學為鄧嗣禹提供專款購買中日文圖書，以支持對中國、日本和遠東歷史方面的研究。這些資料為印第安納大學東亞圖書館館藏之始。

1952年　明尼蘇達大學圖書館購買了石坦安（Diether von den Steinen）的私人藏書，為該校東亞館藏奠定了基礎。

1959 年　英屬哥倫比亞大學購得蒲阪藏書並成立亞洲圖書館。同年，該館也被日本國會圖書館指定為加拿大境內接受日本政府出版物贈品的圖書館。

1959 年　在《國防教育法》和福特基金會的資助下，堪薩斯大學購買了大批中文圖書，從此開始收藏東亞出版物。

1960 年　匹茲堡大學受《國防教育法》資助成立了中國研究中心，開始有系統地收藏中文出版物。五年後，匹茲堡大學建立了東亞圖書館。

1961 年　俄亥俄州立大學成立了東亞語言文學系並開始收藏中日文圖書以支持該系的發展。

1964 年　北卡羅萊納大學開始收藏中文圖書，以支持該校的漢語教學、中國語言學，以及中國歷史方面的科研教學。

1965 年　伊利諾大學建立遠東圖書館。早在 1920 年代，該校已有少量的東亞文獻收藏。1934 年該校中國校友會又捐贈了一套 2,112 冊的《四部叢刊》。

1967 年　杜克大學開始與北卡羅萊納大學合作建立日文館藏。

1967 年　加州大學聖地牙哥分校開始購買中文圖書。到 1987 年大學建立國際關係與太平洋研究圖書館之時，中文藏書量已經增加到 7,000 冊。

東亞歷史西元紀年表

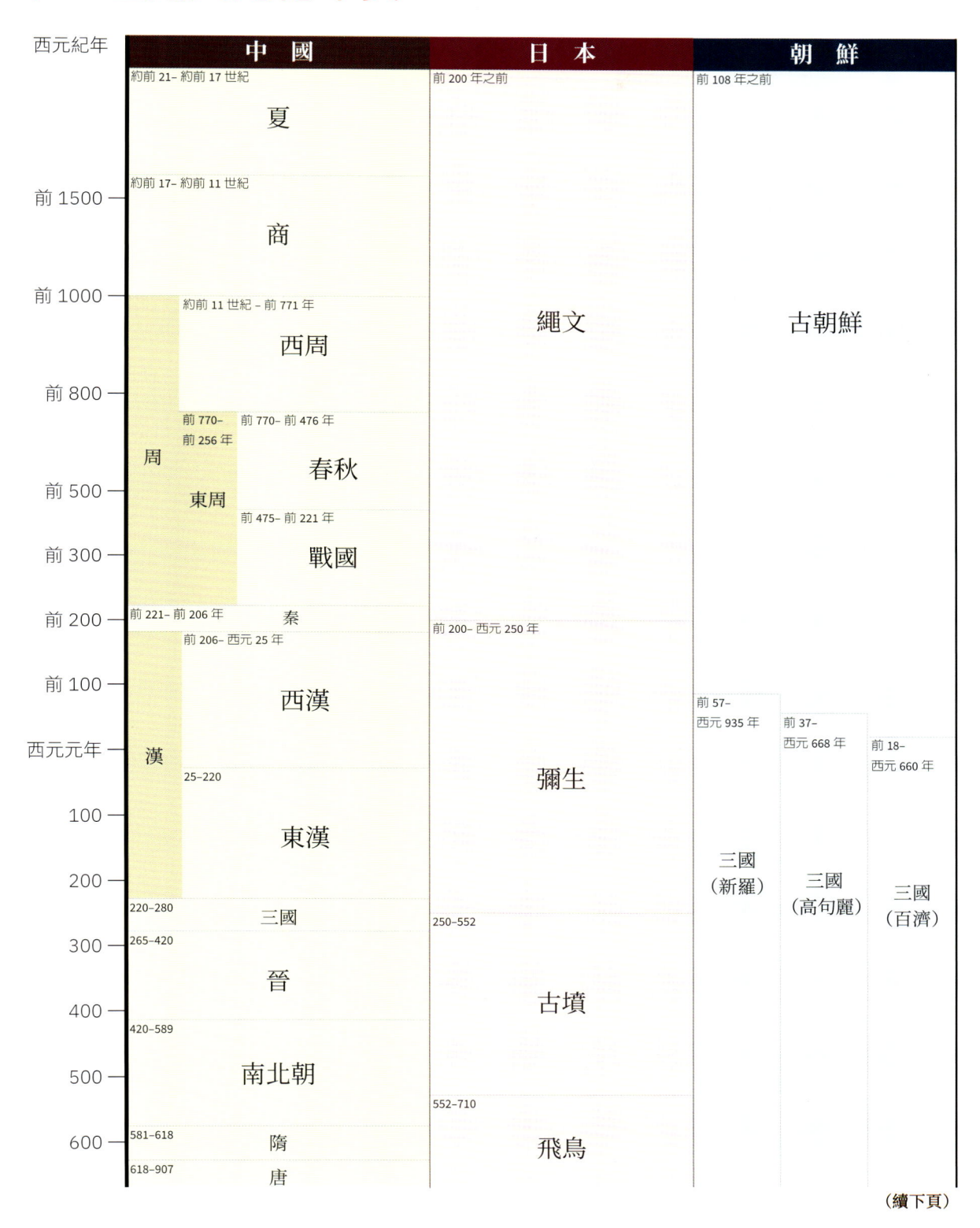

西元紀年	中國		日本	朝鮮		
	約前21–約前17世紀	夏	前200年之前 繩文	前108年之前 古朝鮮		
前1500	約前17–約前11世紀	商				
前1000	約前11世紀–前771年	西周				
前800						
前500	周 東周	前770–前476年 春秋				
前300	前770–前256年	前475–前221年 戰國				
前200	前221–前206年 秦		前200–西元250年			
前100	前206–西元25年 西漢			前57–西元935年	前37–西元668年	前18–西元660年
西元元年	漢		彌生			
100	25–220 東漢			三國（新羅）	三國（高句麗）	三國（百濟）
200						
300	220–280 三國 265–420 晉		250–552			
400	420–589		古墳			
500	南北朝		552–710			
600	581–618 隋 618–907 唐		飛鳥			

（續下頁）

(承上頁)

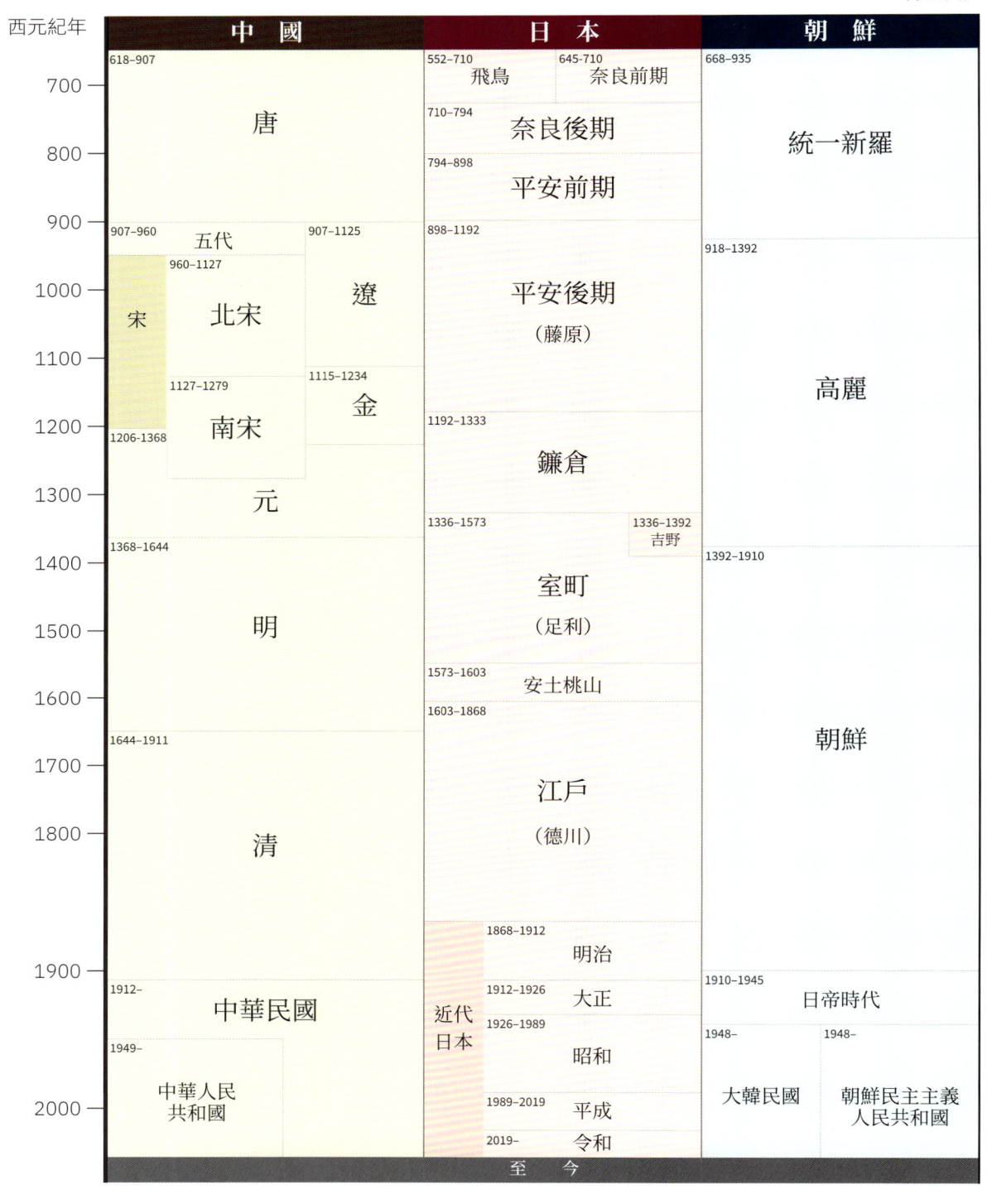

西元紀年	中國	日本	朝鮮
700	618–907 唐	552–710 飛鳥 / 645–710 奈良前期	668–935 統一新羅
800		710–794 奈良後期	
900		794–898 平安前期	
1000	907–960 五代 / 907–1125 遼	898–1192 平安後期（藤原）	918–1392 高麗
1100	960–1127 北宋 / 宋		
1200	1127–1279 南宋 / 1115–1234 金	1192–1333 鎌倉	
1300	1206–1368 元		
1400	1368–1644 明	1336–1573 室町（足利） / 1336–1392 吉野	1392–1910 朝鮮
1500			
1600		1573–1603 安土桃山	
1700	1644–1911 清	1603–1868 江戶（德川）	
1800			
1900	1912– 中華民國	1868–1912 明治 / 近代日本	1910–1945 日帝時代
	1949– 中華人民共和國	1912–1926 大正	1948– 大韓民國 / 1948– 朝鮮民主主義人民共和國
2000		1926–1989 昭和	
		1989–2019 平成	
		2019– 令和	

至今

斯特林紀念圖書館（Sterling Memorial Library）333 室彩色玻璃窗上所繪傳統日本戲劇（狂言）中的人物。朝河貫一（Asakawa Kan'ichi）曾向耶魯大學建議建一棟大樓作為日本博物館。他最後在新圖書館中爭取到了兩個房間，用以存放日本耶魯協會 1934 年捐贈的文獻。這兩個房間也成了朝河貫一的辦公室。照片由耶魯大學 Michael Marsland 提供。

1 / 耶魯大學東亞圖書館史

韓愛倫（Ellen H. Hammond）

耶魯大學東亞圖書館前館長。韓愛倫在到耶魯大學任職之前，曾擔任愛荷華大學日本研究圖書館館員。在此之前，她的職業生涯大部分在日本度過。她在歐柏林學院獲得了學士學位，在威斯康辛大學獲得歷史學碩士和圖書館學碩士學位。她的研究興趣和著述涉及許多領域，包括日本歷史和當代事務、東亞的學術交流、東亞圖書管理工作。她曾擔任《亞洲研究批判》（Critical Asian Studies）編委會委員和日美友好委員會委員。

耶魯大學東亞館藏的歷史可以追溯到 1855 年，當年美國東方學會（American Oriental Society）將學會藏書存放於耶魯學院圖書館中。在隨後的幾十年裡，耶魯大學在收藏東亞圖書的過程中，湧現出了許多傑出人物，他們不僅推進了圖書館的發展，而且還活躍於教學、科研乃至國家事務等諸多領域。

形成期：耶魯的東亞圖書（1855–1906）

1842 年 8 月，清朝政府和英國政府簽訂了《南京條約》，從而結束了第一次鴉片戰爭。這也使得美國人開始緊緊盯住遠東地區，並且覬覦通商口岸條約帶來的諸多便利。同月，隨著美國東方學會在波士頓的成立，美國的東亞研究也正式開始。當時，歐洲大學中「東方研究」已蔚然成風，只是耶魯及其他北美學術機構中還沒有任何有關東亞及其語言的正式課程。美國東方學會的影響很快波及紐黑文，因而掀起了耶魯大學裡東方研究的熱潮。到了 1850 年，耶魯大學人文學科方面大多數的頂尖學者都加入了美國東方學會，由耶魯大學校長

Theodore Dwight Woolsey 擔任學會的副會長。[1] 不久，美國東方學會決定每半年在紐黑文召開一次會議。在 1854 年的學會會議上，會員們首次提出將學會圖書館從波士頓遷至紐黑文。翌年，學會的藏書被如期交給了耶魯學院圖書館，並一直保存至今。[2] 為美國東方學會託管的圖書儘管不算耶魯學院所有，但卻是首批有據可查的出現在耶魯的東亞文字的書籍。

美國東方學會會員、耶魯學院圖書館館長 Addison Van Name 率先在美國大學進行東亞語言的教學，並且成為建立東亞圖書館館藏的第一人。1850 年代，Van Name 在耶魯求學，有機會參加美國東方學會的會議。他後來在留學德國期間又接觸到歐洲的東方研究。在國外期間，他與自己前任教授的女兒 Josiah W. Gibbs 結婚。憑藉這一家庭關係，他接觸到許多到紐黑文留學的日本學生。Van Name 的日語可能就是跟這些學生學的。[3]

作為圖書館館長，Van Name 在耶魯學院的事務中有很大影響力。他成功地將漢語和日語列入學院課程，並從 1871 年開始連續數年教授漢語和日語課。[4] 他的學術研究主要集中在中國、日本和韓國，並以東亞語言學專家而聞名。在他擔任圖書館館長的 40 年間，耶魯大學新增了第一批有檔案記載的東亞圖書，即兩本日本德川（Tokugawa）幕府晚期的雕版印刷品：《安政見聞志》和《安政風聞集》。這兩本書記載了 1855 年日本的安政大地震。[5] 圖書館曾這樣記述 1868 年獲得的這兩本贈書：

> 捐贈者：Myra Higgins 小姐、White Lake、Mich。一本日文圖書，主題不詳。另一本日文圖書，主題為日本的地震和火災。出版時間：1854 年 11 月 8 日。[6]

同年，耶魯大學獲得了一批來自中國的資料（儘管是英文資料）：8 期《中國叢報》（*Chinese Repository*），這是廣東省的教會出版社在 1832–1851 年發行的英文期刊。[7]

1870 年代，耶魯大學開始擴展語文領域的教學專案，此時美國媒體在對 Van Name 的報導中也提及他作為漢語和日語講師的身分。數月後旅居日本的美國人 William Elliot Griffis 看到了這個報導。[8] Griffis 是明治早期首批旅居日本的外國專家。1871 年，他開始與 Van Name 有書信往來，當時他應日本改革派大名松平春嶽（Matsudaira Shungaku）的邀請，在越前領地（即現在的福井縣）教授化學和物理學。[9] 1871 年 7 月 10 日，在一封寄給 Van Name 的信中，Griffis 自稱是羅格斯學院（Rutgers College）的畢業生，後來旅居日本，並表示願意協助 Van Name 收集有用的資訊，以促進耶魯圖書館的發展。他在信中這樣寫道：

> 在美國，羅格斯學院招收了幾乎所有的日本留學生，因而我希望它能夠引領日本研究和日語學習的發展。既然耶魯已經捷足先登，我還是為眾多傳教士、商人、學生及所有熱愛這個有趣而獨特民族的人感到高興。我相信日本人是「亞洲的美國人」（Yankees of Asia），他們必將對所有其他東方人產生巨大的影響，只不過現在還未成為顯見的事實。
>
> 我願意傾盡全力幫助你將耶魯學院圖書館建成為一所富有活力和效率的機構。我不是日本學者，我工作的重心在化學和從事教育工作上，我的日語也尚處於初級水準。但是我有機會接觸一些最知名的國內外日本學者，因而我可以為你提供某些幫助。

我所在的地方距離日本任何一個開放的港口僅 2 百英里的路程，並且可以接觸到日本原生態的生活。任何有關日語語法、詞彙、品質優劣不等的教科書、日本的現實與前景，以及日本文物等問題，我都樂意為你提供最佳的資訊。儘管我有可能太忙而不能完全如你所願，但我希望自己能夠為美國人更好地瞭解日本文化和歷史盡點綿薄之力。[10]

年底之前，Van Name 接受了 Griffis 的建議，並轉給他一張用於購書的銀行支票。Griffis 將這 125 墨西哥銀圓交付給江戶（現今的東京）的一家書商。[11] 1872 年 5 月在給 Van Name 的信中，Griffis 說道：「我已經給江戶一家書商下了訂單，讓他們尋找你所要的所有圖書。據我所知，任何人要訂購這樣的孤本和善本，這家書店都能如其所願。」信中並沒有說，這批圖書將會寄給 Van Name 個人還是耶魯學院圖書館。然而，從購書時間來看，這批圖書可能成為了 Van Name 私人藏書的基礎。當時，他正忙於查詢日本古史研究的資料，並於 1873 年在巴黎舉辦的國際東方研究者大會（International Congress of Orientalists）的開幕式上，對這一課題作了評議。[12]

這次成功獲得日本文獻的初次嘗試激發了 Van Name 進一步擴展東亞館藏的意願。隨後的一年中，他獲得了 O. C. Marsh 教授和耶魯校友 Frederick W. Stevens 每人 500 元的捐款，用來購置中日文圖書。這筆錢首先預付到國外，三年後（即 1876 年 6 月），Van Name 向大學彙報這筆錢已經購得 2,700 冊日本圖書，並於 1875–1876 學年加入學校館藏中。如今，耶魯大學東亞圖書館的特藏中，許多日本德川時期的圖書都帶有 Marsh 教授和 1873 年日期的藏書票，用以紀念當初的圖書購置。然而，對於 1873 年列入購書清單的中文圖書，Van Name 在報告中則未提及。[13]

耶魯大學的中文館藏在另一位捐贈者的幫助下，經歷了數年才逐漸成形。這些捐贈在很大程度上要歸功於耶魯大學在華校友的努力。1842 年通商口岸條約簽署之前，首批在華的美國新教徒中就有耶魯畢業生。其中，Samuel Robbins Brown 於 1838 年到達中國，並在澳門建立了一所教會學校。Brown 的許多學生後來都到美國留學，其中就包括容閎。1846 年容閎追隨 Brown 來到美國，[14]

圖 1-1：Van Name 是耶魯學院圖書館館長和中日文教師。1873 年，他籌集資金為耶魯大學購買東亞圖書。三年後，他為圖書館添購了 2,700 冊日文圖書。照片由耶魯大學圖書館提供。

圖 1-2：耶魯大學斯特林紀念圖書館（Sterling Memorial Library）中東亞圖書館的內景。閱覽室的匾額是由書法家張充和（Ch'ung-ho Chang Frankel）所題，她曾在耶魯大學工作多年。2006–2007 年在圖書館整修中，張充和授權圖書館使用這幅題字。照片由耶魯大學東亞圖書館提供。

首先進入一所預科學校，爾後進入耶魯學習，成為耶魯 1854 屆的畢業生，他也是首位在美國大學畢業的中國學生。[15] 容閎歸國後，在政府部門擔任要職，並與自己的母校保持了密切的連繫。1870 年代，他開始倡導在耶魯大學的課程中增設漢語課。

容閎表示，只要耶魯願意設立教授中文的教職，他就將其個人的中文藏書捐贈給母校。與當時和現在的許多耶魯校友一樣，容閎的提議背後隱藏著與哈佛大學競爭的意識。1877 年，容閎在給 Van Name 的信中這樣寫道：

> 如果中文講座教授的席位能夠確定下來，我願意隨時將自己的中文圖書捐給耶魯圖書館。我希望耶魯不要延誤此事，防止讓哈佛得以搶占先機。[16]

容閎的捐贈恰逢其時。在大學本科教育就選修課原則進行的「三十年之爭」（1846–1876）中，耶魯大學逐漸接受了課程改革。1876 年，耶魯大學正式確立選修制度，允許學生在大二結束後根據自己興趣選擇課程。[17] 在此期間，建立於 1847 年的哲學和藝術系，羽翼日益豐滿，並開設了研究生課程。隨著東方研究進入本科教學和研究生教育，這些新興的領域獲得了難得的發展機會。在容閎捐贈圖書時，耶魯大學已準備好增設新的本科課程，並在研究生專案中增設一個漢語言文學的教職。Van Name 早期的工作為這門課程的設立奠定了基礎，而它也被公認為美國大學最早開設的東亞研究課程。[18]

1877 年，耶魯大學設立了中文教授席位，由在華傳教士、學者和外交官衛三畏（Samuel Wells Williams）擔任首任。[19] 然而在耶魯，衛三畏的中文課程未能吸引任何學生，但這一教授職位確保了容閎給大學的捐贈。[20] 翌年，耶魯大學收到了四箱雕版印刷的中文圖書，這是耶魯圖書館獲得的首批中文圖書。容閎最初捐贈了 1,280 冊圖書，其中大部分是清朝時期的文獻，包括儒家的經史子集，以及 1716 年版的《康熙字典》和其他善本。[21] 衛三畏於 1884 年去世後，其子將其私人藏書捐贈給耶魯，進一步增加了中文圖書館藏。

到 20 世紀初，由於 Van Name 和容閎的遠見卓識，耶魯學院圖書館已經擁有了眾多的中日文書籍。這些圖書的編目工作花費了數年才得以完成。1903 年 9 月，剛剛畢業的耶魯博士朝河貫一（Asakawa Kan'ichi）致信 Van Name，向他報告自己在攻讀研究所期間參與東亞圖書編目工作的成果：

> 我很高興地說，有關中日文圖書的工作已經全部完成。這些圖書已全部被編目、標注書架編碼、上架，並載入圖書目錄。我相信當前的書架編碼可以使將來的添加和擴充更加方便，而總體的編目方式從圖書目錄上便可以一目瞭然。任何能熟練掌握這些語言的人都可以對新書進行正確的編目。[22]

當時，朝河貫一已經在達特茅斯學院從教三年，他對美國東亞圖書編目的關注，預示他未來在耶魯大學圖書館的一番大事業。

朝河貫一與中日館藏部（1907–1948）

　　1899 年 6 月，Arthur Twining Hadley 被任命為耶魯大學第九任校長。此時，耶魯大學仍然圍繞通識課程的內容、研究生與專業教育在大學中的地位等問題鬧得沸沸揚揚。在 Hadley 的任期內，耶魯大學研究所經歷了較大地擴張，專業學院的地位得以確立，並與其他學院建立起密切連繫，此外，耶魯大學還嘗試開創了眾多試驗性的教育專案。其中之一便是殖民地政府學院的建立，Hadley 認為這一學院可以培養耶魯學生任職於公共部門的能力。[23]

　　Hadley 被任命為校長之時，正值美國結束了與西班牙的戰爭，並按照條約獲得第一個殖民地的時期。新興的美利堅帝國迫切需要能夠從事外交和海外貿易的人才。Hadley 便著眼於這一培養目標，在耶魯大學增設了有關歐洲以外地區的地理學、人類學、語言和歷史等課程。第一個專案於 1905–1906 年啟動，並與哥倫比亞大學共同主辦，培養學生參與遠東地區事務的能力。儘管這一專案未能獲得足夠的後續資金，但是耶魯仍然繼續增強自己在東亞領域的學術力量。1906 年，耶魯大學決定聘請朝河貫一擔任日本史的講師，使他成為在美國大學任教的第一位日本人。朝河貫一加入了 Frederick Wells Williams（衛三畏之子）所在的歷史系，Williams 從 1893 年起便在這裡講授遠東史。[24]

　　作為學者、公共知識分子和圖書館負責人，朝河貫一是一位成就卓著的歷史人物。[25] 他出生於日本明治早期，父親是一名日本武士。他在日本獲得了自己的第一個學位。後來，在明治時期新一代的精英人物的資助下，他得以赴美留學，於 1899 年在達特茅斯學院獲得他第二個學士學位。1902 年他獲得了耶魯大學的博士學位。畢業後，他曾在達特茅斯學院短期任教，後於 1907 年 11 月回到耶魯大學，接受新的任命。[26] 在耶魯大學，他仍然不斷充實自己的學術生涯，並獲得了全職教授的職位。經過自己的努力，他成了聞名遐邇的比較歷史學家和日本古代制度史專家。[27]

　　朝河貫一的教學工作得到了耶魯大學圖書館和耶魯大學校方的共同資助。Hadley 校長對他的教學很感興趣，1906 年在與耶魯大學圖書館館長 John C. Schwab 的交談中，他建議為朝河貫一提供必要的

圖 1-3：容閎是第一位從美國大學畢業的中國學生。他是耶魯大學 1854 屆畢業生，這張照片來自於他的班級相冊。他於 1878 年捐贈的個人藏書是耶魯大學的首批中文圖書。照片由耶魯大學手稿和檔案館提供。

圖 1-4：衛三畏是一名傳教士、出版商、學者和外交官。1877 年，他被任命為中國語言和文學教授。這幅畫採用了日本繪畫的風格，描繪了他 1853–1854 年在日本傳教時的情況，當時他跟隨 Matthew Perry 將軍來到日本。這份資料取自《日本亞洲學會 37 號公報》第二部分（1910 年）。照片由耶魯大學東亞圖書館提供。

資助。後來，Schwab 在一封致捐贈者的信中這樣寫道：

> 耶魯大學已經採取措施確保朝河貫一從日本歸來後能夠在耶魯工作，其工作分為三個方面：一是教學，二是大學圖書館日本館藏的管理，三是遠東事務的研究。
>
> 如能確保朝河貫一加盟耶魯，並為他的研究提供必要的圖書，這將給耶魯一個難得的機會，以取得在遠東歷史和制度研究領域內的領先地位。諸多因素已使我們在東方歷史制度研究中獨占鰲頭：一、我們與美國東方學會保持長期的連繫。眾所周知，學會的館藏存放於我校圖書館；二、我們擁有諸如衛三畏教授、Van Name 先生和 Beach 教授等頗具影響力的人物；[28] 三、我們與華盛頓當局關係密切，特別是 Taft 部長；[29] 四、我們參與了培養殖民地官員和外交人員的工作。[30]

Schwab 對美國的全球戰略擁有遠大抱負，期望耶魯大學取得卓越的學術地位，並深刻瞭解學者對圖書資料的需要。使他成為朝河貫一和耶魯大學中日文圖書收藏的堅定支持者。

早期的區域研究（如對二戰後世界各個地區的研究）力圖以學術界為先導，將學術研究與國家利益連繫起來。耶魯大學圖書館也預見到二戰後的這種情況，因而讓朝河貫一這樣的專家型館員負責收集圖書，以支持新的研究，並使圖書館成為研究專案的直接受益者。從某種程度上說，朝河貫一的職位對圖書館而言更像是一種試驗。圖書館當年做出了兩個類似的職位任命（另一個職位是負責貨幣的收藏），這反映出圖書館已經認識到館藏的發展不能完全依靠通才型的教授委員會。對於錢幣和東亞文字這樣的專門領域，具備相關的專業知識極為重要。這兩個職位是耶魯大學一系列擴增教職中最初的兩個。新招聘的人員既負責世界其他地區的研究和其他圖書館的特藏工作，同時又是這些領域的指導教授。[31]

1906 年初，朝河貫一找到 Schwab，商談耶魯大學日本館藏的發展事宜。在此前一年，他曾試圖尋求支持以便在美國建立一所日本博物館。[32] 然而，這一方案未能獲得人們的關注。朝河貫一因而將重心縮小為在美國圖書館裡收集日文圖書。他與許多機構、個人和學會接觸，並毛遂自薦地幫助他們收藏圖書。當年 1 月中旬，美國國會圖書館同意為他提供 5,000 美元用以購買日文圖書。[33] 在他準備回日本停留 18 個月時，他敦促 Schwab 做出發展耶魯圖書館日文館藏的決定。他指出，耶魯大學收藏的近 4,000 冊日文書尚不完善，仍有很多空白。他估計為彌補這些不足，大概仍需要 5,000 美元的購書經費。[34] 在耶魯大學沒有明確表態的情況下，朝河貫一只好乘船回到日本。不過，他仍然堅持自己的主張，並嫻熟地利用自己與國會圖書館的關係促使 Schwab 拿出更多錢來購買日文圖書。然而，朝河貫一最終沒能從耶魯獲得全部 5,000 美元的資金，但卻得到了美國國會圖書館的全額資助。耶魯大學最終只給了他 3,200 美元。[35] 獲得這些經費後，朝河貫一便啟動了一個雄心勃勃的採購計畫。他利用自己在學界與政界的關係網，憑藉 Schwab 和其他人的介紹，最終還籌集到了其他大筆捐款。同時，他雇用了一支由 20 位年輕學者組成的團隊，將日本的寺院、私人文庫、圖書館、政府機關和其他地方不能拿走的圖書抄錄下來。此外，他還走遍了京都地區的大街小巷，遍訪寺院、博物館、圖書館和其他機構，尋求捐贈，購置文獻。最終，他為耶魯收集到了極為豐富的資料，其中包括 8,120 種圖書，共計 21,520 冊，[36] 以及數百種地圖、照片、圖表和卷軸等其他資料。[37]

在朝河貫一回日本之前，耶魯圖書館就已經通過早期的圖書收藏工作擁有了 5,600 多冊中日文圖書。[38] 加上朝河貫一在 1906–1907 年旅日期間收集的資料以及隨後來自日本的贈書，到了 1915 年，耶魯大學的中日文圖書已增達到 13,000 餘冊（包括韓文書籍）。[39] 在隨後的五年裡，耶魯大學的館藏量增長了一倍多，到 1920 年總數則超過了 30,000 冊。[40] 從 1907 到 1920 年間增加的館藏包括了朝河貫一在 1917–1919 年的旅行中購置的圖書，以及來自耶魯大學內部人員的贈書（如 Van Name 捐贈的日文書）。由於朝河貫一先前在日本建立了關係，日本許多個人、協會、機構和政府部門都為耶魯提供了源源不斷的捐贈。這些慈善機構中最為有名的是日本耶魯協會（Yale Association of Japan, YAJ），它是日本明治時期在耶魯大學留學的日本精英人士組建的校友會。在朝河貫一籌集捐贈期間，日本耶魯協會捐獻了重要的文獻，其中大部分是中國經典古籍，而這些圖書，是耶魯大學無法在其他地方獲得的。

在兩次世界大戰之間，耶魯大學在中文和日文藏書方面已經具備了雄厚的實力，但是日漸成熟的東亞研究專案卻已風光不再。1928 年，美國太平洋關係研究所協會（American Council of the Institute of Pacific Relations）評價了有關中國和日本課程的教學情況，將耶魯大學列為第三等級，即僅僅開設了 2–5 門中、日研究課程的 33 所院校之一。[41] 此時，美國東部沿海地區一些歷史悠久的著名大學在東亞研究方面，已經落後於西部新興的大學。其中，加州大學、華盛頓大學和夏威夷大學在東亞研究方面開設的課程多於其他任何美國大學。

1927 年，耶魯大學任命賴德烈（Kenneth Scott Latourette）為東方史講師，與朝河貫一一起工作，此後耶魯大學的境況逐漸改善。[42] 隨後幾年，耶魯大學又任命了一批新教授，組成了東亞研究的骨幹教學隊伍。1934 年，這批學者組成一個非正式的研究團體。此時，耶魯大學利用洛克菲勒基金會（Rockefeller Foundation）的資助，聘請了漢學家 George A. Kennedy。Kennedy 上任後很快就

圖 1-5：朝河貫一於 1902 年在耶魯大學獲得哲學博士學位。1907 年，他返回母校的歷史系任教，並兼任了耶魯大學中日館藏部的第一任部長。照片由耶魯大學手稿與檔案館提供。

擴大了漢語教學專案，並開始教授初級日語。[43] 1936 年，耶魯大學建立東方研究系，專門開設這些課程。有關遠東地區的課程在國際關係系，種族關係系及其他院系也有開設。

1930 年代前半期，朝河貫一仍然獨自在耶魯圖書館工作。在此期間，他日益關注東亞資料的編目和分類問題，始終如一地支持採用統一的現代圖書分類法。在他看來，這種圖書分類法應該「適用於中日文圖書……又與擁有中日文館藏的大型圖書館的通用分類法（即美國國會圖書館分類法）無異」。[44] 耶魯大學當時用的就是這樣一種東亞圖書分類法，它是在朝河貫一通過深入研究舊耶魯圖書分類法的基礎上發展而成的。不過，朝河貫一的圖書分類觀點在當時美國的東亞圖書館協會中還屬於少數派，大多東亞圖書館或採用反映東亞傳統的圖書分類法，或採用為東亞圖書特別設計的專門分類法。朝河貫一對解決圖書分類問題的精闢見解，為耶魯大學日後東亞圖書的管理奠定了基礎。

到 1930 年代中期，朝河貫一已經難以應付日益繁重的圖書收藏工作。[45] 他急切需要助手，特別是在中文館藏方面。1937 年末，朝河貫一同意了耶魯大學圖書館館長 Andrew Keogh 的提議，任命 Kennedy 擔任中文館藏的副部長，自己仍舊負責全面工作。[46] 在隨後幾年中，朝河貫一全心致力於驗收日本耶魯協會 1934 年捐贈給耶魯的圖書。[47] 這批藏書被命名為「日本耶魯協會特藏」，館藏包括 350 多本著作，由日本東京大學歷史學家和古文書學家黑板勝美（Kuroita Katsumi, 1874–1946）（朝河貫一的摯友）精選而成。該特藏旨在展現日本和東亞自有文字記載以來的歷史和文化。這批藏書雖也收集了重要的中文刻本圖書、稀見的韓文圖書，以及珍貴手稿，但絕大部分是極為珍貴的日文資料，包括中世紀的經文、寺廟卷宗和其他文獻、早期帝王和達官顯貴的真跡、德川早期的手稿、印刷本和大眾文學著作，以及 1868 年以前眾多其他領域的圖書。

日本耶魯協會的特藏存放於新建的斯特林紀念圖書館 3 樓。在兩間相通的房間內，彩色玻璃窗上繪著日本浮世繪及刀鞘裝飾上常見的中世紀武士和藝伎圖案，作為對日本耶魯協會特藏的紀念。[48] 在第二次世界大戰期間，朝河貫一一直在紐黑文忙於對這批藏書編制正規的目錄，1945 年，他自費出版了《日本耶魯協會的贈書》（*Gifts of the Yale Association of Japan*）一書。

空白期：遠東館藏部（1948–1960）

1948 年，在耶魯大學東亞圖書館工作 40 餘載的朝河貫一去世，從而為一個時代劃上了句號。[49] 此後，耶魯在東亞館藏方面的工作無人領銜，而美國其他大學的東亞館藏則經歷了十年的迅速擴張。許多學術圖書館充分利用戰後東亞的局勢，獲得了大批圖書，這其中就包括加州大學柏克萊分校，它於 1950 年初購得了三井（Mitsui）文庫的東亞善本圖書。當時，也有人建議耶魯大學購買三井藏書，但是大學圖書館對此不感興趣，殊不知自己錯失了一個大好機會。[50] 1950 年代，耶魯大學也曾與國會圖書館簽約，決定購置韓文圖書，[51] 但當時耶魯大學大部分館藏的發展都相對無所作為，這種態勢在二戰前即瀰漫著耶魯，使耶魯的東亞館藏在數量和人力資源上都遠遠落後於同類大學。[52]

然而，二戰後耶魯大學圖書收藏的緩慢，並

沒有呈現在學術領域上。1946年，憑藉洛克菲勒基金會提供的重要資助，耶魯大學的東亞教學和科研獲得了復甦。包括新興社會科學在內的諸多領域都設立了新的教職。政治學家饒大衛（David N. Rowe）尤其積極地參與東亞館藏的工作。饒氏的專業領域是中國研究，他很快就出任圖書館委員會委員，極力倡導東亞圖書的收藏。

1949年，饒大衛及其同事矢永千年（Chitoshi Yanaga）參與制定了一個重要決策，這個決策將使耶魯東亞圖書館和其他著名東亞圖書館區別開來。[53] 此前，耶魯大學裡所有的東亞圖書都存放在一起，作為一個獨立的館藏進行管理。從當年開始，這些圖書便按照耶魯大學的普通分類法重新編目排架，分散在圖書館的普通書庫內，與同科目的西文圖書放在一起，這個做法一直保持至今。[54] 這個決策被形容為「與同一種語言資料必須放在一起的傳統理念完全地背道而馳」。許多教學人員和館藏負責人在此後的數十年間都不能完全接受這個決定。在重新分類和上架工作完成後，此項決定便成為了一個爭論不休的話題。[55] 在這期間，中日館藏部改名為遠東館藏部。饒大衛和其他人最終說服圖書館領導聘請另一位專家型館藏負責人，並於1954年將年輕的編目員常石道雄（Warren Tsuneishi）擢升為遠東館藏部部長。[56]

常石道雄的擢升具有兩方面的重要意義。首先，它將中日圖書編目員的兩個職位置於常石道雄的領導之下，形成了所謂的「整合性地區館藏」，這便使圖書收藏、技術處理和公共服務都能夠在同一部門進行；其次，擢升常石道雄為遠東館藏部部長，邁出了走向未來東亞圖書管理的重要一步。常石道雄在哥倫比亞大學獲得日本研究碩士學位和圖書館學碩士學位，隨後又在耶魯大學獲得政治學博士學位。[57] 他的學歷標誌著圖書館規劃和館藏管理的新取向。儘管常石道雄在耶魯大學工作時間不長便到國會圖書館任職。但是幾年後耶魯大學東亞研究專案的改變，為他的最終歸來創造了條件。

1959年，耶魯大學成功地從史丹佛大學挖來了兩位中國史專家：芮沃壽（Arthur F. Wright）和芮瑪麗（Mary C. Wright）。芮瑪麗曾經積極地為史丹佛大學胡佛研究所收集中文資料，尤為熱衷圖書館工作。兩位學者到了耶魯大學後，便立刻參與圖書館事務。在他們的帶領下，耶魯大學成立了由圖書館員和教授組成的遠東館藏聯合委員會。在委員會的第一次會議上，與會者決定成立數個分委會來處理兩個最為緊迫的問題：館藏發展政策和放置參考書為研究生提供學習場所問題。他們還提出一個根本的問題：東亞圖書的排架方法。當時，圖書館已耗費了大量的人力和財力將東亞圖書重新排放在斯特林紀念圖書館的普通書架上，但這一問題仍被交給圖書收藏分委會作進一步研究。由此引發了圍繞圖書館權限的激烈內訌：人文學者與社會科學學者之間，資深館員與新館員之間，支持在學科研究中劃定明確界線的人們與反對這種劃分的人們之間，常常爭論得不可開交。

1959年底至1960年初，遠東圖書收藏分委會幾乎每週都召開會議，以期最終確定圖書館的發展方略。雖然分委會成員就圖書收藏方略達成了共識，但是對於館藏方法不得不進行投票表決。[58] 芮瑪麗帶領分委會其他三位人文學者，以4：2的得票結果贏得了勝利，決定將普通書架上的東亞圖書重新抽出，組建獨立的東亞文獻館藏。政治學家饒大衛（1949年決定將東亞圖書分散擺放至普通書庫裡的提議發起者之一）和另外一位政治學家矢永千年則持反對意見。分委會中唯一一位既是圖書館員又是分委會主席的人則謹慎地退出了最後的投票表決。隨後，饒大衛和矢永千年撰寫了一份火藥味十足的備忘錄作為回應，概述了他們對分委會多數派的反對立場。

饒大衛和矢永千年的觀點強而有力，且具有現實和理論的考慮。最讓他們憂慮的是，將東亞資料集中放置在一個單獨館藏的想法會威脅到以學科為基礎的教學和科研，這一點他們已在國際區域研究中深刻體會到。在二人生動的描述中，這類館藏使圖書館內部某些人得到「既得利益」，從而導致在學術領域中設立特定國際區域研究所。這必然會造成「侵犯」專業知識並敗壞整個學術研究事業。他們在備忘錄中進一步指出：「從最壞的結果來看，圖書單獨存放必然會造成隔離效應。在這種情況下，諸如中國文化一類的研究將被推置一隅，脫離現代學術生活的主流；最終結果必然是日益故步自封，與我們生活的現實世界漸行漸遠。」[59]

饒大衛和矢永千年的備忘錄顯然未能改變任何人的觀念，其他所有的教學人員都對委員會的多數派表示支持，而圖書館主管人員也傾向於認同多數派的意見。然而，儘管芮瑪麗及其同事們努力從實踐上扭轉1949年做出的將東亞圖書與其他語種圖書混編排放的決定，但是問題依然存在。對圖書館管理層來說，重新編排圖書不僅將耗費大量的人力和財力，而且還會疏離兩位具有影響力的教授，顯然不是明智之舉，因而他們對於多數派的決定沒有採取任何實質行動。然而，在隨後幾年中，這一問題並沒有因此沉寂，直到1974年，大學圖書館館長還在抵制教授們重新組建獨立的東亞館藏的要求。[60]最終是饒大衛和矢永千年在重新編排東亞圖書問題上勉強維持了勝利。不過此時，耶魯大學已經決定建立國際區域研究，他們二人對於這個曾經被他們猛烈抨擊的研究領域成為既定事實，已經無能為力了。

實際上，芮沃壽剛到耶魯大學便受校長之托，向福特基金會（Ford Foundation）起草一份資助申請，以作為國際區域研究的主要經費。隨後提交的申請書強調，所有美國人都需要瞭解和認識東亞。在此種取向下，當年圖書館所做的報導稱：「我們必須加強圖書採購，特別是非西方文字的書籍，如俄羅斯、東歐和遠東地區。這些地區對於美國的重要性日益增強。在與這些地區幾十億人們的交往中，美國人迫切需要知己知彼，明智地加以應對。」[61] 圖書館的聲明與耶魯大學在申請外來經費時所提出的觀點一致，反映出冷戰時期美國的外交戰略已經影響到大學的科研及圖書收藏。

1961年4月，耶魯大學獲得了福特基金會為期十年的300萬美元的資助，主要用於發展冷戰時期三個關鍵領域的學術研究：東亞、東南亞和俄羅斯地區。這標誌著耶魯大學的區域研究開始進入鼎盛時期。耶魯大學為東亞研究專案分配了50萬美元，由新成立的東亞研究委員會負責管理這筆資金。對於資金的用途，委員會在計畫中做出了指示，包括新增教授職位、發放學生獎學金、資助學術報告和講座，以及相關的行政開支。資助計畫還強調將部分資金用於購買東亞圖書，以及設立新的東亞圖書館員和輔助人員職位。[62] 耶魯圖書館的遠東館藏部最終成了福特基金會資助的最大受益者之一。

國際區域研究的鞏固：常石道雄領導下的東亞館藏部（1961–1966）

1961 年，在耶魯大學的盛邀下，常石道雄回到了耶魯，接任遠東館藏部部長的職位。不久，芮沃壽成為耶魯大學東亞研究委員會首任主任，並邀請常石道雄為遠東館藏部提供發展方案。在隨後幾個月內，常石道雄廣泛徵求東亞研究委員會的意見，最終於 1962 年 5 月向耶魯大學圖書館館長 James T. Babb 提交了自己的意見書。在意見書中，常石道雄主張大幅擴充遠東館藏部，以滿足迅速增加的讀者需求，同時他強烈呼籲為遠東館藏部提供更多的資源，包括員工、館藏經費和館藏空間。同年秋天，東亞研究委員會也呼籲加強對圖書館的支持力度，批評東亞研究的學術專案和圖書館服務中長期存在的虎頭蛇尾的做法。[63] 隨後，耶魯大學校方作出了明確指示，再加上福特基金會提供了充足經費，為遠東館藏部的發展掃清了道路，使其開始邁向常石道雄所構想的目標。1966 年當常石道雄離開耶魯大學時，遠東館藏的購書經費已達到 46,000 美元，藏書總量超過了 148,000 冊，在十年間翻了一倍。[64]

隨著遠東館藏總量源源不斷的增加，圖書館迫切需要招聘新的員工，由此出現了人員總數的顯著增長。在 1959–1960 年，僅有一個館員專職隸屬於遠東館藏部。[65] 1966 年，常石道雄離開耶魯大學時，遠東館藏部的工作人員達到了 15 人。[66] 此外，遠東館藏部員工的工資和購書經費都來自東亞研究委員會的資助。有些年裡，撥給圖書館的資金占了東亞研究委員會年度經費的一半左右。

常石道雄在任期內還成功地擴大了東亞館藏部在耶魯大學圖書館所占的空間。1963 年，當美國文學文庫遷至新開放的貝尼克善本與手稿珍藏圖書館（Beinecke Rare Book and Manuscript Library）時，斯特林紀念圖書館二樓專門為東南亞和東亞館藏設立了一個亞洲閱覽室，表現出大學圖書館對該地區的重視。[67] 與此同時，遠東館藏部不動聲色地改名為東亞館藏部，以迎合區域研究的新時代。[68] 由於冷戰的需要，東亞館藏部獲得了擴張的經費，同時在教學人員的大力支持和部長的英明領導下，東亞館藏部極大地增強了自己的實力。在常石道雄主持下，東亞館藏部獲得了迅速發展，逐漸轉變了此前一潭死水的局面，開始成為一個生機勃勃、地位顯赫的部門。

新的發展和創新模式：1967 年以來的東亞館藏部

1966 年 11 月常石道雄離開耶魯大學後，萬惟英被任命為東亞館藏部部長，並很快接手籌劃建立獨立東亞館藏部的任務。然而耶魯大學圖書館再次拒絕將中文、日文和韓文圖書單獨存放。不久，萬惟英便轉往密西根大學亞洲圖書館工作，此項計畫也就不了了之。1969 年 7 月，副部長金子英生（Hideo Kaneko）升任部長，接替萬惟英的工作，一直到 2000 年退休。儘管金子英生最初也為建設獨立東亞館藏部的計畫四處遊說，但其他更為重要的事務很快使他無暇他顧。首先，隨著經費的日益增多和多樣化，金子英生和員工們忙於處理急遽擴張的東亞館藏部事務，當時擴張的程度絲毫不亞於常石道雄在任期間；其次，幾十年間，他們面對著亞洲重大的經濟和政治變革，這些變革打破了早期的圖書收藏模式；最後，他們還需要應付技術的挑戰，在新的形勢下，電腦開始改變圖書館的編目工作和其他運作方式。

1965 年，根據 1958 年的《國防教育法》第 6 條款，耶魯大學成了美國東亞研究資源中心。時至今日，該條款依然是支持美國大學中國際區域研究和語言教學專案的主要依據。隨後幾年內，由該法案第 6 條款所提供的資金，在耶魯大學的東亞圖書發展上起到了極為重要的作用。此後十年中，美國聯邦政府成立了日美政府夥伴關係委員會（Japan–United States Friendship Commission, JUSFC），負責管理推進雙邊關係的信託基金，耶魯大學獲得的政府資助也開始多樣化。[69] 1978 年開始，日美政府夥伴關係委員會為耶魯和其他九所大學提供了大量的年度固定撥款，用來購置日文圖書。這個專案一直持續了十年。[70] 日美政府夥伴關係委員會的資助具有兩方面的重要意義：一方面它援助了耶魯大學東亞館藏的發展；另一方面，按照資助要求，耶魯大學需要與其他受贈學府進行合作。這就促使耶魯大學、哥倫比亞大學、哈佛大學和普林斯頓大學的東亞圖書館，開始共同為它們的日文館藏發展制定校際間的聯合規劃。

1970 年代早期，福特基金會的基金專款和耶魯大學圖書館的行政撥款，是東亞圖書館藏發展方面另外兩個重要的來源。但從 1973–1974 年起，東亞館藏從其他新管道獲得的資金開始投入使用，購書預算因此幾乎每隔一年便翻一倍。正是在此時，耶魯大學首次獲得了美國以外的資助。由於二戰後高速增長期取得的重大經濟成就，日本企業開始積極參與慈善事業。1973 年，耶魯大學獲得來自日本住友集團（Sumitomo Group）提供的 200 萬美元的捐款。此時，日本國際交流基金會也開始支持美國大學的日本研究。從此，耶魯大學東亞研究委員會便開始用這些捐款來資助東亞圖書的收藏。

由於大量的外部捐贈和穩定的內部行政撥款，耶魯大學的東亞館藏部經歷了第二次騰飛。在金子英生領導下的前十年，每年購書從未低於 10,000 冊，1974–1975 年更是達到了 20,000 冊的頂峰。1981 年，金子英生稱：「當前館藏的三分之二是在過去 20 年中獲得的，這要歸功於耶魯大學為促進東亞研究發展而齊心協力建造東亞館藏的努力。」[71] 回顧歷史，我們可以發現 1960 年代末到 1970 年代，東亞館藏以驚人的速度持續發展。這段時期的年度報告也提到中國的文化大革命對圖書出版造成的損害。直到 1970 年代中期，中文學術圖書的出版才得以恢復。1978 年，東亞館藏部副部長馬敬鵬（Antony Marr）獲得簽證，得以親赴中國購書。在 1970 年代，由於「尼克森震撼」（Nixon Shocks）帶來的能源危機和日元貶值，東亞圖書採購開始受到了通貨膨脹的影響。然而，耶魯大學大量的購書預算仍使它在此期間能維持較高的採購量。

當美國的東亞圖書館進入 1980 年代時，它們之間的更大合作，就不僅源於日美政府夥伴關係委員會的資助壓力，而且源於日益增加的採購成本。正如金子英生和其他東亞圖書館專案聯合顧問委員會成員在 1977 年的聲明中所言：[72]「在過去十年史無前例的發展中，我們（美國的東亞圖書館）主要得益於與大學裡國際區域研究專案的關係，沒有受到研究型圖書館常規發展模式的限制。但是，東亞圖書館的發展正處於重要的抉擇關頭。」[73] 他們在聲明中建議在圖書的採購、編排和獲取方面建立新的合作機制，並重視資訊技術的使用。1980 年代，最成功的合作範例出現在圖書館自動化領域。當時研究型圖書館聯盟率先研發出可輸入東亞文字的電腦終端技術，並應用在圖書目錄的電腦螢幕顯示中。1983 年耶魯大學引進了這種新的電腦終端技術。在隨後幾十年中，隨著網際網路和其他資訊技術的發展，耶魯大學進入了一個技術創新的時代。[74]

從 1980 年代開始，耶魯大學東亞館藏部的發展歷程，就不再是獨特的個案史，而在更大程度上成為全國性館藏發展的一個組成部分。儘管耶魯圖書館各館藏負責人繼續與教學人員密切合作，發展日益多樣化的圖書館藏，圖書館員們的精力卻大量耗費在適應自動化時代的過程中。這一過程需要國家級專業協會的領導。這種情景與朝河貫一在最初的 40 年領導下的有組織的收藏相去甚遠。當初朝河貫一幾乎可以獨自一人完成的工作，現在卻要由大批不同的工作人員來處理。

耶魯大學東亞圖書的系統收藏可以追溯到 1870 年代，當時 Van Name 正忙於與東京的書商們建立圖書採購的關係和人脈。數年後，容閎得知耶魯大學開設了第一門有關東亞文化的課程，便將個人的中文典籍捐贈給耶魯。1907 年，朝河貫一回到耶魯主持東亞館藏工作，是東亞館藏組織化的開端，同時也正式確立了學者型圖書館員的傳統。這一傳統隨著 Kennedy 出任中日館藏部副部長得以延續。在這些年間，他們為圖書館精選圖書、籌集捐款，正是這些人的辛勤勞動和遠見卓識，為耶魯大學今天豐富的東亞館藏文獻奠定了基礎。

二戰後，一批任勞任怨、年富力強的學者將他們的學術生涯與圖書館的發展密切連繫起來，從而使東亞圖書館的館藏大幅擴充。在過去幾十年間，憑藉他們籌集到的大批經費和專案，以及和其他圖書館同行的密切合作，耶魯大學東亞館藏部（即現在的東亞圖書館）獲得了繁榮發展。[75] 但是，這些資助專案的出現顯然也反映了東亞館藏的發展直接得益於冷戰時期的戰略重心，以及二戰後全球政治經濟的變動。圖書始終是美國與東亞關係中一個重要的因素，這在耶魯大學表現得尤為突出。耶魯大學東亞館藏的歷史，也是過去 150 年間美國與中國、日本和韓國的關係史。

註釋

1. Louise L. Stevenson, *Scholarly Means to Evangelical Ends: The New Haven Scholars and the Transformation of Higher Learning in America, 1830–1890* (Baltimore: John Hopkins University Press, 1986), 36. Woolsey 在 1827–1830 年求學歐洲時就已經接觸東方文化，他在巴黎跟隨 Joseph Garcin de Tassy 學習阿拉伯語，並在柏林跟隨 Franz Bopp 學習梵文。在當時的歐美，東方研究的先驅多為語言學家和研究古代近東文明的學者。

2. 主要考慮到耶魯大學圖書館的藏書條件。William D. Whitney, "Additions to the Library and Cabinet of the American Oriental Society, August, 1854–August, 1855," *Journal of the America Oriental Society* 5 (1855–1856): ii.

3. 參見岡本拓而（Okamoto Takuji）未發表的文稿。我非常感謝岡本教授提供關於 Gibbs——Van Name 的家庭情況。根據《紐約宣道者》（*New-York Evangelist*）的一篇文章，「Van Name 先生對日語非常感興趣。他身邊總有些跟隨他學習的年輕日本人。」"American Oriental Society," *New-York Evangelist*, October 17, 1872, 43, no. 42: 8, available at http://www.proquest.com

4. Yale University, *Catalogue of the Officers and Students of Yale College, with a Statement of the Course of Instruction in the Various Departments, 1871–72* (New Haven: Tuttle, Morehouse & Taylor, 1871), 62. 後來的十年中，當衛三畏（Samuel Wells Williams）成為耶魯大學的教授時，Van Name 開始只教日語。Yale University, *Catalogue of the Officers and Students of Yale College, with a Statement of the Course of Instruction in the Various Departments, 1877–78* (New Haven: Tuttle, Morehouse & Taylor, 1877), 49.

5. 《安政見聞志》是記載安政大地震情形的三卷本著作，和它相關的另一套書名為《安政風聞集》。兩套書都有耶魯學院圖書館的藏書標籤（包括日期和捐贈人）。目前館藏中只有《安政風聞集》的第一卷。

6. Daniel Hartwig and staff of Manuscripts and Archives, November 2016, "Donations: Books, 1854–71," Guide to the Librarian, Yale University, Records (RU 120), Manuscripts and Archives, Yale University Library.

7. 現在這些期刊成為研究清史的寶貴資料。從 1848 年到 1851 年停刊，衛三畏一直擔任主編，隨後他來到耶魯大學任教。"Samuel Wells Williams, L. L. D.," *The Far East. New Series* 1 (December 1876): 140–142.

8. 耶魯大學引進的課程改革表現出對經典著作一定的疏離，這引起了不少新聞報導的充分關注。當 Griffis 寫信給 Van Name 的數月之前，他可能已經被《奧內達通告》（*Oneida Circular*）的一篇文章提及。這篇文章描述了這一新的兩年制教學課程，包括 Van Name 的中文和日文講座。"The News," *Oneida Circular*, May 8, 1871, 8, no. 19: 152, available at http://www.proquest.com

9. 有關 Griffis 早期在日本的經歷可參見 Edward R. Beauchamp, "Griffis in Japan: The Fukui Interlude, 1871," *Monumenta Nipponica* 30 (winter 1975): 423–452.

10. Daniel Hartwig and staff of Manuscripts and Archives, November 2016, Guide to the Librarian, Yale University, Records (RU 120), Manuscripts and Archives, Yale University Library.

11. 當時，墨西哥銀圓是中日外貿交易中首選的流通貨幣之一。

[12] Van Name 將他個人的日文藏書於 1921 年捐贈給了耶魯學院圖書館。

[13] O. C. Marsh 是一位世界知名的古生物學家和恐龍化石的熱心收藏家，他的收藏成為耶魯皮博迪博物館（Peabody Museum）的基礎。他也是一位知名的中日古玩收藏家。關於 Marsh 的一些捐贈細節已無法查找。但圖書館紀錄清楚地表明，他在 1872–1873 學年捐了 500 美元，而用這筆資金所購買的 2,700 冊圖書於 1876 年 6 月運達耶魯大學。不過，Lewis Sheldon Welch 和 Walter Camp 卻堅稱 Marsh 和 Stevens 一共捐贈了 4,500 冊日文書籍。參見 Lewis Sheldon Welch and Walter Camp, *Yale, Her Campus, Class-Rooms, and Athletics* (Boston: L. C. Page, 1899), 385. 然而，在現存的圖書館館藏中，並沒有來自 Marsh 個人收藏的日文書籍，儘管他曾經常捐贈一些西文書籍。雖然帶有他名字和 1873 年日期的書籍可能直接來自於 Marsh，但並無任何檔案記載 Marsh 曾有此捐贈。

[14] 容閎一生都用廣東話的拼音 Yung Wing 為其名字，在普通話中，容閎名字的拼音為 Rong Hong。

[15] Judith Ann Schiff, "When East Met West," *Yale Alumni Magazine* (November–December 2004): 76–77.

[16] Beatrice Bartlett, "Timeline for Yung Wing (1828–1912) and the Chinese Educational Mission to the U.S. (1872–1881)," unpublished manuscript. 白彬菊（Beatrice Bartlett）教授的研究對於理解容閎與耶魯大學及康乃狄克州的關係極為重要。在容閎寫信給耶魯大學的同一年，哈佛大學正開始籌款聘任一位中文講師。參見 American Council of Learned Societies, Committee on the Promotion of Chinese Studies, *Progress of Chinese Studies in the United States of America* (Washington: American Council of Learned Societies, 1931), 49.

[17] 在美國內戰末期至 20 世紀初，現代美國大學體系和選修課制度獲得迅速發展。根據 Brooks Mather Kelley 的研究，儘管耶魯大學在這兩大潮流中都不具重要地位，但耶魯在 1861 年授予了美國第一個哲學博士（Ph.D.）學位。參見 Brooks Mather Kelley, *Yale: A History* (New Haven: Yale University Press, 1974), 249. 以上美國大學的變化也可參見 George Wilson Pierson, *Yale College: An Educational History, 1871–1921* (New Haven: Yale University Press, 1952), 50.

[18] Kenneth Scott Latourette, "Far Eastern Studies at Yale," *Amerasia: A Review of American and the Far East* 11 (August 1938): 288–292. 當時，賴德烈（Kenneth Scott Latourette）並不知道 Van Name 所開設的早期課程。不過，衛三畏開設的講座是語言教學之外的另一個進步。

[19] 衛三畏於 1833 年第一次抵達中國，主持美國公理宗海外傳道部（American Board of Commissioners for Foreign Missions）在廣州的印刷事務。在長期的東亞旅居期間，他主編了《中國叢報》，並於 1847 年出版了頗有影響的專著《中國總論》。1853–1854 年，他作為海軍準將 Matthew Perry 的翻譯官乘船赴日，後又供職於美國駐華公使館。1874 年他出版了深具影響力的著作《漢英韻府》。由於視力的衰退，他辭去了外交官的職務，結束了長期在東亞任職的傳奇生活，最終返回美國。參見 "Samuel Wells Williams, L. L. D.," *The Far East. New Series* 1 (December 1876): 140–142.

[20] 賴德烈在書中認為「並沒有紀錄表明他有學生」。參見 Kenneth Scott Latourette, "Far Eastern Studies in the United States: Retrospect and Prospect," *The Far Eastern Quarterly* 15 (November 1955): 3. 白彬菊的研究證實了這一點。

[21] 容閎去世後，他的個人藏書再次捐獻給了耶魯大學。

[22] Daniel Hartwig and staff of Manuscripts and Archives, November 2016, Guide to the Librarian, Yale University, Records (RU 120), Manuscripts and Archives, Yale University Library.

23 Pierson, *Yale College: An Educational History, 1871–1921*, 228.

24 參見 Kenneth Scott Latourette, "Far Eastern Studies at Yale," 289. Pierson 在文中指出衛三畏並不是全職教授，因為他沒有完全掌握漢語，並且「選他這門課的本科生多半是出於他們勇敢的嘗試」（例如，不想努力學習的學生傾向於選容易的課）。參見 Pierson, *Yale College: An Educational History, 1871–1921*, 296.

25 朝河貫一在日本更為有名，日本國內的學術團體「朝河貫一研究会」（Asakawa Kan'ichi Kenkyūkai）和紀念團體「朝河貫一博士顕彰協会」（Asakawa Kan'ichi Hakushi Kenshō Kyōkai），即專為紀念朝河貫一及其事業而成立。

26 Hideo Kaneko, "Kan'ichi Asakawa and the Yale University Library," *Committee on East Asian Libraries Bulletin* 75 (October 1984): 22–32.

27 John Whitney Hall 在其文章中有力地論證了朝河貫一作為歷史學家的貢獻。參見 John Whitney Hall, "Kan'ichi Asakawa: Comparative Historian," in Kan'ichi Asakawa, *Land and Society in Medieval Japan: Studies by Kan'ichi, Asakawa* (Tokyo: Japan Society for the Promotion of Science, 1965), 3–21. 有關朝河貫一的生活和工作的日文書籍非常多。

28 Beach 講授的是初級漢語課，不過就像他的前任 Van Name 一樣，選課的學生很少。參見 Kenneth Scott Latourette, "Far Eastern Studies at Yale," 290.

29 William Howard Taft 畢業於耶魯，後來成為戰爭部長和美國總統。

30 參見 Schwab 所記 1906 年 1 月 15 日與 Hadley 校長會談備忘錄。Daniel Hartwig and staff of Manuscripts and Archives, November 2016, Guide to the Librarian, Yale University, Records (RU 120), Manuscripts and Archives, Yale University Library.

31 此後十年間，圖書館工作人員從新增的館藏負責人到各系所圖書館的館長，不斷得到擴充。這一趨勢在 1917 年耶魯大學圖書館館長 Andrew Keogh 主持的圖書館重組工作中得到深化，並在 Keogh 的繼任者的任期內得到進一步擴展。到 1945 年，圖書館共有 34 個這樣的職位，包括不同館藏部部長、副部長、顧問和分館館長。這些變化反映了圖書館專業的興起，以及圖書收藏開始擺脫由教授主導的模式。在早期，圖書館僅僅提名教授擔任管理員，這種慣例逐漸被專業圖書館館員制度替代。

32 和田敦彦，《書物の日米関係：リテラシー史に向けて》（東京：新曜社，2007），頁 45。這個日本博物館的構思後來被哥倫比亞大學的 Nicholas Butler 所採納。

33 Andrew Kuroda，「A History of the Japanese Collection in the Library of Congress, 1874–1941」，載於仙田正雄，《仙田正雄教授古稀記念図書館資料論集》（天理：仙田正雄教授古稀記念会，1970），頁 298–300。

34 Daniel Hartwig and staff of Manuscripts and Archives, November 2016, "K. Asakawa to J. C. Schwab, January 15, 1906," Guide to the Librarian, Yale University, Records (RU 120), Manuscripts and Archives, Yale University Library.

35 Hideo Kaneko, "Kan'ichi Asakawa and the Yale University Library," 25.

36 朝河貫一決定把 1906–1907 年獲得的大量古籍按照西文書的方式裝訂成冊，並為了省錢而在日本進行裝訂。有人猜測朝河貫一是擔心西方人無法把日文書當作真正的書。不過，更可能的原因是朝河貫一擔心美國圖書館的存放環境對這些書的影響。在耶魯圖書館的工作經驗使他認識到這些書冊將會面臨存放問題。他在後來的文章中也提到他曾遇到的挫折——圖書館的助理們無法按照正確的次序在書架上擺放日文書籍。他在 1907 年提交給國會圖書館館長的報告中也提到了裝訂問題，文中寫道：「我需要補充的是日文書的裝訂法不利於圖書館的工作，我認為最好是按照歐洲的方法將它們重新裝訂成布面或皮面書。因此，在我的指導下進行了這一工作……但那些出於藝術欣賞或其他因素的考慮而需要保存原貌的日文書，則沒有進行重新裝訂。」參見 Andrew Kuroda, 「A History of the Japanese Collection in the Library of Congress, 1874–1941」，頁 304。

37 這些書籍在一定程度上擴充了國會圖書館的館藏，大大地豐富了歷史領域的藏書（特別是有關中世紀的日本幕府、主要的大名、法律和法制體系、武術、外交和文化等文獻）。其中許多著作並未收錄在日本國內的標準書目中，表明這些古籍是現存的孤本。參見金子英生，「イェール大学図書館と朝河貫一」，《国文学研究資料館調査研究報告》11（1990 年 3 月）。這批資料也包括日文手稿特藏目錄（這是一個由朝河貫一收集的特藏），這份目錄是我們能見到的最好的手稿特藏目錄，如今存放在耶魯大學的貝尼克善本與手稿珍藏圖書館（Beinecke Rare Book and Manuscript Library）。1906–1907 年收集到的其他文獻則被存放於位於斯特林紀念圖書館的東亞圖書館特藏室裡。

38 總量中包括了 Van Name 訂購的日文書（2,700 冊）、容閎 1878 年和 1879 年捐贈的 1,722 冊圖書、衛三畏捐贈的個人藏書（大約 1,000 冊）、Francis E. Woodruff 捐贈的中國各朝歷史書籍（271 冊）以及其他早期捐贈者所贈送的各類雜書。

39 館藏總數包括重新裝訂成冊的圖書。金子英生估計 1915 年圖書館有 8,184 冊裝訂成冊的日文圖書，那麼在未裝訂成冊之前，書籍的數量應該是 12,272 冊。參見 Hideo Kaneko, "Kan'ichi Asakawa and the Yale University Library," 25.

40 Daniel Hartwig and staff of Manuscripts and Archives, November 2016, Guide to the Librarian, Yale University, Records (RU 120), Manuscripts and Archives, Yale University Library.

41 在 443 所回覆問卷的高校中，有 69 所高校僅有一門這樣的課程，有 6 所高校（哥倫比亞大學、哈佛大學、史丹佛大學、華盛頓大學、夏威夷大學、加州大學柏克萊分校）開設了 11 門以上這樣的課程，還有 4 所高校（芝加哥大學、明尼蘇達大學、賓夕法尼亞大學、拉德克利夫學院）開設了 6–10 門這樣的課程。參見 Edward C. Carter, ed., *China and Japan in Our University Curricula, with a Special Section on the University of Hawaii* (Chicago: University of Chicago Press, 1930), 23, 187.

42 賴德烈最初涉足這一領域是出於他的傳教興趣，在他任教東方史之前就已經在耶魯神學院任教 6 年。

43 Kenneth Scott Latourette, "Far Eastern Studies at Yale," 289–290.

44 1935 年洛克菲勒基金會資助召開了有關東亞文獻分類的討論會。會後朝河貫一把他的觀點總結在致洛克菲勒基金會的信中。他對哈佛大學燕京學社基於漢文古籍經、史、子、集傳統的四部分類法尤其不以為然，認為這既不適用於日文文獻，也與時代不相宜。參見 Daniel Hartwig and staff of Manuscripts and Archives, November 2016, Guide to the Librarian, Yale University, Records (RU 120), Manuscripts and Archives, Yale University Library.

45 到了 1938 年，80–85% 的中文藏書仍未編目。參見 Kenneth Scott Latourette, "Far Eastern Studies at Yale," 291.

46 Kennedy 也承擔了主要的語言教學工作，負責講授不同級別的漢語和日語課程。在 1947 年之前，他一直任副部長。朝河貫一去世後，他繼任為中文館藏部主任。

47 在朝河貫一的呼籲下，日本耶魯協會成為東亞圖書館早期的固定捐贈者，於 1921–1922 年首次捐贈了 2,126

冊中文著作。圖書館的報告中並沒有說明這些來自日本的「中文著作」，究竟是中國的出版物，還是在日本重印的中文書籍。

48 紐約的 G. Owen Bonawit 事務所為斯特林紀念圖書館特藏室精心製作了帶有裝飾圖案的彩色玻璃。有關日本題材的玻璃窗，參見 Gay Walker, *Bonawit, Stained Glass, and Yale: G. Owen Bonawit's Work at Yale University and Elsewhere* (Wilsonville: Wildwood, 2000); Gay Walker, *Stained Glass in Yale's Sterling Memorial Library: A Guide to the Decorative Glass of G. Owen Bonawit* (Wilsonville: Wildwood, 2006). 這房間最初是獻給日本耶魯協會的，現已不再屬於東亞圖書館，但那些玻璃窗依然保留至今。

49 在朝河貫一去世之前，他在東亞圖書館的地位已經走向邊緣化。東亞館藏的規劃為急於改變東亞文獻編目和分類方法的教授和圖書館員們所主導。他們在 1947 年 12 月發表了一份有關中日文館藏問題的初步報告。朝河貫一在去世的前幾個月對這份報告作了回應。參見 Records of the Librarian, Yale University (RU 120), Manuscript and Archives, Yale University Library 以及和田敦彥，《書物の日米関係：リテラシー史に向けて》，頁 235。

50 Roger Shermon, "Acquisition of the Mitsui Collection by the East Asiatic Library, University of California, Berkeley," *Committee on East Asian Libraries Bulletin* 67 (February 1982): 1–15. 根據加州大學柏克萊分校現存文獻的記載，耶魯大學的校友 Paul Blum 曾將三井文庫的書目寄給耶魯，但負責買書的耶魯圖書館館員卻將書目轉寄給了柏克萊。這表明如果耶魯沒有興趣，柏克萊是 Blum 的第二個選擇。耶魯大學圖書館現存紀錄中都沒有談及三井文庫。Blum 後來捐贈給耶魯大學兩本極為珍貴的日文書。

51 Boksoon Hahn, "A Study of East Asian Library at Yale University: History, Collection, Services," Master's thesis, Southern Connecticut State University, 1965, 16.

52 錢存訓所提供的從 1930–1964 年東亞館藏的統計資料顯示，耶魯大學的東亞圖書館在當時美國 15 所主要的學術性東亞圖書館（包括國會圖書館）中排名第九。然而，這些關於耶魯大學的資料並不可靠，因為統計總量和圖書館內部報告中的資料不一致，而後者顯然數值更大。參見 Tsuen-hsuin Tsien, "East Asian Collections in America," *Library Quarterly* 35 (October 1965): 265.

53 朝河貫一希望再聘一位類似他本人的專家型館員，於是他大力推薦矢永千年。矢永千年從 1940 年代後期至 1950 年代早期，一直在圖書館工作，直到後來全心致力於教學工作。Daniel Hartwig and staff of Manuscripts and Archives, November 2016, Guide to the Librarian, Yale University, Records (RU 120), Manuscripts and Archives, Yale University Library.

54 唯一例外的是 1841 年之前的文獻。以 1841 年為分界，僅僅出於實際的原因（作者按：資料本身並未言明是何具體原因。但從我搜集的資料來看，可能是因為 1841 年以前的書多為線裝本，放置於普通書架不合適。）所有 1840 年之前的文獻被視為「古籍」，以哈佛大學燕京學社的分類方法加以編目。不過，這些文獻不久又採用了耶魯大學的分類法，直至 2006 年還單獨存放於東亞閱覽室。

55 Daniel Hartwig and staff of Manuscripts and Archives, November 2016, "Addendum to Library Committee Minutes, January 27, 1949," Guide to the Librarian, Yale University, Records (RU 120), Manuscripts and Archives, Yale University Library.

56 同年，圖書館在專家型館員的職位中增加了西藏文物館藏顧問一職，以肯定 1920 年代以來圖書館收藏西藏文物的重要性。這些豐富的藏品包括繪畫、雕版印刷散頁、唐卡、公文、禮器、雕像，以及與佛教和苯教傳統有關的宗教文獻。此外，還包括一部 1950 年

56 由達賴喇嘛捐贈的拉薩版丹珠爾（Kanjur）珍本，即藏文大藏經。這些藏品從未屬於東亞館藏，現存放於貝尼克善本與手稿珍藏圖書館。參見 Wesley E. Needham, "The Tibetan Collection at Yale," *Yale University Library Gazette* 34 (January 1960): 127–133.

57 "Asian Division Chief, Assistant Chief Retire," *Library of Congress Information Bulletin* 52, no. 13 (June 1993): 266–267. 常石道雄的語言能力也正是當時所需的。

58 這一決策試圖協調支持當前研究的需要和預測未來發展的需要。這項決策針對發展中文館藏做了最為全面、細緻的規定。日文書籍和中文書籍的發展策略一樣，列出了圖書館需要採購的各個學科領域的圖書。這些領域就總體而言相當廣泛，但也排除了不少主要的學科。韓文書的館藏發展則完全集中在語言類書籍方面。

59 Daniel Hartwig and staff of Manuscripts and Archives, November 2016, "Memorandum from David N. Rowe and Chitoshi Yanaga to John E. Ottemiller, March 18, 1960," Guide to the Librarian, Yale University, Records (RU 120), Manuscripts and Archives, Yale University Library.

60 Daniel Hartwig and staff of Manuscripts and Archives, November 2016, "University Librarian Rutherford D. Rogers to Professor Kwang-chih Chang, May 8, 1974," Guide to the Librarian, Yale University, Records (RU 120), Manuscripts and Archives, Yale University Library.

61 Daniel Hartwig and staff of Manuscripts and Archives, November 2016, "Report of the Librarian, 1959–1960," Guide to the Librarian, Yale University, Records (RU 120), Manuscripts and Archives, Yale University Library.

62 "Towards the Development of International Studies at Yale University: A Proposal to the Ford Foundation," Yale University East Asia Library.

63 Council on East Asian Studies, November 13, 1962, "A Statement of Immediate Needs for Improvement of Yale's East Asian Library," Yale University East Asia Library.

64 "East Asian Collection Annual Report, 1970–1971," Yale University East Asia Library.

65 這一數據來自常石道雄在 1964 年為芮沃壽準備的一份備忘錄。據該備忘錄所載，遠東館藏部的工作人員在 1960–1961 年間僅有一位，四年後則增至 14 位。參見 Daniel Hartwig and staff of Manuscripts and Archives, November 2016, Guide to the Librarian, Yale University, Records (RU 120), Manuscripts and Archives, Yale University Library. 圖書館的其他內部文件則記載 1960–1961 年間遠東館藏的工作人員職位已經有 5 個，這些職位可能分布在不同部門（例如編目部），而不僅僅在遠東館藏部。

66 工作人員的編制從 1967–1968 年的 16 人增加到 1975 年 18.5 人（9 位館員和 9.5 位圖書館助理），在 1977 年達到頂峰，為 21 人，之後開始有所下降。

67 在 1980 年代早期，出現過一陣短暫的討論，計畫為東亞圖書館建立一座獨立大樓，但這一計畫並未實施。參見 Hideo Kaneko, "Preliminary Planning for the East Asian Library," personal communication to Rutherford Rogers, February 13, 1981.

68 在萬惟英任部長之初，將原名 "Far East Collections" 中的 "Collections" 從複數變為單數，東亞館藏部從此以 "The East Asian Collection" 掛名。

69 Francis B. Tenny, *The Japan–United States Friendship Commission: A History of the Commission Commemorating the Twentieth Anniversary, 1975–1995* (Washington: Japan–United States Friendship Commission, 1995), 4, 10. 最初計畫中的十所大學（1989 年又新加了三所大學）在田中角榮（Kakuei Tanaka）於 1970 年代早期任日本首相時，經常被稱為「田中十校」。當時，沖

繩重歸日本，日本給美國政府的回歸款項成為這筆信託基金的一部分。

70 採購日文書的預算從 1973 財政年度的 67,500 美元增至 1974 年度的 127,600 美元，到 1975 年度上升為 148,000 美元。參見 "Memorandum from Hideo Kaneko to Mr. Radley H. Daly," January 24, 1975, Yale University East Asia Library.

71 Hideo Kaneko, March 2, 1981, "The East Asian Collection," Yale University East Asia Library. 報告中記錄的館藏總量截至 1980 年 12 月 31 日已達到 333,527 冊。

72 這一計畫得到了美國學術團體委員會（American Council of Learned Societies）、社會科學研究協會（Social Science Research Council）和研究型圖書館協會（Association of Research Libraries）的聯合資助。

73 "Automation, Cooperation and Scholarship: East Asian Libraries in the 1980s," quoted in Eugene W. Wu, "Organizing for East Asian Studies in the United States: The Origins of the Council on East Asian Libraries, Association for Asian Studies," *Journal of East Asian Libraries* 110 (October 1996): 1–14.

74 研究型圖書館中心從 1980 年開始擴展東亞文獻採購專案，這是當時一系列合作發展東亞館藏的專案之一。館際互借的發展，也使得獲取其他圖書館的東亞文獻更為便捷。

75 2002 年，東亞館藏部更名為東亞圖書館。如今，它擁有 75 萬多冊圖書以及其他各種文獻資料。

參考文獻

「イエール大学蔵・日本文書コレクション目録」。《国文学研究資料館調査研究報告》11（1990 年 3 月）：31–93。

大久保利武。《日本文化図録》。東京：日本イエール協会，1935。

大久保利謙。「エール大学寄贈日本文化資料の蒐集」。《古文化の保存と研究：黒板博士の業績を中心として》。黒板博士記念会編，頁 452–461。東京：吉川弘文館，1953。

小峰和明。「議會図書館及びイエール大学所蔵朝河収集本をめぐって」。Early Modern Japan 12（spring 2004）：14–16。

仙田正雄。《仙田正雄教授古稀記念図書館資料論集》。天理：仙田正雄教授古稀記念会，1970。

和田敦彦。《書物の日米関係：リテラシー史に向けて》。東京：新曜社，2007。

American Council of Learned Societies, Committee on the Promotion of Chinese Studies, *Progress of Chinese Studies in the United States of America*. Washington: American Council of Learned Societies, 1931.

Asakawa, Kan'chi. "Gifts of the Yale Association of Japan." Unpublished manuscript, 1945.

Asakawa, Kan'ichi. "The Evolution of Japanese Culture Gift from the Yale Association of Japan." *Yale University Library Gazette* 9 (October 1934): 29–37.

Asakawa, Kan'ichi. *Land and Society in Medieval Japan: Studies by Kan'ichi, Asakawa*. Tokyo: Japan Society for the Promotion of Science, 1965.

Bartlett, Beatrice. "Timeline for Yung Wing (1828–1912) and the Chinese Educational Mission to the U.S. (1872–1881)." Unpublished manuscript.

Beauchamp, Edward R. "Griffis in Japan: The Fukui Interlude, 1871." *Monumenta Nipponica* 30 (winter 1975): 423–452.

Carter, Edward C., ed. *China and Japan in Our University Curricula, with a Special Section on the University of Hawaii*. Chicago: University of Chicago Press, 1930.

Hahn, Boksoon. "A Study of East Asian Library at Yale University: History, Collection, Services." Master's thesis, Southern Connecticut State University, 1965.

Kaneko, Hideo. "Kan'ichi Asakawa and the Yale University Library." *Committee on East Asian Libraries Bulletin* 75 (October 1984): 22–32.

Kelly, Brooks Mather. *Yale: A History*. New Haven: Yale University Press, 1974.

Latourette, Kenneth Scott. "Far Eastern Studies at Yale." *Amerasia: A Review of America and the Far East* 11 (August 1938): 288–292.

Latourette, Kenneth Scott. "Far Eastern Studies in the United States: Retrospect and Prospect." *The Far Eastern Quarterly* 15 (November 1955): 3–11.

Needham, Wesley E. "The Tibetan Collection at Yale." *Yale University Library Gazette* 34 (January 1960): 127–133.

Pierson, George Wilson. *Yale College: An Educational History, 1871–1921*. New Haven: Yale University Press, 1952.

"Samuel Wells Williams, L.L.D." *The Far East. New Series* 1 (December 1876): 140–142.

Schiff, Judith Ann. "When East Met West." *Yale Alumni Magazine* (November–December 2004): 76–77.

Sherman, Roger. "Acquisition of the Mitsui Collection by the East Asiatic Library, University of California, Berkeley." *Committee on East Asian Libraries Bulletin* 67 (February 1982): 1–15.

Stevenson, Louise L. *Scholarly Means to Evangelical Ends: The New Haven Scholars and the Transformation of Higher Learning in America, 1830–1890*. Baltimore: Johns Hopkins University Press, 1986.

Suddard, Adrienne. "The Jen Yu-wen Collection on the Taiping Revolutionary Movement." *Yale University Library Gazette* 49 (January 1975): 293–296.

Tenny, Francis B. *The Japan–United States Friendship Commission: A History of the Commission Commemorating the Twentieth Anniversary, 1975–1995*. Washington: Japan–United States Friendship Commission, 1995.

Tsien, Tsuen-hsuin. "East Asian Collections in America." *Library Quarterly* 35 (October 1965): 260–282.

Walker, Gay. *Bonawit, Stained Glass, and Yale: G. Owen Bonawit's Work at Yale University and Elsewhere*. Wilsonville: Wildwood, 2000.

Welch, Lewis Sheldon, and Walter Camp. *Yale, Her Campus, Class-Rooms, and Athletics*. Boston: L. C. Page, 1899.

Whitney, William D. "Additions to the Library and Cabinet of the American Oriental Society, August, 1854–August, 1855." *Journal of the America Oriental Society* 5 (1855–1856): i–iv, vii–xxii.

Wu, Eugene W. "Organizing for East Asian Studies in the United States: The Origins of the Council on East Asian Libraries, Association for Asian Studies." *Journal of East Asian Libraries* 110 (October 1996): 1–14.

Yale Association of Japan. *Catalogue of Books, Manuscripts and Other Articles of Literary, Artistic and Historical Interest, Illustrative of the Culture and Civilization of Old Japan, presented to Yale University, U.S.A. by Yale Association of Japan, Tokyo*. Tokyo: Taiheiyōsha Press, 1934.

Yale University. *Catalogue of the Officers and Students of Yale College, with a Statement of the Course of Instruction in the Various Departments, 1871–72*. New Haven: Tuttle, Morehouse & Taylor, 1871.

《時雨》（*Shigure*）：館藏日文珍本中四本奈良繪本之一。奈良繪本是日本室町時代末期到江戶時代早期創作的插畫本神話故事。照片由國會圖書館亞洲部提供。

2 / 國會圖書館東亞館藏史：參考書目指南

李華偉（Hwa-Wei Lee）

美國國會圖書館亞洲部前主任，他曾在俄亥俄大學擔任過 21 年的圖書館館長和教育學院教授，俄亥俄大學的一座圖書館大樓也以他的名字命名。他祖籍中國福州，出生於廣州，在國立臺灣師範大學獲得了教育學士學位，在匹茲堡大學獲得了教育學碩士和博士學位，並在卡內基梅隆大學獲得圖書館學碩士學位。他獨撰及與他人合著了 5 本著作、3 本會議論文集，以及 1 百多篇有關圖書館行政、自動化、館藏發展、館際合作、資源分享、知識管理等方面的文章。他曾擔任過美中圖書館合作專案的美方評審員，這一專案由美國政府博物館和圖書館服務署（Institute of Museum and Library Services, IMLS）與中國文化部聯合設立和資助。

　　美國國會圖書館是根據 1800 年美國國會所通過的一項法案而建立的。1814 年，入侵的英軍焚毀了國會圖書館最初的藏書。翌年，國會圖書館購買了卸任總統 Thomas Jefferson 的全部個人藏書，總計 6,487 冊。在將藏書交付給國會圖書館時，Jefferson 指出他的收藏內容甚廣，包括人文學科、社會學科、自然學科等眾多題材的英文和外文圖書。他寫道：「我不知道這些書中所涉及的學科中有什麼會與國會無關。事實上，國會議員們所需要參考的文獻是沒有邊界的。」[1] 正是此種兼容並包的精神促成了國會圖書館宏大的亞洲館藏的發展。

　　1869 年，清朝同治皇帝給美國國會圖書館贈送了 10 部重要中文書籍，共 933 冊。不久，國會圖書館於 1875 年開始與日本政府進行政府出版物的交換。[2] 從那以後，東亞館藏就開始逐步擴展到東亞語言的圖書、期刊、重要的法律文本、地圖、音樂、影像、印刷品和圖片等多種資料。這些資料的收藏和保管是由國會圖書館亞洲部和館內其他部門合作完成的,包括法學圖書館、地理學及地圖部、圖片與照片部、電影廣播及音像部、表演藝術部、手稿部和美國民俗中心等部門。

1928 年,在國會圖書館館長 Herbert Putnam 的支援下,國會圖書館成立了中國文學部。三年後,即 1931 年,它更名為中國與日本文學部。1932 年,隨著藏書涵蓋的地區和語言的增多,又更名為東方部。1942 年改名亞洲部,但 1944 年又恢復為東方部。1978 年,該部門最終採用了目前的名稱:亞洲部。[3] 1928–1954 年,恆慕義(Arthur W. Hummel, Sr.)擔任亞洲部主任。

截止到 2008 年 9 月 30 日,亞洲部的中文和蒙文藏書有 1,011,816 冊,現刊有 5,090 種。除中文圖書外,該藏書還包括中國滿族、蒙古族、納西族、藏族和維吾爾族等少數民族語言的書刊。[4] 亞洲部館藏內容全面,在人文社會學科方面尤為豐富,包括中國古典文學、清朝和民國檔案、中醫、地方志以及中國大陸和臺灣的當代出版物。

中、蒙、藏文藏書中有極其珍貴的漢文、蒙古文和藏文的善本。其中,中文善本書可以追溯到宋、金、元、明和清朝,包括 1924 年在雷峰塔下發現的西元 975 年的佛經手稿《一切如來》、1408 年成書的《永樂大典》殘卷(倖存於世的 400 餘冊中的 41 冊)和 1884 年印刷的《古今圖書集成》。其他特色圖書包括 Joseph Rock 和 Quentin Roosevelt 收集到的 3,344 卷來自雲南納西族的象形文字資料、恆慕義收集的中國地圖善本,以及 William Gamble 收集的 19 世紀美國基督教長老會出版社(American Presbyterian Missionary Press)發行的圖書;該出版社於 1858–1860 年由 Gamble 在寧波和上海創辦,出版中文的基督教書籍,並翻譯了一些西方著作。[5]

國會圖書館是世界上收藏藏文出版物最多的圖書館之一,其藏文館藏包括從 8 世紀至今的藏文文獻,有宗教文本、傳記、樂譜、語法、世俗文學、歷史、傳統醫學、占星術、圖像學和其他社會科學等方面的著作。藏傳佛教典籍的收藏也極為豐富,包括 100 多卷的《甘珠爾大藏經》(Kanjur)和約 225 卷的《丹珠爾大藏經》(Tanjur)的註解。國會圖書館早期的藏文藏書的收集得益於三位傑出人物,他們是 William Woodville Rockhill、Berthold Laufer 和 Joseph Rock。Rockhill 是美國外交官和藏學家,19 世紀末 20 世紀初,他在中國蒙古和西藏地區收集了很多佛學經典。Laufer 是 19 世紀末另一位著名的藏學家。Rock 的閱歷豐富,是一位探險家、冒險家和科學家。20 世紀早期,他在中國偏遠艱苦的西部地區居住和旅行了 27 年。[6]

國會圖書館的蒙文藏書包括不同版本的蒙文《甘珠爾大藏經》和蒙文《丹珠爾大藏經》的註解。多個國家的專家參與了國會圖書館蒙文藏書的維護和管理工作。蒙文新書的採購則是在烏蘭巴托的書目文獻專家負責下進行的,期刊微縮膠捲的製作由國會圖書館駐新德里的辦事處負責。

1875 年,國會圖書館與日本政府建立了政府出版物的交換專案,此後國會圖書館的日文館藏便開始得到擴展。1905 年,華盛頓《明星晚報》(*Washington Evening Star*)的記者和編輯 Crosby Stuart Noyes 向國會圖書館捐贈了他豐富的日文藏書,其中包括 658 本 18 世紀中期至 19

世紀末期刊印的插圖本圖書，這批贈書被稱作諾伊斯文庫（Noyes Collection）。

1907 年，耶魯大學的朝河貫一開始系統地為國會圖書館購置日文圖書。在他的努力下，國會圖書館獲得了 9,072 冊圖書，內容涉及日本歷史、文學、佛學、神道教、地理學、音樂等領域。1930 年，阪西志保（Shiho Sakanishi）被任命為亞洲部日本組副組長，在他的經營下，1930–1941 年，國會圖書館的日文藏書增長了 3 倍。到 2008 年為止，國會圖書館總共收集了 1,172,234 冊日文圖書和 6,102 種期刊，從而使日文館藏成為亞洲部最大的館藏。

在國會圖書館收集的日文善本書中，大約有 5,000 種書是 1868 年明治維新之前發行的圖書和手稿，包括西元 770 年出版的經文《百萬塔陀羅尼經》，這也是世界現存的最早的印刷品之一。此外，比較著名的藏品有 1654 年在京都出版的全本《源氏物語》，以及 1624–1643 年間用活字刊印的《義経東下り物語》。2003 年，東京八木書店出版了國會圖書館日文善本書目。[7]

第二次世界大戰後，華盛頓文獻中心將從前日本帝國陸軍和海軍以及南滿洲鐵道株式會社收繳來的大批歷史文獻捐贈給了國會圖書館，其中許多是二戰前日本對朝鮮半島、蒙古、中國大陸和臺灣地區

圖 2-1：恆慕義 1955 年的照片。恆慕義是國會圖書館亞洲部第一任主任。亞洲部在 1928 年創建時被稱為中國文學部，1932 年更名為東方部，1978 年又更名為亞洲部。照片由國會圖書館亞洲部居密提供。

圖 2-2：亞洲部是國會圖書館四個區域研究部之一，其他三個部是非洲與中東部、歐洲部和拉美部。恆慕義（左起第二位，其他為亞洲部工作人員）1928–1954 年擔任亞洲部主任。照片由國會圖書館亞洲部居密提供。

第二章　國會圖書館東亞館藏史：參考書目指南　29

圖 2-3：袁同禮是中國圖書館事業發展的先驅，1925–1927 年擔任北京大學圖書館館長，1927–1948 年擔任國立北平圖書館（現在的中國國家圖書館）副館長、館長。1957–1965 年，他在國會圖書館工作，編撰了許多有用的書目，包括《西文漢學書目》一書。照片由袁清提供。

以及太平洋群島的研究文獻。國會圖書館同時也獲得了日本外務省 1868–1945 年的微縮膠捲文獻，以及 1945 年以前日本內務省員警署的檔案，其中許多是戰爭時期禁止出版的文件。[8]

國會圖書館收藏的一套伊能地圖是近代日本早期的地圖，由日本地圖專家伊能忠敬（Tadataka Inoh）於 1800–1821 年繪製。伊能當時繪製了 214 張比例為 1：36,000 的地圖。國會圖書館收藏了其中的 207 張。這些地圖涵蓋了從日本北海道到九州的所有地區。2001 年春，這些地圖的發現在日本引起了轟動。為展示這些地圖，並使其可以線上獲取，日本國家地圖中心將所有地圖都進行了數位掃描和維護。

國會圖書館的韓文館藏始於 1920 年代，是由加拿大傳教士 James S. Gale 捐贈的個人藏書開始的。1888–1928 年，Gale 曾在朝鮮半島生活了 40 年。他也幫助國會圖書館從韓國學者金斗輝（Kim To-hui）處購到了一些韓文善本書。韓文館藏更為有系統的收藏則始於 1950 年代初期，當時正值朝鮮戰爭期間。到 2008 年為止，國會圖書館總共收藏了 263,732 冊韓文圖書，1,689 種期刊，以及有關韓朝問題的 20,000 冊日文圖書和 9,000 冊英文圖書。北韓研究的館藏包括約 10,000 冊圖書，1,389 種現刊和 5,598 種過刊。

韓文館藏中有 480 種韓文善本，總計 3,000 冊，用桑皮紙印刷。韓文活字印刷品有 1241 年前後印刷的 8 卷本高麗時代著名文人李奎報（Yi Kyu-bo）的文集。其他善本包括 1744 年印刷的著名的 16 世紀儒學家和政治家李珥（Yi I）的選集、1834 年再版的崔致遠（Ch'oe Ch'i-won）的文集、1590 年印刷的《高麗史》，以及 1630 年印刷的《經國大典》。[9]

經過一個多世紀的努力，國會圖書館亞洲部各種文字館藏在眾多參與者的合作下取得了豐碩成果，許多圖書館員、學者和捐贈者都參與了這個過程。關於國會圖書館東亞館藏的建立和發展已經有許多著述。如果要進一步瞭解它的歷史，請見參考文獻。

圖 2-4：1696 年繪製的耕織圖。這套畫冊包括宮廷畫師焦秉貞繪製的 46 幅圖畫，其中 23 幅描繪水稻種植，23 幅描繪絲綢製作。照片出自《2007 年國會圖書館亞洲館藏插圖指南》，由國會圖書館亞洲部提供。

圖 2-5：位於國會圖書館湯瑪斯·傑弗遜大樓（Thomas Jefferson Buiding of the Library of Congress）亞洲部的閱覽室。照片由 Harold Meinheit 提供。

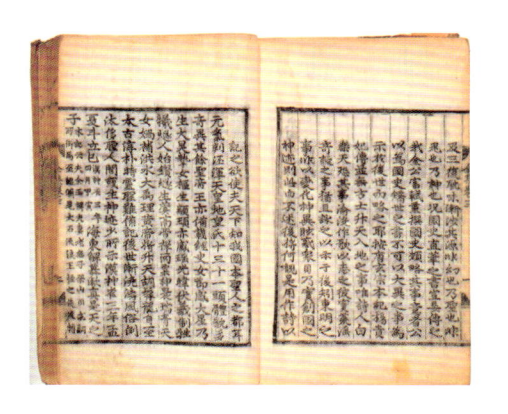

圖 2-6：李奎報的文集，這本珍貴的韓文著作於 1241 年用活字印刷出版，比德國人古騰堡（Johannes Gutenberg）利用相似的技術出版的著名《聖經》要早約 215 年。照片出自《2007 年國會圖書館亞洲館藏插圖指南》，由國會圖書館亞洲部提供。

第二章　國會圖書館東亞館藏史：參考書目指南

註釋

1. Blaine Marshall and Alexander Hovan, *The Thomas Jefferson Building, the Library of Congress* (New York: Scala, 2003), 1–2.
2. *The Asian Division* (Washington: Library of Congress, 2002), 1–2, 4, 8.
3. Chi Wang, *The Chinese Collection in the Library of Congress: A Brief Introduction* (Washington: Library of Congress, 2001), 5–6.
4. 維吾爾語資料由國會圖書館非洲與中東部的近東組收藏。
5. *The Chinese Collection* (Washington: Asian Division, Library of Congress). 大部分珍貴的中國地圖都保存在國會圖書館地理學及地圖部。
6. *The Tibetan Collection* (Washington: Asian Division, Library of Congress, 2002).
7. 米国議会図書館蔵日本古典籍目録刊行会。《米国議会図書館蔵日本古典籍目録》（東京：八木書店，2003）。
8. *The Japanese Collection* (Washington: Asian Division, Library of Congress).
9. *The Korean Collection* (Washington: Asian Division, Library of Congress).

參考文獻

（1）概括介紹美國國會圖書館東亞館藏史的著述

Hummel, Arthur W. "The Growth of the Orientalia Collection." *Journal of Current Acquisitions* 11 (February 1954): 69–87.

Lee, Hwa-Wei. "Building a World-Class Asian Collection in the Library of Congress for Area Studies, Culture Preservation, Global Understanding, and Knowledge Creation." In *Proceedings of Symposium on "The New Horizon of Library Services toward the Better Understanding of Asia."* Edited by National Diet Library, Kansai-kan, 57–67, 150–169. Kyoto: National Diet Library, 2004.（第 57–67 頁有日文譯文，第 150–169 頁有英文論文和插圖。）

Meinheit, Harold E. *Library of Congress Asian Collections: An Illustrated Guide*. Washington: Library of Congress, 2000.（最新的電子版可從亞洲部的網站上獲取，htttp://www.loc.gov/rr/asian/guide2007）

（2）論述美國國會圖書館中文館藏的著述

李孝聰。《美國國會圖書館藏中文古地圖敘錄》。北京：文物出版社，2004。

住吉朋彥。「米国議会図書館蔵日本伝来漢籍目録解題長編」。《斯道文庫論集》41：201–270。東京：慶應義塾大学附属研究所斯道文庫，2006。

松村潤。《米國議會圖書館所藏滿洲語文獻目錄》。東京：東北アジア文獻研究會，1999。

Hu, Shuzhao. *The Development of the Chinese Collection in the Library of Congress*. Boulder: Westview, 1979.

Huang, Hanzhu, and David Hsü. *Chinese Periodicals in the Library of Congress*. Washington: Library of Congress, 1988.

Huang, Hanzhu, and Hseo-chin Jen. *Chinese Newspapers in the Library of Congress*. Washington: Library of Congress, 1985.

Lee, Hwa-Wei. "Chinese Resources for Zheng He Studies in the Library of Congress." In *Maritime Asia and the Chinese Overseas, 1405–2005*. Edited by Inter-Agency Committee on the Chinese Overseas Databank and Research, Ohio University Libraries, and International Zheng He Society, 401–403. Singapore: HuayiNet, 2005.

Lee, Hwa-Wei. "Historical Resources on Northeast China and Japan in the Library of Congress" (paper presented at the International Conference of the Historical Resources for the Studies of Northeast China and Japan, Niigata University, Niigata, October 27–30, 2004).（2004 年 10 月 27–30 日在日本新瀉大學舉辦的中國東北和日本研究歷史文獻國際會議上提交的論文，論文有中日文版本。）

Lee, Hwa-Wei. "Sinological Resources in the Library of Congress" (paper presented at the International Conference on Sinological Resources in the Digital Era, National Central Library, Taipei, December 7–9, 2004).（2004 年 12 月 7-9 日在臺北國立中央圖書館舉辦的數位時代漢學資源國際會議上宣讀的論文。）

Lu, Judy S. "The Contemporary China Collection in the Asian Division, the Library of Congress." *Journal of*

East Asian Libraries 141 (February 2007): 19–28.

Lu, Judy S., and Harold Meinheit. "Hong Kong: From Fishing Village to Financial Center." *Library of Congress Information Bulletin* 56 (August 1997): 272–275.

Soong, James Chu-yul. *Chinese Materials on Microfilm Available from the Library of Congress*. Washington: Center for Chinese Research Materials, Association of Research Libraries, 1971.

Wang, Chi. "Development of the Chinese Collection in the Library of Congress and Its Utilization by Researchers." In *Proceedings of the International Conference on National Libraries: Towards the Twenty-First Century*. Edited by National Central Library, 645–653. Taipei: National Central Library, 1993.

Wang, Zhongmin. *A Descriptive Catalog of Rare Chinese Books in the Library of Congress*. Washington: Library of Congress, 1957.

Wiens, Mi Chu. "LC's Chinese Collection Is Largest in Western World: Growth Tied to Political Changes." *Library of Congress Information Bulletin* 53 (September 1994): 16.

Wiens, Mi Chu. "World Digital Library and E-Resources in the Asian Division, Library of Congress." *Journal of East Asian Libraries* 138 (February 2006): 1–4.

Wiens, Mi Chu, and Man Shun Yeung. *Commemorating the Two-Hundredth Anniversary of Robert Morrison's Arrival in China*. Taipei: eHanism Global, 2007.

Young, John. *The Research Activities of the South Manchurian Railway Company, 1907–1945: A History and Bibliography*. New York: Columbia University Press, 1966.

Zhu, Shijia. *A Catalog of Chinese Local Histories in the Library of Congress*. Washington: U.S. Government Printing Office, 1942.

（3）論述美國國會圖書館藏語和蒙古語館藏的著述

Buescher, John B. "Tibetan Materials in the Asia Rare Book Collection of the Library of Congress." *Journal of the International Association of Buddhist Studies* 13, no. 1 (1990): 1–15.（內列 William Woodville Rockhill、Berthold Laufer 和 Joseph Rock 於 1900–1928 年間所得木版畫及抄本。）

Farquhar, David M. "A Description of the Mongolian Manuscripts and Xylographs in Washington, D. C." *Central Asiatic Journal* 1 (1955): 161–218.

Kapstein, Matthew. August 28, 1990. "Inventory of Tibetan Works Acquired under 0199431: The Acquisition of Tibetan Books Published in the People's Republic of China, June 14–August 11, 1990." Report Submitted to the Library of Congress, Tibetan Collection, Library of Congress.（國會圖書館亞洲部的閱覽室中可以查閱此出版物和有關 340 套木板印畫中的題名和內容介紹。）

Maurer, Walter. 1962. "List of Tibetan Materials with Identification Numbers, 1962[?]." Tibetan Collection, Library of Congress.（Laufer 藏書和其他各種作品的清單和評注，可在國會圖書館亞洲部閱覽室查閱。）

Meinheit, Susan. "Tibetan Classical Literature and the U.S. Library of Congress: Preservation of Knowledge." *China Tibetology* special issue (1992): 361–372.

Meinheit, Susan. "The Tibetan and Mongolian Collections in the Asian Division, Library of Congress." *Journal of East Asian Libraries* 139 (June 2006): 27–35.

Robinson, Hanna. *First Cumulative Dictionary Catalog of Tibetan Works in the Library of the Institute of Advanced Study of World Religions*. Stony Brook: Institute of Advanced Study of World Religions, 1985.

Rockhill, William Woodville. 1902. "Catalogue of Tibetan

Books in the Library of Congress, 1902[?]." Tibetan Collection, Library of Congress. （62 種藏文圖書目錄的手寫清單，它對圖書內容和保存狀況做了簡要說明。可在國會圖書館亞洲部閱覽室查閱。）

Tachikawa, Murashi, Tshulkrim Kelsang, and Shunzo Onoda. *A Catalogue of the United States Library of Congress Collection of Tibetan Literature in Microfiche*. Bibliographia Philologica Buddhica, series major, no. 3. Tokyo: International Institute for Buddhist Studies, 1983–1988.

Woodblock to Laser: Library of Congress Tibetan Listings. Washington: Library of Congress, 1993.（亞洲典籍著錄光碟，可在國會圖書館微縮資料閱覽室查閱。）

（4）論述美國國會圖書館日文館藏的著述

田中宏巳。《米議会図書館所蔵占領接収旧陸海軍資料総目録：1992 年 5 月現在》。東京：東洋書林，1995。

田甫桂三、本多泰洋。《旧台湾総督府関係資料目録：米国議会図書館所蔵》。鳴門：八木印刷所，1996。

米国議会図書館蔵日本古典籍目録刊行会。《米国議会図書館蔵日本古典籍目録》。東京：八木書店，2003。

Honda, Shōjō, and Jin'ichi Konishi. *Pre-Meiji Works in the Library of Congress: Japanese Literature, Performing Arts, and Reference Books*. Asian Division Bibliographic Series, no. 2. Washington: Library of Congress, 1996.

Honda, Shōjō. *Pre-Meiji Works in the library of Congress: Japanese Mathematics*. Asian Division Bibliographic Series, no. 1. Washington: Library of Congress, 1982.

Kita, Sandy, Lawrence E. Marceau, Katherine L. Blood, and James Douglas Farquhar. *The Floating World of Ukiyo-E: Shadows, Dreams, and Substance*. New York: Harry N. Abrams in Association with the Library of Congress, 2001.

Kuroda, Andrew Y. *A History of the Japanese Collection in the Library of Congress, 1874-1941*. Washington: Library of Congress, 1970.

Nagao, Philip. *Japanese Local Histories in the Library of Congress: A Bibliography*. Washington: Library of Congress, 1988.

Library of Congress. *The Noyes Collection of Japanese Prints, Drawings, Etc*. Washington: Library of Congress, 1906.

Ohta, Thaddeus Y. *Japanese National Government Publications in the Library of Congress: A Bibliography*. Washington: Library of Congress, 1980.

Uyehara, Cecil H. *Checklist of Archives in the Japanese Ministry of Foreign Affairs, Tokyo, Japan, 1868–1945: Microfilmed for the Library of Congress, 1945–1951*. Washington: Photoduplication Service, Library of Congress, 1954.

Yoshimura, Yoshiko. *Censored Japanese Serials of the Pre-1946 Period: A Checklist of the Microfilm Collection*. Washington: Library of Congress, 1994.

Yoshimura, Yoshiko. *Japanese Government Documents and Censored Publications: A Checklist of the Microfilm Collection*. Washington: Library of Congress, 1992.

Yoshimura, Yoshiko. "Pre-1956 Japanese Documents and Censored Materials: A Checklist of the Microfilm Collection of the Library of Congress." Unpublished manuscript, 2002.

Young, John. *Checklist of Microfilm Reproductions of Selected Archives of the Japanese Army, Navy, and Other Government Agencies*. Washington: Georgetown University Press, 1959.

Young, John. *The Research Activities of the South Manchurian Railway Company, 1907–1945: A History and*

Bibliography. New York: East Asian Institute, Columbia University Press, 1966.

（5）論述美國國會圖書館韓文館藏的著述

韓國書誌學會。《海外典籍文化財調查目錄：美議會圖書館所藏韓國本目錄》。首爾：韓國書誌學會，1994。

량기백。《추려서 엮은 미국 국회도서관 소장 북괴자료 목록집》。서울：국토 통일원，1970。

"An Inventory of English-Language Publications on Korea in the Library of Congress as of 1994." 1997, Asian Division, Library of Congress.

Beal, Edwin G., Jr. and Robin L. Winkler. *Korea: An Annotated Bibliography of Publications in Far Eastern Language*. Washington: Library of Congress, 1950.

Cho, Sung Yoon. *Law and Legal Literature of North Korea: A Guide*. Washington: Library of Congress, 1988.

Jones, Helen D., and Robin L. Winkler. *Korea: An Annotated Bibliography of Publications in Western Languages*. Washington: Library of Congress, 1950.

Lee, Sonya. "The Korean Collection in the Library of Congress." *Journal of East Asian Libraries* 142 (June 2007): 37–43.

Parry, Albert. *Korea: An Annotated Bibliography of Publications in the Russian Language*. Washington: Library of Congress, 1950.

Yang, Key P. *Korean War Bibliography*. Washington: Library of Congress, 1990.

Yang, Key P. "Reference Guide to Korean Materials, 1945–1959." Master's thesis, Catholic University of America, 1960.

藏語佛經木刻版封面的插圖，展示了財神和守衛北方的護法——俱毗羅（Kubera）神。照片由哈佛燕京圖書館提供。

3 / 東方與東方的相會：哈佛燕京圖書館

林希文（Raymond Lum）

哈佛大學哈佛燕京圖書館原西文圖書館員。林希文曾在哈佛大學威德納圖書館（Widener Library）擔任了 33 年的亞洲書目文獻員（負責有關東亞、南亞和東南亞地區的西文館藏文獻）。他出生於芝加哥的中國城，在華盛頓大學獲得了中文學士學位，隨後在馬來西亞從事了兩年半的和平工作隊志願服務。他在哈佛大學獲得了東亞語言和文明專業的碩士和博士學位，並在密西根大學獲得了圖書館學碩士學位。他曾經發表過眾多論文，參與撰寫了一些著作章節和有關亞洲的評論，並為亞洲研究協會的《亞洲研究通訊》（*Asian Studies Newsletter*）撰寫了「網際網路中的亞洲資源」專欄，也曾是亞洲研究協會《亞洲學術資源》（*Resources for Scholarship on Asia*）叢書的主編。

波士頓這個英國清教徒的先輩們最早移居美國的地方——這個「豆和鱈魚之鄉，是 Lowells 家族只跟 Cabots 家族說話，而 Cabots 家族卻只跟上帝說話的地方」——而且還有著許多「波士頓禁令」（Banned in Boston）的城市，看起來似乎並不大可能是一個主要東亞圖書館的所在地。波士頓與東亞鮮有的共同之處是它們都位於東方：一個位於北美大陸的東海岸，另一個則屬太平洋對岸的「遠東」地區。不過，作為英國清教徒之家的波士頓，既是美國的一個海港，也是美國的一個教育重鎮。就像長期以來接受大批來自大洋彼岸的移民一樣，波士頓也把自己的市民們通過同樣的海域派去開拓貿易並從中獲利。在哈佛大學燕京圖書館的早期發展中，美中貿易是極為顯著的主題，這一主題在某種程度上一直延續到今天。

1636 年劍橋學院在新鎮創建之時，其創始人將它建在流經波士頓市區的查爾斯河畔，與麻薩諸塞海灣殖民地政府所在地相隔開來，以免受到腐敗的影響。兩年後，學院更名為哈佛學院，以記念剛剛去世的 John Harvard，正是他將自己並不龐大的半數遺產（包括一家倫敦酒吧）以及全部私人藏書捐贈給了哈佛學院。幾乎與此同時，新鎮更名為劍橋鎮，以記念這些來自英國的殖民精英們在英國的故土和學院，這些精英當然也包括 Harvard 在內。就這樣，新鎮的學院逐漸轉變為哈佛學院，最終成為今日的哈佛大學。

18 世紀的一場大火焚毀了哈佛學院的圖書館，Harvard 當初捐贈的圖書僅有一本倖存下來。這本名為《基督教與魔鬼、世俗和肉體之戰》（*The Christian Warfare against the Devil, World and Flesh*，1634 年倫敦出版）的書當時被借出，在發生火災時過期未還。然而，火災並沒有終結圖書館，而是標誌著它新的開始。四面八方的友人捐書、捐款以重建圖書館藏書。[1] 如今，哈佛大學圖書館已經成為世界上最大的學術圖書館，而東亞方面的圖書收藏在整個哈佛大學圖書的館藏和大學教學中都占有顯著地位。

哈佛大學與中國早期的往來

通過大西洋航線，大批移民來到美國東海岸，但這條航道駛向兩個方向。捕鯨的新英格蘭人借助這條航道駛向寒冷的大西洋，而從事貿易和追求利益的人們則走得更遠，他們繞過好望角進入太平洋，最終來到中國、日本、南中國海以及更遙遠的地方。利潤豐厚的對華貿易通過它位於遠在美國麻薩諸塞州的賽勒姆鎮（Salem）的中心而積聚了大量財富。這些財富後來導致了在賽勒姆以南約 40 英里距離的哈佛燕京圖書館的誕生。[2]

那些集資造船，將毛皮、人參、銀器和香菸輸送到中國，又從中國運回了茶葉、絲綢和瓷器的人們並不僅僅是航海者，他們也都是受過良好教育、睿智果斷的領導人。航海貿易本身並不足以使他們有成功感。在這批人中，有哈佛學院的畢業生，[3] 有在新英格蘭地區從事對華貿易的人，他們是中國貿易中的後來者。因缺乏漢語溝通的能力，他們不得不任憑中國的買辦階級（他們在華的管家）擺弄。這些買辦階級八面玲瓏，因熟悉語言和文化交流而縱橫商界。[4]

到了 1879 年，許多有志從事對華貿易的波士頓人決定，讓他們的後代在前往中國之前就學習漢語，以便在中美貿易上占據更大的優勢。[5] 於是，他們找到了一個激進的辦法，在哈佛大學開設漢語教學。儘管他們最初遇到了一些阻力，但是在哈佛學院院長和校友們的熱情支持下，這些商人堅持要求哈佛學院招募一名漢語教師。[6] 1863 年畢業於哈佛學院又曾在大清帝國海關任職的杜德維（Edward Bangs Drew）受命物色一名中國學者到哈佛學院教授漢語。杜德維在寧波海關任職期間，挑選了戈鯤化擔任此職。戈於 1879 年到劍橋給哈佛男生（當時哈佛學院仍舊全是男生）教授漢語會話課程。[7]

戈鯤化隨身攜帶的圖書曾經一度被認為是哈佛燕京圖書館藏書的起源，其實不如說這是一堆從未登錄造冊的書籍。戈鯤化到哈佛大學兩年後去世，哈佛竟然沒有人能夠確切地知道這都是些什麼樣的圖書。[8] 在隨後的 35 年間，被認為無人能解讀的東亞圖書就再沒有進入哈佛的收藏，而戈鯤化的書則一直被堆放在圖書館裡無人過問，可能被視為文化知識的雜物堆了。[9] 1914 年，來自東京帝國大學的兩位日本訪問學者服部宇之吉（Hattori Unokichi）和姊崎正治（Anesaki Masaharu）將他們帶來的一些日文和中文藏書捐贈給哈佛大學，其中包括全套 5,000 冊的中文《圖書集成》（插圖版抄本全集）。這兩位訪問教授的到訪也凸顯了哈佛在日文圖書收藏方面的薄弱，由此帶動了籌集資金和捐贈圖書活動，從而促成了購買日本版的中文佛學聖典《大藏經》及其補遺《續藏經》的行動。

1928 年，哈佛大學歷史學教授兼哈佛大學圖書館館長柯立芝（Archibald Cary Coolidge）在回應哈佛燕京學社的成立及其使命時，表示重視圖書館已存有的少量東亞圖書的收藏，而且會設法對這些藏書進行整理。柯立芝本人在哈佛講授遠東歷史課，因為他認為把遠東歷史列為教學科目是非常重要的，不過他也承認自己對於所謂的遠東知之甚少。1923 年，柯立芝手頭已經有了筆靠得住的資金，足以支援五年的遠東史教學活動。正在此時，新成立的哈佛燕京學社經費用盡，柯立芝便說服學社的理事撥款 5,000 美元，用於採購中文圖書和支付一位圖書管理員的薪金，[10] 雖然那時學社還沒有一位圖書管理員。

不久，柯立芝聽說這裡有一位來自中國並曾經受過圖書館學專業訓練的圖書館員，他於四年前來到哈佛，現正在攻讀農業經濟學學位（在哈佛大學所在的城市環境中攻讀農業經濟學實屬不尋常）。這位中國圖書館員為了學習西方的圖書編目方法，每週都在威德納圖書館做幾個小時的義工，而這個圖書館距柯立芝的辦公室僅有幾步之遙。這位圖書館員就是裘開明，儘管他的中文原名有不同的拼寫方法，但是最常用是還是 A.（即 Alfred）Kaiming Chiu。他原籍浙江省寧波市附近的鎮海。寧波也是戈鯤化 1879 年乘船前往波士頓時的出發港口。更為重要的是，裘開明是文華圖書館學專科學校首屆六名畢業生之一。這所學校於 1920 年在武昌由傳教士創辦和管理，是中國第一所圖書館專科學校。[11] 裘開明曾經在文明書局的漢口分部做了一年的見習生，在那裡他學到了有關圖書、書目編撰、圖書交易和商業管理等方面的知識。1922 年，裘開明獲得了圖書館專業學位之後，受聘為廈門大學首任圖書館館長。當時廈門是日本的殖民地，裘開明在那兒也學會了日語。

圖 3-1：1879 年戈鯤化來哈佛大學教授漢語。他隨身攜帶的圖書成為哈佛大學首批東亞文字的圖書。照片由哈佛燕京圖書館提供。

圖 3-2：1965 年退休後的裘開明。照片由哈佛燕京圖書館提供。

圖 3-3：1914 年左右的 Charles Martin Hall。他用個人的財產建立了哈佛燕京學社。照片由哈佛燕京圖書館提供。

兩年後，即 1924 年，裘開明這位通曉多國語言的 26 歲青年，來到紐約市的紐約公共圖書館深造。之後，他又從紐約到了劍橋鎮，在哈佛攻讀碩士和博士學位。裘開明在哈佛的出現與柯立芝對東亞的興趣，機緣巧合地湊在一起。柯立芝需要有人能整理中日文圖書，而他辦公室門對面正好就坐著一位受過圖書館專業訓練，既懂中文、日文，又懂英語、德語和法語的圖書館員。正如電影《北非諜影》（Casablanca）結尾 Humphrey Bogart 在當時心境下對自己友善的復仇者所言：「這是美好友誼的開始。」對於哈佛大學亞洲藏書的前途來説，也恰是如此。

柯立芝聘用裘開明擔任中日文圖書管理員去經管這些圖書。裘開明在這方面做出的工作的確成就非凡。他對西方東亞圖書館事業的貢獻如下：一、設計了獨特的圖書分類法，成為西方東亞圖書館數十年的圖書分類標準；二、在著錄卡片上採用羅馬字母來拼寫中文和日文；三、安排燕京大學圖書館為自己採購圖書的同時，也同時為哈佛購買一本複本；四、招募和培訓圖書館員工；五、輔導其他東亞圖書館的主要館員。

哈佛燕京學社及其圖書館

哈佛燕京圖書館從 1928 年創辦開始直到 1976 年，一直是哈佛燕京學社的圖書館，後來才併入哈佛學院圖書館。1928 年，在 Charles Martin Hall 遺產的資助下，哈佛燕京學社宣告成立。Hall 曾與生活夥伴共同發明了一種從鋁土中提取鋁的有效方法，並創辦了美國鋁業公司（Aluminum Company of America）。[12] Hall 遺產信託基金會決定，大部分財產應用於支持亞洲的高等教育和美國的亞洲研究。八年後，哈佛大學的亞洲研究逐漸興盛，哈佛燕京圖書館也發展起來，這一切在很大程度上都得益於哈佛燕京學社持續不斷的支持。[13]

哈佛燕京學社是設在麻薩諸塞州的一個獨立的基金會，從法律上來説，它並不隸屬於哈佛大學，但與哈佛大學保持密切的合作。該學社在中國開設的教學專案的總部設於北京新建的燕京大學，因而被稱為哈佛燕京學社。[14]

Raymond Lum　林希文

圖 3-4：1932 年左右博雅斯通樓中的圖書館。1958 年，圖書、字畫和桌椅全部搬遷到神學路 2 號。照片來自哈佛大學圖書館公報，由哈佛大學提供。

哈佛大學的中日文圖書收藏最初存放在哈佛最大的圖書館——威德納圖書館的一個小房間裡。1929 年，這些書又搬到了距離威德納圖書館不遠的一個稍大的地方，即博雅斯通樓（Boylston Hall），那裡也是哈佛燕京學社的所在地。兩年後，這些藏書正式命名為哈佛大學哈佛燕京學社漢和圖書館。[15]

當 1929 年搬至博雅斯通樓時，這些藏書已不再是零散的幾堆圖書了。中文圖書約有 4,500 冊，日文圖書也已經擴展到近 1,700 冊。博雅斯通樓內圖書館閱覽室的照片已顯示了該圖書館是一個相當有規模的傳統圖書館。時至今日，在哈佛燕京圖書館閱覽室的牆壁上仍然可以看到裝裱過的字畫。[16]

1965 年接替裘開明出任哈佛燕京圖書館第二任館長的吳文津是這樣描述早年圖書館職員的情況：[17]

> 在人事方面，除了裘開明博士外，圖書館於 1927–1928 年期間，還聘請了兩名兼職助理。上午的助理工作時間為 11 點到下午 1 點，每小時工資 50 美分；晚上的助理工作時間為晚上 7 點到 10 點，每小時工資 25 美分。其他時間的工作都由裘開明自己完成。

第三章　東方與東方的相會：哈佛燕京圖書館

圖 3-5：1938 年哈佛燕京圖書館工作人員。後排靠右的是裘開明。照片由哈佛燕京圖書館提供。

　　籌資、採購、編目、歸檔、招聘和監管等所有業務如今都是由一個團隊按照明確的規章制度來運作，而當年裘開明不得不一個人來琢磨和試行所有事情。哈佛燕京學社為圖書的挑選、購置和運送提供了慷慨的資助，從而保證了館藏的增長和維護。購置的圖書必須按照一定的順序存放，以方便教師、學生和訪客取閱。這些圖書還需要進行編目和分類，以方便不懂漢語和日語的美國人查看。不過，東亞學院圖書館的老讀者已經具備這些語言能力。隨著藏書的增多，圖書分類就需要在現有西方圖書分類體系的基礎上進行改良。地方志需要按地方分類，中國史需要按朝代劃分，日本史需要按照天皇劃分，古典名著、散文、通俗小說又有自己的分類體系。裘開明有著大量的館務需要思索處理。

　　哈佛燕京學社當時資金充裕，其首任社長葉理綏（Serge Elisséeff）的學術興趣直接推動了哈佛燕京圖書館早期的館藏建設。葉理綏是俄羅斯移民，曾在中國和日本生活數年，研究了兩個國家的中古史。隨著費正清（John King Fairbank）和賴肖爾（Edwin O. Reischauer）分別於 1936 年和 1938 年被聘為哈佛教授，由此而帶動了許多重要的改變。這兩位教授請求時任哈佛學院圖書館館長的 Keyes Metcalf 促使葉理綏將圖書館的藏書重心擴展到當代東亞方面。[18] 隨著時間的推移，圖書館的收藏範圍有了進一步擴大，包括了滿語、蒙古語、藏語、東巴（納西）語、韓語、越南語和西方語言的圖書。

裘開明的淵博的中文書目知識，曾任廈門大學圖書館館長的資歷，所具備的漢語、日語和西方語言的能力，與燕京大學的校際合作關係，再加上中國市場上可買到新舊圖書的機會日益增多，這一切都有利於圖書館的藏書建設。由於裘開明的遠見卓識，他在安排燕京大學圖書館為自身採購圖書的同時，也為哈佛大學購買一本複本。由此，具有同樣研究價值的館藏圖書便可以以最少的人力和財力在劍橋鎮建立起來。同時，隨著 1911 年清政府的覆亡，喪失特權的滿洲貴族和八旗弟子由於生活無以為繼，將自己重要的藏書賤價出賣。此外，在中國內戰和日本侵略中國期間，許多中國人因生活所迫，被迫將自己的圖書和手稿出售。哈佛的代理商便在北京和上海的書店中選購圖書。二戰結束後，哈佛大學又從被驅逐回國的日本人那裡獲得了大批圖書，同時又在日本購買了大量中文善本書。就這樣，裘開明收集到了大量的圖書，從而使哈佛燕京圖書館擁有當今除中國之外最重要的中文善本館藏。這些書中的不少珍本今天在中國也只能通過微縮膠捲、數位化及重印等方式才能獲得。

哈佛燕京圖書館如今依然保存著裘開明在中國購書的發票以及與書商們的來往書信。從中除了可見他對所購圖書的瞭解之外，還顯示了這些圖書是如何以低價購買來的。然而，若不是當年裘開明的不計名利之心以及哈佛燕京學社的慷慨捐贈，今天這些圖書就不可能保留至今，為讀者所用。裘開明知道好的圖書館需要什麼，他也努力確保自己建設的圖書館能臻至一流。

圖書分類與編目

僅僅獲得大批亞洲語言圖書，還不足以建好一個研究型圖書館。這些圖書還需要進行篩選、編排、編目和分類。但是如何進行？杜威十進分類法和美國國會圖書館的分類法，在當時都不適用於日益增多的中日文圖書的分類需要。於是，裘開明發明了自己的中日文圖書分類法，即後來廣為人知的裘氏分類法或哈佛燕京圖書分類法。裘開明根據中國《四庫全書》的圖書編排方法，將資料分為九大類，以及數百個特別為哈佛燕京圖書館藏書所設計的子目。此種分類方法經過亞洲研究協會創辦者十餘年的使用和調整，於 1943 年正式出版。這部分類法的內容極為豐富，包括裘開明對東亞圖書分類的理論和文獻管理方法，以及歷代中國圖書的分類法。裘氏分類法一直是英語國家東亞圖書館的標準分類法，直到 1970 年代以後，這些國家的圖書館才開始採用更為普遍的美國國會圖書館分類法。

哈佛燕京圖書館至今仍有大量圖書編目資料沒有轉換為美國國會圖書館分類法。這些圖書的索書號帶有諸如 J2743/4318 的標示，其中第一個或是前幾個字母表示書籍的語種。例如，首字母 J、K、W、Mo、Man、Tib 分別表示圖書是日文、韓文、西文、蒙古文、滿文和藏文。無首字母的圖書表明是中文圖書，字母「T」表明是珍本或善本（如 TJ 就表明是日文善本）。斜線之前的數字表示主題，斜線之後的數位是作者的姓名參考，它是根據作者姓氏的本來拼寫或以羅馬化拼寫編制而成的。如果是中國人或日本人的名字，則按照姓氏字元的四角號碼編寫。[19]

裘開明的另一項發明，是將叢書所包括的書名编制成分析卡片（子目編目），即在這些單本圖書的著者、書名、主題卡片上的頂端，用紅邊標示，以提醒讀者，該本書是收錄在某一大套的叢書之中的。

幾十年來，隨著西方國家東亞圖書館藏的快速增長，裘氏分類法已經不能適應各類圖書館的需要了，這一點裘開明在開始創造分類法時就有所預見。同時，藏書內容出現了很多新的領域，諸如人權、環境、影視研究等，已經很難在裘氏分類法中找到相應的類別了。隨著圖書館電腦的引進，編目工具（如國際線上圖書館電腦中心和研究型圖書館資訊網路）以及高效率的編目共享，裘氏分類法逐漸失去了生命力。但是這種分類法曾經有效地發揮了作用。

裘氏分類法的中文系統參照繁瑣的四角號碼系統，為表示中日作者姓氏的漢字賦予某些數字。四角號碼系統根據預先設定的漢字筆畫順序，為60,000多個漢字中的每個字的四個「角」賦予四個或者更多的數字。漢字羅馬化則只需要根據26個拉丁字母和少量符號使漢字的傳送變得更為容易和快捷。同時，此種方法可以使中文人名和書名便於列印、引用、編排出版和用於通信。現在，用漢語拼音標識漢字變得更為方便，如同日文的賴肖爾化（McCune-Reischauer）系統一樣，漢語拼音幾乎在全世界範圍內廣為使用。

裘開明的另一項發明是在著錄卡片上採用了羅馬字母作為檢索點。這就使這些卡片可以按照字母順序排列，混排在其他語種的用拉丁字母書寫或者轉換的語種的卡片中。

由於漢字同音字的頻率極高，許多不同漢字的羅馬字母一模一樣，因而在書目卡片中除了羅馬字元之外，同時附上相應的漢字就顯得十分必要了，於是裘開明率先採用了漢字和羅馬字母在著錄卡片上相輔相成的方法。幾十年間，大約數以百萬的3×5尺寸的淡色卡片上漢字是手寫上去的，羅馬字母和西文則是用打字機打上去的，每張卡片的底部中央都有一個醒目的圓孔。這些曾經比較先進的做法現在已經過時，但是這些卡片卻是歷史的明證，它們記錄了當時東亞圖書館的編目和館際編目共享的方法。這些書目卡片也是學生們學習的工具，學生們可以在一張卡片上，同時看到書名、著者等內容的東亞文字及其羅馬拼音。從2003年開始，哈佛大學圖書館的電子書目除顯示羅馬拼音外，也開始顯示漢文、日文和韓文。實際上這就是裘開明早期開拓性工作的現代版本，儘管當時的圖書目錄卡片現已經成為歷史。[20]

接替裘開明出任哈佛燕京圖書館館長的吳文津，曾記下了裘開明的另一項創新：[21]

> 裘開明也是圖書館館際合作的開創者。1928年，當哈佛燕京圖書館開始用老式的藍色複印紙製作目錄卡片時，裘開明就想到，「這將會是中文圖書合作編目向前邁出的一步」。從1935年到1938年，他將這些卡片提供給其他圖書館。從1938年到1944年，他也將在北平印製的中文卡片和在哈佛劍橋用平版印刷的書目卡片分發給其他圖書館。

在當地製作編目卡片是一項複雜而耗時的工作。首先需要將空白卡片固定在打字機的特殊滾筒上，這些打字機最初是手動操作的，後來採用電動模式。然後，由一批打字員將羅馬字元和西方文字列印在卡片上，同時為每個漢字留出兩個空格，然後抄錄員用蘸水筆蘸著墨水把漢字寫上去。如果寫錯，則要用矯正帶或消字液將其清除。為了打出母音的變化，還必須對滾筒進行垂直和水平操作。這種方法也被用在製作一式多聯的訂書單上（一聯寄給書商，一聯排在圖書採購主條目文檔中，一聯排入按採購號順序排列的目錄中，然後丟掉複寫紙）。整個過程費時費力。數十年後，圖書館獲得了一批中日韓文打字機，用以在卡片空白處打進漢字。這些打字機從外表看就像占卜板，它包含幾個大的金屬字元托盤和一個固定卡片的滾筒，而滾筒又附在一個大的滾軸上。打字員首先用橫格和豎格確定托盤上漢字的座標，然後選定需要的漢字，接著再將位置對準空白處，最後敲擊鍵盤，使托盤上的漢字彈出，印在油墨色帶上，漢字也就列印在卡片上了。[22] 然後，這些卡片被送往哈佛大學威德納圖書館大量複製，其中一套排放到哈佛大學聯合書目（即通常所說的官方書目）中去。在威德納圖書館寬敞的主層，大量的卡片目錄排放在數以百計的橡木目錄櫃的抽屜裡，整整占據了四分之一的空間。數十年來，這些都一直被認為是現代化的做法。後來電腦將員工從繁重的體力活動中解放了出來，然而取而代之的則是新的繁重工作。

圖 3-6：1955 年的目錄卡片，上面有手寫的中文漢字和羅馬拼音。根據卡片標注，這是為國會圖書館所編的圖書目錄。圖片由哈佛燕京圖書館提供。

圖 3-7：康納敏子（Toshiko Connor）正在用一臺打字機將東亞文字輸入到目錄卡片上。照片由哈佛燕京圖書館提供。

圖書館的第二個階段

1965 年，裘開明從哈佛燕京圖書館館長的位置退下來後，《哈佛亞太研究雜誌》（*Harvard Journal of Asiatic Studies*）將第 25 卷作為記念他的特刊出版。從他發表的論著目錄中，可以發現他擁有極為廣泛的興趣和豐富的經歷。他發表的文章內容涉及中國繪畫、商務印書館的圖書館被毀、眼鏡引入中國、傳記辭典的幾個權威性概述等。退休之後，裘開明並沒有停止工作。他繼續擔任美國和香港其他東亞圖書館的顧問，後來又回到哈佛燕京圖書館負責大批善本的收藏。在退休後，他仍然每天身穿三套頭的西裝坐在三樓小辦公室的桌前，為前來諮詢的人提供有關學術和人生方面的建議。這時，他常常會帶上助聽器，而當一位曾經由他聘請但尤為難纏的員工（前陸軍軍官）前來責難他時，他就會將助聽器關掉。[23]

吳文津出任哈佛燕京圖書館第二任館長之後，圖書館走向了新的

圖 3-8：吳文津，1965–1997 年任哈佛燕京圖書館館長。照片由哈佛燕京圖書館提供。

圖 3-9：1978 年左右哈佛燕京圖書館工作人員歡聚一堂，慶祝金賀（Chinn Ho）閱覽室的開放。照片由哈佛燕京圖書館提供。

發展方向。吳文津是當代中國研究方面的知名學者，生於四川省成都市，曾在國民黨軍隊中擔任翻譯，1944 年被派往美國擔任中國軍人的翻譯，幫助他們學習使用美國飛機和武器。中國共產黨推翻了國民黨統治後，美國政府為吳文津提供了一個在美國留下來的機會，他接受了。他獲得了華盛頓大學的歷史學學士學位和圖書館學碩士學位。不久，他成為史丹佛大學中文圖書館館長，後來又擔任該校胡佛研究所東亞圖書館館長。[24] 在胡佛研究所，他與 Peter Berton 合編了《當代中國研究指南》（Contemporary China: A Research Guide）一書，這本書長久以來一直是研究 20 世紀中國的經典參考書。後來，在費正清教授的幫助下，吳文津來到了哈佛大學。費正清教授此舉旨在確保當代東亞研究將成為哈佛燕京圖書館藏書的重心，這是費氏數十年前便開始致力的一項目標。

在吳文津的領導下，圖書館發起了一系列創新活動，其中之一便是到今天依然是該館強項的出版專案。[25] 這一專案揭開了哈佛燕京圖書館鮮為人知的特色資源。此外，吳文津還協助建立了東亞圖書館協會，並創辦了該協會的會刊，成為美國東亞圖書館事業的紀錄。同時，在吳文津的領導下，圖書館資源分享和合作關係拓展到了日本、韓國、臺灣和香港的圖書館。1976 年，文化大革命結束後，又擴展到中國大陸的圖書館。[26] 就校內工作來說，吳文津也負責協調哈佛的幾個東亞圖書館藏的建設，並堅持不懈地為圖書館爭取充足的資金和人力支持。

隨著 20 世紀地緣政治的改變，以及聘請新教授帶來的課程變化，哈佛燕京圖書館也做出了相應的調整，將重心放在中國和日本方面。除了中、日文館藏外，哈佛燕京圖書館也有其他重要收藏。

韓文館藏

1951 年朝鮮戰爭期間，哈佛燕京圖書館成立了一個韓文部，由金成河（Sungha Kim）領導。[27] 同時，金成河獨自創辦了韓文館藏，這個館藏在美國是頂尖的。他與哈佛大學的首位韓國研究教授 Edward Wagner 密切合作，而後者是美國數十年間韓國研究的領軍人物。此外，金成河決定效仿裘開明數十年前收集中文圖書的模式，制定了圖書購置、編目和交換的策略。從 1958 年上任到他溘然辭世，人們幾乎每天都可以看到他身穿西裝和便鞋在辦公室工作的身影。他受到了幾代教職工和研究生的尊崇，圖書館的同事們對他也極為敬重。金成河在擔任副館長並負責韓文部期間，哈佛成立了韓國研究中心，與費正清的中國研究中心和賴肖爾的日本研究所平行。此時，哈佛的韓國研究與哈佛的中國研究和日本研究處於了同等重要的地位。

滿文和蒙古文文庫

1935 年，哈佛燕京學社為哈佛大學中文專業研究生柯立夫（Francis Woodman Cleaves）提供了一筆資助，讓他在巴黎和中國進行為期六年的研究。柯立夫在他巴黎學習期間師從蒙古研究專家田清波（Antoine Mostaert），並在中國度過了這次旅行的最後三年，造就了他畢生對蒙古研究的興趣。1930 年代，柯立夫在北京街邊小攤上發現了許多滿文和蒙古文的珍本圖書，他將它們買下來，帶回給圖書館以補充他的私人收藏，並都用於教學。1911 年滿清政府覆亡後，滿語不再流行，且日趨走向滅絕。滿洲貴族和平民都變得貧困交加。大批滿文圖書和手稿湧入市場，有的還被當作廢紙買賣。柯立夫可以讀懂滿文，而書商卻不懂，因此他可用極為合理的價格買下這些資料。今天哈佛燕京圖書館收藏的滿語和蒙古語資料極為豐富，是世界上此類藏書最多的典藏機構之一。

柯立夫也協助建立了哈佛燕京圖書館的中文館藏。作為二戰結束時美國駐華武官，柯立夫負責遣送日本公民回國。在此期間，他收繳了一些日本人從中國掠奪來的中文圖書，並將它們送往哈佛大學。[28] 他也為哈佛大學購買了大批中國的拓片，並用牛皮紙和繩子將它們包起來，寄到哈佛。這些拓片中大部分後來都一直未打開。1970 年代，這批資料的數位化成為了大學的一個重要專案。幾乎與此同時，柯立夫又為哈佛大學購買了大批日本木刻印刷品。在當時趨於現代化的日本，這些書籍已經失寵，可以用低廉的價格收購到。柯立夫的遠見卓識使得哈佛燕京圖書館的藏書更為豐富。如果是今天，圖書館決不可能買到這些寶貴資料。[29]

1980 年，柯立夫退休後，哈佛燕京圖書館獲取滿語和蒙古語資料的工作便一度失去了動力，但是隨後年輕學者歐立德（Mark Elliott）進入哈佛大學任教，哈佛燕京圖書館在收集這些語種的圖書上重獲生機。新收集的圖書中包括錫伯語資料，這種語言是現代滿語的分支，由滿族駐守中國西部邊防要塞的人們創造。

西文文庫

　　隨著哈佛大學的東亞研究逐漸正規化，並擴展到其他院系和專業，包括目前的東亞語言和文明系（即以前的遠東語言系）和國際區域研究中的東亞學碩士專業。哈佛燕京圖書館在 1975 年前後建立了西文部。不過早在 1932 年，威德納圖書館已將與中國研究有關的西文參考工具書和重要的西文期刊的收藏和管理工作轉交給了中文圖書館，這種狀況一直維持了 75 年。[30] 毫無疑問，相對於哈佛大學圖書館的任何其他資料來說，這批圖書是圖書館同意借出時間最長的資料。在這過去的 30 多年裡，哈佛燕京圖書館的西文圖書館員同時也一直是哈佛大學威德納圖書館亞洲書目文獻員（負責收藏有關東亞、南亞和東南亞文的西文文獻），他穿梭於兩個辦公室，管理兩群不同的工作人員。這種人事體制確保了哈佛兩大館藏之間溝通的持續性和有效性，因為同一人既是圖書館員，又是書目文獻員，他一人做決定就好。同時，作為哈佛燕京圖書館西文部的負責人，他也理所當然地擔負中文、日文、韓文和越南文以外的其他任何語種的圖書收藏和服務工作，包括滿文、蒙古文、藏文和梵文圖書的收藏、照片複製審批、陳列展覽，以及接待訪客參觀等工作。

越文文庫

　　1973 年，哈佛燕京圖書館越文部應中越史專家吳才德（Alexander Woodside）的要求而創辦，是越戰的產物。越文部成立之初，負責從南越採購圖書。但是戰後的越南開始歡迎外國遊客，圖書出口貿易也隨之擴大，出版物也逐漸開始反映該國的社會現實。波士頓地區的越南難民曾反對哈佛燕京圖書館從北越共產黨地區採購圖書，並以焚毀圖書館資料為威脅，這種情形持續了多年。正因為如此，數十年來，越文藏書都鎖在「籠子」裡，越文書庫也嚴格限制進入。只有持有哈佛大學證件和註冊過的訪問研究人員才能進入越文書庫。

藏文文庫

　　在美國大部分圖書館裡，藏文圖書是作為南亞館藏的一部分加以管理的。哈佛燕京圖書館卻設有藏文文庫，這是因為哈佛燕京學社早期就決定採購藏文圖書。西藏地處中國西部，與漢族歷史源遠流長，因而從邏輯上講，藏文圖書也應該納入東亞館藏。尤為重要的是哈佛大學沒有可用的南亞館藏。藏語圖書進入哈佛燕京圖書館得益於愛沙尼亞男爵鋼和泰（Alexander von Staël-Holstein）的努力。鋼和泰是一位語言學家，他應邀來到哈佛客座講學的那年，正好哈佛燕京學社成立。[31] 作為一位旅居北京的人士，又是研究西藏和梵語方面的學者，鋼和泰可以為哈佛購買到一些珍貴和很有價值的藏文文獻資料。1929 年，鋼和泰離開哈佛之後，他為哈佛購置的這批藏文圖書 60 多年來幾乎未被人注意到，直到 1990 年，在牛津大學受過訓練的 Michael Aris 來到哈佛教授藏文。作為緬甸異議人士和諾貝爾和平獎得主翁山蘇姬（Aung San Suu Kyi）的丈夫，他成功地說服了圖書館大幅度擴充新舊藏文圖書的藏書建設。這項活動在范德康（Leonard van der Kuijp）的建議和鼓勵下獲得了進一步發展。范德康祖籍荷蘭，曾獲得過麥克阿瑟天才獎。哈佛燕京圖書館的藏文文庫之所以能夠保持研究水準源於多種因素，其中既包括范德康的努力，也包括紐約市藏傳佛教資源中心將藏文圖書大規模數位化的工作和美國國會圖書館的南亞合作購書專案。藏文文庫支持不斷擴大的西藏研究專案（涵蓋宗教學、語言學、歷史學、法學、音樂、人類學和植物學等多個領域）。

非正式出版物

獵奇的圖書館員收集各種各樣的資料，用以補充傳統的圖書、期刊和微縮膠捲等收藏，但是這些資料通常難以處理。與其他圖書館一樣，哈佛燕京圖書館也擁有大量的照片、[32] 私人檔案、宣傳畫和其他資料，被籠統地歸入為非正式出版物類。[33] 隨著文獻的數位化和它們在全球範圍內的傳播，這些存放於書架上、桌子下、大箱子中，甚至在看不見、想不到的校外庫房中的資料可以通過數位掃描、編目，然後在網上發布，這樣我們就把圖書館從哈佛劍橋鎮延伸到了更為廣闊的世界。

哈佛燕京圖書館的特色收藏包括有約 70,000 張歷史照片、嶺南大學的檔案、洪業、[34] 胡漢民、[35] Joseph Buttinger 的文集、[36] 大清帝國海關、義和團起義和中國回教方面的大量史料、保釣（釣魚臺）[37] 運動的資料、日本木刻印刷品、佛學和神道教卷軸、馬戛爾尼勳爵（Lord Macartney）1792 年有關中國外交關係的四頁筆記（由其僕人記載）、[38] 文化大革命時期的大字報、有關哈佛第一位漢語教師的文獻資料、義和團運動期間八國聯軍解救被圍困的外國公使館時所用的原始地圖等。

1998 年，為網上獲得圖書資料而設計的哈佛圖書館數位化（Library Digital Initiative, LDI）計畫開發了兩種新的線上編目系統：視覺資訊獲取系統（Visual Information Access, VIA）和線上檔案檢索資訊系統（Online Archival Search Information System, OASIS）。作為圖書館數位化的一部分，哈佛大學圖書館將一些鮮為人知的圖書資料進行掃描，存放到數位儲藏庫內，並在網際網路上使用。在哈佛大學圖書館撥付的首批經費中，哈佛燕京圖書館獲得了其中一部分，用來編目並把 Hedda Morrison 1933 年到 1946 年期間在中國北平拍攝的 5,000 張照片數位化。在網上顯示的這些照片的來龍去脈，反映了 Morrison 當時的生活。圖書館還將約 1,000 張有關中國穆斯林的照片數位化，這些照片由美國傳教士 Rev. Claude L. Pickens, Jr. 拍攝。Pickens 還收集了大量的漢語、英語、阿拉伯語和波斯語的印刷品，它們中大部分在今天的中國已經不復存在。通過線上檔案檢索資訊系統，研究者們可以知道這些資料的存在並看到數位化文本。

神學路 2 號大樓

哈佛燕京圖書館常常被認為是在哈佛大學外面的圖書館，這個「外面」其實是指 70 多年來，哈佛燕京圖書館一直都沒有在有著大門和圍牆的哈佛校園之內。實際上，神學路 2 號與哈佛大學的其他大樓（包括一些圖書館）毗鄰。哈佛燕京圖書館的藏書量在整個哈佛大學近百個圖書館中位居第三。位於神學路 2 號門前通道兩側的兩座石獅仿佛宣告著這裡是哈佛大學東亞研究的重地。其實，這對石獅與哈佛大學圖書館或亞洲研究毫無關係。[39]

位於神學路 2 號的這棟樓長而不高，是個只有兩層的紅磚樓，頂部為大理石護欄，外表裝飾著大理石圓盤，圓盤上面繪製著十二宮地圖和動物，這裡最初是地理探索中心的所在地。這幢樓是按照捐贈人 Eleanor Elkins Widener Rice 的要求，供她的第二任丈夫地理學家 Alexander Hamilton Rice 使用的。[40] 有人認為，將哈佛大學重要的東亞圖書館安置在為 Rice 建造的這棟大樓中極為合適。[41]

從 1958 年圖書館搬至此棟大樓到 1970 年代，統計系一直位於附樓三層，這裡大多是迷宮般的無窗辦公室。一直到 1970 年代哈佛建造了科學中心後，哈佛燕京圖書館才得以將三樓來當作書庫。善本書室也設在了這層樓上。

從正面看，神學路 2 號似乎是一個寬敞舒適的地方，但事實上，圖書館在這棟樓裡僅占據著很少的地方。大樓背靠一個大講堂，哈佛燕京學社以及東亞語言和文明系的教授辦公室、行政辦公室和學生教室，幾乎占據了一、二層的大部分空間。圖書館的藏書則分布在該樓地下一層、二層和一樓盡頭的狹長走廊內。這條走廊將閱覽室、書目檢索室、日文編目辦公室和公共服務部沿著書庫連在一起。大量的館藏和圖書館工作人員都擁擠在狹小的空間裡。

哈佛燕京圖書館地下室的密集書庫和哈佛大學校外供的倉儲型密集書庫暫時緩解了圖書館嚴重的空間問題。過去曾經使用過哈佛燕京圖書館的人們一定還記得那些鎖著門的籠子區域，那裡有特藏圖書和職員工作區。這些鐵籠後來因不符合消防條例而被拆除，哈佛燕京圖書館也因此而失去了某些獨特的風景。

圖 3-10：「尼姑」，這是 Hedda Morrison 於 1939 年在北平拍攝的照片，1991 年以遺產方式捐贈。照片由哈佛燕京圖書館提供。

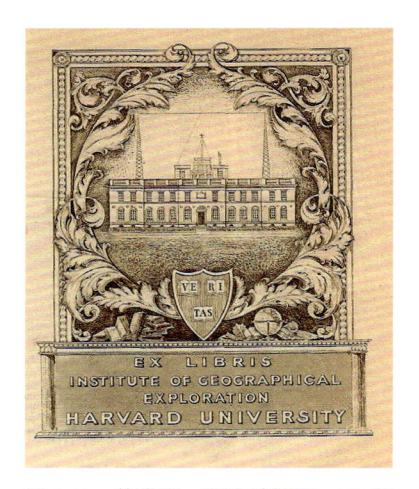

圖 3-11：藏書票，圖中建築是 1937 年位於神學路 2 號的地理探索研究所，其廣播塔在 1958 年哈佛燕京圖書館搬至此幢大樓之前即已拆除。圖片由哈佛燕京圖書館提供。

進入 21 世紀

儘管圖書館經常被認為是一個永恆的機構，但事實上它們總是處於發展狀態中。僅僅經過了一代人的時間，打字機就讓位於電腦，有線就讓位於無線。數位資源雖然沒有完全取代紙質文本，但卻極大地補充了紙本資源。[42] 若要面對這些變化，就需要有一個既能理解這些變化，又能懂得這些變化會給圖書館帶來什麼樣的影響的領導人。要麼闊步向前，要麼落於人後。

隨著鄭炯文出任哈佛燕京圖書館第三任館長，圖書館的轉型進入了一個新紀元，那年恰巧也是千禧之年。曾經擔任過芝加哥大學東亞圖書館館長和加州大學洛杉磯分校東亞圖書館館長的鄭炯文，把現代化的高瞻遠矚帶到了在前兩任館長管理下已發展卓越的哈佛燕京圖書館。

鄭炯文知道美國的東亞圖書館與東亞地區的學術圖書館在本質上沒有差別，這些圖書館之間是可以共用資源的（館藏和人員），也可以相互學習。於是，鄭炯文在哈佛燕京圖書館開設了一個訪問館員專案，讓亞洲地區的圖書館專家到哈佛來工作、學習和研究。哈佛燕京

圖 3-12：2009 年位於神學路 2 號的哈佛燕京圖書館。大樓的外表保持了建造時的原貌。照片由哈佛燕京圖書館提供。

第三章　東方與東方的相會：哈佛燕京圖書館　53

圖 3-13：哈佛燕京圖書館印章，由哈佛燕京圖書館提供。

圖書館的館員則到中國、日本、韓國作人員交換與互訪。一批在古籍善本、編目或參考諮詢等方面學有專長的亞洲圖書館員們已經先後來美，與哈佛燕京圖書館的同行們一起工作，時間長度為半年到一年不等。

當今的圖書館工作人員都面對著電子媒介所帶來的挑戰。在鄭炯文的領導下，哈佛燕京圖書館也走上了這條新的道路。隨著數位資源日益增多，大量數位化文獻為全球學術界所用。哈佛的學人也受惠於日益增多的數位資源。

展望未來，必然要回顧歷史。2003 年哈佛燕京圖書館舉辦了 75 週年館慶活動，舉辦了為期三天的學術研討會和幾場展覽，並出版了一部專著《燕京的寶藏》（Treasures of the Yenching）。該書由韓南（Patrick Hanan）主編，重點介紹了哈佛燕京圖書館的特色收藏（包括中文善本書、滿文圖書和手稿、日本佛學和神道教卷軸、照片和非正式出版物、傳教士手稿等）以及這些特藏的發展史。館慶紀念活動之後，會議論文集也由伊維德（Wilt Idema）編撰成《書海茫茫》（Books in Numbers）一書出版發行。

哈佛燕京圖書館就像一張照片，它可以喚起人們真實的記憶和想像，也能引發人們懷舊的情緒。這些記憶可以被重新闡釋，但它們自身卻不能改變。當人們在若干年或幾十年之後，重返哈佛燕京圖書館時，他們也許會評論哈佛燕京圖書館的變遷和現代化的新貌。然而，他們也一定會承認這裡仍然是他們曾經熟悉的地方，仍然是他們所使用過的那個圖書館。這是對哈佛燕京圖書館、它的館藏歷史及藏書，以及那些把哈佛燕京圖書館建設成為世界著名的文獻資源重鎮的圖書館員們的最大肯定。

註釋

1. 圖書館最早的捐贈來自於英國的 Thomas Hollis，他與哈佛學院毫無關係，也從未到過美國。直到今天圖書館仍然用這筆捐贈資助圖書收藏，哈佛的線上書目因他而命名為 HOLLIS（也是 Harvard On-Line Library Information System 的意思）。

2. 北美殖民地宣布獨立後，英國解除對海路的封鎖。1784 年，美國輪船「中國皇后號」駛離紐約，開啓了中美貿易的大門。「中國皇后號」於次年返回紐約。賽勒姆地區很快高樓林立，從而證明了麻薩諸塞州的許多船長、投資者和船主在此次貿易中賺得缽滿瓢滿。賽勒姆的皮博迪‧埃塞克斯博物館（Peabody Essex Museum）和波士頓藝術博物館也從這次對華貿易中獲得了許多重要的收藏品。當初僅出於獵奇而獲得的藏品現在成了珍寶。甚至藍白相間帶有「藍色柳樹」圖案的中國瓷盤也被作為壓艙物運回，而不是作為珍寶。此次運回美國的貨物中可能也有中文圖書。參見 Kenneth Scott Latourette, *The History of Early Relations between the United States and China, 1784–1844* (New Haven: Yale University Press, 1917).

3. 船長們把賽勒姆的鮑迪奇（Nathaniel Bowditch）所著的《新美國航海員》（*The New American Navigator*）一書作為他們的航海指南。哈佛學院圖書館今將鮑迪奇 1822 年的贈款用來購買在東亞出版或有關東亞的圖書。

4. 參見 Yen-p'ing Hao, *The Comprador in Nineteenth Century China: Bridge between East and West* (Cambridge: Harvard University Press, 1970). 1842 年之前，中國對外開放貿易的唯一港口是廣州，美國大部分華裔也是通過這個港口到達美國的。1842 年中國簽署了《南京條約》，結束了第一次鴉片戰爭，又增設了幾個港口，從事對外貿易。

5. 當時耶魯大學已經開始提供漢語教學（從 1878 年開始），而牛津大學的中文講座也已經建立了很長時間。因此，哈佛大學與美國駐牛莊領事鼐德（Francis Knight）進行協商，希望他幫助物色一名中國學者到劍橋講授漢語。當時的波士頓報紙也刊載了他們的願景「普通的美國青年能夠像辨認他們鎮上商店的商品標籤一樣，來辨認這些茶具和爆竹箱上的象形文字，這一天或許為時不遠了」。然而，在意識到在華的外國商人需要學習漢語這方面，美國人顯然是慢了一步。早在 1815 年，傳教士 Robert Morrison 為外國人編寫出版了一本漢語語法書，這本書在印度出版，得到了東印度公司的資助。見 Bruce H. Billings, *China and the West: Information Technology Transfer from Printing Press to Computer Era* (Long Beach: Intertech Press, 1997), 21ff. 同年他的四卷本《漢英詞典》也在澳門發行。

6. 他們也諮詢了大清皇家海關總稅務司赫德（Robert Hart）。他對此並不十分樂觀，在回信中說「安排一個華人在大學開設講座課程，並告知公眾需要聆聽他的課程，以便適應將來在中國的工作，這還不夠⋯⋯對於中國文人來說，給外國人講授漢語，這是一件苦差事，他們不幹的」。赫德的這封信存放在哈佛大學檔案館「1877–1882 年漢語教學的相關記載」文檔中。

7. 戈鯤化後來成為劍橋的名人，儘管他曾在中國的英美公使館任職，但他不懂英語，也沒有通過考試獲得功名，而是買來的功名。參見 Raymond Lum, "Ko K'un-hua: Brief Life of Harvard's First Chinese Instructor,

1838–1882," *Harvard Magazine* (March–April 2008): 44–45。

8   作為「哈佛燕京圖書館」，它在圖書編目上冠以「H」，而不是「Y」。這一正式的命名確保了圖書館不會與哈佛廣場的燕京飯店相混淆。然而，大部分人還是願意稱圖書館為燕京，這一種呼就沒有必要再加以標識了。但是「在燕京見」可能就會是去吃午餐或者去學習，也可能兩者都不是。

9   波士頓出現的第一本中文圖書可能並不是商船帶回來的，而是 1834 年美國公理宗海外傳道部（American Board of Commissioners for Foreign Missions, ABCFM）在本地出版的。這本《基督登山寶訓》（*Christ's Sermon on the Mount*）利用從中國運來的木板模具和波士頓製作的金屬模具製作完成。見美國公理宗海外傳道部 1834 年 7 月《傳教先驅》（*Missionary Herald*）中的報導。該書的一頁也裝訂在這期的雜誌中。美國公理宗海外傳道部的紀錄存放於哈佛大學霍頓圖書館（Houghton Library）。

10   William Bentinck-Smith, *Building a Great Library: The Coolidge Years at Harvard* (Cambridge: Harvard University Library, 1976), 162.

11   文華圖書館學專科學校隸屬於美國聖公會，其成立得到美國政府的資助。當時美國免除了清政府因義和團運動而支付給他們的賠償金，並要求用這部分資金來建造學校。參見 Michael H. Hunt, "The American Remission of the Boxer Indemnity: A Reappraisal," *The Journal of Asian Studies* 31 (May 1972): 539–559.

12   美國英文拼寫「鋁」，使用 "aluminum"，而其他地區使用的英語中則用 "aluminium"。這一區別列印在 Hall 肖像邊的說明中，肖像懸掛在哈佛燕京學社辦公室外的牆壁上。說明寫道，當初 Hall 及其家庭在製作推銷產品的小冊子時，犯了一個列印錯誤，漏掉最後一個「i」，但是他們當時缺少資金來重新印刷宣傳冊。

13   哈佛大學的幾個圖書館都收集東亞文字資料。藝術圖書館魯貝爾文庫（Rübel Asiatic Research Collection）有亞洲語言館藏；哈佛大學法學院有東亞法律研究專案；馮圖書館（Fung Library）則收錄了當代日本文獻中心（賴肖爾日本研究所圖書館）的日文資料，以及費正清東亞研究中心的中國文庫。哈佛大學的韓國研究所則支持哈佛燕京學社韓文館藏的發展。所有這些圖書館都收集有關東亞或來自東亞的文獻資料。

14   燕京大學後來併入了現在的北京大學。1998 年北京大學慶祝百年校慶時，宣布它的英文名字仍然是大家熟知的 "Peking"，而不是中文拼音形式的 "Beijing"。

15   圖書館和哈佛燕京學社最初座落在博雅斯通樓，這就是為什麼 1936 年人們在博雅斯通樓和威德納圖書館之間放置了一個龐大的石龜，它的背上刻有中文，這一石雕一直保存到今天。這是上海的哈佛俱樂部代表中國校友，在哈佛大學 1936 年 300 年校慶時贈送的禮品。這一雕像最初是清朝的一個皇帝賜給一位總督的。石龜背上刻的碑文是校友給哈佛大學校慶的賀詞。到 1936 年為止，已經有近 1,000 名中國學生在哈佛接受了教育。此碑文英譯可參考 *Harvard Alumni Bulletin* 39 (September 1936): appendix J.

16   2005 年在圖書館 75 週年之際，中國學者和機構贈送了一套裝裱好的紀念畫冊和其他禮品。

17   Eugene W. Wu, "The Founding of the Harvard-Yenching Library," *Committee on East Asian Libraries Bulletin* 101 (December 1993): 68–69.

18   Keyes DeWitt Metcalf, *My Harvard Library Years, 1937–1955: A Sequel to Random Recollections of an Anachronism* (Cambridge: Harvard College Library, 1988), 9.

19   所有的漢字不管有多少筆畫，都要寫在一個想像的方格中，從而保證了它們書寫時的平衡和空間。這個方格的四個角都被分配給一個數字，指定這個角的漢字筆畫數。因此，大部分漢字都可以用一串 4 位數來表示，這些數字可以由發報員方便地發送出，也可以通過鍵盤將不能輸入的漢字打出。如果一串 4 位數對應多個漢字，就需要在十分位元上增添一個數字，如 8723.6。這一系統也有利於漢語字典的漢字編排。人們通常認為王雲五在 1920 年代發明了四角號碼檢字法。參見 Y. W. Wong, *System for Arranging Chinese Characters: The Revised Four-Corner Numeral System* (Shanghai: Commercial Press, 1928). 實際上，第一套用於發報的漢字編碼系統是由 Septime Auguste Viguier 發明的，參見 Bruce H. Billings, *China and the West: Information Technology Transfer from Printing Press to Computer Era* (Long Beach: Intertech Press, 1997), 96ff. 發報員首先將漢字編碼為數字，再由接收員將數字解碼，展示文字的內容。在此過程中也可以對編碼進行各種加密，只有經允許的接收員才能讀懂。

[20] 圖書館建立了一個工作組，由林希文擔任組長，成員來自哈佛大學的三個東亞圖書館藏，他們與資訊技術部密切合作，共同完成了第一個非羅馬字元的線上書目的展示專案。參見 "Texts Can Be Searched in Original Scripts: HOLLIS Offers Scholars of Chinese, Japanese, Korean New Tool," *Harvard Gazette*, February 13, 2003, available at https://news.harvard.edu/gazette/story/2003/02/texts-can-be-searched-in-original-scripts

[21] Eugene W. Wu, "A. Kaiming Chiu and the Harvard-Yenching Library," *Committee on East Asian Libraries Bulletin* 74 (June 1984): 4. 其中某些圖書卡片甚至被送往中國的圖書館。1949 年國會圖書館的東方文字圖書卡片複製服務取代了這一專案。而在此之前，哈佛大學的專案已經分發了近 2 萬張卡片。那時，提供給國會圖書館用以複製卡片的大量資料都來自於哈佛燕京圖書館。國會圖書館承擔分發卡片的任務後，哈佛燕京圖書館就將國會圖書館的全套編目卡片買來，將它們放入聯合目錄中。如果哈佛燕京圖書館沒有收藏這本書，在聯合目錄中就沒有索書號。如果哈佛大學後來購買了這本圖書，工作人員就要抽出卡片，在右上角打上哈佛燕京圖書館的分類號。這一舉措不僅可以充實聯合書目，同時也可用於挑選哈佛大學沒有的圖書。

[22] 圖書館得到了打字機後，就為康納敏子（Toshiko Connor）騰出了一間辦公室。她曾受過培訓，可以將字元插入機器中。這台機器類似於鑄板排字機（linotype）和靈應板（Ouija board）的混合體。她辦公室的地板上也新鋪了一層銅褐色的地毯。康納敏子首先將鉛字字托倒在地毯上，然後再插入字元。在此過程中丟失了一些字元，因而圖書館的圖書卡片上有些字元就沒有列印出來。後來，這台打字機在大樓裝修時被廢棄，但它仍存在照片中。

[23] 1978 年 3 月的《東亞圖書館委員會公報》（*Committee on East Asian Libraries Bulletin*）就專門用以介紹裘開明，其中有他朋友和同事對他的讚譽。費正清在他的文章中也提到，他在威德納圖書館一樓的辦公室也是哈佛大學首批中日文圖書最初存放的地方。

[24] Ken Gewertz, "A Chapter Ends: Eugene Wu Steps Down as Head of Harvard-Yenching Library," *Harvard University Gazette*, December 11, 1997, available at http://www.news.harvard.edu/gazette/1997/12/11/AChapterEnds.html

[25] 20 年間圖書館一直發布新書的目錄和內容提要，可以參閱 *Harvard-Yenching Library Occasional Reference Notes*，最初是由吳文津編寫，後來（1976–1996）由林希文編寫。這套評注中也包含哈佛燕京圖書館的新聞。

[26] 隨著國際線上圖書館電腦中心（Online Computer Library Center, OCLC）和研究型圖書館聯盟（Research Libraries Group, RLG）處理東亞文字能力的加強，它們建立了文獻共享系統，這在很大程度上歸功於吳文津的遠見和執著。他的努力和個人魅力對提高美國東

亞圖書館的管理水準起到了很大作用。哈佛大學圖書館從當初繁雜的圖書卡片系統，轉變為我們今天使用的線上書目系統，形成了一種分布式聯合書目（Distributable Union Catalog, DUC）的體系，儘管在架書目（shelf lists）上還有許多珍貴的標注資料尚未收入分布式聯合書目。

27 有關韓文館藏發展的年表請見 http://www.fas.harvard.edu/~korea/newsletter/newsletter51_006.html

28 "Memorial Minute: Francis W. Cleaves," *Harvard University Gazette*, January 22, 1998, available at http://www.news.harvard.edu/gazette/1998/01.22/MemorialMinuteF.html

29 有關柯立夫圖書和文集的去向，參見 David Curtis Wright, "The Papers of Professor Francis Woodman Cleaves (1911–1995)," *Journal of Song-Yuan Studies* 28 (1993): 284–291.

30 Harvard-Yenching Library, *A Guide to the Chinese-Japanese Library of Harvard University, under the Auspices of the Harvard-Yenching Institute* (Cambridgee: Harvard-Yenching Institute, 1932). 這份指南的作者可能是裴開明。

31 鋼和泰是一位藏語和梵語學者。在哈佛燕京學社建立的當年（1928），他來到哈佛大學擔任訪問講師。哈佛燕京學社不久後就接管了中印研究所的工作（該所由鋼和泰 1927 年在北京建立）。鋼和泰後被任命為哈佛大學中亞語言學教授，並返回北京指導中印研究所的工作。他去世後，研究所沉寂了數年，直到柯立夫擔任所長後，才逐漸恢復發展。參見 Qilong Wang, "A Brief Review of Alexander von Staël-Holstein: A Great Scholar in Asiatic Studies," *China Tibetology* 1 (2008): 80–93. 柯立夫如何來到北京為哈佛大學保存了這批藏文圖書，至今仍然是一個謎。

32 參見 Raymond Lum and Rubie Waston, "Camera Sinica: China Photographs in the Havard-Yenching Library and the Peabody Museum of Archaeology and Ethnology," in Patrick Hanan, ed., *Treasures of the Yenching: Seventy-Fifty Anniversary of the Harvard-Yenching Library Exhibition Catalogue*. Harvard-Yenching Library Studies, no. 1 (Cambridge: Harvard-Yenching Library, 2003), 284–315.

33 參見 Raymond Lum, "'Send Help at Once, Pay Bearer 500 Taels': China's Ephemera as Historical Documentation," in Patrick Hanan, ed., *Treasures of the Yenching: Seventy-Fifth Anniversary of the Harvard-Yenching Library Exhibition Catalogue*. Harvard-Yenching Library Studies, no. 1 (Cambridge: Harvard-Yenching Library, 2003), 316–349.

34 洪業是燕京大學歷史教授和文理學院第一任院長。他編寫了《哈佛燕京學社引得》（*Harvard-Yenching Institute Sinological Index Series*），並是柯立夫在哈佛大學的摯友。陳毓賢在她的《一位近代儒學家》一書中講述了洪業的生平。她後來把撰寫洪業傳記中所用到的所有資料都贈送給了哈佛燕京圖書館，其中包括與洪業在幾年中交談的錄音帶。圖書館也收藏了洪業的個人文集和他的書信。參見 Susan Chan Egan, *A Latterday Confucian: Reminiscences of William Hung (1893–1980)*. Harvard East Asian Monographs, no. 131 (Cambridge: Council on East Asian Studies, Harvard University, 1987).

35 胡漢民是孫中山的親密助手。孫中山曾任中華民國第一任（臨時）總統。胡漢民的檔案於 2006 年出版，見陳紅民編，《胡漢民未刊往來函電稿》，哈佛燕京圖書館學術叢刊，第 4 冊（桂林：廣西師範大學出版社，2006）。

36 澳大利亞人 Joseph Buttinger 是國際救助委員會的創始者之一，並創辦了越南美國友人協會。他將大批有關越南的西文圖書及個人文集贈送給哈佛大學。他出版過專著，影響了人們對法國殖民統治結束後越南的認識。Buttinger 的妻子 Muriel Gardiner 是芝加哥兩大肉類加工廠資產的繼承人，有人聲稱她是 Lilian Hellman 的傳記《舊畫新貌》（*Pentimento*）和以此為基礎改變的電影《茱莉亞》（*Julia*）中的主人公。參見 Lauren Black and Paul Mickle, "1977: Who was the real heroine?" http://www.capitalcentury.com/1977.html

37　1970 年，臺灣和日本為釣魚臺的主權發生了爭執，中國大陸也宣稱對釣魚臺擁有主權。有關臺灣在釣魚臺爭議中立場的資料現存哈佛燕京圖書館。

38　林希文在圖書館書架上發現這些評注插夾在一本由傳教士出版的期刊中。參見 "Librarian at Yenching Turns up Pages of British History," *Harvard Gazette*, March 8, 1985.

39　這對石獅由波士頓藝術家 Polly Thayer Starr 贈送給哈佛燕京學社。其中一隻獅子底座上附帶一副青銅標牌，上面寫著「這對守門犬由 Polly Thayer Starr 贈送給哈佛燕京學社，以記念她的父親哈佛法學院院長（1910–1915）Ezra Ripley Thayer，以及她的母親 Ethel Randolph Thayer，是他們將這對石獅從中國帶到哈佛」。

40　1917 年 Eleanor Elkins Widener Rice 資助建立了哈佛大學最大的圖書館——威德納圖書館，以記念她的兒子和父親。她的父親在「鐵達尼號」沉船事件中喪生。威德納圖書館的設計師 Horace Trumbauer 同時也設計了位於神學路 2 號的這棟大樓。

41　在哈佛取消地理教學之前，這棟大樓的主人常以屋頂的兩個巨大的廣播塔而自豪，它們存在了很長時間才被拆除。在一張關於地理探索研究中心的書簽中，仍然可以發現這兩座廣播塔。這也顯示哈佛燕京圖書館是後來才遷入這棟大樓的。

42　網際網路給傳統圖書收藏和學習者之間的關係帶來了一定影響，有關這一問題的看法可參見 Raymond Lum, "I Don't Do Paper," *Asian Studies Newsletter* 50, no.3 (2005): 19.

參考文獻

陳紅民編。《胡漢民未刊往來函電稿》。哈佛燕京圖書館學術叢刊，第 4 冊。桂林：廣西師範大學出版社，2006。

程煥文編。《裘開明圖書館學論文選集》。哈佛燕京圖書館學術叢刊，第 2 冊。桂林：廣西師範大學出版社，2003。

윤충남。《하바드 한국학의 요람 : 하바드 옌칭 도서관 한국관 50 년》。Harvard-Yenching Library Bibliographical Series, no. 10。서울특별시 : 을유문화사，2001。

Bentinck-Smith, William. *Building a Great Library: The Coolidge Years at Harvard*. Cambridge: Harvard University Library, 1976.

"Bibliography of the Works of Dr. A. K'aiming Ch'iu." *Harvard Journal of Asiatic Studies* 25 (1964–1965): 16–18.

Billings, Bruce H. *China and the West: Information Technology Transfer from Printing Press to Computer Era*. Long Beach: Intertech Press, 1997.

Bryant, Rene Kuhn, ed. *East Asia in Harvard's Libraries*. Cambridge: Council on East Asian Studies, Harvard University, 1973.

Cheng, James. "China-Related Digital Projects at Harvard: A Status Report." *Journal of East Asian Libraries* 138 (February 2006): 99–101.

Chiu, A. Kaiming. *A Classification Scheme for Chinese and Japanese Books* (Preliminary lithoprint ed.). Washington: Committee on Far Eastern Studies, American Council of Learned Societies, 1943.

Chiu, A. Kaiming. "Reminiscences of a Librarian." *Harvard Journal of Asiatic Studies* 25 (1964–1965): 7–15.

Egan, Susan Chan. *A Latterday Confucian: Reminiscences of William Hung (1893–1980)*. Harvard East Asian Monographs, no. 131. Cambridge: Council on East Asian Studies, Harvard University, 1987.

Elisseeff, Serge. "Staël-Holstein's Contribution to Asiatic Studies." *Harvard Journal of Asiatic Studies* 3 (April 1938): 1–8.

Hanan, Patrick, ed. *Treasures of the Yenching: Seventy-Fifth Anniversary of the Harvard-Yenching Library Exhibition Catalogue*. Harvard-Yenching Library Studies, no. 1. Cambridge: Harvard-Yenching Library, 2003.

Hao, Yen-p'ing. *The Comprador in Nineteenth Century China: Bridge between East and West*. Cambridge: Harvard University Press, 1970.

"The Harvard-Yenching Institute." *Harvard Alumni Bulletin* 36, no. 13 (December 1933): 360–362.

Harvard-Yenching Library. *A Guide to the Chinese-Japanese Library of Harvard University, under the Auspices of the Harvard-Yenching Institute*. Cambridge: Harvard-Yenching Institute, 1932.

"The Hedda Morrison Photographs of China, 1933–1946," http://hcl.harvard.edu/libraries/harvard-yenching/collections/morrison (accessed June 2, 2009).

Hunt, Michael. H. "The American Remission of the Boxer Indemnity: A Reappraisal." *The Journal of Asian Studies* 31 (1972): 539–559.

Idema, Wilt Lukas, ed. *Books in Numbers: Seventy-Fifth Anniversary of the Harvard-Yenching Library*. Harvard-Yenching Library Studies, no. 8. Cambridge: Harvard-Yenching Library, 2007.

Latourette, Kenneth Scott. *The History of Early Relations between the United States and China, 1784–1844*. New Haven: Yale University Press, 1917.

Lum, Raymond. "'Send Help at Once, Pay Bearer 500 Taels': China's Ephemera as Historical Documentation." In *Treasures of the Yenching: Seventy-Fifth Anniversary of the Harvard-Yenching Library Exhibition Catalogue*. Edited by Patrick Hanan, 316–349. Harvard-Yenching Library Studies, no. 1. Cambridge: Harvard-Yenching Library, 2003.

Lum, Raymond. "I Don't Do Paper." *Asian Studies Newsletter* 50, no. 3 (2005): 19.

Lum, Raymond. "Ko K'un-hua: Brief Life of Harvard's First Chinese Instructor, 1838–1882." *Harvard Magazine* (March–April 2008): 44–45.

May, Ernest R., and John K. Fairbank, eds. *America's China Trade in Historical Perspective: The Chinese and American Performance*. Harvard Studies in American East Asian Relations, no. 11. Cambridge: Committee on American–East Asian Relations of the Department of History, Harvard University, 1986.

Metcalf, Keyes DeWitt. *My Harvard Library Years, 1937–1955: A Sequel to Random Recollections of an Anachronism*. Cambridge: Harvard College Library, 1988.

Stokes, Edward. *Hedda Morrison's Hong Kong: Photographs and Impressions, 1946–47*. Harvard-Yenching Library Studies, no. 5. Hong Kong and Cambridge: Hongkong Conservation Photography Foundation and Harvard-Yenching Library, 2005.

"The Rev. Claude L. Pickens, Jr. Collection on Muslims in China," https://library.harvard.edu/collections/rev-claude-l-pickens-jr-collection-muslims-china (accessed June 2, 2009).

Wang, Qilong. "A Brief Review of Alexander von Staël-Holstein: A Great Scholar in Asiatic Studies." *China Tibetology* 1 (2008): 80–93.

Wong, Y. W. *System for Arranging Chinese Characters: The Revised Four-Corner Numeral System*. Shanghai: Commercial Press, 1928.

Wright, David Curtis. "The Papers of Professor Francis Woodman Cleaves (1911–1995)." *Journal of Song-Yuan Studies* 28 (1993): 284–291.

Wu, Eugene W. "A. Kaiming Chiu and the Harvard-Yenching Library." *Committee on East Asian Libraries Bulletin* 74 (June 1984): 2–6.

Wu, Eugene W. "The Founding of the Harvard-Yenching Library." *Committee on East Asian Libraries Bulletin* 101 (December 1993): 65–69.

Zheng, Meiqing Macy. "McGill-Harvard-Yenching Library Joint Digitization Project: Ming-Qing Women's Writings." *Journal of East Asian Libraries* 139 (June 2006): 36–40.

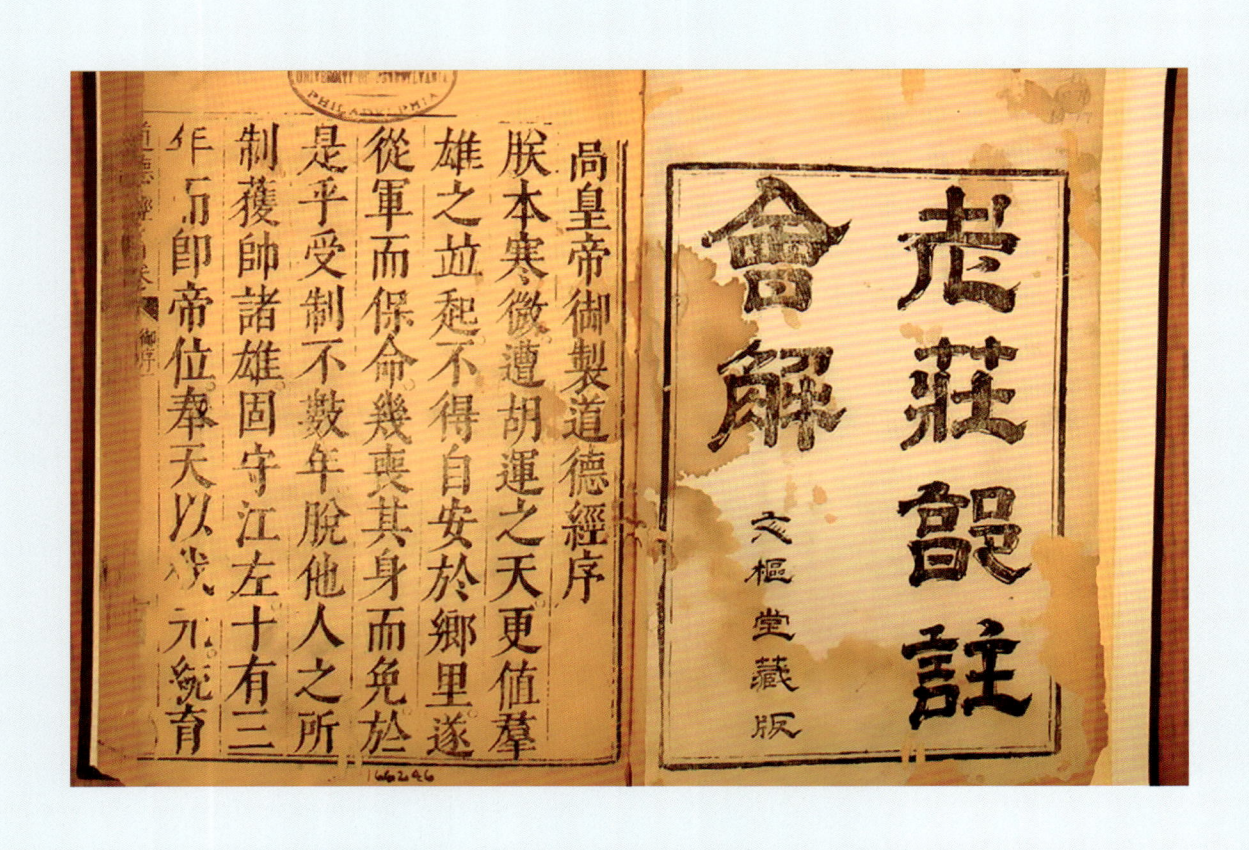

明版《老莊郭注會解》，麥嘉締（Divie Bethune McCartee）的私人舊藏。照片由楊繼東提供。

4 / 麥嘉締圖書館和賓夕法尼亞大學的東亞文獻收藏

楊繼東（Jidong Yang）

史丹佛大學東亞圖書館館長。楊繼東原是賓夕法尼亞大學中國研究圖書館員和中國史講師。他出生於上海，在賓夕法尼亞大學獲得了亞洲和中東研究博士學位，在羅格斯大學獲得了圖書館和資訊科學碩士學位。他發表了許多論文，內容涉及中國中古時期的歷史和文學、絲綢之路考古學、中國前現代佛教、敦煌遺書以及圖書館學。

　　賓夕法尼亞大學（以下簡稱賓大）圖書館的東亞部為賓大的中日韓研究專案和美國大費城地區以及德拉瓦谷地的高等院校提供服務。與北美一些主要的東亞圖書館相比，賓大的東亞文獻收藏在數量上顯得較為薄弱，但它的起源卻很早。直到不久以前，賓大圖書館的文字和口述歷史史料僅將其東亞文獻部的歷史追溯到1926年為記念美國建國150年在費城舉辦的世界博覽會（以下簡稱世博會）在。賓大中國研究專案的創立者卜德（Derk Bodde）在其發表的兩篇有關東亞館藏的論文中提到了賓大圖書館1938年之前的中文館藏，包括1926年世博會後中國政府留下的一箱圖書，「以及其他種類繁多的文獻，大部分保存狀況不佳。」[1] 曾於1952–1963年期間任賓大東亞圖書館館長的鄭勝武[2]及其夫人Nancy Cheng，以及圖書館1963–1990年期間的繼任者都在論文中印證了這一記載。[3] 然而，最近新發現的證據則重寫了該校東亞圖書館的早期歷史。卜德提及的「種類繁多的其他文獻」原來來自於賓大中一個曾經被稱作麥嘉締（McCartee）圖書館的分館，該分館收藏了麥嘉締（Divie Bethune McCartee）捐贈的中日文圖書，其存在的時間是從19世紀末到20世紀初。

McCartee在中國以麥嘉締這個名字被人知曉。在日本他的名字一般被拼寫成マッカーテイー。他是19世紀在中國和日本傳教的美國新教徒，[4]出生於費城的一個長老會牧師家庭。1840年，他從賓大獲得了醫學博士學位。畢業四年後，也就是第一次鴉片戰爭結束兩年後，他來到了中國寧波，成為美國長老會海外傳教委員會派往中國的第一位傳教士。[5]他在中國和日本度過了大半生，從事了多種職業，扮演了各種角色，如傳教士、醫生、外交官、教師、作家、翻譯家、博物學家和漢學家等。直到1899年，麥嘉締才最後一次返回美國，並於同年7月17日逝世於舊金山。從他首次踏上中國沿海地區的土地到他去世，整整有半個多世紀的時間，在此期間，中國和日本都發生了巨變。麥嘉締對這兩個東亞國家都產生了一定的影響。他建立了中國第一所基督教男子學校，這所學校便是近代中國著名高等學府之江大學的前身。[6]1850年代早期，他在寧波出版的《平安通書》向中國介紹了西方的自然科學，並影響了中國當時一些主流知識分子，特別是魏源。[7]他收養的中國女兒金韻梅是第一位在美國獲得醫學博士學位的中國女性，後來她在中國天津建立了一所著名的現代醫院。[8]麥嘉締也是最先用拉丁字母將聖經翻譯成寧波方言的兩位傳教士之一。[9]在日本，麥嘉締在多個學院講授英語、拉丁語、醫學和自然史，其中包括開成學校，這所學校是1870年代早期日本從事西方研究的主要學府，後來發展成為東京帝國大學。[10]早在1880年代，他就協助賓大醫學院招收日本留學生。[11]他先以中文出版了《真理易知》一書，該書後來由美國著名日本學家James Curtis Hepburn翻譯成日語，對日本明治早期的基督教團體產生了很大影響。[12]Hepburn同樣是一位長老會傳教士和醫生，並與賓大關係甚密。麥嘉締還擔任了中國第一任駐日本公使的顧問，為促進這兩個東亞國家關係的現代化發揮了重要作用。[13]

麥嘉締在東亞地區傳教期間，如同其他許多在亞洲的西方傳教士一樣，一直與自己國家的學術界保持密切的連繫。從19世紀發行的一些美國書刊中可以發現，麥嘉締是許多學術組織長期的通信會員，這些組織包括美國東方學會（American Oriental Society）、[14]美國地理學會（American Geographical Society）[15]以及日本亞洲協會（Asiatic Society of Japan）。[16]他還從東亞發回大量研究論文，在美國各種學術會議上宣讀。[17]與當時東西方的很多學者一樣，麥嘉締也擁有自己的私人藏書，其主要收藏是東亞文圖書以及與傳教有關的資料。在他購買的一些圖書中，我們仍然可以見到他的批注和所記錄下的購買日期。他嫻熟的東亞語言能力，顯然有助於他在中日圖書市場上購得高品質的書刊。[18]

麥嘉締一生樂善好施。早在1850年代早期，也就是在他到達亞洲後不過幾年時間，他就從中國向位於費城的自然科學院（Academy of Natural Sciences）寄送了大批物種標本，其中包括120種植物和216種昆蟲。[19]不久，他又將自己的部分藏書贈送給了美國東方學會圖書館。[20]但是，麥嘉締對自己母校的感情最為深厚。他將自己的大部分的藏書捐贈給了母校，總數超過了1,000冊，從而使得賓大能夠建立一所以他命名的新圖書館。

遺憾的是，由於缺乏文獻記載，麥嘉締圖書館建立的確切時間至今仍是一個謎。但是從現有史料來推斷，該圖書館必定建立在1891年之前，理由是當年2月，在賓大圖書館的新樓（現為賓大費舍爾美術圖書館）落成和揭幕典禮上，該校圖書館長 Horace Howard Furness 在其致詞中已經提及了麥嘉締圖書館。[21] 因此我們可以推斷麥嘉締圖書館的正式成立時間極有可能在 1881 年至 1888 年之間，亦即麥嘉締首次從亞洲返回美國之後，和動身再次前往日本在明治學院（該學院由 Hepburn 創建）任教之前。在這幾年間，他還將許多亞洲工藝品捐贈給了他的母校，這些物品目前仍然存放在賓大檔案館內。[22] 麥嘉締在捐贈工藝品之時，很可能同時將自己的圖書一道贈送給了賓大。儘管麥嘉締圖書館創建的確切時間尚不能確定，但是北美的東亞圖書館可以追溯到 19 世紀或更準確地說是 1891 年之前的為數不多，而賓大東亞圖書館就是其中之一。

麥嘉締將自己最大和最珍貴的私人藏書，以遺囑的形式捐贈給了賓大。賓大圖書館一個舊的入庫清單顯示，1900 年 11 月 22 日圖書館共收到約 1,000 冊中日文圖書，而此時是麥嘉締去世後第四個月。[23] 所有這些圖書都帶有麥嘉締圖書館的藏書標籤，其中許多是古老的珍本和善本圖書，如日期不詳的明版《老莊郭注會解》、1645 年刊印的《職原抄》、1655 年刊印的《芥子園重訂本草綱目》，1666 年刊印的《尚友錄》、1673 年刊印的《王代一覽》、1735 年出版的《格致鏡原》和 1810 年出版的《大日本史》。[24] 這些圖書現在分存於賓大圖書館系統的各個分館和機構，包括善本和手稿圖書館、東亞圖書館和密集書庫內。

作為一個獨立的分館，麥嘉締圖書館存在的時間不長。當卜德開始撰寫賓大的中文收藏起源時，人們對麥嘉締圖書館已經淡忘。原因很簡單：直到 1930 年代末以前，賓大沒有東亞研究專業，師生們對東亞文圖書沒有需求。實際上在此期間，賓大圖書館仍然繼續收到許多人捐贈的中文資料，但這些資料沒有受到重視，因此圖書館也沒有系統地將它們加以整理。[25]

圖 4-1：麥嘉締和妻子 Juana，1890 年代攝於日本。照片取自 Robert E. Speer 主編的《一位遠東傳教士先驅》（*A Missionary Pioneer in the Far East*）。

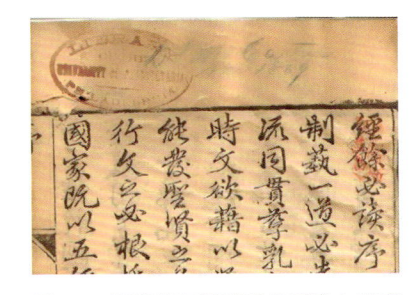

圖 4-2：麥嘉締在其購買的圖書上留下的簽名和記錄下的購買日期。照片由楊繼東提供。

東亞館藏的發展：1926–1990 年

費城曾舉辦過兩屆世博會，這兩次展會都是美國和東亞國家早期關係中的重要事件。1876 年，美國為記念誕辰一百周年而舉辦的博覽會，展示了大批來自中國和日本的產品及工藝品。博覽會的參觀者中有清政府派往美國留學的幼童。[26] 50 年後，費城舉辦的 1926 年世博會吸引了更大的中日代表團。當時的中華民國政府（即北洋政府）向費城運送許多圖書參展，並在展會結束後將這批圖書贈給了賓大。作為世博會展品和政府贈品，這些圖書體現了當時中國出版業的最高水準，其中包括楊守敬編撰的原版《歷代輿地圖》（1906 年版）。

1926 年的世博會結束 12 年後，賓大最終將東亞地區列入它的東方研究專案。[27] 1938 年秋，卜德在北平的哈佛燕京學社工作六年後，來到賓大開設了中國語言和文明課程。[28] 他的教學得到了洛克菲勒基金會（Rockefeller Foundation）提供的三年資助。該基金會還向賓大捐贈了 4,500 美元用以購買中文圖書。[29] 在此資助下，賓大的東亞圖書收藏迅速成長。隨後的三年中，圖書館獲得了清朝印刷的類書《古今圖書集成》，以及在上海出版的大型叢書，包括《四部備要》、《四部叢刊》和《國學基本叢書》等。[30]

隨著成千上萬的新資料蜂擁而至，賓大圖書館正式成立了中文部和中國研討室。從 1940 年代開始，圖書館的年度報告顯示，中文部每年都得到總館的撥款。[31] 二戰期間，賓大成立了漢語教學中心，為大批軍人提供漢語的強化訓練。[32] 賓大圖書館還參加了由美國 13 所圖書館共建的合作購書專案，從中國的戰時陪都重慶購買了大量圖書。這些資料在戰後被運往賓大。到 1953 年，該校的中文藏書已經增長到 10,000 多種，共計 15,000 餘冊。[33]

賓大中文部的員工很快就難以應對迅速增加的中文圖書。[34] 與當時許多其他同類大學一樣，賓大圖書館難以找到熟悉中文並受過現代圖書館學訓練的編目員。洛克菲勒基金會資助購買的圖書已經多年未曾編目。到了 1943 年 12 月，賓大圖書館終於聘請到從雪城大學（Syracuse University）圖書館學專業畢業的王恩葆，由他採用哈佛燕京學社的圖書分類法對積壓的中文圖書進行編目。[35] 1947 年年初，王恩葆離開賓大到國會圖書館工作後，北卡羅萊納大學圖書館學專業的李又安（Adele Rickett）來到費城，幫助賓夕法尼亞大學將中文資料進行編目。一年半之後，她和丈夫李克（Allyn Rickett）離開賓夕法尼亞大學前往中國。[36] 1952 年，在賓大啟動大批購置中文圖書專案近 15 年後，圖書館正式任命鄭勝武擔任中文部主任。在此以後的幾十年裡，中文收藏獲得了穩步發展。

二戰結束後，賓夕法尼亞大學的東亞研究獲得了發展的動力。該校的東方研究系（Department of Oriental Studies）曾經長期偏重中東、希伯來和南亞研究，但是二戰後開始對亞洲各國的研究採取更平衡和全面的發展，並通過招聘新教師實現此調整。1947 年，Schuyler Cammann 被任命為賓大東亞文史教授，主講中國學。幾年後，Francis Hilary Conroy 來到賓大歷史系講授東亞史，主講日本學。[37] 1955 年，E. Dale Saunders 協助東方研究系設立了日本研究專業。1960 年，李克及其妻子在中國經歷了革命戰爭及數年牢獄後回到了費城，開始了在賓大的教學生涯。1960 年代中期，隨著更多學者的加盟，賓大的中日研究專案獲得了快速發展，這些學者包括日本研究專業的 Barbara Ruch 和宮路博（Hiroshi Miyaji），以及中國研究專業的李又安和 James Liang。[38] 與東方研究系的其他教授一樣，中國研究和日本研究教授的學術興趣也集中於前現代時期。

日本研究專業的建立要求圖書館提供相應的文獻支持。賓大圖書館採購處 1966–1967 年的年度報告中提及該校師生「迫切要求獲得日文資料」。翌年，賓大圖書館的中文部被改名為東亞部，而中國研討室也被命名為東亞研討室。[39] 1963 年，Nancy Cheng 接替其丈夫鄭勝武出任中文部主任，幾年後成為了該館的第一任東亞部主任。此後 10 年間，東亞部的日文藏書比例從 1965 年 6 月的 12%（31,411 冊中的 3,800 冊）[40] 增加到 1975 年 6 月的 34%（69,772 冊中的 24,063 冊）。[41] 1970 年代，通過賓大政治學教授李鐘石（Chong-Sik Lee）的捐贈和大費城地區韓國社團的捐贈，東亞部韓文藏書也獲得大幅增加。[42] 到 1990 年 Nancy Cheng 退休之時，東亞部的藏書總數增加到了 112,270 冊，其中中文藏書 75,985 冊，日文藏書 31,285 冊，韓文藏書 5,000 冊。[43]

圖 4-3：賓夕法尼亞大學麥嘉締圖書館的藏書章。照片由楊繼東提供。

圖 4-4：1645 年版的《職原抄》，麥嘉締的私人舊藏，照片由楊繼東提供。

東亞部的發展：1991 年至今

1991 年，Karl Kahler 來到賓夕法尼亞大學圖書館，擔任東亞部主任。在他任職的七年間，東亞文庫獲得了長足的發展。大學圖書館為東亞圖書購置提供的經費增長了兩倍多，從 1990–1991 年的 154,415 美元增加到 1997–1998 年的 346,768 美元。在 Kahler 的領導下，圖書編目工作實現了標準化。1990 年代，賓大的東亞留學生也迅速增加。東方研究系一分為三：東亞系、南亞系和中東系。除了東亞系外，其他許多院系也招聘了從事東亞研究的教授，這些院系包括文理學院、人類學系、英語系、歷史系、藝術史系、科學史和科學社會學系、政治學系、社會學系、設計學院、法學院、社會政策和實踐學院，以及沃頓商學院。從 1995 年開始，新成立的大學東亞研究中心開始協調全校的東亞研究專案，並成為由美國教育部資助的全美東亞資源中心之一。

1998 年，Kahler 退休之後，賓大圖書館聘請了兩位專業圖書管理員以分別負責管理中日文資料。新的管理體制使東亞部獲得了進一步發展。與美國其他一些東亞圖書館一樣，賓大圖書館東亞部也開始步入數位化時代，購買了大量電子資源以滿足該校從事東亞研究的師生對這些資源的需求。

註釋

1. Derk Bodde, "Our Chinese Collection," *University of Pennsylvania Library Chronicle* 12 (April 1944): 38–43.

2. Sheng-wu Cheng, "A Survey of the Chinese Collection of the University of Pennsylvania Library," unpublished manuscript.

3. 參見楊繼東 2007 年 5 月 20 日在費城對 Nancy Cheng 的訪談。

4. 以下關於麥嘉締生平和工作的綜述,除個別地方標注外,其他都是依據 Robert E. Speer, ed. *A Missionary Pioneer in the Far East: A Memorial of Divie Bethune McCartee* (New York: Revell, 1922). 以及 Henry W. Rankin, "Divie Bethune McCartee," *New-England Historical and Genealogical Register* 56 (1902): xlii–xliii.

5. Robert E. Speer 在《一位遠東傳教士先驅》(*A Missionary Pioneer in the Far East*)中沒有提及麥嘉締前往中國的原因。這可能與 Peter Parker(1804–1888)1841 年冬到訪費城有關。作為首批到過亞洲的最有影響力的美國「醫務傳教士」之一,Parker 的到來激起了賓大許多醫學專業學生的熱情,並直接導致兩個與中國有關的協會的成立,即中國醫務傳道會和費城關心中國婦女協會。參見 Peter Parker, "Report of the Medical Missionary Society," *The Chinese Repository* 12 (1843): 198–199. 亦參見 Kaiyi Chen, *Seeds from the West: St. John's Medical School, Shanghai, 1880–1952* (Chicago: Imprint Publications, 2001), 57-59. 以及吳義雄,「醫務傳道方法與中國醫務傳道會的早期活動」,《中山大學學報論叢》3(2000):180。

6. Jessie Gregory Lutz, *China and the Christian Colleges* (Ithaca: Cornell University Press, 1971), 27. 曾鉅生、徐輝,「之江大學檔案片斷」,吳梓明主編,《中國教會大學歷史文獻研討會論文集》(香港:中文大學出版社,1995),頁 233。

7. Peter M. Mitchell, "The Limits of Reformism: Wei Yuan's Reaction to Western Intrusion," *Modern Asian Studies* 6 (1972): 200; 熊月之,「1842 年至 1860 年西學在中國的傳播」,《歷史研究》4(1994):63–81;王立新,「美國傳教士與鴉片戰爭後的『開眼看世界』思潮」,《美國研究》11 卷 2 期(1997):27–51。

8. 金干,「西方醫學教育的傳入發展及歷史經驗(上)」,《中國高等醫學教育》6(1992):35–42。

9. 趙曉陽,「聖經漢譯版本之最」,《中國宗教》3(2004):30-31。William A. P. Martin 提到麥嘉締還創作和發表過一些寧波方言和拉丁字母的民歌,參見 William A. P. Martin, *A Cycle of Cathay; or China, South and North* (New York: Revell, 1896), 57。

10. 吉田寅,「マッカーティ」,日本キリスト教歷史大事典編集委員会編,《日本キリスト教歷史大事典》(東京:教文館,1988),頁 1323。也見 A. Hamish Ion, "Edward Warren Clark and Early Meiji Japan: A Case Study of Cultural Contact," *Modern Asian Studies* 11 (1977): 569。

11. 賓大檔案館中仍保存著一份 19 世紀末該校在日本招生的廣告,它是麥嘉締在 1880 年代從日本帶回來的。參見 DiAnna Hemsath and Grant Kleiser, 2016, "Printed Material," Memorabilia Collection (Box OS 35, Folder 12:07), University Archives and Records Centers, University of Pennsylvania.

12. 吉田寅，「入華宣教師マッカーティーと中国語布教書」，《立正大学文学部論叢》94（1991）：19–29。

13. Payson J. Treat, "Early Sino-Japanese Diplomatic Relations," *Pacific Historical Review* 1 (March 1932): 25. 賓大檔案館保存著一首送別詩，是 1881 年麥嘉締準備離開日本回到美國之際，時任中國第一任駐日公使的何如璋將這首詩書寫在白綢上贈送給麥嘉締的。參見 DiAnna Hemsath and Grant Kleiser, 2016, "Printed Material," Memorabilia Collection (Box OS 35, Folder 12:05), University Archives and Records Centers, University of Pennsylvania.

14. "List of Members," *Journal of the American Oriental Society* 9 (1868–1871): lxx.

15. "Corresponding Members," *Journal of the American Geographical and Statistical Society* 1 (January 1859): iii.

16. "List of Members," *Transactions of the Asiatic Society of Japan* 8 (1880): xxv.

17. 麥嘉締發表的這些論文中，有的涉及中國人的宗教觀念："Proceeding at New Haven, October 21st and 22nd, 1869," *Journal of the American Oriental Society* 9 (1868–1871): lx–lxii. 有的涉及中日文和梵文佛經 "Proceedings at New Haven, October 26th, 1881," *Journal of the American Oriental Society* 11 (1885): lxxii. 有的涉及中國的語言和方言："Proceedings," *Transactions of the American Philosophical Association* 1 (1869–1870): 15.

18. 對麥嘉締語言能力的評價可以參見 Eldon Griffin, *Clippers and Consuls: American Consular and Commercial Relations with Eastern Asia, 1845–1860* (Ann Arbor: Edwards Brothers, 1938), 113. 麥嘉締發表了 30 餘種著作，其著述細目可以參見 Alexander Wylie, *Memorials of Protestant Missionaries to the Chinese: Giving a List of Their Publications, and Obituary Notices of the Deceased* (Shanghai: American Presbyterian Mission Press, 1867), 135–139.

19. Joseph Leidy, "Report of Curators," *Proceedings of the Academy of Natural Sciences of Philadelphia* 5 (1850–1851): 131.

20. "Additions to the Library and Cabinet of the American Oriental Society," *Journal of the American Oriental Society* 3 (1853): xxvi. 也可以參見 "Committee of Publication," *Journal of the American Oriental Society* 4 (1854): vi.

21. University of Pennsylvania Library, *Proceedings at the Opening of the Library of the University of Pennsylvania, 7th of February 1891* (Philadelphia: University of Pennsylvania Press, 1891), 13, available at http://www.library.upenn.edu/exhibits/pennhistory/library/opening/opening.html

22. DiAnna Hemsath and Grant Kleiser, 2016, "Printed Material," Memorabilia Collection (Box 109, Folder 17), University Archives and Records Centers, University of Pennsylvania; DiAnna Hemsath and Grant Kleiser, 2016, "Printed Material," Memorabilia Collection (Box 109, Folder 19), University Archives and Records Centers, University of Pennsylvania; DiAnna Hemsath and Grant Kleiser, 2016, "Medical/Science Related," Memorabilia Collection (Box 109, Folder 21), University Archives and Records Centers, University of Pennsylvania; DiAnna Hemsath and Grant Kleiser, 2016, "Printed Material," Memorabilia Collection (Box 109, Folder 23), University Archives and Records Centers, University of Pennsylvania.

23. 參見 University of Pennsylvania Library, ed., "University of Pennsylvania Library, Accessions, vol. 19 (1899–1900)," Rare Book and Manuscript Library, Van Pelt-Dietrich Library Center, University of Pennsylvania. 這批捐贈也見於幾年後的一篇報導："Giftes and Bequests," *Library Journal* 32 (1907): 44.

24 欲知這些中日文資料的詳情，可參賓大圖書館線上書目（http://www.franklin.library.upenn.edu）。但是有些書目紀錄可能需要進一步審查和修改。

25 某些資料是獨一無二的，可能仍舊吸引著今天的學者。例如道光 8 年（1828）一份題為「節孝事實」的中文拓片就講述了當時蘇州地區一個名門望族中一位遺孀的生活。拓片背面的題注顯示這來自於 L. DuPont Syle 的捐贈，他於 1880–1890 年代在賓大任英語教師。

26 李圭，《環遊地球新錄》，《續修四庫全書》737（上海：上海古籍出版社，1995），頁 692–693。該段敘述的英譯可以參閱 Charles Desnoyers, trans., *A Journey to the East: Li Gui's A New Account of a Trip around the Globe* (Ann Arbor: University of Michigan Press, 2004), 220–225。

27 賓大講授漢學課程的第一位教授實際上是 John K. Shryock，他於 1928 年加入宗教系，不過他的課程主要是為哲學系學生開設的概述課。見 Allyn Rickett, "A Brief History of the Department of Oriental Studies of the University of Pennsylvania," unpublished manuscript.

28 Allyn Rickett, "In Memoriam: Derk Bodde (1909–2003). President of the Society, 1968–69," *Journal of the American Oriental Society* 123 (October–December 2003): 712.

29 通過比較可知，1939 年美國中等家庭年收入是 1,226 美元。參見 "Family Wage or Salary Income in 1939," in Bureau of the Census, United States Department of Commerce, *Sixteenth Census of the United States: 1940* (Washington: United States Government Printing Office, 1943), 478–627. 此資料可以從如下網頁獲取：http://www2.census.gov/prod2/decennial/documents/41272167ch7.pdf

30 Derk Bodde, "Our New Chinese Collection," *University of Pennsylvania Library Chronicle* 7 (October–December 1939): 60–65.

31 這份報告現存費城賓大圖書館辦公室。

32 Derk Bodde, "Our Chinese Collection," 42.

33 Sheng-wu Cheng, "A Survey of the Chinese Collection of the University of Pennsylvania Library," unpublished manuscript.

34 Derk Bodde, "Chinese," in Bibliographical Planning Committee of Philadelphia, *A Faculty Survey of the University of Pennsylvania Libraries* (Philadelphia: University of Pennsylvania Press, 1940), 162.

35 Derk Bodde, "Our Chinese Collection," 41.

36 參見楊繼東 2007 年 5 月 27 日在紐澤西梅德福（Medford）與李克的訪談。

37 Kaiyi Chen, "F. Hilary Conroy Papers 1945–1989," https://www.archives.upenn.edu/faids/upt/upt50/conroy_fh.html

38 Allyn Rickett, "A Brief History of the Department of Oriental Studies of the University of Pennsylvania," unpublished manuscript. 另參見楊繼東 2007 年 5 月 9 日在費城與 Cecilia Sagawa Siegle 教授的訪談。

39 1967年它更名為中日文部，參見 "Directory of East Asian Collections in American Universities," *Newsletter of the Association for Asian Studies* 13, no. 2 (December 1967): 12. 1970 年代早期，它又更名為東亞部，當時圖書館的年度報告中就有提到。

40 "Holdings of Far Eastern Materials in American Libraries," *Newsletter of the Association for Asian Studies* 12, no. 1 (October 1966): 5.

41 "Holdings of Far Eastern Materials in American Libraries as of June 30, 1975," *Newsletter of the Association for Asian Studies* 50 (July 1976): 45.

42 參見楊繼東 2007 年 5 月 20 日在費城與 Nancy Cheng 的訪談。

[43] Compiled by CEAL Task Force for Annual Review & Survey of Library Resources, ed., "Holdings of East Asian Language Materials in North American Institutions as of June 30, 1991," *Committee on East Asian Libraries Bulletin* 95 (February 1992): 32.

參考文獻

王立新。「美國傳教士與鴉片戰爭後的『開眼看世界』思潮」。《美國研究》11 卷 2 期（1997）：27–51。

李圭。《環遊地球新錄》。《續修四庫全書》737：692–693。上海：上海古籍出版社，1995。

吳義雄。「醫務傳道方法與中國醫務傳道會的早期活動」。《中山大學學報論叢》3（2000）：174–185。

金干。「西方醫學教育的傳入發展及歷史經驗（上）」。《中國高等醫學教育》6（1992）：35–42。

曾鉅生、徐輝。「之江大學檔案片斷」。《中國教會大學歷史文獻研討會論文集》。吳梓明主編，頁 233–249。香港：中文大學出版社，1995。

熊月之。「1842 年至 1860 年西學在中國的傳播」。《歷史研究》4（1994）：63–81。

趙曉陽。「聖經漢譯版本之最」。《中國宗教》3（2002）：30–31。

吉田寅。「マッカーティ」。《日本キリスト教歷史大事典》。日本キリスト教歷史大事典編集委員会編，頁 1323。東京：教文館，1988。

吉田寅。「入華宣教師マッカーティーと中国語布教書」。《立正大学文学部論叢》94（1991）：19–29。

Bodde, Derk. "Chinese." In *A Faculty Survey of the University of Pennsylvania Libraries*. Edited by the Bibliographical Planning Committee of Philadelphia, 162. Philadelphia: University of Pennsylvania Press, 1940.

Bodde, Derk. "Our Chinese Collection." *University of Pennsylvania Library Chronicle* 12 (April 1944): 38–43.

Bodde, Derk. "Our New Chinese Collection." *University of Pennsylvania Library Chronicle* 7 (October–December 1939): 60–65.

Chen, Kaiyi. "F. Hilary Conroy Papers 1945–1989," https://www.archives.upenn.edu/faids/upt/upt50/conroy_fh.html (accessed June 12, 2007).

Chen, Kaiyi. *Seeds from the West: St. John's Medical School, Shanghai, 1880–1952*. Chicago: Imprint Publications, 2001.

Cheng, Sheng-wu. "A Survey of the Chinese Collection of the University of Pennsylvania Library." Unpublished manuscript.

Desnoyers, Charles, trans. *A Journey to the East: Li Gui's A New Account of a Trip around the Globe*. Ann Arbor: University of Michigan Press, 2004.

Griffin, Eldon. *Clippers and Consuls: American Consular and Commercial Relations with Eastern Asia, 1845–1860*. Ann Arbor: Edwards Brothers, 1938.

Ion, A. Hamish. "Edward Warren Clark and Early Meiji Japan: A Case Study of Cultural Contact." *Modern Asian Studies* 11 (1977): 557–572.

Lutz, Jessie Gregory. *China and the Christian Colleges*. Ithaca: Cornell University Press, 1971.

Martin, William A. P. *A Cycle of Cathay; or China, South and North*. New York: Revell, 1896.

Mitchell, Peter M. "The Limits of Reformism: Wei Yuan's Reaction to Western Intrusion." *Modern Asian Studies* 6 (1972): 175–204.

Parker, Peter. "Report of the Medical Missionary Society."

The Chinese Repository 12 (1843): 198–199.

Rankin, Henry W. "Divie Bethune McCartee." *New-England Historical and Genealogical Register* 56 (1902): xlii–xliii.

Rickett, Allyn. "A Brief History of the Department of Oriental Studied at the University of Pennsylvania." Unpublished manuscript.

Rickett, Allyn. "In Memoriam: Derk Bodde (1909–2003). President of the Society, 1968-69." *Journal of the American Oriental Society* 123 (October–December 2003): 711–713.

Speer, Robert E. ed. *A Missionary Pioneer in the Far East: A Memorial of Divie Bethune McCartee*. New York: Revell, 1922.

The University Archives and Records Center, University of Pennsylvania. "A Guide to the Memorabilia Collection, 1787–2006," http://www.archives.upenn.edu/memorabilia/umem_invtry.pdf (accessed June 12, 2007).

Treat, Payson J. "Early Sino-Japanese Diplomatic Relations." *Pacific Historical Review* 1 (March 1932): 18–35.

University of Pennsylvania Library, ed. "University of Pennsylvania Library, Accessions, vol. 19 (1899–1900)," Rare Book and Manuscript Library, Van Pelt-Dietrich Library Center, University of Pennsylvania.

University of Pennsylvania Library. *Proceedings at the Opening of the Library of the University of Pennsylvania, 7th of February 1891*. Philadelphia: University of Pennsylvania Press, 1891. Available at http://www.library.upenn.edu/exhibits/pennhistory/library/opening.

Wylie, Alexander. *Memorials of Protestant Missionaries to the Chinese: Giving a List of Their Publications and Obituary Notices of the Deceased*. Shanghai: American Presbyterian Mission Press, 1867.

傅蘭雅（John Fryer）於19世紀末在上海江南製造局翻譯館擔任首席翻譯時的照片。1896年，傅蘭雅來到加州大學柏克萊分校教授漢語，當年他為全校師生帶來了多達2千餘冊的個人藏書。照片由加州大學柏克萊分校班克羅福特圖書館（Bancroft Library）提供。

5 / 東西方文明的交匯：加州大學柏克萊分校斯塔東亞圖書館

周欣平（Peter X. Zhou）

加州大學柏克萊分校斯塔東亞圖書館（C. V. Starr East Asian Library）館長、大學圖書館副館長、北美東亞圖書館協會前主席。主要研究領域是語言學、資訊管理、圖書館學及海外漢文文獻的分布，包括大數據的管理、數位人文、北美漢學文獻收藏史等。周欣平畢業於美國伊利諾大學香檳校區，獲得語言學博士和圖書館學及資訊科學碩士，主編出版了十餘部著作，並發表研究論文數十篇，亦擔任敦煌研究院「數字敦煌」專案國際諮詢專家。

　　加州大學柏克萊分校（又稱柏克萊加州大學）和太平洋之間僅隔一道狹長的海灣，與鄰近的舊金山市隔海相望。一個多世紀以來，舊金山一直是許多東亞移民赴美的目的地。早年來到這裡的華僑稱這個城市為「金山」，反映了早期華人赴美時對這片土地的憧憬，他們決心在美國開創新的生活。從19世紀中期開始，大量亞洲移民在舊金山灣天使島（Angel Island）的移民站登陸，其中許多人來自中國南部沿海省分。許多人是因當時美國西部的「淘金熱」而來的。然而，他們很快便淪為從事繁重勞動的礦工和鋪路工，在美國西部開礦和修築鐵路。許多人最終在舊金山及鄰近地區定居下來。

　　今天，一些最著名的亞裔美國人社區就座落在舊金山灣區。在20世紀，這些社區不斷發展壯大。越來越多受過良好教育的東亞移民也來到這裡定居。這些新移民繼續為美國西部的發展作出貢獻，只是他們工作的領域轉移到了矽谷的高科技產業或舊金山的金融業。在金門大橋（Golden Gate Bridge）下面，許多往返於奧克蘭港口（它是太平洋沿岸繼舊金山之後的貨運港）的貨輪穿梭不斷。任何人只要見到此情此景，都會想起加州和亞洲之間在經濟、文化和地緣政治方面的密切連繫。

加州大學柏克萊分校自1868年建校以來，就和亞洲建立了密切的關係。大學於1896年設立了東亞（原稱東方）語言文學系的講座教授，這是該校的第一個講座教授席位；1990年，美國著名研究型大學的第一位亞裔校長在這裡上任；2007年，北美第一座專門用於收藏東亞文獻的獨立大樓在這裡落成，加州大學柏克萊分校為此舉行了盛大的慶典。在該校歷史上，有許多著名的亞裔學者和科學家在這裡任教，如田長霖、陳省身、趙元任、林同炎，以及諾貝爾獎得主李遠哲和朱棣文等。

加州大學柏克萊分校的東亞藏書創建於一個豐富和充滿活力的環境中。這個藏書的重要性遠遠不僅限於其收藏的典籍和檔案，更在於它體現了許多人共有的知識和文化遺產，也象徵著太平洋兩岸人民的相互瞭解。

起源和發展

1872年，僅在加州大學建校四年後，舊金山律師和大學董事Edward Tompkins，決定出資在東方語言文學系設立阿加西講座教授席位（Agassiz Professorship），這在這所年輕大學的歷史上尚屬首次。Tompkins看到了亞洲經濟對加州的重要性。他在1872年9月寫給加州大學其他董事的信中說道：「加州和亞洲之間的經濟貿易已經十分可觀，在未來它將超出目前任何最樂觀、最大膽的預測。這一切已漸具雛形。我們將會看到我們與太平洋的貿易遠勝於與大西洋的貿易。」[1] 在Tompkins看來，加州大學的職責是保證加州居民有能力與他們的貿易夥伴進行交流，而這「只能依靠一個體系完善的東方語言文學系」才能做到。

不久，Tompkins立下契約，把奧克蘭市百老匯大街和學院路交匯處的47英畝土地捐贈給了加州大學，並規定加州大學要等到這塊土地升值到5萬美元時才能出售。[2] 出售這塊土地所得的收入被指定用於在東方語言文學系設立講座教授席位。這一席位被命名為阿加西講座教授席位，以記念Louis Agassiz這位著名的博物學家、地質學家，因為Agassiz在到訪加利福尼亞沿岸時曾向加州大學的創辦者們提出了很好的建議。1896年，阿加西講座教席授予了傅蘭雅（John Fryer）。傅蘭雅於1861年離開祖國英格蘭來到中國傳教。他為上海的英國聖公會工作了7年，並擔任上海英華書院院長。1868年，他應聘擔任上海江南製造局翻譯館首席翻譯。傅蘭雅在華期間，致力於向中國讀者介紹和推廣西方的自然科學和技術。在江南製造局任職期間，他一共主持翻譯了157種西方的科學、工程和社會科學領域的著作，同時還創辦了旨在普及和推廣自然科學的格致書院，並出版了中國近代最早的一份科學技術雜誌《格致彙編》。當時，中國的知識分子大多沉迷於儒家倫理、儒家經典和傳統學說，對發生在歐洲和美洲的自然科學和工業革命知之甚少。傅蘭雅通過翻譯書籍和出版雜誌，給中文帶來了一整套科學技術術語，並在中國人的意識中注入了西方的自然科學和技術理念。他所創造的一些中文科技術語一直沿用至今。

傅蘭雅於1896年來到了加州大學，並帶來了他的私人藏書。他將自己的藏書存放於校內機械大樓6室，其中包括2千餘冊的中國歷史和哲學經典，大部分是 18 世紀至 19 世紀的手抄本。他的藏書還包括一部分傅蘭雅自己的譯著，五千張幻燈片和一箱「求著時新小說」徵文比賽的小說作品原稿，這次比賽由他在 1895 年出資舉辦。據傅蘭雅估計，他的藏書總價值在 7,500 美元左右。他帶來的個人藏書成為了加州大學柏克萊分校東亞藏書的開端。

1896–1897 學年，加州大學的課程表上有這樣一段描述：

> 東方語言和文學系：傅蘭雅教授最初會講授一門有關中國和日本語言文學概論方面的課程，而後會為有興趣學習這兩國語言的學生提供專門的指導。他也會擔任來自東方國家的年輕學生的導師。他所帶來的一批珍貴的私人藏書是他教學上必不可少的輔助工具。

1914 年，傅蘭雅在退休之前把他的個人藏書從機械大樓搬到校內的都爾圖書館（Doe Library），以便加以更好的保護。傅蘭雅於 1928 年逝世，逝世之前他將個人藏書正式捐贈給加州大學柏克萊分校。他在遺囑中這樣寫道：

> 我把存放在加州大學都爾圖書館 416 室和 420 室的私人藏書捐贈給加州大學董事會。館藏包括 2 千餘冊東方書籍、作品和手稿，其中部分可以作為東方語言文學系教授們的參考書。我也把近 5 千張反映東方世界和其他專題的幻燈片一起捐贈給加州大學董事會，這批幻燈片應與圖書放在一起，用於東方語言文學系的教學和研究工作。[3]

從 1914 年至 1920 年，江亢虎接替傅蘭雅擔任加州大學的中文講師工作。在此期間，江亢虎和 Witter Bynner 合作出版了第一版英譯本的《唐詩三百首》，該書的英文名為《玉石山》（*The Jade Mountain*）。

江亢虎曾於 1912 年創辦「中國社會黨」，並把總部設在上海。該黨主張建立共和政府。作為該黨的領導人，他聲稱由他領導的這場運動是中國歷史上自由政治聯盟的開始。[4] 然而不久，袁世凱鎮壓了 1913 年爆發的「二次革命」，大部分政黨也隨後被強令解散，江亢虎被迫東渡日本。在東京，江亢虎會見了孫中山。孫中山建議他轉赴

圖 5-1：1871 年的 Tompkins。Tompkins 看到了亞洲對加利福尼亞州的重要性，於 1872 年捐款給東方語言文學系設立阿加西講座教授席位。照片由加利福尼亞州線上檔案（Online Archive of California）提供。

美國，並交給他一封介紹信去見他在加州大學柏克萊分校就讀大二的兒子孫科。幾個月後，江亢虎來到舊金山，並且很快便在柏克萊聲名鵲起。1914 年，傅蘭雅特意向加州大學校長 Benjamin Wheeler 推薦了江亢虎，隨後 Wheeler 校長任命江亢虎為該校東方學系的中文講師。

兩年後，即 1916 年，江亢虎向加州大學校方承諾把他祖父收藏的 1,600 種圖書，共 13,600 餘冊，捐贈給加州大學圖書館。江亢虎幼年時通過閱讀這些藏書而自學成才。然而，他祖父的藏書在 1900 年的義和團之亂中損毀過半，僅剩下原來的四分之一。倖存的 13,600 餘冊圖書存放於北京的一座寺廟裡。1916 年，美國公使館派船將這批藏書運到了柏克萊。[5] 江亢虎捐獻的書籍進一步充實了傅蘭雅的個人圖書館，使柏克萊的中文藏書變得更加豐富和具有深度。

1918 年，E. T. Williams 接任阿加西講座教授席位。Williams 曾在美國國務院的駐華機構工作 25 餘年，擔任過一系列職務，如總領事和美國國務院遠東部主任。他尤為自豪的是，他曾代表美國政府承認剛剛組建的中華民國政府。[6] Williams 在加州大學柏克萊分校任教，直到 1928 年退休。Williams 也將自己的藏書捐給了大學，不過他要求把這些圖書存放在大學圖書館的 420 室，以便他退休後可以繼續使用。

加州大學柏克萊分校東亞圖書館早期的館藏發展主要依靠私人捐贈。但在 1918 年，該館藏獲贈第一筆長期發展基金，從而使藏書的發展獲得到了一次飛躍。這筆基金的捐贈人名叫 Horace W. Carpentier，他是哥倫比亞大學的畢業生。Carpentier 在美國西部的淘金熱中發家致富，並在舊金山灣區的政治圈裡嶄露頭角，成為奧克蘭市的第一任市長。Carpentier 退休後回到了紐約州。Carpentier 給加州大學捐贈了 10 萬美元，Wheeler 校長把這筆長期發展基金中的一部分指定用於購買有關「亞細亞五大文明地區」的書籍和資料。從此以後，Carpentier 的這筆贈款就為圖書館購買中文、日文和韓文藏書提供了穩定的資金來源。

加州大學柏克萊分校的東亞館藏在 20 世紀前半期得到持續擴充。通過國際交換獲得的中文期刊也被加入館藏之列。從 1920 年代開始，類似的互換專案也為日文館藏增添了出版物。到了 1930 年代中期，中文藏書已達到 25,000 冊。儘管這一數目在今天看來為數不多，但在 1935 年《紐約時報》（*New York Times*）的一篇報導中稱，加州大學柏克萊分校的東亞圖書館與美國國會圖書館、紐伯瑞圖書館（Newberry Library）、約翰·克雷拉圖書館（John Crerar Library）並肩而立，成為當時收藏東亞圖書最多的幾個圖書館之一。當時美國東部還有其他一些收藏東亞圖書的大館，例如哥倫比亞大學、耶魯大學、哈佛大學的東亞圖書館。但在芝加哥以西地區，加州大學柏克萊分校東亞館藏當時卻是獨一無二的。[7]

加州大學柏克萊分校東亞圖書館從早期開始就不僅收藏中、日、韓文書籍，還收藏其他語言的文獻，諸如藏文、蒙文和滿文書籍、1945 年之前的西藏木版畫等，這些文獻在整個 20 世紀均在採購之列。1945 年之後至 1990 年代的藏書收集則受益於美國國會圖書館的一個海外收藏專案（PL480），這批藏書側重於語言、文學、宗教和歷史等方面的書籍。

加州大學柏克萊分校東亞圖書館收藏了一小部分 1945 年之前的蒙文和滿文資料，其中大部分是來自於第四任阿加西講座教授 Ferdinand Lessing。蒙古語館藏中收錄了 100 餘冊的圖書和手稿，內容涉及佛學著作、多語字典、中國歷史名著譯本和天文學著作，其中除了大部分古蒙古語書籍之外，還有一小部分 17 世紀瓦剌（Oirat，一種古代蒙古語）文稿。滿文館藏有數百冊，大部分為語法著作和字典，以及中國宗教、哲學和文學著作的譯作，還有政府方面的著作。

第二次世界大戰使得美國人開始重新審視亞洲。與此同時，美國也認識到了理解其對手和盟國的語言、文化、歷史和現狀的重要性。在二戰即將結束之時，美國各大學紛紛設立東亞研究專業，東亞圖書館也因而迅速發展起來。1947 年，為解決圖書使用日益頻繁的問題，加州大學柏克萊分校決定建立一所東亞細亞圖書館（1991 年改名為東亞圖書館）。曾在哈佛大學研究中國文學的學者 Elizabeth Huff，成為這所圖書館的首任館長。Huff 出生於伊利諾州的厄巴納市（Urbana），她於 1932 年獲得伊利諾州大學的學士學位，並於 1935 年獲得密爾斯學院的東亞藝術史專業的碩士學位。二戰時期，她曾在中國、日本和東南亞生活了 6 年，其中 3 年時間是在山東的日軍拘留營度過的。1947 年，她獲得哈佛大學遠東語言專業的博士學位後不久，就受邀來到加州大學柏克萊分校。當時 Huff 認為女性不易在大學裡覓得教職，因此，當加州大學柏克萊分校的圖書館館長 Donald Coney 發電報邀請 Huff 擔任該校新成立的東亞細亞圖書館館長一職時，她就欣然接受了。上任不久，Huff 便在她都爾圖書館（Doe Library）的 415 辦公室裡開始了一個新圖書館的運作。

圖 5-2：1947 年，Huff 成為東亞圖書館首任館長。照片由加州大學柏克利分校班克羅福特圖書館地方口述史辦公室和 Rosemary Levenson 提供。

1947 年，柏克萊的東亞館藏已經有 75,000 冊圖書，分散於大學圖書館九層書庫的多個角落。其中包括傅蘭雅、江亢虎和 Williams 的贈書、一些中文農業期刊和日文經濟、歷史著作、東方語言系前系主任久野（Y. S. Kuno）收藏的社會科學圖書，以及用 Carpentier 捐款購置的著作和一些蒙文、滿文和藏文書籍等。

Huff 的首要任務之一就是合併分散的館藏，其次就是將館藏分類上架。她決定按照嚴格的學科分類將所有的中日韓文獻一併擺放在書架上。當時，美國其他的東亞圖書館則是按各種語言分類上架的。

Huff 的這一決定不僅僅影響了圖書館後來的發展，而且為全美東亞語言資料的組織和整理提供了範例。於是，加州大學柏克萊分校的東亞圖書館建立了自己的管理體系和編目規則，並在編目主任 Charles E. Hamilton 的指導下建立了卡片目錄庫。

1948 年，Huff 派出生於東京的助理 Elizabeth McKinnon 前往日本，用大學董事會撥付的專款採購本校日本文學和歷史方面教學所需書籍。[8] McKinnon 的此次採購是加州大學柏克萊分校有史以來最大的海外採購之一，它最終使得該校東亞圖書館的日文館藏量躋身全美國前列。在日本，McKinnon 獲悉，村上文庫（Murakami Library）收入了日本文學和社會科學領域的 11,000 冊圖書，幾乎都是日本明治和大正時期的第一版，而這兩個時期正是日本進入國際社會之時。McKinnon 請求用 2,500 美元採購這批圖書。在獲得了 Huff 應允之後，McKinnon 購得了這批圖書。[9] 不久，McKinnon 又獲悉，三井文庫（Mitsui Library）中數個文庫共 10 萬餘冊的藏書正在出售。[10] 當時，耶魯大學已經獲悉此事，但耶魯大學決定不採購，而將這一消息轉告給加州大學柏克萊分校。一天，都爾圖書館期刊部的一位辦事員打電話給 Huff 館長，詢問是否要將耶魯大學寄來的一個包裹扔掉，據稱這個包裹中有一些「中文垃圾」。Huff 發現這個包裹中竟然有一份三井文庫的出售清單。根據這個清單，Huff 便做成了加州大學柏克萊分校圖書館迄今為止最重要的一項海外採購。

加州大學校長 Robert Gordon Sproul 在購買三井文庫中起到了非常關鍵的作用。當他得知三井文庫的部分圖書正在出售時，就動員每位校董捐贈，最終成功地籌集了採購的資金。經過與出售者漫長的談判後，這批總共 10 萬多冊的書籍終於分裝在 460 多個大箱中，於 1950 年運達加州大學柏克萊分校。這批圖書不僅增加了加州大學柏克萊分校東亞圖書館的日文善本館藏，同時也增加了中文和韓文善本館藏。書籍涉及的學科包括歷史、哲學、宗教、文學、藝術和科學。圖書樣式包括木刻板圖書、銅板紙印刷品、手抄本、屏風、卷軸、海報和遊戲板等。其中有出自著名藏家的收藏品，包括今関天彭（Imazeki Tenpo）收集的中國文學著作、三井高堅（Mitsui Takakata）的中國碑帖拓本和書法，以及由淺見倫太郎（Asami Rintarō）收集的 4 千多冊韓文印刷品和手抄本等。[11]

1952 年，東亞圖書館從都爾圖書館遷往杜蘭特大樓（Durant Hall），三井文庫也因此被拆分，其中比較珍貴的圖書併入地下室的珍本庫，而大部分圖書則被送往距加州大學柏克萊分校北邊 6 英里遠的列治文區（Richmond）的藏書庫裡。除一些複本被賣給了美國其他東亞圖書館外，大部分來自三井文庫的藏書直到 1983 年 Donald Shively 成為東亞圖書館館長後才開始被編目。

Shively 是研究日本德川時期城市生活和大眾文化的國際公認的權威，也是在美國闡釋日本文化的主要學者之一。[12] 他出生於京都的一個美國傳教士家庭，從小就對日本古典文學、音樂和藝術頗感興趣。他到加州大學柏克萊分校任東亞圖書館館長之前，曾經在加州大學柏克萊分校、史丹佛大學和哈佛大學任教。Shively 於 1983 年上任，直到 1992 年退休。在任期間，他啟動了一系列旨在修護圖書館特藏善本的專案。

從 1985 年到 1986 年，Shively 獲得了美國人文科學基金會的一筆資助，用來編目和保護 2,300

圖5-3：右起分別是Huff、Richard Irwin、McKinnon，他們正在檢查1950年第一批運抵加州大學柏克萊分校的三井文庫善本圖書。照片由加州大學柏克萊分校班克羅福特圖書館提供。

份極其珍貴的日本早期的古地圖，這批特藏資料是與三井文庫一起來到加州大學柏克萊分校的。Shively 利用這筆資金從日本請來了一個專家團，從事古地圖的編目工作。Shively 的妻子 Mary Elizabeth Berry 是一位研究日本古代歷史的著名學者，任教於加州大學柏克萊分校歷史系。在她的協助下，Shively 開設了一門關於日本古地圖和旅遊文學的研討課，又在加州大學柏克萊分校日本研究中心的資助下開設了一門同樣主題的地區性研討課程。Shively 的這些努力引起了人們對日本地圖的極大興趣，參加研討會的學者們也因而發表了為數可觀的論文。[13]

　　從1985到1989年，Shively 獲得了兩筆美國聯邦教育部按照《高等教育法》第2款第3條提供的資金，用以編目和保藏日本江戶時代的木刻印刷書籍。這批書籍中的大部分隨購置的三井文庫一起運抵東亞圖書館，成為東亞之外最大的日本江戶時期印製的善本特藏。這一專案匯聚了來自加州大學柏克萊分校東亞圖書館、日本國會圖書館（National Diet Library）和國立日本文學研究所（National Institute of Japanese Literature）的編目員。在日本國際交流基金會（Japan Foundation）的資助下，他們出版了《加州大學柏克萊分校所藏三井文庫舊版江戶版本目錄》（カリフォルニア大学バークレー校所蔵三

圖 5-4：東亞語言文化系教授 Shively 在 1983–1992 年任加州大學柏克萊分校東亞圖書館館長。他是日本江戶時代歷史和文學方面的權威，尤其對歌舞伎戲劇的通俗文化和商業印刷有獨到的研究。照片由他的夫人 Berry 提供。

第五章　東西方文明的交匯：加州大學柏克萊分校斯塔東亞圖書館

井文庫旧藏江戶版本書目）。到訪的圖書館員還將著名作家遠藤周作（Endo Shusaku）個人藏書中的近 3,800 冊日本當代文學著作及有關的評論書籍進行了編目。遠藤周作於 1986 年將他的個人藏書贈送給加州大學柏克萊分校東亞圖書館。

從 1990 年到 1992 年，Shively 又獲得了另一筆美國聯邦教育部依照《高等教育法》第 2 款第 3 條提供的資金，用於編目和維修加州大學柏克萊分校的中文碑帖拓本。這些碑帖拓本是美國和歐洲最大的館藏之一。除了柏克萊的學者外，這一專案邀請了來自臺灣中央研究院歷史語言研究所和中國大陸的學者進行合作。2008 年，由周欣平主編的《柏克萊加州大學東亞圖書館藏碑帖》（共二冊）由上海古籍出版社出版。

在隨後的數十年間，加州大學柏克萊分校東亞圖書館的善本書通過海外收購的方式得以擴充。這些善本書包括賀蔣佛經善本庫和清代金石學家陳介祺的《簠齋存古餘錄》。加州大學柏克萊分校還參加了由美國研究型圖書館在二戰後發起收集外國出版物的法明頓計畫（Farmington Plan），該計畫為東亞圖書館增添了數百本韓文善本書。

多年來，教授們的捐獻也使得加州大學柏克萊分校東亞圖書館的善本圖書得以擴充。這些教授包括歷史學家 Woodbridge Bingham、東方語言學家的 Ferdinand D. Lessing 和動物學家 Charles A. Kofoid。此外，加州大學柏克萊分校東亞圖書館也獲得了來自友人的珍貴捐贈，包括 William B. Pettus、蔣紹愚和遠藤周作。Pettus 曾長期在北京居住，並擔任華文學校的校長，該校在二戰期間遷往柏克萊。蔣紹愚的祖父蔣汝藻是中國 20 世紀著名的私人藏書家，也是密韻樓的主人。遠藤周作是日本著名作家，多次參選諾貝爾文學獎，並獲得到眾多榮譽，包括著名的芥川龍之介獎（Akutagawa Prize）。

從 2003 年到 2004 年，加州大學柏克萊分校東亞圖書館和上海圖書館合作，共同完成了館藏 1795 年之前刊印的中文善本書的編目工作。這兩個圖書館的工作人員清查了柏克萊的所有中文藏書，鑑定出 1795 年以前的版本達 800 餘種。來自上海圖書館的兩位歷史文獻學家為它們撰寫了注錄，於 2005 年出版了由陳先行主編的《柏克萊加州大學東亞圖書館中文古籍善本書志》。

二戰結束後第一年，加州大學柏克萊分校東亞圖書館的藏書年增量從 7,000 冊增長到 11,000 冊。1959 年，東亞圖書館的藏書量共計 230,139 冊，到了 1979 年藏書量已經上升到 416,320 冊。隨著中國文化大革命的結束和改革開放的開始，加州大學柏克萊分校東亞圖書館可以直接從中國大陸的出版社購買所需圖書，無需再通過香港和臺灣的中介書商。當時的東亞圖書館館長湯迺文在 1970 年代初期的首次中國之行中就購得了十分豐富的書籍。從 1980 年代開始，加州大學柏克萊分校東亞圖書館的館藏量平均每年增加 14,000 冊，從 1984 年的 517,244 冊上升到 2000 年的 742,555 冊。進入 21 世紀後，隨著採購力度的加大和東亞國家在世界市場中的地位和政治影響力的提升，加州大學柏克萊分校東亞圖書館的館藏增長更為迅速。2000 年之後，東亞圖書館平均每年增加 2 萬冊以上圖書。這一增長也得助於友人們的財力支持和與國內外學術機構的交換計畫。

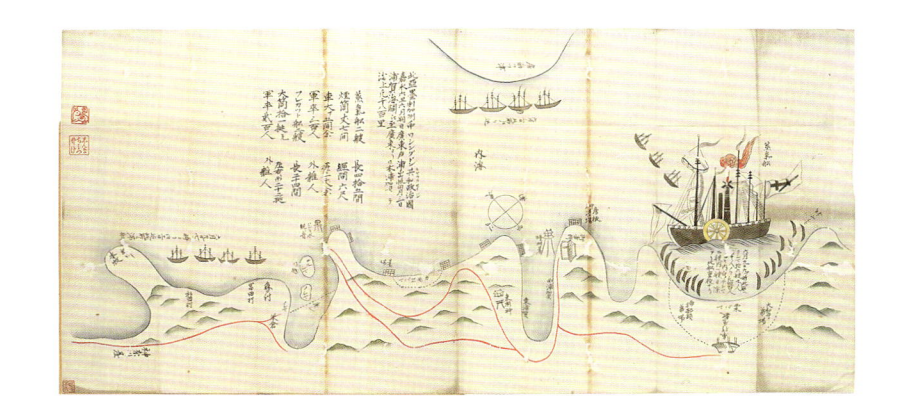

圖 5-5：浦賀固的黑船來航圖。加州大學柏克萊分校獲得了三井文庫中近 2,300 冊由手抄、木刻和銅板紙印刷的日本古地圖，這幅圖便是其中之一。照片由加州大學柏克萊分校斯塔東亞圖書館提供，Diana Chen 拍攝。

圖 5-6：1992 年，Shively（左後，戴領帶）和臺灣的訪問學者、圖書館工作人員、加州大學柏克萊分校圖書維護部人員，一起展示唐代〈紀泰山銘〉的摩崖拓本。照片由加州大學柏克萊分校斯塔東亞圖書館提供。

學術和文化遺產

加州大學柏克萊分校東亞圖書館的館藏包括以中、日、韓文出版的紙本書籍和多媒體資源。另外，圖書館訂購的各種資料庫還提供成千上萬的電子書和電子期刊。然而，真正獨一無二的還是該館所擁有的那些年代久遠的古籍善本圖書和珍貴手稿文物。這些寶貴資料吸引了來自世界各地的學者，他們研究的領域各有不同，包括文學、歷史、古文字、語言學、佛教和文化研究許多方面。

三井和村上文庫

如前所述，三井文庫的獲得極大地豐富了加州大學柏克萊分校東亞圖書館的善本館藏，其中大部分的書籍收進了東亞圖書館的善本庫。村上文庫常被視為舉世無雙的藏書，即使在日本也無與倫比。這部分書籍也收藏於東亞圖書館的善本庫內。

碑帖和青銅器銘文拓片

東亞圖書館藏的中文碑帖和青銅器銘文拓片長度從 0.02 米到 12.2 米不等，其中收藏最為豐富的是法帖（書法的範本）和青銅器銘文拓片。最早的碑帖收藏品可以追溯到 14 世紀。原三井文庫的藏品是這部分館藏的核心 —— 其中 1,500 餘種藏品來自於三井高堅的聽氷閣（Teihyōkaku）和日本醫生土肥慶藏（Dohi Keizō）的鶚軒文庫（Gakken Collection）。館藏的許多拓本有中國著名鑑賞家的藏書印章，如趙之謙、秦文錦、葉志詵和張祖翼。已故歷史學家 Bingham 也捐贈了許多拓片。館藏的許多碑帖拓片比較罕見，即便在中國或日本的圖書館和博物館的目錄中也少有收錄。

中文善本書文庫

三井文庫和賀蔣文庫的購入使得加州大學柏克萊分校東亞圖書館獲得了許多古籍善本。賀蔣文庫於 1960 年代購得，並以原收藏者的名字命名，它為東亞圖書館提供了 100 餘冊佛教經典的刻本和手抄本，包括用金銀粉書寫的佛經。對於從事中日韓古代語言、印刷史和佛教傳播研究的學者而言，這部分館藏是一個十分罕見而可貴的資源。

在加州大學柏克萊分校近年獲得的善本珍籍本中引人注目的是一份明末清初學者錢謙益的手稿，[14] 由蔣汝藻的孫子蔣紹愚捐贈，為清代密韻樓舊藏。

中文善本庫收錄了 1795 年之前的 800 多種古籍善本，共計 1 萬餘冊，其中包括 22 種宋代刊本、16 種元代刊本和一些著名學者的手稿。

浅見文庫和韓文善本文庫

浅見文庫（Asami Collection）收藏的韓文善本超過 900 種，共計 4,300 餘冊。浅見倫太郎從 1906 年 7 月到 1918 年 3 月年間在首爾擔任法律顧問和法官。[15] 正是在那裡，他成了一位韓文古籍善本收藏家。他收藏的書籍包括朝鮮 17 世紀至 19 世紀的活字印刷品。這一文庫為研究李氏王朝（Yi dynasty）時期的政治和法律體制提供了寶貴的資料。浅見文庫中還包括 1932 年出版的一套 888 冊的《朝鮮王朝實錄》（조선왕조실록）和一套韓國海印寺（해인사）《高麗大藏經》（팔만대장경）的原刻本，共 1,324 冊。

當代中國文庫

加州大學柏克萊分校的中國研究中心圖書館建於 1957 年，最初是該校中國研究中心的一間校外閱覽室。隨著冷戰的開始，美國學界迫切需要關於中國的資訊。那時，東亞圖書館的中文館藏偏重中國歷史、語言學、哲學、藝術、考古學和文學。一些教授們便提出要另外建立一個當代中國的閱覽室和文庫，並向福特基金會（Ford Foundation）和洛克菲勒基金會（Rockefeller Foundation）尋求資助。Robert Scalapino 就是其中之一，當時他是政治學系的助理教授（他後來創立了加州大學柏克萊分校東亞研究所，並成為美國著名的當代中國問題專家）。在 1950 年代麥卡錫主義（McCarthyism）盛行的政治氛圍下，學者很難獲得直接來自中國大陸的研究資料，這一狀況在 50 年代後期才有所緩解。這個閱覽室提供了其他地方難以找到的資料——大量有關中國共產黨、中國社會、政治、政府、軍隊、法律和經濟等方面的出版物。1972 年，閱覽室遷至校內，並在 1980 年代初獲得了「圖書館」的地位，從而成為全美首屈一指的研究 1949 年之後中國事務的專業圖書館。

中國研究中心圖書館的館藏在內容和形式上都十分豐富和獨特，包括專著、期刊、公報、黨史、電視廣播記錄和電影資料等。其中，最突出的是 1 萬多冊的文史資料系列（這是研究中國現當代歷史的寶貴資料），它們用第一人稱來敘述從清朝末期到中華人民共和國成立期間有關的地方政治運動、軍事戰役和經濟狀況。2008 年 3 月，中國研究中心圖書館併入了斯塔東亞圖書館，成為該館的一部分。

圖 5-7：洪敬謨所著的《重定南漢志》。浅見文庫的手稿中經常出現這類的地圖，而在其他所知版本中從沒有出現過。照片由加州大學柏克萊分校斯塔東亞圖書館提供，Diana Chen 拍攝。

數位文庫

在過去 20 年間，東亞圖書館的數位文庫迅速發展。到 2008 年，東亞圖書館已經擁有 70 萬本電子圖書、6 千餘種全文電子期刊和大量中文、日文和韓文的音像資料。此外，東亞圖書館還開始將其館藏數位化。2003 年，圖書館與舊金山的地圖收藏家 David Rumsey 進行合作，把日本古代地圖數位化，並在網上為大眾開放。世界各地成千上萬的讀者可以線上瀏覽這批古地圖，為此，《紐約時報》把這個數位地圖文庫稱為「一個遠去的日本線上浮現」。[16] 此外，東亞圖書館還將 1 千多幅中文拓片進行了數位化。

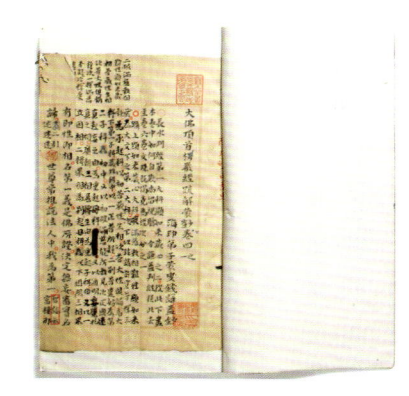

圖 5-8：錢謙益所著《大佛頂首楞嚴經疏解蒙鈔》手跡，他的簽名和圖章落在此頁右下角。照片由加州大學柏克萊分校斯塔東亞圖書館提供，Diana Chen 拍攝。

新館的建立

1952 年，東亞圖書館遷至法學院的博爾特樓（Boalt Hall），即今天的杜蘭特大樓。隨後的 10 年間，隨著館藏量的增加，圖書館空

圖 5-9：2006 年位於杜蘭特大樓東亞圖書館的主閱覽室，照片由周欣平拍攝。

圖 5-10：2006 年 8 月，圖書館工作人員和建築隊成員在正在建造中的斯塔圖書館前合影。照片由 Peg Skorprinski 拍攝。

間顯得日趨狹小。到了 1960 年代後期，東亞圖書館就分為校內和校外兩部分館藏。至 2000 年，一半以上的館藏被放置在校外列治文區的藏書庫內。在校內，杜蘭特大樓僅收藏有人文學科和社會學科的書籍；1989 年，校長辦公室所在地的加利福尼亞大樓裡為東亞圖書館騰出一個臨時場所，以存放依照哈佛燕京分類法編目的舊館藏，包括微縮膠捲、藝術書籍和期刊。位於福爾頓街（Fulton Street）的中國研究中心圖書館則收藏當代中國文獻。作為一個重要的學術圖書館，館舍設施的缺乏嚴重阻礙了學術工作的順利進行。因此，東亞圖書館需要一個新家。

建立新館的前期論證工作開始於 1980 年代後期。1988 年，加州大學柏克萊分校針對東亞圖書館規劃和需求進行了研究，希望通過募集私人贈款的辦法來啟動這一專案。1996 年，在 Tom Havens 擔任東亞圖書館館長時，紐約的斯塔基金會（Starr Foundation）為圖書館提供了第一筆捐助資金，啟動了東亞圖書館新館的籌劃工作。

不久，紐約的建築師 Tod Williams 和錢以佳為將位於都爾圖書館對面的觀測台山坡（Observatory Hill）下的東亞圖書館新館設計了一份簡單的草圖。新的東亞圖書館以斯塔基金會的創立者 Cornelius Vander Starr 命名。Starr 出生於加州的布拉格堡（Fort Bragg）小鎮，他祖籍荷蘭，父親是聯合木材公司（Union Lumber Company）的一名鐵路工程師。1910 年，Starr 被加州大學柏克萊分校錄取，但是一年後他就離校而去。1919 年，他來到上海，並在那裡創建了美國保險公司（American Insurance Group, AIG），那時，他把這個公司叫作美亞保險公司（American Asiatic Underwriters）。後來，Starr 把公司的總部遷到了紐約市。

2000 年夏天，周欣平被任命為加州大學柏克萊分校東亞圖書館館長。對當時東亞圖書館的狀況，他有這樣的回憶——書架上塞滿了書，甚至地板上也堆滿了書。整個東亞圖書館的館藏分成四個地方存放，現刊也被放於兩個地方，並使用三套不同的分類體系，按字母、國會圖書館分類法和哈佛燕京分類法排列。圖書館的工作人員常年在狹小擁擠、布滿灰塵的場所中工作。杜蘭特大樓的地下室設備破舊，通風不良，牆皮紛紛剝落。主閱覽室的屋頂漏水，並且布滿水痕。善本庫存在位於地下室的兩間狹小的房間裡，沒有恆溫或恆濕設備，也沒有防盜設備。很明顯，他上任後的首要任務就是推動新館的建設。

新館的籌建於 2001 年開始加快。捐款人表現出了極大熱情，紛紛解囊相助。他們中很多人是加州大學柏克萊分校的校友，或者是學生們的父母，還有一些是當地居民，也有遠在香港和東京的外國人士。2001 年到 2006 年間的捐款數額超過了 3 千萬美元。Haas 夫婦（Peter Haas、Mimi Haas）、Coleman Fung 和方李邦琴每人都承諾捐贈數百萬美元。加上之前圖書館已籌集到的 2 千多萬美元，東亞圖書館新館的建設總計花費了 5 千 2 百萬美元——包括設計、建設和設備。所有資金全部來自 1 千 2 百多名捐贈者。

2001 年，加州大學柏克萊分校第七任校長田長霖逝世。當時在位的 Robert Berdahl 校長宣布把東亞圖書館的新館命名為斯塔東亞圖書館和田長霖東亞研究中心，以此記念這位為加州大學柏克萊分校作出了的貢獻而廣受愛戴的學者、教育家和領導人。

2003 年，由建築師 Tod Williams 和錢以佳設計的新館方案進入大學董事會漫長的審批過程。到 2004 年春，終於有了突破性進展——亞洲之外第一座獨立式東亞圖書館大樓破土動工了。

圖 5-11：斯塔東亞圖書館內部一瞥，照片由周欣平拍攝。

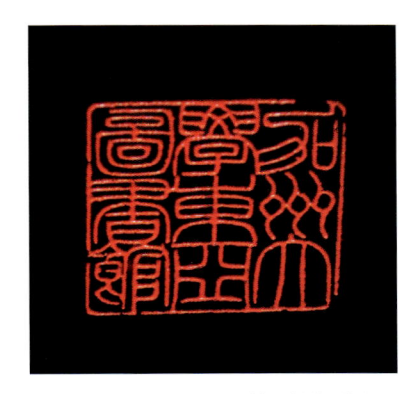

圖 5-12：加州大學柏克萊分校斯塔東亞圖書館的印章，照片由周欣平拍攝。

這座位於加州大學柏克萊分校校園中心的具有現代建築風格的大樓於 2007 年 10 月建成，當時恰逢東亞圖書館成立 60 週年，按照亞洲的習俗可謂是雙喜臨門。2007 年 10 月 20 日，舉行了隆重的新東亞圖書館落成典禮，1 千餘名學者、捐贈者和友人紛紛前來祝賀。來自亞洲、歐洲和北美的圖書館館長和學者們在參加落成典禮的同時，還組織了五個學術會議，討論東亞研究和東亞文獻的議題。

2007 年 12 月 23 日，東亞圖書館關閉了杜蘭特大樓的閱覽室，並在同一天，永久性地關閉了中國研究中心圖書館，分散在校園三地的館藏都併入新的東亞圖書館裡。2008 年 3 月 17 日，斯塔東亞圖書館和田長霖東亞研究中心正式對外開放，成為一個在人文、社會科學和其他學術領域中研究東亞問題的中心。

新的東亞圖書館外牆用花崗岩砌成，正面有青銅螢幕裝飾。除了書庫、閱覽室、媒體中心、電子檢索區、善本庫、藝術史討論室、現刊庫、小組學習室之外，還有管理、借閱和公共服務區以及辦公室。這座亞洲以外第一座專門為收藏東亞文獻而建立的大樓象徵著加州大學柏克萊分校最初的辦校理念：追求卓越，繼承世界文化遺產，瞭解世界。[17]

圖 5-13：斯塔東亞圖書館和田長霖東亞研究中心於 2007 年 10 月 20 日落成，並於 2008 年 3 月 17 日對外開放，照片由周欣平拍攝。

註釋

1. William Warren Ferrier, *Origin and Development of the University of California* (Berkeley: Sather Gate Book Shop, 1930), 414–417.

2. William Warren Ferrier, *Origin and Development of the University of California*, 414–417.

3. 參見 John Fryer, July 2, 1928, "John Fryer's Will," John Fryer Papers (BANC MSS C-B 968), Bancroft Library, Office of the President, University of California.

4. Richard C. Howard and Howard L. Boorman, eds., *Biographical Dictionary of Republican China* (New York: Columbia University Press, 1967), 338–339.

5. 江亢虎在其回憶錄《如此時光》(*Such a Life*) 中詳細記敘了他的童年和他祖父的圖書館，該書現收藏於東亞圖書館的善本庫。

6. Edward Thomas Williams, "1943–1945, University of California: In Memoriam," University of California History Digital Archives (inmemoriam 194345), University Archives, The Bancroft Library, University of California at Berkeley.

7. Edwin E. Williams, "The Library Looks across the Pacific," *California Monthly* (October 1935): 18–19, 40–41.

8. Donald H. Shively, "The Mitsui Bunko and Murakami Bunkom," *Bulletin of Waseda University Library* 35 (January 1992): 1–13.

9. Donald H. Shively, "The Mitsui Bunko and Murakami Bunko," 1–13.

10. Elizabeth Huff and John C. Jamieson, *Teacher and Founding Curator of the East Asiatic Library: From Urbana to Berkeley by Way of Peking* (Berkeley: Regional Oral History Office, Bancroft Library, University of California, Berkeley, 1977), 172.

11. 參見 Roger Sherman, "The Acquisition of the Mitsui Collection by the East Asiatic Library, University of California, Berkeley," Master's thesis, University of California, Los Angeles, 1980.

12. Esperanza Ramirez-Christensen and Edwin A. Cranston, "Donald Howard Shively (1921–2005)," *The Journal of Asian Studies* 66, no. 4 (2007): 1232–1234.

13. Esperanza Ramirez-Christensen and Edwin A. Cranston, "Donald Howard Shively (1921–2005)," 1232–1234.

14. "Miyun Lou Comes to Berkeley," *East Asian Library Newsletter* 2 (Fall 2006): 4–5.

15. Donald H. Shively, "The Mitsui Bunko and Murakami Bunko," *Bulletin of Waseda University Library* 35 (January 1992): 1–13.

16. Julie Lew, "In Vintage Maps, a Japan Bygone Floats Lyrically Online," *New York Times*, April 10, 2003.

17. 在撰寫本章期間，作者曾得到加州大學柏克萊分校東亞圖書館同仁的幫助，謹此致謝。

參考文獻

柏克萊加州大學東亞圖書館編。《柏克萊加州大學東亞圖書館中文古籍善本書志》。上海：上海古籍出版社，2005。

柏克萊加州大學東亞圖書館編。《柏克萊加州大學東亞圖書館藏碑帖》。上海：上海古籍出版社，2008。

柏克萊加州大學東亞圖書館編。《翁方綱經學手稿五種》。上海：上海古籍出版社，2006。

岡雅彦。《カリフォルニア大学バークレー校所蔵三井文庫旧蔵江戸版本書目》。東京：ゆまに書房，1990。

Fang Chaoying and Rintarō Asami. *The Asami Library: A Descriptive Catalogue, by Chaoying Fang*. Berkeley: University of California Press, 1969.

Ferrier, William W. *Origin and Development of the University of California*. Berkeley: Sather Gate Book Shop, 1930.

Huff, Elizabeth and Rosemary Levenson. *Teacher and Founding Curator of the East Asiatic Library: From Urbana to Berkeley by Way of Peking: Oral History Transcript*. Berkeley: Regional Oral History Office, Bancroft Library, University of California, Berkeley, 1977.

Rudolph, Deborah. *Impressions of the East: Treasures from the C. V. Starr East Asian Library, University of California, Berkeley*. Berkeley: Heyday Books, 2007.

Sherman, Roger. "The Acquisition of the Mitsui Collection by the East Asiatic Library, University of California, Berkeley." Master's thesis, University of California, Los Angeles, 1980.

Shively, Donald H. "The Mitsui Bunko and Murakami Bunko." *Bulletin of Waseda University Library* 35 (January 1992): 1–13.

Williams, Edwin E. "The Library Looks across the Pacific." *California Monthly* (October 1935): 18–19, 40–41.

1936年版的韓國悲劇小說《苦難人生》（불상한人生）。照片由哥倫比亞大學斯塔東亞圖書館提供。

6 / 加深理解：哥倫比亞大學斯塔東亞圖書館

Amy V. Heinrich

哥倫比亞大學斯塔東亞圖書館（C. V. Starr East Asian Library）前館長，2009 年 1 月退休。Heinrich 博士出生於紐約市，在哥倫比亞大學獲得了日本文學博士學位。她著述頗豐，內容涉及日本文學和東亞圖書館學。她還編寫一本關於日本詩歌的圖書，以及幾本有關日本文學和文化的著作。Heinrich 博士目前研究現代日本短歌（tanka）。

起源

1901 年，哥倫比亞大學校長 Seth Low 收到了一筆 10 萬美元的匿名捐款及一封如此開頭的信件：

> 50 餘年來，我將威士忌和煙草的部分開支節省下來，加上適當的利息，總共攢到大約這張支票上的數額。我以誠悅之心將其捐給貴校，用以建立一個中國語言、文學、宗教和法律系，並以「丁龍漢學講座教授」命名。

隨後，丁龍本人也捐贈了 12,000 美元。那位匿名的捐贈者後來又追加了 10 萬美元，並公開了他的名字：Horace Walpole Carpentier「將軍」（不清楚他是如何獲得將軍頭銜的）。他透露，丁龍是他的管家之一。在信中，他極力讚揚丁龍和中國文明，並在「附注」中說明他宣導研究中國文化的原因。這個「附注」儘管較長，但卻很有趣，它似乎是在回應西方人認為他們負有向東亞人傳教的天職，而東亞卻沒有任何值得學習之處的普遍看法。Carpentier 極為反對此種看法。

他的觀點值得全文引述，因為在某種程度上，我們仍然面對此項挑戰。

> 人們認為中國沒有宗教。如果那只是說我們的宗教不是他們的宗教，也就無可厚非。但如果將宗教界定為對責任和義務的情感，那麼中國人就是一個信教的民族。
>
> 中國有數億人口，他們同宗同源，土生土長，由千百年流傳下來的共同習俗和傳統維繫在一起。靠著共同合作，尤其靠書寫文字的統一力量，熔鑄成一個國家。他們的忍耐、節制和勤勞無人能比。他們對家庭的奉獻及對家園的眷戀極為深沉，意志堅定如同英國人的保守主義和以色列人的精誠團結。他們堅忍的愛國主義從未改變或淡忘。他們擁有同中有異的語言，此種語言內容豐富且意味深長，並且可能比現存的其他語言更古老。他們具有良好的學術修養，擁有大量文學著作，這些文獻與那些影響及改變我們的制度和行為模式的經典一樣值得敬重。他們傳承的文明可以追溯到久遠的年代，與地中海文明同樣悠久，但比較不受感官影響及迷信所左右。他們有一套完善的、符合自己的需要和條件的古老的習慣法體系，用以規範文明生活中的各種關係，包括家庭、社會和政府。此種體系經歷了無數次的嘗試和失敗，直到習慣獲得道德法則的約束及認可。早在建立我們的習慣法的祖先走出沒有藝術、農業、文字，以及穿獸皮的遠古蠻荒之前，中國的此種系統已經存在。不管是好是壞，我們喜歡與否，我們向西部拓荒的天賦使命，正迅速地使我們與中國結成對面而居的近鄰。橫亙在我們之間的太平洋，借助快捷的渡輪，今後多半會變成一個中－美之海。兩國之間的產業和貿易關係蒸蒸日上，並且很快將增長到每年數十億元的交易額。然而，我們聲稱自己擁有更高的聖諭，並可以將其和平、公正和仁愛的精神傳遞給未受恩惠的人們。考慮到上述種種，作為人文學科之母的（哥倫比亞）大學，卻未能率先促進兩國更深的理解、更大的禮讓及更友善的關係。這難道不是一種恥辱？

哥倫比亞大學校長Seth Low如此總結Carpentier的觀點：

> 我認為本系的創立者意在表明，如果美中兩國要在未來幾個世紀內友好相處，就必須相互理解。他的捐贈是他為美國民眾對數億「天朝大國」人民的理解所作的貢獻。

Carpentier和Low都未曾使用「全球化」這一詞語，但是，Carpentier在提及「中－美之海」和兩個國家「近若鄰邦」時，他無疑是在提出這一遠見。那是一個關於世界將如何變化的預見。哥倫比亞大學理事會認同此種分析，也非常感謝Carpentier的慷慨捐贈，遂決定成立漢學系，以便開始促進人們對中國的理解。哥倫比亞大學首先邀請英國劍橋大學的翟理斯（H. A. Giles）於1901–1902年來校做了六場關於中國文學、歷史、語言和傳統的講座。[1] 一年後，第一位丁龍漢學講座教授——夏德（Frederick Hirth）教授開始在哥倫比亞大學講授漢語，並負責中文圖書的收藏。[2]

哥倫比亞大學校長和新任教授都瞭解，研究中國必須有中文圖書。Low校長收到捐贈後，便寫信給美國駐清朝公使康格（E. H. Conger），請他協助建立一個中文圖書館。時任慈禧太后總督的李鴻章，在 1901 年 11 月 3 日（即他臨終前四天）回覆了康格對圖書的請求。李鴻章代表慈禧太后，贈與哥倫比亞大學 5,044 卷的百科全書《古今圖書集成》。這批圖書於 1902 年初抵達哥倫比亞大學，成為中文館藏的基礎。[3] 即使是夏德教授，他似乎也有長久以來的假定，即中國研究應該按照西方的標準進行。他籌集到資金，並將這批數量龐大的線裝書，用皮革裝訂成西方的古書形式。他認為此種裝訂更易於處理及使用。然而，更重要的是，由於夏德教授同時負責漢學系和中文館藏，圖書管理和學術研究便穩固地結合起來。這一協力合作的傳統雖然在隨後幾年間起伏不定，但卻極大地促進了館藏的發展。

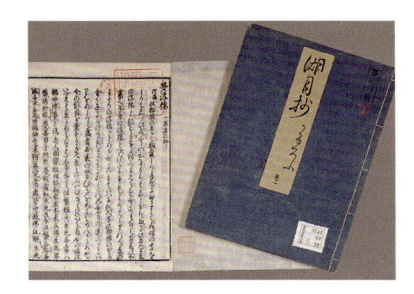

圖 6-1：北村季吟《湖月抄》（《源氏物語》註釋書）。照片由哥倫比亞大學斯塔東亞圖書館提供。

在 1902 年建立的館藏，其初期重心放在中國傳統研究上，如歷史、文學和思想文化史。與北美其他許多東亞圖書館一樣，哥倫比亞大學中文館藏也得到了洛克菲勒基金會（Rockefeller Foundation）和其他機構的資助。在洛克菲勒基金會的支持下，20 世紀早期中文期刊的收藏大幅增加。整體館藏包括豐富的地方史、族譜、地方志，使得「哥倫比亞大學的館藏成為美國研究中國近現代社會和文化歷史的無可超越的資源」。[4] 圖書館的社會科學資料和數位資源也都在近幾十年急遽增長。

早在 1905 年，夏德就建議聘請日本講師，並購置日本圖書，但是直到數十年後，哥倫比亞大學才開始收藏日文圖書，並建立了日本文化研究中心。其催化劑仍然來自於大學之外。1917 年，角田柳作（Tsunoda Ryūsaku）來到哥倫比亞大學學習哲學，並聆聽了杜威（John Dewey）的授課。他原本是要深入瞭解「美國精神」，但卻日益對向美國人講授日本感興趣。10 年後，他回到哥倫比亞大學，試圖建立一個日本文化中心（Japanese Culture Center, JCC）。隨後幾年間，他往來於美國和日本，為美國學者和學生募集日文贈書。1931 年，日本文化中心的藏書成為哥倫比亞大學圖書館日文館藏的核心，角田柳作也成了日文館藏的負責人和日本研究的教授。他的學生 Donald Keene、狄培理（Wm. Theodore de Bary）和 James Morley 傳承了導師對圖書館和日本文化研究兩者的興趣。[5]

1930 年代早期，日本宮內廳（Imperial Household Ministry）贈

送給哥倫比亞大學 594 卷刻本和手稿，大都是原始資料，包括「西元 18 世紀前十年奉敕出版」的《古事記》和《日本書紀》、完整的《勅撰集》、北村季吟（Kitamura Kigin, 1623–1704）編寫的《湖月抄》（紫式部《源氏物語》註釋書）。如同角田柳作所言，這批捐贈意義重大，「不僅因其自身價值不菲，更因為它激勵隨後而來的其他捐贈。」[6]

此後，日文館藏在文學、歷史、學術史和佛學方面獲得了重大擴充。在 20 世紀後半葉，一些特色贈品提升了日文館藏的品質。特別重要的是 20 世紀日本的主要作家與 Keene 的私人信件。最值得一提的是，Keene 教授廣泛地與下述作家通信：三島由紀夫（Mishima Yukio）、阿部公房（Abe Kōbō）、兩位諾貝爾文學獎獲得者川端康成（Kawabata Yasunari）和大江健三郎（Ōe Kenzaburō），以及野上彌生子（Nogami Yaeko）、有吉佐和子（Ariyoshi Sawako）、谷崎潤一郎（Tanizaki Jun'ichirō）以及北杜夫（Kita Morio）。

韓文館藏的奠基資料也來自捐贈。根據 1931 年 12 月的《韓國學生通訊》（Korean Student Bulletin）記載，「我們翹首企盼和籌備已久的韓文圖書館和文化中心最近在哥倫比亞大學成立了……目前，韓文圖書館擁有近 1 千冊韓文圖書，大部分是在紐約的韓國留學生捐贈的。」[7] 韓國留學生計畫繼續進行捐贈，以增加館藏數量，但國際事件（太平洋戰爭）干擾了此計畫。1950 年代，哥倫比亞所在地晨邊高地（Morningside Heights）的一座韓國教堂捐贈了一批圖書。圖書館至今仍然保存許多這些原始捐贈。

1960 年代，Morley 在韓國從事研究之時，恰逢著名的韓國藏書家李聖儀（Yi Sŏng-ŭi）去世，他的藏書待售。Morley 便與李聖儀的遺產管理者和韓國政府交涉他的部分藏書，幫助哥倫比亞大學圖書館購得 517 種，共計 1,857 冊的圖書。李氏藏書勾畫出韓國金屬活字印刷的發展輪廓。

韓文館藏因兩卷《龍飛御天歌》的購置而大為增色。該詩歌共 10 卷，目前僅存 6 卷。該書被認為是首次用由世宗大王於 1443 年年末或 1444 年年初發明的諺文（한글）印刷而成的。它們是兩件有重大意義的相關歷史和文化事件的具體遺產。該詩歌的創作是為了歌頌朝鮮王朝（1392–1910）的合法性。詩歌的印刷則是韓國文化的一種獨立宣言。因為一種表現韓語發音的字母的發明，對於韓國民族文學乃至民族意識的發展都具有重大意義。

東亞圖書館也收藏了 155 部 20 世紀早期韓國傳統的通俗小說、新小說（신소설，即近代小說）和有鮮豔封面的通俗短篇小說（딱지본）。這些小說被認為很獨特和罕見，因為在日本占領韓國和隨後的朝鮮戰爭中，它們大部分可能已經遺失或被毀。日本占領韓國期間，要求所有圖書都改用日文出版，而這些小說是以韓文出版的。因為韓文在 20 世紀發生了重大變化，而 20 世紀之前的大部分韓國資料通常都是以正式語言和漢字出版，這些小說也是當時口語的唯一記載。這些小說不是當時的大型出版社發行，大多是以簡陋的方法印在便宜的紙張上，因而在圖書製作上不符合標準。大部分小說有色彩俗麗的封面，且一般不超過 100 頁。

哥倫比亞大學斯塔東亞圖書館是韓文館藏聯盟的創立者之一，該聯盟由韓國基金會支持創辦。目前，哥倫比亞大學負責收集首爾附近地區的資料，以及大眾文化和其他資料。

雖然多年來，哥倫比亞大學一直參與國會圖書館的公共法480號（PL 480）專案以收集藏文圖書，但是直到1990年代，才開始有計畫地收集藏文資料。藏文館藏建設的問題之一，是圖書該存放何處。南亞、中亞、中國研究，以及宗教系所都對西藏地區感興趣。在哥倫比亞大學，通過公共法480號專案獲得的大部分資料都存放於國際與公共事務學院的社會科學圖書館中。因應中國對藏族和其他少數民族文化研究的增長，不斷增長的藏文館藏最終在東亞圖書館找到了存放處。儘管哥倫比亞大學以設立第一個印度一藏傳佛學講座教授自豪，該席位成立於1989年，至今仍由宗喀巴講座教授Robert Thurman擔任，但直到中國研究館員注意到來自中國的藏文圖書日益增多之後，藏文館藏才開始發展。最初，中國研究館員只是將少量經費用於購置藏文圖書，但隨著經費逐年增加，並且成為一筆可觀的預算，便增設了一個全職的西藏研究館員職位。

近年來，藏學研究專案逐步擴展，2005年，哥倫比亞大學開設了藏語課程，並設立了第二個現代藏學講座教授席位。學術研究與圖書館的相互關係再次明顯地展現出來。哥倫比亞大學能獲得設立新講座教授的資助，大體上是因為它的藏文藏書很豐富。

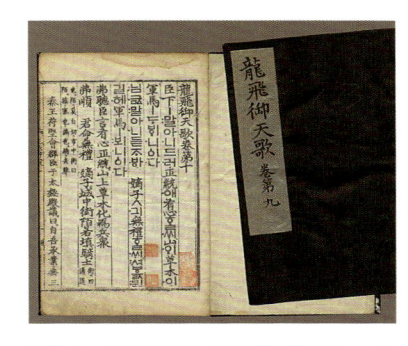

圖6-2：15世紀的《龍飛御天歌》。照片由哥倫比亞大學斯塔東亞圖書館提供。

圖6-3：19世紀藏文的木刻印刷板。照片由哥倫比亞大學斯塔東亞圖書館提供。

第六章　加深理解：哥倫比亞大學斯塔東亞圖書館

繼續前行

19世紀末，由於中城校區已容納不下，哥倫比亞大學搬到位於晨邊高地的現址，也是第四個校區。新校區的中心建築是洛紀念圖書館（Low Memorial Library），它是一座精美的大理石柱拱頂建築。在這棟建築的簷壁上醒目地刻著「哥倫比亞大學圖書館」。遺憾地是，此棟建築原本要用來儲存大部分圖書的書庫一直未建成。取而代之的，是為減輕哥倫比亞大學圖書館過分擁擠的空間，於1930年代建成的巴特勒圖書館（Butler Library）。然而，中日文資料以及中日文教師辦公室和教室仍然留在洛紀念圖書館。1948年的一期《哥倫比亞大學世界》（Columbia Library World）內，有篇描述該館藏的文章如此開頭：

> 東亞館藏的職員們不知道，若透露他們的主要職責是收藏、處理並保存中、日、韓、滿文和蒙文資料，以及西方學者對這些國家的研究資料，別人會做何反應。人們常常對他們投以審視的目光，似乎想知道這些任務能否成功地完成，也懷疑一個頭腦健全的人，是否會心甘情願地從事這些活動。

這篇由圖書館館長撰寫的文章解釋道：「東亞館藏的運作與大學其他院系的圖書館一樣」。令人意外的是，在20世紀中期，甚至在美國積極捲入東亞的主要戰爭之後，依然有人認為東亞圖書館的工作令人難以理解。圖書館館員仍然需要承受這種看法的後果。但是，使用東亞館藏的人們都認識到，他們是「一群志同道合的人，因共同的利益緊密地結合起來」。[8] 他們也記得從圖書館背後的暖氣設備上散落在書上的灰塵，以及讀者和工作人員共用一個簡陋閱覽室的狹窄的空間。

1940年代，角田柳作的兩位學生狄培理和Morley在東亞服役結束後，回到哥倫比亞大學完成他們的研究生學業。10年後，史丹佛大學極力邀請他們離開哥倫比亞大學到加州任教。此時，狄培理教授得知位於肯特大樓（Kent Hall）的法學院正在籌建一座新樓。作為他們兩位留下來的條件，狄培理要求將肯特大樓提供給東亞圖書館和東亞系使用。

狄培理的談判成功了，哥倫比亞大學也因而挽留了為東亞研究及其聲譽做出重大貢獻的兩位教授，為重新命名的東亞語言和文化系提供了更大的辦公和授課空間，東亞圖書館也得以搬入這座由麥基姆、米德暨懷特建築師事務所（McKim, Mead, and White）設計的精美大樓。[9]

1962年，法學院及其圖書館騰出了肯特大樓，搬到馬路對面的新樓。隨後，東亞語言和文學系搬到肯特大樓樓上，而東亞圖書館則搬到法學院圖書館原址。早晨初升的太陽透過閱覽室東側描繪著「正義」圖案的彩繪玻璃照射進來，提醒人們誰是先前的主人。這次搬遷對東亞圖書館而言是一次極大的改善，當時圖書館的簡報這樣寫道：

> 以往工作人員和讀者共用長60英尺、寬40英尺的閱覽室，而現在讀者則擁有長205英尺、寬55英尺的閱覽室。裝有空調的員工辦公室緊鄰閱覽室。此前，圖書館的藏書擁擠地存放在光線不好、通風不良的書庫中，並且多年前就已超量存放。現在，這些圖書則存放在閱覽室下面四層光線好、且有空調的書庫裡。[10]

十餘年後的 1974 年，中國研究館員描述了一個迥然不同的情況。他回憶說，「圖書館曾經極為擁擠，夏天書庫內悶熱得難以忍受。一樓的窗戶開向書庫，使得書籍和書架上積了一層黑色的灰塵。」[11] 的確，許多圖書擺放在窗臺和地板上，更加重這個問題。

1980 年代早期，在斯塔基金會（Starr Foundation）的資助下，哥倫比亞的東亞圖書館進行了一次大整修。這次整修增加了 25% 的書庫空間，增建了一個安全的善本和特藏書庫，及一個存放大開本藝術圖書的天窗室（因該處屋頂為玻璃天窗而得名），並且擴充了職員的工作場所。整修之後，該基金會又捐贈一筆款項，使得東亞圖書館有經常性的資金，可以進行圖書採購、維護和編目，還可以用於招聘員工。[12]

1983 年，哥倫比亞大學東亞圖書館更名為斯塔東亞圖書館。在命名典禮上，時任校長的 Michael I. Sovern 因曾在位於肯特大樓時的法學院圖書館做過研究，他的致詞顯示了他對東亞圖書館工作的瞭解。在感謝為哥倫比亞大學東亞研究做出貢獻的人們之後，他說道：

> 斯塔圖書館確保了哥倫比亞大學在東亞事務的研究和教育上的領先地位，並會隨著美國和東亞因經濟和文化的關係的持續接近而日益茁壯。
>
> 今年，有 2,000 多名學生註冊至少一門我們開設的 242 門東亞課程。此外，有 450 名學生主修東亞學位課程。當然，我們以擁有卓越的學者為榮——37 名全職教授中，許多人享譽世界。[13]

在這 25 年中，從事東亞研究的學生和學者人數大量增加。美國與中國乃至整個東亞的「經濟和文化關係」也進一步加深。斯塔基金會在過去 25 年來的支持，是一大助力。

伴隨新館址而產生的是一些新的計畫。1981 年，哥倫比亞大學開始採用研究型圖書館聯盟（Research Libraries Group, RLG）的自動化系統，利用東亞文字及其羅馬拼音將東亞資料進行線上編目，並參與了合作編目專案。斯塔東亞圖書館超過 99% 的館藏圖書，都已輸入哥倫比亞大學圖書館線上資訊系統（Columbia Libraries Information

圖 6-4：哥倫比亞大學斯塔東亞圖書館主閱覽室東側窗戶，彩繪玻璃上的正義圖像。照片由哥倫比亞大學斯塔東亞圖書館提供。

Online, CLIO）和國際線上圖書館電腦中心（Online Computer Library Center, OCLC）的聯合書目資料庫中。隨著東亞研究在美國學術界日益重要，讀者也大量使用中文、日文、韓文、藏文以及英文的數位資源——從百科全書和文獻目錄到全文歷史文獻。

圖書館的讀者群也在不斷擴展。在哥倫比亞大學及其他地方，東亞研究已經跨越了傳統的歷史、文學、宗教和思想文化史領域。日本經濟和商業中心於1986年成立，成就卓著，並在校內很有影響力。哥倫比亞大學最近還設立了一席中國商業和經濟的講座教授。音樂系的民族音樂部不僅研究日本的古典音樂，還成立一個日本雅樂（gagaku）團，做公開演出。東亞研究也擴展到新的地區，尤其是西藏。

1988年至1989年，以為大學生提供優質基礎教育核心課程著稱的哥倫比亞大學，將兩門非西方文化課程增加為必修課。由於狄培理教授的長期努力，東亞語言和文化系已經開設許多大學生課程，並且選課的學生人數眾多。隨後又增設了亞洲文學巨著的研討課，概論和演講課程的註冊人數也增加為原來的兩倍甚至三倍。選課人數一直保持在高水準，這使得亞洲研究成為哥倫比亞大學兩三個最受歡迎的大學專業之一。斯塔東亞圖書館的讀者由教授和研究生，擴充到大批大學生，他們當中許多人在進入哥倫比亞大學時就具有高級語言技能，從而可以使用這裡的研究館藏。

隨著東亞研究專案的發展，東亞圖書館也逐漸擴大自己的職責和合作專案。儘管開設東亞語言及課程的北美大學日益增多，但是很少學校有財力建立大型的圖書館供教授們使用。如哥倫比亞大學斯塔東亞圖書館這樣的機構，肩負著更大的使命，也將外校的學者視為自己的主要讀者群。

哥倫比亞大學東亞研究經歷了第一個百年的發展後，大學圖書館長與東京的早稻田大學簽署了一個備忘錄，擴大了圖書館合作活動的領域。2002年5月30日簽署的這份備忘錄，概述了兩所大學在資料交換、資訊支援、館際互借、數位化專案、人員交流和網路建設等方面的條件和協議。這一協議使哥倫比亞大學可以方便地獲取早稻田大學圖書館的資料。2003年春，早稻田大學戲劇博物館和圖書館慷慨地借給哥倫比亞大學一批資料用以展覽。這次名為「舞臺和著作中的忠臣藏：圖書、手稿和浮世繪展」（Chūshingura on Stage and in Print: An Exhibition of Books, Manuscript, and Ukiyoe）的展覽，陳列在斯塔東亞圖書館的善本和特藏閱覽室，以及巴特勒圖書館的善本和手稿圖書館的展覽廳中，是為了配合哥倫比亞大學舉辦的一場國際會議「忠臣藏的反思：日本民族傳奇的興衰研討會」（Rethinking Chūshingura: A Symposium on the Making and Unmaking of Japan's National Legend）而展出的，也是該會議的圖解。

四年後，即2007年10月，在早稻田大學建校125週年之際，哥倫比亞大學教授和圖書館館長前往日本參加了早稻田大學記念其畢業生角田柳作教授的研討會。哥倫比亞大學圖書館所藏角田柳作的著作以及關於他個人的資料，於2007年秋季在東京早稻田大學的校慶活動上展出後，又於2008年夏季在紐約哥倫比亞大學再次展出。

第二個世紀

哥倫比亞大學斯塔東亞圖書館進入第二個世紀時獲得斯塔基金會的一項資助。基金會承諾在三年內，為圖書館自籌的經費提供 150 萬美元為上限的等額資助。斯塔基金會的資助用於支持以下三個領域：日益增長的韓國和現代西藏研究、資源的數位化，以及讀者服務的改善。

在斯塔基金會的幫助下，東亞圖書館有更多的能力來購置圖書，以滿足兩個最新專案的需要。新增設的韓國文學教授職位需要購買新舊韓文資料。現代西藏研究的持續增長，也要求增加現代歷史、文學和影視方面的資料。

通過資料的數位化，東亞圖書館可以讓世界各地的讀者更加方便地使用本館最為珍貴和特別的館藏。中文女性雜誌《玲瓏》是與社會史相關的重要館藏，該雜誌於 1930 年代在上海發行。1990 年代末，這份雜誌變得極為脆弱，隨時有碎裂的可能，因而圖書館為其製作微縮膠捲並將其數位化。2005 年，德國的海德堡大學將其館藏資料數位化，並將缺漏的各期增加到哥倫比亞的館藏中來。這份聯合的、更加完整的電子版《玲瓏》雜誌通過網站呈現出來。中國婦女史專業的博士生 Elizabeth LacCouture 為其提供了背景資訊。這種將圖書館的館藏呈現給大眾的新方式，進一步增強了學術界和圖書館的連繫。

最近完成的一個專案是將數位化的中國年畫放在新的網站上。這些年畫是由 Anne S. Goodrich 捐贈給斯塔東亞圖書館，並經由哥倫比亞大學圖書館的圖書維護部門修補。圖書館再次與教授和一位中國研究的博士生合作，提供了有關這些影像及它們所代表的文化世界的背景資訊。

芭芭拉・科蒂斯・足立文樂收藏品（Barbara Curtis Adachi Bunraku Collection）於 1991 年捐給斯塔東亞圖書館。其中包括 1960 年代到 1980 年代之間，日本的文樂演出和後臺準備的 13,000 幅幻燈片和 6,500 張黑白照片，以及演出道具（一個完整的木偶及木偶部件，表演臺和劇本等）和相關資料，包括手稿等。東亞圖書館將這

圖 6-5：〈鍾馗〉，Goodrich 收藏品中的一幅彩色木刻版畫。照片由哥倫比亞大學斯塔東亞圖書館提供。

些資料進行整理和必要的維護，並盡可能地數位化。在國家人文基金會（National Endowment for the Humanities）的資助下，建立了一個大型的關聯式的雙語資料庫。2008 年，在弗里曼基金會（Freeman Foundation）的資助下，這個大型的數位化檔案得以在網站上公布。

斯塔基金會的資助幫助圖書館增添了新的設備以使用電子資訊資源，並重新調整了工具書、指定教材保留處和借閱處的空間，從而改善了讀者服務的品質。傳統的閱覽室也得以重新裝修，在保持原始設計的前提下，提供一個更友善的空間，擴充了員工的工作區域，並且增加了讀者使用的電腦設備。最近，斯塔東亞圖書館和艾弗里建築與藝術圖書館（Avery Architecture and Fine Arts Library）共同參與了一個先導計畫，斯塔東亞圖書館的中文編目員將一份重要的中文建築學雜誌編製了索引，從而使建築學研究者可以更加方便地使用這份雜誌。這一合作專案將中國建築帶入建築學研究領域，並實現了全球化視野的本地化。

斯塔東亞圖書館在進入它的第二個世紀時，獲得了新的資助以實現其新的願景，但長久以來存在的空間不足的問題依然未能得到解決。圖書館參與了採用新方法解決老問題的各種方案。哥倫比亞大學與普林斯頓大學和紐約公共圖書館合作，建造了有最新的氣溫控制和存取方法的聯合藏書設備。斯塔東亞圖書館將近 40% 的館藏──書籍、裝訂的期刊、錄影帶和微縮膠捲──存放在普林斯頓大學法瑞斯特校區（Forrestal Campus）的科研資料保存和維護（Research Conservation and Preservation, ReCAP））庫裡。讀者在可以線上預約這些資料，在下一個工作日這些資料便會被送到讀者選定的圖書館。在未來的計畫中，需要發展一套可以讓讀者直接使用這三個機構的館藏資料的新方法。同樣，哥倫比亞大學圖書館也與本地區的其他七所高校共同建立了一個稱作直接借閱（Borrow Direct）的系統。這一系統允許參與學校的讀者可以線上索取彼此的藏書，並在幾天時間內收到，而不用像傳統的館際互借那樣，得等待數週才能收到。

東亞圖書館最近購得了牧野守（Makino Mamoru）的東亞電影史文庫，其中包括善本資料、特色檔案、電影製片廠短暫發行的物品，以及學生電影雜誌的第一版和重印版。此次購書顯示了東亞圖書館正以新的姿態邁入 21 世紀。由於 Keene 教授的捐贈，圖書館得以購置這批含有 8 萬件物品的文庫。它延續了長期以來教授──圖書館員合作開發館藏的傳統，也延續了美國和東亞地區的合作關係。東亞圖書館與收藏家牧野守之間，以及與許多曾經使用，未來也將會繼續使用這批館藏的亞洲和北美學者之間的密切關係便是最好的例子。它也迎合了東亞研究日益重視亞洲內部，即「跨越邊界」的傾向，將重心放在韓國、中國、香港、臺灣和日本的電影史，以及研究這些文化之間相互關係的研究。

與一個世紀前相比，美國現在對東亞有了更多的認識。但是，東西方還有很多需要彼此瞭解的地方。哥倫比亞大學斯塔東亞圖書館將繼續履行一百年前的承諾，在美國和東亞國家之間「促進更深的理解、更大的禮讓及更友善的關係」。

註釋

1. A. V. Williams Jackson, "The Chinese Chair as a New Branch of Oriental Study," *Columbia University Quarterly* 4 (March 1902): 144–146.

2. "Editorial Comments," *Columbia University Quarterly* 4 (September 1902): 387.

3. Te-kong Tong, "From the Empress Dowager to Columbia: A Benefaction," *Columbia Library Columns* 16, no. 2 (February 1967): 23–30.

4. Robert Hymes, "Writing Places: Chinese Local Histories," *Columbia Library Columns* 45, no. 1 (spring 1996): 18.

5. 參見 Columbia University, *East Asian Studies* (New York, 1962?), 6, 25, 41. 以及 Columbia University, *Japanese Culture Center at Columbia University, Memorandum in re the Development of Japanese Studies and the Organization of a Japanese Culture Center at Columbia University* (1931).

6. Ryūsaku Tsunoda, "The Gift from the Imperial Household of Japan," *Columbia University Quarterly* 25 (December 1933): 293.

7. Amy V. Heinrich and Amy Hai Kyung Lee, "A Tree with Deep Roots: The Starr Korean Rare Book Collection," *Columbia Library Columns* 45, no. 1 (spring 1996): 27–30.

8. Howard R. Linton, "The East Asiatic Collections," *Columbia Library World* 2, no. 4 (April 1948): 1.

9. 參見 Donald Keene, personal communication, July 2, 2007.

10. *Columbia Library World* 10, no. 10 (June–August 1962): 4.

11. Jack Jacoby, "Preservation and Control of Chinese Materials in the East Asian Library, Columbia University," *Committee on East Asian Libraries Bulletin* 70 (June 1983): 7–24.

12. James Reardon-Anderson, "The C. V. Starr East Asian Library: Computers Challenge the Great Tradition," *Columbia Library Columns* 33, no. 1 (November 1983): 28–30.

13. 參見 1983 年 4 月 27 日哥倫比亞大學斯塔東亞圖書館開幕式上的演講。

參考文獻

Heinrich, Amy V., and Amy Hai Kyung Lee. "A Tree with Deep Roots: The Starr Korean Rare Book Collection." *Columbia Library Columns* 45, no. 1 (spring 1996): 27–30.

Hymes, Robert. "Writing Places: Chinese Local Histories." *Columbia Library Columns* 45, no. 1 (spring 1996): 15–19.

Jacoby, Jack. "Preservation and Control of Chinese Materials in the East Asian Library, Columbia University." *Committee on East Asian Libraries Bulletin* 70 (June 1983): 7–24.

Linton, Howard P. "The East Asiatic Collections." *Columbia Library World* 2, no. 4 (April 1948): 1.

Reardon-Anderson, James. "The C. V. Starr East Asian Library: Computers Challenge the Great Tradition." *Columbia Library Columns* 33, no. 1 (November 1983): 23–31.

Tong, Te-kong. "From the Empress Dowager to Columbia: A Benefaction." *Columbia Library Columns* 16, no. 2 (February 1967): 23–30.

Tsunoda, Ryūsaku. "The Gift from the Imperial Household of Japan." *Columbia University Quarterly* 25 (December 1933): 293.

康乃爾大學圖書館華森東亞文庫（Wason Collection on East Asia）的創立者 Charles W. Wason。照片由康乃爾大學圖書館提供。

7 / 秉承康乃爾大學辦學理念的華森東亞文庫

鄭力人（Liren Zheng）

康乃爾大學圖書館華森東亞文庫（Wason Collection on East Asia）館長。鄭力人出生於中國廈門鼓浪嶼，獲廈門大學歷史學學士學位、康乃爾大學歷史學碩士和博士學位。目前從事海外華人研究。

康乃爾大學（以下簡稱康大）圖書館華森東亞文庫是康乃爾大學與東亞，特別是中國，長期持續交往的重要組成部分。華森東亞文庫的建立和發展亦是康乃爾大學的奠基者 Ezra Cornell 在康大立校之初為其提出的遠景規劃和教育理念的一個碩果。1868 年 10 月 7 日在康大首屆開學典禮上，Cornell 在結束其簡短致詞時宣布：「我確信我們已設立了這樣一所學校，在這兒任何人可以學習任何一門知識。」從此「任何人可以學習任何一門知識」便成了康大的座右銘，它體現了康大突破傳統學科的羈絆，求新圖變，實行「有教無類、諸學相容」的辦學方針。康大開創性的東亞研究課程及其與東亞地區的密切連繫即是秉承此辦學方針的一個明證。

1870 年，康大建校的第四年，便開設了中文和日文課程，招收了首名日本學生。1874 年，矢田部良吉（Ryōkichi Yatabe）成為第一位從康大畢業的日本學生，隨後就任東京植物園首任園長。1897 年，中國駐美公使館隨員施肇基入學康大。施肇基畢業於 1901 年，日後成為任期最長的駐美公使（1911–1912、1920–1929、1932–1934），並在中美關係升格後，出任首任駐美大使（1935–1937）。[1] 1906 年，清廷派戶部侍郎戴鴻慈和湖廣總督端方率團考察歐美國家，康大為其中一站。考察團成員 25 名，施肇基任秘書兼首席翻譯。[2] 來自中國的客人受到康大的熱烈歡迎。根據《康乃爾校友通訊》（Cornell Alumni News）1906 年 2 月的專文報導，「他們參觀了校園，其鑲珠頂戴和綢緞官服異常亮麗，所到之處康大師生均興趣盎然地以禮相待。」期間，校園並升大清黃龍旗和美國星條旗。中國官員會見了康大校董、學院院長，以及在學的 9 名中國留學生。其時康大中國學生人數居全美各校之冠。在學生歡迎儀式上，康大國防生為考察團特別舉行了操練，男生合唱團則演唱校歌歡迎客人。之後，戴鴻慈以中文作了演講，由施肇基翻譯。他感謝康大的熱情款待，並表達了對康大的景仰，稱其為美國最佳大學之一。他也通報了當時中國教育的進步，談到了吸收「西學」的必要性，而這恰是當時中國朝野的共識，也是考察團此次出訪的目的。[3]

康大校長 Jacob Gould Schurman 隨後致詞說：「在歡迎你們蒞臨美國這所最年輕的大學時，我不由地想到，與中國及其文明相比，我們的國家和文明顯得何其年輕。你們代表的是世界上最悠久的文明。誠然，年輕的國家現在可能在科技上領先並帶動了工業的發展，但遠在我們西方國家登上歷史舞臺之前，你們的祖先已為你們留下了寶貴的知識與文明遺產。」[4] Schurman 為康大第三任校長，任期長達 28 年，離職後即任美國駐華特命全權公使（1921–1925）。他的致詞體現了康乃爾大學的師生對亞洲文化的讚美，而這一情感則催生了康大經久不衰的東亞研究興趣。

1920 年代，康大與中國在科研上已經建立了積極的夥伴關係。通過康大農學院與南京金陵大學的合作專案，許多中國學生和教師來到了康乃爾，不少美國學生亦赴華研究中國農業。[5] 1926 年，賽珍珠（Pearl Buck）曾在康大學習農村社會學。她以對中國農民生活史詩般的描述榮膺 1938 年的諾貝爾文學獎。[6] 同年，康大任命了第一位中國歷史學教授畢乃德（Knight Biggerstaff）。1944 年，康大建立了中國研究系，後來又擴展為遠東研究系。[7]

二戰後，康大的東亞研究得到迅猛發展。1950 年，畢乃德與五位副教授共同發起並建立中國研究中心。[8] 1956 年，康大在臺北創建了漢語教學中心，在此基礎上，康大又建立校際漢語學習中心（Inter-University Program for Chinese Language Study）。1960 年，美國教育部指定康大為美國國家東亞研究中心之一。同年，日語被列入康大的正式課程。整個 1960 年代，康大的日本研究得到大幅度發展。[9]

1970 年代，康大繼續擴展中國研究，除了密集的漢語教學專案外，教學課程幾乎涵蓋了所有與中國有關的研究領域。同期，日本研究也以從未有過的速度發展起來，歷史、文學、宗教、政治學、語言學等系聘請了六名新教授。隨著日本研究變得日益重要，1972 年中國研究中心更名為中國─日本研究中心。1988 年，中心再次更名為包括韓國研究在內的東亞研究中心，以示康大對韓國研究的重視。[10]

21 世紀伊始，康大的東亞研究又高潮迭起。先是建立了一個獨特的培養大學生的中國和亞太研究系（China and Asia-Pacific Studies, CAPS）。該系的宏大目標是「培養新一代不懼挑戰且有能力處理中美複雜及微妙關係的領導人」。該系要求學生接受四年的漢語強化訓練。政治學系、歷史系、亞洲研究系則通過史無前例的通力合作，為該系提供了課程。該系高年級學生必須在華盛頓特區和北京各實習一學期，以期通過與一流「中國通」的交流，與中國最具影響力和最活躍人物的共事，以及個人獨特關係網的編織，來獲得職前訓練。該系的系徽是並立的康乃爾大學的麥格勞塔（McGraw Tower）、北京大學的博雅塔和華盛頓紀念碑（Washington Monument），象徵該系學生求學的三個地點。[11]

除了歷來重視東亞研究的傳統人文學科之外，21世紀亦見證了包括法學、農業和生命科學、人類發展、工業勞工關係、商業管理等在內的學術領域裡，東亞研究正日益得到重視。比如，康大法學院新建了一個克拉克專案（Clarke Program），專門研究東亞的法律和文化。該專案旨在對東亞法律系統展開多學科的，以人文方向為重點的研究。同時，它也力圖擴大法律研究的學術範圍，期望通過研究、教學和學術對話，發展探索跨國法律、政治和文化的新思路。[12]

康大的東亞語言教學課程聞名遐邇，包括中文的普通話、文言文和廣東話，現代日語和古日語，以及韓語。它還曾經開設過閩南語課程。康大的中日文全年強化課程（Full-Year Asian Language Concentration, FALCON）在全美大學中是獨一無二的，它將通常三至四年的課程壓縮至一年內完成。[13]

目前，康大東亞研究中心有來自全校各院系的教授。40名全職教授涵蓋歷史、藝術史、人類學、族裔研究、政治學、國際關係、教育學、社會學、經濟學、文學、語言學、語言教學、宗教研究、法學、婦女研究、農業、生命科學、中國醫學、人類發展、產業勞工關係、商業管理等學科。作為一個整體，它表明康大具有跨學科研究東亞的強大綜合實力。[14]

康大現任和退休的教授中曾出現過四位亞洲研究協會主席，一位日本「寶冠勳章」（Order of Precious Crown）獲得者和一位日本政府授予西方學者的最高榮譽，即日本「旭日勳章」（Order of Rising Sun）的獲得者。[15] 康大東亞研究的諸多成就離不開著名的康大華森東亞文庫所給予的持續支持。

儘管康大自建校伊始即重視東亞研究，但直至1902年，康大圖書館才開始專項收集有關這一區域的文獻資料。這一年，Jeremiah Jenks講授遠東國際關係課程，經他的要求，圖書館收到專項撥款，正式開始收集東亞圖書。[16] 最初館藏約350本中文圖書來自日後成為中國新文化運動主將的胡適和其他中國留學生的捐贈。[17] 1911年10月19日，胡適在致康大圖書館館長的信中寫道：「我常以為，若缺中文書籍，美國圖書館雖不減其價值，但若擁有中文書籍，美國圖書館則必定更為完美。中文已有四千年的歷史和超過四億之眾的使用者。唯有經由這一語言，人們方能理解東方文明的起源、歷史和真正偉大之處。須知，東方也曾經擁有自己的米爾頓（Milton）和狄更斯（Dickens）。」他建議：「為幫助圖書館的發展，為使美國朋友未來學習中文有資料之助，同時也為康大未來漢語系的建立，我們祈望康大圖書館能接受我們捐贈的中文書籍以建立一個中文書庫。」[18] 胡適期望康大擁有一個中文書庫的理想最終在1918年得以實現。這一年Charles W. Wason向康大捐贈了他的私人圖書館並建立了館藏發展基金。

1854 年 4 月 20 日，Wason 誕生於俄亥俄州克里夫蘭市的一個銀行世家。他在克里夫蘭長大並畢業於吉爾福德高中（Guilford Academy）。1872 年，他入學康大並於 1876 年獲得機械工程學學位。畢業後，他回到克里夫蘭，先任東克里夫蘭鐵路公司的工程師，之後逐步升為該公司的主席。他也是數個鐵路、電器和電話公司的董事。

1903 年，Wason 攜妻子 Mabel 遊歷中國和日本。這一年前後恰是中國現代史上的多事之秋：此前八年中國於中日甲午戰爭中戰敗；此前五年康有為和梁啟超領導的維新運動功敗垂成；此前三年義和團運動遍及華北；此後的第八年則是 1911 年辛亥革命爆發，一舉推翻延續 2 千餘年的封建帝制，建立了中國歷史上的第一個共和國。而對於 Wason 本人，這次旅行則激起了他對中國、中國人民和中國文化的濃厚興趣。然而，他正式開始收集有關中國的圖書文獻則遲至 1909 年。這一年聖誕節，他收到岳母的聖誕禮物是一本 Sarah Pike Conger 所著的《來自中國特別是關於慈禧太后和中國婦女的信箋》（*Letters from China, with Particular Reference to the Empress Dowager and the Women of China*）。讀完此書，他浮想聯翩，腦海中逐漸形成了一個意願，即他將貢獻餘生，力所能及地收集一切西方語言中有關中國的資料，以促進美國對中國更深的瞭解。[19]

Wason 是克里夫蘭市康大校友會的骨幹。在給該校友會的一次演講中，他告訴聽眾他收集有關中國圖書的目的是「加強中美之間的知識紐帶」和「促進兩國間的友好往來」。為此目的，他將「購買他可以獲得的一切有關中國的英文書籍」。[20]

最初，Wason 自己購買圖書。他查閱歐美書商的圖書目錄，選定書籍，送出書單。不久，他自感身體日衰，而其書庫的增長也需要專門人才的協助方能應付。於是，他給他的私人朋友 Arthur H. Clark，一個克里夫蘭市的圖書發行人打了電話，請求他接手圖書採購。[21]

Clark 從美國和世界其他地方購買了大批難得的書籍。其中最為珍貴的收藏品包括 3 卷殘存的《永樂大典》和英王為慶賀乾隆皇帝 80 歲壽辰而派遣的馬戛爾尼（Lord Macartney）使團（1792–1794）的航海日誌。Clark 所收集的許多 17、18 世紀的旅行日記、航海日誌和地圖中含有大量中西方接觸的第一手資料。他也收購非英語的西文資料，如 16、17 世紀由耶穌會傳教士所撰寫的法語、拉丁語、葡萄牙語和西班牙語的手稿。[22]

Wason 也重視收集雜誌文章。他從 150 餘本期刊中，摘集了 62,000 篇有關中國的文章，並親自裝訂成冊，編輯目錄。[23] 除了中國，Wason 也關注中國周邊國家和地區，如當時俄羅斯的西伯利亞地區、韓國、日本、菲律賓、荷屬東印度群島、英屬馬來亞、法屬印度支那、緬甸，以及整個遠東地區。他的目的是建立一個全方位的中國文庫，其收藏涵蓋來自中國內外的重要文獻資料，以使讀者對中國和中國人民有個全面的認識。為此，他十分重視這些周邊國家和地區的出版物。[24]

從 1901 年到 1918 年間，經過不懈努力，Wason 最終收集了多達 9,000 多冊的圖書資料，其中包括裝訂成 55 冊的 550 件手稿，裝訂成 120 冊的 750 本小冊子，發行於中國的 37 種英文期刊，以及文件、繪畫、地圖、相冊和其他資料。[25] Wason 將其收藏的書籍存放在他位於克里夫蘭市上流住宅區歐幾里得大道私人寓所的三樓。Wason

和他的夫人聘請了一家建築公司，將三樓的舞廳改建成具有古色古香的中國味道的私人圖書館。[26]

1918 年 4 月 15 日，Wason 去世。在遺囑中，他將其豐富的私人圖書館饋贈給母校康大圖書館，同時慷慨地捐贈了 5 萬美元建立了一個基金，以基金收入來繼續購買新書。1919 年夏，其藏書搬遷到康大所在地綺色佳市，安置於康大圖書館大樓內。[27] 該文庫隨即成為美國最好的西文東亞研究藏書之一。當時極富盛名的漢學家、耶魯大學教授賴德烈（Kenneth Scott Latourette）高度稱讚該文庫的館藏品質，並表示：「從學術的標準而言，應為所有致力於研究中國的學者所熟知，而且可以說……隨著時間的推移，它將成為全世界漢學家的麥加。」[28] 康大校董會在接受 Wason 捐贈的同時，決定將該藏書以 Wason 的名字命名，而且日後的收藏將擴大至除英文資料之外，包括中文和其他語種的著作。[29]

1920 年，康大現代歐洲史研究生 Gussie E. Gaskill 被招聘來整理華森東亞文庫和採購新書。但直到 1927 年，當華森基金（Wason Endowment）收入可以使用時，Gaskill 才開始系統地擴大館藏。同年，她被正式任命為華森東亞文庫的首任館長。此後直至 1963 年退

圖 7-1：胡適 1911 年 10 月 19 日提請康大圖書館接受捐贈中文圖書的信件。圖片由康乃爾大學圖書館提供。

圖 7-2：位於俄亥俄州克里夫蘭市的 Wason 的私人圖書館。照片由康乃爾大學提供。

第七章　秉承康乃爾大學辦學理念的華森東亞文庫　113

休，她在此職位上工作了 36 年。在其長期任職期間，她與 Wason 遺孀 Mabel Wason 經常保持通信。Mabel 仍積極關注華森東亞文庫的發展，常推薦購買她讀過的圖書。Gaskill 學習中文，與歐美和中國的圖書館員、學者和書商積極交往，並兩次親赴中國購書，與康大教授密切合作以發展庫藏。她的辛勞為華森東亞文庫日後的輝煌做了鋪墊。[30]

1927 年後，通過基金收入、學校撥款和各種校外贊助，華森東亞文庫得以迅速發展。1938 年，華森東亞文庫得到洛克菲勒基金會（Rockefeller Foundation）的資助，除購書外，該資助經費還支持康大聘請了第一位全職中國史教授畢乃德（Knight Biggerstaff）。畢乃德在華森東亞文庫的發展中發揮了重要作用。1939 年 11 月 23 日，《康乃爾校友通訊》（Cornell Alumni News）專文報導在畢乃德和康大另一校友 Cabot Coville 的共同努力下，華森東亞文庫收集了 1,210 冊再版《清實錄》。《清實錄》原稿存於瀋陽故宮。1931 年日本侵占東北後，原稿為日本建立的偽滿洲國政府所接收。1937 年，偽滿政府通過影印複製了 300 部《清實錄》。通過日本外務省，偽滿政府將複印的《清實錄》分贈歐洲的一些大學，以及美國的哈佛大學、哥倫比亞大學和夏威夷大學，餘者留存日本。畢乃德在美國社科研究理事會的資助下，恰於 1934–1936 年在中國研究《清實錄》。他深知該文獻的研究價值和學者對其的高度重視。為此，他給曾任美駐哈爾濱領事、時任駐東京使館二秘的 Coville 直接寫信，告知此事。Coville 便非正式地提請日本政府關注此事。他強調了康大華森東亞文庫的重要學術地位，表示因應美國學者的研究需要，康大期望能收藏這套文獻。經由他們二人的斡旋，華森東亞文庫終於得到了這套複印的《清實錄》。[31]

從 1950–1970 年代，華森東亞文庫的收藏重點幾經變動。從 1949 年中華人民共和國建立到 1966 年文化大革命（以下簡稱文革）期間，華森東亞文庫收集的重點為 1949 年後有關中國大陸各個學術領域的當代出版物。然而 1966 年開始的文革使大陸的出版業陷於停頓。因而從 1966 年到 1970 年代初，文庫的發展重點改為填補 1900–1949 年間館藏文件資源的空白和不足。1976 年文革結束後，華森東亞文庫的重點再次轉回到收集當代中國文獻。文庫也廣泛地收集通過重印或微縮複製的 20 世紀之前的書籍文獻。經由 Wason 的最初贈書和此後的各種採購，華森東亞文庫今日的庫藏可謂包羅萬象，極為豐富，既有極為珍貴的有關中國的西文資料，特別是 1918 年前的出版物，也有中文的宮廷檔案、地方志、族譜和有關民俗文化方面眾多的出版物，以及官方或私人近期出版的數以萬計的各類著作。華森東亞文庫提供的高品質和獨特的教學和科研資源及其庫藏的廣度和深度為人稱譽。[32]

華森東亞文庫以及善本手稿特藏部還收集了許多涉及東亞事務的外交官、傳教士、科學家、商人、政治家和教育家的私人文件、檔案和照片。這些人中的一部分是自 19 世紀以來的康大中美校友，他們的資料是東亞研究的一個重點。早在 20 世紀初，康大即設立獎學金鼓勵中國學生入學。1906 年，康大校董會決議每年為中國學生提供 6 個留學獎學金名額。1908 年，Theodore Roosevelt 總統決定用中國付予美國的庚子賠款的退款來設立獎學金，資助中國學生留美。康大的獎學金乃改由庚

圖 7-3：華森東亞文庫的首任館長 Gaskill 女士（第二排右起第三位）。照片由 Michael Kammen 提供。

子賠款退款支付。從 1900–1949 年，總計 3 萬餘名中國學生來美留學，其中 12%（約 3,500 人）入學康大。[33] 在這批早期的康大中國留學生中，日後出現了不少風雲人物，包括首任駐美大使施肇基、新文化運動的主將胡適、中國現代語言學之父趙元任、中國現代橋樑業先驅茅以升、中國人權運動先驅楊杏佛、中國現代生物學創始人和中國第一本科學雜誌《科學》的發行人秉志。[34] 他們在康大留下了人生的足跡，而華森東亞文庫則保留了他們的檔案。2007 年，上海出版博物館和上海電視臺聯合製作了以「中國科學社」為主題的系列紀錄片《火種》。中國科學社，亦即中國科協的前身，是由康大中國留學生在 1915 年 10 月 25 日創立於康大的。1918 年科學社總部移回中國，該組織許多骨幹後來在中國現代科學技術的發展中發揮了重大作用。在華森東亞文庫的安排下，攝製組來到康大，成功地拍攝了檔案和實景資料，該紀錄片已於 2008 年 3 月播放，美國駐上海總領事、康大校友 Kenneth Jarrett 先生參加了首映式。[35]

康大的許多美國校友也與東亞關係密切。2007 年 4 月，中國駐美大使周文重訪問了康大東亞文庫，他對 Willard Dickerman Straight 先生的文件檔案表現了極大的興趣。Straight 是康大 1901 屆的畢業生，20 世紀初任美國駐華外交官，在華期間極為活躍。[36] Straight 的文件檔案是研究東亞史的重要原始資料。[37] 其他著名的康大美國校友包括諾貝爾獎獲得者賽珍珠（Pearl Buck）；《翻身》一書的作者韓丁（William H. Hinton）；在中國生活和工作了近半個世紀，將中國視作第二故鄉的陽早（Erwin Engst）和寒春（Joan Hinton）夫婦。2007年，華森東亞文庫收到了康大校友Alfred Harding遺孀的一份珍貴禮物。Harding先生在康大獲得了遠東研究學士學位，二戰期間他服役於駐華美國陸軍，是延安觀察團成員之一。在延安期間，他結識了毛澤東、朱德和其他中國共產黨領導人。他給華森東亞文庫的捐贈物中包括毛澤東、朱德、葉劍英、彭德懷的親筆簽名照。

雖然遲至1970年代中期，康大圖書館才開始重視日文資料，但其開始收藏日本早期出版物的時間卻早於華森東亞文庫。1914年，綺色佳第一公理會教堂的牧師William Elliot Griffis向康大圖書館捐贈了6千餘件日文書籍、期刊和地圖，其中大部分是1870年代他在日本任教時收集的。[38] Griffis的藏書包括許多極為重要的文學、歷史和藝術著作，其中比較著名的有17世紀印刷的文學作品、圖像設計大師葛飾北斎（Katsushika Hokusai）和歌川豊国（Utagawa Toyokuni）的插圖著作、德川幕府時期山東京伝（Santō Kyōden）和滝沢馬琴（Takizawa Bakin）撰寫的通俗小説，以及日本早期基督教出版物，包括1873年非法出版的含有主禱文的日文讚美詩。[39] 儘管20年前華森東亞文庫的日文館藏仍不足為道，近期的發展卻很迅速。1997年，華森東亞文庫購得著名日本文藝學者和社會批評家前田愛（Maeda Ai）的私人藏書。這批藏書共計13,000冊，其中包括許多罕見的日本德川幕府時期到明治維新時期（1830年代到1910年代期間）的通俗小説和其他文學著作，這些藏品反映了日本在向現代化社會轉型中的社會風氣、技術工藝、書籍裝幀和讀者品味的逐漸變遷。藏書中還包括今天已近絕跡的早期日譯歐洲文學著作，以及19世紀末日本先鋒作家和記者成島柳北（Narushima Ryūhoku）的手稿和日記。這批重要藏書的獲得使華森東亞文庫一躍成為北美重要的日文藏書之一，為力求卓越的康大日本研究提供了支持。

近年來華森東亞文庫也在積極擴大韓文館藏。收集重點為有關韓國歷史、文學、現代獨立運動和1945年後經濟發展的文獻資料。重要館藏包括反映19世紀到20世紀民眾生活、典型建築風格和景觀布局的歷史老照片。華森東亞文庫韓國庫藏的發展得到了韓國曹氏家族的慷慨贊助。他們不僅提供了購書資金，而且在圖書館內裝修了一間供研究生使用的學習室。

雖然華森東亞文庫目前最顯著的館藏仍以排在書架上的印刷出版物為主，但它已開始向超越圖書館館舍的數位化產品方向擴展。目前，華森東亞文庫已購置了20餘個中日韓文字的大型資料庫，並致力於收集公共線上資源。隨著越來越多重要東亞文獻資料的數位化以及跨庫檢索功能的不斷提升，學者們將能以前所未有的方式從辦公室或家裡，遠距離地查詢圖書館資源並作各種文件處理。[40] 目前，康大的華森東亞文庫、埃科爾斯東南亞文庫（John M. Echols Collection on Southeast Asia）和南亞文庫共處於克羅齊亞洲圖書館（Kroch Asia Library）大樓內。克羅齊亞洲圖書館大樓建於1991年，配有閱覽室、教室、學習室、陳列室、辦公室和方便讀者瀏覽取書的寬敞書庫，以及無線網路等各種先進設備。[41] 亞洲閱覽室內收藏了超過

1 萬本參考書、100 多種報紙和 315 種期刊。克羅齊亞洲圖書館是美國唯一按主題，而非按語種，將西文和非西文書籍混排於書架的亞洲圖書館。這一安排在很大程度上方便了讀者依主題進行的科研和教學工作。

在克羅齊亞洲圖書館內並存的這三個亞洲文庫也促進了它們在共同興趣領域裡的相互合作，譬如，華森東亞文庫與南亞文庫合作收集有關西藏的資料，華森東亞文庫與埃科爾斯東南亞文庫合作收集東南亞華人出版的華文資料等。

從 90 年前華森東亞文庫創建迄今，滄海桑田，世界巨變，可寬慰的是 Wason 當年憧憬以書為橋樑，促進不同文化間相互理解和相互尊重的理想今天仍活力依然。在過去數十年間，華森東亞文庫以其深厚宏大的館藏和與時俱進的技術革新精神，為學者和康大學生竭誠服務。面對未來，華森東亞文庫還將一如既往地實踐康乃爾大學的辦學理念和 Wason 的崇高理想。

註釋

1. 施肇基，《施肇基早年回憶錄》（臺北：傳記文學出版社，1967），頁 39。
2. 戴鴻慈，《出使九國日記》（長沙：湖南人民出版社，1982），頁 96–97。
3. Cornell University, "Chinese Visit Cornell," *Cornell Alumni News*, Fevruary 14, 1906, 8, no. 19: 218, available at https://ecommons.cornell.edu/handle/1813/25992
4. Cornell University, "Chinese Visit Cornell," 218.
5. *Cornell and China: Building on a Century of Collaboration* (Ithaca: Cornell University Press, 2007).
6. Celin V. Schoen, *Pearl Buck: Famed American Author of Oriental Stories* (Charlotteville: SamHar Press, 1972), 21.
7. "Knight Biggerstaff Papers, 1923–2000" (#14-17-629), Division of Rare and Manuscript Collections, Cornell University Library.
8. "Knight Biggerstaff Papers, 1923–2000" (#14-17-629), Division of Rare and Manuscript Collections, Cornell University Library.
9. Cornell University, "History," https://eap.einaudi.cornell.edu
10. Cornell University, "History," https://eap.einaudi.cornell.edu
11. Cornell University, "China & Asia Pacific Studies Program," https://caps.cornell.edu
12. Cornell Law School, "Clarke Program in East Asian Law and Culture," https://www.lawschool.cornell.edu/international/clarke_program
13. Cornell University, "FALCON Program: Full-Year Asian Language Concentration," http://lrc.cornell.edu/falcon/About
14. Cornell University, *Cornell University East Asia Program Directory, 2008–2009*.
15. Cornell University, "History," https://eap.einaudi.cornell.edu
16. Richard C. Howard, "The Wason Collection on China and Chinese," *Bulletin* 193 (1975): 37.
17. Jerome B. Grieder, *Hu Shih and the Chinese Renaissance: Liberalism in the Chinese Revolution, 1917–1937* (Cambridge: Harvard University Press, 1970).
18. Shih Hu, June 12, 2014, "Letter Dated October 19, 1917," Collected Reproductions of Hu Shih Papers at Cornell University, 1910–1963 (#41-5-2578), Division of Rare and Manuscript Collections, Cornell University Library; Shi Hu, *List of Books Presented to Cornell University Library by Chinese Students, Dec. 28, 1911* (Ithaca, 1911).
19. T. Frederick Crane, "The Wason Chinese Library," *Cornell Alumni News*, August, 1918, 20, no. 40: 464–465, available at https://ecommons.cornell.edu/handle/1813/26492
20. T. Frederick Crane, "The Wason Chinese Library," *Cornell Alumni News*, 464–465.
21. T. Frederick Crane, "The Wason Chinese Library," *Cornell Alumni News*, 464–465.
22. Richard C. Howard, "The Wason Collection on China and Chinese," 37.

[23] Richard C. Howard, "The Wason Collection on China and Chinese," 37.

[24] Cornell University Library, "East Asia Collection (Wason)," https://asia.library.cornell.edu/collections/wason

[25] Richard C. Howard, "The Wason Collection on China and Chinese," 37.

[26] T. Frederick Crane, "The Wason Chinese Library," *Cornell Alumni News*, August, 1918, 20, no. 40: 464–465, available at https://ecommons.cornell.edu/handle/1813/26492

[27] 目前，尤里斯圖書館（Uris Library）位於這座大樓內。

[28] Richard C. Howard, "The Wason Collection on China and Chinese," 38.

[29] Richard C. Howard, "The Wason Collection on China and Chinese," 38.

[30] Gussie E. Gaskill, "Gussie Gaskill Papers, 1920–1984" (#13-6-2336), Division of Rare and Manuscript Collections, Cornell University Library. Wason Collection, Cornell University Library, "Cornell University Wason Collection Records, 1918–1988" (#13-6-1721), Division of Rare and Manuscript Collections, Cornell University Library.

[31] "Receive Rare Books for Chinese Collection," *Cornell Alumni News*, November 23, 1939, 42, no. 9: 117–118, available at https://ecommons.cornell.edu/handle/1813/27291

[32] Ka-Chuen Gee and Wendy Tan, "Chinese Collections of Top East Asian Libraries on the East Coast of the United States," *Journal of Educational Media & Library Sciences* 41 (December 2003): 142–143.

[33] Cornell University, "History," https://eap.einaudi.cornell.edu

[34] 李佩，《學在康大志在中華：康乃爾大學的中國校友》（北京：社會科學文獻出版社，1999）。

[35] 「尋找中國科學的近代足跡（火種──中國科學社）」，《解放日報》，3月11日，2008。

[36] Herbert D. Croly, *Willard Straight* (New York: Macmillan, 1924).

[37] Willard Dickerman Straight, "Willard Dickerman Straight Papers, 1825–1925" (#1260), Division of Rare and Manuscript Collections, Cornell University Library.

[38] Edward Beauchamp, "William Elliot Griffis and Japan: 'Yatoi,' Historian and Educational Educator," PhD dissertation, University of Washington, 1973.

[39] Diane E. Perushek, ed., *The Griffis Collection of Japanese Books: An Annotated Bibliography* (Ithaca: China-Japan Program, Cornell University, 1982).

[40] Cornell University Library, *Charles W. Wason Collection on East Asia: Ninetieth Anniversary, 1918–2008* (Ithaca: Cornell University Library, 2008).

[41] *Carl A. Kroch Library: Division of Asia Collection* (Ithaca: Cornell University Library, 1997).

參考文獻

李佩。《學在康大志在中華：康乃爾大學的中國校友》。北京：社會科學文獻出版社，1999。

施肇基。《施肇基早年回憶錄》。臺北：傳記文學出版社，1967。

「尋找中國科學的近代足跡（火種──中國科學社）」。《解放日報》，3月11日，2008。

戴鴻慈。《出使九國日記》。長沙：湖南人民出版社，1982。

Beauchamp, Edward. "William Elliot Griffis and Japan: 'Yatoi,' Historian and Educational Educator." PhD dissertation, University of Washington, 1973.

Carl A. Kroch Library: Division of Asia Collection. Ithaca: Cornell University Library, 1997.

Cornell and China: Building on a Century of Collaboration. Ithaca: Cornell University Press, 2007.

Cornell University. "Chinese Visit Cornell." *Cornell Alumni News* 8, no. 19 (February 14, 1906): 218.

Cornell University. "Receive Rare Books for Chinese Collection." *Cornell Alumni News* 42, no. 9 (November 23, 1939): 117–118.

Cornell University Library. *Charles W. Wason Collection on East Asia: Ninetieth Anniversary, 1918–2008*. Ithaca: Cornell University Library, 2008.

Conger, Sarah Pike. *Letters from China, with Particular Reference to the Empress Dowager and the Women of China*. Chicago: A. C. McClurg, 1909.

Croly, Herbert D. *Willard Straight*. New York: Macmillan. 1924.

Crane, T. Frederick. "The Wason Chinese Library." *Cornell Alumni News*. August, 1918. 20, no. 40: 464–465. Available at https://ecommons.cornell.edu/handle/1813/26492

Gaskill, Gussie E. "Gussie Gaskill Papers, 1920–1984." (#13-6-2336), Division of Rare and Manuscript Collections, Cornell University Library.

Gee, Ka-Chuen, and Wendy Tan. "Chinese Collections of Top East Asian Libraries on the East Coast of the United States." *Journal of Educational Media & Library Sciences* 41 (December 2003): 139–162.

Grieder, Jerome B. *Hu Shih and the Chinese Renaissance: Liberalism in the Chinese Revolution, 1917–1937*. Cambridge: Harvard University Press, 1970.

Howard, Richard C. "The Wason Collection on China and Chinese." *Bulletin* 193 (1975): 36–43.

Hu, Shi. *List of Books Presented to Cornell University Library by Chinese Students, Dec. 28, 1911*. Ithaca, 1911.

Hu, Shih. June 12, 2014, "Letter Dated October 19, 1917." Collected Reproductions of Hu Shih Papers at Cornell University, 1910–1963 (#41-5-2578), Division of Rare and Manuscript Collections, Cornell University Library.

"Knight Biggerstaff Papers, 1923–2000" (#14-17-629), Division of Rare and Manuscript Collections, Cornell University Library.

Perushek, Diane E. ed. *The Griffis Collection of Japanese Books: An Annotated Bibliography*. Ithaca: China-Japan Program, Cornell University, 1982.

Schoen, Celin V. *Pearl Buck: Famed American Author of Oriental Stories*. Charlotteville: SamHar Press, 1972.

Straight, Willard Dickerman. "Willard Dickerman Straight Papers, 1825–1925" (#1260), Division of Rare and Manuscript Collections, Cornell University Library.

Wason Collection, Cornell University Library. "Cornell University Wason Collection Records, 1918–1988" (#13-6-1721), Division of Rare and Manuscript Collections, Cornell University Library.

宇田川榕庵（Udagawa Yōan）創作的《琉球蘭寫生圖》。宇田川榕庵是一位博物學家和語言學家。在這幅 1816 年的圖畫中，他描繪了沖繩島上的珍稀蘭花，並用荷蘭語介紹了他描繪的鮮花。圖片由夏威夷大學漢密爾頓圖書館亞洲館阪卷／霍利文庫（Sakamaki/Hawley Collection）提供。

8 / 夏威夷大學中日韓藏書的歷史

Allen J. Riedy

夏威夷大學馬諾阿分校漢密爾頓圖書館（Hamilton Library）亞洲館前館長。Riedy 出生於俄亥俄州桑達斯基市，在夏威夷大學獲得亞洲研究和圖書館學及資訊科學碩士學位。他此前的大部分工作都是圍繞自己的學術專長，即東南亞研究而展開的。在擔任亞洲館館長期間，他積極協調和促進亞洲館藏中特色文獻的數位化，並建立了線上索引。

山本登紀子（Tokiko Y. Bazzell）

夏威夷大學馬諾阿分校漢密爾頓圖書館亞洲館日本研究館員。山本登紀子為日本裔，在美國天主教大學獲得了圖書館學和資訊科學碩士學位，並在南伊利諾伊大學卡本代爾分校獲得英語作為第二語言教學的碩士學位。她在圖書館學和日本研究方面著述頗豐。

姚張光天（Kuang-tien Yao）

夏威夷大學馬諾阿分校漢密爾頓圖書館亞洲館前中國研究館員。姚張光天在波士頓西蒙斯學院圖書館與資訊科學研究所獲得了圖書館學碩士學位，在夏威夷大學獲得了亞洲研究碩士學位。她從事中國電影方面的研究，曾經擔任北美東亞圖書館協會中文資料委員會主任。

Daniel C. Kane

夏威夷大學馬諾阿分校漢密爾頓圖書館亞洲館前韓國研究館員。Kane 出生於威斯康辛州麥迪遜市，在夏威夷大學獲得了韓國歷史學碩士學位，以及圖書館學和資訊科學碩士學位。從 2007 年到 2009 年，他擔任夏威夷大學圖書館韓國研究館員。他主要研究韓國歷史，特別是韓國近代的天主教、韓國與西方早期的關係以及朝鮮問題。

在 1778 年 James Cook 船長到達夏威夷海岸之後的幾十年間，夏威夷群島便成了與亞洲有連繫的一片島嶼。18 世紀末，新英格蘭、俄羅斯和歐洲的商人，常常將夏威夷作為通向神秘而又龐大的中國市場的驛站。後來，夏威夷的檀香木又成為銷往中國市場的熱門貨。當檀香木森林消失後，捕鯨船的到來使得夏威夷成為東西方商貿的中心。到 19 世紀中期，隨著捕鯨業的蕭條和夏威夷古老的土地所有制的廢除，最早來到夏威夷群島的美國傳教士的子孫們，將這片陸地變成了廣袤的種植園。由於急需勞動力，他們從中國、日本、韓國和菲律賓招募了大批農業勞工。到 19 世紀末 20 世紀初，夏威夷的人口中有 75% 是亞裔。隨著種植園移民勞工的後代搬遷到城鎮，面對嚴峻的就業競爭，他們對教育的需求日益增加。公立學校以及大量教會學校和不同族群的私立學校的設立使得新移民的子女融入到了大城市的生活中，並給予他們必要的技能，以參與大城市裡經濟生活的競爭，同時也得以傳承他們各自的文化。到 19 世紀末，要求創辦高等教育的呼聲不斷高漲。儘管某些愚昧的種植園主認為「我們的孩子已經接受了很多的教育，他們眼界開闊，所受的教育足以使他們遠離辛苦的勞作」，但夏威夷學院仍然在 1907 年創辦起來。它最初是一個農業學院，在它建立之時，便有人呼籲將其轉變為一所大學。[1]

由於歷史原因和擁有大量亞裔人口，夏威夷大學自 1920 年創辦伊始，就將亞洲研究作為大學課程的重要組成部分。素有「夏威夷大學之父」之稱的葉桂芳（William Kwai Fong Yap）在提議將夏威夷學院轉變為大學時寫道：「夏威夷群島處於美國、東方和太平洋群島之文明和商業的交會點上，因此這也是一個我們這個充滿獨特機會的大學所具有的戰略要點。」[2] 東亞研究正式成為夏威夷大學的課程可以追溯到 1920 年，當年大學理事會設立了日文系。兩年後，又成立了中文系。1935 年，英語系副教授 Gregg M. Sinclair 創建了東方研究所，並任第一任所長。從 1942 年到 1956 年，他擔任了夏威夷大學校長。東方研究所的基本工作是研究中國、印度和日本。為了支持研究所的使命，夏威夷大學建立了東方館藏。Sinclair 在談及圖書館在東方研究中的作用時寫道：

> 最終，圖書館將是我們力量的主要源泉。憑藉一流的圖書館，我們可以吸引到一流的學者。圖書館對我們研究所來說，就如同博物館對芝加哥東方研究所一樣。因此，我們對此必須特別加以關注，集中我們的智慧和力量把它建成優秀的圖書館。我們要收集英語文獻中一切有關日本、中國和印度的有用資料，同時也要收集這三個國家的基本圖書和研究資料。[3]

譚卓垣成為東方圖書館的第一位圖書館館員，並且一直工作到 1950 年代中期。隨著東方研究所和東方圖書館的建立，夏威夷大學可以更加系統、集中地開展與亞洲有關的學術活動和圖書收藏工作，也可以更好地利用一個專門為亞洲研究而建立的系來推動這方面的學術工作。與美國本土的其他主要東亞圖書館相比，此時東方圖書館的藏書還不是很多，但在隨後的幾十年間，該館的藏書量有了顯著的增加。

1939 年，在東方研究所的推動下，夏威夷大學的亞洲研究課程已經增加到約 50 門。1939 年舉辦的第一屆東西方哲學家會議，是東方研究所早期承辦的主要活動之一。夏威夷當地的史學家認為，1960 年美國國會決定在夏威夷大學附近建立東西方中心，而東西方哲學家會議正是促使國會作出該決定的一個重要原因。[4] 這一會議後來由夏威夷大學和東西方中心定期共同承辦，並在 2005 年召開了第九屆大會。

在第二次世界大戰期間，夏威夷大學的財政被大幅削減，因而東亞研究也出現了某種衰退，東方研究所也被停辦。然而，在 1948 年夏威夷大學 40 週年校慶之際，時任校長的 Sinclair 宣布他將重振東亞研究，他後來又建立了新的亞太事務研究所。[5] 翌年，東西方哲學家會議重新啟動。

儘管 Sinclair 的演說令人振奮，但當時夏威夷大學的國際關係研究正陷入低谷。在戰爭期間，許多教授相繼退休，而在 1950 年代前半期，麥卡錫主義又令人們心有餘悸，這一切使得亞洲課程的開設和圖書館的發展都停滯不前。此外，大部分有亞洲血統的居民都尋求將夏威夷變成美國的一個州，來證明自己的「美國化」程度。此種心態進一步削弱了亞洲研究的復興，特別是日語教學。在二戰前，日語曾極受歡迎，但在戰爭期間卻有許多教師流失，直到 1950 年代後半期才逐步恢復。[6]

到了 1950 年代末，夏威夷停滯的經濟逐漸得以復蘇。1960 年，夏威夷成為美國的一個州，其經濟狀況顯著改善。從 1958 年到 1963 年的五年間，夏威夷大學建造了 37 幢新樓。與基礎設施同步發展的是學術研究的復興，國際研究也在此背景下重振雄風。二戰前，夏威夷大學的國際關係研究主要集中在中國、日本和印度。1950 年代末，夏威夷大學的語言課程從 3 種歐洲語言，以及夏威夷語、漢語、日語增加到 7 種歐洲語言，並新添了印地語、印度尼西亞語和韓語 3 門亞洲語言課程。[7]

夏威夷大學的學生結構對於課程設置產生了重大影響。從 1950 年代中期開始，大學招生人數急劇增加。1960 年代早期，根據人口普查顯示，在該校的 1 萬名學生中，註冊攻讀學位課程的學生中有超過 50% 是日裔學生（當時日裔人口占全州人口總數的 32%），14% 是華裔學生（當時華裔人口占全州人口總數的 6%）。[8] 這說明學生中近三分之二的人都是亞洲傳統語言和課程學習方面的候選人。

1960 年，美國國會建立了東西方中心，其使命是「增進亞洲、太平洋地區和美國國家與人民之間的關係和理解」。東西方中心緊靠夏威夷大學校園，它的學生、教師、專案和財政資源促進了夏威夷大學亞洲研究的大發展。當時，東西方中心由夏威夷大學管理，直到 1975 年才獨立出去。從 1960 年到 1975 年間，東西方中心共提供了 2 萬 5 千個助學金和獎學金，贊助攻讀學位的學生、著名學者和前來接受培訓的人員。受資助者來自 41 個亞太國家和美國本土。1970 年，和平工作團（Peace Corps）的培訓中心在夏威夷成立，工作團前往亞洲的志願者中有 90% 的人員在這裡接受培訓。夏威夷大學因此增設了幾乎囊括所有南亞和東南亞語言的課程，另外還開設了 16 門亞洲藝術課程，20 門亞洲歷史課程，使得亞洲歷史方面課程的數量與美國歷史的課程數量相等。[9] 自 1907 年創校到 1994 年，夏威夷大學畢業生總共撰寫了 1,675 篇有關亞洲問題的碩士和博士論文，其中 1,603 篇（占總數的 95.7%）是在 1960 年之後完成的。[10]

東西方中心在夏威夷大學管理之下的 15 年裡，動用了大量經費購置相關圖書，並聘請人員來整理書籍。1962 年，東西方中心與夏威夷大學達成協議，接收了大學東方圖書館，並在此基礎上創辦了東西方中心圖書館，並將館藏內容擴展到韓國以及所有南亞和東南亞國家。1970 年，東西方中心將東西方中心圖書館歸還給夏威夷大學圖書館，[11] 並與另外兩個有關亞洲的藏書一起組成了夏威夷大學亞洲圖書館。1970 年該館的藏書達到了約 32 萬冊。在接受東西方中心管理的八年中，亞洲館藏量翻了一番。在館藏歸併到夏威夷大學圖書館後，東西方中心繼續支持亞洲藏書的發展，包括提供購書經費和聘請圖書館工作人員。

　　1987 年，夏威夷大學將亞洲研究和其他國際區域研究專案整合為夏威夷、亞洲和太平洋研究院。研究院下屬的各個中心不開設學位課程，只是負責領導和協調跨學科的教學和科研工作。不過，大學生和研究生還是可以在亞洲研究系裡獲得學士和碩士學位。學生也可以在學校眾多的學科領域中選修有關亞洲某個國家或地區的課程，獲得研究生學位。

　　與其他許多擁有大型東亞圖書館的美國高等教育機構不同的是，夏威夷大學圖書館沒有獨立的東亞圖書館。東亞藏書及其職能都由亞洲館代為履行。目前，亞洲館有五個具有一定關聯的館藏：中文藏書、日文藏書、韓文藏書、南亞和東南亞藏書。亞洲館藏主要收集人文社會科學的資料，此外還收集反映上述地區文化傳統和社會經濟生活方面的科技資訊。近幾年來，亞洲館藏開始更多地收集商業類圖書，以適應夏威夷大學國際商務專案的發展。除了漢密爾頓圖書館亞洲館藏的藏書之外，還有幾千本善本和罕見資料（後者根據其內容、材質和形式而定）被存放在圖書館的閉架善本藏書庫中，借閱受到嚴格限制。另外還有大量的亞洲音像資料被存放在辛克萊爾圖書館（Sinclair Library）的王氏音像中心（Wong Audiovisual Center），以及幾千張亞洲地圖存放在地圖館。

中文藏書

　　19 世紀末 20 世紀初，夏威夷憑藉其地理位置和種植園經濟，吸引了大批中國人。一部分早期移民的後代成為了當地商業、政府、教育部門以及專門職業中的傑出人才。孫中山曾在夏威夷受過教育，後來又多次回到夏威夷尋求當地華人社團的支持，幫助他從事反抗清廷的革命活動。梁啟超是一位政治改革家和學者，同時也是孫中山的反對者，他也來到夏威夷發起了一場反對孫中山的活動。從 1937 到 1945 年的抗日戰爭期間，本地華人也積極支持中國的救亡運動和救助計畫。夏威夷華人的光輝歷史被記錄在當地華人社團出版發行的許多報紙、名錄和其他刊物中。這些史料可以追溯到 1897 年，現存夏威夷大學圖書館的夏威夷和亞洲館藏中。夏威夷大學的中文藏書始建於 1922 年，同年，大學成立了中文系，並聘請李紹昌教授來講授中國語言和文學課程。最初，中文藏書僅有 350 種（1,500 冊）中文圖書和有關中日兩國的 650 種英語圖書。[12]

　　1936 年，Sinclair 建立了東方研究所，並請李紹昌教授負責為該研究所新組建的東方圖書館收集中文書籍。李紹昌在「東方研究」的框架之下，建立了中國研究專案。他認為此舉將使夏威夷大學成為中國和日本之外在這一研究領域裡的典範。同年，李紹昌利用學術假來到中國，尋求中國名人的圖書捐贈。返回夏威夷後，他宣布此行為東方圖書館收集到了兩萬多冊中文線裝書。這些圖書大部分是用宣紙印刷的古籍，包括百科全書、文集以及歷史、文學和哲學方面的書籍，它們構成了夏威夷大學中文藏書的基礎。[13]

1937 年 12 月，夏威夷大學聘請廣東嶺南大學的譚卓垣對中文藏書進行編目。譚卓垣 1933 年在芝加哥大學撰寫的博士論文《清代圖書館的發展：1644–1911》（*The Development of Chinese Libraries under the Ch'ing Dynasty, 1644–1911*），於 1935 年在上海以中英文兩種版本出版發行，1977 年在美國重印。到夏威夷大學後，他和助手們開始整理中文藏書，供讀者借閱。1938 年 7 月，圖書館又從北京訂購了 5 千冊中文圖書。

1938 年 3 月，幾位知名的漢學家來到夏威夷大學講學，包括陳受頤、陳榮捷等。1939 年夏天，南京中央研究院的趙元任也加盟東亞研究所，為研究生和高年級大學生開設了精深的漢語課程。[14]

隨著中國研究方面教學工作的發展，圖書館的館藏也得到了擴充。清朝末代皇帝溥儀向圖書館捐贈了一套 1,500 冊的線裝書《古今圖書集成》（1884 年出版）。[15] 其他珍貴的館藏包括《纂組英華》（宋元明清各朝代的織錦和刺繡，1934 年出版），著名漢學家翟理斯（Herbert Allen Giles）1874 年到 1934 年出版的約 40 冊圖書，以及裘開明捐贈的三卷本《中國地方志綜錄》（1935 年出版）。

1938 年 7 月，中文部開始定期收到來自中國的《人民論壇》（*People's Tribune*）和《教務雜誌》（*Chinese Recorder*）兩本英文雜誌。第二次世界大戰期間，圖書館定期從中國採購圖書。在此期間，東方研究所的圖書館再次被夏威夷大學圖書館接收，組成東方圖書館。在隨後的 20 年中，大學圖書館繼續收集用東亞文字和西文出版的亞洲文獻。[16]

1949 年，中華人民共和國的成立對夏威夷大學的中文藏書產生了重大影響。在隨後的 30 年裡，中國與外界隔絕，大陸出版的中文圖書在海外發行也受到了限制。這一期間中文圖書收藏主要側重於香港和臺灣的出版物。館藏中 1950 年到 1979 年間香港和臺灣的出版

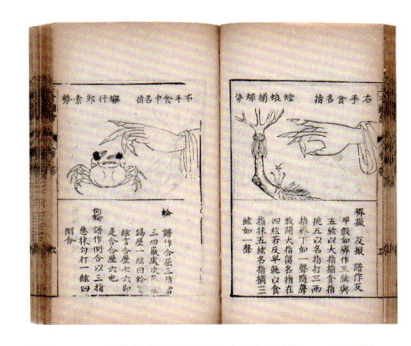

圖 8-1：王圻的《三才圖繪》。這是一部中國歷史、文化和科學的大型百科全書，可以追溯到 1609 年。圖片由夏威夷大學漢密爾頓圖書館亞洲館提供。

物在數量上超過了中國大陸出版物，二者之比大約是 2.5：1。相比之下，1940 年代館藏的中國大陸出版物超過了港臺的出版物，二者之比是 5：1。從 1980 年代開始，這個趨勢出現了逆轉，來自中國大陸的圖書在數量上超過了港臺的圖書，二者之比是 2：1。1960 年代，當夏威夷大學的中文藏書被納入東西方中心後，圖書館聘請了兩位圖書館員，他們後來都在這裡工作了 30 餘年，一直擔任圖書採購和編目工作。在這一時期，圖書館也從美國國會圖書館獲得了一些中文複本，並與臺灣中央圖書館達成了書籍交換協議，這一協議一直持續實施到今天。[17]

教授、團體和社區的捐書是夏威夷大學中文藏書的重要來源之一。1974 年，方言學家和漢藏語系研究專家李方桂教授將自己收藏的 3 百冊漢語語言和語言學方面的圖書捐贈給了圖書館。[18] 夏威夷大學中文藏書中較珍貴的收藏包括一部 1944 年出版的《毛澤東選集》，它是最早出版的毛澤東的選集，為更好地理解毛澤東思想及其發展提供了文獻背景。這套選集上有毛澤東的親筆簽字，藏書來自 Paul Domke，為圖書館暫存。1944 年，Domke 曾是美軍延安觀察團（即迪克西使團，Dixie Mission）的成員，他們被派往中國共產黨的總部延安。延安地處中國西北部的陝西省。這是美國政府和中國共產黨的首次接觸，由於當時抗日戰爭的需要，雙方需要聯合。在延安，毛澤東、周恩來和其他中國共產黨領導人與 Domke 和代表團其他成員舉行了長時間的會談。1945 年，Domke 在離開延安之前，得到了這套帶有毛澤東親筆簽名的《毛澤東選集》。

夏威夷大學中文館藏收藏了中國大陸、臺灣、香港、澳門的資料和海外華人資料，語種包括中文、西方語言和其他亞洲語言。藏書以當代出版物為主，但也根據教學需要，收集一些古代文獻。當代文獻以圖書、期刊和報紙為主，並有選擇地收集一些會議論文集、未發表的會議論文、手稿和學位論文。在不能獲得紙質文本的情況下，也會收集微縮膠捲資料。主要的微縮膠捲資料包括香港友聯研究所的中文剪報、中國國家圖書館（舊稱北京圖書館）館藏的敦煌遺書、中國東南部的族譜、省政府公報及稀見圖書和期刊。英文的微縮膠捲資料包括美國聯合出版研究服務部（Joint Publications Research Service, JPRS）和國外廣播資訊服務（Foreign Broadcast Information Service, FBIS）的資料，以及美國國務院大使日誌和美國在華傳教士檔案。館藏中的清代資料包括中國東南沿海各省、縣鎮的地方史和族譜，各省的歷史，特別是廣東、福建和臺灣省，以及太平天國、農民起義和少數民族的暴動等方面的資料。館藏還收集了從 1900 年代到 1930 年代出版的各種學術期刊，這對學術史的研究具有重大意義。館藏裡還有從 1953 年開始出版的革命文獻、1911 年到 1949 年完整的民國政府公報，及 1949 年後迄今在臺灣發行的這套公報。

日文藏書

一份由夏威夷大學檔案館提供的圖書清單顯示，在夏威夷大學 1920 年建立日本研究專案之前的十餘年間，許多日本皇室成員給大學捐贈了大量圖書，這份清單也記錄了夏威夷大學和夏威夷大學圖書館早期與日本的連繫。[19]

1921 年，夏威夷大學校長 Arthur Dean 聘請東京同志社大學（Doshisha University）的原田助（Tasuku Harada）博士來校講授日本歷史、語言和文學。原田助博士也參與到了圖書館事務中。1926 年，他與日本的渋沢榮一（Eiichi Shibusawa）子爵取得連繫，請他協助建立夏威夷大學圖書館的日文藏書。渋沢榮一隨即捐贈了 5 百日元，後來他又捐贈了 5 千日元，1928 年圖書館利用這筆資金購買了 3 千多冊日文圖書。[20] 這些圖書是由東京大學的姉崎正治（Masaharu Anesaki）博士幫忙挑選的，圖書中有代表美國和夏威夷的印鑒，並有日本國旗圖案，上面寫著「由日本朋友和居住在夏威夷的日裔美國人捐助」。1932 年，在檀香山退休的銀行家中村源作（Gensaku Nakamura）開始擔任日文藏書的志願者顧問，並向圖書館捐贈了五千冊日文圖書。同時，他也協助圖書館進行圖書編目。他的贈書為數甚多，工作也極為出色，這反映了日裔美國學生和當地日僑社團對建立日文藏書的幫助。

　　1929 年，夏威夷大學聘請國友忠夫（Tadao Kunitomo）擔任日語教師。1930 年，他和原田助博士共同編寫一本教材《日語口語入門》（Introduction to Colloquial Japanese），[21] 此書當時頗為流行。1933 年，新任日語教師上原征生（Yukuo Uyehara）對該書做了修訂，並於 1934 年發行了第二版。[22] 1930 年代，在卡內基基金會和日本國際文化振興會（日本國際交流基金會的前身）的資助下，著名的日本訪問學者接二連三地來到夏威夷大學。其中比較著名的學者包括中瀬古六郎（Rokuro Nakaseko）、蝋山政道（Masamichi Royama）、清岡映一（Eiichi Kiyooka）、木村重治（Shigeji Kimura）、高楠順次郎（Junjiro Takakusu）和鈴木大拙（Daisetsu Suzuki）。

　　1935 年，隨著東方研究所的建立，購置的日文圖書也逐步增加。1935 年，中村源作受東方研究所委派，回到日本為圖書館購置圖書。他連繫了日本政府官員、出版社和其他名人，說服他們將圖書贈送給夏威夷大學東方圖書館。1936 年，日本國際文化振興會在與 Sinclair 協商之後，向東方圖書館捐贈了 4 千冊圖書。[23] 此前，Sinclair 曾倡議東方研究所説服日本國際文化振興會，將東方圖書館作為它的「儲藏圖書館」。Sinclair 認為，此舉將會使夏威夷大學更容易獲得美國教育和科研基金會的資助和獎勵。儘管沒有證據表明日本國際文化振

圖 8-2：《毛澤東選集》。1945 年，Domke 作為締協使團成員訪問中國共產黨總部所在地延安時，毛澤東向他贈送了帶有親筆簽名的個人選集。Faye Domke 夫人將她丈夫的這部書永久存放在夏威夷大學圖書館。照片由夏威夷大學漢密爾頓圖書館亞洲館提供。

興會同意此項提議，但是夏威夷大學東方圖書館和夏威夷大學校方與國際文化振興會及其後繼者——日本國際交流基金會直到今天仍然保持長期的連繫，它們的合作結出了豐碩的果實。

從 1930 年代中期到第二次世界大戰爆發，東方圖書館獲得了大量圖書。1937 年，太平洋關係研究所所長 Peter Buck 建議將該研究所的全部藏書交由東方圖書館管理。[24] 1941 年，夏威夷州立圖書館決定將伏見宮紀念獎學會東洋文庫（Prince Fushimi Memorial Scholarship Society Oriental Library）移交給夏威夷大學東方圖書館，該文庫擁有 1935 年從伏見學會獲得的約 2,500 冊日文圖書。該學會是以日本伏見宮貞愛親王的名義建立的，伏見宮貞愛親王曾在 1907 年到過夏威夷。當地日本僑團對他的熱情歡迎使他頗為感動，因而捐贈了一筆資金供他們使用。日本社團便建立了伏見學會，以此為赴日留學生提供獎學金，並資助建立日文資料庫和編撰日文教材。[25] 這一期間東方圖書館其他較大的收藏主要來自於兩個方面，一是大學教授在東方研究所的資助下赴日採購的圖書，二是本地日裔美國人或日本友人和機構捐贈的書籍。特別需要提及的一位人物是今村恵猛（Imamura Emyō），他是夏威夷佛學淨土真宗本派本願寺的第一位主持。1939 年，他向東方圖書館捐贈了 2,800 冊日文圖書。今村恵猛家族後來又捐贈了一些圖書。

從 1930 年代末到 1940 年代初，日本國際文化振興會除了向東方研究所和日文系提供印刷品之外，還提供了一些幻燈片，其中約六百張幻燈片最終被東方圖書館收藏。幻燈片的尺寸通常是 3.25 × 4 英寸，大部分是關於日本繪畫、雕刻、風景和建築的黑白正片。這些幻燈片還附帶了五卷目錄。日本國際文化振興會出版的《幻燈片中的日本藝術》（The Japanese Arts through Lantern Slides）旨在「解釋每一種藝術的歷史和特徵」。[26] 後來，本地日本社團領袖奧村多喜衛（Takie Okumura）的後人，也將他在 19 世紀末收集的一千張幻燈片捐贈給了東方圖書館。這些幻燈片包括風景畫、傳統故事和道德教義的插圖說明和日本建築的照片。[27] 夏威夷大學圖書館的日本專家山本登紀子目前正負責一個專案，計畫將這些幻燈片數位化，並在網上公開發布。

1964 年，東西方中心聘請松井正人（Masato Matsui）擔任日本研究圖書館館員。松井正人任職長達 35 年之久。他預見到了日文藏書的急劇發展及藏書最終會歸附夏威夷大學這個事實。松井正人在任期間出版了 14 本圖書館報告和書目提要，其中許多受到了日美友好委員會的資助。這些出版物包括《日本表演藝術書目提要》（Japanese Performin Arts: An Annotated Bibliography），此書刊登了自 1951 年夏威夷大學亞洲戲劇專案創立以來，這個領域裡日本藏書的發展。[28] 夏威夷大學表演藝術藏書還包括由 Stanley Kaizawa 和長期擔任亞洲戲劇專案主任的 James Brandon 所捐贈的日文劇本。《南海書目提要》（Na'yo: An Annotated Bibliography）中描述的許多日文資料反映了夏威夷大學對太平洋、東南亞和日本的興趣。[29] 圖書館日文藏書報告記載了從第一次世界大戰到太平洋戰爭結束之間，日本在這些地區的利益及活動。松井正人所著的《俄—中邊界地區：來自日本的資料》（Russo-Japanese Frontier Region: Japanese Source Materials）（1984）一書反映了夏威夷大學 50 餘年來對俄國遠東地區和俄—亞關係表現出的興趣。[30]

1964 年，日文藏書獲得了阪卷／霍利文庫（Sakamaki/Hawley Collection）關於琉球群島方面的藏書。在夏威夷沖繩聯合協會的贊助下，夏威夷大學購得了 Hawley 的琉球群島藏書。阪卷／霍利文庫的藏書超過了 5 千種，其中大部分是琉球群島的第一手資料，其中 936 種，約 2 千餘冊有關琉球群島的資料是已故英國記者 Frank Hawley 收集的，後來夏威夷大學的退休教授阪卷俊三（Shunzo Sakamaki）又對藏書做了補充。1961 年，Hawley 去世後，阪卷俊三教授連繫到他的家人，通過協商購得了 Hawley 的這批藏書。阪卷／霍利文庫藏書以及大學在此之前及後來搜集的關於琉球群島的資料使得夏威夷大學圖書館成為除日本之外世界上琉球群島資料收藏最豐富的圖書館。崎原貢（Mitsugu Sakihara）的文章以及關於琉球群島的書目提要描述了夏威夷和美國本土關於沖繩島研究的歷史，以及夏威夷大學的相關館藏。[31] 在此之前的一年，東西方圖書館還獲得了 Glenn Shaw 的藏書，總共有 6 千餘種。其中大部分是日文資料，出版年代可追溯到江戶時期（1603–1867），藏書也包括不少的英文圖書，以及 Shaw 個人的文章和譯著。從 1913 年到 1957 年，除了戰爭期間以及戰後的幾年，Shaw 一直生活在日本。在日本期間，他曾在學界、新聞界和政府部門擔任各種職務，與一些日本作家關係密切，也曾翻譯過這些作家的著作。他將個人豐富的藏書贈送給了東西方中心圖書館。後來夏威夷大學亞洲館藏獲得了這批藏書。這些資料記載了日本 20 世紀一段重要歷史。Shaw 送給圖書館的圖書並沒有集中存放，但是從每本書的書簽中可以發現這批資料。[32]

圖 8-3：Hawley 1946–1947 年在東京的家中。Hawley 收藏的琉球群島資料構成了阪卷／霍利文庫的基礎，這個文庫通常被認為是日本以外研究琉球群島的最佳資源。照片由橫山學（Manabu Yokoyama）提供。

圖 8-4：藤山（Tōzan）繪製的《琉球人來朝圖》。1609 年，薩摩（Satsuma）國王吞併琉球國之後，他派出了一百人的琉球人使團和數百人的薩摩官員來到江戶。從 1634 年到 1850 年，他共派出了 18 次的琉球人使團。這一木刻版畫描繪的琉球人到達日本可以追溯到 19 世紀。圖片由夏威夷大學漢密爾頓圖書館亞洲館阪卷／霍利文庫提供。

到 1970 年代早期，夏威夷大學的日文藏書在全美排名第六。藏書的發展在一定程度上歸功於夏威夷大學和東西方中心提供的大量資助，以及大學的日本研究專案和圖書館所獲得的各種捐贈資金。此類捐助活動在 1970 年代到 1980 年代期間極為盛行。到了 1980 年代末，日文藏書的圖書已經增加到 9 萬冊。隨後，日本小說家梶山季之（Toshiyuki Kajiyama）的遺孀也向圖書館捐贈了 7 千冊日文圖書。梶山季之的藏書包括韓文圖書，美洲、夏威夷和東南亞地區日僑的資料，日本在滿洲里、東南亞和太平洋地區建立殖民地的資料，日本從江戶時期到二戰後有關歷史、政治和經濟方面的圖書，以及梶山季之個人的作品和寫作資料。

其他著名的日文藏書包括 20 世紀早期的日語教科書，這些資料來自夏威夷當地的日語學校。在 20 世紀早期，這些學校是極端主義和種族主義攻擊的對象。這些教科書是珍貴的第一手資料，它們見證了當時夏威夷的社會狀況。

1990 年代，夏威夷州與美國其他州一樣出現財政惡化的情況，導致夏威夷大學圖書館失去了大量經費，日文藏書也遭受了嚴重打擊。它在全國的排名從 1980 年代末的第 11 位滑落到 2000 年的第 16 位。儘管日文藏書此時不能如先前一樣大量購買新出版的資料，但教授、圖書館員和當代社團仍然緊密合作，努力爭取圖書捐贈和贊助。

1993 年，亞洲圖書館獲得了高沢皓司（Koji Takazawa）捐贈的大批有關社會運動資料。高沢皓司是自由撰稿人、編輯和作家，他參與了 1960 年代末 1970 年代初新左派的反抗運動。這批藏書包括 1,800 冊圖書和 9 千多本雜誌（1,200 種期刊），其中大部分內容在其他任何圖書館都無法得到。這些資料生動地記錄了二戰後日本國內外大部分重大的政治和社會衝突。1999 年，著名作家和日本學家 Oliver Statler 將自己的 60 箱檔案捐給圖書館，其中包括他的通信、研究筆記、手稿、第一手資料、小冊子、剪報、明信片、地圖、藝術印刷品、照片、幻燈片、膠捲、錄音帶。此外，他還捐贈了 109 箱圖書。一年後，日語教師上原征生（Yukuo Uyehara）家人將他私人收藏的 2 千本圖書捐贈給圖書館。上原征生在 1930 年代曾在東方研究所工作，後來成為了夏威夷大學東亞語言系主任。

最近，在夏威夷大學日籍教師和本地沖繩社團的共同倡導下，夏威夷州批准建立了沖繩研究中心，並提供資助。這一中心的建立進一步促進了夏威夷大學的日本研究，並豐富了圖書館對沖繩研究資料的收藏。

韓文藏書

早在 1904 年，韓國人就作為蔗糖種植園中的勞工，來到了夏威夷沿岸，然而韓國研究卻姍姍來遲。儘管 Sinclair 努力促進夏威夷大學亞洲研究的發展，但資料表明直到 1949 年，亦即第一批韓國人到達夏威夷之後的近 50 年，也就是東方研究所成立後的第 12 年，同時也是韓國從日本統治下解放後的第 4 年，夏威夷大學才正式開設韓文教學。首位韓文教師是박관두（Kwandoo Park）。與夏威夷大學的其他亞洲區域研究專案一樣，1960 年東西方中心的建立促進了韓國研究的發展。

1972 年，夏威夷大學的幾個院系中已有十幾位韓國研究方面的教授，於是韓國研究中心正式成立。1980 年成立的亞太研究中心也開設了韓國研究課程，同年，歷史系也增設了第二個韓國史教授職位。[33] 1980 年，在韓國政府、夏威夷州和當地社團的聯合資助下，夏威夷大學獲得了 150 萬美元的經費來建造韓國研究中心大樓。基建專案完成後，夏威夷大學的韓國研究煥然一新，生機勃勃。由於本地韓裔社團和韓國政府的長期資助，韓國研究發展迅速，成為夏威夷大學一個重要的國際研究專案。1995 年，韓國基金會為韓國研究中心提供了 1 百萬美元的捐贈，並承諾如果夏威夷大學能夠提供配套資金，它將會再提供 1 百萬美元的資助。本地商人 Donald Kim 和韓國研究中心主任李政（Chung Lee）發起了一場運動，籌集到了 1 百萬美元的配套資金，因而，夏威夷大學韓國研究最終獲得了 3 百萬美元的捐贈，用於教學、科研及圖書館的發展。

韓文藏書的歷史要追溯到 1938 年，當年，夏威夷本地著名的韓國博士梁裕燦（You Chan Yang）向東方圖書館捐贈了一批韓文善本書，以紀念他前一年剛剛去世的妻子。1951 年，梁裕燦成為韓國李承晚（Syngman Rhee）政府的駐美大使，他是韓國總統李承晚的好友。梁裕燦的藏書歸於韓文特藏中。幾年後，即 1934 年，韓美文化協會（Korean American Cultural Association）向夏威夷大學亞洲館藏捐贈了許多韓文圖書。儘管當時夏威夷大學的韓文藏書規模並不大，但卻處在發展中。翌年，韓美文化協會又給美國一些大學捐贈了一批圖書，促使加州大學、華盛頓特區的美國大學和芝加哥大學開始建立韓文館藏。韓美文化協會於 1939 年在洛杉磯成立，其目標之一就是「在美國大學建立韓文圖書館，並為此在韓文報紙上刊登廣告以籌集圖書捐贈」。1940 年代初期，夏威夷大學校長 Sinclair 當選為該協會的圖書館委員會主席。[34]

1960 年代早期，由於冷戰和朝鮮半島的意識形態對峙，夏威夷大學的韓文藏書開始獲得了更有系統的發展。東西方中心在接管東方圖書館之後，開始有意識地擴大韓文圖書的館藏。1964 年，韓文藏書量達到了近 3 千冊，其發展速度和美國其他亞洲圖書館的情況相似。[35] 1968 年，曾在加州大學柏克萊分校東亞圖書館工作過的朱勇奎（Yong Kyu Choo）加入到夏威夷大學社會科學研究所，成為韓文書目文獻專家，他同時也協助東西方中心收集韓文圖書。[36] 1969 年，韓三石（Sam Suk Hahn）加盟夏威夷大學圖書館擔任非全職的韓文館員，並一直工作到 1992 年退休。1972 年，韓國研究中心的建立進一步促進了韓文藏書的發展。作為夏威夷大學韓國研究的主要機構，該中心的研究專案引導著韓文館藏的發展，也為韓文館藏提供了財力和人力支持。來自韓國研究中心的大量資助成為韓文藏書發展的關鍵支柱。韓文藏書過去通常依靠「外借」的韓語專家來幫忙處理收藏工作，直到 1992 年，亞洲圖書館聘請了全慶美（Kyungmi Chun）擔任全職的韓文圖書館員，她的一部分薪水由韓國研究中心提供。

1985 年，夏威夷大學的韓文藏書量增加到近 3 萬冊。這一時期所獲重要的館藏包括 1982 年製作的淺見文庫（Asami Collection）藏書膠捲、1984 年出版的奎章閣（Kyujanggak，朝鮮王朝皇家圖書館）藏書膠捲，以及 Robert Kinney 捐贈的大量圖書，Kinney 曾長期擔任美國駐韓外交官。1980 年

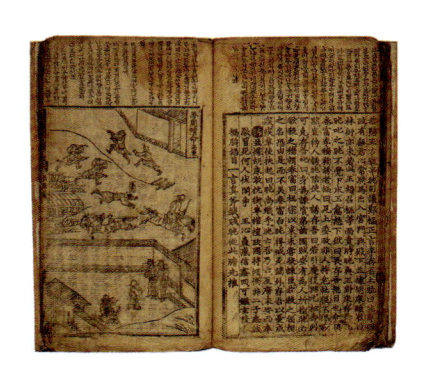

圖 8-5：偰循（？–1435）等人創作的《三綱行實圖》。三綱的最初版本（1434 年）包括 330 個從中國和韓國文本收集的故事，它們是體現三種基本的人際關係的典範：父子關係、君臣關係和夫妻關係。這一版本是世宗皇帝在聽說一名男子殺父的事件後命令編寫的，它僅僅包括 105 個故事，由 Pihl 博士捐贈。照片由夏威夷大學漢密爾頓圖書館亞洲館阪卷／霍利文庫提供。

代，夏威夷大學韓國歷史教授崔勇浩（Yong-ho Ch'oe）曾幾次陪同韓三石到韓國購書，到韓國後他們常常去舊書店尋書。[37] 在此期間，他們收集到了日本殖民地時期由日本政府朝鮮總督府中樞院發行的珍貴文獻。

韓文藏書收藏了大量人文社會科學文獻，以經濟學、歷史學、文學、語言學、政治學和社會學為主。從 1994 年開始，夏威夷大學亞洲圖書館加入了北美韓文館藏聯盟，這是一個發展館藏的合作組織，得到了韓國基金會的資助。韓國基金會每年給參加這個組織的圖書館提供圖書、期刊、音像資料以及購書經費。在這個組織內，夏威夷大學負責收集的資料包括濟州島、建築學、城市研究、社會狀況、傳統音樂、1392 年之前的歷史、民族主義、公共衛生等專題，內容包括韓國的出版物，以及歐洲國家、夏威夷出版的韓文圖書。到 2005 年，夏威夷大學的韓文藏書達到了近 6 萬冊，擁有 400 種期刊，1,600 卷微縮膠捲，近 500 套音像資料，其中包括日益增多的韓國電影。

韓文藏書收藏了幾套著名藏書的微縮膠捲。這些膠捲包括《今西博士集朝鮮本》，它是由著名日本學者今西龍（Imanishi Ryū）收集的藏書，今西龍的研究領域為韓國史。此外，還有日本天理圖書館（Tenri Central Library）收藏的韓國朝鮮王朝出版的大部分原始著作。奎章閣則收藏了由朝鮮王朝皇家圖書館館藏製作而成的膠捲。韓文藏書也獲得了哥倫比亞大學斯塔東亞圖書館一些館藏的微縮膠捲。

韓文藏書的另一個重要館藏是 429 卷的朝鮮總督府中樞院存的部分手稿。1995 年，夏威夷大學已故韓國文學教授 Marshall R. Pihl 在遺囑中將他個人的善本藏書捐贈給了圖書館，這批藏書目前成為圖書館的一個特藏。Phil 的藏書以大量的朝鮮文出版物著稱，而 20 世紀之前在朝鮮出版的圖書很少使用朝鮮文。

數位技術的進步大大提高了人們獲得當代和古代文獻的能力。夏威夷大學亞洲圖書館訂購了四個韓文線上資料庫，使讀者可以獲得數以千計的韓國期刊、歷史和文學文獻，以及參考書目等資料。韓國的一些重要的檔案館和研究中心開始實施的各種數位化專案也為讀者提供了豐富的傳統文獻資源。

註釋

1. 見 Gavan Daws, *Shoal of Time: A History of the Hawai'ian Islands* (Honolulu: University of Hawai'i Press, 1968); Lawrence H. Fuchs, *Hawai'i Pono: A Social History* (New York: Harcourt, Brace & World, 1961). 引文出自 Robert M. Kamins and Robert E. Potter, *Mālamalama: A History of University of Hawai'i* (Honolulu: University of Hawai'i Press, 1998), 6.

2. Robert M. Kamins and Robert E. Potter, *Mālamalama: A History of University of Hawai'i*, 148.

3. Gregg M. Sinclair, *The Oriental Institute* (Honolulu: University of Hawai'i Press, 1935).

4. Jeely Ongeley, "Group Think: East-West Philosopher' Conference Open to Pondering," http://www.hawaii.edu/malamalama/2005/05/f6_philosophy.html

5. Paul F. Hooper, *Elusive Destiny: The Internationalist Movement in Modern Hawai'i* (Honolulu: University of Hawai'i Press, 1980), 145.

6. Robert M. Kamins and Robert E. Potter, *Mālamalama: A History of University of Hawai'i*, 66.

7. Robert M. Kamins and Robert E. Potter, *Mālamalama: A History of University of Hawai'i*, 65.

8. Robert M. Kamins and Robert E. Potter, *Mālamalama: A History of University of Hawai'i*, 74.

9. Robert M. Kamins and Robert E. Potter, *Mālamalama: A History of University of Hawai'i*, 66.

10. Laurianne shiu Chien Chun, "Asian Studies at the University of Hawai'i: Rhetoric or Reality," PhD dissertation, University of Hawai'i, 2001, 7.

11. Robert M. Kamins and Robert E. Potter, *Mālamalama: A History of University of Hawai'i*, 79.

12. Gregg M. Sinclair, *The Oriental Institute*.

13. University of Hawai'i at Mānoa Library, "China," http://manoa.hawaii.edu/library/research/collections/asia/china

14. University of Hawai'i (Honolulu), "University of Hawai'i Oriental Institute," *Bulletin* 17, no. 5 (March 1938): 5.

15. Michael Saso, personal communication to Kuang-tien Yao, Honolulu, June, 2007.

16. University of Hawai'i (Honolulu), "University of Hawai'i Oriental Institute," 5.

17. Edwin G. Beal, Jr., "Committee on American Library Resources on the Far East of the Association for Asian Studies," *Newsletter—Association for Asian Studies. Committee on American Library Resources in the Far East* 5 (May 19, 1964): 6.

18. University of Hawai'i Library, "Book Donation from Prof. Fang-kuei Li," *Bulletin* 30, no. 2 (December 1974), 1.

19. 到底是哪位皇室成員並不確定，可能是戶田（Fushimi）王子，他 1907 年到訪過夏威夷。此處所指的圖書清單現已丟失。

20. 渋沢榮一，《渋沢榮一伝記資料》，卷 41（東京：渋沢青淵記念財団竜門社，1962），頁 435–445。

21. Tasuku Harada and Tadao Kunitomo, *Introduction to Colloquial Japanese* (Honolulu: University of Hawai'i Press, 1930).

22. Tasuku Harada, Tadao Kunitomo, and Yukuo Uyehara,

[22] *Introduction to Colloquial Japanese*, 2nd ed. (Honolulu: University of Hawai'i Press, 1934).

[23] Gregg M. Sinclair, "Gregg M. Sinclair Papers," University of Hawai'i Archives (File 77), Hamilton Library, University of Hawai'i, Honolulu.

[24] Gregg M. Sinclair, "Gregg M. Sinclair Papers," University of Hawai'i Archives (File 77), Hamilton Library, University of Hawai'i, Honolulu.

[25] 《伏見宮紀念奨学会東洋文庫報告書》(1936); Chieko Tachihato, "The History and Development of Hawai'i Public Libraries: The Library of Hawaii and Hawaii State Library, 1913–1971," PhD dissertation, University of Southern California, 1981.

[26] Kokusai bunka shinkōkai, *The Japanese Arts through lantern Slides* (Tokyo: Kokusai bunka shinkokai, 1938), ii.

[27] "Gifts, July 1964–June 1965," Library Administration, University of Hawai'i Archives (Box 9), Hamilton Library, University of Hawai'i, Honolulu.

[28] Masato Matsui, *Japanese Performing Arts: An Annotated Bibliography* (Honolulu: Center for Asian and Pacific Studies, Council for Japanese Studies, University of Hawai'i, 1981).

[29] Masato Matsui, Minako I. Song, and Tomoyshi Kurokawa, *Nanýa (South Seas): An Annotated Bibliography* (Honolulu: Center for Asian and Pacific Studies, Council for Japanese Studies, University of Hawai'i, 1982).

[30] Masato Matsui, Tomoyoshi Kurokawa, Jun Nakamura, and John J. Stephan, *Russo-Japanese Frontier Region: Japanese Source Materials* (Honolulu: Center for Asian and Pacific Studies, Council for Japanese Studies, University of Hawai'i, 1984).

[31] Masato Matsui, Tomoyoshi Kurokawa, and Minako I. Song, *Ryukyu: An Annotated Bibliography* (Honolulu: Center for Asian and Pacific Studies, Council for Japanese Studies, University of Hawai'i, 1981).

[32] Caitlan Nelson, "Midway Between the Occident and the Orient: The Glenn W. Shaw Collection at the Asian Collection, University of Hawaii, Manoa," *Journal of East Asian Libraries* 139 (June 2006): 18–26.

[33] Laurianne shiu Chien Chun, "Asian Studies at the University of Hawai'i: Rhetoric or Reality," PhD dissertation, University of Hawai'i, 2001, 28; Robert M. Kamins and Robert E. Potter, *Mālamalama: A History of University of Hawai'i*, 152.

[34] Changsoon Kim, ed., *The Culture of Korea* (Honolulu: Korean American Culture Association, 1946), 317–318.

[35] Tsuen-Hsuin Tsien, "East Asian Collections in America," *The Library Quarterly* 35 (October 1965): 262.

[36] Raymond N. Tang, "Committee on East Aaiann Libraries," *Newsletter—Association for Asian Studies. Committee on American Library Resources in the Far East* 26 (November 15, 1968): 8.

[37] Yong-ho Ch'oe, personal communication to Daniel C. Kane, Honolulu, November 15, 2007.

參考文獻

渋沢栄一。《渋沢栄一伝記資料》，卷 41。東京：渋沢青淵記念財団竜門社，1962。

Chun, Laurianne Shiu Chien. "Asian Studies at the University of Hawai'i: Rhetoric or Reality." PhD dissertation, University of Hawai'i, 2001.

Daws, Gavan. *Shoal of Time: A History of the Hawaiian Islands*. Honolulu: University of Hawai'i Press, 1968.

Fuchs, Lawrence H. *Hawaii Pono: A Social History*. New York: Harcourt, Brace & World, 1961.

Harada, Tasuku, and Tadao Kunimoto. *Introduction to Colloquial Japanese*. Honolulu: University of Hawai'i Press, 1930.

Harada, Tasuku, Tadao Kunitomo, and Yukuo Uyehara. *Introduction to Colloquial Japanese*. 2nd ed. Honolulu: University of Hawai'i Press, 1934.

Hooper, Paul H. *Elusive Destiny: The Internationalist Movement in Modern Hawaii*. Honolulu: University of Hawai'i Press, 1980.

Kamins, Robert M., and Robert E. Potter. *Malamalama: A History of the University of Hawai'i*. Honolulu: University of Hawai'i Press, 1998.

Kim, Changsoon, ed. *The Culture of Korea*. Honolulu: Korean American Culture Association, 1946.

Klobe, Tom, University of Hawai'i Art Gallery, and University of Hawai'i Library. *Making Connections: Treasures from the University of Hawai'i Library. University of Hawai'i Art Gallery, Honolulu, Hawai'i, September 18 to November 10, 2005*. Honolulu: University of Hawai'i Art Gallery, 2005.（特別參見頁 72–85、92–111。）

Kokusai bunka shinkōkai. *The Japanese Arts through Lantern Slides*. Tokyo: Kokusai bunka shinkōkai, 1938.

Matsui, Masato. *Japanese Performing Arts: At Annotated Bibliography*. Honolulu: Center for Asian and Pacific Studies, Council for Japanese Studies, University of Hawai'i, 1981.

Matsui, Masato, Minako I. Song, and Tomoyshi Kurokawa. *Nanýa (South Seas): An Annotated Bibliography*. Honolulu: Center for Asian and Pacific Studies, Council for Japanese Studies, University of Hawai'i, 1982.

Matsui, Masato, Tomoyoshi Kurokawa, Jun Nakamura, and John J Stephan. *Russo-Japanese Frontier Region: Japanese Source Materials*. Honolulu: Center for Asian and Pacific Studies, Council for Japanese Studies, University of Hawai'i, 1984.

Matsui, Masato, Tomoyoshi Kurokawa, and Minako I. Song. *Ryukyu: An Annotated Bibliography*. Honolulu: Center for Asian and Pacific Studies, Council for Japanese Studies, University of Hawai'i, 1981.

Morris, Nancy. *History of Libraries, University of Hawai'i, Mānoa, 2006*, https://manoa.hawaii.edu/library/about/organization/history (accessed September 26, 2008). Revised and updated version of an article that originally appeared in the David H. Stam, *International Dictionary of Library Histories* (Chicago: Fitzroy Dearborn, 2001).

Nelson, Caitlin. "Midway between the Occident and the

Orient": The Glenn W. Shaw Collection at the Asia Collection, University of Hawai'i, Manoa." *Journal of East Asian Librarians* 139 (June 2006): 18–26.

Ongley, Jeely. "Group Think: East-West Philosophers' Conference Open to Pondering," http://www.hawaii.edu/malamalama/2005/05/f6_philosophy.html (accessed May, 2005).

Sinclair, Gregg M. *The Oriental Institute*. Honolulu: University of Hawai'I Press, 1935.

Tsien, Tsuen-hsuin. "East Asian Collections in America." *The Library Quarterly* 35 (October 1965): 260–282.

1930年5月在北平整理明版佛經,立於左側者為義理壽,立於中間者為于炳堯。照片由普林斯頓大學東亞圖書館和葛思德文庫提供。

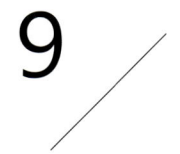

9 / 普林斯頓大學東亞圖書館和葛思德文庫

何義壯（Martin J. Heijdra）

普林斯頓大學東亞圖書館和葛思德文庫（Gest Collection）館長。何義壯出生於荷蘭的凱特爾（Kethel）小鎮，曾在萊頓（Leiden）、北京和京都求學，獲得了萊頓大學漢學和日本學碩士學位，在普林斯頓大學獲得了中國歷史（明史）博士學位。從 2001 年起，他成為明史研究學會的會員，並在 2003-2005 年間擔任會長。他目前的學術研究和著述除涉及明代的社會經濟史外，還包括東亞圖書館史。他積極參與圖書館界的活動，對技術問題尤有興趣，並擔任了亞洲研究協會《亞洲研究書目》（*Bibliography of Asian Studies*）顧問委員會的委員。

> 我被中國傳統所默化，珍惜紙上文字，罕作損毀。在我去世後，必有人檢讀我留下的文件，大概會損毀其中百分之九十九！
> ——義理壽（Irvin Van Gorder Gillis）致孫念禮（Nancy Lee Swann）的信，1934 年 1 月 21 日

葛思德文庫是普林斯頓大學東亞圖書館的核心館藏，曾兩次作為東亞研究系建立的基礎，這種情況在其他大學正好相反，別的大學都是先成立系。此外，由於圖書館的主要創辦人留下了大量資料，史學家屢感資料過於豐富，難以處理。而隨著圖書館被逐漸整合到普林斯頓大學圖書館系統內，這些文獻卻變得零散和難以追溯。[1]

因此，本章所述東亞圖書館和葛思德文庫的歷史，涵蓋其開始建立，直至 1972 年它們搬進現在的地點——橫跨福利斯特校區中心

（Frist Campus Center）和瓊斯大樓（Jones Hall），以及 1977 年童世綱退休為止。[2] 圖書館此後的發展僅簡要論述。

葛思德和義理壽

葛思德（Guion Moore Gest）是起初被稱為「葛思德華文藏書庫」的創建者。[3] 他是貴格會（Quaker）教徒，1924 年在紐約創立了葛思德工程公司，並通過這個公司在南美、印度和中國建立了很多關係。

葛思德患有青光眼。在一次旅行中，他遇到了美國海軍武官義理壽，義理壽建議葛思德試一試中國治療眼睛的傳統秘方。[4] 後來，葛思德決定留下一筆資金用以購買中醫圖書。然而，醫學並不是葛思德決定購買圖書的唯一原因，有資料顯示長期以來他對佛教也頗有興趣，這也是促使他購買中文圖書的另一個重要原因。19 世紀末，他曾從日本購得一件西元 740 年的佛教經卷。[5] 葛思德和義理壽購置的第一批圖書並沒有特別側重醫學，他們的採購範圍反映了他們對中華文明的寬泛認識。正如著名的博學家 Berthold Laufer 所言，葛思德鼓勵人們對「中國文學」進行最廣泛的研究，以加深對中國的瞭解，進而增進中國和西方之間的關係。

除了葛思德本人外，葛思德圖書館的名氣也憑藉了義理壽淵博的知識和找書能力，以及孫念禮的辛勞和熱情。從 1928 年到 1948 年，孫念禮一直在葛思德圖書館工作。義理壽是葛思德的購書代理人，他是一個情報專家，懂得甄別真偽。他的這個本事在為葛思德鑑定圖書方面發揮了極大的作用。[6]

義理壽繼承父志到海軍任職。1898 年，在封鎖古巴的美西戰爭中，他因徒手拆除一枚漂浮的魚雷而一舉成名。[7] 1901 年，義理壽首次來到亞洲，分別在東京和北京擔任海軍武官。義理壽一生獲得過多種榮譽，包括「旭日勳章」，這是他作為觀察員實地考察了日俄戰爭之後被日本政府授予的。1914 年 7 月 1 日，義理壽從海軍「退役」之後，他開始代表伯利恆鋼鐵公司（Bethlehem Steel Corporation）與中國政府打交道。[8] 在此期間，義理壽極有可能從事間諜活動。後來他重新擔任了美國駐北京公使館的海軍武官。

1919 年末，義理壽從海軍完全退役，繼續留在中國。有資料顯示，從此以後他就從未離開過中國。義理壽擔任過中國政府許多部門的顧問，如民國政府內閣、海軍部、交通部和海岸警衛局官員等。義理壽後來娶了比他年輕 18 歲的中國女子趙玉彬為妻。有傳聞說趙玉彬是清朝皇室後裔。義理壽利用家族關係，開始了購書活動。這些書主要是為葛思德購置的，但也有為其他人購買的。

據 John A. Logan 的回憶錄，義理壽在四處收集圖書的同時，仍舊擔任美國政府遠東情報部門的負責人。Logan 曾於 1931–1932 年陪同蘭姆探險隊（Lamb Expedition）到過西藏北部。Logan 在回憶錄中這樣寫道：

> 我們拍了很多照片。我把每張繪製的地圖都做了底片，然後將地圖銷毀。這些底片與我們拍攝的其他幾百張照片混在一起。在我們返回北京時，我用大尺寸將它們沖洗出來，並將它們交給義理壽上尉。他此前曾任海軍武官，也是當時美國政府亞洲情報部門的負責人。他將沖洗好的照片一

式複製兩份，一份交給美國地理學會，另一份交給美國情報局，然後將底本銷毀。[9]

1937 年，日軍侵占北京，他們懷疑義理壽是美國間諜，決定將他送往山東拘押。[10] 在出發那天，義理壽在火車站昏倒，他的中國朋友利用各種關係使日軍同意將他軟禁在北京的英國公使館中。[11] 數年後，1946 年 2 月 28 日，第二次世界大戰已結束，他告訴孫念禮，日本人搶走了他的圖書、目錄、紀錄和備忘錄。他對僑居多年的中國失去了興趣和信心。在重新開始工作時，他的身體很快變得非常虛弱，於 1948 年 9 月 1 日去世。[12]

中國學者對義理壽的中文文獻知識極為敬佩，這些學者包括後來擔任葛思德東方圖書館館長的胡適和善本專家王重民。義理壽在一封信中説，他根據數以百計不同的傳統中文書目編撰了 4 萬個書目卡片，從而使他的工作得以順利開展。一名成功的藏書家需要博古通今、細緻入微並保守秘密。當時的善本書市場上還有中國、日本和歐洲的購書者。義理壽要葛思德等人不要多談圖書館的事情，以免書價上漲而失去收購善本的機會。葛思德圖書館存有一份幾頁長的文件，上面列出了義理壽與葛思德通訊時用的摩斯密碼："88519, IJNIF" 意指「元代雕版，明代重印」；"88613, IJWYL" 意指「你認為你能拿到更好的價嗎（通過等待時機或暫時不買的辦法）」；"88618, IJXYN" 意指「這些圖書共有 X 種，Y 冊，定價為 N 元」。[13]

從義理壽的信中，我們可以發現他對普通民眾持有一己之看法，對其他圖書館館員和一些中國的知識分子也是如此。義理壽對國民黨及其代表更有反感。他唯一一次拒絕葛思德的要求是擔任葛思德和孔祥熙的中介。[14] 當然，葛思德文庫的藏書並不全是義理壽收集的。葛思德一般托義理壽購買圖書，但他偶爾也會從其他人手裡購買藝術品和圖書。葛思德圖書館所藏的許多滿文書籍、文獻和誥命，可能都是從 Edward Barrett 處購得的。[15] Barrett 這位多才多藝的書商在庫倫（Urga）、紐約市第五大道、華爾街以及海參崴都設有辦公室。有一年美國國慶節，他在博格達峰（Bogdo Ula）點燃篝火時引起了一場大火，只好逃回紐約。

圖 9-1：葛思德。照片由普林斯頓大學東亞圖書館和葛思德文庫提供。

圖 9-2：義理壽和他的滿族妻子趙玉彬。照片由普林斯頓大學東亞圖書館和葛思德文庫提供。

第九章　普林斯頓大學東亞圖書館和葛思德文庫　143

麥基爾大學的葛思德圖書館

1925 年 8 月和 10 月，葛思德首次支付了兩筆各 1 萬美元的購書經費，所購的圖書是由宣統皇帝的老師陳寶琛挑選的。[16] 葛思德在尋找一個存放這些藏書的大學時結識了麥基爾大學圖書館館長 Gerhard R. Lomer，他們共同制訂了一個存放葛思德藏書的方案，葛思德負責編目和管理，而麥基爾大學則負責提供館舍和相關設備。1926 年 2 月 13 日，麥基爾大學正式成立了葛思德中文研究圖書館，首批藏書共有 232 種圖書，共計 8 千冊。對於葛思德來說，加拿大圖書館不像其他著名美國圖書館（如哈佛大學圖書館）那樣高傲，所以更具吸引力。他完全相信麥基爾大學會按照館藏方案，有效地利用這些圖書，使之達到促進教育之目的。然而，葛思德仍積極參與籌劃這些圖書的存放和使用，力求使他的藏書成為（高等）研究必須依賴的核心資源。

葛思德圖書館第一任館長兼編目員是 Robert de Resillac-Roese，他在德國接受教育，於 1919 年移居美國。他的職責包括利用葛思德藏書，來回答加拿大造紙廠、絲綢業、醫學院和哈佛大學天文學方面的研究人員提出的技術問題。義理壽對 Resillac-Roese 的中文書目知識和編目技能評價不高，很快他自己就接管了這些工作。1931 年，Resillac-Roese 因病辭職，後於 1943 年去世。[17]

葛思德花了很大氣力在蒙特利爾及加拿大各地的法文及英文報刊上宣傳他的圖書館，刊登「麥基爾大學的文獻顯示接種疫苗已有千年歷史」和「古代的中國人是如何捕魚」等訊息。[18] 重達 2 噸的《古今圖書集成》的到來得到了蒙特利爾兩家最大的英文和法文報紙《蒙特婁公報》（*Montreal Gazette*）和《新聞報》（*La Presse*）的熱情報導。圖書館邀請了外國名人來訪，並向歐洲、俄羅斯和美國的漢學中心通報並發送問卷，其中有一份問卷詢問了這些漢學中心 1931–1932 年的課程。[19]

在建立這個館藏的過程中，義理壽提供了每本書的版本資訊，首先是在購書單上做出註解，然後在編目紀錄中加以說明。[20] 總體而言，義理壽認為對於研究型圖書館來說，最為重要的還是圖書的內容，其次才是圖書的版本。義理壽為葛思德圖書館做的工作還包括圖書修補、裝訂、索引和目錄的編制等。20 世紀初，許多漢學家都重視新的漢字拼音法，但義理壽等藏書家則認為創造圖書分類法同樣重要。義理壽對裘開明在哈佛大學設計的圖書分類法提出了尖銳批評，認為裘氏將中國文化強行植入西方模式中。義理壽則採用傳統的四庫圖書分類法為基本框架。義理壽也認為孫念禮比 Resillac-Roese 強多了。但是，即使在孫念禮來館工作後，義理壽仍然擔任主要編目員，並將他最初各種版本的筆記、目錄和校正寄到蒙特婁。他後來寄的資料還加以精裝，封面上還有漂亮的手寫漢字。[21]

在麥基爾大學，葛思德文庫成了大學建立漢學系所依賴的核心資源。[22] 在考慮了許多建議（包括胡適 1928 年提出的意見）之後，校方決定任命著名學者江亢虎來大學組建漢學系。江是中國社會黨的前領袖，後來他對政治越來越絕望。從各方面情況來看，江亢虎為麥基爾大學成功地組建了漢學系，吸引了許多學生，並積極地參與了社區活動。

孫念禮

孫念禮[23] 於 1881 年出生於德克薩斯州的泰勒市，並於 1906 年在德克薩斯大學獲得了學士學位。1912 年，她來到中國，在開封和濟南的農學院從事教育工作。1919 年，她返回德克薩斯大學攻讀碩士學位，1920 年再次來到中國。後回到紐約，師從哥倫比亞大學的 Thomas Carter 教授，攻讀博士學位，並履行了哥倫比亞大學住校學習的要求。從 1925 年開始，她在北京的華北協和語言學校選課並任教，同時還進行她博士論文的研究工作。

1927 年，孫念禮獲得了博士學位，她可能是美國第一個獲得中國史博士學位的女性，無疑也是美國第一位研究中國婦女問題的學者。她的博士論文以《班昭──西元 1 世紀中國最著名的女學者：其背景、家世、生平及著作》（*Pan Chao: Foremost Woman Scholar of China, First Century A.D.: Background, Ancestry, Life, and Writings of the Most Celebrated Chinese Woman of Letters*）為書名出版，後來多次重印，其中個別章節被社會科學教材經常引用。[24]

1928 年，孫念禮加盟葛思德圖書館，擔任圖書館助理員。1932 年 10 月 1 日，她被任命為葛思德圖書館館長，年薪 3,225 美元。她的任命得到了義理壽的支持。義理壽後來寫信告訴孫念禮他與葛思德當時談話的內容：

> 我懇切希望你在選任新館長時，不要過分重視申請人是否是一名「男士」，而忽略考慮其人的學養可否與孫女士相比。不可否認，孫女士的漢學造詣極高。

當孫念禮對她自己是否應該研究葛思德圖書館所藏的佛經而猶豫不決時，義理壽一如既往地鼓勵她。他說：

> 我與 Laufer 博士一致認為，你在中國婦女歷史方面的研究對於學習中國文化和文明的學生不但非常重要，而且更能引起他們的興趣。

孫念禮很快成了一位知名學者，同時她參與了《清代中國名人傳略》（*Eminent Chinese of the Ch'ing Period*）的研究計畫。後來，孫

圖 9-3：孫念禮試穿「考試夾帶上衣」。照片由普林斯頓大學東亞圖書館和葛思德文庫提供。

念禮在普林斯頓大學完成了自己的第二本學術著作《古代中國的糧食和貨幣：上古迄西元 25 年的中國古代經濟史》（*Food and Money in Ancient China the Earliest Economic History of China to A.D. 25*）。[25]

禁運與大蕭條

1930 年代，葛思德文庫開始遭遇困境。首先，中國禁止輸出善本圖書。文化遺產保護協會宣布，從 1931 年開始，中國將不再出口 1851 年之前印刷的圖書。江亢虎曾寫信給中國方面，請求批准葛思德圖書館可以從中國進口圖書，但只得到部分批准。在北京採購的圖書開始堆積起來，義理壽變得近乎絕望。他去信張學良，提出了善本圖書的出口問題。儘管他此前還批評別人向這名「軍閥」卑躬屈膝，此時他自己也不得已而為之。張學良的覆函簡單，否定了義理壽的請求。義理壽只好鋌而走險。結果，他的 25 箱圖書在山海關被日本防衛隊扣押，以為箱內藏有槍支。這段經歷使義理壽處於神經崩潰的邊緣。直到日本占領北平後，在中國餘下的 27,000 冊圖書才被送到普林斯頓。

經濟大蕭條使麥基爾大學和葛思德本人的財政狀況變得極為緊張，義理壽停止了書籍採購。麥基爾大學也決定不再聘請江亢虎。1934 年 5 月，該大學決定不再支持葛思德圖書館。雖然大學校方宣稱這只不過是臨時性的關閉，圖書館仍舊可能會重新開放，由此葛思德認為麥基爾大學不再是他存放藏書的理想之地。孫念禮當時仍在圖書館繼續從事一些臨時性的工作，但她的工資卻遭到大幅削減。葛思德決定將藏書出售給另一所大學。

當時討論最熱烈的一個問題便是葛思德圖書館的「價值」。義理壽估計從 1926 年到 1931 年，圖書館總支出達到了 208,483.64 墨西哥銀圓，這包括了購書之外的其他支出，這筆支出當時折算成 125,000 美元。某些人（包括江亢虎）知道葛思德當初是以極低廉的價格購得這批圖書的，因而認為義理壽的估價極其荒唐。[26] 此時，有傳言稱葛思德將藏書的售價定為 30 萬美元，這個價格既反映了他對藏書的過高估計，同時也反映了他急需資金的現狀。儘管其他的估價者，如加州大學柏克萊分校的 Ferdinand Lessing 教授認為這批藏書具有博物館藏品和善本書的質量，但是他們給出的估價卻都不超過 5 萬美元。[27]

事情最終的結局當時不為孫念禮和義理壽所知，但葛思德此時已經用葛思德圖書館的圖書作為抵押，向麥基爾大學數次借錢。義理壽後來稱這方法為「中國模式」，即表面上將藏書出售給麥基爾大學，但日後可以按照售價贖回。葛思德從麥基爾大學收到了 15,000 美元，這當然只是租借而不是出售圖書的價格。麥基爾大學的某些高層人士似乎認為已經按照這個價格購得了這批藏書，此種想法未免過於簡單荒謬。孫念禮和義理壽預感到，葛思德試圖將自己的藏書出售給一所美國大學，但是兩人都懷疑他能否成功。令他們感到意外的是，普林斯頓高等研究院首任院長 Abraham Flexner 決定按每本書 1 美元的價格，共計用 13 萬 5 千美元來購買這批藏書。[28]

搬至普林斯頓

Flexner 希望與普林斯頓大學密切合作，在普林斯頓鎮設立東方研究專案，因而對葛思德圖書館的去向極為關切。他給麥基爾大學一個機會拿出一個替代方案，但麥基爾大學新任校長卻以憤怒之辭予以回覆。在此期間，Flexner 連繫到洛克菲勒基金會（Rockefeller Foundation），要求該基金會提供一半的購書經費。Flexner 曾在洛克菲勒基金會工作過，而洛克菲勒基金會也積極地參與了中國境內的醫學事務。Flexner 最終與洛克菲勒基金會達成協議，使葛思德在他與麥基爾大學的合同到期的前一天，從該校贖回自己的藏書。1936 年 7 月 13 日，高等研究院宣布這一收購成功。同年 7 月 31 日，葛思德華文藏書庫搬遷至普林斯頓臨時存放地，並重新命名為葛思德東方圖書館。

歷史又在重演，葛思德東方圖書館成為普林斯頓大學東方語言文學系得以擴展的原因，使得該系將中文和其他遠東學的科目納入該系的教學範圍（當時該系僅設有近東方面的課程）。普林斯頓高等研究院雖然並不是普林斯頓大學的一部分，但它的研究人員經常借閱普林斯頓大學圖書館的藏書，圖書館也替他們買書和提供服務。因此，普林斯頓高等研究院決定將葛思德圖書館的藏書永遠讓普林斯頓大學圖書館管理，作為對這種服務的補償。[29] 孫念禮在獲得高等研究院的財政擔保後，也隨著葛思德圖書館的藏書一起來到了普林斯頓。1936 年 7 月 30 日，她報告說，最後一趟，也是第五趟運送圖書的卡車離開了麥基爾大學。在普林斯頓，這批圖書暫時被存放在拿索（Nassau）大街 20 號的倉庫中，直到普林斯頓大學新圖書館中騰出一個永久性的館舍後再搬過去。

葛思德東方圖書館在遷移至普林斯頓的途中也出了一些問題，因卡車起火而損毀了幾冊《古今圖書集成》。普林斯頓大學圖書館要求義理壽補購這些毀掉了的圖書。雖然義理壽對葛思德藏書遷移到普林斯頓感到不滿，並不打算為普林斯頓大學圖書館工作，但他還是成功地買到了這幾冊書。此外，這批圖書在從魁北克運出之後，在通過美國勞西斯角（Rouses' Point）邊境檢查站時，因邊防檢查站要對其中的藝術珍品徵收關稅，並需要提交保證金。因而，葛思德的女兒 Sylvia 聲稱這些藝術珍品是她個人所有的，而非圖書館所擁有。葛思德本人後來也證實確實如此，這些都令孫念禮感到震驚。在所有這些藝術珍品中，孫念禮最為關心的是 2,500 個中國皮影戲器件人物。幸運的是，一位匿名捐贈人[30]從 Sylvia 手上購買了這批藝術珍品，並將其全部捐贈給了葛思德圖書館。[31]

Flexner 向義理壽表示，他不理解為什麼義理壽不願意將他當時在北平繼續為葛思德文庫購買的圖書送到普林斯頓來。顯然，Flexner 並不知道義理壽在山海關護送葛思德藏書時遭受的痛苦經歷。Flexner 的指責使得義理壽深感憤懣。義理壽隨即聲明，他只與葛思德有私人關係，而與此時已遷移到普林斯頓的葛思德東方圖書館毫無瓜葛。葛思德此時已經雙目失明，全然不知孫念禮和義理壽的財政困境，他們兩人已經多年沒從葛思德那裡拿到工資。孫念禮私下告訴義理壽，搬遷到普林斯頓的新圖書館不會為他在北京的業務提供經費。她推測普林斯頓大學圖書館可能會在華北通過魏智書店（Vetch）購書，華北以外出版的圖書可能通過上海的商務印書館和別發洋行（Kelly and Walsh）購得。

後來，普林斯頓高等研究院新上任的院長 Frank Aydelotte 給義理壽寄了一封致歉信，這才使義理壽感到了寬慰。Aydelotte 從 1939 年到 1947 年擔任高等研究院院長。1941 年，在日本偷襲珍珠港前夕，高等研究院決定給義理壽提供經費來為葛思德東方圖書館做一份目錄和索引，並將它加以印刷、裝訂和發行，但研究院認為沒有必要繼續聘請義理壽代購圖書。1939 年，當市場上的善本和珍本圖書空前增多時，義理壽已經不能再為葛思德圖書館買書了，這使他非常傷心。

孫念禮與普林斯頓的葛思德東方圖書館

葛思德藏書被存放在拿索大街 20 號的臨時存放地，大多都沒有開箱。要使用這批藏書，只有依靠書目索引了。這些書目索引是在移至普林斯頓之前做的。孫念禮面對這些困難，仍積極開展工作。在王重民的幫助下（王氏當時是北平圖書館善本部館員，在美國國會圖書館工作），她檢查了藏書中所有 1644 年之前的刊本，記錄下尚未編入書目索引的藏品（包括文獻、小冊子、地圖和拓片），並繼續編輯各省地方志目錄。她擔心葛思德不會將重要的文件（特別是與購書費用相關的資料）交給圖書館。她向義理壽表達了此種擔憂，義理壽當即將一箱重達 170 磅的資料寄給了她，這當中有義理壽每次發送圖書的紀錄和資料。

1940 年代，普林斯頓大學僅有幾位東亞方面的學者。不幸的是，1937 年賴肖爾（Robert Karl Reischauer）在上海國際租界被炮彈炸死。不過此時 George Rowley 已在普林斯頓講授東亞藝術幾十年了。在這一時期，漢語語言學家和佛學家尤桐在普林斯頓大學講授漢語，一直到 1953 年退休。[32] 此外，孫念禮還聘請了一名韓國助手鄭基元（Chung Kei-won），鄭氏於 1938 年畢業於普林斯頓大學東方語言系。[33] 鄭基元將自己的 50 本圖書捐出，並試圖向美籍韓國人籌集資金，來建立一個金氏紀念圖書館（Kim Memorial Library）。鄭基元積極參與政治，憑藉他在葛思德東方圖書館的關係，創立了一個韓國研究委員會，還擔任了北美韓國學生聯合會主席，創辦了《自由韓國》（*Free Korea*）雜誌。鄭基元與許多名人有連繫，如林語堂、李承晚（Syngman Rhee，後任韓國總統）和林昌榮（Channing Liem，後為李承晚的公開反對者）。1941 年 12 月，鄭基元致信美國政府，強烈希望美國對日本開戰。[34] 美國國務院當即通知普林斯頓大學校長 Harold W. Dodds，要求雇用鄭基元為戰爭效力。鄭基元隨即前往華盛頓戰略辦公室上任。二戰後，這位曾經是孫念禮韓文助手的鄭基元被當選為韓國國會議員，並擔任了韓國國會外交事務委員會主席，還出資建了韓國東亞大學。1970 年，他退休回到美國後，給普林斯頓大學寫信，要求自己的老雇主葛思德東方圖書館建立一個大型韓語文庫。[35]

葛思德文庫搬至普林斯頓大學新圖書館大樓的日子仍遙遙無期。在此期間，葛思德文庫存放於拿索大街的地下室中，使用極不方便，也鮮有讀者來借書。孫念禮在私人信件中常常表達了她的沮喪之情。於是，她嘗試著去做新的事情。在義理壽的幫助下，她開始籌建日文館藏。她請日本駐紐約總領事幫忙購置一套日文的《清實錄》。這套圖書於 1940 年被郵寄出來，但卻卡在了中國東北，未能到達普林斯頓。正如孫念禮所說，「這是因為當時發生了戰爭」。[36] 有意思的是，1940 年代初，孫念禮與美國圍棋協會（American Go Association）建立了連繫，該協會主席 Karl Davis Robinson 通過與葛思德文庫中文善本進行比較，發現剛剛出版的日文版《官子譜》中缺漏了幾幅插圖。Robinson 遂向葛思德文庫索取這些插圖的複製件，補入後來日本出版的《官子譜》影印本的第三冊中。[37]

1948 年，孫念禮退休時，普林斯頓高等研究院又掀起了一場爭論。爭論的焦點為是否應該在普林斯頓高等研究院建立一個東方研究學院。Aydelotte 當時仍是高等研究院董事會主席，他對此項提議表示支持，但新任院長 Robert Oppenheimer 卻表示反對，並最終占得上風。不過，這場爭論也最終促使普林斯頓大學認真考慮擴大東方研究的問題。據說當時耶魯大學和哈佛大學都對購買葛思德圖書館有極大興趣。普林斯頓大學葛思德東方圖書館的教授委員會則從另一個角度來看待這一問題。1948 年，委員會的報告指出，除了需要擴大東亞研究之外，「委員會感到如果普林斯頓大學不按報告中所說的去組建一個東亞學系，那最好就把葛思德圖書館給賣了，因為它得不到利用。」[38] 葛思德圖書館又一次成為組建東亞學系的助推器。

胡適與童世綱

高等研究院暫時的喧鬧以及 Marion J. Levy, Jr. 的干預，使人們對葛思德圖書館有了重新認識。1948 年按照原定計畫，葛思德東方圖書館搬到了新的費爾斯通（Firestone）圖書館大樓。1948 年孫念禮退休之後，胡適於 1950 年被任命為葛思德東方圖書館館長，他在這個崗位上一直工作到 1952 年，並且作為榮譽館長退休。[39] 根據胡適個人的回憶，他曾於 1943 年和 1946 年到葛思德東方圖書館做過研究，孫念禮甚至同意他將某些書帶回紐約的寓所（她可能對有人來用葛思德圖書館而感到欣慰）。[40] 胡適的記憶或許不完全正確。根據孫念禮的信件，胡適早在 1938 年就到普林斯頓用葛思德東方圖書館，他在更早的時候還見過葛思德本人。葛思德稱胡適為「傑出人物」。胡適在普林斯頓大學的工作一定相當孤寂，因為當時人們對葛思德東方圖書館的興趣不大。[41] 胡適在圖書館做他自己的研究，並於 1952

圖 9-4：胡適和童世綱。胡適從 1950 年到 1952 年擔任葛思德東方圖書館館長，童世綱則從 1952 年到 1977 年擔任葛思德東方圖書館館長。照片由普林斯頓大學東亞圖書館和葛思德文庫提供。

圖 9-5：1952 年胡適離開普林斯頓返回臺灣，並於 1958 年擔任中央研究院院長。照片由中央研究院歷史語言研究所王汎森提供。

年2月20日到4月20日期間，在葛思德東方圖書館舉辦了一次名為「一千一百年來中國的印刷品」的展覽，這次展覽受到了普林斯頓的民眾的關注。

胡適在普林斯頓所做的影響最為深遠的事也許是1951年聘請童世綱擔任助理。但讓胡適沒想到的是，由於當時大學的財政狀況不佳，胡適的上司很快就決定讓比他更加便宜的助手（年薪少1,720美元）來取代他擔任館長。這項決定雖然比較委婉，卻十分堅定。胡適非常冷靜地看待此事。他離任後仍然與葛思德東方圖書館保持連繫，並多次向圖書館捐贈個人的著作。[42]

童世綱的名字通常拼寫為James Tung或者S. K. Tung。[43] 他於1909年出生於湖北，曾在武昌文華圖專就讀。這所學校是中國圖書館教育的起源地。童世綱畢業後曾擔任過幾個政府部門的要職，包括國民黨中統專員，負責情報的編輯工作。在這些崗位上，他將圖書館學的知識與行政工作結合起來。[44] 他最終決定放棄在中國的職位來到美國，繼續從事圖書館工作，並在波士頓大學獲得了公共管理學碩士學位。在胡適聘請他來管理葛思德東方圖書館之前，他曾在哈佛燕京圖書館擔任過助理。

由於童世綱工作努力，在他退休時，葛思德東方圖書館的藏書量已經超過了30萬冊，成為了普林斯頓大學整個遠東文庫的一部分，後來圖書館被重新命名為「葛思德東方圖書館和東亞文庫」。[45] 童世綱堅持認為圖書館應該有良好的氛圍，因而在書架的一頭都黏貼了彩色的中國格言剪紙。圖書館還經常舉辦展覽，其中最著名的是1973年舉辦的關於針灸的展覽，當時正值「中國熱」，因而吸引了大批媒體的關注。童世綱也被稱為「普林斯頓的中國市長」，他和妻子成了普林斯頓華人社交生活的中心。童世綱編撰了《普林斯頓大學的中文微縮膠捲：葛思德東方圖書館的書目清單》（*Chinese Microfilms in Princeton University: A Checklist of the Gest Oriental Library*）和《胡適文存索引》。[46] 由於童世綱在葛思德圖書館擔任多項複雜工作，工作能力在普林斯頓罕有人能與他相比，1970年他被提升為普林斯頓大學圖書館副館長。1973-1974年，童世綱擔任北美東亞圖書館委員會主席（今日東亞圖書館協會的前身），並將委員會的簡報改為通訊。[47] 在他的努力下，美國國會圖書館改進了圖書卡片，將羅馬字母拼寫的書名標示在卡片的頂部，而不是在底部一角，方便讀者查閱。

1976年6月30日，由於年齡原因，童世綱決定辭去館長工作，但是圖書館仍然請他延任一年，以便物色繼任者。1977年，童世綱作為榮譽圖書館館長退休。他舉辦的最後一次展覽恰如其分，名為「當美國『發現』中國」。

在童世綱任期內，屈萬里根據義理壽和王重民此前撰寫的筆記，編撰了一本兼具學術性和描述性的書目提要。[48] 屈萬里後來擔任了國立中央圖書館館長和臺灣中央研究院院士。屈萬里指出葛思德圖書館收有3百多種沒有被《四庫全書總目》提到的重要圖書，以及一些罕見的文獻。[49] 1977年，屈萬里應邀來普林斯頓大學任教。他與牟復禮（Frederick W. Mote）一起開設了一個學期的中文善本書課程。他們在這門課程中所提出的許多觀點在今天圖書史研究領域中都得到了證實。

戰後普林斯頓大學的東亞研究

二戰後，普林斯頓大學在東亞研究方面任命了兩位教授，其中 William W. Lockwood 講授政治經濟學，Levy 講授社會學。直到 1956 年，從南京大學畢業的牟復禮才被任命為漢語教師（後來講授中國史）。1960 年，大學開設了日語課程。[50] 牟復禮與童世綱一起利用葛思德圖書館的資料舉辦了一次展覽，將館藏介紹給讀者。1957 年，他們又與 Howard C. Rice, Jr. 一起舉辦了一次名為「自西徂東：歐洲對中國的發現以及中國對歐洲的反應：1511–1839」的展覽。[51]

另一位具有影響力的教授 Marius B. Jansen 也積極參與推動了葛思德文庫和東亞研究專案的發展。他於 1959 年來到普林斯頓大學講授日本史。普林斯頓大學也聘請了其他一些教授。到 1964 年為止，普林斯頓大學擁有講授中國宗教、語言、歷史、藝術史、學術史和文學的多位教授，其中藝術史是普林斯頓大學的一門重要學科，由方聞講授。此外，大學還有講授日本歷史、文學、政治學和語言學的教授。還有一些教授專攻韓國政治學。1962 年，普林斯頓大學設立了東亞研究專案，由 Jansen 出任首任專案主任。1969 年，東亞研究系在瓊斯大樓成立。圖書館也隨東亞研究系搬至新址。經過童世綱及同事們的共同努力，圖書館趕上了普林斯頓大學東亞研究快速發展的腳步，「從一個當初的善本文庫……轉變到如今足以支持當代中國人文社科研究，以及古代和現代日本研究的重要圖書館」。[52]

葛思德東方圖書館的日文藏書的發展也很迅速。1959 年，Jansen 擔任日本史教授後，他立刻開始為日語資料的購置及編目籌集資金。1960 年來自日本的 5,300 萬美金資助的一部分被用於以上兩個方面。圖書館也開始系統地收集日文基本參考書、原始資料以及重要期刊。[53] 日語圖書編目員（後來負責日本研究的文獻採購）金尹秀園（Soowon Y. Kim）發揮了重要作用。她從 1961 年一直工作到 1998 年，並在任職期間開始收藏一些韓文基本參考書。

中國史教授劉子健在平岡武夫(Hiraoka Takeo)的幫助下，購買到了高品質影印本（hishi）的明代圖書，這些圖書僅存於日本。[54] 這個採購專案是 1967 年童世綱赴日時開啟的，並一直持續到 1980 年代。Levy、Jansen、牟復禮和劉子健等人也常常承擔全美圖書館委員會的工作。[55]

1972 年，葛思德東方圖書館的 203,000 冊中文圖書、43,000 冊日文圖書，及 4,000 冊韓文圖書搬遷到位於佛雷斯特大學中心大樓（當時的帕爾默大樓）和瓊斯大樓（當時的費恩大樓）的現在的館址。隨後，1973 年 12 月，57 架西文圖書也搬至此處。

今日的東亞圖書館

童世綱退休後，在一段時間內，圖書館的代理和正式館長曾走馬燈似地更換，先是陳莊月華、蔡武雄，爾後又是陳莊月華，然後是孫康宜，最終館長由白迪安（Diane E. Perushek）擔任。白迪安的後繼者是馬敬鵬和馬泰來。隨著童世綱的退休，本文也行將結束。

童世綱退休之後，東亞圖書館並沒有停滯不

前。中日文館藏在傳統學科方面尤其具有強大優勢。在過去幾十年裡，普林斯頓大學圖書館也走在了圖書館自動化和數位化方面的前沿。大約 20 年前，普林斯頓大學就與哥倫比亞大學一起率先使用研究型圖書館聯盟（Research Libraries Group, RLG）的中日韓文文獻管理系統，在館藏目錄中加入漢字，多數圖書館此時尚不能在館藏目錄系統中處理漢字。普林斯頓大學東亞圖書館也是最早訂閱電子版《四庫全書》的圖書館之一，並擁有《四庫全書》所有的版本——從底本到複製本、影印本，再到當前的電子版本，涵蓋極廣。東亞圖書館與中國大陸和臺灣地區的圖書館保持了密切連繫，並合作進行了部分館藏的微縮膠捲和數位化專案（包括古代醫書、敦煌文獻和辛亥革命時期的版畫的數位化專案）。

普林斯頓大學的東亞研究系、東亞研究專案和東亞圖書館相互合作，共同進步，並列為大學學術研究的中心之一。從童世綱退休至今，東亞圖書館進行了一項明代書目文獻專案。由於義理壽當年的遠見和牟復禮後來的工作，普林斯頓大學被認為是西方世界中首屈一指的明史研究文獻中心。《劍橋中國史》古代卷也由東亞研究系負責編撰。國際中文善本聯合書目專案（International Union Catalogue of Chinese Rare Books）的試行和國際會議都曾在普林斯頓舉行，該專案最終落戶普林斯頓大學。在艾思仁（Sören Edgren）的領導下，此專案以王重民、胡適、屈萬里和昌彼得等為表率，致力於書目文獻研究。1986 年，《葛思德圖書館雜誌》（*The Gest Library Journal*）開始發行，1994 年更名為《東亞圖書館雜誌》（*The East Asian Library Journal*）。它激發了人們對東亞圖書史研究的興趣。在普林斯頓大學東亞研究專案的資助下，圖書館購進了新的特藏文庫，包括衛德明（Hellmut Wilhelm）的西方漢學文庫、敦煌—吐魯番文庫以及醫學文庫。最近，圖書館又獲得海西西（Walther Heissig）的蒙古語文庫。蒙古語文庫的管理方式跟葛思德藏書最初的管理方法相似，即由大學圖書館擁有，但存放於普林斯頓高等研究院。不同的是這個文庫目前並不完全開放，還不能完全讓讀者使用。

1925 年，葛思德試圖建立一個為中美漢學界所用的文庫，以增進東西方之間的理解。此理想今天仍為東亞圖書館所推崇並使之發揚光大。作為普林斯頓大學圖書館豐富館藏資源的一部分，東亞圖書館的善本及普通館藏仍在繼續增加，以滿足新老學者的需求。

註釋

1. 1950 年之前的許多相關資料都存放在普林斯頓大學雪萊‧墨德手稿圖書館（Seeley G. Mudd Manuscript Library）的「葛思德圖書館檔案」中，參見 University Archives, Princeton University Library, Princeton University Library Records (AC 123), Department of Rare Books and Special Collections, Seeley G. Mudd Manuscript Library. 最初幾十年的資料現存於蒙特婁的麥克琳南圖書館（McLennan Library）的「麥基爾大學檔案」中。陳肅和趙巨明在文章中使用了這些資料，該文章的題目是 "The Gest Chinese Research Library at McGill University, 1926–1936," East Asian Library Journal 11, no. 2 (autumn 2004): 41–99. 普林斯頓高等研究院（Institute of Advanced Study at Princeton, IAS）的 Marcia Tucker 為作者獲得研究院有關葛思德圖書館的資料提供了大力幫助。作者感謝墨德圖書館的 Dan Brennan 幫作者查閱了某些尚未公開的有關普林斯頓大學圖書館的檔案。查閱的其他文獻還包括普林斯頓大學教授檔案（Princeton faculty archives, PFA）和尚存於東亞圖書館館長辦公室的報告。在翻譯過程中，作者也得到了馬泰來的極大幫助。

2. 2000 年之前福利斯特校區中心被稱為帕爾默樓（Palmer Hall）。

3. 要注意它特殊的發音：是 "Guest" 而不是 "Jest"。Gest 的中文名字是「葛思德」，拼音是 "Geside"。

4. 參見 Thomas Sze, "Captain I. V. Gillis, Founder of the Gest Oriental Library," 2–3, Office of the Director of the East Asian Library.

5. Diane E. Perushek, "The Gest Chinese Research Library," The Princeton University Library Chronicle 48, no. 3 (spring 1987): 239.

6. 義理壽通常被稱為義理壽上尉，但在正式文件中被稱為義理壽指揮官。關於義理壽可以參見 Sören Edgren, "I. V. Gillis and the Spencer Collection," The Gest Library Journal 6, no. 2 (winter 1993): 4–29；以及 Thomas Sze, "Captain I. V. Gillis, Founder of the Gest Oriental Library." 在海軍服役期間，義理壽在書籍採購方面曾擔任了多種職務。Bruce Swanson 曾對他作為圖書收藏家的一生撰寫了一本傳記。在這裡我要對 East Asian Library Journal 的編輯者羅南熙（Nancy Tomasko）表示感謝。

7. 這件武器現存羅德島新港（Newport）的海軍戰爭學院的博物館。

8. 參見 William R. Braisted, "China, the United States Navy, and the Bethlehem Steel Company, 1909–1929," The Business History Review 42, no. 1 (spring 1968): 50–66.

9. 參見 John A. Logan, 1954, "Ta Wha (Big Talk)," 4–5, Office of the Director of the East Asian Library.

10. 1937 年 1 月 2 日，日軍在山海關截獲他運送的圖書，他當時正取道山海關，經過偽滿洲國將這批圖書運往美國，而日軍卻懷疑他運送軍火，這段經歷可參見 Diane E. Perushek, "The Gest Chinese Research Library," 244.

11. 義理壽向孫念禮簡短地介紹：「我們昨天失去了獨立，現在成了大英帝國的一部分。」參見 Irvin Van Gorder Gillis, March 12, 1941, "Gillis to Swann," Gest Library Archives (Box 238), Seeley G. Mudd Manuscript Library.

12. Thomas Sze, "Captain I. V. Gillis, Founder of the Gest Oriental Library," 7–8.

13 參見 Gest Library Archives (Box 238), Seeley G. Mudd Manuscript Library.

14 Irvin Van Gorder Gillis, July 22, 1934, "Gillis to Swann," Gest Library Archives (Box 238), Seeley G. Mudd Manuscript Library.

15 參見 Silas Bent 頗有趣味的文章。Silas Bent, "Adventures in Mysterious Mongolia: An American Tells How He Won Friendship of the 'Living Buddha' and Then Lost It," *New York Times Magazine*, April 12, 1925.

16 義理壽和葛思德與陳寶琛保持了連繫，並受邀參加了陳寶琛的葬禮。

17 關於 Resillac-Roese 的生平可參見 Gest Library Archives (Box 239), Seeley G. Mudd Manuscript Library.

18 參見 Gest Library Archives (Box 238), Seeley G. Mudd Manuscript Library. 其中有一本圖冊，裡面存有這些剪輯。

19 回了信的著名學者有 Demiéville、A. Forke、Haenisch、Otto Franke、Alexéiev、Duyvendak、Granet、Pelliot 與 Giles。參見 Gest Library Archives (Box 238), Seeley G. Mudd Manuscript Library.

20 近代學者忽視了義理壽在這方面所做出的許多成就，還把義理壽的某些發現歸功於胡適（實際上胡適也認為是義理壽的功勞）。另一方面他們又把王重民的錯誤歸咎於義理壽，特別是他們兩人關於《磧砂藏》的看法。

21 這些漢字最初由徐先生所寫，參見 Nancy Lee Swann, September 20, 1932, "Swann to Gest," Gest Library Archives (Box 238), Seeley G. Mudd Manuscript Library. 義理壽其他的主要助手包括于炳耀，他與義理壽共同編寫了《四庫全書書名索引》；還有白炳騏，他與義理壽共同編寫了《葛思德東方藏書庫書目》。義理壽其他著作包括《千字文索引》、《天祿琳琅書目索引》，以及後來關於日本人名的幾本指南。他的短篇學術著作《漢字「潮」與「汐」》（*The Characters Ch'ao and Hsi*）於 1931 年出版。

22 陳肅和趙巨明曾在文章中詳細講述了這個系的情況，參見 Su Chen and Juming Zhao, "The Gest Chinese Research Library at McGill University, 1926–1936," *East Asian Library Journal* 11, no. 2 (autumn 2004): 41–99.

23 白迪安（Diane E. Perushek）根據墨德手稿圖書館的《葛思德圖書館檔案》和東亞圖書館檔案室的資料，在一篇文章中評述了孫念禮的生平。參見 Diane E. Perushek, "The Gest Chinese Research Library," 245–252。

24 Nancy Lee Swann, *Pan Chao: Foremost Woman Scholar of China, First Century A.D.: Background, Ancestry, Life, and Writings of the Most Celebrated Chinese Woman of Letters* (New York: Century, 1932). 儘管到 1945 年這本書僅售出了 265 冊，但後來卻風靡一時。孫念禮在遺囑中將其版權捐贈給普林斯頓大學葛思德圖書館。

25 Nancy Lee Swann, *Food and Money in Ancient China: The Earliest Economic History of China to A.D. 25* (Princeton: Princeton University Press, 1950). 兩處引文參見 Irvin Van Gorder Gillis, Jun 16, 1932, "Gillis to Swann," Gest Library Archives (Box 238), Seeley G. Mudd Manuscript Library.

26 詳細的記載顯示雖然大部分圖書都以低價購得，但合計起來也達到義理壽所說的總價。

27 葛思德圖書館實際上是一個收藏家和學者的圖書館，正是由於此種特性，胡適才於 1954 年將其稱為「中日境外獨一無二、無與倫比的珍貴中文文庫」。由於它是一個收藏家的圖書館，某些作者對此不屑一顧，因而有失偏頗。「收藏家的藏品」被認為包括宋、元、明代出版的圖書、手稿、《古今圖書集成》，兩套《武英殿聚珍本叢書》和其他殿版本、醫學著作，以及蒙古語藏經。見 Hu Shih, "The Gest Oriental Library

at Princeton University," *The Princeton University Library Chronicle* 15, no. 3 (spring 1954): 120。

[28] 關於這一情況，參見 Beatrice M. Stern, "A History of the Institute for Advanced Study, 1930–1950," 297–300, Princeton University Library. 所支付的費用後來降到 12 萬 5 千美元。參見 William Wing, 1979, "Notes: The Gest Oriental Library," Institute of Advanced Study at Princeton, Gest Library.

[29] 洛克菲勒基金會把 Flexner 的意圖寫入了捐款資助條例。根據條款規定，普林斯頓高等研究院必須提供一半購書資金，葛思德圖書館也必須存放在普林斯頓大學。

[30] 最近人們發現這位匿名捐贈者是 Esther S. Bailey（1963 年去世），她曾是普林斯頓高等研究院的秘書。

[31] Mary Hirsch 目前正在編制這套皮影戲文物的詳細目錄。

[32] 參見 Frederick W. Mote, July 13, 2002, "Mote to Tomasko," Office of the Director of the East Asian Library.

[33] 他發表了許多學術論文，包括與 A. C. Moule 合著的 "The Ta-Ming Shih-lu (Cambridge and Princeton)," *T'oung Pao* 35 (January 1940): 289–328; 以及與 George F. Hourani 合著的 "Arab Geographers on Korea," *Journal of the American Oriental Society* 58 (December 1938): 658–661。

[34] 大部分資料來自於 "Korean," Gest Library Archives (Box 239), Seeley G. Mudd Manuscript Library.

[35] Chung Kei-won, July 18, 1972, "Chung to Tung," Office of the Director of the East Asian Library. 顯然，當時東亞系無意將項目擴展到韓國研究方面。

[36] 關於早期收集日文資料的工作可參見 Gest Library Archives (Box 239), Seeley G. Mudd Manuscript Library.

[37] 這些關係意義重大。1974 年 11 月，Robinson 將圍棋文庫捐贈給了普林斯頓大學圖書館，使其成為東亞之外收藏圍棋圖書數量最大的圖書館。這在《ロビンソン囲碁蔵書目録》（Princeton: Gest Oriental Library, Princeton University, 1975）中有專門介紹。

[38] Marion J. Levy, Jr., "Draft of Report of a Faculty Committee of the Gest Oriental Library," point IV, 2, Office of the Director of the East Asian Library. 由 Marion J. Levy, Jr. 起草的這份報告於 1948 年 5 月 28 日被提交給普林斯頓大學校長 Dodds。

[39] 關於胡適在普林斯頓大學的工作，可參見周質平，〈胡適的暗淡歲月〉，載於《胡適與韋蓮司：深情五十年》（臺北：聯經出版事業公司，1998），頁 193–219。

[40] 參見 Hu Shih, "My Early Association with the Gest Oriental Library," *The Green Pyne Leaf* 6 (January 1951): 1–3。

[41] 早期的口述史顯示胡適繼續生活在紐約，大約每週返回普林斯頓大學一次。

[42] 這些著作包括《大清歷朝實錄》（新京：大滿州帝國國務院，1937）以及後來的影印本《乾隆甲戌脂硯齋重評石頭記》（臺北：臺灣商務印書館，1961）。

[43] 參見童世綱的任職檔案，可查閱 PFA (AC107).

[44] 參見 F. W. Mote, "Mr. S. K. Tung," *The Green Pyne Leaf* 15, no. 2 (March 1961): 8–9. 兩篇關於童世綱生平而尚未發表的文章，包括 Hsing-feng Liu, Marika Shimomura, and I-ping Wei, March 2003, "James Shih-kang Tung (1909–1982), Curator, Gest Oriental Library and East Asian Collections, Princeton University, 1952–1977," Office of the Director of the East Asian Library. 可以在東亞圖書館檔案室查閱。另一篇是他當時的助手 Maureen Donovan 所寫的評論，可查閱 PFA (AC107)。就中文文獻來說，可以參閱項定榮，〈童世綱對葛思德圖書館的貢獻〉，《文薈》37（1977 年 10 月）：40–44、46；陳紀瀅，〈胡適、童世綱與葛思德東方圖書館〉，《傳記文學》27 卷 1–2 期（1975 年 7–8 月）：6–15、87–97。

⁴⁵ 2000 年它被正式命名為東亞圖書館和葛思德文庫。

⁴⁶ Shih-kang Tung, *Chinese Microfilms in Princeton University: A Checklist of the Gest Oriental Library* (Washington: Center for Chinese Research Materials, Association of Research Libraries, 1969); 童世鋼,《胡適文存索引》（臺北：臺灣學生書局，1969 年）。

⁴⁷ 他也參加了美國學術團體委員會「圖書館和研究資料工作組」的工作。

⁴⁸ 出版的圖書為屈萬里,《普林斯頓大學葛思德東方圖書館中文善本書志》（臺北：藝文印書館，1975）。1979–1981 年，昌彼得和吳哲夫指導了葛思德圖書館中「非善本古代資料」的書目編寫工作，當時昌彼得是臺北故宮博物院圖書文獻處處長，吳哲夫是副處長。昌氏後來成為臺北故宮博物院副院長，出版了《普林斯頓大學葛思德東方圖書館中文舊籍書目》（臺北：臺灣商務印書館，1990）。

⁴⁹ 詳細情況參見 *Committee on American Library Resources in the Far East Newsletter* 15 (August 1966): 4. 財政報告來自於江南籌防總局、金陵機器製造局、塔爾巴哈台（Tarbaghatai）地區辦事處和其他機構，這些資料可能是由 Edward Bartlett 收集，因而對義理壽未加描述。

⁵⁰ 參見 Marius B. Jansen, "East Asian Department at Princeton: History," https://eas.princeton.edu/about-us/history-department; "The Early Days of East Asian Studies at Princeton: A Talk with Professor Emeritus Marius Jansen," *East Asian Studies at Princeton—EAS Department and Program Newsletter* (fall 1998): 1, 4; "East Asian Studies at Princeton," 1964, Office of the Director of the East Asian Library; "Japanese Studies at Princeton University," 1974, Office of the Director of the East Asian Library; "East Asian Studies Program: Princeton," 1968, Office of the Director of the East Asian Library.

⁵¹ 數位化圖書目錄參見 Howard C. Rice, Jr., Shin-Kang Tung, and Frederick W. Mote, *East & West: Europe's Discovrey of China, & China's Response to Europe, 1511–1839. A Check-List of the Exhibition in the Princeton University Library (Febrary 15–April 30, 1957)* (New Jersey: Princeton University Library, 1957). http://libweb5.princeton.edu/visual_materials/Misc/East-West.pdf

⁵² "East Asian Studies at Princeton," 1964, Office of the Director of the East Asian Library.

⁵³ Hiraga Noburu, "Library Notes & Queries: With Special Reference to Princeton," *The Princeton University Library Chronicle* 22, no. 4 (summer 1964): 178–182. 平賀延（Hiraga）在 1959 年到 1961 年間擔任了葛思德東方圖書館館長助理。遺憾的是，他陷入圖書分類法的爭論中而無力自拔，將大量時間用來駁斥不同的圖書分類體系。

⁵⁴ 此處的 "hishi" 是日本一種新的圖片補光印刷程式，有點類似於美國的影印技術，不過格式較小，價格也更為便宜。

⁵⁵ 有關牟復禮和圖書館的更多資訊可參見 Martin Heijdra,「Review of Mote's Scholarly Works」，載於王成勉編,《薪火西傳：牟復禮與漢學研究》（臺北：黎明文化，2007），頁 91–108。

參考文獻

王成勉編。《薪火西傳：牟復禮與漢學研究》。臺北：黎明文化，2007。

周質平。「胡適的暗淡歲月」。《東方》3（1994）：40–44。

周質平。《胡適與韋蓮司：深情五十年》。臺北：聯經出版事業公司，1998。

屈萬里。《普林斯頓大學葛思德東方圖書館中文善本書志》。臺北：藝文印書館，1975。

陳紀瀅。「胡適、童世綱與葛思德東方圖書館」。《傳記文學》27卷1期（1975年7月）：6–15。

陳紀瀅。「胡適、童世綱與葛思德東方圖書館—下—」。《傳記文學》27卷2期（1975年8月）：87–97。

陳紀瀅。《胡適、童世綱與葛思德東方圖書館》。臺北：重光文藝，1977。

童世綱。《胡適文存索引》。臺北：臺灣學生書局，1969。

項定榮。「童世綱對葛思德圖書館的建樹」。《文薈》37（1977年10月）：40–44、46。

葛思德東方圖書館。《普林斯頓大學葛思德東方圖書館中文舊籍書目》。臺北：臺灣商務印書館，1990。

Bent, Silas. "Adventures in Mysterious Mongolia: An American Tells How He Won Friendship of the 'Living Buddha' and Then Lost It." *The New York Times*, April 12, 1925.

Braisted, William R. "China, the United States Navy, and the Bethlehem Steel Company, 1909–1929." *The Business History Review* 42, no. 1 (spring 1968): 50–66.

Chen, Su and Juming Zhao. "The Gest Chinese Research Library at McGill University, 1926–1936." *East Asian Library Journal* 11, no. 2 (autumn 2004): 41–99.

"East Asian Studies at Princeton," 1964, Office of the Director of the East Asian Library.

Edgren, Sören. "I. V. Gillis and the Spencer Collection." *The Gest Library Journal* 6, no. 2 (winter 1993): 4–29.

Farquhar, David M. "A Note on the Mongolian Books in the Gest Chinese Research Library, Princeton University." *Central Asiatic Journal* 6 (June 1961): 103–104.

Hiraga, Noboru. "Library Notes & Queries: With Special Reference to Princeton." *The Princeton University Library Chronicle* 22, no. 4 (summer 1964): 178–182.

Hiraga, Noboru. "New & Notable: Gift of the Princeton Club of Japan." *Princeton University Library Chronicle* 22, no. 4 (summer 1961): 189–190.

Hu, Shih. "The Gest Oriental Library at Princeton University." *The Princeton University Library Chronicle* 15, no. 3 (spring 1954): 113–141.

Hu, Shih. "My Early Association with the Gest Oriental Library." *The Green Pyne Leaf* 6 (January 1951): 1–3.

Jansen, Marius B. "East Asian Department at Princeton: History." https://eas.princeton.edu/about-us/history-department (accessed May 22, 2008).

Laufer, Berthold. 1929. "The Gest Chinese Research Library at McGill University, Montreal." The Office of the Director of the East Asian Library.

Liu, Hsing-feng, Mariko Shimomura, and I-ping Wei. March 2003. "James Shih-kang Tung (1909–1982), Curator,

Gest Oriental Library and East Asian Collections, Princeton University, 1952–1977." Office of the Director of the East Asian Library.

Logan, John A. 1954. "Ta Wha (Big Talk)." Office of the Director of the East Asian Library.

Marks, Aminta W. "Princeton and Asian Studies: A New Discipline." *Princeton Alumni Weekly* 68, no. 24 (April 1968): 8–12.

Mote, F. W. "Mr. S. K. Tung." *The Green Pyne Leaf* 15, no. 2 (March 1961): 8–9.

Perushek, Diane E. "The Gest Chinese Research Library." *The Princeton University Library Chronicle* 48, no. 3 (spring 1987): 239–252.

Plaks, Andrew H. "Research on the Gest Library 'Cribbing Garment': A Very Belated Update." *East Asian Library Journal* 11, no. 2 (autumn 2004): 1–39.

Rossum, Helene van. "Capturing China, 1913–1929: Photographs, Films, and Letters of American Diplomat John Van Antwerp MacMurray." *The East Asian Library Journal* 13, no. 1 (spring 2008): 1–6.

Sze, Thomas. "Captain I. V. Gillis, Founder of the Gest Oriental Library." Office of the Director of the East Asian Library.

"The Early Days of East Asian Studies at Princeton: A Talk with Professor Emeritus Marius Jansen." *East Asian Studies at Princeton—EAS Department and Program Newsletter* (fall 1998): 1, 4.

Tung, Shih-kang. *Chinese Microfilms in Princeton University: A Checklist of the Gest Oriental Library*. Washington: Center for Chinese Research Materials, Association of Research Libraries, 1969.

University Archives, Princeton University Library. Princeton University Library Records (AC 123), Department of Rare Books and Special Collections, Seeley G. Mudd Manuscript Library.

懷履光（William C. White）主教與其妻 Annie，攝於 1897 年，由皇家安大略博物館遠東圖書館提供。

10 令人神往的前景：多倫多大學東亞圖書館

余梁戴光（Anna Liang U）

多倫多大學鄭裕彤東亞圖書館（Cheng Yu Tung East Asian Library）前館長。余梁戴光出生於香港，在多倫多大學獲得了中國文學碩士學位及圖書館和資訊科學學士學位，並在香港大學獲得了英語和心理學學士學位。她發表了許多圖書館學方面的文章，並負責編寫多倫多大學鄭裕彤東亞圖書館的中文善本目錄的序言。她的研究領域是加拿大早期華人史。

多倫多市中心矗立著一座 20 世紀的城堡建築，它面朝東南方遙遠的地平線，背靠西北方，傲然挺立，如同神話中的巨大鳳凰。它狹長的窗口似乎在細察著周圍的世界，同時俯瞰著聖喬治大街。這是多倫多大學的羅伯茨圖書館（John P. Robarts Library）。東亞藏書就座落在這幢城堡建築的第八層。這座城堡建築也被學生稱為「書堡」（Book Fort）。書堡的建築獨具匠心，風格別致，超越時尚，它象徵著知識無止境，並超越時空的限制。羅伯茨圖書館建立於 1973 年，是加拿大領先的人文社會科學資訊資源中心。東亞圖書館在 1974 年下半年搬進這座大樓。

東亞圖書館的歷史悠久。1933 年，多倫多的英國教會主教懷履光（William C. White）從中國學者慕學勳家人手中購得了他的私人藏書。兩年後，慕學勳的藏書被運抵多倫多，成為多倫多大學中文館藏的基礎。一些基金會後來為大學圖書館提供了大批資金，使中文藏書得到進一步發展。1961 年，東亞研究圖書館正式成立。同年，東亞研究圖書館開始收藏日文圖書。1974 年，東亞研究圖書館被納入多倫多大學總圖書館系統，改名為東亞圖書館。1979 年，圖書館開始韓文文獻的收藏。隨著藏書的增多，書庫已無法容納更多的藏書。1987 年，圖書館獲得了一筆重要捐款，使得館藏空間得以擴展。1991 年 7 月 11 日，東亞圖書館（East Asian Library）再次更名為鄭裕彤東亞圖書館。

鄭裕彤東亞圖書館是北美重要的東亞研究圖書館之一，也是加拿大兩大東亞圖書館之一。它為多倫多大學三個校區的東亞研究提供服務，同時也是本地區及全加拿大的東亞研究文獻中心，對本地區多個大學的東亞研究學者尤為重要。[1] 這些大學都有重要的東亞研究專案，但沒有東亞圖書館。本章敘述多倫多大學東亞圖書館的發展史，包括最初通過偶然機會獲得的中文藏書、這批圖書從東方運送到西方的故事、一些「平凡而傑出的人物」、東亞圖書館的建立，以及今天的狀況。[2]

直到 1930 年代初期，多倫多大學的東方研究課程仍集中在中東地區國家的語言和歷史，如希伯來語、阿拉伯語、埃及史、巴比倫史、亞細亞史，以及以色列、巴勒斯坦和附近地區的研究等。那時，東亞並不在東方研究的範圍之內。然而，從 20 世紀初開始，歐美國家的人民對東亞文明，特別是中國文明產生了強烈好奇。加拿大與中國的貿易活動也隨之增長。1920 年代初，皇家安大略博物館（Royal Ontario Museum of Toronto, ROM）開始收藏中國藝術品。該館於 1914 年開館，同時作為安大略省立博物館和多倫多大學博物館而存在。博物館的收藏為多倫多大學播下了探尋東亞文明的種子。在這一期間，多倫多大學和皇家安大略博物館之間的合作非常密切。[3] 1947 年，該博物館隸屬於多倫多大學。

為了分析中國藝術品並瞭解它們的歷史，就必須建立一個研究型圖書館。懷履光從 1924 年開始為皇家安大略博物館收集中國文物，那時，他腦海裡就已經蘊釀了一個願景——把東方研究的範圍擴展到中國和遠東地區。

懷履光主教和圖書館早期的發展

懷履光富有遠見，但也是一個極具爭議的人物。他個性倔強，精力過人。這個天主寵愛的白髮孩童超乎常人。[4] 對於他同時代的人來說，下面的幾句話反映了他的特點。

> 夢是人生佳景，尤其是當我們年輕的時候，踟躕在星光熠熠的溪流旁，滿懷憧憬。但是更重要的是與命運抗爭，直到勝利，這才是「夢想成真」。[5]

> 談及偉人，我們是指一生致力於某項工作，並使之傳承的人士；他們終身傳播真理和智慧之光，以身作則，具有堅強的信仰和勇氣，無私無畏。[6]

懷履光是中國河南省第一個英國聖公會主教（1910–1934），也是加拿大第一位奉聖權從事傳教活動的主教。他於 1873 年出生於英國的艾維布里奇（Ivy Bridge），年幼時隨父母舉家搬到加拿大，在安大略省的諾伍德鎮（Norwood）定居。他在 20 多歲時開始進修神學，1896 年被委任為英國聖公會牧師。1897 年年初，他正值 23 歲便奉命前往中國傳教。該年 1 月 21 日，懷履光從溫哥華乘坐日本「皇后號」輪船啟程去中國。此時懷履光出國傳教，將基督教帶給中國，但他本人對中國卻幾乎一無所知。但是，在中國生活多年後，愛上了這片土地和人民，決定把有關中國文明和文化的知識帶回加拿大。出於這種追求，他決定為皇家安大略博物館收藏中國藝術品，並為多倫多大學購買了慕學勳的私人藏書。

懷履光到達中國之時，正值義和團運動前夕。他最初在福建省傳教。36 歲時，他成為英國聖公會最年輕的主教之一。1909 年，他被派往河南省會城市開封傳教。當時，中國正處於政治動盪時期。他在河南主持賑災，挽救了數以千計的生命。對於他的人道主義行動，中國政府曾多次給予表彰。

懷履光在中國生活了 38 年，對中國文化有透徹的瞭解，會說許多中國方言，是一個「漢語說得非常地道的外國人」。[7] 1924 年，懷履光在加拿大會見了皇家安大略博物館首任館長 Charles T. Currelly 博士。Currelly 激發了懷履光為該博物館收藏文物的興趣。儘管在後來的 10 年裡，懷履光繼續在河南擔任主教，但他主要的興趣逐漸從教會事務轉到為皇家安大略博物館收藏中國文物。他認為把中國的藝術珍品送往加拿大，是實踐他向西方人士解釋東方的鴻鵠之志。

從 1925 年到 1930 年，懷履光積極呼籲多倫多大學開辦漢學課程。他的一個重要連繫人是 Canon H. J. Cody。懷履光認為有關中國人種的民族學研究和中歐關係研究將成為重要的學術研究領域，中國藝術研究也勢必在歐美藝術史研究領域中占據重要地位。他為多倫多大學勾畫了一個漢學系，用來研究中國和日本，但重心放在中國。同時，他提議該系開設的第一門課便是向加拿大青年介紹中國。此外，他還建議在多倫多大學建立一個大型的中日文圖書館，以便支持一個為期五年的大學生和研究生訓練科目。[8] 1934 年年初，懷履光返回多倫多，開始了他博物館館長和大學教授的生涯。[9] 1941 年，他撰寫了漢學課程大綱，並提議建立一個東亞研究所（或中國研究所），開設漢學專業的大學生榮譽課程。[10] 懷履光是一位教授、館長和多產作家。他撰寫了許多關於中國考古方面的文章，並出版了許多書籍和小冊子。[11]

圖 10-1：懷履光主教。照片由皇家安大略博物館遠東圖書館提供。

圖 10-2：Currelly 從 1914 年到 1946 年擔任皇家安大略博物館第一任館長。照片由皇家安大略博物館遠東圖書館提供。

第十章　令人神往的前景：多倫多大學東亞圖書館　163

1933 年，也就是懷履光退任主教的前一年，他來到北京，為未來的中文圖書館收集書籍資料，同時也為皇家安大略博物館購買中國藝術品。[12] 在一個偶然的機會，他聽說已故教授慕學勳的中文藏書準備出售。[13] 懷履光便通過自己的朋友 William B. Pettus 與慕學勳之子取得連繫。Pettus 當時是燕京華文學校校長。當時，慕學勳後人家境艱難，被迫出售他的藏書。慕學勳曾擔過 17 年德國駐北京公使館秘書（1912–1929），並致力中國文學研究，花了超過 25 年的時間建立他的私人藏書。1929 年，49 歲的慕學勳不幸早逝，他將藏書留給了兒子。慕學勳的兒子要到一個遙遠的邊陲小城去述職，他的家人又無法管理慕學勳的藏書，因此決定將藏書出售。出售的唯一條件是藏書必須由一個科研機構加以完整保存。當時許多競買者都來自擁有基本中文藏書的機構，如來自法蘭西學院的 Paul Pelliot。但是由於藏書出售有這項嚴格的條件，他們都望而卻步。懷履光毫不猶豫地以 10,500 加元購得了整個藏書，價格遠低於藏書當時的市值，僅為市值的三分之一。[14] 慕學勳的家人不願拆散父親的藏書，欣然接受了懷履光的出價。這筆交易在 1933 年做成。

　　在此之前，懷履光主教致信 Cody 博士，請求他幫助籌集購書款。在信中，懷履光表達了他對這個未來多倫多大學中文圖書館的興奮之情。

> 我還未來得及告訴您這批藏書的價值……就未經您同意而買下了這批藏書，然後才請求您幫忙籌集資金。我知道我做了一件不合規範的事。但是，我相信這批藏書對多倫多和加拿大都將極為重要。我堅信買到這批藏書將是我對多倫多的最大貢獻。[15]

　　Sigmund Samuel 博士和 Robert Mond 爵士都是皇家安大略博物館的長期贊助人。他們二人共捐了 6 千加元。其餘的 4,500 加元由 John C. Ferguson 和懷履光本人籌集。Ferguson 是一位居住在中國的中國藝術史專家。[16] 直到 1935 年，慕學勳的藏書仍留在北京。懷履光聘請了一名退休的美國海軍軍官義理壽（I. V. Gillis）中校來幫忙。義理壽曾擔任過美國駐北京公使館的海軍武官，退休後就留在了北京。[17] 在義理壽的指導下，10 名中國圖書館館員和文人用了兩年半時間將這批藏書分類，並建立了索引，其中大部分圖書是在北京完成編目的。從 1933 年到 1935 年，懷履光又花了 1,500 加元購買了 1 萬冊山東省和河南省的地方志，以及一些有關現代中國藝術和考古學方面的圖書。此外，他還購買了 5 千份金石拓片。[18]

　　就在懷履光購得慕學勳藏書之際，中國政府開始對 1851 年之前出版的中文圖書實施了極為嚴格的出口限制。義理壽中校第一次嘗試將這批中文藏書運送出中國，但是沒有成功。於是他便跟 Ferguson 商量，由 Ferguson 向南京政府提交一份正式的申請，將懷履光購買的這批圖書運出中國。南京政府批准了另外一種解決方案，即由古物保管委員會成立一個特別小組來檢查這批藏書，小組成員有袁同禮、張庚樓、徐鴻寶等人。最後，這批書中的三本明版書被送到北平圖書館去交換一些現代出版物。此外，義理壽還將幾十本廣東省的民俗圖書捐贈給了故宮博物院文獻部，作為對南京政府允許這批圖書出口的答謝。

　　慕學勳的藏書和懷履光另外購買的共計 5 萬冊圖書，於 1935 年 6 月運達多倫多。這批圖書入藏到當時由多倫多大學管轄的皇家安大略博物館。

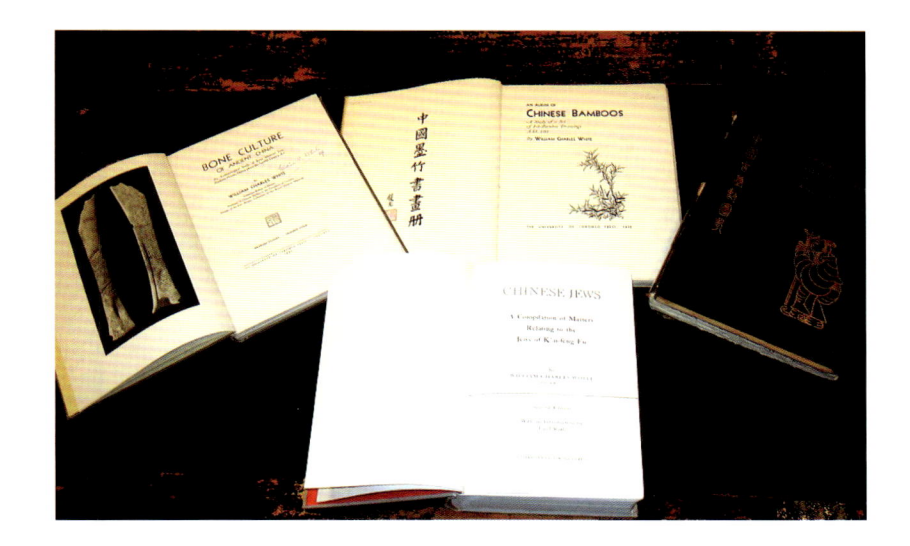

圖 10-3：懷履光的部分藏書。照片由皇家安大略博物館遠東圖書館提供。

這時，多倫多大學圖書館便成為當時居於北美中文藏書量第三位的大學圖書館。[19] 這也是多倫多大學中文館藏的開始。1932 年，安大略省政府出資助擴建了皇家安大略博物館考古部。Mond 爵士和 Samuel 博士又追加了一筆贈款。慕學勳的藏書便存放在新建的西格瑪‧塞繆爾美術展覽室（Sigmund Samuel Galleries）的樓上，與東亞展覽館毗鄰。1937 年 11 月 5 日，慕學勳中文圖書館正式開幕，懷履光多年的夢想終於得以實現。他也被任命為該圖書館的第一任館長。懷履光為多倫多大學留下了一筆寶貴的財富，也為多倫多大學東亞研究專案奠定了基礎。

在圖書館的開幕典禮上，皇家安大略博物館館長 Currelly 博士說，隨著新圖書館的創立，多倫多「必將成為加拿大在東亞研究方面的中心」，而且「我們也希望多倫多能躋身為北美洲地區重要的中日研究中心之一」。[20] 他的演講回應了懷履光之前在寫給 Cody 的信中所表達的願景：「這一圖書館將在北美所有大學中文圖書館的排名中名列第三。麥基爾大學的葛思德圖書館名列第一，哈佛大學中文圖書館居次，隨後便是多倫多大學圖書館。」[21]

一份年代不詳的文件記錄了慕學勳藏書的售價和藏書內容。這批藏書收入了西元前 4 世紀到前 3 世紀以來的經部和史部的典籍和詩文。[22]此外，還有一部96卷本的馬可·波羅（Marco Polo）時代的百科全書，用宋代的雕版印刷。儘管這批藏書中有不少古籍珍本，但大部分是清代再版的圖書，其中還有一套完整的皇帝聖旨，外面裹著象徵帝王的黃色綢緞。

1931年，懷履光來到多倫多休假，時任多倫多大學董事會主席的Cody博士請他起草一份備忘錄，探討在多倫多大學設立中國研究課程的可能性。1932年年末，懷履光向Cody提交了一份提議，勾畫出多倫多大學漢學系的藍圖。[23]1942年，多倫多大學正式設立中國研究講座教授席位，由懷履光首任。1942–1943學年中，多倫多大學首次開設了兩門中國研究課程，招收了30名學生。[24]1943年5月，多倫多大學董事會批准建立多倫多大學中國學院（School of Chinese Studies）。[25]在Cody博士和Currelly教授的支持下，懷履光擔任院長。

1943年7月1日，中國學院開辦了首期中文暑期班，從8月3日到9月17日的7周內，9名學生集中學習中文。在學院的正規課程中，有30名學生註冊學習中文。[26]大學的校外分部還開辦了中文夜校，並招了31名學生，從而使在多倫多大學學習中文的在校生人數達到了61人。中國學院還編寫了漢語教材，並把這些教材推廣給北美其他幾所開辦中文課程的大學。[27]懷履光除了講授正規課程外，還在夜校講授中國語言和文學課。1946年6月，他返回中國，去他以前工作過的河南教區賑災，當時河南人民正遭受戰爭和饑荒的摧殘。

1947年5月，由共產黨領導的軍隊向河南挺進，懷履光攜妻子離開了開封。在返回多倫多後，他繼續擔任中國學院院長。此時中國開始斷絕了與外國的關係。中國學院不能再培養學生到中國去傳教或從事外交、經商活動，學院的學生人數也隨之下降。此時，中國學院需要改革的時機到了。它需要擴展教學範圍，以便拓寬學生研究中國的興趣。[28]1948年5月，中國學院被合併到文理學院。懷履光辭去了中國學院院長和皇家安大略博物館館長的職務。多倫多大學邀請黃思禮（Lewis C. Walmsley）來校組建一個新的東亞研究系。

從1949年到1950年，多倫多大學擴展了中國研究專案，新開了三門基礎課和五門與漢語、中國歷史和中國文明有關的大學生榮譽課程。從1950年起，多倫多大學的許多教授和研究生開始從事中國藝術、宗教、文化、法律和古代史等方面的研究。當時該校在這些領域中的著名學者有黃思禮、史景成、Helen Fernald、R. H. Robinson、Edgar Stone、Margaret Ruttinman 和 Finlay Mackenzie等。[29]

拓展視界

多倫多大學中文圖書館在獲得慕學勳藏書後躍升為北美一流的中文圖書館。遺憾的是，從1937年到1950年代初，由於缺乏充足的財力和有效的政策，多倫多大學不僅在中國研究方面發展緩慢，而且中文藏書也陷入停滯。慕學勳中文圖書館不再發展。而在同一期間，美國大學裡中文圖書的收藏卻迅速發展。1953年，杜百勝（W. A. C. H. Dobson）開始推動多倫多大學中文圖書館藏的現代化。杜百勝1913年出生於英國倫敦。與懷履光一樣，杜百勝1938年在倫敦一所教會學校畢業後，便到中國從事傳教活動。他同樣也被自己在中國的所見所聞深深吸引。1941 年，英國在歐洲和非洲作戰，戰火擴展到東亞。杜百勝在天津應徵入伍，後在香港被任命為英國陸軍阿蓋爾和薩瑟蘭高地團的一名軍官。1942 年 2 月，日軍占領新加坡時，他正在那裡。後來他跳海逃出了這個島國。逃出新加坡之後，他便被派往緬甸作戰，後來又被派到印度擔任 Lord Mountbatten 的私人隨從。1943 年年末，在開羅會議上，他擔任了邱吉爾（Winston Churchill）的翻譯。1944 年，他又被派往中國擔任軍事連絡官。為了表彰他的功勳，中國政府授予了他雲麾勳章。1946 年，杜百勝升為英國陸軍中校，此時他決定退役，到牛津大學潛心學習中國語言文化。他在牛津大學東亞研究院獲得了文學學士和碩士學位。1948 年，他被任命為牛津大學中文講師。1952 年，杜百勝離開牛津大學到多倫多大學擔任教授。1953 年，他接替黃思禮擔任東亞研究系主任。上任後，他決定加強中文館藏建設，並向卡內基公司（Carnegie Corporation）申請資金，成功獲得了 42,000 美元的資助，為東亞研究系購置新書。他隨後到香港生活了幾個月，購得大量中文期刊、叢書、參考書和古典名著。[30] 這批圖書補充了慕學勳藏書，尤其是在中文期刊和現代出版物方面。在杜百勝的領導下，多倫多大學中文圖書館從一個傳統的學者文庫，轉變成了一個為研究服務的現代圖書館。

　　杜百勝不僅拓展了圖書館的藏書，而且為多倫多大學建立了扎實的中國研究課程。他是一位聲名卓著的漢學家、訓練有素的史學家和才華橫溢的翻譯家。他鼓勵學生研究漢學，並撰寫了多部專著和論文。他還推動了多倫多大學出版社東亞研究方面書籍的出版。[31] 1961 年，他當選為加拿大皇家學會會員。1973 年，他被授予加拿大藝術理事會莫爾森獎（Molson Prize）。1975 年，他被任命為加拿大勳章（Order of Canada）官員。1979 年，他從多倫多大學退休後，被選舉為彼得堡市特倫特大學阿什利院士（Ashley Fellow）。

　　杜百勝在香港購得圖書之後，便將這批書運送到皇家安大略博物館遠東圖書館。當時杜百勝所在的部門在這裡辦公。可是博物館那時正在做發展規劃評審，拒絕接受這批書籍。這批圖書便一箱箱地堆放在多倫多大學圖書館的地下室內。杜百勝隨後派了一位工作人員將這

圖 10-4：1937 年慕學勳中文圖書館。照片由皇家安大略博物館遠東圖書館提供。

批書籍加以整理，變成多倫多大學的第二個中文圖書館。1961 年，西德尼·史密斯大樓（Sidney Smith Hall）落成，它為東亞研究系及中文圖書館和慕學勳藏書提供了場所。然而，慕學勳藏書的所有權問題卻引起了 Douglas Tushingham 和 Vincent Bladen 之間的爭執。Tushingham 時任皇家安大略博物館藝術和考古學部主任，而 Bladen 則是多倫多大學文理學院院長。[32] 博物館不願放棄慕學勳藏書的所有權。

在因為慕學勳藏書的所有權進行爭執期間，多倫多大學委派大學圖書館館長 Robert Blackburn 將慕學勳藏書中除藝術、考古和美術之外的圖書全部取出。[33] 這批圖書經過兩天的整理，由搬運公司運到多倫多大學。慕學勳藏書的大部分在 1961 年 9 月 6 日被運到多倫多大學，僅給皇家安大略博物館留下了約 150 架的圖書和期刊，待日後處理。[34] 1965 年 12 月 11 日，即將上任的皇家安大略博物館館長 P. C. Swann 致信給即將離職的館長 W. E. Swinton，對把慕學勳藏書中剩餘的圖書移交給多倫多大學東亞研究系不持異議。1966 年 10 月，慕學勳藏書中剩餘的圖書終於完成了搬遷。從此，皇家安大略博物館和多倫多大學便建立了一種新的合作關係。移到多倫多大學的這批藏書組成了多倫多大學東亞研究圖書館，它位於西德尼·史密斯大樓，藏書總計約 6 萬冊。1968 年，皇家安大略博物館完全脫離多倫多大學，隸屬安大略省。今天，在皇家安大略博物館院內，仍然可以看到最初存放慕學勳藏書的房間以及相當數量來自慕學勳文庫的書籍。

1961 年，當東亞研究圖書館遷到西德尼·史密斯大樓之時，東亞研究系的訪問教授 W. Simon 便與上田真（Makato Ueda）一起為圖書館購置了首批日文圖書，為圖書館的日文藏書奠定了基礎。西蒙是倫敦大學榮譽退休教授。加拿大藝術理事會最初為他們提供了 5 千加元用來購書，側重購買日文基本工具書和經典圖書。1965 年，日文藏書量達到了 3,500 冊。

1965 年，東亞研究系大力擴展日本研究，聘任了幾位新教授，也使得日文藏書的發展變得更有必要。上田真教授發起了一項大規模的籌款運動，提出將日文藏書量增加到 15,000 冊的目標。日本政府對此迅速作出反應，立即向多倫多大學捐贈了 400 本圖書。1966 年，唐納加拿大基金會（Donner Canadian Foundation）為此提供了一筆 2 萬加元的經費，使用期為 3 年。利用這筆資金，東亞研究系購置了大批急需的古籍重印本。1967 年，大學圖書館加速了日文出版物的收藏，全年購進約 4 千冊日文圖書。1969 年，圖書館採購日文圖書的數量也創下新高，達到了 7 千冊。1973 年 4 月，在東亞研究圖書館搬遷到羅伯茨大樓的前一年，日文圖書和期刊的藏量超過了 3 萬冊。

1977 年，東亞圖書館首次向日本國際交流基金會申請資助，用於增加日文藏書。在該基金會的資助下，東亞研究圖書館購得了許多孤本和珍本書籍，豐富了日文藏書。從 1996 年到 2001 年，圖書館獲得了日本高等資訊研究基金會（Foundation for Advanced Information and Research, FAIR）每年贈送的出版物，擴大了當代日本的館藏。東亞研究圖書館早期並沒有日本研究館員，日文藏書的發展主要靠東亞研究系教授們的幫助，尤其是上中修三（Shuzo Uyenaka）的指導。

1963 年，朱維信被任命為東亞研究圖書館館長。此時，東亞研究圖書館已經是多倫多大學圖書館系統裡的一個分館。東亞研究圖書館開始與大學圖書館建立了密切工作關係，圖書經費隨後逐年增加。1969 年，多倫多大學邀請前哈佛燕京圖書館館長吳文津擔任顧問。隨後，圖書館開始按照吳文津的建議進行館藏建設。在同一時期，多倫多大學也迅速擴展了當代中國和中國傳統學術研究。為此，大學提供了特別經費用來購買當代出版物。圖書館從中國大陸、香港和臺灣購買了許多圖書資料和微縮膠捲。

從 1963 年到 1974 年，朱維信購得一批微縮膠捲，內容包括中國的重要中文報刊、珍本小說、當代中國政治檔案、中國共產主義資料及文化叢書等出版物。他也擴大了地方志以及社會科學方面的收藏，而這方面則是多年來一直被忽視的收藏領域。文學研究方面的收藏主要在明清小說、中國戲劇和民間文學方面。1966 年，東亞研究圖書館搬至休倫街 215 號，1968 年又搬至休倫街 280 號。圖書館很快就沒有空間來容納新的圖書。古老的大樓在沉重的書架負荷下，變得岌岌可危。擁擠的館舍也使得藏書難以管理。

圖 10-5：蔡學勳中文圖書館的匾額。照片由皇家安大略博物館遠東圖書館提供。

1970 年代早期，東亞研究系主任 William Saywell 與多倫多大學圖書館達成了一項協定，將東亞研究圖書館納入大學圖書館總館系統。1974 年 8 月底，近 9 萬冊東亞圖書被搬至它現在所處的羅伯茨圖書大樓，成為多倫多大學圖書館總館裡的一個部門。同年，東亞研究圖書館館長朱維信退休，開始了他全職的教學工作。1974 年 9 月 16 日，大學圖書館總館內的新圖書館開館，更名為東亞圖書館。余梁戴光被任命為新圖書館的館長。

新的東亞圖書館隨即開館，為更多讀者提供服務，服務對象不僅限於多倫多大學的人員，還包括社區及外地大學和機構的人員。東亞圖書館也與北美和東亞地區的學術機構和大學圖書館開展了交流。到 1978 年，圖書館的館藏達到 15 萬冊，有限的館舍很難再容納新書。1987 年，香港商人鄭裕彤捐贈了 150 萬加元，用於東亞圖書館的擴建和現代化設備的安裝。1990 年 6 月，東亞圖書館開始改建，工程於 1991 年春完工。同年 7 月 11 日，改建後的東亞圖書館隆重開幕，並被命名為鄭裕彤東亞圖書館。

1998 年，東亞圖書館再次用鄭裕彤的捐款和日本世博會基金（The Japan Exposition World Fund）的一筆捐款進行了第二次改建，並成立了一個當代出版物中心，用以存放現刊和其他當代文獻。圖書館的館舍空間問題再次得以緩解。在空間擴大一倍之後，圖書館開始使用新科技手段。1990 年，自動化書目取代了卡片書目。2001 年，圖書館開發了一個試驗性的東亞研究網際網路系統，支持教學研究。

1979 年，多倫多市的韓國商人學術研究基金會捐贈了 3 千加元，用以在多倫多大學創建一個韓國研究文庫。由於每年獲得買書經費較少，韓文藏書的發展緩慢。到了 1980 年代末，韓國基金會開始提供資助，用於購置韓文圖書。1997 年，東亞圖書館成為加拿大第一個加入北美韓文館藏聯盟的圖書館。[35] 東亞圖書館的韓文藏書每年還從韓國基金會的參考資料專案和韓國圖書的捐贈專案中獲得圖書捐贈。圖書館在 2001 年聘請了首位韓國研究館員。[36] 這些工作都加速了韓文館藏的發展。

學術資源

多倫多大學東亞圖書館藏書資源的優勢在歷史、哲學、宗教、語言、文學、藝術、經濟學、政治學和行政學等方面。最近，圖書館在電影研究、婦女及性別研究、藝術史、文化研究、基督教和北美東亞移民等領域的館藏也得到迅速發展。非印刷文獻和多媒體資料也開始成為館藏的常規資源。

珍本圖書

圖書館的珍本圖書大部分來自慕學勳的藏書。善本書有 371 種，共計 4,182 冊。這批藏書中包括宋版（5 冊）、元版（98 冊）、明版（3,414 冊）、手稿（9 本）、明抄本（7 本）、清抄本（329 本）。[37] 國立臺灣大學的屈萬里教授 1966 年曾來到多倫多大學，協助鑑定珍本圖書。

在 2007 年，東亞圖書館在一項研究專案中意外地發現藏書中有一些罕見的珍本。[38] 它們包括幾本明清時期介紹西方科學知識的手稿和圖書，5 本珍貴地方志和 40 種軍事藝術和科學方面的著作。

中國研究文獻

雖然館藏中國研究文獻大部分集中在人文學科方面，但獨特的收藏卻是在軍事史領域，包括 11 套珍稀叢書和 40 種珍本，這些資料涵蓋了中國軍事科學史的各方面。在藝術和建築學科，特藏圖書主要收藏中國歷代圖畫。近年來，電子刊物和媒體資料也都逐漸增加。藏書中還收藏了大量中國地方志。[39] 其他特藏還有北美華裔作家的文學著作，以及中國戲劇和臺灣研究方面的書籍。

最近幾年通過私人捐贈獲得的特色資料包括 1970 年代到 1980 年代初臺灣的民主運動資料、第二次世界大戰期間蘇聯在華移民的檔案資料、1950 年代到 1960 年代的香港電影音樂，以及馬來西亞華人的文學著作。[40]

日本研究文獻

日本社會科學文獻是館藏的亮點。近年來，東亞圖書館收到了很多有關日本銀行、日本經濟和婦女研究的贈書，更加豐富了這方面的收藏。東亞圖書館每年還通過日本國會圖書館（Diet Library）獲得日本政府文件的微縮膠捲。

東亞圖書館收藏了大量的日本現代文學作品，包括著名作家和一般作家的著作，其中很多是1950年後出生的作家創作的當代文學作品。東亞圖書館收有完整的日本作家全集，包括近現代（明治、大正、昭和時期）出版的全集。1981年，圖書館獲得了岩崎ユリキ（Yuriki Iwasaki）捐贈的珍貴文學著作，她是多倫多《加拿大洲際時報》（Continental Times）的發行人。這批特色捐贈包括許多重要作家的作品和首版文學出版物。[41] 其他著名的資料還包括日本詩人齋藤茂吉（Saito Mokichi）創作的一百卷文學作品，以及日本電影研究方面的文獻。[42]

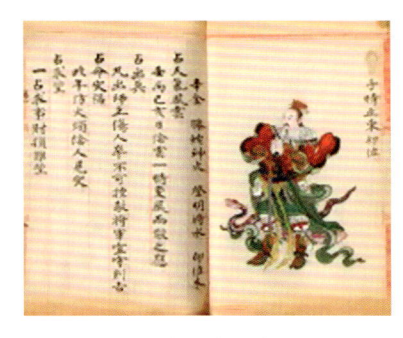

圖 10-6：慕學勳藏書中珍本《六壬圖象》中的一個神像插圖。照片由多倫多大學鄭裕彤東亞圖書館提供。

韓國研究文獻

館藏韓國研究文獻涵蓋了人文社會和政治科學各方面。近幾年增加的資料主要集中在基督教、韓國婦女和性別研究、朝鮮研究、韓國的民主運動和電影研究等方面。藏書中還包括153件朝鮮的照片、1882年到1887年間出版的《新約全書》（New Testament）第一版的完整朝鮮文譯本、約282份珍貴的韓國農業報告文書、[43] 從1970年代末到1990年代有關韓國人權的各種文獻資料。

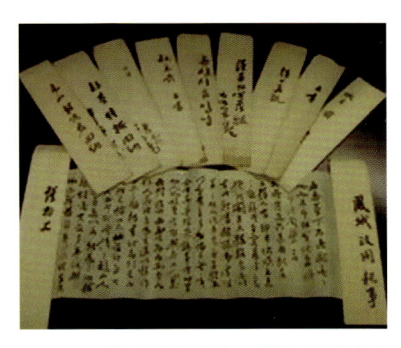

圖 10-7：韓國農業報告。照片由林桂璋拍攝。

非印刷品資料

近年來，數位、電子和媒體資料開始成為東亞圖書館收藏的一部分。2002 年，東亞圖書館訂購了第一個線上資料庫。此後，網路資源增加很快。目前，東亞圖書館擁有許多中、日和韓文的資料庫，內容包括經典文庫、電子期刊和索引，以及重要的工具書。這些資源使圖書館的館藏獲得極大的改變。

從最初的慕學勳中文文庫開始，多倫多大學東亞圖書館經歷了長期的發展。它的藏書一直對多倫多大學的東亞研究專案起著重要的影響。該圖書館的藏書史是一段令人銘刻在心的歷史，這段歷史證明了圖書館是學術研究機構不可缺少的一部分。[44]

註釋

1. 使用多倫多大學東亞館藏資源最多的大學包括約克大學、西安大略大學和皇后大學。
2. 短語 "extraordinary ordinary" 取自 Lewis C. Walmsley, *Bishop in Honan* (Toronto: University of Toronto Press, 1974), foreword.
3. 在這些年中，兩個機構分擔運作經費，合管行政事務，共享教學場地、辦公室和館藏。
4. Lewis C. Walmsley, *Bishop in Honan* (Toronto: University of Toronto Press, 1974), 209.
5. Lewis C. Walmsley, *Bishop in Honan*, 209.
6. Lewis C. Walmsley, *Bishop in Honan*, 209.
7. Lee-Anne Jack, "Man on a Mission," *Rotunda* (spring 2006): 33.
8. Lewis C. Walmsley, *Bishop in Honan*, 163–166.
9. Lewis C. Walmsley, *Bishop in Honan*, 164. 作為副教授，懷履光在 1934 年 10 月 29 日的就職儀式上發表演說，題目為「三千年前的中國文化」。
10. Lewis C. Walmsley, *Bishop in Honan*, 167. 懷履光認為東亞研究所在大學中將享有更高聲譽，該所所長也能夠與大學校長建立起一種特別關係。他還認為這將使得他有更多的自由去規劃課程和指導研究專案。
11. 黃思禮（Lewis C. Walmsley）在《河南主教》（*Bishop in Honan*）中列出了懷履光出版的著作，其中最早的著作是《漢英建寧方言詞典》（福州，1901）。
12. William C. White, October 14, 1936, "Statement by Bishop White regarding the Professor H. H. Mu Library of Chinese Books, October 14, 1936," East Asian Library, University of Toronto.
13. 慕學勳（1880–1929）出生於山東省蓬萊市，畢業於天津北洋大學，其同班同學包括後來成為中國駐美大使的王正廷，以及後來成為中國財政部部長的孔祥熙。
14. William C. White, March 27, 1933, "Bishop White to Dr. Cody," East Asian Library, University of Toronto.
15. William C. White, March 27, 1933, "Bishop White to Dr. Cody," East Asian Library, University of Toronto.
16. Ferguson 也來自安大略省，他被任命為金陵大學的第一任校長，這是一所教會大學。他也擔任過中國政府顧問。
17. 懷履光 1933 年 6 月 30 日的信件，寫於河南省開封市。義理壽從美國海軍退役後，在北京生活了近 30 年。他為麥基爾大學葛思德圖書館購買圖書，將圖書館分類，並建立索引。葛思德圖書館以後搬到了普林斯頓大學。
18. 在懷履光主教、義理壽中校和博物館的通信中可以找到圖書編目紀錄和購書的價目，這些信件現存東亞圖書館。
19. William C. White, March 27, 1933, "Bishop White to Dr. Cody," East Asian Library, University of Toronto.
20. "Proceedings on the Occasion of the Opening of the 'Professor H. H. Mu Library' of Chinese Books, November 5, 1937," Record Group (RG 117), ROM Museum Archives, H. H. Mu Far Eastern Library, University of Toronto.
21. William C. White, March 27, 1933, "Bishop White to Dr. Cody," East Asian Library, University of Toronto.
22. 參見東亞圖書館所藏的一份日期不詳的資料。它可能是懷履光主教在圖書館開幕後撰寫的一份圖書提要。

23 Lewis C. Walmsley, *Bishop in Honan*, 165.

24 多倫多大學 1942–1943 學年校曆。這些課程包括「古代中國文化」（在米迦勒節期間每週一個小時）和「古代中國藝術，西元前 1799 年到前 206 年商周秦的藝術和古跡概況，包括中國圖案和設計的起源和發展」（在復活節期間每週兩個小時）。

25 Lewis C. Walmsley, *Bishop in Honan*, 167.

26 "President's Report for the Year Ended June 1944," prepared by University of Toronto. 6 名學生註冊了第一學期全年的漢學課程，其中 4 名圓滿地完成學業，並獲得了漢學初級證書。另外還有 24 名學生作為旁聽生學習了一門或幾門漢學課程。除了 7 名學生外，其他所有學生都選修了漢語課。

27 Robert H. Blackburn, *Evolution of the Heart: A History of the University of Toronto Library up to 1981* (Toronto: University of Toronto Library, 1989), 262.

28 Lewis C. Walmsley, *Bishop in Honan*, 181. 為了滿足教學，必須將學科重點移出考古研究領域，擴充語言、歷史、宗教和文化等方面的課程。

29 "President's Report for the Year Ended June 1950"; "President's Report for the Year Ended June 1951"; "President's Report for the Year Ended June 1952," prepared by University of Toronto.

30 Raymond W. H. Chu and Shuzo Uyenaka, "Notes and Comments: The East Asian Library Collection in the University of Toronto," *Pacific Affairs* 46, no. 4 (winter 1973): 550. 這批圖書包括《四部備要》、《叢書集成初編》、《國學基本叢書》、《十通》、《百衲本二十四史》和《東方雜誌》。

31 他的著作包括 *A Select List of Books on the Civilizations of the Orient* (Oxford: Clarendon Press, 1955); *Late Archaic Chinese* (Toronto: University of Toronto Press, 1959); *Early Archaic Chinese* (Toronto: University of Toronto Press, 1962); *Late Han Chinese* (Toronto: University of Toronto Press, 1964); *The Language of the Book of Songs* (Toronto: University of Toronto Press, 1968); *A Dictionary of the Chinese Particles* (Toronto: University of Toronto Press, 1974).

32 Robert H. Blackburn, *Evolution of the Heart: A History of the University of Toronto Library up to 1981*, 262. 當時造成慕學勳藏書所有權爭執的因素包括皇家安大略博物館與多倫多大學的關係、當初購買慕學勳藏書的情況和各方在購書過程中所做的工作。自 1937 年以來，雙方都為這個藏書補充了書籍。懷履光當時具有作為皇家安大略博物館的高管和多倫多大學教授的雙重身分。

33 Robert H. Blackburn, *Evolution of the Heart: A History of the University of Toronto Library up to 1981*, 263.

34 Robert H. Blackburn, *Evolution of the Heart: A History of the University of Toronto Library up to 1981*, 263. Robert H. Blackburn 當時被任命來執行這個有爭議的任務。他後來回憶這段經歷時說，杜百勝當時常常帶著幽默口吻把慕學勳藏書的成功搬遷說成是「Tushingham 之恥」，而 Blackburn 本人卻覺得自己是像羅馬神話中的羅穆盧斯（Romulus），非常尷尬。當時，Tushingham 是皇家安大略博物館藝術和考古學部主任。

35 2007 年重新簽訂了協定，將資助增加到每年 3 萬美元。

36 2001 年第一位全職韓文圖書館館員到館任職。

37 Raymond W. H. Chu and Shuzo Uyenaka, "Notes and Comments: The East Asian Library Collection in the University of Toronto," 551.

38 珍本圖書包括《六壬圖象》，這是一部 24 卷本的清代彩色插圖稿本，內容有關中國的占星術。圖畫上代表天干地支的神仙身穿鮮豔的袍服，栩栩如生。每一種不同的時節都有詳細的神諭。「六壬」源自《易經》，是天干地支六種不同的組合。古代中國的「計算」方法也是由此而來。人們在占卜時，利用天宮和地宮在一個月中某個時刻的同時出現來預言吉凶禍福，並指導人們的日常活動。六壬的預言涵蓋了許多方面，如軍事行動、天氣、個人禍福、祈願、出行、嫁娶、安康、做夢、住宅風水。清代僅允許發行少量的占卜圖書，六壬是其中之一。目前在其他圖書館尚未有收藏這部圖書的紀錄。

豊原国周（Toyohara Kunichika）創作的木刻作品。這套圖書包括豊原国周在1890年代所描繪的著名歌舞名伎。豊原国周是江戶末期的一位著名的浮世繪藝術家，他有許多筆名，其生活習慣和作風也獨行奇異。他擅長繪製演員肖像。劇院中著名資深演員通常是他繪畫的對象。他也因創作面部肖像和採用新的繪畫技術而聞名。他首創用三張畫版系列去繪製一個演員的半身像。他繪製的歌舞伎畫像集展現了明治時期歌舞伎的歷史。

《耶穌聖教全集》，這本1887年出版的《新約全書》是首次被完整地翻譯成朝鮮文的《聖經》。從1882年到1887年，兩位旅居滿洲里的蘇格蘭傳教士John Ross 和 John McIntyre 將《聖經》翻譯成朝鮮文，並出版了數千冊分發給了定居在滿洲里和朝鮮西北部的朝鮮人。基督教就這樣從滿洲里傳播到了朝鮮。這本翻譯的《聖經》使用的是朝鮮西北部的方言，所用詞彙不分節。朝鮮圖書傳統的裝訂方法是用紅線穿過五個孔，而這部圖書沒有採用這種方法，而是採用了中國書的裝訂風格，用白線穿過四個孔。最初的版本由英國國際聖經公會於1887-1889年期間送到多倫多大學學院圖書館，然而這本譯著在1890年的一場大火中被焚毀。目前的版本可能是由英國國際聖經公會重新送來的代本。由於基督教是在韓國傳播最廣的宗教之一，本書對於東亞圖書館的韓文藏書具有象徵意義，它也是該藏書中最珍貴的資料之一。

[39] 例如《華陽國志》、《三輔黃圖》、《洛陽伽藍記》、《吳越春秋》和《元和郡縣圖志》。

[40] 綦湘棠捐贈了1950年代到1960年代香港的電視音樂資料。由於他個人獨特的創作風格，綦湘棠被視為香港最著名的電影音樂家。這一批收藏中有音樂理論和批評、中國少數民族音樂、樂譜和1940年代到1970年代出版的一些罕見圖書。

[41] 例如夏目漱石（Natsume Soseki）的《心》、有島武郎（Arishima Tokeo）的《迷路》、佐藤春夫（Sato Haruo）的《田園の憂鬱》，以及井伏鱒二（Ibuse Masuji）的《逃亡記》。

[42] 日本電影研究特藏包括有關日本電影的大約2,500本著作，均來自私人捐贈。特藏中有許多電影雜誌和期刊，出版時間可以追溯到戰後以及1960年代到1980年代。在這些資料中，有一套珍貴的評論期刊《キネマ旬報》，這本雜誌於1919年創刊。其餘大部分是戰後1946年3月續前重新發行的期刊。

[43] 朝鮮農業報告可能是從朝鮮王朝末期（1890年代）起到1945年日本結束對朝鮮半島的統治為止，佃農向地主提交的報告。由於佃農大部分是文盲，農場的監工就代他們撰寫了這些報告。這些報告是關於朝鮮王朝末期農村狀況的珍貴歷史資料。2006年，閔碩泓（Samuel Sukhong Min）先生和尹慶男（Yunice Kyungnam Min）夫人向東亞圖書館捐贈了約282份朝鮮農業報告。他們從父輩那裡繼承了這些資料。這個家族出了兩位著名歷史人物，他們對於韓國的歷史產生過很大影響。他們是明成皇后和閔永煥（Min Yong-hwan），後者是朝鮮王朝末期的一位內務部長和愛國烈士。

[44] 作者感謝以下各位同仁對本章寫作的幫助：鄭裕彤東亞圖書館的 Stephen Qiao、Hana Kim、Mei-chu Lin、John Mokrynskyj 和 Lily Yip，皇家安大略博物館遠東圖書館的 Jack Howard 和多倫多大學檔案管理員 Garron Wells。

參考文獻

Blackburn, Robert H. *Evolution of the Heart: A History of the University of Toronto Library up to 1981*. Toronto: University of Toronto Press, 1989.

Chu, Raymond W. H. and Shuzo Uyenaka. "Notes and Comments: The East Asian Library Collection in the University of Toronto." *Pacific Affairs* 46, no. 4 (winter 1973): 548–556.

"Collection of Correspondence and Papers Relating to the Mu Library." Cheng Yu Tung East Asian Library and Bishop White Committee Library of East Asia, Royal Ontario Museum.

"Collection of Memoranda and Letters by Bishop White." Bishop White Committee Library of East Asia, Royal Ontario Museum.

Jack, Lee-Anne. "Man on a Mission." *Rotunda* 38, no.3 (spring 2006): 30–41.

"President's Report for the Year Ended June 1932–1960." Prepared by University of Toronto.

Walmsley, Lewis C. *Bishop in Honan*. Toronto: University of Toronto Press, 1974.

Woodside, Alexander and Timothy Brook. "William Arthur Charles Harvey Dobson (1913–1982)." *The Journal of Asian Studies* 41 (August 1982): 895–896.

Berthold Laufer 所購 1680 年活字版《伊勢物語》中的一幅雕版插圖。錢孝文攝。

11 / Berthold Laufer、紐伯瑞圖書館與芝加哥大學東亞圖書館

周原（Yuan Zhou）

芝加哥大學東亞圖書館館長。周原出生於中國長春，獲北京大學學士學位，美國伊利諾大學厄巴納─香檳分校圖書館和資訊科學碩士和博士學位。他著述頗豐，內容涉及圖書館和資訊科學的許多方面，包括藏書建設、資訊技術的應用、圖書館史，以及東亞圖書館的發展。他是《中國文化大革命歷史辭典》（*Historical Dictionary of the Chinese Cultural Revolution*，2006年版）一書的合著者之一，主編了《新編紅衛兵資料：第一部分》（1999年版），合編了《中國文化大革命文庫》資料庫（2002年第一版，2006年增補第二版）。

芝加哥大學東亞圖書館的歷史可以追溯到其建館之初的1936年，那一年芝加哥大學設置了漢學課程，並正式成立了遠東圖書館。芝加哥大學遠東圖書館是美國中西部大學中第一個收藏中文資料的圖書館。雖然它在創建時僅有3千冊圖書，但自成立以來就一直得到讀者們的呵護與珍視。經過70餘年的努力，它已經發展成為一個擁有70餘萬冊中日韓圖書資料以及少量藏文、蒙文和滿文資料的圖書館。

在70餘年的歷史中，芝加哥大學東亞圖書館經歷了不同的發展階段，遇到過各種挑戰。在這個過程中有許多有意思的故事，講述了藏書和圖書館的發展，以及為這些發展做出了重要貢獻的人們。這些故事有的已經被記載和重述，有的則鮮為人知。本文將著重介紹芝加哥大學遠東圖書館（今東亞圖書館）1943–1944年從紐伯瑞圖書館（Newberry Library）收購的一個重要收藏，即勞費爾藏書（Laufer Collection）。勞費爾藏書包括漢文、藏文、日文、滿文和蒙文語種的

圖書。自 1910–1911 年，勞費爾藏書就為紐伯瑞圖書館所有。收購這一藏書不僅為芝加哥大學東亞圖書館的館藏增加了特色，而且使芝加哥大學東亞圖書館和美國亞洲研究領域中的一位學術大師連繫了起來。關於芝加哥大學是如何得到勞費爾藏書的許多細節是此前從未向學界和公眾公布過的。

紐伯瑞圖書館

1887 年成立於芝加哥的紐伯瑞圖書館的獨特之處不僅在於它豐富的收藏，還在於它獨一無二的建館由來。[1] 該館是由一位捐贈者獨資建立並以他本人命名的，這位捐贈者就是 Walter Loomis Newberry。Newberry 是一位芝加哥的著名商人，在房地產、銀行和鐵路等方面的經營屢獲成功。他長期熱心於慈善和教育事業，是年輕人圖書館協會（芝加哥公共圖書館的前身）的創立者，還擔任過芝加哥學校董事會的主席以及芝加哥歷史學會會長。然而，一直到他的晚年，Newberry 才產生了利用自己的財富建立一所圖書館的想法，並在經歷了一連串不幸的意外事件之後，他的這個想法才成為現實。Newberry 晚年在準備遺囑時，採納了他律師的建議，在遺囑中增加了一個附加條款，即以他一半的遺產用來建立一所圖書館。但這一條款只有在他妻子去世，並且兩個女兒膝下無子也去世的情況下，才可以執行。當時，他的兩個女兒都是身體健康的少女，因而遺囑中的這個條款幾乎是沒有可能得到執行的。但是，不幸的事情發生了。Newberry 於 1868 年去世後，他的女兒 Mary 和 Julia 也分別於 1874 和 1876 年相繼死亡，故去時兩人都未成家。1885 年，Newberry 夫人也離開了人間。倘若 Newberry 有知，他當然會對這些悲慘的遭遇而痛心疾首，但他一定也會為能用自己的財產資助建成一個以他個人命名的圖書館而感到欣慰。

Newberry 夫人去世兩年後，紐伯瑞圖書館落成。William Frederick Poole 受聘成為圖書館的第一任館長。Poole 是一位有經驗的圖書館員和學者，有傑出的履歷。他是美國歷史協會（American Historical Association）的創始人之一、辛辛那提和芝加哥公共圖書館的第一任館長和《期刊文獻索引》（Index to Periodical Literature）的編撰者。在 Pool 擔任館長的七年中，紐伯瑞圖書館找到了其在芝加哥學術和文化界中的定位。在芝加哥，芝加哥公共圖書館是一所面向公眾，提供借閱服務的圖書館，而另一所也是由私人捐贈建立起來的研究圖書館——約翰·克雷拉圖書館（John Crerar Library，以下簡稱克雷拉圖書館）側重於自然科學、應用科學和社會科學方面的收藏。Poole 將紐伯瑞圖書館的重心定位在收藏人文學科的研究參考資料上，並不提供外借服務。按照這一發展重心，Poole 開始著手建立紐伯瑞圖書館的特藏資料。他除了購買人文學科領域的基本著作、參考工具書、大套的期刊和精選的圖書外，還收購了兩位私人收藏家的專藏：一個音樂方面的專藏和一個善本專藏。這一發展重心使得在 Poole 任期結束後，紐伯瑞圖書館仍然長期側重於參考工具書、核心研究館藏和特藏資源的建設。正是依照這一建館宗旨，紐伯瑞圖書館理事會才於 1907 年年末委託 Berthold Laufer 為圖書館收集漢文和藏文的代表性著作。此時，Laufer 剛剛被聘任為芝加哥菲爾德自然歷史博物館（Field Museum of Natural History，以下簡稱菲爾德博物館）亞洲民族學部的助理主任，並已決定要到中國西藏和各地進行為期三年的文化考察，並為博物館收集人類學和民族學的藏品與資料。紐伯瑞圖書館對 Laufer 的委託恰逢其時。

Laufer 及其遠行

1874 年 Laufer 出生於德國科隆（Cologne）。1893 年到 1895 年在柏林大學求學，並於 1897 年在萊比錫（Leipzig）大學獲得博士學位。Laufer 在學習語言方面表現出極強的天分。他精通德語、英語、法語，並熟悉多種其他歐洲語言，包括俄語。此外，他還學習過許多種亞洲語言，包括漢語、日語、藏文、滿文、蒙文、馬來語、巴利語、波斯語、土耳其語、梵語、閃米特語和達羅毗荼語。[2] 儘管他對這些語言掌握的程度各有不同，但他的藏文和漢語程度顯然是很不錯的。雖然 Laufer 是在德國完成的學業，但他的整個職業生涯都是在美國度過的。他剛獲得博士學位後不久，便被聘為傑瑟普北太平洋考察隊（Jesup North Pacific Expedition，1898–1899）的一員。這一考察專案是由在紐約的美國自然歷史博物館（American Museum of Natural History）資助的，旨在研究亞洲與北美的早期連繫。Laufer 被派往俄羅斯的庫頁島（鄰近日本）和西伯利亞的阿穆爾（Amur）地區進行考察，從事對當地土著部落的民族學研究。顯然，他所具有的俄語和日語方面的語言能力幫助他得到了這份工作。1901 年，他再度應美國自然歷史博物館之請進行了另一次遠行——為時三年（1901–1904）的雅各布·希夫中國考察（Jacob H. Schiff Expedition to China）。這一次，他對漢語的掌握和對中國的瞭解使他成了此項考察的不二人選。1904 年，Laufer 成為美國自然歷史博物館的正式雇員，並在那裡工作到 1906 年。在 1905–1907 年間，他還在哥倫比亞大學擔任講師，先是在人類學系，後又在東亞語言系授課。1907 年 11 月，他接受了芝加哥菲爾德博物館的任命，擔任亞洲民族學部助理主任。1911 年，他被提升為亞洲民族學部的副主任，1915 年晉升為人類學部的主任。此後直至 1934 年去世，他一直擔任博物館人類學部的主任。

圖 11-1：Laufer。據魏漢茂（Hartmut Walravens）編寫的《貝托爾德·勞費爾文論集》（*Kleinere Schriften von Berthold Laufer*）中的照片複製。

Laufer 是一位極為勤勉而多產的學者。根據他的一份著述書目所列，他的著述竟達 450 種之多，包括專著、小冊子、論文、目錄、書評和未發表的手稿。[3] 然而，最令人驚嘆的是他寬廣的研究範圍和地域。例如他的專著和論文涉及的課題包括中國玉石、孔子肖像、鼻煙壺、藏文語言學、輪迴紀年法、中國和菲律賓群島的關係，以及中國文明和伊朗文明之間的內在連繫和這種連繫對世界農業的影響。Laufer 的研究也不像人們通常料想的那樣僅限於人文學科。正如世界著名的中國科技史研究者李約瑟（Joseph Needham）所言：

> 他（Laufer）沿著亞洲語言文獻與眾多科學領域的交界處，永不滿足地尋覓與探索，這些領域包括植物學、農學、動物學、生理學，許多次甚至步入了採礦學、礦物學和冶金學。他還時不時地涉獵化學和物理學，特別是光學。同時，他還花費了很多時間研究人類的技術和工藝的方方面面，如紡織品、陶瓷和兵法。[4]

顯然，Laufer 是一位博學多才的傑出學者，他進行了許多跨學科的研究。儘管他的大部分學術成就都是在以後的日子裡取得的，但是此處提及的這些史實可以為我們瞭解當初菲爾德博物館為何選定他去中國進行考察提供一個背景。1907 年年末，當 Laufer 上任時，菲爾德博物館正在計畫建立一個有關西藏的特藏，而這項計畫正是由 Laufer 發起的。因此，在他到達芝加哥後，博物館便很快組織了一個為期三年的赴中國西藏和其他地區的考察專案——蒂莫西·布萊克斯通考察專案（Timothy B. Blackstone Expedition）。[5] Laufer 是考察專案的當然人選。博物館的成員中沒有人比他更適合擔當此任：他不僅是一位經驗豐富的考察隊員，而且具有嫻熟的藏文和漢語能力，並掌握了必要的文化知識。

菲爾德博物館啟動這項計畫的消息很快便在芝加哥的文化精英圈中傳播開來。紐伯瑞圖書館的理事會聞風而動，適逢其時地委託 Laufer 購買漢語和藏語的人文學科圖書，而克雷拉圖書館則請他收集地理學、法學、管理學、貿易、工業、國民經濟、社會學、農學、數學、醫學和其他自然科學方面的圖書。[6] 1908 年，Laufer 肩負著人們的巨大期望離開了芝加哥。儘管他在身體和心理上都對此次遠行做好了準備，但他還是未曾預料到即將面臨的重重障礙。他曾兩次到達過西藏邊界，一次是通過印度從南部而來，另一次是通過中國西部從北部而來，但是兩次都被有關當局拒發入境許可。他最終不得不放棄進入西藏的計畫。然而，他並沒有放棄為博物館建立一個亞洲收藏的雄心。

在徵得博物館的同意後，Laufer 很快調整了自己的計畫，將重心放在收集中國內地藏品上，但他仍盡最大努力收集可能找到的西藏藏品。在此次遠行的基地北京，他為博物館收集了數以千計的中國文物和工藝品。雖然他未能進入西藏，但是他在西藏的邊界和往返的路途中收集了許多中國內地和西藏的文物及藏品。在第二次赴藏的往返途中，他經過了太原、西安、成都等重要城市，一路收穫頗豐，為博物館買到了許多繪畫、青銅器、陶瓷、佛教和道教的雕像、碑拓以及其他收藏品。總體而言，他三年的遠行可謂是碩果累累。

Laufer 在圓滿達成菲爾德博物館計畫所訂的目標的同時，也沒有辜負紐伯瑞圖書館和克雷拉圖書館的委託。在此次遠行中，他為紐伯瑞圖書館購買了 1,216 種圖書，共計 21,403 冊。[7] 所購圖書包括五種語言：漢文、藏文、日文、蒙文和滿文。他還為克雷拉圖書館購買了666種圖書，共計12,819冊，內容涉及農業、地理學、醫學、法學、數學和其他自然科學。此外，他還為他個人的收藏帶回了數千冊圖書，其中大部分是考古學和人類學方面的中文工具書和研究資料。

勞費爾藏書的命運

Laufer帶回芝加哥的圖書在北美東亞圖書館的發展史上具有重大意義。儘管在Laufer遠行之前，美國的圖書館中已經收藏了東亞文獻，但他們全部來自私人或外國政府的捐贈。Laufer的採購，即使不是美國圖書館系統採購東亞圖書的發端，也是最早的努力之一。此外，他購置的東亞圖書無論在數量（總計約4萬冊）還是在學科領域的涵蓋範圍上，在當時的北美都是史無前例的。一次遠行就採購回如此眾多的圖書，在北美東亞圖書館發展史上也堪稱第一人。

由於Laufer不負重託，芝加哥擁有了兩個當時在美國最具規模的東亞藏書。這兩批藏書在學科門類上互為補充，使得芝加哥擁有美國當時最好的東亞藏書，特別是中文書籍的收藏方面。遺憾的是，這些藏書的到來並沒有使系統收集東亞書籍的努力在這兩所圖書館中扎根。事實上，自Laufer所購圖書到館之後，紐伯瑞和克雷拉圖書館在發展東亞藏書方面都沒有再做什麼，既沒有繼續購進新書，也未能把Laufer所購圖書加以編目以方便借閱使用。這確實令人遺憾。但是考慮到當時兩館的情況，也不難理解。如果要繼續採購新書或者為這些東亞藏書提供使用服務，就需要投入人力和財力。還有，當時能利用這部分圖書的讀者非常之少，而圖書館也沒有懂得這些語言的專業人才來為這些圖書編目。不過，人們不禁會想：那麼當初兩館為什麼要委託Laufer購置這些圖書呢？此外，兩館在獲得這批圖書之後，是否對如何使用這批圖書有一個規劃（哪怕不是長期的）？這些都不得而知了。

儘管兩個圖書館都未能繼續Laufer的努力，但是它們卻都將這批圖書保存了相當一段時間。1928年，克雷拉圖書館將該館的勞費爾藏書出售給了美國國會圖書館。16年後，紐伯瑞圖書館也決定為它的勞費爾藏書尋找新的主人。從1911年勞費爾藏書入館到1944年離館，紐伯瑞圖書館經歷了收藏目標和工作重心的重新界定和調整，而勞費爾藏書已逐漸成為其館藏中的異類。[8]在此期間，紐伯瑞圖書館也經歷了幾次重大的人事變動。

與此同時，另一個發生在芝加哥的重大事件是芝加哥大學開設了漢學科目，並成立了遠東圖書館，這恐怕是一個促使紐伯瑞圖書館決定為勞費爾藏書尋找新家的重要原因。1936年，芝加哥大學校長Robert M. Hutchins邀請漢學家顧立雅（Herrlee G. Creel）來校創辦遠東研究科目，並將最初的重心放在中國研究上。[9] 1936年冬，顧立雅開始在芝加哥大學任教。他馬上從學校的東方研究所申請到一個房間，蒐集了近3千冊中文圖書，成立了芝加哥大學遠東圖書館。他蒐集到的藏書包括大學圖書館此前陸續收到的中文捐贈圖書約800冊，以及顧立雅的個人收藏約2,100冊。1938年，顧立雅從洛克菲勒基金會（Rockefeller Foundation）申請到總計25,000美元的資助，這筆資金用來分5年為遠東圖書館購置中文圖書。[10]很快，顧立雅找到在北平的大同書店（Peking Union Bookstore）作為遠東圖書館採購中文圖書的代理商。這家書店是由時任北平圖書館（今中國國家圖書館）的館員顧子剛操辦和經營的。其時該書店已經是哥倫比亞大學、康乃爾大學和美國國會圖書館的中文圖書代理商。[11] 有了資金和熟悉業務的代理商協助，芝加哥大學中文藏書的發展步入了正軌。1939 年，顧立雅專程前往中國購書，在那裡他首次見到了顧子剛。顧子剛協助他先後購買了近 7 萬冊中文圖書，這批圖書後來成為了芝加哥大學圖書館中文藏書的基礎。[12]

芝加哥大學漢學專案和遠東圖書館的發展不可能不被紐伯瑞圖書館注意到。1941 年年末到 1942 年年初，紐伯瑞圖書館與顧立雅連繫，探求出售其勞費爾藏書的可能性。這個想法並沒有引起顧立雅足夠的興趣。在他看來，遠東圖書館應該集中力量發展自己的核心圖書資源，用來支持剛剛成立的漢學科目的教學，而不是將有限的資源用於購買那些對教學尚無直接益處的圖書。[13] 顧立雅的考慮不無道理。事實上，勞費爾藏書中的相當一部分對於當時大學的漢學科目來說幾乎是用不上的。這包括一些大部頭巨著的複本，如一些歷朝歷代的正史和通行的參考書，這些資料遠東圖書館中已經有了（儘管版本不同）。同時，還有那部有 7,200 卷之多的漢文大藏經，儘管它們不是複本，但對於當時的漢學授課亦無幫助。此外，在當時芝加哥大學漢學專案中沒有人會用到藏文、蒙文、滿文甚至日文圖書（日本研究專案直到 1957 年才成立）。在顧立雅看來，繼續委託北平大同書店系統收集大學的漢學科目所需要的中文書籍，才是有效使用購書經費的正確方式。

然而，一個看似毫無關聯的事件改變了勞費爾藏書的命運。1941 年 12 月 7 日，日本偷襲珍珠港，將美國正式捲入了第二次世界大戰。戰爭爆發後不久，顧立雅應召離開芝加哥大學來到首都華盛頓，為聯邦政府工作。芝加哥大學漢學專案中的另一位教員鄧嗣禹接管了遠東圖書館。在 1943–1944 學年，鄧嗣禹用洛克菲勒基金會的最後一筆資助，購買了勞費爾藏書。[14] 至於鄧嗣禹是否知道顧立雅當初對這批轉售圖書所持的立場，以及究竟是什麼原因使他做出這一決定，目前已不得而知。但是鄧嗣禹對中國古籍情有獨鍾。正是在他兼管遠東圖書館期間，圖書館開闢了善本特藏。更為重要的是，在美國捲入二戰之後，芝加哥大學已不再可能通過大同書店從日本占領下的北平購運圖書。鑑於當時洛克菲勒基金的五年資助已達最後時限，對於鄧嗣禹來說，把這筆錢用來購買勞費爾藏書可能是當時唯一可行的選擇了（實際上是一個非常好的選擇）。

Laufer 給紐伯瑞圖書館都買了些什麼？

1910 年，Laufer 回到芝加哥後不久，便應紐伯瑞圖書館的要求，撰寫了一份關於所購圖書的報告。這份報告題為《紐伯瑞圖書館所藏漢文、藏文、蒙文和日文圖書概要》（*Descriptive Account of the Collection of Chinese, Tibetan, Mongol, and Japanese Books in the Newberry Library*），並於 1913 年發表。在這份報告中，Laufer 表示他共為紐伯瑞圖書館購買了 1,216 種、共計 21,403 冊圖書。除《概要》外，他還手寫了一份所購圖書的清單，包括每本書的收購價格。這份清單看上去是他的購書明細。

所有這些圖書都應在 1943–1944 年間移交給了芝加哥大學遠東圖書館，但由於沒見到有關圖書移交的詳細清單（很可能就沒做過這樣的清單），我們還不能確定當初移交給芝加哥大學的就是 Laufer 當年從亞洲帶回紐伯瑞圖書館的全部圖書。勞費爾藏書到芝加哥大學後，與遠東圖書館的藏書合併，其中明版中文書和日本早期的圖書歸入了善本特藏，其他中日文圖書則都歸入了普通書庫。1990 年代中期，圖書館又把清朝初年出版的中文書從普通書庫搬進了善本特藏。藏文、滿文和蒙文圖書自移交之初便一直存放在善本特藏中。

藏文圖書

　　根據 Laufer 的記述，他為紐伯瑞圖書館共購買了 310 種藏文圖書，[15] 在種數上僅次於中文圖書。在當年，這是一批數目不小的藏文收藏，凝聚著 Laufer 作出的諸多努力。藏文圖書大部分是宗教文獻，很少大批量印製，即使在當時北京這樣的大城市，它們在圖書市場上也不多見。對於任何人（更不用說外國人）來說，蒐集到這許多藏文圖書都不是輕而易舉的事。根據 Laufer 的描述，他主要在三段時間裡蒐集到這些藏文圖書。[16] 一是在他第一次入藏未果的過程中。Laufer 在大吉嶺等待批准進入拉薩，被拒之後，他便去了一次錫金（Sikkim），在那裡買到了一些寺廟中印製的藏文經典；二是當他第二次去拉薩未果時，他轉到西藏東部的一些地方，以及四川和甘肅省內的藏語區。他購買了在這些地方可以找到的藏文圖書，包括他稱為「最大的收穫」的、從西藏德格縣（Derge）的一座古老喇嘛寺中買到的圖書。德格縣因印製佛經而久負盛名；三是在兩次西藏行之間，Laufer 從北京一所著名的喇嘛寺中買到了所有他可以買到的藏文圖書。

圖 11-2：Laufer 所購藏文雕版大藏經《甘珠爾》（*Kanjur*）（納塘寺，1742）中的一頁。錢孝文攝。

Laufer 蒐集到的藏文圖書大部分是宗教印刷品，包括不同版本的佛經和喇嘛經經文、經文譯著，以及一些喇嘛和其他作者的文集。這些資料包括傳奇性的藏傳佛教大師和詩人密勒日巴（Milaraspa）的著作和傳記，以及描述蓮花生大師（Padmasambhava）的多部文學著作。蓮花生大師是一位偉大的僧人，他在 8 世紀西藏建立喇嘛教的過程中起到了重要的作用。[17] 由於缺少藏文研究專家，這批圖書在芝加哥大學東亞圖書館中多年沒有編目。1950 年代末至 1960 年代初，後來成為加州大學柏克萊分校教授的張琨到芝加哥大學訪學。張琨是一位藏語專家，他調看了 Laufer 的藏文藏書，並手寫了一份這部分收藏的目錄。目錄中除少數在印度出版的英文圖書外（可能是 Laufer 在大吉嶺時收集的），其他藏文圖書都是以藏文登錄的。1963–1964 年間，芝加哥大學東亞圖書館將部分藏文圖書進行了編目。

中文圖書

　　Laufer 為紐伯瑞圖書館購回的圖書中大部分（不少於 630 種）是中文書。儘管從沒有對 Laufer 帶回的書以文種做過精確統計，但在 Laufer 為紐伯瑞圖書館所購的 21,403 冊圖書中，中文書顯然占了大部分。這是因為中文書中包含了一些叢書和多卷本的朝代史，還有一套 7,200 卷的大藏經。Laufer 沒有說到他是從何處買到這些中文書的，但其中的大多數很有可能是他在北京買的。北京不但是他三年旅居中國的大本營，還是當時中國的出版、圖書交易和舊書店雲集的中心。不過，Laufer 也提到過，他在 1909 年去西藏的途中曾在西安和成都的清真寺中買到過有關伊斯蘭教的圖書，共計 21 部。[18]

　　Laufer 蒐集到的中文圖書學科範圍廣泛，但都符合紐伯瑞圖書館指定他的蒐集範圍。在題為《概要》的報告中，Laufer 講到了中文圖書，也展示了他在中國歷史和文化方面廣博的學識。從他選書的品味看，我們又可以明顯地感覺到他作為博物館館員所具備的敏銳的專業眼光和鑑別能力。正如他所說：「我首先想要找到的是各種經典著作的早期版本，當做不到這一點時，我就要選那些以高麗紙刷印的版本。這種紙張十分結實，也最為昂貴，並且不會變色發黃。這種紙在中國學者中所享有的聲譽與手工製作的麻紙在西方學者中所享有的聲譽相同。」[19]

　　Laufer 對中國古書的鍾愛與他對文物的鍾愛密不可分。在為期三年的中國之行中，他為菲爾德博物館收集到了許多文物，也為圖書館購買了不少中國古籍的早期版本。然而，買到這些圖書並非一帆風順。在報告中，Laufer 提到當時中國正好掀起一波成立公共圖書館和創立大學的熱潮，因而好的古籍變得十分緊俏。他還提到中國政府對古籍出口制定了一些新的規定，並開始徵收出口稅。同時，至少有一個省還發布了完全禁止文物貿易和出口的命令。

　　儘管有這些不利條件，Laufer 還是設法買到了一些中文古籍的較早版本。在為紐伯瑞圖書館購買的這部分圖書中，有兩組書較為引人注目。第一組由幾十種明版書組成。第二組是一些清初的殿本。明版書絕大部分集中在史部和集部，也有一些經部的書。而清初那一組則包括了幾十種自清朝開國到乾隆末年刻印的圖書。殿版書作為紫禁城中宮廷印製的圖書，在紙張、用墨和印刷工藝方面都具有極高的質量，在清朝初期尤富盛名。這些是 Laufer 此行蒐集到的最有價值的中文善本書。

Laufer 本人也對他收集到的中文善本書引以為自豪，並在報告中大書特書。但遺憾的是，他所認為買到的最早的兩種善本書其實並不像他認定的那麼早。這兩部書分別是《增廣註釋音辯唐柳先生集》（簡稱《唐柳先生集》）和《文公先生資治通鑑綱目》。Laufer 把它們都當做是宋版書。他認為《唐柳先生集》是 1167 年出版的。[20] 這部書後來由芝加哥大學教授和東亞圖書館榮休館長錢存訓鑑定為元代的版本。[21] 即便如此，它也是極為珍貴的善本書。另一部圖書《文公先生資治通鑑綱目》被 Laufer 列為是 1172 年出版的。[22] 然而，經過鑑定之後發現，這部書所列的註釋者之一生活在元末明初，因而本書不可能在宋代出版。[23] 目前這部書被鑑定為明版書。Laufer 在報告中談到這兩種書時，對所參考的書目與著錄在理解和引用上有誤。儘管目前無人能確切得知 Laufer 為什麼會做出錯誤的判斷，但最有可能的是，他被唯利是圖的書商給矇騙了。儘管如此，Laufer 所購買的中文古籍從整體上說，無論在數量還是品質上都還是相當不錯的。

在 Laufer 收集到的較新的中文圖書中，也有一些較為罕見的重印本。他所購的新書中還包括一些用現代印刷技術（如綜合排版和平板印刷）印製的圖書。當時，中國的出版商剛開始採用這些新技術，這些圖書對於研究西方的印刷技術在中國的傳播是不可多得的實例。

日文圖書

Laufer 報告說他為紐伯瑞圖書館共購買了 143 種日文圖書。這些書是他在 1908 年 8、9 月間出行三週到東京時購買的。勞費爾說，此行的主要目的是「尋找在中國國內已絕版的中文圖書，並選購一些具有代表性的日文藝術方面的圖書」。[24] 在 Laufer 為紐伯瑞圖書館提供的購書清單中，記錄了兩組日文圖書。這兩組圖書中都列有中文圖書，包括乾隆年間所刻、明末清初中國著名學者顧炎武所著的《日知錄》，清代嘉慶年間翻刻的著名明代彩印中文圖書《十竹齋畫譜》，以及兩種在日本翻刻的清代畫譜《芥子園畫譜》和《芥子園畫傳》。

圖 11-3：時任東亞圖書館館長的錢存訓教授鑑定了勞費爾藏書，並將其整合到圖書館的收藏和服務中。錢存訓在 2009 年喜慶百歲華誕，他在退休後一直筆耕不輟。照片由芝加哥大學圖書館特藏研究中心提供。

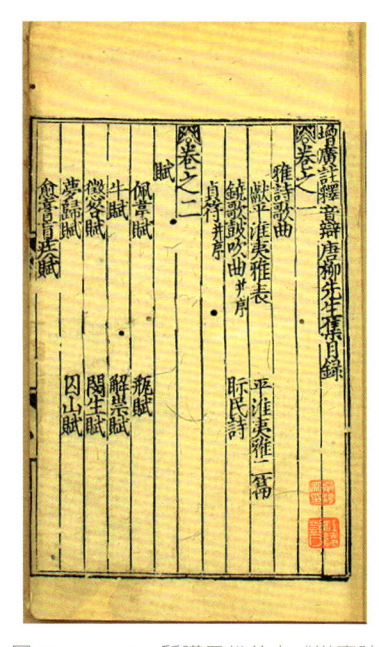

圖 11-4：Laufer 所購元代善本《增廣註釋音辨唐柳先生集》。錢孝文攝。

從 Laufer 在東京購買的圖書數量上看，他在尋訪中文古籍善本方面收穫不大，但在選購日本藝術圖書方面卻所獲頗豐。他此行所購圖書中約有一半是與藝術相關的書，包括「葛飾北斎（Katsushika Hokusai）、歌川国芳（Utagawa Kuniyoshi）和河鍋暁斎（Kawanabe Kyosai）以書本形式出版的作品，其中很多是第一版；還包括日本畫家狩野探幽（Kano Tanyu）的彩色複刻本，東京審美書院（Shimbi Shoin）出版的 30 位日本著名畫家的代表作的集子，以及尾形光琳（Ogata Korin）的作品」。[25] 除此之外，Laufer 也帶回了一些書目、傳記，以及有關日本歷史、佛教、神道教、日本文學、中國文學、建築、文物、刀劍盔甲、茶與茶道等方面的書籍。

在 Laufer 購得的日文善本中，有一套不全的 1608 年版的日本著名浪漫小說《伊勢物語》。本書是日本早期活字印刷的精品，書中還有整頁篇幅的木刻版畫，鮮明地表現出日本當時採用活字印書和木刻插圖相結合的精湛印刷技術。Laufer 還收集到一些日文手抄本，包括塙保己一（Hanawa Hokiichi）所著的《群書類從》中的幾卷。

滿文圖書

Laufer 共收集了 60 種滿文著作。儘管數量較少，但質量上乘。Laufer 指出這批書中包括「許多罕見的早期版本、獨一無二的殿版書、皇家使用的稿鈔本以及其他無人知曉的圖書」。[26] 他還講述了當初買到這批書的難逢良機，那是在「1908 年秋天在光緒皇帝和慈禧太后先後去世後的一片惶恐中」，一些圖書從清宮流入到了北京的圖書市場，

「那是一個很特別的時機，北京的書市中突然在幾週內充斥了滿文善本書，而且專門賣給外國人，漢人顯然不是滿文著作的買主。」[27]

我們知道光緒皇帝是 1908 年 11 月 14 日去世的，而將光緒皇帝幽禁起來防止他推行新政的慈禧太后也在次日撒手人寰。Laufer 所說的「幾週」，指的應該是 1908 年 11 月底到 12 月初的一段時間。Laufer 帶回的滿文圖書是否全部購於這一期間尚不得而知，但可以肯定的是，他收購的最珍貴的滿文圖書是在這一期間購買的。考慮到這一年的 8、9 月間 Laufer 還在日本，而 1909 年 1 月 28 日他又離開北京再次奔赴西藏，他的確是相當走運：在恰當的時間出現在了恰當的地點，使得他購得了這些滿文善本書。[28]

這批滿文圖書雖然數量較少，但是涉及的領域卻頗為廣泛。它們包括中國的經典，如《四書》、《孟子》和《易經》的滿文譯本，許多還有滿文的評注；還包括多種歷史著作，如《通鑑綱目》的滿文譯本、康熙年間徐乾學等人所著《古文淵鑑》的滿文版，以及有關康熙皇帝大敗蒙古可汗噶爾丹（Choros Erdenebaaturiin Galdan）的史書，噶爾丹曾試圖在中亞重建蒙古帝國；這批圖書中也有一些字詞典、宗教文獻和族譜。這些圖書中有些是用 2 種語言（滿文和漢文）、3 種語言（滿、蒙、漢文）甚至 4 種語言（滿、蒙、漢、藏文）寫成。很多圖書都是清朝前半期（即康熙、雍正和乾隆年間）刻印的，不僅內容罕見，而且刻印精良，極為珍貴。

這批滿文圖書直到 1963–1964 年間才被編目，當時東京東洋文庫（Tōyō Bunko）的神田信夫（Nobuo Kanda）教授到訪芝加哥，他對其中 50 種滿文圖書共約 500 冊進行了編目。[29]

蒙文圖書

根據 Laufer 的報告，他共為紐伯瑞圖書館購到 72 種蒙文圖書。在報告中他提到從北京一所著名的喇嘛寺中收集到由該寺院出版、尚有供應的藏文和蒙文圖書。但不清楚的是他所購買的所有蒙文圖書是否都是來自這一個地方。不知為什麼，Laufer 在寫給紐伯瑞圖書館的報告中對他所購蒙文圖書未做任何描述或解釋。雖然他的漢語和藏語的程度更高，對這兩種文字的文獻也有更多的瞭解，但他的蒙文和蒙文文獻的知識也應該相當好。事實上，就在他來中國之前，他剛用德文發表了一篇長文，題為《蒙文文獻概述》（Skizze der mongolischen Literatur）。[30] 在文中，他論述了歐洲收藏的蒙文圖書。很顯然，如果他願意，他是完全有能力在他的報告中描述一下所購蒙文圖書的情況的。

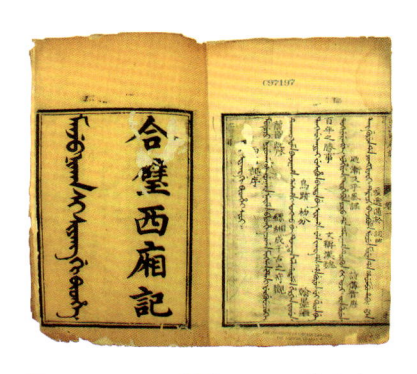

圖 11-5：Laufer 所購 1710 年滿漢合璧雕版《西廂記》。錢孝文攝。

1960 年代初，印第安納大學教授和蒙古研究學者 John R. Krueger 通看了芝加哥大學東亞圖書館勞費爾藏書中的蒙文部分。他不但將每一種圖書與 Laufer 的購書清單作了認真核對，而且還與另外 4 種蒙文圖書的收藏目錄作了比對。在此基礎上，Krueger 編製了〈芝加哥大學勞費爾蒙文藏書目錄〉（Catalogue of the Laufer Mongolian Collections in Chicago），發表在 1966 年的《美國東方學會雜誌》（American Oriental Society）上。在他的目錄中，Krueger 不僅著錄了 Laufer 所購的蒙文圖書，還把多語種的著作也包括了進來，只要其中的一種文字是蒙文。這樣，他的目錄一共著錄了 96 種圖書。根據他的描述，芝加哥大學東亞館所藏的這些蒙文書都是雕版印刷品，或者用他的話說是「北京木刻」，沒有任何手稿或排版的圖書。[31] 幾乎所有蒙文書都用的是貝葉（pothi）式裝訂，而幾乎所有多語種（含蒙文）的圖書都是以傳統中文書的線裝形式裝訂的。正如人們所料，大部分蒙文圖書都是宗教經文，但也有一些詞典、傳記，以及一些關於占星術、神諭、典儀、哲學、歷史、詞典學和醫學方面的圖書。Krueger 認為在北京木刻版蒙文圖書的收藏方面，芝加哥大學在當時的西方世界應排在第二位，數量僅次於西德一個典藏機構的收藏。[32] Krueger 的目錄不但著錄了每種書的蒙文書名，而且提供了羅馬字母拼寫的書名，同時還對每種書作了提要和詳細描述。這些都為人們查閱芝加哥大學勞費爾藏書中的蒙文圖書提供了便利。

尾聲

在寫給紐伯瑞圖書館的報告之結尾處，Laufer抨擊了當時西方漢學界對於中國文明及其未來所持的悲觀論調。他寫道：

> 在中國我看到了無處不在的活力和進步，對中國的未來我充滿信心。我相信她的文獻將會使我們發現新的事實和觀點。她為世人所瞻目的那一天一定會到來。但願在不久的將來，我們能看到許多美國學者對中國文獻表現出真正的興趣，而當那一刻到來時，他們的手邊將擁有收藏在芝加哥的豐富資料，作為他們學習和研究的基礎。[33]

Laufer 沒能目睹「那一刻」的到來。他甚至沒能親眼看到芝加哥大學開設漢學專案，便與世長辭了。如果他能夠目睹後來的發展，他必定會對芝加哥大學和美國其他地方東亞研究專案的發展感到欣慰，也許他也會對給紐伯瑞圖書館這批藏書找到的新家感到滿意。如今，芝加哥大學的中文藏書涵蓋了眾多學科領域，在經典著作、哲學、考古學、歷史、文字學、藝術史和文學方面收藏甚豐，別具特色，在善本、地方志和叢書方面的收藏也實力雄厚。這些研究資料得到了美國和世界其他地方的許多學者和學生的青睞，他們利用這些資料從事學習與研究。勞費爾藏書是芝加哥大學東亞圖書館豐富館藏中不可缺少的一個組成部分。

註釋

1. 有關紐伯瑞圖書館的更多資訊請參考 Lawrence W. Towner, *An Uncommon Collection of Uncommon Collections: The Newberry Library* (Chicago: Newberry Library, 1985).

2. Joseph Needham, "Foreword," in Berthold Laufer and Hartmut Walravens, eds., *Kleinere Schriften von Berthold Laufer. Teil 1: Publikationen aus der Zeit von 1894 bis 1910* (Wiesdbaden: Franz Steiner Verlag, 1976), vii; Bennet Bronson, "Berthold Laufer," *Fieldiana: Anthropology*, New Series, no. 36 (September 30, 2003): 117.

3. Hartmut Walravens, "Verzeichnis der Schriften Berthold Laufer," in Berthold Laufer and Hartmut Walravens, eds., *Kleinere Schriften von Berthold Laufer. Teil 1: Publikationen aus der Zeit von 1894 bis 1910* (Wiesdbaden: Franz Steiner Verlag, 1976), xxix–lxxx.

4. Joseph Needham, "Foreword," vii.

5. Bennet Bronson, "Berthold Laufer," 119–120.

6. Berthold Laufer, *Descriptive Account of the Collection of Chinese, Tibetan, Mongol, and Japanese Books in the Newberry Library* (Chicago: Newberry Library, 1913), 1.

7. Berthold Laufer, *Descriptive Account of the Collection of Chinese, Tibetan, Mongol, and Japanese Books in the Newberry Library*, 1.

8. Lawrence W. Towner, *An Uncommon Collection of Uncommon Collections: The Newberry Library*, 15.

9. David T. Thackery, "The Far Eastern Library of the University of Chicago, 1936–1978," Master's thesis, University of Chicago, 1983, 5.

10. Theodore Foss, "A Brief History of the Origin of Chinese Studies at the University of Chicago," unpublished manuscript, 2007, 2.

11. David T. Thackery, "The Far Eastern Library of the University of Chicago, 1936–1978," 7.

12. David T. Thackery, "The Far Eastern Library of the University of Chicago, 1936–1978," 10.

13. David T. Thackery, "The Far Eastern Library of the University of Chicago, 1936–1978," 12–13.

14. David T. Thackery, "The Far Eastern Library of the University of Chicago, 1936–1978," 13.

15. Berthold Laufer, *Descriptive Account of the Collection of Chinese, Tibetan, Mongol, and Japanese Books in the Newberry Library*, 1.

16. Berthold Laufer, *Descriptive Account of the Collection of Chinese, Tibetan, Mongol, and Japanese Books in the Newberry Library*, 6.

17. Berthold Laufer, *Descriptive Account of the Collection of Chinese, Tibetan, Mongol, and Japanese Books in the Newberry Library*, 10.

18. Berthold Laufer, *Descriptive Account of the Collection of Chinese, Tibetan, Mongol, and Japanese Books in the Newberry Library*, 36.

19. Berthold Laufer, *Descriptive Account of the Collection of Chinese, Tibetan, Mongol, and Japanese Books in the Newberry Library*, 13.

20. Berthold Laufer, *Descriptive Account of the Collection of Chinese, Tibetan, Mongol, and Japanese Books in the Newberry Library*, 31.

[21] 錢存訓，《留美雜憶：六十年來美國生活的回顧》（臺北：傳記文學出版社，2007），頁 48。錢存訓是芝加哥大學東亞圖書館第一任館長，是中國書史和印刷史方面的著名學者。

[22] Berthold Laufer, *Descriptive Account of the Collection of Chinese, Tibetan, Mongol, and Japanese Books in the Newberry Library*, 20.

[23] 此處所指者為汪克寬，是該書的第三位註者，其生卒年為 1301–1369 年。

[24] Berthold Laufer, *Descriptive Account of the Collection of Chinese, Tibetan, Mongol, and Japanese Books in the Newberry Library*, 2.

[25] Berthold Laufer, *Descriptive Account of the Collection of Chinese, Tibetan, Mongol, and Japanese Books in the Newberry Library*, 2.

[26] Berthold Laufer, *Descriptive Account of the Collection of Chinese, Tibetan, Mongol, and Japanese Books in the Newberry Library*, 4.

[27] Berthold Laufer, *Descriptive Account of the Collection of Chinese, Tibetan, Mongol, and Japanese Books in the Newberry Library*, 4–5.

[28] Bennet Bronson, "Berthold Laufer," 120.

[29] David T. Thackery, "The Far Eastern Library of the University of Chicago, 1936–1978," 66.

[30] 見 Hartmut Walravens, "Verzeichnis der Schriften Berthold Laufer," xl.

[31] John R. Krueger, "Catalogue of the Laufer Mongolian Collections in Chicago," *Journal of the American Oriental Society* 86 (April–June 1966): 158.

[32] John R. Krueger, "Catalogue of the Laufer Mongolian Collections in Chicago," 160.

[33] Berthold Laufer, *Descriptive Account of the Collection of Chinese, Tibetan, Mongol, and Japanese Books in the Newberry Library*, 42.

參考文獻

周原。「書海耕耘樂不疲：錢存訓教授小傳」。《南山論學集：錢存訓先生九五生日紀念》。《慶祝錢存訓教授九五華誕學術論文集》編輯委員會編，頁140–146。北京：北京圖書館出版社，2006。

錢存訓。《留美雜憶：六十年來美國生活的回顧》。臺北：傳記文學出版社，2007。

奧泉榮三郎。「シカゴ大学図書館所蔵《伊勢物語》等古典籍の書誌的考証と来歴」。《ジャーナル出版研究》29（1998）：185–211。

Bronson, Bennet. "Berthold Laufer." *Fieldiana: Anthropology*, New Series, no. 36 (September 2003): 117–126.

Cheng, James K. M. "Fifty Years Embracing the Wall of Books: The Life and Career of Dr. Tsuen-Hsuin Tsien." *Committee on East Asian Libraries Bulletin*, no. 82 (September 1987): 29–38.

Committee on Far Eastern Studies, University of Chicago. *Far East: An Exhibition of Resources in the University of Chicago Library: [at] the Joseph Regenstein Library, March–June, 1973*. Chicago: University of Chicago Library, 1973.

Foss, Theodore. "A Brief History of the Origin of Chinese Studies at the University of Chicago." Unpublished manuscript, 2007.

Krueger, John R. "Catalogue of the Laufer Mongolian Collections in Chicago." *Journal of the American Oriental Society* 86 (1966): 156–183.

Laufer, Berthold. *Descriptive Account of the Collection of Chinese, Tibetan, Mongol, and Japanese Books in the Newberry Library*. Chicago: Newberry Library, 1913.

Thackery, David T. "The Far Eastern Library of the University of Chicago, 1936–1978." Master's thesis, University of Chicago, 1983.

Towner, Lawrence L. *An Uncommon Collection of Uncommon Collections: The Newberry Library*. Chicago: Newberry Library, 1985.

Tsien, Tsuen-hsuin. "The Far Eastern Library of the University of Chicago, 1936–1956." *The Far Eastern Quarterly* 15 (May 1956): 656–658.

Tsien, Tsuen-hsuin. "Sealing Clays in the University of Chicago Library." *Committee on East Asian Libraries Bulletin* 83 (February 1988): 15–16.

Zhou, Yuan. "Tsuen-Hsuin Tsien: Portrait of a Lifetime Achiever." In *Bridging Cultures: Chinese American Librarians and Their Organization: A Glance at the Thirty Years of CALA, 1973–2003*. Edited by Zhijia Shen, Liana Hong Zhou, and Karen T. Wei, 115–128. Guilin: Guangxi Normal University Press, 2004.

華盛頓大學東亞圖書館喬治・貝克曼閱覽室（George M. Beckmann Reading Room）。照片由 Mary Levin 提供。

12 回顧與展望：華盛頓大學東亞圖書館

沈志佳（Zhijia Shen）

華盛頓大學東亞圖書館館長。沈志佳出生於中國山東省，在芝加哥大學獲得了歷史學碩士和博士學位，並在伊利諾大學厄巴納─香檳分校獲得了圖書館和資訊科學碩士學位。她的研究領域和著述主要涉及現代中國史和東亞圖書館學。她主編和合編了兩本著作和一本期刊，並發表了許多論文。

1909 年，北美最早的亞洲研究專案之一在位於美國西北角的華盛頓大學誕生。5 月 11 日，華盛頓大學校董會任命 Herbert H. Gowen 牧師擔任東方學系主任，開始了華盛頓大學的亞洲研究與教學工作。與此同時，有關亞洲的藏書工作也開始啟動。在當時還沒有東亞圖書館的情況下，圖書資料的建設最初是在學者和教授們家的書房裡開始的。教授們將自己的私人藏書出借給系裡，供師生學習和研究使用。這種狀況一直持續到 1937 年。那年，利用洛克菲勒基金會（Rockefeller Foundation）提供的一筆資助，大學圖書館開始購買中文圖書。這批新採購的圖書被存放在華盛頓大學圖書館的東方閱覽室裡，成為華盛頓大學東亞圖書館藏的開端。後來，很多教授的私人藏書也經由不同的渠道陸續為圖書館收購，成為大學圖書館東亞館藏的核心。

今天，華盛頓大學東亞圖書館的收藏包括中、日、韓、藏文和蒙文等語種的出版物，以及這些語言的微縮膠捲。此外還收有千餘種學術期刊和學術資料的全文資料庫。

初創時期

19世紀中期，華盛頓尚未加入聯邦，被稱為華盛頓領地。1861年，華盛頓領地大學在一片荒原上成立了，校舍設在一個小高地上，也就是今天西雅圖市中心所在地。華盛頓領地人口總數為11,500人。當時的西雅圖除了印地安人外，僅有302人。並不是所有的人都認為建所大學是件好事情。由於資金缺乏，在華盛頓加入聯邦之前，新大學曾幾度關閉。1889年，華盛頓正式加入聯邦成為華盛頓州，領地大學隨之被改名為華盛頓大學，並被遷至目前的校址。

半個世紀後，華盛頓大學發展成一所重要的高等學府，在世界舞臺上嶄露頭角。1909年，世界博覽會的阿拉斯加—育空—太平洋博覽會（Alaska–Yukon–Pacific Exposition）在華盛頓大學舉行。借此機會，校園得到了整修和美化。博覽會標誌著華盛頓大學新時期的開始，它和它所處的美國太平洋西北海岸吸引了整個美國的視線。

就在1909年世博會召開的同時，一個具有國際意義的專案在華盛頓大學啟動，那就是東方學系的成立。這個系後來發展成了今天的華盛頓大學傑克遜國際關係學院——美國最優秀的國際研究院之一。然而，東方學系的創立在當時似乎僅僅是一個巧合，而這個巧合是與Gowen和他的個人魅力分不開的。

華盛頓大學校報上生動地記錄了這歷史性的一幕。1909年5月11日晚，華盛頓大學全體師生參加了Gowen牧師的就職講演，見證新成立的東方學系系主任的風采。他演講的題目是「東方對於華盛頓州的意義」。5月13日的華盛頓大學《太平洋浪潮報》（UW Daily Pacific Wave）頭版文章便是關於此事的報導。[1] 華盛頓大學校董會選擇了最優秀的人選來擔任新成立的東方學系的主任。Gowen在來到華盛頓大學之前，已經是著名的亞洲專家。在擔任西雅圖三一聖公會牧師期間，Gowen曾於1908年在西雅圖組建了聖彼得日本傳教團（St. Peter's Japanese Mission in Seattle）。Gowen帶著他對亞洲研究的極大熱忱，決心在西雅圖建立一個亞洲教學中心，大力增進美國對亞洲的瞭解。他預見到西雅圖在美國大陸西北海岸的重要地位，認為它不僅會促進美國和亞洲之間的商業及文化交流，而且將順應時代的潮流而擔當起這種交流的領軍角色。

Gowen 1百年前的富有前瞻意義的就職演說，即使在今天，仍不失其遠見卓識。他說：「（美國）西北海岸的人們為增進對東方的瞭解而採取的任何措施，無論如何強調其重要性，都不會過分。」他指出東亞對於美國具有重要的商業和工業意義，強調培養瞭解亞洲的美國公民的重要意義。在他看來，東方研究的目的「不是要傳授某些見解，而是要激發人們的思想，幫助美國人民更好地瞭解並認識亞洲，增長他們對亞洲的知識，提高人們在實踐中做出正確判斷的能力」。[2]

Gowen在大西雅圖地區競競業業地推行亞洲教育的相關工作。他在華盛頓大學開設的課程引來了70多名學生註冊；在西雅圖舉行的公開講座，也使得他成為當地最受歡迎的晚間演講人之一。在他的影響下，華盛頓大學有一批教授逐漸開始熱衷於推動國際問題研究和西方以外的區域研究。Gowen本人是一位極為活躍的思想家和多產學者。除了擔任繁重的教學任務之外，他還要負責系裡的行政事務，爭取校領導及各界人士對該系的關注。他筆耕不輟，發表了大量關於亞洲研究的著作。1913年，他的專著《中國史綱》（An Outline History of China）問世。在華盛頓大學任教的 26 年間，Gowen 共發表了 150 多篇學術論文和評論及多本專著。[3] 他對在華盛頓大學建立一個強大的亞洲研究中心的信心和熱情，激勵了他的同事和他身邊的人們。他反覆向公眾和決策者講述華盛頓大學在培養全國亞洲研究人才方面所具備的獨特地位。他寫道：「華盛頓大學創建全國一流的東方研究系有得天獨厚的條件。」[4] 1977 年，華盛頓大學為了紀念 Gowen 的貢獻和遠見卓識，以他的名字命名了高文樓（Gowen Hall），這幢大樓目前是亞洲語言文學系、政治學系和東亞圖書館的所在地。

Gowen 一邊在華盛頓大學組建東方學系，一邊著手建設圖書館藏。他的私人藏書經常出借給本系師生閱覽，最終成為了圖書館館藏的一部分。然而，在很長一段時間內，雖然 Gowen 不斷努力，但是華盛頓大學仍然沒有一個收藏亞洲語言文獻的圖書館。1931 年，Gowen 卸去了系主任一職，接替他的是新招聘的年輕政治學家 Robert Thomas Pollard。Pollard 在明尼蘇達大學獲得博士學位，曾執教於上海聖約翰大學（1923–1926）和俄亥俄州立大學（1927–1929）。1933年，他的專著《中國外交關係：1917–1931》（China's Foreign Relation: 1917–1931）一書榮獲比爾獎（G. I. Beer Award）。Pollard 為東方學系帶來了新的社會科學視角。

當時，華盛頓大學處於財政困難時期，但在 Pollard 的領導下，東方學系成功地招募到了優秀教授，並在 1937 年獲得了洛克菲勒基金會首筆 4,200 美元的贊助，為華盛頓大學購得一批重要的中文圖書，標誌著華盛頓大學東亞館藏的開始。1938 年，大學圖書館收到哥倫比亞大學捐贈的 2 千餘冊中文圖書。隨後一年裡，華盛頓大學的亞洲語言資料也在不斷增加。

正當華盛頓大學的亞洲研究及圖書館藏向前艱難而穩定地發展的時候，1939 年 4 月，系主任 Pollard 猝死於突發心臟病，年僅 42 歲。在任期間，他積極推行 Gowen 的設想，堅韌不拔地利用極為有限的資源來開展工作。「他每週承擔 17.5 個小時的教學工作，並且在人手有限的情況下管理全系的行政事務，在學校財政處於最困難的情況下，奮力推動該系的工作。」[5] 他的突然離世震驚了整個大學，使東方學系面臨如何發展和定位等諸多問題。

幸運的是，在這個困難時刻，華盛頓大學招聘到了戴德華（George E. Taylor）來擔任東方學系的代理主任。戴德華曾在英國伯明罕大學、美國霍普金斯大學和哈佛大學接受教育，並曾在北京的燕京大學執教。在華期間，他同情並支持中國的抗日戰爭。因參與向河北省的抗日遊擊隊運送資金和醫藥品的活動，他受到了日本特務的監視和威脅。[6] 1939年，當華盛頓大學給他提供這一工作機會時，他感到是離開中國的時候了。戴德華的到來開始了華盛頓大學亞洲研究的新時期，東亞圖書館也在這一時期誕生。

東亞圖書館的誕生

戴德華來到華盛頓大學，滿懷豪情地要把原有的東方學系轉變為一個跨學科的系，使之成為美國西部亞洲研究的重鎮。[7] 在致哈佛大學知名漢學家費正清（John King Fairbank）的一封信中，他寫道，他的一個夢想就是「充分利用西雅圖的戰略位置......推進遠東現代經濟、政治問題的教學和研究」。[8]

1940 年 2 月，來華盛頓大學僅一年後，戴德華將傳統的東方學系更名為遠東研究系。他重新界定了本系的研究範圍，將中國、日本、東西伯利亞和南太平洋地區囊括其中，並很快招聘到一批具有不同學術背景的學者。他的學科建設方案的基礎便是建立一個研究型圖書館，以滿足師生教學研究的需要。1940 年 5 月，洛克菲勒基金會提供了 4,300 美元用於購買中文圖書，大學圖書館的東亞館藏量因此而增加到 20,837 冊。1941 年，遠東研究系開始從哈佛燕京圖書館購買中文圖書目錄卡片，並採用了裘開明的圖書分類法。當年 10 月，遠東研究系又獲得了洛克菲勒基金會 1,200 美元的資助經費，用以編制中日文圖書目錄。[9] Ruth Hale Gershevsky 那時負責管理大學圖書館的東亞館藏。後來成為哈佛燕京圖書館館長的吳文津當時正在華盛頓大學圖書館學院就讀，並在圖書館裡擔任學生實習助理。1942 年，東亞館藏增加到 25,773 冊。1943 年，華盛頓大學加入了美國圖書館協會（American Library Association）的中文圖書聯合採購專案。[10]

整個 1940 年代，華盛頓大學源源不斷地獲得了洛克菲勒家族的慷慨資助。1944 年，華盛頓大學正式成立了遠東研究所，負責協調華盛頓大學各院系之間亞洲研究專案的規劃、發展和財務管理。在戴德華的領導下，華盛頓大學吸引了許多才華橫溢的教授，如施友忠、魏復古（Karl Wittfogel）、衛德明（Helmut Wilhelm）、Nikolai Poppe、蕭公權和李方桂。他們中許多人來自遭受二戰創傷的國家。新的資金和師資到位後，華盛頓大學便集中提高圖書館的藏書量。1945 年 10 月，華盛頓大學校長 L. P. Sieg 在致洛克菲勒基金會的一封信中這樣寫道：

> 我們對遠東事務既有一致的興趣，又有交叉的專業分工，包括社會學、歷史學、技術、商學等專業領域。為了實施這種分工（使其合理健全），我們必須在未來五年內購買充足的圖書資料。從文獻的收集意義上來說，這些資料不僅要包括有俄羅斯在內的遠東國家語言的出版物，還要包括有關這些國家的科學、技術和文化等方面的外文和英文出版物。[11]

1945 年 12 月，洛克菲勒基金會又為遠東研究所提供了 5 萬美元的經費，專門用於未來五年內購買遠東和斯拉夫研究方面的圖書資料，其中 2 萬美元用於購買中文圖書，2 萬用以購買俄文圖書，1 萬美元用以購買日文圖書。1945 年，東方研究系從校方得到 2 千美元的經費，用以購買 Gowen 的私人藏書。該藏書的大部分實際已經借給系裡的師生們使用。此舉使東亞藏書的總量達到了 39,000 冊。[12] 同時，華盛頓大學又從東亞獲得了一批重要的法律文獻。其中部分日文資料尤為珍貴，被美國在日本的占領當局拿來作為人員培訓和研究使用。據統計，從 1944 年到 1946 年期間，洛克菲勒基金會撥給華盛頓大學用於購買東亞圖書資料的經費比該大學圖書館在過去的十年中採購東亞圖書經費的總額還多 10 倍。1947 年，東亞館正式更名為遠東圖書館（1977 年又更名為東亞圖書館），成為華盛頓大學圖書館的一個重要分館。同年 9 月，Ruth Krader 擔任遠東圖書館第一任館長，並聘任了一名全職日文助理。

1950 年代，華盛頓大學的亞洲研究專案和遠東圖書館發展迅速。遠東研究也啟動了若干新的專案，如中國現代史專案、中亞專案、俄羅斯遠東專案和現代日本研討班，吸引了世界各地的學者。這些專案的研究成果提高了華盛頓大學在亞洲研究領域的聲譽和影響力。隨著資金源源不斷的湧入，遠東圖書館的藏書量也穩步增長。除收購了 Gowen 的私人藏書之外，遠東圖書館還購買了其他重要的私人藏書，包括 George Kerr 的日本研究藏書和衛德明的中文藏書，這些藏書都成為遠東圖書館早期的重要館藏。1950 年，遠東圖書館搬至湯姆森樓（Thomson Hall）地下層，首次擁有了獨立的館址。同年，圖書館在洛克菲勒基金會的支持下，獲得了 Hawley 的中亞藏書，[13]「霍利文庫」（Hawley Collection）便成為華盛頓大學中亞研究的核心館藏。在 Poppe 和李方桂的共同努力下，華盛頓大學建立了中亞研究中心。1952 年，華盛頓大學開設了藏語課程，到 1959 年發展成頗具規模的西藏研究中心，並成為洛克菲勒西藏研究中心之一。為了支持西藏教學和研究，遠東圖書館開始發展藏文館藏。

1954 年，遠東圖書館購得了 Joseph F. Rock 的中文藏書。Rock 的藏書中有很多是在美國罕見的資料，特別是地方史資料。[14] Rock 是一位探險家、語言學家、植物學家和圖書收藏家，他在中國西南地區和西藏生活了 27 年，於 1950 年代初回到美國，定居於夏威夷。在華期間他曾協助華盛頓大學購買有關西藏的圖書資料。Rock 的藏書極大地豐富了遠東圖書館的館藏。

20 世紀中期，華盛頓大學的東亞研究及圖書館繼續得到來自各基金會的大量贊助，經費穩步增加，經歷了前所未有的發展，大部分資助來自於洛克菲勒基金會、卡內基基金會（Carnegie Foundation）和福特基金會（Ford Foundation）。1955 年，遠東研究所獲得洛克菲勒基金會提供的 250,000 美元資助，用於東北亞研究。這是當時華盛頓大學收到的最大一筆此類科研資助。從 1947 年到 1957 年間，卡內基基金會給遠東研究所捐贈了 225,000 美元的科研經費，用於研究蒙古和西藏問題。福特基金會提供了 390,460 美元用於資助東亞研究。此外，耶魯大學的人類關係區域檔案組織（Human Relations Area Files, Inc.）為遠東研究所提供 269,225 美元的資助，用以編制中國研究手冊。[15] 在 1960 年代，福特基金會又提供 150 萬美元，用於購買東亞研究方面的資料。1964 年 3 月，遠東圖書館從日本購買了重要資料的微縮膠捲，包括 560 卷的《朝日新聞》膠捲，《朝日新聞》是日本發行量最大的報紙之一，該微縮膠捲收錄的年代為 1888 年到 1961 年。這批資料還包括一本 1641 年封建領主及其門人的族譜——《寬永諸家図伝》和一本德川（Tokugawa）家族的族譜史——《朝野舊聞裒藁》。德川家族是鎌倉幕府的創立者，統治日本長達 260 年。[16]

1958 年，美國通過了《國防教育法案》（National Defense Education Act），由聯邦政府提供國際區域研究專款。1959 年，聯邦政府宣布啟動教育部的第六條款專案，為美國大學提供資金，建立外語學習、區域研究和國際研究的基礎設施。1960 年，華盛頓大學遠東研究所獲得了首批第六條款專案資助。與此同時，東亞研究專案和圖書館藏的快速發展也帶來了新的挑戰。隨著藏書的增加，待編目的書籍大量積壓，圖書館也沒有足夠的空間來放置這些圖書。圖書館急需聘請編目員和其他工作人員來整理日益增多的圖書。東亞研究所的代理所長 Franz H. Michael 在致信華盛頓大學副校長 Frederick P. Thieme 時這樣寫道：

> 專家們認為，華盛頓大學遠東圖書館是美國 14 個重點遠東研究中心的主要圖書館之一。它的規模在西海岸位居第二。然而我所見到的其他東亞圖書館的空間布局和工作條件都遠比我們這裡舒適愜意。實際上，我們這裡的館舍空間問題已經成為我們事業發展的障礙。來自美國其他地方和一些外國的到訪學者也經常指出這個問題，這令我們感到極為尷尬。[17]

在華盛頓大學獲得大量資金用於購置新書的同時，圖書的編目和藏書空間問題也變得日益尖銳。[18]

圖書館自動化時代

1970 年代到 1980 年代，圖書館領域經歷了重大變化，其中最顯著的就是資訊技術在圖書館管理中的應用。圖書館自動化為圖書資料的編目提供了更加有效和便捷的手段。1968 年 9 月 15 日，盧國邦接替 Krader 出任遠東圖書館館長。盧國邦在圖書館自動化方面經驗豐富，訓練有素，是全美東亞圖書館電腦編目規劃的主要參與者之一。特別值得一提的是，他將中日韓文書籍的電腦羅馬化編目運用在網路中，這為亟需現代化管理的東亞圖書館帶來了希望。不久，研究型圖書館聯盟（Research Libraries Group, RLG）建議採用自動化的編目系統來管理東亞館藏，並開發出了一種新的編碼系統，用以處理圖書館資訊網路（Research Library Information Network, RLIN）的中日韓字元。這一新系統使編目員能夠在全國的網路系統上使用東亞字元來編目東亞文圖書，並產生中日韓文的編目記錄。

1980 年代中期，國際線上圖書館電腦中心（Online Computer Library Center, OCLC）也啟動了同樣的機讀編目系統。盧國邦應邀擔任了國際線上圖書館電腦中心和研究型圖書館聯盟兩個系統設計委員會的委員。在這兩個系統的支援下，全美圖書館的中日韓文獻編目資料被成功地轉換為機讀數據。轉換後的機讀數據可以用亞洲語言顯示。在盧國邦的領導下，華盛頓大學的遠東圖書館也開始向圖書館自動化方面邁進。1976 年 11 月，美國學術團體委員會（American Council of Learned Societies）在紐約舉行集會，盧國邦向與會者介紹了圖書館線上技術，並展示了如何通過遠端電腦終端來獲取和搜索華盛頓大學遠東圖書館的館藏期刊。他說，「我們多年來在自動化方面的努力已經初見成效。毫無疑問我們已經走在了東亞圖書館自動化控制領域的前列。我們的領導地位將繼續激發和影響國會圖書館在這方面的發展。」[19] 1981 年，福特基金會為華盛頓大學東亞圖書館提供資助，完成了亞洲期刊的自動化管理。從全國來看，東亞館藏的自動化工作通常是由國會圖書館引領，在東亞圖書館委員會（Committee on East Asian Libraries, CEAL）的倡導下展開的。

1972 年 10 月 13 日到 14 日，遠東圖書館舉辦了首屆美國太平洋西北地方東亞圖書館聯席會議，討論「在有關大學之間建立一個經常性的圖書目錄交換專案」。[20] 在這次會議上，與會者組建了東亞圖書編目聯盟，以此來交流東亞圖書館之間的資訊，並為二級圖書館製作核心館藏目錄。[21]

1970 年代，遠東圖書館接手了 James Y. Sakamoto 開展的日裔美國人歷史資料收藏專案。Sakamoto 曾出版了《日裔美國人導報》(*Japanese American Courier*)，是日裔美國人辦的首份英文報紙，發行時間從 1928 年到 1942 年。1942 年，正值二戰期間，日裔美國人被關押進集中營，該報因而停刊。這一專案收集了有關西雅圖地區和華盛頓州的日裔美國人基督教會的微縮膠捲以及訪談錄音。[22]

盧國邦一直致力於發展華盛頓大學遠東圖書館的館藏量，努力使其成為亞洲以外最大的東亞圖書館之一。1968 年 12 月，在一封致大學圖書館行政管理人員的信中他指出，到 1967 年 6 月為止，華盛頓大學有關亞洲的資料總量在北美名列第 12 位，但他認為要保持前 12 名的排名，華盛頓大學圖書館必須積極獲取新的資源。在他的努力下，到 1975 年，東亞圖書館的藏書量達到了 181,659 冊。[23] 為增加遠東圖書館的藏書量，盧國邦後來又從香港的萬有書店購買了 10 萬餘冊中文圖書，這是華盛頓大學圖書館歷史上最大的一次性圖書採購。

1973 年 8 月，華盛頓大學獲得了日本政府提供的一百萬美元的捐贈，用以發展日本研究，其中部分資金指定用於購買圖書。[24] 1974 年，遠東圖書館委託 Warren M. Stonefish 對日文館藏作了一次評估。他報告說儘管日文藏書不多，但卻擁有大量重要的珍貴圖書。在某些領域，特別是日本和東亞法律方面，華盛頓大學擁有的資源在美國除國會圖書館之外是最豐富的。1974 年，梅隆基金會（Andrew W. Mellon Foundation）為大學提供了 15 萬美元的資助，由圖書館聘請一位日文館員工作三年。1975 年，法學院遷入新樓，遠東圖書館因而搬入法學院圖書館騰出的位置，即東亞圖書館的現址，在高文樓的頂層。此次搬遷極大地改善了遠東圖書館的館舍空間和運作環境。[25] 1977 年 6 月，在遷館典禮上，華盛頓大學宣布遠東圖書館更名為東亞圖書館。東亞圖書館和亞洲語言文學系及政治系所在的大樓則被命名為高文樓。

1988 年，東亞圖書館成功地主辦了一期東亞圖書館員暑期培訓班。此次活動是由東亞圖書館和傑克遜學院以及圖書館學院共同舉辦的，得到了美國教育部的資助。來自美國主要的東亞圖書館的 20 位年輕圖書館員參加了此次培訓。[26] 這次培訓對北美東亞圖書館專業水準的提高有著十分積極的影響。

1990 年 4 月 30 日，盧國邦調離華盛頓大學。在他的任期內，東亞圖書館從一個僅僅滿足本校教研需求的普通館藏發展為在圖書館自動化和東亞圖書資源服務方面的重鎮，遷入了美麗的館址，並極大地擴充了館藏。當問及盧國邦在任期間最自豪的事情和他的理想時，他回答道：「我一生的特點就是一直在尋找更簡便的做事方法。機器可以提供這種幫助……我必須承認，雖然我本人並不特具雄心，但是我對圖書館事業充滿希望和理想。」[27]

滿足讀者的需求

繼盧國邦之後的三任東亞圖書館館長都做出了不懈的努力，以便提高服務品質、滿足讀者需求，努力使館藏建設達到全國最高標準。1991 年 7 月，周明之從康奈爾大學來到華盛頓大學擔任東亞圖書館館長。從1990年10月到1992年4月，東亞圖書館展開了「清代文獻和地方志保存與編目」的研究課題，對本館清代文獻和地方史資料進行了編目整理，[28]並使這批珍貴館藏與讀者見面，方便讀者使用。1997年12月，高文樓東亞圖書館的閱覽室被命名為喬治‧貝克曼閱覽室（George M. Beckmann Reading Room），記念Beckmann教授多年來對華盛頓大學和東亞研究的貢獻。2003年2月7日，周明之從東亞圖書館館長的位置上退休。2003年2月，Paula Walker被任命為代理館長。她幫助東亞圖書館獲得了位於凱恩樓（Kane Hall）地下室的附屬書庫，使東亞圖書館的藏書空間增加了三分之一多，解決了長期以來缺少書庫空間的問題。從2004年開始，東亞圖書館凱恩附屬書庫週一到週五每天向公眾開放3個小時，根據讀者的要求，提供借閱和提取圖書服務。教職員工和研究生也可以在凱恩書庫關閉期間通過預約，進入書庫查找資料。

2004年，作為教育部第六條款專案對傑克遜國際關係學院東亞中心的評審的一部分，東亞圖書館也接受了評審。評審委員會由三位資深東亞圖書館員組成，他們來自哈佛燕京圖書館、加州大學柏克萊分校東亞圖書館和哥倫比亞大學東亞圖書館。評審報告除了提出許多有價值的建議外，還指出華盛頓大學東亞圖書館在本地區發揮了領導作用，它既服務於本校的學者，還為全美和太平洋兩岸的讀者提供服務。2006年9月，沈志佳接任東亞圖書館館長。她來自科羅拉多，曾多年擔任科羅拉多大學和匹茲堡大學東亞圖書館館長。

華盛頓大學東亞圖書館藏的優勢之一是它的韓國研究館藏。從1990年代以來，東亞圖書館的韓文館藏在韓國基金會的資助下得到迅速發展。2007年，東亞圖書館獲得了已故知名教授James Palais的1萬冊私人藏書。Palais教授是美國在韓國研究方面最受人尊敬的專家之一。Palais教授在華盛頓大學任教40年間，收藏了大量珍貴的研究資料。

東亞圖書館的百年館藏中有許多珍稀特藏。自2008年以來，東亞圖書館開始將這些特藏進行編目，並將散布在圖書館開放書架上的特藏資料集中起來，以便於更好地保護和取用。這些特藏資源包括「約瑟夫‧洛克藏書」（Joseph F. Rock Collection），Rock在1920年代早期從中國雲南和西藏少數民族地區收集到許多中文地方志。

2008年夏，恰逢華盛頓大學舉辦第一屆東亞圖書管理員暑期培訓班後的20年，東亞圖書館再次主辦了一次為期兩週的暑期培訓班，主題是數位環境下的中文圖書資訊管理工作。本次培訓班得到了盧斯基金會（Henry Luce Foundation）、蔣經國國際學術交流基金會、中國同方知網、華盛頓大學圖書館和東亞圖書館協會中文委員會的大力支持和慷慨贊助。來自北美30個研究型圖書館的37位中文研究館員參加了培訓。16名來自中國大陸、臺灣和美國的圖書館長和圖書館學院的教師擔任了培訓教師。作為培訓的一部分，還組織了一次為期兩天的研討會，探討中國知識基礎設施工程（China National Knowledge Infrastructure, CNKI）和中國電子出版業的產業標準問題。20位學者參與了研討會的發言。[29]

2006年秋天，華盛頓大學圖書館總館長Betsy Wilson在全館大會上指出，華盛頓大學圖書館將成為勾畫、創造和實現 21 世紀國際研究型圖書館藍圖的領軍力量。她說，「華盛頓大學圖書館的使命是促進科學探索、鼓勵知識發展。我們將預測讀者需求，並隨時隨地滿足讀者的資訊需求。我們培養學生，使他們獲得成功的人生，成為善於掌握和運用資訊的世界公民。」[30]

　　華盛頓大學東亞圖書館經過長期的發展，已經從一個為少數教師的研究提供方便的閱覽室，成為一個國際性的亞洲研究資訊中心。它將充分實現新世紀所賦予的極大潛力。[31]

註釋

1. University of Washington, "Rev. Gowen Gives Initial Lecture: Department of Oriental Subjects is Installed with Impressive Circumstances," *The Daily Pacific Wave*, May 13, 1909.

2. University of Washington, "Rev. Gowen Gives Initial Lecture: Department of Oriental Subjects is Installed with Impressive Circumstances," *The Daily Pacific Wave*, May 13, 1909.

3. Felicia J. Hecker, *International Studies at University of Washington: The First Ninety Years* (Seattle: Henry M. Jackson School of International Studies, 1999), 9.

4. Herbert H. Gowen, "Letter to Raymond Leslie Buell, January 6, 1931," Herbert H. Gowen Papers, 1909–1951 (1561, 3016), Special Collections, University of Washington Libraries.

5. Felicia J. Hecker, *International Studies at the University of Washington: The First Ninety Years*, 13.

6. Felicia J. Hecker, *International Studies at the University of Washington: The First Ninety Years*, 14.

7. Felicia J. Hecker, *International Studies at the University of Washington: The First Ninety Years*, 10. 東方學系於1914年更名為東方研究系。

8. George E. Taylor, "George E. Taylor to John K. Fairbank, October 18, 1939," George Edward Taylor Papers, 1932–1999 (1695), Special Collections, University of Washington Libraries.

9. L. P. Sieg, "L. P. Sieg to David Stevens, October 24, 1941," University of Washington Office of the President records, 1854–2015 (UW Resource No. 00095), Special Collections, University of Washington Libraries.

10. Frances Y. L. Dzo Wang, "The Far Eastern Library of the University of Washington: A Descriptive Study of Its Resources and Services," Master's thesis, University of Washington, 1959, 6.

11. L. P. Sieg, personal communication to David Stevens of the Rockefeller Foundation, October 17, 1945.

12. L. P. Sieg, personal communication to David Stevens of the Rockefeller Foundation, December 1, 1945.

13. Edward F. D'Arms, "Edward F. D'Arms to Earnest M. Conrad, July 5, 1951," George Edward Taylor Papers, 1932–1999 (1695), Special Collections, University of Washington Libraries.

14. Ruth Krader, August 1956, "Report on the University of Washington Asian Collection for the Far Eastern Quarterly," Office of the Director. Records. Far Eastern Library. Special Collection, University of Washington Library.

15. Felicia J. Hecker, *International Studies at the University of Washington: The First Ninety Years*, 27.

16. University of Washington Libraries, *Washington Library Letter* (March 1964).

17. Franz H. Michael, "Franz H. Michael to Frederick P. Thieme, June 15, 1959," Franz H. Michael Papers, 1948–1964 (2940), Special Collections, University of Washington Library.

18. George E. Taylor, "George E. Taylor to Marion A. Milczewski, January 19, 1965," George Edward Taylor Papers (1695), Special Collections, University of Washington Libraries.

19 University of Washington Libraries, *Washington Library Letter* (January 1977).

20 University of Washington Libraries, *Washington Library Letter* (June 1972).

21 University of Washington Libraries, *Washington Library Letter* (July 1973).

22 University of Washington Libraries, *Washington Library Letter* (October 1970).

23 Karl Lo, March 14, 1975, "Report on the Status of the Far Eastern Library to the Open Meeting on the Status of the Far Eastern Collection," Office of the Director. Records. Far Eastern Library. Special Collection, University of Washington Libraries.

24 "Arts and Sciences Newsletter," March 27, 1974, College of Arts and Sciences. Office of the Dean. Records. Special Collection, University of Washington Libraries.

25 "Annual Report of the Far Eastern Library," 1975, East Asia Library, University of Washington.

26 Zhijia Shen, "Karl Lo: Blazing the Path to Bring Technology to East Asian Libraries," in Zhijia Shen, Lianhong Zhou, and Karen Wei, eds., *Bridging Cultures: Chinese American Librarians and Their Organization—A Glance at the Thirty Years of CALA, 1973–2003* (Guilin: Guangxi Normal University Press, 2004), 89.

27 Zhijia Shen, "Karl Lo: Blazing the Path to Bring Technology to East Asian Libraries," 87.

28 "Annual Report of the East Asia Library, 1990–91," East Asia Library, University of Washington.

29 Zhijia Shen, "Report on the Summer Institute on Chinese Studies Librarianship in the Electronic Environment" (paper presented at 2009 CEAL Conference─Committee on Chinese Meterials, Sheraton, Chicago, March 26, 2009).

30 Betsy Wilson, 2006, "State of the Libraries," Office of the Dean of Libraries, University of Washington Libraries.

31 本章作者對 Matthew Turner 表示感謝，他關於東亞圖書館的研究在 2004 年得到了華盛頓大學東亞研究中心的資助。

參考文獻

East Asia Library. "Annual Reports." Office File. East Asia Library, University of Washington.

Gates, Charles M. *The First Century at the University of Washington 1861–1961*. Seattle: University of Washington Press, 1961.

Gowen, Herbert H. Herbert H. Gowen Papers, 1909–1951 (1561, 3016), Special Collections, University of Washington Libraries.

Hecker, Felicia J. *International Studies at the University of Washington: The First Ninety Years*. Seattle: Henry Jackson School of International Studies, University of Washington, 1999.

Illman, Deborah L., and Office of Research, University of Washington. *UW Showcase: A Century of Excellence in the Arts, Humanities, and Professional Schools at the University of Washington*. Seattle: Office of Research, University of Washington, 1997.

Michael, Franz H. Franz H. Michael Papers, 1948–1964 (2940). Special Collections, University of Washington Library.

Office of the Director. Records, Far Eastern Library. Special Collections, University of Washington Libraries.

Pollard, Robert Thomas. *China's Foreign Relations, 1917–1931*. New York: The Macmillan Company, 1933.

President of the University of Washington. University of Washington Office of the President Records, 1854–2015 (UW Resource No. 00095). Special Collections, University of Washington Libraries.

Sanders, Jane. *Into the Second Century: The University of Washington, 1961–1986*. Seattle: University of Washington Press, 1987.

Shen, Zhijia, Lian Hong Zhou, and Karen Wei, eds. *Bridging Cultures: Chinese American Librarians and Their Organization—A Glance at the Thirty Years of CALA, 1973–2003*. Guilin: Guangxi Normal University Press, 2004.

Taylor, George E. George Edward Taylor Papers, 1932–1999 (1695). Special Collections, University of Washington Libraries.

University of Washington. "College of the Arts and Sciences." Office of the Dean. Records. Special Collections. University of Washington Libraries.

University of Washington. "Rev. Gowen Gives Initial Lecture: Department of Oriental Subjects Is Installed with Impressive Circumstances." *The Daily Pacific Wave*, May 13, 1909.

University of Washington Libraries. *Washington Library Letter* (March 1964).

University of Washington Libraries. *Washington Library Letter* (October 1970).

University of Washington Libraries. *Washington Library Letter* (June 1972).

University of Washington Libraries. *Washington Library Letter* (July 1973).

University of Washington Libraries. *Washington Library Letter* (January 1977).

Wang, Frances Y. L. Dzo. "The Far Eastern Library of the University of Washington: A Descriptive Study of Its Resources and Services." Master's thesis, University of Washington, 1959.

館藏日文期刊,圖片由小竹直美(Naomi Kotake)提供。

13 / 在挑戰中成長：
史丹佛大學東亞圖書館

邵東方（Shao Dongfang）

美國國會圖書館亞洲部主任，曾任史丹佛大學東亞圖書館館長。邵東方出生於中國江蘇省南通市，在獲得北京師範大學歷史學學士和碩士學位之後，又先後獲得夏威夷大學歷史學博士學位和聖荷西州立大學圖書館和資訊科學碩士學位。他所發表的論文涉獵廣泛，涉及中國學術史、歷史文獻、資訊管理等方面。他獨撰、合著和編寫了 8 本著作和許多有關中國研究的文章。

邱頎（Qiu Qi）

美國國會圖書館亞洲部館員，曾擔任過史丹佛大學東亞圖書館代館長、中西文獻專業館員。邱頎出生於中國黑龍江省，在南京大學獲得英語專業學士學位後，又獲得密蘇里大學大眾傳播學碩士和博士學位。她發表過關於中國傳媒業的文章。

東亞研究是史丹佛大學學術專案中最重要和最多元化的領域之一。東亞研究具有跨學科性，涵蓋了人文與社會科學——從宗教研究、音樂學到社會學和政治學等多個領域。史丹佛大學東亞研究中心（The Center for East Asian Studies, CEAS）開設學士和碩士學位課程，推動與東亞領域有關的學科院系和研究中心之間的合作。史丹佛大學有十多個院系可以授予東亞學方面的博士學位。

隸屬於史丹佛大學的胡佛戰爭、革命與和平研究所（Hoover Institution on War, Revolution and Peace）有十幾名高級研究員和一般研究員在從事東亞研究。他們的研究涉及政治、經濟和國際事務等領域。此外，該研究所每年定期接待來自中國大陸、臺灣、港澳、日本和韓國的訪問學者，這些學者為史丹佛大學的東亞研究帶來了新的視角和活力。

史丹佛大學東亞圖書館（East Asia Library, EAL）擁有中、日、韓文館藏。近年來，東亞圖書館日益重視讀者群體的多樣化，不斷提高館藏和服務的範圍、深度和品質。

早期發展

史丹佛大學於 1891 年由 Leland Stanford 創辦，其東亞研究專案的歷史可以追溯到建校初期。當時，史丹佛大學的創校校長 David Starr Jordan 極為關注東亞研究。1906 年他派遣歷史系教授 Payson Treat 訪問日本。由於 Treat 的這次出訪，史丹佛大學成為北美大學中首批開設東亞研究課程的學校之一。Jordan 校長還與他人一起創建了史丹佛大學的太平洋關係研究所，並受邀加入了傅蘭雅（John Fryer）所建立的東方俱樂部。20 世紀初，傅蘭雅在附近的加州大學柏克萊分校教授中國語言和文學。

市橋大和（Yamato Ichihashi）也為史丹佛大學東亞專案的早期發展作出了重大貢獻。市橋大和是史丹佛大學的畢業生，1913 年獲得哈佛大學博士學位後，返回史丹佛大學講授日本歷史和日美關係課程。1920 年，他被聘為史丹佛大學講座教授。然而不幸的是，1942 年市橋大和和家人被關入圖里湖（Tule Lake）的日裔美國人集中營，他在史丹佛大學的教學活動也隨之中斷。儘管二戰後市橋大和重返史丹佛大學，但是一切都已事過境遷。

從 1945 年到 1960 年代初期，史丹佛大學歷史系開設了太平洋地區研究、亞洲研究和俄羅斯研究方面的大學主修，這在很大程度上源於歷史系教授白霖（Lynn White）的倡導。早在 1920 年代初期，史丹佛大學的許多院系已開始頒授東亞研究方面的博士學位。這些院系中的著名教授有亞洲語言系的陳受榮、政治學系的池信孝（Nobutaka Ike）和歷史系的 Claude Buss。1957 年，史丹佛大學成立東亞研究委員會（Committee on East Asian Studies），這是當時史丹佛大學建立的唯一一個重要的國際區域研究專案。委員會最初的資助來自福特基金會（Ford Foundation），幫助史丹佛大學成立了《國防教育法》（National Defense Education Act, NDEA）資助的中日語言和國際區域中心，吸引了不少教授和語言學講師加盟亞洲語文系。海外語言培訓中心也在東京和臺北建立了起來。

1960 年代，史丹佛大學的東亞研究專案發展得很快。1963 年，美國教育部開始為史丹佛大學的國際區域研究撥發經費。在此期間，福特基金會的支持仍持續不斷，幫助大學招聘了更多東亞研究領域的教授。

1968 年，東亞研究中心（Center for East Asian Studies）取代了東亞研究委員會。時至今日，東亞研究中心仍是史丹佛大學東亞研究的一個重心，負責協調全校東亞研究領域的科研和教學工作。中心的首位主任是政治學系教授 John Lewis，他同時也是中心建制的策劃者。從 1976 年起，東亞研究中心開始授予東亞研究的本科學位。[1]

在過去的一個世紀，有許多著名的東亞研究

學者在史丹佛大學任教，其中包括丁愛博（Albert Dien）、康無為（Harold Kahn）、劉若愚、John Lewis、墨子刻（Thomas Metzger）、馬若孟（Ramon Myers）、倪德衛（David Nivison）、施堅雅（William Skinner）、芮沃壽（Arthur Wright）、芮瑪麗（Mary Wright）等。

東亞館藏最初隸屬於胡佛戰爭、革命與和平研究所，它籌建於二戰期間。但由於戰爭的緣故，推遲了館藏的啟用。1945 年 1 月，時任胡佛研究所所長的 Harold H. Fisher 開始組織收集現當代中日文資料。用他自己的話說，這些資料將主要側重於「戰爭的因果而非軍事行動」，涵蓋「各種形式的革命運動」，體現「國際關係的整個領域——政治、經濟和文化，以及和平組織」。Fisher 首先到訪華盛頓特區，向美國國務院和其他機構的官員諮詢文獻收集事宜。同時，他也得到了前總統 Herbert C. Hoover 和胡佛研究所各位友人的幫助。到 1946 年，Fisher 已經在中國和日本建立了完整的捐助人網路，他們中的大部分人是史丹佛大學校友或曾任教於史丹佛大學的教授。

圖 13-1：在美國空軍的幫助下，芮瑪麗於 1946 年飛抵延安，為史丹佛大學胡佛研究所東亞館藏收集資料。照片由胡佛研究所提供。

在日本，胡佛研究所的圖書收藏專案委託給一個特殊的組織管理。該組織於 1945 年 11 月經 Douglas MacArthur 將軍批准建立，由 Hubert G. Schenck 中校負責督導。Schenck 在承平時曾經作過史丹佛大學地質學教授。這一專案在東京的辦公室位於千代田區神田駿河台的日本雜誌紀念會館內，由史丹佛大學 1937 屆畢業生東內良雄（Yoshio Higashiuchi）負責管理。東內良雄每天派助手到神田地區的書店和零售商店尋找胡佛圖書館需要的珍貴資料。在兩年時間內，東內良雄及其助手收集到約 5 千冊圖書和許多雜誌，以及重達數噸的報紙、政府文件和其他資料。從 1945 年 11 月到 1947 年 12 月，東京辦公室向史丹佛大學運送了約 300 箱日文資料。[2]

在中國，內戰和隨後的通貨膨脹使得圖書收集和運送變得困難，有時候還相當危險，因此必須尋找別的收集方法。當通往美國的管道被封鎖時，收藏的資料便轉道加拿大渥太華運送到史丹佛大學。從 1946 年到 1947 年春，芮瑪麗及其夫婿芮沃壽成為胡佛圖書館在華的主要代表。他們以北平為中心展開收購活動。在美國空軍的幫助下，芮瑪麗曾在國民黨軍隊占領延安之前，飛抵這個中國共產黨總部所在地。她運回的北平的報紙、宣傳冊和圖書是不可替代的珍貴資料和對

第十三章　在挑戰中成長：史丹佛大學東亞圖書館　211

那個動盪年代的真實紀錄。[3]

芮瑪麗夫婦離開北平後，Ann N. Bottorff 接替他們負責北平地區的資料收集。到了 1948 年 11 月，胡佛圖書館已經在中國許多城市委派了代表：在上海有 John Berentz 和 Getz Brothers，在共產黨控制的地區有 William C. Berges，在重慶有 H. H. Hopkins 以及教育部的吳舒攀，在迪化有包懋勳（J. Hall Paxton），在南京有劉裔昌，在廣州有杜定友和 Harry Hainz 牧師，在香港有新民出版社，在臺北有 Richard Conlon。到 1949 年末，中國共產黨控制了中國大陸之際，大批中文資料已經運送到了史丹佛大學，其中僅通過東京辦公室就運回了 500 箱資料，總共約 5 千冊圖書，許多都是善本圖書。[4]

20 世紀後半葉的發展

儘管 1949 年之後胡佛圖書館停止了在中國大陸的資料收集工作，但是在中國香港地區的採購仍在繼續進行。日本也成為中文圖書的另一個來源。東京辦公室在 1952 年關閉之前一直向史丹佛大學運送圖書。從那時起，來自日本的資料都是通過書商購得的。圖書收購也呈現出新的形式，包括捐贈和專項採購。

1959 年，Nym Wales（Edgar Snow 的前妻）將她在延安的日記和收集到的其他中文文獻捐贈給了胡佛研究所，這批中文資料涉及中國的藝術家、婦女、學生運動和 1936 年的西安事變。在西安事變中，蔣介石曾被原中國東北軍閥張學良扣押。

胡佛圖書館還有過兩次重要的採購活動。1958 年，日文館藏主任高瀨保（Tamotsu Takase）獲得了近衛文麿（Prince Konoe）文獻的微縮膠捲。三年後，吳文津得到臺灣國防部的許可，拍攝了 1931–1934 年有關中華蘇維埃共和國（譯者註：中國共產黨在中央革命根據地瑞金建立的中央政權機構）文獻的微縮膠捲。[5] 作為美國華人圖書館長的先驅，吳文津對胡佛研究所中文館藏的發展作出了巨大貢獻。1951 年，中文館藏的首位主任芮瑪麗聘請吳文津來胡佛工作。1956 年，吳文津擔任副主任。1959 年，芮瑪麗應聘為耶魯大學歷史系教授後，吳文津接替她出任中文館藏主任。

1961 年，胡佛研究所決定將中日文館藏合併為東亞館藏，由吳文津出任東亞館藏第一任主任，直到 1967 年 11 月吳文津前往哈佛燕京圖書館任館長為止。在此期間，吳文津將東亞館藏建成了美國收藏現代中國和日本資料的重鎮，[6] 該館藏中有關近現代中國的資料是中國大陸和臺灣之外最豐富的圖書館館藏之一。[7]

1967 年至 2002 年，東亞館藏由胡佛塔（Hoover Tower）搬至盧·亨利·胡佛大樓（Lou Henry Hoover Building）。吳文津離任後，由馬大任擔任東亞館藏主任。1975 年，又由馬若孟接任。在隨後的 26 年間，馬若孟繼續增強館藏在近現代中國和日本資料方面的優勢，特別是關於中國的辛亥革命、軍閥混戰、國內革命戰爭，以及 1949 年之前的經濟和政治狀況。東亞館藏的日本資料主要集中在 19 世紀末到 20 世紀。1983 年，東亞館成為北美圖書館自動化服務的試點館，採用研究型圖書館資訊網路（Reseach Library Information Network, RLIN）系統對書目和採購實行電腦管理。[8]

東亞圖書館移交史丹佛大學管理

直到 1990 年代，史丹佛大學校內只有胡佛研究所的東亞館藏有中日文典藏資料。1996 年，在教務長 Condoleezza Rice 的倡議下，史丹佛大學開始與胡佛研究所協商，將收藏、存放和維護這些資料的責任移交給史丹佛大學圖書館。Rice 提出，應簡化圖書館在館藏建設和服務方面的繁瑣程序，提高財政和運作效率，使胡佛檔案館全力實行該研究所最初的使命。這個計畫的主要目標是使胡佛圖書館的資料能夠像史丹佛大學圖書館的館藏一樣盡可能為史丹佛大學師生利用。[9] 儘管有些人對此計畫有所疑慮，2001 年 1 月，教務長 John Etchemendy 宣布，立即啟動移交和重組工作。2001 年 9 月後，胡佛研究所東亞館藏正式併入史丹佛大學圖書館，更名為史丹佛大學東亞圖書館（Stanford East Asia Library）。隨後，邵東方被任命為該館館長。2002 年春天，東亞書庫中因發現蟲蛀而推遲搬遷，直至同年 9 月才搬到梅耶圖書館（Meyer Library）4 樓。胡佛研究所東亞館藏的 12 名員工也隨之進入史丹佛大學圖書館編制。東亞館藏的大部分資料存放在梅耶圖書館底層的中間夾層中，多卷本圖書則搬至史丹佛大學校外附屬圖書館儲存。

圖 13-2：亨利・梅耶紀念圖書館存放著史丹佛大學的東亞館藏。照片由本章作者提供。

在這之前的 40 年間，東亞館藏按照胡佛研究所的研究重點，著重於 20 世紀中國和日本的歷史、政治以及經濟運動和經濟發展等方面的收藏。移交給史丹佛大學後的東亞圖書館的藏書範圍比胡佛研究所的研究領域寬廣。然而，當時東亞館藏的深度和廣度根本不足以支持史丹佛大學的東亞研究與教學。[10] 總體上來說，原胡佛研究所的東亞館藏數量在全美已居一流的大館之列。但是，由於館藏過於集中在近現代領域，而且其收藏存在很多薄弱環節，特別是 1970 年代中期以後，東亞館藏不再擴展資源以支持傳統收藏領域之外的研究。因此，儘管移交給史丹佛大學圖書館之後的東亞館藏在近現代的某些領域具有其他北美圖書館無法相比的優勢，但它在人文研究領域卻屈居二流，甚至缺乏研究型館藏應有的基礎文獻。[11] 移交之後的館藏建設更注重按照該校的學者、研究者、學生和其他讀者的需要來發展，以支持史丹佛大學全校的東亞研究為中心任務，而非僅對胡佛研究所負責。大學裡東亞研究的範圍要遠比胡佛研究所的研究範圍更為廣泛和全面，幾乎涵蓋了中日研究中所有的學科和歷史階段。[12] 因此，新成立的東亞圖書館迅速開始擴展典藏領域。最近幾年來，館藏的數量和品質都得到顯著提升。[13]

中文館藏

東亞圖書館的中文館藏範圍包括政治、法學、經濟、公共財政、統計、國防、歷史、地理、語言文學、社會和教育等學科。中文館藏中最珍貴的是 1949 年之前有關中國國情的資料，包括許多政府文件、商務統計報告和中國共產黨文獻。薛君度根據館藏中的中國共產黨黨史文獻編輯了兩部書目提要，即《中國共產黨運動：1921–1937》（*The Chinese Communist Movement, 1921–1937*）和《中國共產黨運動：1937–1949》（*The Chinese Communist Movement, 1937–1949*）。其他類似文獻在《胡佛研究所微縮膠捲》（*Hoover Institution Microfilms*）（1965）和《亞洲增刊》（*Asian Supplement*）（1977）中可以找到，其中有 128 卷有關國共內戰期間共產黨根據地的微縮膠捲。

1999 年，時任館藏副主任的譚煥廷對東亞館藏中有關中國大陸和臺灣的特藏資料編撰了一份書目清單。[14] 這些特藏資料包括：

一、中國共產黨史（這是北美關於這方面內容最為全面的典藏之一）。

二、中國學生運動（1927–1937）和民國採用西方教育體系之後的政治法律改革。[15]

三、中國工人運動（1919–1927），內容主要涉及農村市場、鐵路、城市銀行和農村土地租賃。[16]

四、中國史的其他方面：1898 年百日維新、1900 年義和團運動、1911 年辛亥革命、中日戰爭（1937–1945）、人民公社時期（1958–1959）、文化大革命（1966–1976）、地方史、國民黨黨史（1912–1970）、1949 年之前中央政府公報和期刊、其他學術期刊（13,000 種）。

五、約 5,500 種特藏和珍本資料的微縮膠捲，內容涉及汪精衛偽政權、中國共產黨領導的歐洲勤工儉學專案（1919–1924）、第二次國共內戰時期的軍事戰役（1946–1949）、中國婦女運動（1910–1937）、1919 年的五四運動、1919–1930 年間的軍閥混戰。

此外，館藏還收藏了 1949 年之前中西方重要人物的個人檔案，包括宋子文、毛秉文、陳納德（Claire Chennault）、John Stuart、Nym Wales 等人的檔案。近年來，史丹佛大學圖書館還購買了白凱（Kathryn Bernhardt）和黃宗智收藏的珍貴的中國法律史文獻。這批資料是從中國檔案館複製的法律和行政文件，是中國以外最大的中國法律史檔案收藏，不僅體現在數量上，而且體現在時間跨度、覆蓋區域和涵蓋範圍上。此批檔案包括清代、民國和中華人民共和國三個時期約 2,500 多份的法律案件和其他文獻，年代跨度從 18 世紀中期到 1980 年代。中文館藏中也收藏了大量有關中華人民共和國的檔案，特別是文化大革命時期的資料，也包括中國共產黨幹部和政治鬥爭對象的筆記、政治運動、社會結構、戶口登記、鄉鎮管理和其他領域的資料等。

圖 13-3：有關中華人民共和國的政治檔案，照片由本章作者提供。

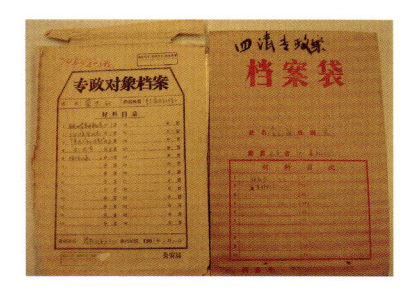

圖 13-4：有關中華人民共和國的政治檔案，照片由本章作者提供。

上述檔案資料一部分收藏於東亞圖書館，另一部分藏於胡佛研究所圖書檔案館的現代中國檔案部和特藏部。2006 年，胡佛研究所將《蔣介石日記》對外公開，蔣介石及其子蔣經國的日記由蔣氏家族寄存在胡佛研究所檔案館。

東亞圖書館的大部分珍稀檔案和善本圖書都存放在善本部，讀者使用起來很不方便。為了保存這些珍貴文獻，並便於使用，東亞圖書館對這批珍貴文獻進行了數位化。大學圖書館購買了瑞士生產的掃描設備和數位化生產線，將印刷文獻批量數位化，速度大約是手工掃描的 10 倍。

日文館藏

日文館藏中 40% 的資料涉及政治、法律、經濟、公共財政、社會、統計、教育和國防等學科，其他重要領域包括歷史、地理、語言文學、科學技術，以及工農業。日文館藏的中日外交關係研究資料包括日本在華的殖民統治資料，日本的對華政策文獻，有關殖民理論和管理的日文專著，大量有關日本帝國事務的行政檔案和田野研究資料等。[17] 對日本國內歷史感興趣的研究者會發現日文館藏中有許多特藏文獻，內容包括日本在明治維新以後快速現代化過程中出現的社會經濟動盪、城鄉衝突、罷工、暴動以及地主佃農之間的爭端等問題。通過研究這些政府報告和資料，讀者甚至可以追溯這些事件逐日的發展。從日本政黨的報刊、宣傳冊和其他文獻中，我們還可以發現由於日本社會動盪所帶來的極端軍國主義潮流，以及日本政府對左派組織的鎮壓等方面的史料。[18]

日文館藏中最為重要的特藏文獻包括：

一、有關 1920–1940 年代的共產主義、社會主義和激進民族主義的資料，以及 2,400 種期刊（包括 1920 年代出版的許多左翼期刊，以及 1930、1940 年代出版的右翼期刊）。

二、工農運動，特別是 1910–1930 年代在日本發生的工農運動。

三、日本殖民時期（1895–1945）文獻。館藏收入了有關二戰前中日關係和日本在華殖民活動的資料，其中有許多是日本在 1930 年代早期占領滿洲的文獻，如 1920–1940 年代南滿鐵路公司的文件，以及偽滿洲國的文件。[19] 館藏還收有其他殖民地的資料，比如朝鮮半島和臺灣，以及東南亞被日本占領的殖民地等。

四、日本現代化時期（1860 年代中期到現在）重要政治人物的生平資料。

五、戰後日本資料，包括白皮書、期刊、報紙、商業史和個人日記。主要領域包括歷史、政治、法律、經濟、公共財政、社會、統計、教育、國防、工農業等。

明治時期重要政治家的微縮膠捲檔案和大量有關日本從 1860 年代到 1940 年代的社會、經濟和教育變革方面的微縮膠捲資料。

日文館藏的其他重要領域包括明治維新（1853–1870）；明治時期；大正民主；昭和時期；日本侵華戰爭（1937–1945）；個人口述史；日本中部（特別是長野縣）和北部的地方史；國家安全、國防和軍事史；中日戰爭（1894–1895）；日俄戰爭（1904–1905）；沖繩歸還（1945 年到 1970 年代）；駐日美軍基地的歷史；教育和教育政策，包括初級和中級學校教科書（1860 年代至 1940 年代）；少數族群的歷史，包括日本的部落民和朝鮮人；婦女期刊（1860 年代至 1940 年代）；小型企業；以及灰色文獻（1945 年之前中央和地方非正式出版的文獻，其中大部分在北美圖書館中是絕無僅有的，即使在日本也只有少數圖書館藏有此類資料）。

韓文館藏

南北韓研究是史丹佛大學一個新興的研究領域。韓文館藏於 2005 年 9 月建立，側重收藏韓國近現代社會科學的資料。目前，館藏中關於人文學科的收藏也在不斷增加，以期建立一個綜合全面的研究館藏。

館藏評估

2001 年，在胡佛研究所圖書檔案館與史丹佛大學圖書館之間進行東亞圖書館的重組時，大學聘請了兩位專家——周欣平和野口幸生（Sachie

Noguchi）對中日文館藏進行評估。在結論中，他們極大地肯定了東亞館藏的傳統優勢，但也指出，就史丹佛大學當前的科研和教學來說，這些文獻的覆蓋面有所不足。評估報告指出，史丹佛大學東亞圖書館需要關注古代歷史、文學、語言、佛教研究、藝術、電子資源等方面的學科資源建設。例如，當時史丹佛大學僅從事東亞語言文學研究的人員就有 16 名講師和 6 名教授，但在 2001 年之前，館藏中有關文學、語言和語言學方面的資料非常有限。評估專家們也建議東亞圖書館回溯收藏某些領域的文獻，以填補多年來因忽視這些領域造成的空白。他們建議大學增加中日文館藏的預算，以保持它在全國重要圖書館中的競爭優勢，同時利用這筆資金補償日益增加的購書成本。[20] 評估報告最後指出，如果東亞圖書館要成功發展中日文館藏，就必須擴充工作人員以確保館藏更加及時有效地對用戶開放。

2006 年，東亞圖書館對中日文館藏進行了一次自我評估，繼續找出館藏中的薄弱環節。[21] 就中文館藏來說，不足的領域包括古代社會、歷史、宗教、文學、語言、藝術、哲學和考古學等。大部分教師和研究生都認同東亞圖書館的自我評估，指出館藏在這些領域方面確有欠缺。從事日本研究的教授和研究生參與了東亞圖書館日文館藏的自我評估，提出亟待加強文獻建設的領域包括 17 世紀的哲學、日本佛學、古代歷史地理、美國的日本移民、語言學、現代日本戲劇和電影、圖畫小説和期刊。為了填補這些空白，東亞圖書館需要進行回溯收藏。

東亞圖書館一直注重與外界合作。圖書館與胡佛研究所圖書檔案館以及史丹佛大學藝術和建築學圖書館合作採購了許多東亞檔案和藝術文獻。圖書館也與本校音樂圖書館合作，收藏亞洲音樂文獻。圖書館與加州大學柏克萊分校東亞圖書館的合作已進行多年，如兩館在中文報紙和年鑑等方面的合作收藏，以及昂貴文獻的採購和地方志的合作收藏等都卓有成效。兩所大學的專業館員還保持了年度互訪的傳統，不斷探討現有和未來的合作領域。目前，史丹佛大學東亞圖書館正與中國社會科學院和中共中央文獻研究室在收藏當代中國地方志、期刊和中國共產黨出版物等領域進行合作。2007 年，史丹佛大學圖書館與韓國國會圖書館（National Assembly Library of Korea）簽署了合作協定，以求分享資訊和交換資料。雙方還進行了人員交流。

應對圖書館館藏空間的挑戰

2007 年年初，史丹佛大學東亞圖書館和東亞研究人員面臨一個新的挑戰：大學行政官員決定拆除東亞圖書館所在的梅耶大樓，迫使圖書館在五年內重選新址。根據 1989 年洛馬·普雷塔地震（Loma Prieta earthquake）後建立的新的抗震標準，史丹佛大學必須翻修或替換達不到建築標準的大樓。就梅耶大樓來說，由於翻修成本較高，史丹佛大學決定拆除這幢大樓，代以建造一個供電腦中心和學生學習使用的小型建築，東亞圖書館不包括在新建築計畫之中。[22] 加州聖克塔拉縣批准的《綜合土地使用許可》（General Use Permit）對史丹佛大學新建面積作出了嚴格限制，要求新樓必須規模較小。教務長當時表示：「我們在學校每增加 75 平方英尺的圖書存儲空間，就不得不將一個員工安置在校外辦公。」[23]

對於如何重新安置東亞圖書館，一種方案是「將東亞圖書館人員以及部分館藏安置在校內格林圖書館，而將格林圖書館的部分館藏和東亞圖書館其他的館藏搬至校外。被搬走的館藏仍然可以使用，但是它們將存放在位於利物莫（Livermore）鎮的史丹佛大學第三附屬圖書館，僅供調閱使用。」[24]

隨後，史丹佛大學開始了意見徵詢程序。圖書館委員會為教授、學生和其他人員安排了一次公開表達意見的機會，並在 2007 年 11 月 28 日舉行了聽證會。師生代表對梅耶專案的初步方案進行了評議。教授們擔心，這一方案將會使讀者無法直接瀏覽東亞圖書館的館藏，而瀏覽藏書對人文學科的研究人員至關重要。對他們來說，圖書館就像科學家的實驗室一樣必不可少。此外，他們還認為此方案將會對教授的留任和研究生的招收產生負面影響，同時還提到非羅馬字元的文獻在數位化過程中可能遇到的問題。

2008 年 11 月 13 日，史丹佛大學教授參議會一致通過了委員會的報告。該報告指出，由於梅耶大樓在 10 年內將被拆毀，史丹佛大學必須在校內建立新館，用以存放目前位於梅耶大樓的東亞圖書館的部分館藏。委員會的大部分建議圍繞如何改善校內圖書館的基礎設施長期以來的欠缺而展開，同時也指出，圖書館至少要在兩代教師之後才能在某些領域最終以電子資源的形式有效地取代紙本。因此，建立一個混合型圖書館，把紙本和電子資料在研究環境中進行無縫連接，才最有可能吸引各個學科領域的學生和教師。[25]

為了應對空間和換址的挑戰，東亞圖書館開始提供更多的線上資訊，以使讀者更方便地查閱文獻。史丹佛大學圖書館還與 Google 公司合作，將包括東亞文獻在內的館藏資料數位化，使沒有版權限制的資料可以線上免費獲取。史丹佛大學圖書館總館長兼學術資訊資源總監 Michael A. Keller 指出，「到 2009 年，大約 1 百萬冊的館藏圖書將被送往 Google 公司進行數位化，使讀者可以受益於新的索引和搜索方法，以及電子文獻的連結服務。」[26]

60 年來，眾多北美及世界各地的學者都曾受益於東亞圖書館的豐富館藏。通過館藏建設與服務，史丹佛大學東亞圖書館不斷促進了東亞地區各國與世界各國，以及美國的學界和大眾之間的相互瞭解。[27]

註釋

1. Theodore N. Foss, "East Asian Studies History Told," *East Asian Horizons, Stanford University* (autumn 1991): 1, 3. 這一時期的歷史文獻也可以參見 Yamato Ichihashi and Gordon Chang, *Morning Glory, Evening Shadow: Yamato Ichihashi and his internment writings, 1942–1945* (Stanford: Stanford University Press, 1995).

2. *East Asian Collection* (Stanford: Hoover Institution, 2000), 8.

3. *East Asian Collection*, 9.

4. 吳文津，「美國東亞圖書館收藏中國典籍之緣起與現況」，載於淡江大學中國文學系編，《書林攬勝：臺灣與美國存藏中國典籍文獻概況 ── 吳文津先生講座演講錄》（臺北：學生書局，2003 年），頁 34。

5. 吳文津，「美國東亞圖書館收藏中國典籍之緣起與現況」，頁 35–36。

6. Zhijia Shen, Liang Hong Zhou, and Karen T. Wei, eds., *Bridging Cultures: Chinese American Librarians and Their Organization—A Glance at the Thirty Years of CALA, 1973–2003* (Guilin: Guangxi Normal University Press, 2004).

7. 呂芳上，「史丹佛大學胡佛研究所及其典藏的民國史料」，《近代中國史研究通訊》11（1991 年 3 月）：222–233。

8. Roman H. Myers, "The East Asian Collection," in Peter Duignan, ed., *The Library of the Hoover Institution on War, Revolution and Peace* (Stanford: Hoover Institution Press, 1985), 67–77.

9. *Stanford University Libraries and Academic Information Resources 2001–2002 Biennial Report* (Stanford: Stanford University Libraries, 2003), 2.

10. Peter X. Zhou, "Review of the Chinese Collection of the Hoover Institute," unpublished manuscript, 2001; Sachie Noguchi, "Review of the Hoover Institute's Japanese Collection," unpublished manuscript, 2001.

11. Peter X. Zhou, "Review of the Chinese Collection of the Hoover Institute"; Sachie Noguchi, "Review of the Hoover Institute's Japanese Collection."

12. Dongfang Shao, "Annual Report of Stanford East Asian Library," unpublished manuscript, 2004.

13. Council on East Asian Libraries, "CEAL Statistical Database Search Result: Total East Asian Collections of North American Institutions, Stanford," http://www.lib.ku.edu/ceal/viewbacklog.asp

14. Ramon H. Myers, "Report of the East Asian Collection," unpublished manuscript, 1999.

15. John Israel, *The Chinese Student Movement, 1927–1937: A Bibliographical Essay Based on the Resources of the Hoover Institution* (Stanford: Hoover Institution, 1959). 本書引用了胡佛研究所許多有關這些事件的資料，見頁 4、5、8、9、22。

16. George William Skinner and Winston Hsieh, eds., *Modern Chinese Society: An Analytical Bibliography, vol. 2. Publications in Chinese, 1644–1969* (Stanford: Stanford University Press, 1973).

17. 這些資料在上述文獻中都有描述。

18. Nobutaka Ike, *The Hoover Institution Collection on Japan* (Stanford: Hoover Institution, 1958), 27–30.

[19] Frederick W. Mote, *Japanese-Sponsored Governments in China, 1937–1945* (Stanford: Stanford University Press, 1954), 10.

[20] Peter X. Zhou, "Review of the Chinese Collection of the Hoover Institute"; Sachie Noguchi, "Review of the Hoover Institute's Japanese Collection."

[21] "Faculty Senate Minutes—January 24, 2008 Meeting," *Stanford Report*, January 30, 2008, 9.

[22] Devin Banerjee, "Meyer Set for Razing by 2012, Smaller Structure to Replace 41-Year-Old 'Eyesore,'" *Stanford Daily*, October 29, 2007.

[23] Devin Banerjee, "Meyer Set for Razing by 2012, Smaller Structure to Replace 41-Year-Old 'Eyesore,'" *Stanford Daily*, October 29, 2007.

[24] Michael Keller, unpublished open letter to members of School of Humanities and Science departments, October 23, 2007.

[25] "Report: C-LIB Subcommittee on Digital Information Technologies in the Research Library Environment at Stanford, 8 September 2008," http://facultysenate.stanford.edu/2008_2009/reports/SenD6136_c_lib_dig_info.pdf

[26] "Faculty Senate Minutes—January 24, 2008 Meeting," *Stanford Report*, January 30, 2008, 9.

[27] 作者感謝陳康妮、章家敦、有田美千代（Arita Michiyo）、方查理（Charles Fosselman）、馬若孟（Ramon H. Myers）、倪德衛、費樂仁（Lauren F. Pfister）、耿旭之（John Groschwiz）和羅珞珈為本文提供相關文獻和資料。

參考文獻

吳文津。「美國東亞圖書館收藏中國典籍之緣起與現況」。載於《書林攬勝：臺灣與美國存藏中國典籍文獻概況——吳文津先生講座演講錄》。淡江大學中國文學系編，頁 1–42。臺北：學生書局，2003。

呂芳上。「史丹佛大學胡佛研究及其典藏的民國史料」。《近代中國史研究通訊》11（1991 年 3 月）：222–233。

Banerjee, Devin. "Meyer Set for Razing by 2012, Smaller Structure to Replace 41-Year-Old 'Eyesore.'" *Stanford Daily*, October 29, 2007.

Council on East Asian Libraries. "CEAL Statistical Database Search Result: Total East Asian Collections of North American Institutions, Stanford." http://www.lib.ku.edu/ceal/viewbacklog.asp

East Asian Collection. Stanford: Hoover Institution, 1979.

East Asian Collection. Stanford: Hoover Institution, 2000.

"Faculty Senate Minutes—January 24, 2008 Meeting." *Stanford Report*, January 30, 2008.

Foss, Theodore N. "East Asian Studies History Told." *East Asian Horizons, Stanford University* (autumn 1991): 1, 3.

Ichihashi, Yamato, and Gordon Chang. *Morning Glory, Evening Shadow: Yamato Ichihashi and His Internment Writings, 1942-1945*. Stanford: Stanford University Press, 1997.

Ike, Nobutaka. *The Hoover Institution Collection on Japan*. Stanford: Hoover Institution, 1958.

Israel, John. *The Chinese Student Movement, 1927–1937: A Bibliographical Essay Based on the Resources of the Hoover Institution*. Stanford: Hoover Institution, 1959.

Keller, Michael. Personal communication to members of School of Humanities and Science Departments, October 23, 2007.

Mote, Frederick W. *Japanese-Sponsored Governments in China, 1937–1945*. Stanford: Stanford University Press, 1954.

Myers, Ramon H. "Report of the East Asian Collection." Unpublished manuscript, 1999.

Myers, Ramon H. "The East Asian Collection." In *The Library of the Hoover Institution on War, Revolution and Peace*. Edited by Peter Duignan, 67–77. Stanford: Hoover Institution Press, 1985.

Noguchi, Sachie. "Review of the Hoover Institute's Japanese Collection." Unpublished manuscript, 2001.

"Report: C-LIB Subcommittee on Digital Information Technologies in the Research Library Environment at Stanford, 8 September 2008." http://facultysenate.stanford.edu/2008_2009/reports/SenD6136_c_lib_dig_info.pdf

Shao, Dongfang. "Annual Report of Stanford East Asian Library." Unpublished manuscript, 2004.

Shen, Zhijia, Liang Hong Zhou, and Karen T. Wei, eds. *Bridging Cultures: Chinese American Librarians and Their Organization—A Glance at the Thirty Years of CALA, 1973–2003*. Guilin: Guangxi Normal University Press, 2004.

Skinner, George William, and Winston Hsieh, eds. *Modern

Chinese Society: An Analytical Bibliography, vol. 2. *Publications in Chinese, 1644–1969*. Stanford: Stanford University Press, 1973.

Stanford University Libraries and Academic Information Resources 2001–2002 Biennial Report. Stanford: Stanford University Libraries, 2003.

Zhou, Peter X. "Review of the Chinese Collection of the Hoover Institute." Unpublished manuscript, 2001.

橘保国（Tachibana Yasukuni）1755 年創作的《絵本野山草》。照片由加州大學洛杉磯分校路易斯・達爾林生物醫學圖書館（Louise M. Darling Biomedical Library）提供。

14 / 加州大學洛杉磯分校東亞圖書館六十年

蔣吳慶芬（Amy Ching-fen Tsiang）

加州大學洛杉磯分校魯德福東亞圖書館（Richard C. Rudolph East Asian Library）前任館長。蔣吳慶芬出生於中國廣東，在密蘇里大學獲得圖書館學碩士學位，發表了眾多有關東亞圖書館學的論文，涉及圖書編目、圖書館自動化和漢字羅馬化等問題。

1984 年，國際著名的流亡民主領袖及後來的韓國總統金大中（Kim Dae-Jung）將親筆書寫的一幅中文卷軸贈送給了加州大學洛杉磯分校東亞圖書館。[1] 卷軸上寫道，「事人如天」。[2] 這個題詞反映了金大中的民主理念，也體現了加州大學洛杉磯分校東亞圖書館創建 60 年來所秉承的宗旨。「事人」意味著服務師生和其他圖書館讀者。這種觀念界定了圖書館是一個以服務為中心的機構。加州大學洛杉磯分校的東亞館藏最初是一個傳統的東方學研究專藏。伴隨著加州大學洛杉磯分校東亞研究的發展，該專藏也得到擴展，並發展成為一個現代研究圖書館。

「東方神話」之探索

加州大學洛杉磯分校東亞館藏是因二戰後大學設立東方研究專案而啟動的。早期的藏書由東方語言系（現在的亞洲語言文化系）的教授收集。1947 年，魯德福（Richard C. Rudolph）在該校創立了東方語言系，並擔任主任。當時，加州大學洛杉磯分校圖書館僅有一本中文圖書，即上海市電話簿。[3] 翌年，魯德福在富布萊特（Fulbright）

圖 14-1：金大中所書「事人如天」。照片由加州大學洛杉磯分校魯德福東亞圖書館提供。

專案的資助下到中國做考古研究，並為圖書館採購中文圖書。[4] 他在回憶錄中這樣寫道：

> 通常，接受富布萊特專案資助的學者會開展研究，但是我卻把更多的時間花在購書上。加州大學洛杉磯分校圖書館副館長 Bob Vosper 在我出發前交給我 1 千美元，委託我採購圖書。後來他又寄給我 9 千美元……一本圖書的平均價格大約是 20 美分，稀見資料除外。這簡直就像是在免費拿書……我首先要找的是最珍貴的工具書、重要的叢書或文集。我的研究興趣是藝術和考古學，因而我也收集了這方面的資料。我要為師生們建立一個基礎館藏，於是我瘋狂地購書。Vosper 後來把我比作是一個喝醉了酒的美國水兵，大把大把地四處扔錢。[5]

魯德福在上海開始了他的購書之行，後來又到了天津和北京（當時稱為北平），再往南到達南京和漢口，隨後到達重慶和成都。此後，他又到了中國西北部的蘭州和西寧，後到成都，最終經過廣州到香港。在中國共產黨取得全國政權之後，魯德福仍在北京和成都的書店忙於尋覓工具書、百科全書、多卷本的文集以及各種線裝書。他後來回憶道：

> 這是 1948 年冬天。共產黨正在（北京）城外發動進攻。你可以聽到不絕於耳的槍炮聲……。（美國）大使說，「你得離開這裡，立即回國。」而我說，「不，我到這裡才 6 週。我打算在這裡住 1 年，還不想回國。」在一番禮貌的爭論後，我簽署了一份聲明，表示美國政府可以不再為我的安全負責。[6]

在這樣的環境下，魯德福繼續他的中國之行，直到 1949 年他才決定返回美國。[7] 在回國的途中，他還到日本購買了圖書。此次出行，他購買的圖書總量達到了 1 萬冊，為加州大學洛杉磯分校的東亞館藏奠定了基礎。

1948 年時的東亞藏書還只是加州大學洛杉磯分校特藏部的一部分，存放在今天鮑威爾圖書館（Powell Library）的地下室。它主要是一個基礎工具書收藏，並為師生提供一個文化聚會的地方。1956 年

5月，東亞收藏搬到了同一幢大樓的另一個房間裡，被正式命名為東方圖書館（Oriental Library）。[8] 魯德福 1948–1949 年的購書之行後，該校第一位漢語教師朱永琛將這批圖書進行了編目。東方語言系的其他教師如 Fred Notehelfer、足利演正（Ashikaga Ensho）、Don McCallum 和周鴻翔等也幫助學校收藏東亞書籍，東亞收藏亦反映了他們的教學和科研興趣。[9] 早期幫助館藏發展的人還包括東方圖書館首任館長莫余敏卿和其他圖書館職員。

1950–1960 年代，東方圖書館獲得了 250 多冊中文善本書，這些善本書都是 1796 年（嘉慶元年）之前出版的。此外，圖書館還獲得了 1,300 冊日文典籍。這些圖書品質頗高，其中許多還是善本。[10] 這些圖書資料被存放到了三個地方：東方圖書館（現在的東亞圖書館）、生物醫學圖書館和大學圖書館特藏部。當時決定把有關傳統中醫的善本書存放在生物醫學圖書館，[11] 其中包括 4 百餘本早期的日文和中文醫書，如《解體新書》是荷蘭醫學家 J. A. Kulmus 於 1647 年出版的《解剖學》（*Anatomie*）的日文譯本。1962–1963 年，東方圖書館在足利演正的協助下，購得了栂尾祥雲（Toganoo Shoun）收藏的佛學文庫。足利演正是東方語言系第二任系主任，還是日本淨土真宗（Jōdo Shinshū）的世襲禪師，該佛教分支的寺廟位於日本的堺市（Sakai）。這批收藏計有 342 種圖書，共 968 冊，其中很多是江戶時期之前的手抄本，在其他地方已經絕跡。這批藏書也包括最初由栂尾祥雲收藏的兩本手稿，栂尾祥雲是國際知名的佛教密宗研究者。[12] 1978 年，洛杉磯地區的中學教師 Julian Wright 向東方圖書館捐贈了 650 種圖書，共計約 1,600 冊。[13] 這批藏書被命名為「朱利安·懷特藝術藏書」（Julian Wright Collection of Fine Arts），收入了江戶時期的插畫本以及帶有手工彩繪的手稿和卷軸。

東方圖書館早期的收藏主要集中在傳統東方研究方面，特別是考古學、歷史、文學、宗教和藝術。魯德福 1948 年之行帶回了許多與考古學和他自己學術研究領域有關的資料。此後，這一收藏繼續發展，目前已經成為北美最優秀的此類館藏之一。[14] 圖書館後來購得的書籍進一步補充了這一部分館藏。[15] 早期的圖書收藏還包括許多經典文獻。1980 年代以來，圖書館又補充了新的資料，包括《文淵閣四庫全書》、

圖 14-2：1970 年代早期的魯德福。魯德福 1948–1949 年在中國和日本購得的資料是加州大學洛杉磯分校首批收藏的東亞文獻。照片由魯德福的兒子 Dick Rudolph 提供。

《四部叢刊》和《古今圖書集成》的重印本。早期收藏中還有許多史料，諸如中國近代史方面的重要著作。東亞館藏最初的重心放在東亞古代史、學術史和儒家經典方面，而在現代東亞的歷史和社會經濟方面收藏不多。圖書館也收藏了中日文的佛學著作，後來又增加了韓文的佛學經典。許多佛學著作都是足利演正在舊金山佛教寺廟和洛杉磯佛教聯合會的資助下，前往日本購得的。[16] 東方圖書館目前藏有 1 萬餘種中、日、韓文的佛學著作和佛教經典。[17]

1971 年，加州大學洛杉磯分校研究圖書館大樓二期工程完成後，東方圖書館搬到了目前所在的查爾斯·楊研究圖書館（Charles E. Young Research Library）的二樓。[18] 1981 年 4 月 10 日，東方圖書館更名為魯德福東方圖書館（Richard C. Rudolph Oriental Library），以記念魯德福教授為圖書館館藏的建立所付出的辛勞。[19]

綜合性收藏之確立

1980 年代中期，加州大學洛杉磯分校東亞館藏進入了一個新的發展階段。學校的東亞研究專案迅速擴展，教授和研究生人數急劇增加，他們亟需藏書和相關服務。圖書館這一時期最顯著的變化是在 1985 年建立了韓文收藏。加州大學洛杉磯分校的東方圖書館早在 1962 年就開始收集韓文資料。到 1985 年韓文收藏建立之時，圖書館已經擁有了近 5,300 種（8,500 冊）韓文圖書。[20] 1990 年，魯德福東方圖書館再次更名為魯德福東亞圖書館（Richard C. Rudolph East Asian Library），這反映了當時的學術趨勢。[21] 此時，東亞館藏已在專業圖書館館員的主導下發展，不像早期由教員負責。專業圖書館館員，如鄭炯文、蔡素娥（Sarah Elman）、三木身保子（Miki Mihoko）和蔣吳慶芬均先後受聘來館工作。在這一階段，東亞研究也不再是單純的「東方研究」，而更具綜合性，研究範圍擴展到許多社會科學領域。這就要求建立一個綜合性的館藏。於是東亞館藏開始擴展新的藏書領域，以滿足日益增長的學術需求。[22]

東亞館藏擴展的新領域是現當代文獻。圖書館集中購買了這一領域各個種類的資料。新增的電子書和期刊使館藏覆蓋面得以擴大。圖書館還增加了傳記、回憶錄、日記、檔案和統計數據等方面的資料，並增添了中國和日本的地方史文獻以及中、韓文的民俗資料。為支持對中國少數民族的研究，圖書館設立了西藏研究文庫，收藏藏文出版物以及有關西藏的中日韓文獻。[23]

同一時期，圖書館也收到了多宗私人捐贈，其中最著名的是韓玉珊文庫及中國科舉考試資料，這些都是韓玉珊的私人收藏。韓玉珊是加州大學洛杉磯分校第一位中國史教授。他收藏了數百份清代科舉考試的原始試卷，包括由著名官員出題的殿試試卷，以及大量較低等級的試卷。這些資料構成了圖書中國科舉考試資料的核心。[24] 韓玉珊文庫也包括一些善本書，如一套完整的《金剛經》，還有 24 份敕令和一本早期中醫著作的日本重印本。[25]

馬修·詹森文庫（Marius B. Jansen Collection）是以普林斯頓大學已故日本史教授命名的，它收有 1,800 餘冊史學書籍和書目提要，其中特別重要的是與土佐藩（Tosa domain）有關的資料，以及從德川末期到昭和早期歷史人物的傳記。[26] 它也包括明治之前、明治時期和土佐藩的歷史，以及中日關係的資料，其中很多資料已經絕版。[27] 日文善本和畫卷文庫收有古代印刷品和畫卷。四卷本的《百萬塔陀羅尼》中的《無垢淨光經自心印陀羅尼》是 764–770 年間奉稱德（Shotoku）女皇之命刊印的，據說是世界上現存的最早印刷品之一。18 世紀的《宇津保物語》是日本最早的繪卷物之一，[28] 12 世紀的《拔濟苦難陀羅尼》是日本最早的帶有裝飾的卷軸佛經之一。隨著私人捐贈的善本圖書逐漸增多，東亞圖書館將這些資料進行了編目。這些書目後來成為加州大學洛杉磯分校東亞圖書館的內部出版物，包括《中國新方志收藏目錄》（*A Holding List of Chinese Local Gazetteers*）、《中國年鑑收藏目錄》（*A Checklist of Chinese Yearbooks*）、《加州大學洛杉磯分校日本古典籍目錄》（*A Catalog of Rare Japanese Materials at the University of California, Los Angeles*）和《中國科舉考試資料書目》（*A Catalog of Chinese Civil Service Examination Materials*）等。

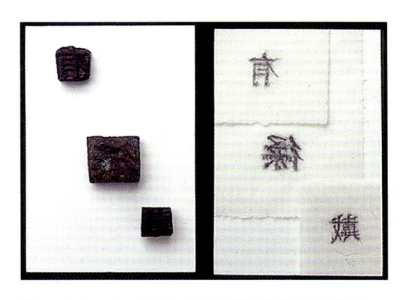

圖 14-3：14 世紀韓國的活字印刷品。照片由加州大學洛杉磯分校查爾斯‧楊研究圖書館特藏部提供，由 Paula Goldman 拍攝。

圖 14-4：韓玉珊收藏《金剛經》的一塊完整印刷模板。照片由加州大學洛杉磯分校查爾斯‧楊研究圖書館特藏部提供。

圖 14-5：日期不詳的《宇津保物語》。照片由加州大學洛杉磯分校查爾斯‧楊研究圖書館特藏部提供，由 Paula Goldman 拍攝。

加州大學洛杉磯分校東亞研究專案目前正擴展到新的領域。韓國研究作為大學裡一個新興和快速發展的領域，教授、研究生人數和所開設的課程日益增多。在這一研究領域，大學增設了韓國歷史和文學等方面的課程，並啟動了與韓國研究有關的地理和通訊等跨學科專案。同時，日本研究專案也擴展到更多的人文和社會科學領域，包括女權主義和性別研究、科學史、環境史、商貿、電影和傳媒研究等，這些研究領域從近代早期一直延伸到現當代。中國研究專案也迅速發展。加州大學洛杉磯分校日益增多的中國研究領域的教授從事各方面的研究，包括考古學、社會學、政治學、音樂、教育、戲劇、影視、法律和立法研究、中醫和醫學研究、中國少數民族研究、經濟貿易研究等。

新科技也促進了圖書館的變化，也給圖書館館藏增添了新的資源。在圖書館創立的頭 50 年裡，它主要是一個以收藏印刷品為主的典藏機構。在過去的 10 年裡，它開始收藏多種學術資源，包括印刷品和數位資源。數位資源改變了圖書館收藏的特點和服務方式。圖書館正成為全天候（24 小時／7 天）的服務機構，使讀者隨時隨地都能獲得資訊資源和服務。圖書館也進入了一種多方位、多媒體的運作環境，並從中國大陸、臺灣、香港、日本、韓國和美國購買了許多資料庫。[29]

應對學術研究的變化，東亞圖書館在最近幾年建立了如下特色館藏：

一、中國戲劇和民俗：目前這方面的資料除印刷品外，又增加了數百張有關中國戲劇和地方戲的光碟。

二、中國 1949 年後的地方志和地方史：目前收藏的地方史誌包括中國省、地、縣各級，特別是基層的行政單位，如鎮、鄉、社、隊和村。

三、影視劇：圖書館已經建立了一個東亞影視收藏。目前，收藏有 4 千多部中國電影、1 百部韓國電影和一些日本電影，其中包括紀錄片、地下電影、動畫片等。此外，還有一些劇本和研究專著，以及期刊雜誌。[30]

四、中醫：加州大學洛杉磯分校東西方醫學中心、生物醫學圖書館和東亞圖書館正在聯合建立一個中醫資源中心。[31]

五、譚良19世紀末中國改革檔案文庫（Tom Leung Archival Collection of Chinese Reforms in the Late Nineteenth Century）：這個文庫由 Louise Leung Larson 捐贈，收有康有為和梁啟超的私人信件。這批資料最初為 Larson 的父親譚良所藏。[32]

六、中國民主運動檔案：這一文庫收藏了大量第一手資料，內容涉及現當代發生的一些歷史事件。[33] 這些資料包括數千份文件、廣播稿、地方報紙、期刊文章、壁報、電子郵件等，主要是中文資料，也有一些英文資料。

七、日裔美國人研究收藏：這一收藏集中在日裔美國人和移民研究方面，其中特別值得一提的是 150 多部個人文集，以及日本中央和地方協會、基督教和佛教會、縣人會和其他社團組織的檔案。文庫中也收藏了許多日文報紙、口述歷史錄音帶和通過錄音整理的檔案，其中一些是珍本文獻，如 1896 年到 1897 年發行的《桑港時事》（*San Francisco Times*），這可能是該報現存的唯一檔案資料；1893 年到 1894 年發行的《桑港新報》（*San Francisco News*）、1929 年到 1939 年發行的《美國新聞》（*The American Shimbun*）、從 1909 年到 1941 年幾乎完整的《聖克拉門托每日新聞》（*Sacramento Daily News*）、1915 年到 1941 年的《馬哇新聞》（*The Maui Shinbun*），以及 1918 年到 1969 年的《格州時事》（*Colorado Times*）等。

八、韓國民主統一檔案庫：[34] 這一獨特的韓國資料庫最初由華盛頓特區的韓國和平正義統一教堂聯合會從 1975 年到 1990 年代初期收集。1995 年，該組織將這批資料捐贈給了加州大學洛杉磯分校。它收藏的重點在韓國的人權運動和 1970、1980 年代美國的民主運動方面，這些資料展示了美國的宗教和公民組織如何在華盛頓特區和海外開展活動，聲援韓國的民主運動。

九、秦希燮檔案庫（Hei Sop Chin Archival Collecton, 1906–1970）：這一收藏包括有關 1945 年之前在夏威夷和美國大陸展開的韓國獨立運動的文獻和信件，同志會（Tongjihae）組織的相關文件，韓國委員會、韓國過渡政府和議會的資料，以及洛杉磯韓國社團中心的文件。其他資料包括當時位於上海的大韓民國臨時政府 7 名內閣委員 1942 年寫的信件。[35]

近幾年，東亞圖書館獲得了許多捐贈，用於提升館藏服務和建立館藏基金。[36] 加州大學洛杉磯分校東亞圖書館目前仍是一個相對年輕和處於發展中的圖書館，而韓國前總統的題詞「事人如天」正好體現了它的精神和發展理念。

圖 14-6：日本 754–770 年間刊印的《無垢淨光経自心印陀羅尼》。照片由加州大學洛杉磯分校查爾斯‧楊研究圖書館特藏部提供。

註釋

1. "Bill Osuga to Mr. Dae Jung Kim, December 28, 1984," UCLA East Asian Library Files, UCLA East Asian Library.
2. "Bill Osuga to Ann Hinckley and Ruth Gibbs, December 19, 1984," UCLA East Asian Library Files, UCLA East Asian Library.
3. *Celebrating the 50th Anniversary of the Richard C. Rudolph East Asian Library and 50 Years of East Asian Studies at UCLA* (Los Angeles: Charles E. Young Research Library, 1998), 10.
4. Arthur Ginsberg, "What's in a Change of Name," *UCLA Librarian* 44, no. 1 (1991): 5.
5. "Book Buying in China, 1948–1949, an Interview with Richard C. Rudolph," *Journal of Asian Culture* 6 (1982): 4–5.
6. "Book Buying in China, 1948–1949, an Interview with Richard C. Rudolph," 6–7.
7. Richard C. Rudolph, "The Circle Closed: UCLA's Chinese Holdings Are Doubled," *UCLA Librarian* 18 (1965), 31.
8. Ik-sam Kim, "The Oriental Library," *UCLA Librarian* 31 (1978): 29.
9. Fred Notehelfer, "E-mail communication to Cynthia Shelton, December 8, 2000," UCLA East Asian Library Files, UCLA East Asian Library.
10. 鈴木淳、三木身保子編，《カリフォルニア大学ロサンゼルス校所蔵日本古典籍目録》（東京：刀水書房，2000），頁 xxxix。
11. Natalie Hall, "Library Boasts Large Oriental Collection," *UCLA Today* 8, no. 7 (1988): 2.
12. *Celebrating the 50th Anniversary of the Richard C. Rudolph East Asian Library and 50 Years of East Asian Studies at UCLA*, 8.
13. 鈴木淳、三木身保子編，《カリフォルニア大学ロサンゼルス校所蔵日本古典籍目録》，頁 xxxiii。
14. Richard C. Rudolph, "Chinese Archaeology in the Oriental Library," *UCLA Librarian* 19 (1966): 5.
15. Amy Tsiang, February 8, 2006, "Archaeology Collections at East Asian Library," UCLA East Asian Library Files, UCLA East Asian Library, 1.
16. UCLA Office of Public Information. May 16, 1968, "Los Angeles Buddhists Present Library Gift to UCLA," UCLA East Asian Library Files, UCLA East Asian Library Files, 1.
17. Amy Tsiang, November 25, 2003, "Tibetan and Buddhism Collections at UCLA East Asian Library," UCLA East Asian Library Files, UCLA East Asian Library, 1.
18. Amy Tsiang, June, 2000, "Brief History and Highlights of UCLA Richard C. Rudolph East Asian Library," UCLA East Asian Library Files, UCLA East Asian Library, 1.
19. James R. Cox, "Dedication of Richard C. Rudolph Oriental Library," *UCLA Librarian* 34 (1981): 28.
20. Ik-sam Kim, "The Korean Collection at the UCLA Oriental Library," *Korean and Korean-American Studies Bulletin* 1, no. 1 (1984): 9.
21. Arthur Ginsberg, "What's in a Change of Name," 5.
22. Arthur Ginsberg, "What's in a Change of Name," 6–7.
23. Amy Tsiang, November 25, 2003, "Tibetan and Buddhism Collections at UCLA East Asian Library," 1.

[24] "At the Richard C. Rudolph East Asian Library," *UCLA Librarian* 47, no. 1 (1994): 25.

[25] Richard C. Rudolph, "The Han Yu-shan Collection," *UCLA Librarian* 38 (1985): 26–28.

[26] "Marius Jansen Collection of Japanese Books," *UCLA Center for Japanese Studies News*, 2001–2002, 6.

[27] "Gloria Werner to Mrs. Marius B. Jansen, October 10, 2001," UCLA East Asian Library Files, UCLA East Asian Library.

[28] 《宇津保物語》可能於 1716 年到 1780 年間在日本創作，不過它也可能可以追溯到 17 世紀。

[29] Amy Tsiang, December 2005, "A Few Basic Things to Notify Deans, as Well as Gary," UCLA East Asian Library Files, UCLA East Asian Library, 1.

[30] Amy Tsiang, December 2005, "A Few Basic Things to Notify Deans, as Well as Gary," 1.

[31] Amy Tsiang, December 2005, "A Few Basic Things to Notify Deans, as Well as Gary," 1.

[32] Amy Tsiang, "E-mail Communication to Cindy Shelton, February 15, 2005," UCLA East Asian Library Files, UCLA East Asian Library.

[33] Amy Tsiang, "E-mail Communication to Cindy Shelton, February 15, 2005." UCLA East Asian Library Files, UCLA East Asian Library.

[34] Amy Tsiang, "E-mail Communication to Cindy Shelton, February 15, 2005," UCLA East Asian Library Files, UCLA East Asian Library.

[35] "Catalog of the 50th Anniversary Exhibition of the East Asian Library," October, 1998, UCLA East Asian Library Files, UCLA East Asian Library, 5.

[36] "50th Anniversary of UCLA's East Asian Library and East Asian Studies," *UCLA Librarian* 50, no. 2 (1998): 7.

參考文獻

鈴木淳、三木身保子編。《カリフォルニア大学ロサンゼルス校所蔵日本古典籍目録》。東京：刀水書房，2000。

"At the Richard C. Rudolph East Asian Library." *UCLA Librarian* 47, no. 1 (1994): 25–27.

"Bill Osuga to Ann Hinckley and Ruth Gibbs, December 19, 1984." UCLA East Asian Library Files, UCLA East Asian Library.

"Bill Osuga to Karin Wittenborg, April 2, 1985." UCLA East Asian Library Files, UCLA East Asian Library.

"Bill Osuga to Mr. Dae Jung Kim, December 28, 1984." UCLA East Asian Library Files, UCLA East Asian Library.

"Book Buying in China, 1948–49, an Interview with Richard C. Rudolph." *Journal of Asian Culture* 6 (1982): 3–18.

"Catalog of the 50th Anniversary Exhibition of the East Asian Library." October, 1998. UCLA East Asian Library Files, UCLA East Asian Library.

Celebrating the 50th Anniversary of the Richard C. Rudolph East Asian Library and 50 Years of East Asian Studies at UCLA. Los Angeles: Charles E. Young Research Library, 1998.

Cox, James R. "Dedication of Richard C. Rudolph Oriental Library." *UCLA Librarian* 34 (1981): 28–29.

"East Asian Library Celebrates Its 50th Anniversary." *UCLA Library News for the Faculty* 13, no. 3(1998): 1, 5.

Feldman, Stephen. "Letter of Assessment, July 25, 2001." UCLA East Asian Library Files, UCLA East Asian Library.

"50th Anniversary of UCLA's East Asian Library and East Asian Studies." *UCLA Librarian* 50, no. 2 (1998): 4–7.

Ginsberg, Arthur. "What's in a Change of Name." *UCLA Librarian* 44, no. 6 (1991): 5–12.

"Gloria Werner to Mrs. Marius B. Jansen, October 10, 2001," UCLA East Asian Library Files, UCLA East Asian Library.

Hall, Natalie. "Library Boasts Large Oriental Collection." *UCLA Today* 8, no. 7 (1988): 2, 8.

Hall, Natalie. "Richard C. Rudolph Subject of New Oral History Volume." *UCLA Librarian* 38 (1985): 74.

"Kenko Yamashita and Horyu Ito to Dr. Russell Shank, February 15, 1978." UCLA East Asian Library Files, UCLA East Asian Library.

Kim, Ik-sam. "The Korean Collection at the UCLA Oriental Library." *Korean and Korean-American Studies Bulletin* 1, no. 1 (1984): 9.

Kim, Ik-sam. "The Oriental Library." *UCLA Librarian* 31 (1978): 29–31.

"Marius Jansen Collection of Japanese Books." *UCLA Center for Japanese Studies News*, 2001–2002, 6.

Notehelfer, Fred. "E-mail Communication to Cynthia Shelton, December 8, 2000." UCLA East Asian Library Files, UCLA East Asian Library.

Rudolph, Richard C. "Chinese Archaeology in the Oriental Library." *UCLA Librarian* 19 (1966): 5–7.

Rudolph, Richard C. "The Circle Closed: UCLA's Chinese Holdings Are Doubled." *UCLA Librarian* 18 (1965): 31–32.

Rudolph, Richard C. "The Han Yu-shan Collection." *UCLA Librarian* 38 (1985): 25–28.

Siao, Richard, comp. *A Checklist of Chinese Yearbooks at UCLA*. Los Angeles: UCLA Library, 1995.

Tsiang, Amy. "E-mail Communication to Cindy Shelton, February 15, 2005." UCLA East Asian Library Files, UCLA East Asian Library.

Tsiang, Amy. June, 2000. "Brief History and Highlights of the UCLA Richard C. Rudolph East Asian Library," UCLA East Asian Library Files, UCLA East Asian Library.

Tsiang, Amy. November 25, 2003, "Tibetan and Buddhism Collections at UCLA East Asian Library," UCLA East Asian Library Files, UCLA East Asian Library.

Tsiang, Amy. December 2005, "A Few Basic Things to Notify Deans, as Well as Gary," UCLA East Asian Library Files, UCLA East Asian Library.

Tsiang, Amy. February 8, 2006, "Archaeology Collections at East Asian Library," UCLA East Asian Library Files, UCLA East Asian Library.

Tsiang, Amy and Hong Cheng. *A Catalog of Post-1949 Chinese Local Histories at UCLA*. Los Angeles: Richard C. Rudolph East Asian Library, University of California, 1997.

UCLA Office of Public Information. May 16, 1968, "Los Angeles Buddhists Present Library Gift to UCLA," UCLA East Asian Library Files, UCLA East Asian Library.

《晃州地輿全圖》。清代晃州廳地圖，日期不詳。照片由 Jonathan Wilson 拍攝。

15 / 密西根大學亞洲圖書館

楊繼東（Jidong Yang）

密西根大學亞洲圖書館前任館長，現擔任史丹佛大學東亞圖書館館長。楊繼東原是賓夕法尼亞大學中國研究圖書館員和中國史講師。他出生於上海，在賓夕法尼亞大學獲得了亞洲和中東研究博士學位，在羅格斯大學獲得了圖書館和資訊科學碩士學位。他發表了許多論文，內容涉及中國中古時期的歷史和文學、絲綢之路考古學、中國前現代佛教、敦煌遺書以及圖書館學。

Jessie L. Mannisto

目前是自由作家、編輯。2011 年畢業於密西根大學資訊學院圖書館學院獲碩士學位，後任職美國駐日大使館和中央情報局。在此之前，她畢業於卡拉馬祖學院，獲得了英語與寫作學士學位，她參加了 2005 年日本愛知縣世博會的工作，還在日本滋賀縣參加了兩年的交流與教學專案。

今天，密西根州與東亞保持著密切的連繫。底特律是美國赴中日旅遊的樞紐港口城市，每天都有一趟直達北京、東京、上海、名古屋等地的航班。密西根州還與中國四川省建立了姊妹省分關係。四川省是中國重要的汽車製造中心，2008 年該省派出了一個商務代表團來到底特律訪問。[1] 密西根州也和日本滋賀縣建立了一個聯誼專案，大力促進雙方初中生和高中生交換活動，並建立了一個協助雙邊學生到對方國家學習的中心。密西根州立大學的許多大學生還在 2005 年的日本愛知世博會上擔任美國館的導遊工作。

密西根州與亞洲的關係可以追溯到該州早期的歷史。當時美國人對亞洲文明和文化知之不多，也鮮有亞洲人進入美國學術界。但是，有人卻長期以來積極地倡導在密西根州開展亞洲研究。由於他們的不懈努力，密西根大學現在已經成為一個亞洲研究的重鎮。作為美國最優秀的東亞圖書館之一，密西根大學亞洲圖書館是這個學術社區的重要支柱。

鑄就連繫

密西根州與亞洲的關係始於 19 世紀中期，比亞洲圖書館的成立早約 100 年。在此期間，密西根的第二任州長和密西根大學的創立者之一 Lewis Cass 出任美國國務卿。在 Cass 國務卿的指示下，美國第一任駐日本大使 Townsend Harris 於 1850 年代末與日本政府開始協商合作事宜。[2] 有關這些協商過程的資料文件中有一部分仍保存在密西根大學威廉·克萊門茨圖書館（William L. Clements Library）中。

在 Harris 出使日本後的幾年裡，第一批日本留學生開始到達密西根大學。外山正一（Toyama Masakazu）便是其中之一。他於 1886 年獲得了密西根大學的榮譽學位，成為首位獲得美國大學榮譽學位的日本人。[3] 外山正一後來擔任了東京帝國大學（今天的東京大學）的校長，並最終擔任了日本教育部部長。在他的鼓勵下，更多的日本學生來到密西根大學求學。其中包括小野英二郎（Ono Eijino），他是第一位獲得博士學位的日本人，後來成為日本產業銀行的行長。[4]

1880 年代早期，密西根大學校長 James Burrill Angell 被美國總統 Rutherford B. Hayes 任命為美國駐華公使。[5] 由於 Angell 在華從事外交活動期間所做的不懈宣傳，密西根大學的聲譽在中國菁英和政府官員們中得到迅速提升。20 世紀初，密西根大學成為中國年輕學生赴美求學的首選的幾所大學之一。[6] 在此期間，密西根大學設立了列維·巴伯東方婦女獎學金（Levi L. Barbour Scholatship for Oriental Women），這一獎項至今仍為亞洲女學者提供支持。[7] 獎學金使得來自許多亞洲國家的數百名女性進入了密西根大學求學，其中包括 1914 年到 1955 年間 130 名來自中國的女性和 50 名來自日本的女性。[8] 她們中的一些人後來成了各自國家的重要人物，如吳貽芳，[9] 她於 1928 年獲得了生物學博士學位，後來成為了中國第一位女大學校長。[10]

直到 1936 年，密西根大學都比其他美國大學擁有更多的亞洲學生。同年，密西根大學設立了第一個專注於東亞的學術專案——東方研究專案（亞洲語言文學系的前身）。翌年，在美國學術團體委員會（American Council of Learned Societies）的資助下，密西根大學開始組織暑期研討班，為有關教師和學生提供東亞語言、歷史和文化方面的培訓。[11]

最初，人們對這一專案中的日語課程幾乎不感興趣，但是隨著二戰的開始，他們發生了改變。太平洋戰爭爆發後，美國陸軍選擇在密西根大學和其他幾所大學建立日語學校。隨後幾年，在安娜堡（Ann Arbor）的街道上便可以看到數百名美軍士兵，邊走邊焦灼地用打手勢的辦法來拼寫日語假名，使得路人常常疑惑而摸不著頭腦。隨著本地人的好奇心大增，1943 年 1 月，美國參謀長聯席會議助理 George V. Strong 少將感到有必要向密西根大學發送一份電報做出指示：

> 作戰部希望密西根大學陸軍語言學校開設的任何課程不要重複，不要公開。非常感謝你們的合作。

美國陸軍似乎將安娜堡日語學校的存在當作一個軍事機密。但是，《密西根日報》（Michigan Daily）和《安娜堡新聞》（Ann Arbor News）都發現這一優秀的專案不可能不受關注，並常常予以報導。[12]

在隨後的幾年中，密西根大學的中國和日本研究專案都得到了迅速發展。1947 年，在卡內基基金會（Carnegie Foundation）和洛克菲勒基金會（Rockefeller Foundation）的支持下，密西根大學建立了一個跨學科的日本研究中心，這在當時的美國尚屬首次。[13] 1961 年，中國研究專案投入運行，並獲得了福特基金會（Ford Foundation）為期五年的資助。[14] 這些發展使得密西根大學成為當時北美為數不多的同時擁有兩個東亞研究中心的大學之一，這也可能是為什麼美國亞洲研究最重要的學術團體——亞洲研究協會（Association for Asian Studies）自 1950 年代以來一直將其總部設在安娜堡的原因。[15]

圖 15-1：福田なをみ（Naomi Fukuda）獲得了日本政府頒發給她的寶冠藤花章（Order of the Precious Crown, Wisteria），以表彰她對美國和日本的日文圖書館的發展所作出的貢獻。她曾在 1970 年到 1978 年間擔任密歇根大學亞洲圖書館日文部主任。照片由日本國際文化會館圖書館（International House of Japan Library）提供。

亞洲圖書館的誕生

隨著密西根大學對亞洲研究專案的日益關注，1948 年，該校圖書館決定創辦一個新的分館：遠東圖書館（Far Eastern Library）。[16] 日本駐美大使參加了新館的剪綵儀式。[17]

遠東圖書館最初 10 年的發展側重於日文資料。1950 年 10 月，在密西根大學派駐日本岡山縣教師們的幫助下，遠東圖書館從日本香川縣阪出市的鐮田圖書館（Kamada Library）購得了 18,200 冊圖書。這批圖書最初是圖書館創始人鐮田勝太郎（Kamada Katsutarō）私人藏書的一部分，在該圖書館被改建為當地的博物館時，密西根大學購買了這批圖書。鐮田圖書館後來變成了今天人們熟悉的鐮田共濟會鄉土博物館。[18] 這批圖書內容涵蓋二戰前日本的各個學科，還包括幾部善本書。[19] 此外，後來成為日本產業銀行行長的密西根大學校友小野英二郎也捐贈了一些書，小野英二郎的贈書成為密西根大學研究日本明治時期經濟史的核心資源。[20]

密西根大學日文館藏中一個極為珍貴的歷史資料是 Alfred R. Hussey 的個人檔案，Hussey 曾是二戰時盟軍最高統帥部（Supreme Commander for the Allied Powers, SCAP）的官員。他憑藉敏銳的歷史感，成了日本憲法的重要設計者。他的檔案對研究被占領後的日本具有很大的價值。這些文獻也解釋了盟軍總司令部（General Headquarters, GHQ）擬定的憲法草案（麥克阿瑟草案）和日本憲法產生時的環境和背景。Hussey 認為他最大的貢獻除了參與制定憲法外，還有加強了公民自由並建立了勞動省。[21] 今天，研究人員可以查看這個檔案，以判定他說的這些是否合理。他的檔案也生動地展現了當時被占領下的日本的真實狀況，包括競選活動、選舉紀錄、皇室資料、美國教育使團的文檔、警察活動、民意調查、日本右翼團體攻擊函館（Hakodate）市共產主義中心的資料、Hussey 為推動新憲法而召開的新聞發布會的紀錄、Hussey 的私人信件（包括他與密西根大學一位教授的通信，後者為 Hussey 提供了很大幫助）等。此外，還有憲法草案本身。日本國會圖書館（National Diet Library）目前也收藏有哈西檔案（Hussey Papers）的微縮膠捲。[22]

到 1950 年代早期，遠東圖書館不僅擁有獨立的書庫，與總圖書館的書庫分開，而且還有一個閱覽室。兩名全職圖書館員和兩三名兼職助理負責圖書的訂購和整理工作。[23] 密西根大學還與同類大學和國會圖書館下屬的華盛頓文獻中心在東亞文獻的採購和編目方面密切合作。[24] 1959 年，遠東圖書館更名為亞洲圖書館。[25] 然而，與日文館藏數量相比，亞洲圖書館當時的中文館藏就顯得較少，僅有 8 千冊圖書（日文館藏則有 4 萬 2 千冊圖書），可是它收藏了基本的國學叢書，如《四部叢刊》、《四部備要》、開明版的《二十五史》等。

1961 年，中國研究中心成立後，亞洲圖書館的中文收藏發展開始加速。中國研究中心第一任主任費維愷（Albert Feuerwerker）在臺北的一次會議上見到了臺灣「中國圖書館協會理事會」理事萬惟英。萬惟英是臺灣提供的研究生留學獎學金的獲得者，這個獎金競爭非常激烈。他也是明尼蘇達大學圖書館學系的校友。費維愷當即邀請萬惟英到密西根大學工作，擔負起為滿足該大學的亞洲研究和教學專案的需要而建立一個世界一流圖書館的使命。[26]

在此期間，萬惟英曾短暫離開密西根大學前往耶魯大學擔任該校東亞圖書館館長，但是三年後（1969 年）他又重返密西根大學，重新擔任亞洲圖書館館長。在他的領導下，中文館藏乃至整個亞洲館藏都得到了蓬勃發展。他的目標是建立一個能為美國一流的亞洲研究服務的圖書館。他的首要任務之一就是採購第一手的研究資料和善本圖書。在由他採購的許多珍貴館藏資料中，值得一提的是中國各省的重要報紙的全套微縮膠捲和北京圖書館的善本微縮膠捲，其中不乏珍藏。他也說服臺灣的國立中央圖書館為密西根大學複製了該館所藏的 1 千多本中文善本的微縮膠捲。[27]

亞洲圖書館還購得了幾本明版圖書，如《武備志》，一部古代中國的軍事著作，為明朝末年的一位將軍茅元儀所著。亞洲圖書館收藏的這本書大約是 1629 年刊印的，是研究中國傳統軍事技術的重要資料。中文館藏中還收藏了鄭和的航海圖。鄭和作為著名的中國航海家，曾於 15 世紀初帶領船隊數次到達東南亞、印度和東非。

亞洲圖書館還購得一部 1609 年刊印的《三才圖會》，是由王圻和王思義合編的一部類書。本書因天、地、人三界的精美插圖而堪稱精品，並收錄了《山海輿地全圖》，這是明代繪製的最精確的世界地圖之一。《三才圖會》在中國仍有再版。

亞洲圖書館的另一部明版善本是《歷代名公畫譜》，由顧炳編撰，是一本插圖本繪畫史。它在明末曾被用作繪畫教材。亞洲圖書館收藏的是該書最早的版本之一，根據書序可以判定它是 1607 年的刊本。

1970 年代末，美國的一些最重要的東亞圖書館出版了它們的卡片目錄。密西根大學亞洲圖書館的中、日文卡片目錄也在其中。這標誌著亞洲圖書館已經成為美國重要的東亞館之一。[28]

密西根大學亞洲圖書館的日文和中文館藏引人注目，但是韓文資料卻不是館藏的重心。1964 年，一位名叫南相龍（Song-Yong Nam） 的韓國學生到密西根大學塔布曼建築與城市設計學院（Taubman College of Architecture and Urban Planning）學習，他發現大學裡似乎缺少了什麼東西：[29]

> 當我 1964 年來到密西根大學攻讀研究生學位時，我發現圖書館有 76 萬冊亞洲的圖書，其中大部分是中國和日本的圖書——只有不到 1 百冊是韓國的書……密西根大學的中國研究中心和日本研究中心非常有名，但是韓國語言和文化的研究還完全沒有開始。對於密西根大學對韓國完全缺乏興趣，我深感震驚。我想糾正這種偏差，以便提升我們國家在亞洲研究學術圈中的地位。[30]

南相龍不是唯一有此感的韓國學生。1982 年 9 月，一群韓國留學生和本地的韓國社團領袖共同組建了韓國研究協會。協會的成員請求韓國出版家協會和韓國駐芝加哥總領館為密西根大學捐贈圖書，並發起了「每人捐贈一本書」的運動，以在亞洲圖書館建立韓文館藏。韓文館藏因而最終建立，並在隨後的幾年裡，在韓國社團的熱心幫助下得到穩步發展。慷慨的捐贈者們包括西密西根大學的 Andrew C.

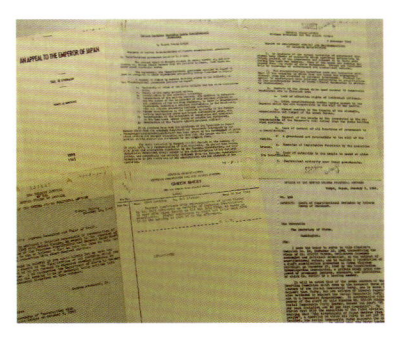

圖 15-2：哈西檔案的部分內容，來源於盟軍駐日最高統帥部（SCAP）由 Hussey 負責領導的政務處（1946–1952）。這套資料中包括信件、聯軍最高統帥部的人事和組織文件、每日公報、盟軍最高統帥部的研究報告，以及要求日本政府改組的指令。照片由 Jonathan Wilson 拍攝。

Nahm，他於 1996 年捐贈了 2,400 冊圖書；還有首爾國立大學的琴章泰（Jang-Tae Keum），他於 2001 年捐贈了 2,400 冊圖書和期刊。[31] 南相龍後來成為城市規劃家，是密西根大學韓國研究專案最熱情的支持者之一。2008 年 2 月，他給密西根大學捐贈了 430 萬美元，並將其中的 20 萬美元指定用於亞洲圖書館韓文館藏的發展。[32]

1995 年，韓國研究中心成立後，密西根大學擁有了三個東亞國家的跨學科研究中心。為了滿足迅速增長的韓國研究和教學的需求，2000 年，亞洲圖書館正式成立了韓文部。在第一位韓國研究館員黃惠宣（Heaseon Whang）的指導下，亞洲圖書館開始系統收藏韓文圖書資料，內容主要包括韓國的歷史、政治、社會、經濟、宗教、文化、文學和語言。到 2003 年 6 月，韓文館藏已經擁有 15,000 多本專著和期刊。同年，它成為北美韓文館藏聯盟的第 10 個會員，這個聯盟是由韓國基金會資助的。聯盟指定密西根大學收藏的領域是韓國歷史文獻學、日本的韓國人、南北韓統一、移民和人口遷移、勞工關係、人權與學生運動，還有汽車產業等方面。[33]

在眾多的北美東亞圖書館中，密西根大學的亞洲圖書館被公認為二戰後發展迅速的圖書館。[34] 從 1950 年代末開始，亞洲圖書館就一直是美國東西沿海地區之間最大的東亞圖書館之一。[35] 亞洲圖書館的快速發展得益於多種因素，包括密西根大學強大的財力支持、公眾和私人的倡導，以及鈴木幸久（Yukihisa Suzuki）和萬惟英的領導。前者從 1961 年到 1969 年擔任亞洲圖書館館長，後者從 1969 年到 2003 年擔任亞洲圖書館館長。[36]

數位化時代的亞洲圖書館

密西根大學亞洲圖書館一直重視非紙本資源。從 1950–1990 年代，該館微縮膠捲的藏量躍升為北美大學圖書館的第二位。[37] 這些資料極大地方便了在校師生獲取許多其他收藏機構的第一手文獻，例如，讀者可以查閱美國國會圖書館以及中國大陸和臺灣圖書館收藏的中文善本書籍，還可以查閱馬里蘭大學戈登·普蘭格文庫（Gordon W. Prange Collection）的日文特藏資料。

在 20 世紀最後 10 年，隨著對數位資源的重視，亞洲圖書館進入了一個新的發展階段，成為首批為使用者提供數位資源的東亞圖書館之一。到了 1990 年代末，圖書館建立了東亞研究電腦實驗室，為讀者使用漢語、日語和韓語光碟資料提供了方便。1994 年 4 月，亞洲圖書館啟用了自己的網站，這是美國最早採用的多種語言亞洲研究網站之一。[38]

亞洲圖書館還為讀者提供了東亞研究領域的多種資料庫和中日韓研究線上資源的入口。[39] 密西根大學目前正在進行的最激動人心的專案之一是 Google 圖書專案。Google 公司的兩位創始人之一 Larry Page 是密西根大學的校友，他邀請密西根大學參加這個數位化專案。2004 年，密西根大學圖書館與 Google 公司進行合作，將其全部館藏進行掃描。[40] 這也使得亞洲圖書館與加州大學和史丹佛大學的東亞圖書館一道成為 Google 圖書搜索專案的早期參與者，為這個專案提供了大量東亞語言的資料。[41] 今天，密西根大學和其他地方的用戶可以通過 HathiTrust [42] 共享線上數位圖書館，獲取由這個專案製作的許多全文電子書。[43]

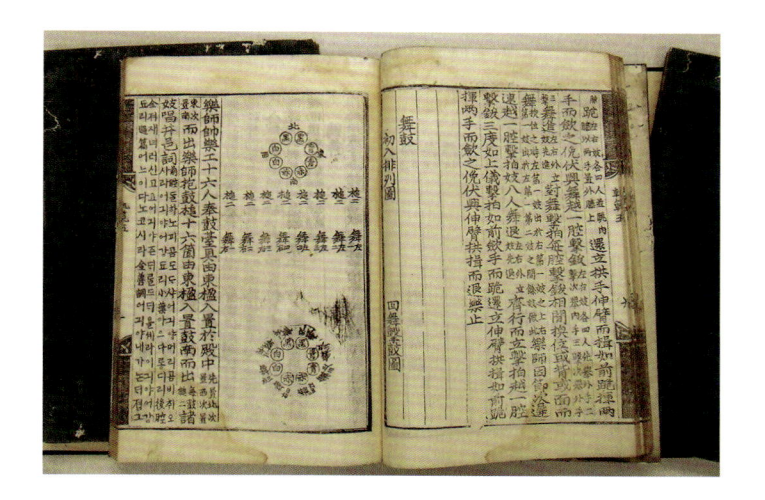

圖 15-3：1610 年成俔（Sŏng Hyŏn）所著的朝鮮音樂專著《樂學軌範》，用漢字寫成。照片由 Jonathan Wilson 拍攝。

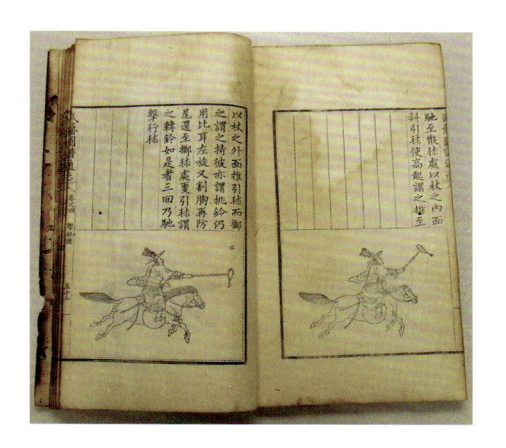

圖 15-4：1790 年的《武藝圖譜通志》，這是朝鮮最早的武術著作之一。照片由 Jonathan Wilson 拍攝。

圖 15-5：密西根大學亞洲圖書館座落在密西根大學安娜堡中心校區的研究生圖書館四樓。照片由 Jonathan Wilson 拍攝。

第十五章　密西根大學亞洲圖書館　243

註釋

1. U. S. Commercial Service, "Automation Alley: Building Bridges between Michigan and Sichuan," http://www.automationalley.com/Emails/SichuanTravelDelegationProgramAgenda.pdf

2. Gary Saxonhouse, "Studying the Japanese Economy: Michigan Origins," in Center for Japanese Studies, the University of Michigan, ed., *Japan in the World, the World in Japan: Fifty Years of Japanese Studies at Michigan* (Ann Arbor: Center for Japanese Studies, University of Michigan, 2001), 100.

3. Center for Japanese Studies, "History of CJS," https://ii.umich.edu/cjs/history-of-cjs.html

4. Center for Japanese Studies, "History of CJS," https://ii.umich.edu/cjs/history-of-cjs.html

5. Gary Saxonhouse, "Studying the Japanese Economy: Michigan Origins," 100–101.

6. Howard H. Peckham, *The Making of the University of Michigan, 1817–1992* (Ann Arbor: The University of Michigan Bentley Historical Library, 1994), 88.

7. Nancy Bartlett, *The University of Michigan and China, 1845–2006* (Ann Arbor: The University of Michigan Bentley Historical Library, 2006).

8. 這一獎學金命名為拉克海姆・巴伯亞洲婦女獎學金（Rackham Barbour Scholarship for Asian Women）。更多資訊請查閱 http://www.lsa.umich.edu/grad/funding/fellowship/info/?id=40

9. Barbour Scholarship for Oriental Women Committee, 1914, "Barbour Scholarship for Oriental Women (University of Michigan) Records, 1914–1983" (861142 UBImum Bimu B17 2), Bentley Historical Library, University of Michigan.

10. 陳雁，「巴伯獎學金與近代中國女性留美：途徑、專業與意義」，《婦女研究論叢》5（2007）：33–41。

11. Meribeth E. Cameron, "Far Eastern Studies in the United States," *The Far Eastern Quarterly* 7 (February 1948): 119.

12. Center for Japanese Studies, University of Michigan, "History of CJS," https://ii.umich.edu/cjs/history-of-cjs.html

13. Robert E. Ward, "Reflections on the Origins of the Center for Japanese Studies: A Tribute to Robert Burnett Hall (1896–1975)." in Center for Japanese Studies, University of Michigan, ed., *Japan in the World, the World in Japan: Fifty Years of Japanese Studies at Michigan* (Ann Arbor: Center for Japanese Studies, University of Michigan, 2001), 46–47.

14. Howard H. Peckham, *The Making of the University of Michigan, 1817–1992*, 272.

15. Charles O. Hucker, *Association of Asian Studies: An Interpretive History* (Seattle: University of Washington Press, 1973), 18.

16. G. Raymond Nunn and Tsuen-hsuin Tsien, "Far Eastern Resources in American Libraries," *The Library Quarterly* 29 (January 1959): 29.

17. Center for Japanese Studies, University of Michigan, "History of CJS," https://ii.umich.edu/cjs/history-of-cjs.html

18 早稻田大學的和田教授收集了有關本圖書館和密西根大學購書的口述史。詳見他的部落格 http://a-wada.blogspot.com/2007_08_01_archive.html

19 Naomi Fukuda, *Survey of Japanese Collections in the United States, 1979–1980* (Ann Arbor: Center for Japanese Studies, University of Michigan, 1980), 102–103.

20 Center for Japanese Studies, University of Michigan, "History of CJS," https://ii.umich.edu/cjs/history-of-cjs.html

21 John Bowden, "*SCAP Files of Commander Alfred R. Hussey*," Master's thesis, University of Michigan, 1968. 現藏該校亞洲圖書館。

22 National Diet Library, "SCAP Files of Commander Alfred R. Hussey, February 1 to March 6, 1946," http://www.ndl.go.jp/constitution/e/library/06/hussey.html

23 John Whitney Hall, "News of the Profession," *The Far Eastern Quarterly*, 13 (May 1954): 381.

24 和田敦彥,《書物の日米関係：リテラシー史に向けて》(東京：新曜社，2007)，頁 176–178。

25 和田敦彥,《書物の日米関係：リテラシー史に向けて》，頁 176–178。

26 Yuan Zhou, "Let Books Always Be There for Those Who Need and Care: Weiying Wan and His Distinguished Career in East Asian Librarianship," in Zhijia Shen, Lianhong Zhou, and Karen Wei, eds., *Bridging Cultures: Chinese Librarians and Their Organizations—A Glance at the Thirty Years of CALA, 1973–2003* (Guilin: Guangxi Normal University Press, 2004), 145.

27 Yuan Zhou, "Let Books Always Be There for Those Who Need and Care: Weiying Wan and His Distinguished Career in East Asian Librarianship," 145.

28 Yuan Zhou, "Let Books Always Be There for Those Who Need and Care: Weiying Wan and His Distinguished Career in East Asian Librarianship," 145.

29 "U-M Alumnus Fulfills Dream with $1 Million Gift," *University of Michigan News*, July 27, 2004, available at https://news.umich.edu/u-m-alumnus-fulfills-dream-with-1-million-gift

30 Gail Flynn, "Nam Gifts to U-M Total $4.3 Million for Korean Studies," *The University Record Online*, August 13, 2007, available at http://www.ur.umich.edu/0607/Aug13_07/24.shtml

31 Yunah Sung, "Asia Library of the University of Michigan," *Korean Foundation Newsletter*, May 2004, 13, no. 2, available at http://newsletter.kf.or.kr/english/contents.asp?vol=44&sec=22&lang=English&no=489

32 Korean Collection Consortium of North America, "Minutes of the Annual Meeting, April 3, 2008," https://kccna.libguides.com/ld.php?content_id=39937059

33 Yunah Sung, "Asia Library of the University of Michigan," *Korean Foundation Newsletter*, May 2004, 13, no. 2, available at http://newsletter.kf.or.kr/english/contents.asp?vol=44&sec=22&lang=English&no=489

34 錢存訓,《中美書緣》(臺北：文華圖書館管理資訊股份有限公司，1998)，頁 120。

35 1957 年密歇根大學亞洲圖書館已經是北美第九大東亞圖書館，參見 G. Raymond Nunn and Tsuen-hsuin Tsien, "Far Eastern Resources in American Libraries," 30. 到 20 世紀末，密歇根大學亞洲圖書館的館藏量排名已經躍升到第六位。參見 Vickie Fu Doll and Fung-yin Kuo Simpson, "Council on East Asian Libraries Statistics for North American Institutions 1999–2000," *Journal of East Asian Libraries* 123 (February 2001): 18.

36 有關鈴木幸久在密西根大學的工作經歷，可見鈴木幸久,「図書館に生きて」，載於鈴木幸久先生喜寿記念論集編集委員会編,《鈴木幸久先生喜寿記念論集》（京都：鈴木幸久先生喜寿記念論集刊行会，2001），頁 40–91。

37 參見 Vickie Fu Doll and Fung-yin Kuo Simpson, "Council on East Asian Libraries Statistics for North American Institutions 1999–2000," 26.

38 亞洲圖書館的網站早在 1990 年代就引起了有關學者的關注，參見 M. Taylor Fravel, "Online and on China: Research Sources in the Information Age," *The China Quarterly* 163 (September 2000): 826, 832.

39 參見 http://guides.lib.umich.edu/eastasianstudies

40 Google Books, "History of Google Books," http://books.google.com/googlebooks/history.html

41 藏書量統計數據來自 Council on East Asian Libraries Statistics Database, "CEAL Statistics Database in Table (Quick View), Statistics Data from Year 2008," https://ceal.unit.ku.edu/quick/2008/2008

42 參見 http://www.hathitrust.org

43 作者感謝伊藤健（Ken K. Ito）、成允雅（Yunah Sung）和仁木賢司（Kenji Niki）為本章寫作提供的幫助。

參考文獻

汪雁秋。《海外漢學資源調查錄》。臺北：漢學研究資料暨服務中心，1982。

陳雁。「巴伯獎學金與近代中國女性留美：途徑、專業與意義」，《婦女研究論叢》5（2007）：33–41。

錢存訓。《中美書緣》。臺北：文華圖書館管理資訊股份有限公司，1998。

村松祐次。《海外における最近の中国研究の状況》。東京：アジア経済研究所，1963。

和田敦彦。《書物の日米関係：リテラシー史に向けて》。東京：新曜社，2007。

鈴木幸久。「図書館に生きて」。《鈴木幸久先生喜寿記念論集》。鈴木幸久先生喜寿記念論集編集委員会編，頁 40–91。京都：鈴木幸久先生喜寿記念論集刊行会，2001。

"Annual Report of the Asia Library, 1982–1983." Prepared by Wei-ying Wan, Head of the Asia Library, University of Michigan.

Association for Asian Studies, Inc., Committee on East Asian Libraries. *Library Resources on East Asia*. Zug: Inter Documentation Company, 1968.

Barbour Scholarship for Oriental Women Committee. 1914. "Barbour Scholarship for Oriental Women (University of Michigan) Records, 1914–1983" (861142 UBImum Bimu B17 2). Bentley Historical Library, University of Michigan.

Bartlett, Nancy. *The University of Michigan and China, 1845–2006*. Ann Arbor: Bentley Historical Library, University of Michigan, 2006.

Bowden, John. "SCAP Files of Commander Alfred R. Hussey." Master's thesis, University of Michigan, 1968.

Cameron, Meribeth E. "Far Eastern Studies in the United States." *The Far Eastern Quarterly* 7 (February 1948): 115–135.

Center for Japanese Studies, University of Michigan. "History of CJS." https://ii.umich.edu/cjs/history-of-cjs.html (accessed November 1, 2009).

Flynn, Gail. "Nam Gifts to U-M Total $4.3 Million for Korean Studies." *The University Record Online*. August 13, 2007. Available at http://www.ur.umich.edu/0607/Aug13_07/24.shtml

Fravel, M. Taylor. "Online and on China: Research Resources in the Information Age." *China Quarterly* 163 (September, 2000): 821–842.

Fukuda, Naomi. *Survey of Japanese Collections in the United States, 1979–1980*. Ann Arbor: Center for Japanese Studies, University of Michigan, 1980.

Google Books. "History of Google Books." http://books.google.com/googlebooks/history.html (accessed November 1, 2009).

Hall, John Whitney. "News of the Profession." *The Far Eastern Quarterly* 13 (May 1954): 379–385.

Hinsdale, Burke A. *History of the University of Michigan*. Ann Arbor: University of Michigan, 1906.

Hucker, Charles O. *Association of Asian Studies: An Interpretive History*. Seattle: University of Washington Press, 1973.

Korea Collections Consortium of North America. "Minutes of the Annual Meeting, April 3, 2008." https://kccna.libguides.com/ld.php?content_id=39937059 (accessed November 1, 2009).

Latourette, Kenneth Scott. "Far Eastern Studies in the United States: Retrospect and Prospect." *The Far Eastern Quarterly* 15 (1955): 3–11.

National Diet Library. "SCAP Files of Commander Alfred R. Hussey, February 1 to March 6, 1946." http://www.ndl.go.jp/constitution/e/library/06/hussey.html (accessed November 1, 2009).

Niki, Kenji. "Japanese Studies in the US: Historical Development and Present State." In *Kyoto Conference on Japanese Studies*. Edited by International Research Center for Japanese Studies, 4: 123–131. Kyoto: International Research Center for Japanese Studies, 1996.

Nunn, G. Raymond, and Tsuen-hsuin Tsien. "Far Eastern Resources in American Libraries." *Library Quarterly* 29 (January 1959): 27–42.

Office of Research, University of Michigan. "University of Michigan Research Resources." https://research.umich.edu/resources (accessed November 1, 2009).

Peckham, Howard H. *The Making of the University of Michigan, 1817–1992*. Ann Arbor: The University of Michigan Bentley Historical Library, 1994.

Power, Philip H. "Opening Remarks." In *Japan in the World, the World in Japan: Fifty Years of Japanese Studies at Michigan*. Edited by Center for Japanese Studies, University of Michigan, 1–3. Ann Arbor: Center for Japanese Studies, 2001.

Saxonhouse, Gary. "Studying the Japanese Economy: Michigan Origins." In *Japan in the World, the World in Japan: Fifty Years of Japanese Studies at Michigan*. Edited by Center for Japanese Studies, University of Michigan, 99–102. Ann Arbor: Center for Japanese Studies, 2001.

Sung, Yunah. "Asia Library of the University of Michigan." *Korean Foundation Newsletter*. May 2004. 13, no. 2. Available at http://newsletter.kf.or.kr/english/contents.asp?vol=44&sec=22&lang=English&no=489

The Staff of the American Institute of Pacific Relations. "Current American Research on the Far East and the Western Pacific." *The Far Eastern Quarterly* 7 (1948): 268–296.

Tsien, Tsuen-hsuin. "Current Status of East Asian Collections in American Libraries." *The Journal of Asian Studies* 36 (1977): 499–514.

Tsien, Tsuen-hsuin, and Howard W. Winger, eds. *Area Studies and the Library: The Thirtieth Annual Conference of the Graduate Library School, May 20–22, 1965*. Chicago: University of Chicago Press, 1966.

"U-M Alumnus Fulfills Dream with $1 Million Gift." *University of Michigan News*. July 27, 2004. Available at https://news.umich.edu/u-m-alumnus-fulfills-dream-with-1-million-gift

U.S. Commercial Service. "Automation Alley: Building Bridges between Michigan and Sichuan." http://www.automationalley.com/Emails/SichuanTradeDelegationProgramAgenda.pdf (accessed November 1, 2009).

Wan, Wei-ying. "Introduction." In *Catalogs of the Asia Library, the University of Michigan*. Edited by University of Michigan. Asia Library, 1: iii–iv. Boston: G. K. Hall & Co., 1978.

Ward, Robert E. "Reflections on the Origins of the Center for Japanese Studies: A Tribute to Robert Burnett

Hall (1896–1975)." In *Japan in the World, the World in Japan: Fifty Years of Japanese Studies at Michigan*. Edited by Center for Japanese Studies, University of Michigan, 41–48. Ann Arbor: Center for Japanese Studies, University of Michigan, 2001.

Zhou, Yuan. "Let Books Always Be There for Those Who Need and Care: Weiying Wan and His Distinguished Career in East Asian Librarianship." In *Bridging Cultures: Chinese Librarians and Their Organization—A Glance at the Thirty Years of CALA, 1973-2003*. Edited by Zhijia Shen, Lianhong Zhou, and Karen Wei, 142–152. Guilin: Guangxi Normal University Press, 2004.

在《龍王見悟空賜兵器》章節中，東海龍王見到美猴王孫悟空，賜予他一個絕妙的兵器「如意金箍棒」。這幅插圖由大原東野（Ōhara Tōya）所繪，載於 1806–1835 年間刊印的《畫本西游全傳》中。照片由印大赫爾曼・威爾斯圖書館（Herman B. Wells Library）提供。

16 / 印第安納大學東亞圖書館

劉雯玲（Wen-Ling Liu）

現任印第安納大學東亞圖書館館長。出生於臺灣高雄市，獲印第安納大學圖書館和資訊科學碩士學位，發表過多篇有關圖書收藏和編目的論文。

　　印第安納大學（以下簡稱印大）東亞圖書館始建於 60 年前。作為印第安納州唯一的東亞圖書館，它除了為印大的教職員及學生提供東亞研究的圖書資源及諮詢服務之外，還為本州其他大學和學院，例如，印大東區分校（IU-East）、印第安納─普渡大學印第安納玻里斯校區（Indiana University–Purdue University Indianapolis, IUPUI）、巴特勒大學（Butler University）、厄勒姆學院（Earlham College）、普渡大學（Purdue University）和聖母大學（University of Notre Dame）等大學提供有關東亞研究方面的圖書和諮詢服務。[1] 印大東亞圖書館目前有 30 多萬冊藏書，以中、日、韓三種語言為主，還有報刊、微縮膠捲、膠片、影像、電子書及資料庫等資源。其中，中文館藏著重於語言、文學、歷史（尤其是明清史）、經典名著和文選、宗教、哲學、社會運動、考古學、美術、政治等領域的收藏，日文館藏則著重於歷史和文學（尤其是江戶和明治時期）、教育、宗教、社會、民俗、政治和經濟等領域的收藏，韓文館藏偏重於語言、文學、歷史（尤其是朝鮮王朝之後）、社會運動、民俗、政治和工具書的收藏。

　　除了東亞圖書館之外，印大的東亞藏書亦散見於多個專門圖書館中，這些館藏互相輝映，不但使印大館藏更為豐富，也使印大的東亞研究文獻更趨多元化。例如，商學院圖書館、藝術圖書館、金賽研究所圖書館（Kinsey Institute Library）、地理／地圖圖書館、古典音樂檔案館、禮來珍本圖書館（Lilly Rare Book Library）各自收藏了不少中、日、韓文的舊刻本、善本甚至孤本。禮來珍本圖書館中的查爾斯．鮑克瑟文庫（Charles Boxer Collection）藏有1百餘種日本和西方初期接觸時（1542–1800年間）刊印的書刊，以及17、18世紀耶穌會在中國出版的書籍。金賽研究所圖書館的特藏之一是30餘種中、日、韓地區的性愛作品和性文學資料，大多數出版於19世紀前，其中明版的《素娥篇》[2]為海內外孤本。藝術圖書館擁有5百餘冊中、日、韓的藝術目錄、圖冊和不同繪畫風格的卷軸。印大的藏文館藏包括9千餘冊藏傳佛學經典、西藏歷史和藏文文學著作，是北美地區首屈一指的藏文館藏。

然而在1950年時，印大的東亞館藏仍屈指可數，中文書籍不足10本。[3]飲水思源，多年來全靠多位學者及圖書館館員的努力，印大東亞圖書館才得以有今天的規模。本章著重介紹在印大創建東亞圖書館的過程中，作出重大貢獻的兩位學者及其建樹。

鄧嗣禹（1906–1988）

鄧嗣禹是位孜孜不倦、享譽國際漢學界的中國史學者。1966年因為著作等身，他晉升為印大榮譽講座教授。印大東亞研究及東亞圖書館由他一手創始。1950年秋天，他離開任教10年的芝加哥大學，應聘來到印大教授遠東、中國及日本史等課程。直至1976年退休，前後在印大任教26年。

作為印大首位講授東亞史的教授，他提出「當前之務為收集遠東地區的第一手和第二手資料」，並且強調「恰如魚無水則殆，研究者如無法獲得所需要的研究資料，其學術生命即會枯萎」。[4]當時的歷史系主任John Barnhart應允全力支持並進行合作。鄧嗣禹於是要求為他的課程採購所需要的研究資料和書籍，他開出的書目單行列印共計36頁之多，這批書籍成為印大東亞圖書館的首批館藏。

鄧嗣禹，號持宇，原籍湖南常寧，獲燕京大學歷史學學士和碩士學位，師從史學家鄧之誠和洪業。1936年至1937年，他在燕京大學歷史系任教。1935年，燕京大學圖書館出版了他和該館同仁合作編撰的《燕京大學圖書館目錄初稿：類書之部》。次年，他和畢乃德（Knight Biggerstaff）合作編撰了《中國參考書目解題》（*An Annotated Bibliography of Selected Chinese Reference Works*），該書於1936年由哈佛燕京學社出版，系統介紹了各種中文參考書，成為漢學研究方法和參考書目的標準教科書。哈佛大學出版社於1950年出版該書的修訂版，並於1970年重印。[5]燕京大學碩士畢業後，鄧嗣禹負笈美國，1937年至1938年間，成為美國國會圖書館東方部恆慕義（Arthur Hummel）的助理編輯。恆慕義是一位退休的傳教士，也是《清代中國名人傳略》（*Eminent Chinese of the Ch'ing Period, 1644–1912*）的主編。1939年，鄧嗣禹獲得哈佛燕京學社的獎學金，到哈佛大學繼續攻讀歷史，研究重點在近代中國史及清史。他博士論文的研究題目是《張喜日記和1842年的中英〈南京條約〉》，於1942年獲博士學位。在哈佛期間，鄧嗣禹和費正清（John King Fairbank）共事，在1939年至1941年間，兩人合作撰寫了一系列有關清代文獻的論文。費正清如此形容鄧嗣禹：「一位年輕的書志學家……我的同齡人……對中國的參考書資料瞭若指掌。」[6]

即使忙碌，鄧嗣禹仍不時在圖書館兼職打工。

鄧嗣禹在 1941 年秋天，即博士論文完成的前一年，應聘到芝加哥大學擔任教職。第二次世界大戰期間，鄧嗣禹在芝加哥大學教授漢語和中國歷史，並在 1943 年至 1945 年間，兼任芝加哥大學遠東圖書館的代理館長。1950 年應聘到印大後，他開始在美國中西部創建另一個東亞圖書館。多年後在一篇回憶錄中，他相當自豪地談及此事：「作為《中國參考書目解題》的合撰者……我有資格來選購一些基本文獻為印大東亞圖書館奠基。」

在印大任教的頭 10 年裡，鄧嗣禹大力採購中文和日文的基本參考書及其他文獻，[7] 並不懈地申請經費為東亞圖書館收集有價值的中、日文著作。從各朝各代的歷史和叢書／百科全書開始著手，他收集了《二十五史》、《四部備要》、《四部叢刊》、《古今圖書集成》、《大日本史料》、《清實錄》、《明實錄》、《明會典》、《清會典》、《大藏經》等大套叢書，並用歷史系提供的資金來購買各種重要的朝鮮史志。

與此同時，一些關於北美東亞圖書館館藏、編目和員工編制的調查也相繼得以開展。印大東亞圖書館首次出現於錢存訓 1959 年的一篇論文中：「第二次世界大戰後，東亞圖書館發展快速……很多大學陸續成立了中小型的東亞圖書館，例如科羅拉多大學、佛羅里達大學、印第安納大學、堪薩斯大學、密西根州立大學、明尼蘇達大學、匹茲堡大學、南加州大學和威斯康辛大學。」[8] 由於鄧嗣禹的努力，印大東亞圖書館在 1964 年已有 30,431 冊藏書，其中中文書籍 25,059 冊，日文書籍 519 冊，韓文書籍 182 冊。[9]

鄧嗣禹還帶動了印大校區對亞洲研究的重視。1955 年，他加入校內烏拉爾（Uralic）語區和亞洲研究的非正式研究專案。在他的策劃下，亞洲研究考察委員會於 1958 年成立。經過多次會議討論，該委員會提交了一篇報告，建議大學當局在不同院系的課程中增加有關亞洲的課目。1959 年，鄧嗣禹用一筆來自亞洲協會（Asia Society）的資金，邀請了數十位遠東研究專家，在布魯明頓分校舉辦了一個名為「亞洲研究與州立大學」的研討會，[10] 會議為期三天，討論主題著重於美國中西部大學中的東亞研究問題。會後，他將會議紀要編輯成冊，

圖 16-1：鄧嗣禹在 1950 年代幫助印大建立了東亞館藏。照片出自《傳記文學》53 卷 1 期（1988）。

以《亞洲研究與州立大學：印第安納大學會議紀要（1959 年 11 月 11–13 日）》（*Asian Studies and State University: Proceedings of a Conference Held at Indiana University, November 11, 12, 13, 1959*）為名出版。由於此次會議，印大獲得了《國防教育法》獎學金（National Defense Education Act Fellowships）的資金補助，因此得以招聘一位教阿拉伯語及阿拉伯文學的教師和一位教漢語和中國文學的教師。鄧嗣禹的目標是擴展印大的亞洲研究，尤其是東亞研究，以因應校內的學術需求。

至此，印大亞洲研究專案的籌備工作已大致完成，鄧嗣禹的努力也在 1961 年獲得了回報。這一年的 5 月，印第安納大學獲得了福特基金會（Ford Foundation）提供的 230 萬美元資金，用於在未來 10 年發展俄羅斯、東歐和亞洲研究專案，以及在未來 5 年中拓展此區域的國際關係研究專案。福特基金會在信函中指出：「其中 152 萬美元用以長期資助（10 年以上）印大的非西方研究領域。這筆資金及其利息也將部分用於亞洲研究，包括遠東事務。」[11] 同年，印大聘請了柳無忌和郅玉汝兩位教授來籌建東亞語言文學系（後於 1975 年改名為東亞語言文化系），印大東亞研究開始蓬勃發展。柳無忌是新成立的東亞語言文學系首任主任，任期從 1962 年至 1967 年。在他離任後，郅玉汝於 1967 年至 1974 年接任此職。

福特基金會的資金提供了一個擴充館藏的良好機會。這筆資金中有一小部分被指定用於加強亞洲（東亞及近東）研究。因此，印大圖書館逐漸開始整理多年來積壓而未編目的東亞文獻，並且增加了東亞圖書的採購資金和工作人員。1961 年，印第安納大學圖書館聘請了高藹鴻擔任首位東亞圖書編目員。不久，褚家駿受聘為首位東亞圖書館館長來管理日益增長的館藏。[12]

鄧嗣禹於 1976 年榮退。在任教的 26 年間，他治學篤實嚴謹，善於因材施教。退休後，他仍每天到圖書館查看資料，對館藏呵護備至，是東亞圖書館最忠實的支持者。他繼續推薦中、日、韓文研究書籍，自願參加圖書館委員會的工作，並且代表印大東亞圖書館和香港、臺灣地區的出版商及書商廣泛交流。在 1970–1980 年代，通過和臺灣藝文印書館的創辦者嚴一萍的交情，他為圖書館爭取到了極有利的購書折扣。依靠他的斡旋，圖書館獲得了一些重要的大型叢書，如《百部叢書集成》、《近代中國史料叢刊》和《國學基本叢書》等。

鄧嗣禹亦鼓勵他的研究生們熟悉圖書館的運作。他的學生如陳大端、[13] 黃培、[14] 陶晉生[15] 和陳潤成[16] 等都曾在圖書館工作過。畢業後他們均執教於北美各大學，在北美漢學界各有建樹。鄧嗣禹過世後，東亞圖書館內特立一牌匾，以推崇並紀念他對印大東亞圖書館的貢獻，牌匾上刻著：「（他）畢生奉獻學術工作，著作等身，是東亞圖書館的創始人和孜孜不倦的支持者。」

柳無忌（1907–2002）

印大東亞館藏中，大多數的中、日善本古籍及舊刻線裝書都經由柳無忌推薦收藏而來，並且部分來自他的私人珍藏。關於善本的定義，普遍認為乾隆六十年（1795）以前出版的中文古籍為善本。今人可在許多印大所收的善本卷首、卷中或卷末發現著名作家或學者的圖章印記及註釋。許多善本中都蓋有收藏者的印章，印記多為赭紅色。例如，在柳無忌的私人收藏中，他最不忍釋手的書籍裡就蓋有他的藏書印章「松陵柳無忌藏書之印」，此印章為辨識柳無忌藏書的主要方法。

柳無忌的父親柳亞子是20世紀初期中國詩壇泰斗之一及南社代表人物。由於家學淵源，他從小耳濡目染，有許多機會瀏覽各種古書。所以在教學與辦公之餘，他以搜集新舊中文書籍為樂，是一位公認的藏書家兼書籍鑑賞家。1931年，柳無忌在耶魯大學獲得了英國文學的博士學位。1932年至1937年間，他擔任南開大學英語系主任。在1945年到美國之前，他曾在西南聯大和國立中央大學任教。1961年，印大從匹茲堡大學禮聘柳無忌來校講授中國文學，從而加強了印大東亞教授的陣容。

柳無忌來到印大之時，正值印大從福特基金會得到鉅款來發展國際研究專案，因此東亞語文方面的圖書款項相當充裕。他和鄧嗣禹、褚家駿一起合作，雄心勃勃地開拓東亞研究的收藏。同時，他也擔任印大新成立的東亞語言文學系的主任。經他們三人的苦心經營，印大的東亞藏書漸具規模，印大圖書館也一躍而為美國中西部的東亞藏書重鎮之一。儘管無確切的統計資料，但至少有數百本中、日文善本書是經由福特基金會的資助購得的。這些善本現在分別存於印大的東亞圖書館、藝術圖書館和金賽研究所圖書館。

1960年代初期，市面上能購得的中文善本書大部分來自日本。柳無忌等與日本的琳琅閣書店（Rinrōkaku Shoten）做了好幾筆大生意。另外，他們亦從香港的書店，包括交流和萬有圖書公司採購古籍。日本書商特別在目錄中包括了私人藏家指南。這些私人收藏者大多是京都過去的望族鄉紳，因為二戰日本戰敗，生活困難，而將藏書出讓。

從日本購得的古籍大多為明清時期的善本。[17] 從香港購得的書籍則大部分出版於清光緒年間至民國早期，其中許多是與柳無忌的研究領域有關的元、明戲曲。從香港所購買的書籍中，最好的例子是柳無忌愛不釋手的兩冊《陶氏涉園新刊巾箱本蔡伯喈琵琶記》，1937年由陶氏涉園影印出版。[18] 雖然這兩冊書的印刷與字品均不佳，但是第一冊書首十頁的繡像卻相當精緻，柳無忌評「可視為第一流畫工與刻工的作品」，第二冊書後有許多著名收藏者的題識。另外，第一冊卷首及第二冊卷末的藏家圖章字樣顏色清楚鮮豔，吸引了柳無忌的注意。印大圖書館還收藏了陶湘於1937年出版的另外一部著作《涉園所見宋版書影》。柳無忌很欣賞陶湘，因為他不但是民國早期一位傑出的實業家，同時也是一位藏書大家和優秀出版人。通過柳無忌而得到的重要收藏還有廣州倅署於庚午年間（1870）出版的《李義山詩集輯評》的三色套印本。

在柳無忌購來的40餘冊中文善本中，約有三分之二與戲曲、詩文和當時的通俗文學有關。透過這些藏本，我們可知柳無忌對元、明戲曲的專注及涉獵之廣。它們中有10本是晚明時期的出版物，包括一本明萬曆四十七年（1619）程明善的雕版《坡仙集》16卷，該集為李卓吾評點的蘇軾散文選本，曾在晚明時期重印了六次。另一本是宋尤袤編撰的《全唐詩話》，據王教的序言所述，該刻本是明嘉靖二十二年（1543）根據宋咸淳丁未（1271）版本的再版。印大還擁有齊北齋所撰寫的雕版《繡谷春容》12卷，為南京世德堂於明萬曆年間出版的通俗小說，該版本現存世甚少。印大的版本曾經重新裝幀，用稱為「金鑲玉」的裝幀法對該書的每一頁都進行了仔細修復，以期整舊如新。

印大藏有三套不同刊本的清版《西廂記》，分別出自致和堂、丹山堂和三畏堂。《繡像今古奇觀》來自櫻山文庫（Sakurayama Bunko），柳無忌於《齋翁失書記》中特別推薦此書。[19] 該書為清乾隆五十年（1785）再版，據書業堂刊本記載，該書最初由抱甕老人選編，後經墨憨齋馮夢龍手定。另一本清版書《郭茂倩樂府解題》，成書於清初，被公認為汲古閣刻本中最好的樂府歌辭集。

在所收集的日本古籍中，附有精美插圖的日文版《水滸傳》和《西遊記》最值得介紹。兩者均為岡田群玉堂刻本，由大阪浪華書林（Naniwa Shorin）出版。1805 年至 1838 年出版的《新編水滸畫傳》源於清順治丁酉（1657）版本，由瀧沢馬琴（Takizawa Bakin）翻譯，葛飾北斎（Katsushika Hokusai）繪圖。《畫本西遊全傳》全書 4 編 40 卷，大約在 1806 年至 1835 年間出版，由口木山人（Kuchiki Sanjin）等名士聯手合譯，大原東野（Ōhara Tōya）、歌川豐廣（Utagawa Toyohiro）和葛飾北斎等繪插圖。這些畫本的流行證明了這兩本中國小說深受江戶後期日本讀者的歡迎。

柳無忌在 1976 年榮休之際，捐贈了數百本書籍給印大東亞圖書館，其中包括一些古籍善本。2002 年，柳無忌逝世後，經由邳玉汝斡旋，他的女兒柳光南將父親留下的藏書再次捐贈給印大。這些藏書包括 1949 年之前出版的元明戲曲，有關南社的出版著作及少數古籍。這些珍貴的捐贈使印大圖書館元明戲曲的館藏更加豐富。

其他貢獻者

鄧嗣禹、柳無忌二公對印大東亞圖書館的發展影響深遠，但印大東亞系和東亞圖書館的創建是他們與校方及各位同事合作的成果。如果遺漏了其他的貢獻者，那麼印大東亞圖書館的發展史也就稱不上完整。東亞館藏一直得益於其他教授們（包括訪問學者）和研究生們的傾力支持，這種融洽的合作關係延續至今。以下僅列舉數位對東亞館藏有特殊貢獻的教授。

許多中文期刊和幾乎所有關於陳獨秀的文獻都來自於邳玉汝的推薦。羅郁正於 1967 年受聘到印大教授中國古典文學與比較文學

圖 16-2：柳無忌的印章「松陵柳無忌藏書之印」，蓋在 1947 年刻印的《陶氏涉園新刊巾箱本蔡伯喈琵琶記》書頁上。照片由印大赫爾曼・威爾斯圖書館提供。

圖 16-3：1785 年出版的《繡像今古奇觀》序中，其第二頁正中「迄於皇明」一句，「皇」字特別另行抬頭，高出其他各行一格，這是該書刊於明末的證據。照片由印大赫爾曼・威爾斯圖書館提供。

後，立即投入擴展中文詩歌、明清小說和短篇小說的館藏。李歐梵於 1976 年至 1982 年在印大任教期間，推薦了一系列現代中國文學著作，並且在他的建議和協助下，印大建立了中國電影文庫。上原豐明（Toyoaki Uehara）於 1963 年應聘到印大任教，他在 1966 年建立了印大和天理大學（Tenri University）的師生交換計畫，該計畫延續至今。上原豐明對日本宗教和文學的熱愛使得東亞圖書館擴展了這些領域的館藏。鄧嗣禹退休之後，明清史學家司徒琳（Lynn Struve）於 1977 年應聘到印大任教，繼續協助發展明清史館藏。

從 1970 年代開始，多位研究日本江戶和明治時期的教授不約而同地來到印大任教，他們各自專注此一時期的某一門學科，如文學、歷史、經濟、政治、教育、宗教及民俗等。他們的研究需要直接影響了東亞圖書館日本館藏的發展。Sumie Jones 1979 年應聘到印大任教，她專門研究江戶晚期的文學和比較藝術。George Wilson 專門研究江戶晚期和明治時期的思想。Richard Rubinger 研究江戶時期的教育史和文學史。他們相繼幫助圖書館收藏江戶時期原版書的微縮膠捲，其中最為珍貴的是四個重要的善本文庫：穎原文庫（Ebara Bunko）（共計 3,736 冊圖書，207 盤微縮膠捲），尾崎久彌文庫（Ozaki Kyuya Collection）以收藏江戶時期的通俗文學、歌謠為主（共計 1,723 種，3,400 冊圖書，120 盤微縮膠捲），霞亭文庫（Katei Bunko）收集江戶時期的文學和戲劇著作（共計 2,032 冊圖書，72 盤微縮膠捲），以及江戶文學総瞰（Edo Bungaku Sokan）（共計 878 種圖書，90 盤微縮膠捲）。

印大首位東亞圖書館館長褚家駿致力於東亞研究參考書和重要叢書及古籍的收藏。在他之後，徐家璧、松田靜江（Shizue Matsuda）、李學博和現任館長劉雯玲繼續致力於推動印大東亞館藏的發展。

東亞館藏曾歷經兩次搬遷。最初館藏位於如今的富蘭克林大樓（Franklin Hall）舊圖書館地下室第二層的一個房間裡，與圖書館的其他館藏分開，書籍雜亂無序地散置於書架上。在 1961 年一篇回憶東亞圖書館的創立時期的文章中，柳無忌生動地描寫了當時所見：「我們很驚訝地發現它們（指書籍）被隨便地堆積在一間狹小、昏暗、滿布灰塵的房間內，高及天花板。顯然圖書館方面沒有辦法來管

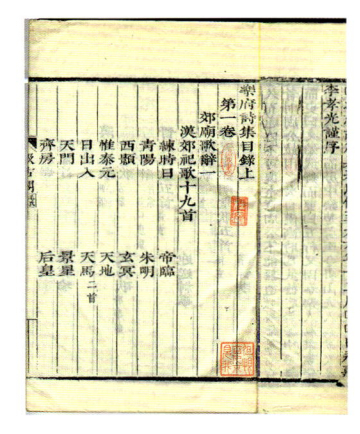

圖 16-4：《郭茂倩樂府解題》的汲古閣刊本，印有收藏者印章。照片由印大赫爾曼・威爾斯圖書館提供。

圖 16-5：1755 年出版的《皇明世說新語》扉頁上印有櫻山文庫的藏書印章。照片由印大赫爾曼・威爾斯圖書館提供。

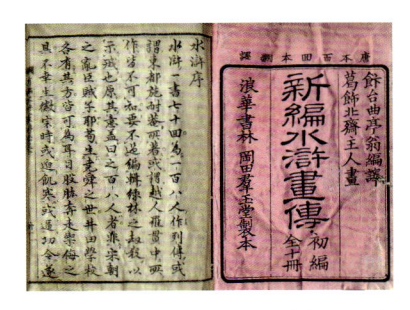

圖 16-6：1805 年至 1838 年出版的《新編水滸畫伝》。照片由印大赫爾曼・威爾斯圖書館提供。

理這些中文書籍。」[20] 1966 年的一場大火使舊圖書館大樓嚴重受損。於是，在當時藝術和科學學院院長 Joseph Sutton 的幫助下，東亞圖書館暫時遷往當時新建於校內中心的伍德本大樓（Woodburn Hall）中一間寬大的圖書室。1969 年，總圖書館（即赫爾曼·威爾斯圖書館）落成後，東亞圖書館遷移至此，直到今天，一直位於該館的八樓。

圖書館的現代化

1972 年，松田靜江應聘出任印大東亞圖書館館長。她很快就發現圖書館面臨兩個問題，其一是如何處理多年所積壓的未編書籍，其二是人手短缺。在她的要求下，圖書館增加了中、日、韓編目人員的名額。[21] 松田靜江生於檀香山，獲得日本慶應義塾大學圖書館專業的學士學位。她精通英語、日語和漢語等數種語言。1978 年，她獲得哥倫比亞大學中國文學博士學位。作為 1970 年代北美屈指可數的女性東亞圖書館員之一，松田靜江深受同事尊重。1982 年，在輔導俄亥俄州立大學新任命的日文書志學家董美然（Maureen Donovan）的同時，她們開始了俄亥俄州立大學和印大之間日語文獻的資源共享和合作收藏計畫。[22] 早在 1978 年，松田靜江就獲得了日美友好協會（Japan–U.S. Friendship Commission）的研究經費，編纂了《當前美國圖書館人文社會學科中的日本期刊》（Current Japanese Serials in the Humanities and Social Sciences Received in American Libraries）一書，於 1980 年由印大圖書館出版。當時電腦作業尚在開啟階段，各個圖書館無法通過電子化的作業來知道彼此的期刊收藏。松田靜江彙編的這本冊子上收錄了 58 所圖書館共 4,389 種日文期刊。該書的修訂本直到 12 年後（1992）才得以出版，由牧野泰子（Yasuko Makino）和三木身保子（Mihoko Miki）合編，更名為《北美東亞圖書館日本期刊聯合目錄》（National Union List of Current Japanese Serials in East Asian Libraries of North America）。

松田靜江多年來在圖書館界和日本出版界累積的人脈關係有助於她的資金申請和籌劃，使她得以加強日文參考書館藏的品質，並促進印大東亞圖書館的現代化。她和中國、日本的一些著名圖書館建立了圖書交換計畫，並成功地從日本世博會紀念協會（Japan World Exposition Commemorative Association）和日美友好協會申請到購書補助經費。[23]

李學博，原籍河南滑縣百尺口村，1957 年獲臺灣大學英文系學士學位，1963 年負笈美國，1965 年獲威斯康辛大學麥迪遜分校圖書館系碩士學位，1972 年又取得該校比較文學系的碩士學位。從 1965 年至 1987 年，他在威斯康辛大學圖書館主持東亞藏書編目，1987 年應聘到印大擔任東亞圖書館館長，直至 2001 年退休。他前後從事圖書館工作長達 36 年。從 1988 年到 1991 年，李學博擔任了北美東亞圖書館協會（Committee on East Asian Libraries）主席。在此之前，他曾任該協會技術工作小組組長長達 15 年。1983 年他和美國國會圖書館張碧珠合編了《AACR2 東亞出版物工作手冊》（AACR2 Workbook for East Asian Publications）。20 多年來，這本手冊一直被視為北美東亞出版物的編目範本，成為北美圖書館東亞編目方面的主要參考之一。他的另一本書《北美東亞圖書館指南》（A Guide to East Asian Collections in North America）介紹了北美各東亞圖書館的館藏及發展，於 1992 年出版。

　　1980 年代，中國改革開放的大潮方興未艾，美元對人民幣享有高匯率。李學博有足夠的資金來大力擴充印大東亞圖書館藏，尤其是中國館藏的數量。利用旅行採購的機會，他建立了印大和中國、日本、韓國的各重要大學圖書館之間的館際資源合作。同時，他也密切注意東亞文獻的電子資訊和與東亞研究文獻資料有關的資料庫。利用他和國外圖書館及基金會的關係，如韓國德山基金會（Daesan Foundation）、日本東芝國際交流基金會（Toshiba International Foundation）和日本國際交流基金會（Japan Foundation），[24] 李學博多次成功為東亞圖書館申請到大額的圖書採購資金。

　　歷史如同一面鏡子，讓我們能審視自身，反思過去。然而，對於印大東亞圖書館的使用者而言，更重要的是它的未來。溯本追源，東亞館藏起始於鄧嗣禹對明清史和中國現代史的興趣，如今的館藏範圍早已橫跨東亞人文社會學科的眾多研究領域。隨著網路和資料庫時代的來臨，圖書館也正陸續增加有關東亞地區研究的數位資源。60 年來，通過學者和圖書館員們的努力與合作，印大東亞圖書館的館藏質與量並重，為印大校內外的研究者提供了不可或缺的服務。印大東亞圖書館位於美國中西部，從 1950 年代起就見證了美國亞洲研究的整體成長，它的館藏及服務將在 21 世紀中持續發展。[25]

圖 16-7：印大東亞圖書館位於印大布盧明頓校區的赫爾曼‧威爾斯圖書館的八樓。照片由印大赫爾曼‧威爾斯圖書館提供。

註釋

1. Vickie Fu Doll, Calvin Hsu, and Wen-ling Liu, "Council on East Asian Libraries Statistics, 2007–2008, for North American Institutions," *Journal of East Asian Libraries* 147 (February 2009): 50–78. 根據 2008 年的統計，印大東亞圖書館在北美主要的 51 所東亞圖書館中排名第十六，在全美公立大學東亞圖書館中排名第七。

2. 印大所收藏的《素娥篇》刊印於明萬曆四十年（1612）前後。1948 年，由當時任教於哥倫比亞大學的王際真教授捐贈給金賽研究所圖書館。

3. 鄧嗣禹和李學博 1987 年 11 月 16 日的通信，信中詳述了印大東亞圖書館的館藏史。

4. 鄧嗣禹和李學博 1987 年 11 月 16 日的通信。

5. Sherman Cochran and Charles A. Peterson, "Knight Biggerstaff (1906–2001)," *The Journal of Asian Studies* 60 (2001): 934.

6. John King Fairbank, *Chinabound: A Fifty-Year Memoir* (New York: Harper and Row, 1982), 147.

7. 見鄧嗣禹和李學博 1987 年 11 月 16 日的通信。

8. Tsuen-Hsuin Tsien, "Asian Studies in America: A Historical Survey," in Ssu-yu Teng, ed., *Asian Studies and State Universities: Proceedings of a Conference at Indiana University, Nov. 11–13, 1959* (Bloomington: Indiana University, 1959), 118.

9. Tsuen-Hsuin Tsien, "East Asian Collection in America," in Tsuen-Hsuin Tisen and Howard W. Winger, eds., *Area Studies and the Library: The Thirtieth Annual Conference of the Graduate Library School, May 20–22, 1965* (Chicago: University of Chicago Press, 1966), 60.

10. 陳潤成，「鄧嗣禹與戰後美國漢學的發展」，《華美族研究集刊》7（2004 年 2 月）：39–85。

11. Ralph Collins, September, 1961, "A Statement about the Administration of the Ford Grant in Support of Foreign and International Studies," Indiana University President's Office Records (C213.218), Indiana University Archives.

12. 褚家駿在 1962–1969 年任職印大，後任羅徹斯特大學東亞圖書館館長，1973 年回臺灣擔任國立中央圖書館的第十五任館長。

13. 陳大端 1963 年獲得印大歷史系博士學位，任教普林斯頓大學東亞研究系，於 1987 年退休。

14. 黃培 1963 年獲得印大歷史系博士學位，任教俄亥俄州楊斯鎮州立大學歷史系，於 1997 年退休。

15. 陶晉生 1967 年獲得印大歷史學系博士學位，後在位於圖森的亞利桑那大學教授東亞研究，退休後他在臺灣東吳大學講學。

16. 陳潤成 1987 年獲得印大歷史系博士學位，現任明尼蘇達州立大學莫爾海德分校歷史系教授。

17. Wu-Chi Liu, "On Building a Chinese Library Collection in an American University," *Chinese American Forum* 4, no. 4 (1989): 8.

18. 柳無忌，「齋翁失書記」，載於《休而未朽集》（臺北：時報，1983），頁 23。

19. 柳無忌，「齋翁失書記」，頁 21。

20. Wu-Chi Liu, "On Building a Chinese Library Collection in an American University," 8.

21. 參見 2007 年 7 月 20 日與松田靜江的訪談資料。

[22] Maureen Donovan, "Time and Change: Reflections on the Developments of East Asian Library Collections at Ohio State University" (paper presented at the Conference Over a Hundred Years of Collecting: The History of East Asian Collections in North America, University of California, Berkeley, October 18–19, 2007), 237.

[23] David Farrell, "Shizue Matsuda," I.U. Library communication to honor retiring faculty, 1986.

[24] 據李學博 2007 年 7 月回覆的電子郵件。

[25] 本文承陳潤成教授校閱，黃培教授提供有關印大東亞圖書館的建館資料，謹此致謝。

參考文獻

柳光遼、金建陵、殷安如主編。《教授、學者、詩人：柳無忌》。北京：社會科學文獻出版社，2004。

柳無忌。「齋翁失書記」。《休而未朽集》。臺北：時報，1983。

陳潤成。「鄧嗣禹與戰後美國漢學的發展」。《華美族研究集刊》7（2004年2月）：39–85。

黃培。「追思鄧嗣禹教授」。《傳記文學》53卷1期（1989）：79–82。

鄧嗣禹。「北大舌耕回憶錄」。《北大老照片》。李權之主編，頁122–131。北京：中國對外經濟貿易出版社，1998。

Chen Runcheng. "Deng Siyu (Teng Ssu-yu) and the Development of American Sinology after World War II." *Chinese Studies in History* 41, no. 1 (2007): 3–40.

Cochran, Sherman, and Charles A. Peterson, "Knight Biggerstaff (1906–2001)." *The Journal of Asian Studies* 60 (2001): 933–935.

Collins, Ralph. September, 1961. "A Statement about the Administration of the Ford Grant in Support of Foreign and International Studies." Indiana University President's Office Records (C213.218), Indiana University Archives.

Donovan, Maureen. "Time and Change: Reflections on the Developments of East Asian Library Collections at Ohio State University." Paper presented at the Conference Over a Hundred Years of Collecting: The History of East Asian Collections in North America, University of California, Berkeley, October 18–19, 2007.

Fairbank, John King, *Chinabound: A Fifty-Year Memoir*. New York: Harper and Row, 1982.

Farrell, David, "Shizue Matsuda." I.U. Library communication to Honor Retiring Faculty, 1986.

Hummel, Arthur, ed. *Eminent Chinese of the Ch'ing Period, 1644–1912*. Washington: Government printing office, 1944.

Indiana University Libraries and Japan–U.S. Friendship Commission. *Current Japanese Serials in the Humanities and Social Sciences Received in American Libraries*. Bloomington: Indiana University Library East Asian Collection, 1980.

Lee, Thomas H., *A Guide to East Asian Collections in North America*. New York: Greenwood Press, 1992.

Lee, Thomas H., and Beatrice Chang Ohta, eds. *AACR 2 Workbook for East Asian Publications*. Madison: University of Wisconsin Madison Libraries, 1992.

Liu, Wen-ling. "Tribute to Thomas Lee on His Retirement." *Journal of East Asian Libraries* 124 (June 2001): 81–82.

Liu, Wu-chi. "On Building a Chinese Library Collection in an American University." *Chinese American Forum* 4, no. 4 (1989): 7–9.

Makino, Yasuko, and Mihoko Miki. *National Union List of Current Japanese Serials in East Asian Libraries of North America*. Los Angeles: Subcommittee on Japanese Materials, Committee on East Asian Libraries, Association for Asian Studies, 1992.

Nunn, G. Raymond, "Far Eastern Resources in American

Libraries." *The Library Quarterly* 29 (January 1959): 27–42.

Teng, Ssu-Yu, ed. *Asian Studies and State Universities: Proceedings of a Conference Held at Indiana University, November 11–13, 1959*. Bloominton: Indiana University. 1960.

Teng, Ssu-Yu, and Knight Biggerstaff. *An Annotated Bibliography of Selected Chinese Reference Works*. Cambridge: Harvard University Press, 1969.

Tsien, Tsuen-hsuin. *Current Status of East Asian Collections in American Libraries, 1974–1975*. Washington: Center for Chinese Research Materials, Association of Research Libraries, 1976.

Tsien, Tsuen-hsuin. "East Asian Collection in America." In *Area Studies and the Library: The Thirtieth Annual Conference of the Graduate Library School, May 20–22, 1965*, edited by Tsuen-hsuin Tsien and Howard W. Winger, 50–73. Chicago: University of Chicago Press, 1966.

Zhou, Lianhong. "An Inventory of Pro-Twentieth-Century Chinese Erotica in the Kinsey institute." *Chinese Culture* 36, no. 4 (1995): 103–116.

Zhou, Yuan "An Unstated Mission: Chinese Collections in Academic Libraries in the U.S. and Their Services to Overseas Chinese." *Journal of East Asian Libraries* 139 (June 2006): 10–17.

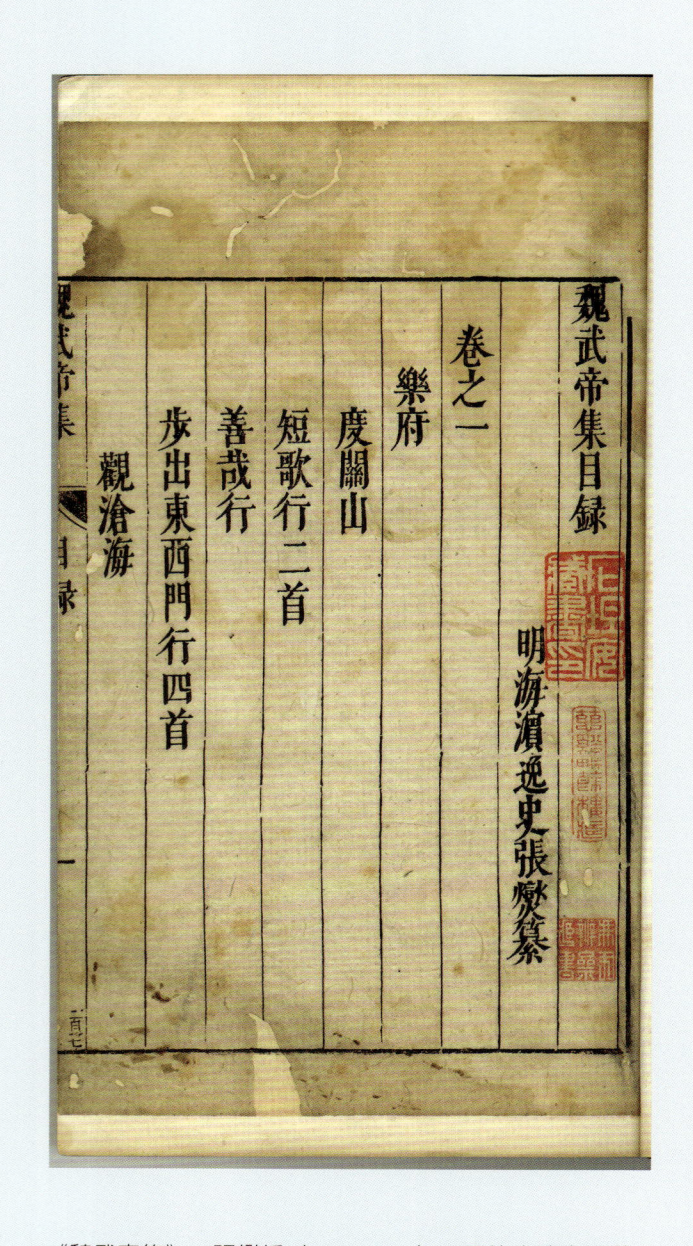

《魏武帝集》，張燮編（1621–1628）。照片由陳肅提供。

17 // 明尼蘇達大學東亞圖書館

陳肅（Su Chen）

加州大學洛杉磯分校東亞圖書館館長。曾任明尼蘇達大學東亞圖書館館長、加拿大麥基爾大學東亞研究圖書館員。目前主要研究基督教男青年會（Young Men's Christian Association, YMCA）1895–1949 年期間在華活動史。

1965 年 10 月，明尼蘇達大學（以下簡稱明大）東亞圖書館正式對外開放，當時它僅擁有 18,650 冊藏書、一位專業圖書館館員、一位參考諮詢人員、一位資深職員和一位學生助理。作為一個獨立的小圖書館，它位於大學總圖書館內，有獨立的讀者諮詢服務和流通服務。到了 2006 年，東亞圖書館藏書已增至 144,760 冊。

創建

建立一座圖書館來支持大學的東亞學術研究的想法始於明大東亞語言文學系的創建人馬瑞志（Richard Mather）教授。馬瑞志 1913 年出生於中國保定的一個美國傳教士家庭。他先在家中接受母親的啟蒙教育，然後就讀位於通縣的華北美國學校（North China American School）。1927 年，14 歲的馬瑞志被送往美國繼續學習。他從普林斯頓大學獲得了中國藝術和考古學學士學位後，前往加州大學柏克萊分校東方語言文學系讀研究生，[1] 1949 年獲博士學位後，到明尼蘇達大學任教。在明大他教授漢語和中國文學，並創建了東亞語言文學系。

此外，他還在該校藝術系講授中國藝術課程，並在歷史系講授中國歷史課程。在他工作的最初 15 年中，[2] 由於沒有圖書館支持，東亞方面的教學和研究工作受到很大阻礙，於是他決心改變這種狀況。

1963 年，馬瑞志赴日本學術休假一年，此間由劉君若作為訪問副教授接替他任教。劉君若曾在史丹佛大學和加拿大不列顛哥倫比亞大學任教，到明大後她也因圖書館資源的不足而倍感艱辛。當時明大圖書館只有 18,000 冊東亞方面的藏書，大部分是中文和日文的，存放在沃爾特圖書館（Walter Library）三樓的一個小房間內。這些藏書按照中國傳統的四部分類法做了粗略的分類，還有幾箱圖書甚至尚未開封。[3] 明大的東亞館藏始於收購石坦安（Diether von den Steinen）的私人藏書。石坦安曾在加州大學柏克萊分校任教授。1952 年，明大圖書館購買了他的私人藏書，此後又陸續購買了其他中日文圖書。

馬瑞志和劉君若首先對現有藏書進行了評估，並嘗試將它們分類上架。這時劉君若建議馬瑞志邀請哈佛燕京圖書館館長裘開明為明大籌建東亞圖書館提供指導和諮詢。[4] 裘開明曾任哈佛燕京圖書館館長長達 40 年之久，聲名卓著（關於裘開明的職業生涯請參見本書第三章）。劉君若於 1959 年至 1960 年在哈佛大學任研究員，因此認識裘開明。[5] 1965 年，裘開明剛剛從哈佛大學退休。[6] 當她建議馬瑞志邀請裘開明來明大工作時，[7] 馬瑞志不敢奢望裘開明會接受邀請。但令他意外的是，裘開明愉快地接受了邀請。[8]

裘開明接受邀請令馬瑞志倍受鼓舞，他先後說服了大學副校長 Donald Smith 和大學圖書館館長 Edward Stanford，讓他們瞭解到裘開明是東亞圖書館的理想館長。[9] 隨後他又說服了大學亞洲區域研究委員會（All-University Asian Area Studies Committee）利用福特基金會（Ford Foundation）的經費聘請裘開明來明大建立東亞圖書館，並擔任館長。[10] 此後不到一個月，明大副校長就表示願意邀請裘開明來校任全職訪問教授（次年轉為非全職教授）。此外校方還表示，將按裘開明的建議，邀請來自英國的年輕圖書館館員鄭保羅（Paul P. W. Cheng）前來和他一起工作。[11] 馬瑞志隨即前往舊金山，將大學的邀請函當面交給了裘開明。

從 1965 年 11 月 1 日到 1966 年 6 月 30 日的 7 個月間，明大提供了 24,000 美元用於支付兩名圖書館館員、一名高級職員和一名學生助理的工資，以及設備設施和圖書購置費用。次年經費增加到 32,700 美元。所有經費都來自於福特基金會提供的 125 萬元基金。[12]

1965 年 9 月裘開明到任，大學就東亞圖書館的建立舉行了一個專門會議。關於新圖書館名稱，裘開明建議取名東亞圖書館，以涵括中日韓及蒙古語文獻。裘開明還提出把大學圖書館中所有的東亞語言文獻分離出來，另闢書庫存放，但這個提議遭到一些行政管理人員的反對。於是，裘開明耐心地說服他們，新建的東亞圖書館有必要作為一個獨立的館藏，擁有自己的圖書館館員、工作人員和館藏空間。最後，會議決定建立獨立的東亞圖書館。關於如何讓教授參與圖書館建設，裘開明建議採取哈佛大學的做法，為東亞圖書館組建一個教授諮詢委員會。關於分類編目，儘管當時整個明大圖書館系統採用杜威圖書分類法，但裘開明建議採用哈佛燕京圖書館分類法對中日文圖書進行編目。[13] 他還建議把中日文圖書按主題集中上架，不與英語等西方語種圖書混排。關於編目拼音，他主張採用哈佛大學的方法，對中文書採用威妥瑪（Wade-Giles）拼音系統，對日文書採用赫本（Hepburn）拼音系統。[14]

裘開明還為圖書的採購、編目、上架、期刊管理和裝訂等工作制定了新的程序，[15] 並全面記錄備查。裘開明寫道，「所有現刊都應放在閱覽室展示，所有過刊則應按主題裝訂成冊上架。」[16] 在期刊裝訂中，西文期刊通常會根據需要進行剪裁。但裘開明堅持，「東亞語言期刊的裝訂不做任何剪裁。」[17] 這一做法沿用至今。

裘開明到明大任職的消息也引起了大學和所在城市的關注。大學新聞部採訪了裘開明，並編發了題為〈哈佛教授裘開明：著名中國圖書館館員為明大亞洲藏書編目〉（Harvard Professor A. K. Chiu: Renowned Chinese Librarian Cataloging "U" Asian Collection）的長篇報導。文章首段寫道：

> 中日文圖書館管理方面的世界權威之一將自今年起在明尼蘇達大學東亞圖書館工作一年。他將對大學現有的東亞藏書進行編目，並幫助規劃其未來發展，使它成為中西部較好的東亞圖書館之一。這位權威就是哈佛大學榮譽退休教授、哈佛大學東方圖書館前任館長裘開明。

這則新聞熱情洋溢地報導了裘開明對明大東亞圖書館的未來設想，說「明尼蘇達大學正面臨發展東亞圖書館的絕好機會，在芝加哥和西雅圖之間的這片廣袤地區幾乎是一片空白，沒有任何其他圖書館能與之競爭」。[18]

次日，《聖保羅先鋒報》（*Saint Paul Pioneer Press*）──明尼蘇達的一份主要報紙，也發表了關於裘開明和大學新建東亞圖書館的一篇報導。

> 大學……希望到1968年，其東亞圖書館館藏達到10萬冊。在未來兩年裡，東亞圖書館藏書量每年要翻一番。這樣大學才能保證攻讀亞洲研究博士學位的學生有可資利用的圖書館。[19]

圖 17-1：1966 年 6 月 20 日《明尼阿波利斯論壇報》發表了〈圖書編目員發現大學圖書館藏有最古老的圖書〉一文。文中報導了裘開明。文章和圖片由 Bob Lundegaard 提供。

隨後，1966年6月，明尼蘇達的另一份主要報紙《明尼阿波利斯論壇報》（Minneapolis Tribune）也發表了一則題為〈圖書編目員發現大學圖書館藏有最古老的圖書〉（Oldest Book in "U" Library Discovered by Cataloguers）的報導，還配發了兩張照片。[20]

顯然，明大東亞圖書館的薄弱起點並沒有阻止裘開明的遠大設想，他為這個新建的東亞圖書館設計了一個宏偉的藍圖。他希望，如果藍圖能如期實現的話，新建的明大東亞圖書館應該能躋身美國最優秀的東亞圖書館行列。

發展

自新館建立之日起，裘開明和鄭保羅就努力增加館藏，爭取實現從18,650冊到10萬冊的增長目標。裘開明的館藏發展策略是建設一個有適當數量的館藏，為全校各學科的研究提供支援。他在哈佛燕京圖書館就是這麼做的，如今他希望明大也能這樣做。他認為，「圖書館的目標是為漢學研究提供可供使用的藏書。大學圖書館的館藏建設不是搞古玩店，而是要建立一個積極務實的研究型圖書館。」[21] 或許正是他的這個理念，使哈佛大學放棄了從麥基爾大學購買葛思德文庫（Gest Chinese Research Library）的機會，[22] 儘管當時那批藏書的售價相對合理。[23] 然而要建立一個可以滿足研究與教學需要的圖書館，就必須擁有足夠的藏書，因此達到10萬冊藏書的目標對裘開明來說意義重大。可是當他全力投入這一目標時，明大圖書館總館長Stanford卻有不同的想法，兩人在這一點上產生了意見分歧。

1966年2月，裘開明要求增加15萬美元經費用於回溯性館藏購置，這是為迅速增加館藏量而做出的首次努力。[24] 此外他還要求增加4名全職人員，以便為新增的館藏做分類編目。[25] 但他的請求並沒有得到大學圖書館管理層的支持，這引起了東亞研究教授們的憂慮。他們聯名寫信給大學圖書館副館長Ralph H. Hopp，敦促他為東亞圖書館的採購和人員下撥更多經費，並擴大館藏空間以便存放不斷增加的藏書。[26] 此時明大的東亞研究專案也有了大幅擴展，大學裡有了21名來自不同院系的教授在做東亞方面的研究，並在1960年至1966年間，授予了數十個博士和碩士學位。[27] 儘管如此，大學並沒有加大對東亞圖書館的支持。

1968年，裘開明又制定了一個館藏發展方案，[28] 這個方案更加雄心勃勃。這是一個三年計畫，計畫到1970年使東亞館藏量達到10萬冊。他要求一次性資助1,029,200美元，其中724,200美元用於購置館藏，232,706美元用於新增12名全職工作人員，72,200美元用於添置配備。計畫的目標仍然是把明大東亞圖書館建成美國最好的11所東亞圖書館之一。[29]

大學圖書館的管理者們堅決反對這個方案。館長Stanford為此給副校長William Shepherd寫了一封長信，嚴厲批評這個方案，稱東亞圖書館教授諮詢委員會的意見有失偏頗，沒有考慮圖書館其他方面的需求；他聲稱只有他和副館長Hopp才能客觀評價這個建議。他還質疑10萬冊的藏書發展計畫及三年實現的可能性，他說優質館藏很少能夠「一夜建成」。他進一步指出，東亞圖書館所受重視程度已經超出了大學圖書館的能力。1965年，東亞藏書幾乎是一無所有，到了1967年已經增加到 37,738 冊，這已經是一個很不錯的成就。特別令他不安的是要增加 12 個工作崗位（10 名專業館員和 2 名文秘人員）的要求，以及規劃者「想當然地認為，三年期結束時大學圖書館可以負擔 12 名新增人員的費用」。[30]

或許裘開明早已碰到過優質館藏不可能一蹴而就之類的批評意見。早在 1966 年接受《聖保羅先鋒報》採訪時，裘開明就說過：「重要的是要認識到，世界上說東亞語言的人口要比說英語的人口多得多，而且以這些語言出版的文獻浩如煙海。」[31] 在漫長的歷史發展中，中國已經出版了相關學術領域的大量優質文獻。1960 年代臺灣和日本又大量重印這些經典文獻，這為發展館藏提供了一個難得的機會。然而不幸的是，大學圖書館管理者們對中國及東亞歷史、文化和文獻出版狀況不瞭解，這可能影響了他們的決策。

教授們也意識到了大學圖書館館長的激烈反應。東亞藝術史學家 Robert Poor 教授對此做出了回應。他指出，威斯康辛大學和伊利諾大學的東亞圖書館並不在全美前 11 名之內，但它們的館藏在 1965 年至 1967 年間分別增加了 35,000 冊和 20,000 冊。伊利諾大學東亞圖書的採購預算每年是 65,000 美元，威斯康辛大學的同類採購預算每年是 45,000 美元。相比之下，明尼蘇達大學 1967 年東亞圖書的採購預算僅有 18,580 美元，這顯然遠遠不足。[32] 教授們相信，如果大學圖書館能認同裘開明的觀點，裘開明設立的目標是可以實現的。威斯康辛大學和伊利諾大學的發展已經證實，增加到 10 萬冊藏書是一個適當的目標。

也許有人會認為裘開明的方案是拍腦袋想出來的。事實恰恰相反，他知道明大圖書館位列美國研究型大學圖書館前十名。明大圖書館在全國享有崇高聲譽，也有能力承擔新的發展計畫，他因此提出了把明大東亞圖書館建成美國一流東亞圖書館的方案。

館長 Stanford 是一位極有遠見、富有創新精神的領導。在任期間，他增加了聯邦和州政府對大學圖書館的資助，把大量資源引入圖書館建設，還增設了好幾個專業分館，[33] 東亞圖書館就是其中之一。[34] 那他為何不支持裘開明的計畫呢？一個可能的猜想是，也許他考慮了當時明尼蘇達州人口的分布情況。1970 年美國人口普查表明，明尼蘇達州人口總數為 3,805,000 人，其中白人 3,736,000 人、非洲裔 34,868 人、日裔 2,739 人、華裔 1,973 人、韓裔 1,050 人、印度裔 22,369 人、菲律賓裔 1,325 人。[35] 換言之，明尼蘇達州 98% 的人口是白人，中日韓裔人口總數僅為 5,762 人，不足總人口的 0.15%。在這種情況下，館長 Stanford 對裘開明的計畫有所保留有其合理之處，因為明尼蘇達大學畢竟是一所公立贈地大學，它的資金主要來自於本州居民和州政府。

哥倫比亞大學教授 Arthur Hamlin 曾說過，建立新圖書館的過程中「先見之明和創業精神都必不可少」。[36] 所有優秀學術圖書館的建立「都依賴於遠見、雄心、知識、教育和大量經費」。[37] 如果管理者缺乏遠見、知識和資金，就很難建成一個優秀的圖書館。

儘管明大東亞圖書館在初創過程中曾經得到了人們的熱情支持，但這種支持是短暫的。此後該館一直以緩慢速度發展，每年平均新增圖書僅為 3,200 冊左右。

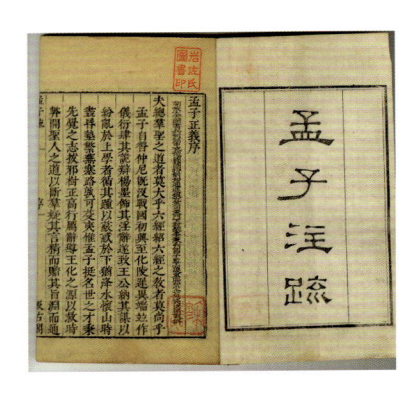

圖 17-2：1633 年毛晉汲古閣刻印《孟子注疏》。照片由陳肅提供。

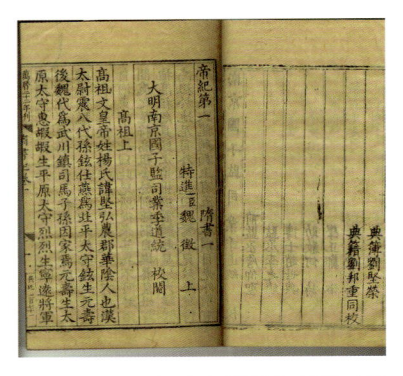

圖 17-3：1594 年南京國子監刻印《隋書》。照片由陳肅提供。

收藏

儘管裘開明的發展方案沒有獲得支持，但東亞圖書的管理者們仍然在兢兢業業地推進館藏建設，其中包括裘開明、鄭保羅、汪燮、王自揚、周原和陳肅。1965 年至 1970 年間，圖書館從臺灣和日本購買了許多民國時期出版的叢書和期刊，這一時期購入的各類資料為明大的中國研究奠定了堅實的基礎。

由於缺乏資金，館員們不得不尋求其他渠道獲得資料，方法之一是從其他大型東亞圖書館購買複本。這一方法既能迅速增加藏書，又能節約開支，因此 Stanford 館長非常支持這個方案，並親自寫信給許多大學的東亞圖書館尋求幫助，其中包括哈佛大學、芝加哥大學、加拿大英屬哥倫比亞大學、密西根大學、聖路易斯華盛頓大學和耶魯大學。[38]

明大東亞圖書館的珍貴館藏之一是明代研究藏書。這部分館藏始於明史專家 Romeyn Taylor。Taylor 於 1960 年到明尼蘇達大學任教，隨後又有兩位明史專家范德（Edward Farmer）和王安（Ann Waltner）分別於 1968 年和 1987 年加入明大。對此東亞圖書館作出了積極反應，用有限的資源來建設明代研究館藏，其中《大明九卿事例案例》可能是北美圖書館中僅有的藏本，該書原本藏於日本。由范德、Taylor、王安等教授編撰的《明史研究指南》就是利用明大東亞館藏編撰的工具書，現在它是明史教學中必不可少的重要的工具書。

此外，明大東亞圖書館還收藏了一些明清善本圖書，這些書多是建館前購入的。目前圖書館藏有毛晉的汲古閣在 1628 年至 1640 年間出版的 5 本中文典籍。[39] 還有南國子監刻印的 16 本《二十四史》。南國子監是明代官方出版中心之一，[40] 這些版本分別刻印於嘉靖、萬曆、天啟年間。成化年間出版的《宋史》曾得到著名私人出版商毛晉、臧懋循和鍾人傑的讚賞。[41] 哲學領域中值得一提的是由胡廣編撰、由徽州著名出版商吳勉學於 1603 年刻印的《新刻性理大全書》。[42] 文學領域中有梅鼎祚於 1583 年編撰出版的《漢魏詩乘》，以及由高楚芳編撰，由著名出版商許自昌於 1602 年刻印的《集千家注杜工部詩集》。還有由張燮編撰的《魏武帝集》，此書於 1621 年至 1628 年間出版，採用木板印刷技術印製。這些收藏不僅為研究者提供了大量古典文獻，也為研究明代出版文化、官方和私人出版機構的特徵以及不同地區所採用的印刷技術提供了具體實物資料。[43]

建館 40 年來，明尼蘇達大學東亞圖書館的藏書量從 1965 年的 18,650 冊增加到 2006 年的 144,760 冊。在 2006 年北美 55 個東亞圖書館排名中，其館藏量位列第 27 位。[44]

隨著館藏規模的增加，學科覆蓋領域也逐步擴大，以適應不斷發展的學術研究需要。近幾年來，館藏建設在教育學、性別研究、媒體歷史、電影研究和日本戲劇方面多有發展。目前收藏較豐富的領域是文學、明史、民國史、宗教、漢學研究，以及近現代日本文學、歷史、社會科學等。

「好的學者需要好的圖書館，好的圖書館才能吸引好的學者。」[45] 這恰如中國的一句古諺所說：「栽下梧桐樹，引得鳳凰來。」建立一個好的圖書館好比種下一片梧桐樹林。當枝繁葉茂、綠樹成蔭時，鳳凰及百鳥便會紛至遝來。[46]

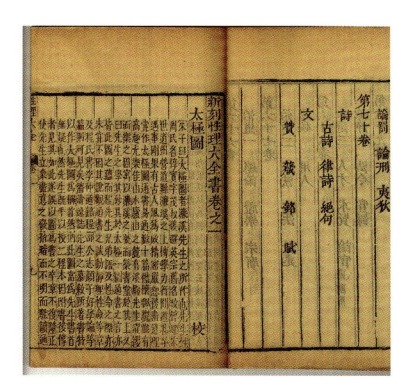

圖 17-4：1603 年由吳勉學刻印的《新刻性理大全書》。照片由陳肅提供。

註釋

1. 參見陳肅 2007 年 6 月 29 日與馬瑞志教授在明尼蘇達大學考夫曼紀念會堂大學俱樂部所作的訪談。
2. Richard Mather, "Random Recollections of the History of Asian Languages and Literatures at the University of Minnesota," unpublished manuscript.
3. 參見陳肅 2007 年 6 月 29 日與劉君若教授在明尼蘇達大學考夫曼紀念會堂大學俱樂部所作的訪談。
4. Richard Mather, "Recollections of Dr. Chiu," *Committee on East Asian Libraries Bulletin* 55 (March 1978): 10–11.
5. 程煥文編，《裘開明圖書館學論文選集》（桂林：廣西師範大學出版社，2003），頁 3–11。
6. 程煥文編，《裘開明圖書館學論文選集》，頁 19–21。
7. William Sheh Wong, "Alfred Kaiming Chiu and Chinese American Librarianship," *College and Research Libraries* 39 (1978): 384–385.
8. Richard Mather, "Recollections of Dr. Chiu," 10–11.
9. "Richard Mather to Vice President Donald Smith, February 19, 1965," Libraries: East Asian (Folder 1), University Archives, University of Minnesota.
10. "Minutes of All-University Asian Areas Studies Committee," March 8, 1965, Libraries: East Asian (Folder 1), University Archives, University of Minnesota.
11. "Memo from Donald K. Smith to Dean Ziebarth about Professor Chiu," March 31, 1965, Libraries: East Asian (Folder 1), University Archives, University of Minnesota.
12. "Memorandum. Budgeting for Oriental Collections, University Libraries," April 8, 1965, Libraries: East Asian (Folder 1), University Archives, University of Minnesota.
13. 程煥文編，《裘開明圖書館學論文選集》，頁 19。
14. "Minutes of Meeting of Library and College Staff Members on the Chinese and Japanese Book Collection," September 20, 1965, Libraries: East Asian (Folder 1), University Archives, University of Minnesota.
15. "Processing Procedures Used in East Asian Library, University of Minnesota Library," December 1965, Libraries: East Asian (Folder 1), University Archives, University of Minnesota.
16. "Processing Procedures Used in East Asian Library, University of Minnesota Library," December 1965, Libraries: East Asian (Folder 1), University Archives, University of Minnesota.
17. "Processing Procedures Used in East Asian Library, University of Minnesota Library," December 1965, Libraries: East Asian (Folder 1), University Archives, University of Minnesota.
18. "Harvard Professor A. K. Chiu: Renowned Chinese Librarian Cataloging 'U' Asian Collection," *University of Minnesota News Service*, January 25, 1966.
19. John Schweitzer, "U Busy Building Asian Library," *Saint Paul Pioneer Press*, January 26, 1966.
20. Bob Lundegaard, "Oldest Book in 'U' Library Discovered by Cataloguers," *Minneapolis Tribune*, June 20, 1966.
21. 程煥文編，《裘開明圖書館學論文選集》，頁 398。
22. Su Chen and Juming Zhao, "The Gest Chinese Research Library at McGill University, 1926–1936," *East Asian Library Journal* 11, no. 2 (2004): 79–80.

23 "Minutes of the Second Meeting of East Asian Library Advisory Committee," January 20, 1966, Libraries: East Asian (Folder 2), University Archives, University of Minnesota.

24 "Edward Stanford to Donald Smith, Vice President for Academic Administration," February 15, 1966, Libraries: East Asian (Folder 2), University Archives, University of Minnesota.

25 Paul Cheng, December 20, 1965, "Request for Personnel, 1966–1967, to Mr. Richard Bernard, Chief, Special Collection," Libraries: East Asian (Folder 2), University Archives, University of Minnesota.

26 "Faculty members to Dr. Hopp, December 20, 1967," Libraries: East Asian (Folder 2), University Archives, University of Minnesota.

27 "East Asian Library Development Plan, Appendix VI: Description of the East Asian Language and Area Program: 1966–67," prepared by E. M. Copeland, Chairman, Department of East and South Asian Language. University of Minnesota.

28 "East Asian Library Development Plan, Appendix VI: Description of the East Asian Language and Area Program: 1966–67," prepared by E. M. Copeland, Chairman, Department of East and South Asian Language. University of Minnesota.

29 裘開明所指最好的 11 所東亞圖書館包括：美國國會圖書館、哈佛大學、加州大學柏克萊分校、哥倫比亞大學、普林斯頓大學、芝加哥大學、密西根大學、夏威夷大學、胡佛研究所、耶魯大學、西雅圖的華盛頓大學的東亞圖書館，它們的館藏數量從 831,585 冊至 105,963 冊不等。參見 "A Request for a Non-Recurring Grant-in-Aid for the Development of East Asian Library Resources at the University of Minnesota," February 1966, Libraries: East Asian (Folder 2), University Archives, University of Minnesota.

30 參見 "Edward Stanford to Dr. William Shepherd, Vice President for Academic Administration, February 13, 1968," Libraries: East Asian (Folder 3), University Archives, University of Minnesota.

31 John Schweitzer, "U Busy Building Asian Library," *Saint Paul Pioneer Press*, January 26, 1966.

32 Robert Poor, November 20, 1969, "The State of the East Asian Library in Relation to the Development Plan of 1968," Libraries: East Asian (Folder 3), University Archives, University of Minnesota.

33 參見陳肅 2007 年 7 月 5 日在明尼蘇達大學威爾森圖書館東亞圖書館與 Bernard Karon 教授的訪談。Karon 教授自 1965 年起在明尼蘇達大學圖書館工作。

34 Edward B. Stanford, "History of University of Minnesota Libraries," in *Encyclopedia of Library and Information Sciences* 18 (New York: Marcel Dekker, 1976), 155–176.

35 United States Census Bureau, *Characteristics of the Population: Minnesota*. 1970 Census of Population, vol. 1, part 25 (Washington: U.S. Government Printing Office, 1973), 25–68, 503–506.

36 Arthur Hamlin, *The University Library in the United States: Its Origins and Development* (Philadelphia: University of Pennsylvania Press, 1981), 99–100.

37 Arthur Hamlin, *The University Library in the United States: Its Origins and Development*, 96.

38 "Paul Cheng to Associate University Librarian Dr. Hopp, June 23, 1966," Libraries: East Asian (Folder 1), University Archives, University of Minnesota.

39 曹之，《中國古籍版本學》（武昌：武漢大學出版社，1992），頁 288–290。

40 曹之，「明代南監刻書考」，載於宋原放、王友朋編著，《中國出版史料：古代部分》（武漢：湖北教育出版社，2004），頁 589。

41 繆詠禾，《明代出版史稿》（南京：江蘇人民出版社，2000），頁 92–93。

42 周心慧，「明代版刻述略」，載於宋原放、王友朋編著，《中國出版史料：古代部分》（武漢：湖北教育出版社，2003），頁 532。

43 周心慧，「明代版刻述略」，頁 581。

44 參見 "Council on East Asian Libraries (CEAL) Statistics," http://www.lib.ku.edu/ceal

45 Arthur Hamlin, *The University Library in the United States: Its Origins and Development* (Philadelphia: University of Pennsylvania Press, 1981), 96.

46 作者對馬瑞志教授、劉君若教授、Bernard Karon 教授願意接受訪談並借出未曾出版的手稿深表謝意，也感謝 Peggy Johnson 和 Marilyn McClaskey 對文稿所作的評論、修改建議及編輯工作，以及明尼蘇達大學檔案館館員 Beth Kaplan 和 Lois Hendrickson 所提供的協助。

參考文獻

周心慧。「明代版刻述略」。《中國出版史料：古代部分》。宋原放、王友朋編著，頁 513–581。武漢：湖北教育出版社，2003。

曹之。《中國古籍版本學》。武漢：武漢大學出版社，1992。

曹之。「明代南監刻書考」。《中國出版史料：古代部分》。宋原放、王有朋編著，頁 582–591。武漢：湖北教育出版社，2004。

程煥文編。《裘開明圖書館學論文選集》。桂林：廣西師範大學出版社，2003。

繆詠禾。《明代出版史稿》。南京：江蘇人民出版社，2000。

Academic Library Statistics. Washington: Association of Research Libraries, 1963/64–1973/74.

Chen, Su, and Juming Zhao. "The Gest Chinese Research Library at McGill University, 1926–1936." *East Asian Library Journal* 11, no. 2 (2004): 41–99.

Farmer, Edward L., Romeyn Taylor, Ann Waltner, and Jiang Yonglin. *Ming History: An Introductory Guide to Research*. Minneapolis: History Department, University of Minnesota, 1994.

Hamlin, Arthur. *The University Library in the United States: Its Origins and Development*. Philadelphia: University of Pennsylvania Press, 1981.

Mather, Richard. "Recollections of Dr. Chiu." *Committee on East Asian Libraries Bulletin* 55 (1978): 10–11.

Stanford, Edward B. "History of the University of Minnesota Libraries." In *Encyclopedia of Library and Information Sciences* 18: 155–176. New York: Marcel Dekker, 1976.

Wong, William Sheh. "Alfred Kaiming Chiu and Chinese American Librarianship." *College and Research Libraries* 39 (1978): 384–388.

1871 年版的《番禺縣誌》。照片由 Martin Dee 提供。

18 / 加拿大太平洋地區中心的學術圖書館：英屬哥倫比亞大學亞洲圖書館

袁家瑜（Eleanor Yuen）

英屬哥倫比亞大學亞洲圖書館前任館長。袁家瑜出生於香港，以優異成績畢業於香港大學，獲學士學位，曾經是（英國）圖書館協會會員，並擔任過香港嶺南學院（現在的嶺南大學）圖書館館長。她的研究方向是圖書館管理和海外華人歷史。

英屬哥倫比亞大學亞洲圖書館於 1959 年在溫哥華的灰角（Point Grey）校區創建。英屬哥倫比亞大學是加拿大西岸最大的研究型大學，它的亞洲研究專案在全加名列前茅。該校亞洲研究專案創始於 1950 年代末，最初只有中國研究和日本研究。該校在亞洲文獻的收藏方面最初以中、日文為主，後逐漸擴展至韓文、梵文、旁遮普語、印地文、烏爾都文、印度尼西亞文，最近又擴展到藏文。二戰後，加拿大的外交政策轉向並開始重視亞洲地區。加拿大與日本、印度、巴基斯坦、印度尼西亞、韓國和中國的外交關係也逐漸建立或正常化。1990 年，英屬哥倫比亞大學校長 David W. Strangway 再次將太平洋沿岸國家放在重要位置，從而為亞洲研究專案的積極擴展搭建了平臺。這項決定也反映了加拿大對亞洲及太平洋沿岸地區重新產生興趣。

1947 年，加拿大廢止了《排華法案》（Chinese Exclusion Act）。1967 年，加拿大引入「計分」制度，解除所有專門針對亞洲移民的限制。隨後，加拿大對亞洲移民敞開國門，移民的大量湧入也造成了大學裡亞洲學生人數的迅速增長。總體而言，溫哥華低陸平原地區（Lower Mainland）和英屬哥倫比亞大學學生人口結構的變化，促使圖書館開始發展其多元文化和跨文化專案。亞洲圖書館除了支持大學的教學科研以及全國許多的學術群體外，還力求促進加拿大今日多元文化社會的發展。[1]

亞洲圖書館努力為社區提供服務，昭示了大學本身的基本理念。它成功地將英屬哥倫比亞省內的亞洲團體連結起來，並加強了該省與國際組織之間的連繫，因而成為該省學術群體乃至社會大眾的亞洲資訊中心。亞洲圖書館是眾多聯盟體的成員，如北美韓文館藏聯盟和普林斯頓中文善本書專案。它獨特的紙本和線上館藏吸引了北美和亞洲的學者。圖書館所藏豐富的私人藏書和家族檔案也反映了它與英屬哥倫比亞省內廣大亞洲團體之間的緊密連繫。

重要收藏

1959年，亞洲圖書館在亞太基金會（Asia Pacific Foundation of Canada）和 Walter Koerner 的支持下，購入了珍貴的蒲阪藏書（Puban Collection）。Koerner 是當時「英屬哥倫比亞大學圖書館之友」（Friends of the UBC Library）的領導人之一。同年，亞洲圖書館被指定為加拿大存放從日本國會圖書館獲得的日本政府出版物的圖書館。次年，香港大學馮平山圖書館前任館長伍冬瓊出任亞洲圖書館館長。在亞洲圖書館成立之前，大學已經建立了一個亞洲研究專案。早在1946–1947年，當時歷史系教授 F. H. Soward 就擔任了該校新成立的國際研究計畫的主任。1948–1949年，著名史學家何炳棣在英屬哥倫比亞大學開設了一門名為「1644年以來的中國近代史」（Modern Chinese History since 1644）的課程。何炳棣也是後來從澳門姚鈞石處購來蒲阪藏書的協調人。[2] 1986年，伍冬瓊在她的報告中對蒲阪藏書作了以下描述：

蒲阪藏書成為亞洲圖書館的核心中文館藏，它包括了1912年之前出版的許多中文古籍圖書。館藏中有約45,000冊線裝書，其中約115冊宋、元版圖書，3,326冊明版圖書，9,865冊清初刊印的圖書，其餘是近代（1820年以後）出版的圖書。在收藏的300份手稿中，最早的可追溯到1426年，部分至今尚未出版過。

其他重要資料包括地方志、典籍、歷史文獻、叢書及歷代學者的著作。整個蒲阪藏書中，明顯注重收入了與廣東有關的著作，這是由於兩位收藏家都來自廣東省。蒲阪藏書的中心部分原屬南州書樓藏書的一部分，南州書樓乃徐紹棨的藏書樓。徐紹棨是一位中國文學和文獻學教授，曾經擔任廣東省圖書館館長，是華南地區三位最著名的文獻學家之一。他的收藏集中在廣東省的歷史、文獻、地方志和文學等方面，部分從未出版過。二戰時期，他將部分尚未出版的藏書轉交給姚家。姚鈞石後來按照相同的策略，也將收藏重點放在廣東省，又為藏書增加一些高品質的藏品，從而組成了新的蒲阪藏書。蒲阪藏書的善本包括一本986年成書的《說文五音韻譜》，該書曾經由清代著名文獻學家鮑廷博所有；另有一本1473年版的《張曲江集》，這本書是清代廣東著名學者陳澧在編撰著名的《四部叢刊》和《說文聲統》時使用過的底本。後來，陳澧的曾孫陳之邁發現可能丟失了蒲阪藏書目錄中所記錄的這份手稿原件，於是就借來它的影印本於1971年將《張曲江集》出版。

1991 年，亞洲圖書館請當時香港城市理工學院的潘銘燊及芝加哥大學德高望重的教授和榮譽退休館長錢存訓，來對蒲阪藏書進行評估，作為申請善本保險金的依據。兩位專家又辨認出 130 多冊明版圖書，因而使得蒲阪藏書原先善本量的估算幾乎翻了一番。曾擔任香港大學馮平山圖書館館長的李直方在 2000 年退休後獲聘為亞洲圖書館顧問，負責指導所有蒲阪藏書的編目工作，編目工作在英屬哥倫比亞大學圖書館線上目錄和研究型圖書館資訊網路（Research Libraries Information Network, RLIN）資料庫上完成。潘銘燊總結了蒲阪藏書的 13 個特點：[3]

圖 18-1：《蒲阪藏書》中最古老的書冊為唐代撰修的《晉書》。照片由 Dee 提供。

一、《易經》68 冊，它們是所收藏的儒家經典中最重要的藏書。

二、收藏者以其所藏的 250 冊古典哲學著作而自豪，並將它們分為 11 大類，其中數量最多的是《說文解字》……共計 82 冊。

三、地方志（245 冊）是地理學類著作（275 冊）的重要組成部分。

四、大部分地方志是關於廣東省的……其中有些被鑑定為罕見資料。

五、藏書中有一套非常特別的名山志，共 63 冊。

六、奇怪的是，姚鈞石作為一個受過訓練的醫生，收藏的醫學圖書卻如此之少。

七、藏有 65 冊珍貴的印章圖集。

八、藏書中比較著名的還有 26 卷類書，其中許多是大部頭的著作，以及一些罕見的版本。

九、文學選集是蒲阪藏書的一個優勢領域，其中許多是彩本，從兩種到六種顏色不等。

十、藏書中作家個人的選集也較有特色，特別是如下作家的選集：陶潛（11 冊）、杜甫（47 冊）、蘇軾（24 冊）。

十一、明代作家的選集總計 97 冊，構成了這個藏書的一大特色。

十二、清代作家的選集共計 639 冊，其中大部分是廣東作家的作品，許多還是家族版本，相信其中一些未曾出版，或是孤本。

十三、叢書共計 124 卷，所有都保存完好，沒有缺失。

圖 18-2：陳澧《說文聲統》的原始手稿。照片由 Dee 提供。

圖 18-3：羅振玉的唐風樓藏書中的《二梅山水合冊》。圖片從《神州國光集刊增刊》1909 年第 23 卷中複印，由 Dee 提供。

　　1965 年，圖書館利用 H. R. MacMillan 的捐贈購得了景頤齋文庫和宋學鵬文庫。前者收錄了約 4 千冊中文古籍圖書，包括為數不少的明、清版本；後者收錄了 5 百冊圖書，其中一些是廣東省的地方志。迄今為止，這兩個文庫中的大量圖書尚未編目。圖書館在購買這些特藏之後，圖書整理和編目經費就顯得相對不足，從而影響到對這些資料的使用。為了解決這一問題，圖書館從兩個文庫中選出部分藏品加以展示。兩種文庫的目錄也刊登在圖書館的網站上，供讀者查詢。

　　正如何炳棣當初協助英屬哥倫比亞大學圖書館收購蒲阪藏書一樣，另一位亞洲研究系的教授 Ronald Dore 在 1960 年也幫助圖書館獲得了兩名日本專家 George Sansom 和 Herbert Norman 的私人藏書。1964 年，圖書館又從費城種子公司的著名藏家 George H. Beans 手裡購得德川時期的日本珍貴地圖特藏。此外，圖書館還從 George Bonn 和其他收藏家那裡購得少量的日本古地圖藏品，進一步充實了這個特藏。Beans 日本地圖特藏收錄了江戶時期製作的刻印地圖，其中最為豐富的是私人出版的旅遊地圖，以及日本和世界各地的指南。這些古地圖的繪製不少出自著名藝術家之手，包括菱川師宣（Hishikawa Moronabu）、宮川長春（Miyagawa Chōshun）、司馬江漢（Shiba Kōkan）和鍬形蕙斎（Kuwagata Keisai）的作品。[4] 這些地圖現存英屬哥倫比亞大學圖書館特藏部。

圖 18-4：王常和顧從德 1575 年編撰的《集古印譜》。圖中較大的印章是明朝皇室荊王的印章。照片由 Dee 提供。

館藏與設施

2007 年，亞洲圖書館的館藏已經達到約 55 萬冊。圖書館又獲得了斯萬藏書（Swann Collection）和《大漢公報》（*Chinese Times*）（1914–1992）集成，後者是加拿大發行時間最長的中文報紙。圖書館擁有各種專題藏書，內容涵蓋東亞佛學、中國地方志、亞裔加拿大人的歷史、明清古籍及亞洲法律等多個領域。1968 年，夏斯特里印度—加拿大研究所（Shastri Indo-Canadian Institute）成立。英屬哥倫比亞大學也就開始建立南亞館藏。作為夏斯特里印度—加拿大研究所的合建單位之一，大學從 1969 年開始就參與了這個研究所的購書專案。1975 年，大學又獲得了華盛頓大學的大批南亞語言圖書。1984 年，印度駐溫哥華總領館向大學捐贈了大量有關印度藝術和建築的圖書。此後，圖書館就致力於建設梵文、印地文、旁遮普語和烏爾都語的館藏，同時還增加了少量孟加拉語、馬拉地語、坦米爾語和古吉拉特語的書籍。從 1982 年開始，圖書館也在本校韓國研究中心、亞洲研究系、法學院以及韓國基金會（Korean Foundation）的資助下發展韓文館藏。

1970–1971 年間，英屬哥倫比亞大學大學生註冊人數增長了 30%，增長最快的課程是日語和印度語言課。大學還獲贈 1970 年日本大阪世博會上建造的三洋館鋼筋建築結構一座，用來在校園內建造一所亞洲中心。這個中心於 1974 年 1 月動工，經過 7 年多的時間，終於在 1981 年建成。亞洲圖書館在亞洲中心裡占據三層，共有 21,500 平方英尺。館內設有約 1,000 平方英尺的特藏室。特藏室內有密集書架及恆溫恆濕設備，為善本和易損資料提供了一個安全穩妥的環境。亞洲圖書館還提供了 20 臺公用電腦，安裝有中、日、韓、印地和旁遮普等語言的訓練軟體。此外，圖書館的研討教室也配有投影機和視聽設備，極受學生歡迎。

圖書館在重新發掘空間的潛力方面取得了進展。[5] 其目標是改善服務設施，滿足學生、教師乃至校外社區未來的需要。[6] 圖書館的改建方案將把為亞洲研究、社區服務和國際化專案提供數位化服務納入其中。這些計畫包括在英屬哥倫比亞大學線上書目中增強多種語言的展示，不僅能夠以中、日、韓文顯示書目資料，還可以以印地文、旁遮普語、梵語、藏文和烏爾都語顯示書目資料。圖書館目前正探討建立一個適當的數位化基礎設施，用來儲存、維護和發布亞洲文獻。[7]

亞洲圖書館收藏了亞裔加拿大人的研究資料。圖書館與西門菲沙大學（Simon Fraser University）合作將《大漢公報》數位化，這是「多元文化的加國」數位化專案的一部分。[8] 這份報紙記錄了加拿大、中國大陸和香港地區所發生的重大歷史事件和它們對加拿大華人移民生活的影響。這些記載在加拿大政府檔案或主流媒體的報導中常常缺失，或無法查詢。2000 年，亞洲圖書館、亞洲研究中心和西門菲沙大學合作，發起了一個「加華文獻聚珍」（Historical Chinese Language Materials in British Columbia）的資料庫計畫。[9] 這個資料庫收錄了 142 種廣東僑刊及重要先僑的家族檔案。這些文獻解釋了許多加拿大華人名字的起源。[10] 目前，圖書館正在收集李日如文檔，其中有許多關於加拿大華人的原始檔案，記錄了早期華人移民對英屬哥倫比亞省的貢獻、他們建立的社會機構及其影響，以及華人對加拿大對華（中國大陸和臺灣）政策所發揮的作用。

亞洲圖書館收藏了大量在加拿大出版的日文報紙。權並恒治（Tsuneharu Gonnami）在《微縮與影印評論》（Microform and Imaging Review）刊物發表的兩篇論文中，詳細描述了二戰之前加拿大的出版狀況，並稱讚英屬哥倫比亞大學為保存珍貴移民資料所作的不懈努力。[11] 由權並恒治和 Norman Amor 編著的《加拿大日本移民歷史資料》（Historical Materials of Japanese Immigration to Canada）一書也詳細記載了這一情況。亞洲圖書館製作的數位館藏包括德川時期的日本歷史地圖，16 冊的《カナダ移民史資料》，其中部分內容已翻譯成英文，以及加拿大當今三大華文報紙之一《明報》（1994–）社區版的線上版本。

踏入新世紀後，資訊科技的發展使得研究型圖書館的角色不斷改變。亞洲圖書館也要接受挑戰，適應教學科研方面的改變，提供優質的資訊服務，並成為一個擁有豐富亞洲傳統文化的資源中心。

註釋

1. D. L. Overmyer, "Glowing Coals: The First Twenty-Five Years of the Department of Asian Studies at UBC, 1960–1985," https://asia.ubc.ca/department/about-us/history

2. Henry T. Logan, *Tuum Est: A History of the University of British Columbia* (Vancouver: University of British Columbia, 1958).

3. 參見潘銘燊在1993年在香港召開的第34屆國際亞洲和北非研究大會（Internation Congress of Asian and North African Studies, ICANAS）暨第九次國際東方學圖書館館員會議上的發言。

4. Tsuneharu Gonnami, "Images of Foreigners in Edo Period Maps and Prints," *Journal of East Asian Libraries* 116 (October 1998): 5–18; Tsuneharu Gonnami, "The Japanese Canadian Research Collection at the UBC Library: Retrospect and Prospect," in Tsuneharu Gonnami, ed., *Canada and Japan in the Pacific-Rim Area, Focusing on the Multicultural Society and Global Cities: Proceedings of the Third Ritsumeikan-UBC Seminar, October 31 and November 1, 1997* (Kyoto: The Steering Committee of the Tenth Ritsumeikan-UBC Seminar, 1998), 25–48.

5. Cyprien Lomas, "Learning Space Design: Photos and Interviews," *EDUCAUSE Review* 40, no. 4 (July/August 2005), available at https://er.educause.edu/articles/2005/1/learning-space-design-photos-and-interviews

6. "Design of Informal Learning Spaces," ELI 2005 Fall Focus, Estrella Mountain Community College, Avondale, September 14–15, 2005.

7. Nancy Fried Foster and Susan Gibbons, eds., *Studying Students: The Undergraduate Research Project at the University of Rochester* (Chicago: Association of College and Research Libraries, 2007).

8. Lynn Copeland, "Community, Scholars, Librarians: The Multicultural Canada Digitization Project," http://ir.lib.sfu.ca/handle/1892/3243

9. Eleanor Yuen, "The Historical Chinese Language Materials in the British Columbia Database: Challenges in Documentation and Transnational Networking" (paper presented at the Second International Conference of Institutes and Libraries for Chinese Overseas Studies, Chinese University of Hong Kong, Hong Kong, March 13–15, 2003).

10. Eleanor Yuen, "Are You Who You Think You Are? A Study of Chinese Canadian Name Forms" (paper presented at the International Symposium on Cultural Diversity and the Contemporary World, Sun Yat-sen University, Guangzhou, 2006).

11. Tsuneharu Gonnami, "Japanese-Canadian Archives on Microfilm: An Overview of the Japanese-Canadian Archives at the University of British Columbia Library," *Microform and Imaging Review* 26 (1997): 22–33; Tsuneharu Gonnami, "Preservation Projects of Japanese-Canadian Materials at UBC Library," *Journal of East Asian Libraries* 124 (2001): 1–18.

參考文獻

于潤琦。《唐弢藏書》。北京：北京出版社，2005。

王余光主編。《藏書四記》。武漢：湖北辭書出版社，1998。

林申清。《明清著名藏書家‧藏書印》。北京：北京圖書館出版社，2000。

British Columbia. "Campus 2020: Thinking Ahead." https://archive.news.gov.bc.ca/releases/news_releases_2005-2009/2006AE0032-000949-Attachment1.htm (accessed June 26, 2009).

Carlson, Scott. "Are Reference Desks Dying Out?" *Chronicle of Higher Education* 53, no. 33 (2007): A37.

Gonnami, Tsuneharu, ed. *Canada and Japan in the Pacific-Rim Area, Focusing on the Multicultural Society and Global Cities: Proceedings of the Third Ritsumeikan-UBC Seminar, October 31 and November 1, 1997*. Kyoto: The Steering Committee of the Tenth Ritsumeikan-UBC Seminar, 1998.

Gonnami, Tsuneharu. "Images of Foreigners in Edo Period Maps and Prints." *Journal of East Asian Libraries* 116 (October 1998): 5–18.

Gonnami, Tsuneharu. "Japanese-Canadian Archives on Microfilm: An Overview of the Japanese-Canadian Archives at the University of British Columbia Library." *Microform and Imaging Review* 26 (1997): 22–33.

Gonnami, Tsuneharu. "Preservation Projects of Japanese-Canadian Materials at UBC Library." *Journal of East Asian Libraries* 124 (2001): 1–18.

Gonnami, Tsuneharu, and Norman L. Amor, eds. *Historical Materials of Japanese Immigration to Canada*. Tokyo: Fuji Shuppan, 2001.

Liu, Mengxiong. "Contributions of Chinese-American Librarians to Library and Information Science." *Chinese Studies in History* 34, no. 3 (2001): 44–60.

Logan, Henry T. *Tuum Est: A History of the University of British Columbia*. Vancouver: University of British Columbia, 1958.

Multicultural Initiatives, Strategic Office Library and Archives Canada, "Community Consultations: Report of Activities and Outcomes," http://www.collectionscanada.gc.ca/obj/005007/f2/005007-240-e.pdf (accessed June 26, 2009).

Ng, Tung-king. "The Chinese Collections in Canada: A Review of Their Development and Status in Academic Libraries." In *Essays in Commemoration of the Golden Jubilee of the Fung Ping Shan Library (1932–1982): Studies in Chinese Librarianship, Literature, Language, History and Arts*. Edited by Chan Bingliang et al., 39–57. Hong Kong: Hong Kong University Press, 1982.

Overmyer, D. L. "Glowing Coals: The First Twenty-Five Years of the Department of Asian Studies at UBC, 1960–1985." https://asia.ubc.ca/department/about-us/history (accessed June 26, 2009).

"The Report of the University Librarian to the Senate, 44th Year, September 1958 to August 1959." Prepared by University of British Columbia.

Wakashige, Benjamin. *Asian American Library Director[s]:*

An Endangered Species. Chicago: American Library Association, 1999.

Yamashita, Kenneth. A. "Asian/Pacific American Librarians Association—A History of APALA and Its Founders." *Library Trends* 49, no. 1 (2000): 88–108.

Zhou, Jian-Zhong. "Asian American Librarians and Chinese American Librarians: Their Impact on the Profession and on U.S. Communities." *Journal of Library and Information Science* 29, no. 2 (2003): 14–21.

中韓文手稿本《大方廣佛華嚴經》（1350）第 45 卷。照片由堪薩斯大學肯尼斯·斯賓塞研究圖書館（Kenneth Spencer Research Library）提供。

19 / 堪薩斯大學東亞圖書館五十年

傅玉波（Vickie Fu Doll）

堪薩斯大學東亞圖書館中國及韓國研究圖書館館員。祖籍遼寧，出生於臺灣臺北。獲得淡江大學資訊與圖書館學系學士學位，堪薩斯大學電腦輔助設計碩士學位，輔修東亞研究。她自 1999 年起擔任北美東亞圖書館協會統計委員會主任，並從 2000 年開始主持該協會統計年報的編輯出版工作。

1864 年，堪薩斯州議會授權建立堪薩斯大學，1866 年大學正式開辦。它是堪薩斯州早期創辦的幾所公立高校之一。1950 年代，包括堪薩斯大學在內的一些有規模的大學都開始提供跨學科的國際區域研究課程。1950 年，堪薩斯大學的兩位東亞專家，地理學者 Thomas Smith 和政治學者 Francis Heller 提議開設有關東亞政府和政治方面的課程。他們在評估了圖書館的藏書之後，發現館藏不能滿足教學需要。於是他們向大學校長 Deane Malott 反映了這個問題。Malott 隨後撥了 2,500 美元作為購買東亞社會科學圖書的經費。但由於缺乏精通東亞語言的文獻專家，圖書館早已積壓了大量未編目的東亞圖書，最終無法使用這筆特別經費。[1] 即便在現在，這種有圖書經費但無編目人員的情形，在一些北美研究圖書館裡仍很普遍。

《國防教育法》和堪薩斯大學的東亞研究

1957 年蘇聯成功地發射了第一顆人造衛星，美國舉國震驚並因此對國家安全表示密切關注。1958 年 9 月，美國國會頒布了《國防教育法》（National Defense Education Act, NDEA），聯邦政府開始為全國高校的國際區域研究中心和外語課程提供支援。該法案的目的是「確保大學培養足夠數量和品質的人才，以滿足美國國防需要」。[2] 為完成這一使命，聯邦政府先是對各學科專家的培養提供資助，包括在外語和國際區域研究方面，後又將資助擴展到各個層次的國際教育方面。

因《國防教育法》的資助，堪薩斯大學於1959年創立了東亞地區研究中心，開設漢語及日語教學課程。堪薩斯大學東亞地區研究中心成立的消息曾刊載於亞洲研究協會（Association for Asian Studies）1963年的通訊報告中。[3] 現今北美1百多個規模不等的東亞圖書館中，至少有三分之一以上的圖書館都創立於1960年代。大多數州立大學圖書館與贈地大學的圖書館都因《國防教育法》、福特基金會（Ford Foundation）、富布賴特—海斯專案（The Fulbright–Hays Program），以及卡內基基金會（Carnegie Foundation）等提供的資助而創立。[4]

1950年代到1960年代初，堪薩斯大學除提供語言課程外，還開設了許多跨系課程，諸如亞洲史、傳統中國與日本的現代化、遠東地理、遠東政府和政治、東亞史研討課程、遠東國際關係研討課程等。在短短幾年內，至少有十幾位東亞研究方面的教授開設了東亞研究課程。此外，堪薩斯大學還與科羅拉多大學和聖路易斯市的華盛頓大學聯合舉辦了暑期漢語及日語集中培訓課程。時任東亞研究助理教授的Benjamin Wallacker在美國教育委員會1960年舉辦的新聞發布布會上說，「為開發國際區域研究課程，（堪薩斯大學）所做最重要的事就是創辦一個專業圖書館……語言教學最終目的是使學生能掌握某種語言，從而在日後能利用該種語言的原始資料進行研究，而無需完全依賴他人之翻譯。」《國防教育法》和福特基金會提供的資助也包括部分圖書採購經費及東亞圖書館的人事經費。如前所述，儘管堪薩斯大學校長撥發了圖書採購經費，但由於缺乏專業人員，以致經費無法使用。為解決這一問題，時任交換與贈送組主任的盧國邦於1961年兼任了東亞圖書編目工作。

東亞館藏的緣起

盧國邦於1958年在香港崇基學院獲得化學士學位，又於1960年獲得亞特蘭大大學圖書館學碩士學位。他在1959年擔任堪薩斯大學圖書館採購部交換與贈送組主任。當時，堪薩斯大學師生經常要求圖書館購買東亞語言資料，客觀上確立了建立東亞館藏的必要。盧在擔任東亞圖書編目員的過程中，很快就展現出了才華。

1960年年初，東亞地區研究中心在向《國防教育法》資助處申請要求延長堪薩斯大學的東亞語言教學資助時，提及圖書館除了需要館藏經費外，還迫切需要聘請一位「中／日文圖書館員」，該申請也建議「堪薩斯大學圖書館建立一個獨立的中、日文館藏」。[5] 這是有關創建獨立東亞館藏的最初申請。順應當時的潮流，東亞地區研究中心隨後要求堪薩斯大學圖書館正式成立一個獨立的東亞館藏。1960年11月，大學圖書館館長Robert Vosper要求圖書館編目部主任Earl Farley對一些著名研究機構的東亞圖書館進行問卷調查，其中包括密西根大學、美國國會圖書館、紐約公共圖書館、普林斯頓大學、耶魯大學、哥倫比亞大學、哈佛大學、加州大學柏克萊分校、史丹佛大學胡佛研究所、英屬哥倫比亞大學和華盛頓大學（西雅圖）。問卷調查內容包括東亞語文資料的編目、組織和存放，以及人事結構。1961 年春天，Vosper 與東亞地區研究中心的管理委員會為存放日益增多的中、日文資料商討最佳方案。他們最後決定將東亞語文資料從大學總圖書館分離出來單獨存放。這一決定與調查結果一致。「處理東亞資料最經濟、有效的方式是將它們與總館館藏分別存放。」[6] 這也是當時大多數北美圖書館的共識。

1961 年，擔任東亞圖書編目館員的盧國邦請求圖書館和東亞地區研究中心派他於次年前往美國國會圖書館東方部觀摩並接受培訓一個月。他的請求得了批准。他於 1962 年 4 月到達國會圖書館，受到東方部主任 Horace Poleman 的協助。這使得他從當時最具權威的美國國會圖書館獲得了東亞文獻編目和館藏發展方面的第一手資料。[7] 盧國邦在談到他與美國其他圖書館同事的交流時也表達了他對建立東亞館藏的看法：

> 所有與我交談過的圖書館專業人士都認為，最經濟有效的方法是將東亞資料從總圖書館中分出來，單獨建一個專門館藏，並處理所有業務，如圖書選購和參考服務。大部分同仁也同意，由非專業人員負責圖書館的帳務、核算、圖書處理、交換、贈送和卡片是可取的。[8]

圖 19-1：暮色中的堪薩斯大學華德森圖書館。東亞圖書館位於該圖書館大樓的頂層。照片由堪薩斯大學公關部 David F. McKinney 提供。

盧國邦的上司，編目部主任Eleanor Symons，於1962年年底推薦盧國邦晉升為新成立的東亞閱覽室／圖書館主任。[9] 1963年11月，東亞閱覽室開放前月餘，總館副館長Stuart Forth將盧的頭銜從東亞圖書編目員改為「東亞圖書館館長」。[10] 此舉反映出總館對新成立的東亞圖書館的重視。

東亞地區研究中心管理委員會經常開會商討眾多議程，包括預算、專案、新聘教員和圖書資料。委員會開會地點是路易斯安那街1332號，位置雖處校外，但為當時該校東亞地區研究中心所在地。盧國邦與該委員會和圖書館行政人員的通信集中在中心的發展與東亞藏書等方面。期間，《國防教育法》和福特基金會提供的圖書經費，分由圖書館館員和幾位東亞研究的教授用來選購圖書。教授出國時，圖書館會預先支付他們採購書籍的現金。圖書買回來後由圖書館編目部負責驗收和編目。形形色色的發票、郵資和手續費紀錄都顯示了當時教授們在圖書館館藏建設方面的積極參與。1963年秋，東亞地區研究中心管理委員會對教授參與購書的「經濟性」和「有效性」提出了質疑，建議聘請一名助理館員來協助盧國邦採購圖書。委員會同意將圖書的採購由教授轉到圖書館。對於那些仍希望幫助圖書館在海外購書的教授們，盧國邦為他們制定了工作指南。委員會與大學圖書館館長Thomas Buckman達成了協議，同意保留一部分經費作為教授們的「專項購書」費。

東亞館藏在1964年搬至華德森圖書館（Watson Library）一樓，正式更名為東亞圖書館。盧國邦擔任首任館長，隨後又聘請了一名助理館員。[11] 東亞圖書館將依照堪薩斯大學在東亞研究和教學方面的需要來發展。1960年代，東亞館藏資料以每年約4千冊至6千冊的速度增長。館藏資料除圖書外，還有期刊、微縮資料、視聽資料、展覽目錄及小冊子等。

日本學者大窪愿二（Genji Ōkubo）幫助盧國邦負責在日本選購圖書。大窪愿二自1950年代初期起就參與堪薩斯大學東亞區域研究中心的工作。他前後大約有20多年協助圖書館發展日文館藏。二戰之前，他曾在加拿大駐東京大使館工作。這期間，他最重要的貢獻是協助加拿大人E. Herbert Norman撰寫了《日本維新史》（*Japan's Emergence as a Modern State*），此書是英文著作中研究日本的經典之作。[12] 大窪個人學術研究的專長是日本二戰前的左翼運動。他坐鎮日本替圖書館選購出版物，將平裝書改為精裝，並代購日本國會圖書館的編目卡片。盧國邦經常稱大窪愿二為「行家」或「掌櫃的」，並稱讚他對堪薩斯大學日文藏書所作出的貢獻。[13]

1960年代，盧國邦與亞洲研究協會在臺灣的中文資料研究服務中心代表艾文博（Robert L. Irick）達成一項購書協議，購買中國內部資料和微縮資料的翻印本。另外，他也和一家香港供應商建立了收集中國大陸和香港出版物的長期訂單協議。1970年後由於預算削減，這項服務被取消。1965年年末至1966年年初，盧國邦前往歐洲、日本、香港、新加坡、馬來西亞和臺灣，與當地圖書館和書商建立連繫。他在給大學圖書館館長Buckman的一封信中，提到了1965年的圖書採購之旅：

> 在我所遇到的圖書館專業人士中，至少有一半對堪薩斯大學感到陌生。而那些瞭解堪薩斯大學的，似乎又對我們的東亞專案感到意外。[14]

在這次看似無具體目的的購書之行中，他收集了許多罕見資料。對盧國邦來說，最大的收穫是發現了這些珍貴資料並因此倍感驚喜：

> 我找到了特意被掩飾原封面的日本共產黨資料《党建設者》，這是一個文獻專家為之興奮的時刻，我拿到了這著名又難得的原始材料！此種感受絕非影印本資料所能給予。對於那些罕見但沒名氣又很少被使用的資料，除非被你拿到，否則它們的最終歸宿可能就是廢紙廠了。[15]

盧國邦收集到的 28 種從 1920 年代到 1950 年代初期出版的「沒名氣」的中文期刊中，北美圖書館當時僅收有 12 種。如不刻意收集，它們是不會來到美國圖書館的。在這次旅行中，盧國邦生動地記錄下了他的尋書經歷和他對古籍市場的印象。[16] 後來，他從善本書商那裡購得一些私人藏書，其中包括 Bruno Schindler 的中文典籍和史學文集，以及 Harold Philip Stern 的東方藝術藏書，後者是與堪薩斯大學藝術圖書館合買的。

從 1959 年到 1968 年，堪薩斯東亞藏書從數百冊增長到近 5 萬冊。多年後，盧國邦評論道，「圖書館的優勢首先取決於它的人員、館藏和電腦應用能力，而這些優勢均可彙集成一股凝聚力。」[17] 盧成功地打造了堪薩斯大學的東亞館藏，依靠的就是這種凝聚力。1968 年 10 月，盧國邦前往位於西雅圖的華盛頓大學擔任該校東亞圖書館館長。

挑戰

1968 年 8 月，黃俊凱從羅徹斯特大學來到堪薩斯大學接替盧國邦擔任東亞圖書館館長。黃俊凱在堪薩斯大學的一年間繼續館藏建設。由於經費削減，香港、日本和臺灣的訂單都被擱置下來。他也向圖書館管理層反映了館藏存放空間不足的嚴重問題。由於缺乏館藏空間，近 1 萬多冊圖書無法上架。在黃俊凱的領導下，圖書館聘請了兩名全職人員，包括一名中文資料員和一名辦事員。圖書館繼續聘請大窪愿二代買日文書籍。在 1969 年的一次會議上，東亞地區研究中心主任 Thomas Smith 提醒委員會成員注意，「有一種令人不安的傾向，就是大學圖書館的行政當局指責國際區域研究專案造成了圖書館的困境。」於是，國際區域專案駁斥了此種指責。[18] 當時，來自聯邦政府和私人基金會的資助不僅支持了東亞圖書館的購書，同時也支付東亞圖書館的部分人事費用。

1969 年年末，黃俊凱離開了堪薩斯大學。同年，來自馬來西亞大學的王浚東擔任東亞圖書館臨時館長。1971 年 Eugene Carvalho 被正式任命為東亞圖書館館長。Carvalho 生於日本，通曉日語和英語，他在夏威夷大學獲得了日語學士學位，並在西蒙斯大學獲得了圖書館學碩士學位。從 1971 年到 1996 年退休，Carvalho 在任期間對日文館藏的發展作出了特別的貢獻。

在短短 10 餘年內，堪薩斯大學的東亞研究專案就發展成了位於芝加哥和美國西海岸間這一地區裡的主要專案之一。東亞研究方面的人文和社會學科教授人數都翻了一番。在《國防教育法》和福特基金會的支持下，堪薩斯大學開設了東亞語言教學課程。1971 年，堪薩斯大學承辦了由九所大學聯合主辦的暑期漢語和日語培訓班。

次年，聯邦政府不再支持暑期漢語和日語培訓專案，註冊人數隨即減半。堪薩斯大學仍利用一切可能的資金來維持這一專案。然而，由於缺乏聯邦和州政府的資助，教職人員的任聘、新專案的發展和圖書的採購都受到了影響。1971 年 7 月 13 日，《堪薩斯大學日報》（*Daily Kansan*）的一則報導提及此種狀況並引用了中文教授 Carl Leban 的一段感慨之言：

> 具有諷刺意味的是，正當美國與亞洲關係處於緊要關頭時，政府和基金會卻考慮要放棄這一領域……亞洲對美國利益的影響也許在一個世紀前我們進入該地區時就已經開始了，而亞洲的影響也因美國過去 30 年裡在亞洲參與的三場戰爭，一次比一次更趨顯著。今天，美國比以往任何時候都更需要瞭解這個地區的文化。

1973 年，《國防教育法》專案機構中斷了對堪薩斯大學東亞研究方面的經費資助，從而嚴重影響到圖書的採購。亞洲的通貨膨脹和出版物成本的增加，使東亞圖書的價格飆升到空前的高度，再加上美元貶值和聯邦政府停止資助，致使圖書館的購買力削減近 70%。儘管州政府增加了支持力度，但圖書採購卻倍感吃力。這種狀況並非堪薩斯大學所特有，全美許多東亞館在 1970 年代初的增長速度都明顯放緩。

Carvalho 臨危受命，他將大部分的注意力投注在日文館藏的發展上。在經費削減期間，圖書館的購書量大幅縮減，圖書館得以處理大量積壓的圖書編目工作。在 Carvalho 任期內，圖書館獲得了日本國際交流基金會（Japan Foundation）和遠東大都會藝術研究中心（Metropolitan Center for Studies in Far Eastern Art）的多項資助，同時還獲得了日本世博會紀念基金（Japan World Exposition Commemorative Grant）和堪薩斯州館際互借專案（State of Kansas Interlibrary Loan Grant）的資助。1976–1977 學年，Carvalho 利用學術休假，在日本國際交流基金會的資助下赴日從事個人研究。

在 Carvalho 赴日期間，圖書館的規劃委員會建議將東亞館藏併入總圖書館的館藏中。此時距離東亞圖書館成立才 10 多年，顯然圖書館規劃委員會沒有研究以前的決定，也沒有與包括 Carvalho 在內的東亞圖書館人員討論此事。身處日本的 Carvalho 得知此事後，深表關注。他一改平日淡定的態度，急忙給大學圖書館總館長 Jim Ranz 寫信報告此事。他也親筆給規劃委員會主席寫了長達五頁的信件（他當時在日本，身邊沒有打字機），義正詞嚴地駁斥了委員會的建議。他寫道，「對於東亞語言資料，大部分人們要麼缺乏主見，願意附庸荒謬的觀點；要麼事不關己，無視它們的價值。在你們目前的規劃中，僅以沒有館藏空間為由而計畫解散東亞圖書館，這恰恰反映了我所描述的上述傾向。」[19]

Carvalho 引用了兒時聽到的一個故事，來比喻圖書館規劃委員會決定拆散東亞圖書館的建議：一名製作手套的工匠向一位國王敬獻了一副只有四個手指的手套，他告訴國王自己很難按照他的要求製作有五個手指的手套。工匠建議國王砍掉小拇指以便使他的雙手適合這副手套。畢竟，包括國王在內的大部分人都很少使用小拇指。故事的結局是，國王命令裁縫為工匠訂做了一套沒有脖頸開口的上衣，並且下令砍掉工匠的頭來試穿特別為他裁制的新裝。

信的結尾，Carvalho 要求委員會重新審議撤銷東亞圖書館的建議，並且提出在沒有徵求他的意見的情況下，不得做出任何決定。他還將整封信抄送給大學圖書館館長。Carvalho 知道委員會建議的問題所在。所幸的是，由於他的努力，委員會最終未能如願，東亞圖書館安然無恙。在他看來，這樣的事情居然也會發生，的確是一大遺憾。如果我們能從這段歷史中學到什麼，那就是在起伏多變的藏書發展過程中，東亞館藏也許會在某天再次面對「被戴上一副只有四個手指的手套」或「我們的計畫中沒有你們的份」之類的威脅。

直到 1981 年，圖書館才重新得到了 1970 年代被裁撤的中文館館員的職位預算。從 1980 年到 1984 年，包嘉禮（Gary Bjorge）擔任東亞圖書館副館長，負責中文館藏工作。1985 年到 1987 年，鄧汝言接替了他的工作。他們兩人的工作增加了中文圖書的館藏量，同時為大套的中文叢書的編目製作了分析性詞條。1980 年代中期，東亞圖書館將上千份期刊卡片紀錄轉換為自動化系統。1989 年，圖書館開始使用國際線上圖書館電腦中心（Online Computer Library Center, OCLC）中日韓文系統。

館藏資源

作為一個位於美國中西部地區的中型館藏，堪薩斯大學東亞圖書館的發展總是受到外部力量和大趨勢的影響，它的發展可以從全美東亞圖書館發展的大格局中窺見一斑。根據 2007 年《中國統計年鑑》，2006 年中國大陸出了 160,757 冊首版圖書。[20] 同年，堪薩斯大學圖書館採購了約 4 千種中國大陸出版的新書，不到出版總量的 3%。事實上，在北美眾多的東亞圖書館裡，幾乎沒有一個館可以聲稱無所不收。大部分圖書館每年購買的新書不會超過當年總出版量的 10%。[21] 正因如此，堪薩斯大學東亞圖書館的館藏採購全都根據在校教授和研究生教學及研究的需要。2007 年，堪薩斯大學東亞館藏在北美 51 個參與該年度統計問卷的東亞館藏中排名第 19 位，在公立圖書館中則排名第 9 位。[22]

根據錢存訓和 Howard H. Winger 的統計調查報告，1964 年，堪薩斯大學東亞藏書量在北美 46 所東亞館藏排名第 27 位。[23] 當時，北美三個最大的東亞圖書館（美國國會圖書館、哈佛大學、加州大學柏克萊分校）的藏書總量是其他所有東亞圖書館藏書總量的近一半，此比例至今仍然未變。1964 年，位居前 15 名的東亞館藏，在 2007 年仍然保持前列，其中 12 家機構的藏書量均超過 50 萬冊。另一現象就是中型館藏的穩步發展，特別是包括堪薩斯大學東亞圖書館在內的美國中西部大學的東亞圖書館。

中文館藏

從 1959 年到 1973 年，在《國防教育法》和福特基金會的資助下，堪薩斯大學圖書館有計畫地採購了各種中文資料，包括叢書、史書、文集、傳記、百科全書和各學科的參考用書。例如，圖書館購買了張之洞 1874 年所著《書目答問》裡所列的 2 千多種圖書。圖書館也補齊了鄧嗣禹和畢乃德（Knight Biggerstaff）合著的《中文工具書選編題解》（Annotated Bibliography of Selected Chinese Reference Works）中所列，但館藏從缺的中文參考書。館藏亦收有大量 1920 年代之前傳統學者用文言文所著的歷史文獻，以及五四運動時期受西方思想影響的史學專著。1960 年代到 1970 年代，中國正值文革時期，出版了大量的政治性宣傳資料，館藏收入不多。與此同時，臺灣的出版商則大量再版了民國時期出版品，這些臺版的大套文史哲經典著作、正史和地方志構成了中文館藏的基礎。另外館藏中也有民國早期至 1930 年代的期刊，其中多為微縮膠捲資料。自 1980 年代起，善本古籍圖書和早期期刊的重印本開始大量出現在市場上。東亞館也盡力收藏這些資料。近十年來，館藏收入的電子資源大大方便了學術研究，但其高昂的成本占去了圖書經費預算的一大部分。

中文館藏內容廣泛，涵蓋歷史、藝術史、語言、文學、哲學、宗教及現代社會科學類文獻。人文科學館藏多半支持博士生研究，而社會科學館藏多支持碩士生研究。歷史文獻方面最具優勢的領域是宋、元、明、清研究文獻，其中地方志著重華中、華北和西北地區；其他具有優勢的館藏包括中國共產黨早期歷史資料以及有關中國文革以後的社會經濟狀況方面的文獻。

藝術史也是館藏優勢之一。所收資料尤以唐、宋、元、明、清繪畫、雕塑和書法為主。館藏有畫家個人作品（以元、明畫家為最）、博物館和美術館館藏目錄、展覽目錄、文人畫家傳記和文集，以及藝術批評等方面的資料。藝術史類藏書中堪稱珍品的有元明繪畫、敦煌壁畫以及 6–10 世紀的書法史研究文獻。堪薩斯市納爾遜—阿特金斯藝術博物館（Nelson–Atkins Museum of Art）距堪薩斯大學勞倫斯校區約 50 英里，它是全美收藏中國藝術品的頂尖博物館之一。堪薩斯大學中國及亞洲藝術史專案得到了該博物館的大力支持。

中國語言文學方面的收藏有漢語語言文字學研究、唐宋詩詞、元明戲曲、明清小說和散文著作等方面的資料。圖書館於 1965 年購得布魯諾·辛德勒文庫（Bruno Schindler Collection）藏書。[24] 它收錄有 296 種作品，共計 670 冊，大部分是中國古典著作。[25] 文庫中包括十幾本善本書，例如宋版的《爾雅》和《詩經》。辛德勒文庫中的部分藏書曾屬於德國漢學家孔好古（August Conrady），其藏書印章「孔好古印」在《禹貢錐指》（康熙四十四年，即 1705 年刊本）和其他一些藏書中均可見。[26] 東亞語言的善本和手稿多存於堪薩斯大學肯尼斯·斯賓塞研究圖書館特藏文庫，其中一部珍本是 14 世紀（大約 1350 年）以金粉繪寫的中韓文版《大方廣佛華嚴經》第 45 卷。這部手抄本曾於 2003 年 10 月到 2004 年 1 月在美國舊金山亞洲藝術博物館舉辦的「高麗王朝：朝鮮啟蒙時期——918 年至 1392 年」（Goryeo Dynasty: Korea's Age of Enlightenment, 918 to 1392）展覽會上展出。此次展覽由亞洲藝術博物館、韓國國家博物館及日本奈良國立博物館共同舉辦。此本於 1956–1957 年間由圖書館從加州大學洛杉磯分校漢學教授魯德福（Richard C. Rudolph）手中購得。

佛學研究館藏著重佛典的收集，包括《大正新脩大藏經》、《宋藏遺珍》、《中華大藏經》、《房山石經》、《永樂北藏》及各種版本的佛典和寺廟志。中文微縮資料著重於民國時期出版的報紙和期刊，同時也收錄了美國神學圖書館協會出版的各種民國時期基督教在華宣教和本土基督教派發展的期刊。堪薩斯大學圖書館於 1991 年獲贈 Robert Arthur Burton 的藏書，[27] 涉及中國共產黨和文革時期的英、中文出版品，包括黨的領導人的演講、黨的政策、紅衛兵手冊、宣傳小冊子和個人著作，總數超過 2 千多冊。2001 年，圖書館獲贈郝若貝夫婦（Robert Hartwell 與 Marianne Colson Hartwell）的文庫。[28] 郝若貝是哈佛燕京圖書館中國歷史地理資訊系統早期的資料貢獻者。[29] 郝若貝文庫包含 1 千餘冊中國經典著作、正史以及中古時期社會經濟史等方面的資料。

日文館藏

1950 年代初期，堪薩斯大學日本研究教授和大窪愿二開始協助圖書館建立日文藏書。館藏的優勢領域包括日本藝術史、二戰前的日本左翼運動、日本社會和經濟史、古典及現代文學、戲劇和舞臺劇等。從 2000 年開始，日文資料的收藏擴展到電影研究和流行文化，並且收集跨學科研究資源。

日本藝術史藏書是館藏的優勢資源之一。圖書館積極採購日本出版的此類圖書以及日本大、中型博物館的展覽目錄。館藏著重於中世紀到前現代時期的繪畫，包括平安時期、室町時期以及安土桃山時期創作的畫卷。圖書館擁有豐富的江戶（德川）時期的繪畫、浮世繪和木版畫，這歸功於 1960 年代所購得的斯特恩文庫（Harold Philip Stern Collection）。Stern 是美國藝術史學家，主攻亞洲藝術。他曾於 1971 年至 1977 年擔任美國首府華盛頓史密森尼學會（Smithsonian Institution）弗瑞爾美術館（Freer Gallery）館長。斯特恩文庫收藏了上千冊有關中、日文藝術和藝術史資料，其中尤以日本的浮世繪和木版畫為最。近十年來，館藏亦注重 20 世紀商業藝術資料的收藏。

日文館藏的另一個優勢領域是表演藝術。藏書收錄日本歌舞伎和能劇的原始文獻和二次文獻。為支持教學和科研，圖書館也收藏了歌舞伎、能劇和其他傳統表演藝術的影音資料。這些資料都可通過館際互借服務，免費借給美國其他各地圖書館的使用者。

日本歷史文獻，尤其是明治至昭和前期的歷史文獻，是日文館藏的另一個優勢。其中有獨樹一格的社會主義和共產主義運動資料，包括 1920 年代到 1930 年代有關社會主義和共產主義團體的原版和重版期刊、專著，以及二戰前後日本左翼運動的歷史資料等。日據下的

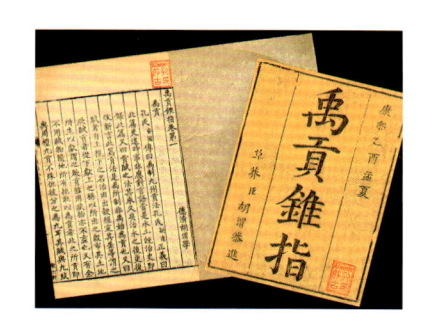

圖 19-2：帶有「孔好古印」的 1705 年版《禹貢錐指》。照片由堪薩斯大學東亞圖書館提供。

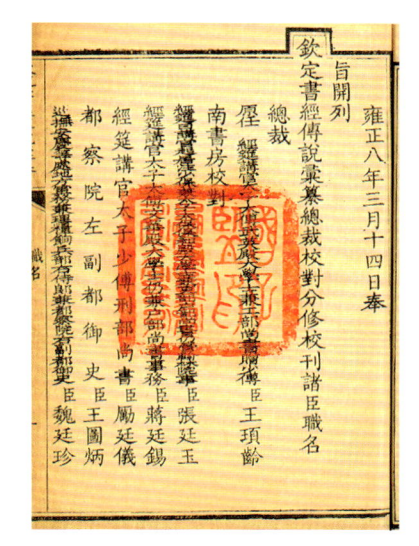

圖 19-3：1730 年版的《欽定書經傳說彙纂》。照片由堪薩斯大學東亞圖書館提供。

臺灣、韓國和偽滿洲國的歷史等有關日本殖民地資料亦有收藏。

婦女研究專案的收藏包括有關日本明治和昭和前期發行的重要婦女期刊的重印本，以及二戰期間慰安婦的原始資料。有關傳統飲食文化的資料大大豐富了日本民俗信仰研究的館藏，後者包括平安時期到江戶時期創作的鬼怪著作和繪畫。這些資料方便了學者對日本民間信仰和流行文化進行跨學科的研究。其他有關日本流行文化的館藏，如漫畫和動畫，經常引起學習日語的學生的興趣。圖書館在 2004 年舉辦了一次學術展覽，回顧了過去半個世紀以來哥吉拉（Godzilla）動漫電影在日本歷史和社會環境下的發展。該展覽與當時在校內舉辦的哥吉拉全國學術會議共同舉行。[30]

韓文館藏

圖書館在 1960 年代初開始收藏有關朝鮮古典文學與歷史方面的資料。韓文館藏主要包括朝韓研究的核心參考書、古典文學和語言、民間文學、歷史、藝術史和考古學等領域的文獻。自 2002 年起，館藏擴大到 16–18 世紀朝鮮藝術史研究、佛教美術，以及 4–6 世紀朝鮮和中國東北邊境地區的考古文獻。近十年來，為加強當代朝韓研究，在韓國基金會（Korean Foundation）和韓國電影振興委員會（Korea Film Council）電影檔案館的協助下，圖書館收集了當代韓國歷史、文化、政經的出版物並為學者提供有關韓國研究的資料庫及影音資料。

應對時代變化

堪薩斯大學東亞圖書館自2000年起，為北美東亞圖書館協會（Council on East Asian Libraries）設計和研發了一個東亞圖書館統計資料庫，收集了北美東亞圖書館自 1957 年以來出版的館藏統計資料，[31] 其資料可追溯到 1869 年國會圖書館的藏書統計。資料庫還包括北美東亞藏書的各項資訊：紙本館藏總量、每年新增圖書量、期刊總數、其他館藏和電子資料庫資源、館藏經費、人事以及讀者服務等方面的資料。統計資料庫還提供每個圖書館的連繫資訊。

今天，國際區域研究專案正邁向新的境界——從具體的國家或地區的研究擴展至「跨區域」、「跨疆界」和「跨國家」的研究。因此，諸如環境、人權、移民、少數民族和民族主義以及流行文化等研究就不再局限於某一國家或地區。不論是在人文或社科研究方面，新的研究領域和課題不斷出現。[32] 堪薩斯大學明史專家 John Dardess 於 2002 年就此種變化表達了他的觀點：

> 或許有些人會注意到，中國史的研究被分化為各種專題和子領域的做法已經有一段時間了。這樣一來，電子資源的開發就比將中國史作為一個總體要容易得多……似乎在可預見的未來，斷代史或廣義的漢學將持續衰退，而子領域裡的專題研究將持續興盛。我們歷史系今後招聘教授將優先考慮專題領域的研究，包括婦女史和環境史、中華帝國史以及原住民和少數民族史。毫無疑問，我目前的這個中國前現代史的教授職位，最終將會被某些上述專題領域的專家取代。教授的選聘會直接影響

圖書館的圖書採購。可以想像的是，下任教授的選拔會偏向中華帝國或少數民族方面的研究……最近，大清帝國是一個引起人們強烈興趣的史學主題，尤其是它在新疆和中亞地區的影響。研究這一領域的新教授可能會要求圖書館不僅購買更多的漢語資料，也要購買滿語、維吾爾語、藏語和蒙古語的資料。[33]

網際網路和電子檢索技術也為國際區域研究圖書館的資訊採集、收藏、保存和服務增加了全新的視角。在過去10多年中，美國大學與學術機構舉辦了多次學術會議，就從事國際區域研究的圖書館館員如何應對這些挑戰這一議題進行討論。著名的會議包括1995年和1997年在印第安納大學舉辦的此類會議、1998年由美國國會圖書館舉辦的美國大學聯合會／研究圖書館聯合會（Association of American University/Association of Research Libraries, AAU/ARL）全球資源專案會議、2005年在耶魯大學舉辦的全球資源網路研討論壇和2006年由美國國會圖書館舉辦的國際藏書發展討論會等。[34]

1957年，諾貝爾文學獎得主、法國小說家和劇作家Albert Camus曾言，「在教授們為我們使盡了渾身解數之後，我們能夠獲得知識的來源就是書本了。如今豐富的藏書就是真正的大學。」過去50年裡，堪薩斯大學東亞館雖然經歷坎坷，但卻穩步發展。當未來的讀者使用這個圖書館時，他們是否會意識到這個館藏所包涵的價值和願景？他們是否能領悟到館藏所反映的時代變遷？他們是否會好奇地問是誰選擇和組織了這些資料？這個館藏能夠滿足未來學者們的需要嗎？我們的工作就是為了對這些問題作出解答。[35]

註釋

1. Francis Heller, "The Years of Chancellor Deane W. Malott," http://spencer.lib.ku.edu/heller/chpt3.shtml

2. Lorraine M. McDonnell, Sue E. Berryman, and Douglas Scott, *Federal Support for International Studies: The Role of NDEA Title VI* (Santa Monica: Rand, 1981), 2. 《國防教育法》第 6 條款及其後繼者《高等教育法》第 6 條款的全文見頁 173–184。

3. *Newsletter of the Association for Asian Studies* 8, no. 3 (1963): 38.

4. Tsuen-Hsuin Tsien, "Current Status of East Asian Collections in American Libraries: A Preliminary Report for 1974–1975," *Commitee on East Asian Libraries Newsletter* 49 (March 1976). 1960 年代，28 所機構的東亞藏書按照如下順序依次建立：國家農業圖書館、匹茲堡大學、威斯康辛大學、布朗大學、印第安納大學、愛荷華大學、美國中文圖書館（舊金山）、密西根州立大學、亞利桑那大學、堪薩斯大學、北卡羅來納大學、聖路易斯華盛頓大學、伊利諾大學厄本那—香檳分校、明尼蘇達大學、歐柏林學院、羅徹斯特大學、加州大學戴維斯分校、達特茅斯學院、俄亥俄大學、聖約翰大學（紐約皇后區）、德克薩斯大學奧斯汀分校、加州大學聖塔芭芭拉分校、邁阿密大學、奧勒岡大學、巴克內爾大學、科羅拉多大學、麻薩諸塞大學阿默斯特分校、內布拉斯加大學。

5. Center for East Asian Studies, January 1960, "Center for East Asian Studies to the U. S. Department of Education, 'Proposal for Continuation of East Asian Languages and Area Center in Chinese and Japanese at the KU,'" Budget, Institutes, Library, 1960/61–1967/68 (17/37, Box 2), University Archives, Kenneth Spencer Research Library, University of Kansas.

6. Karl Lo, May 1963, "Karl Lo to the Center for East Asian Studies Executive Committee," East Asian Languages and Cultures Correspondence, 1960/61–1967/68 (17/37, Box2), University Archives, Kenneth Spencer Research Library, University of Kansas.

7. Horace Poleman, May 1962, "Horace Poleman, Chief, Orientalia Division, Library of Congress, to Thomas Buckman, Director of KU Libraries," East Asian Studies Committee Minutes and Announcements, Faculty and Other Universities Correspondence, 1962–1970 (17/37, Box 4), University Archives, Kenneth Spencer Research Library, University of Kansas.

8. Karl Lo, June 1962, "Karl Lo to Director of Libraries, Chairman of East Asian Area Programs, Head of Preparation Department, and Head of Acquisitions Department, 'A Report from Karl Lo on His Activities form March 30 to June 8,'" 1962–1970 (17/37, Box4), University Archives, Kenneth Spencer Research Library, University of Kansas.

9. Eleanor Symons, November 1962, "Eleanor Symons, Acting Head, Preparations Department, Recommendations for Karl Lo's Promotion," Libraries, 1961/62–1967/68 (32/1/5), University Archives, Kenneth Spencer Research Library, University of Kansas.

10. Stuart Forth, November 1963, "Stuart Forth, Associate Director of Libraries, to Karl Lo," Correspondences (17/37, Box 4), University Archives, Kenneth Spencer

¹⁰ Research Library, University of Kansas.

¹¹ 1964 年到 1965 年，汪變被聘請為東亞圖書編目館員，後前往明尼蘇達大學擔任該校東亞圖書館館長。

¹² 在美軍占領期間，E. H. Norman 作為一名歷史學家和加拿大駐日的外交官參與了日本戰後憲法的起草。

¹³ Karl Lo, July 1965, "Memorandum, Karl Lo to Thomas R. Smith, East Asian Committee Chair," 1962–1970 (17/37, Box 4), University Archives, Kenneth Spencer Research Library, University of Kansas.

¹⁴ Karl Lo, December 1965, "Karl Lo to Thomas Buckman, Director of KU Libraries [sent from Taipei, Taiwan]," Libraries (32/1/5), University Archives, Kenneth Spencer Research Library, University of Kansas.

¹⁵ Karl Lo, "Twentieth Century China Viewed in the First Issues of Some Lesser-Known Periodicals," *Books and Libraries at the University of Kansas* 5, no. 2 (1968): 2–8.

¹⁶ Karl Lo, "Impression of the East Asian Antiquarian Book Market," *Books and Libraries at the University of Kansas* 3, no. 3 (1966): 2–4.

¹⁷ Karl Lo, "CJK, the Byte That Breaches the Dam" (paper presented at the Online Computer Library Center, Chinese/Japanese/Korean (OCLC CJK) Users' Group Twentieth Anniversary Celebration, San Francisco, April 8, 2006).

¹⁸ "Minutes of the Committee on East Asian Studies," May 1969, Libraries (32/1/5), University Archives, Kenneth Spencer Research Library, University of Kansas.

¹⁹ Eugene Carvalho, December 1976, "Eugene Carvalho to Nancy Bengel, Libraries Staff Committee for Facilities Planning," 1976–1977, East Asian Library Correspondence (32/1/8), University Archives, Kenneth Spencer Research Library, University of Kansas.

²⁰ 中華人民共和國國家統計局編，「2007 中國統計年鑑」，http://www.stats.gov.cn/tjsj/ndsj/2007/indexch.htm

²¹ 出版年鑑編集部編，《出版年鑑 2007》（東京：出版ニュース社，2007）。

²² 有關 2007 年館藏總量的排名，可參考東亞圖書館統計委員會統計資料庫，https://ceal.unit.ku.edu

²³ Tsuen-Hsuin Tsien and Howard W. Winger, eds., *Area Studies and the Library* (Chicago: University of Chicago Press, 1966), 60–61.

²⁴ Bruno Schindler 是一位德國漢學家，他曾師從於孔好古。1912 年他旅居上海猶太人社區。在華期間，他研究中國開封的猶太人。1920 年，他在德國創建了《亞洲專刊》（*Asia Major*）。

²⁵ Karl Lo, May 1965, "Karl Lo to Stuart Forth [Associate Director of Libraries]," Libraries (32/1/5), University Archives, Kenneth Spencer Research Library, University of Kansas.

²⁶ 孔好古是一位漢語研究專家。他曾是林語堂博士在萊比錫大學的論文指導教授，並發表過許多有關中國語言、文學和歷史方面的著作。

²⁷ Burton 出生於阿根廷布宜諾斯艾利斯。他曾於 1946–1949 年擔任合眾社（United Press）北京分社社長，也在香港為美國提供資訊服務並擔任美國廣播公司（American Broadcasting Company, ABC）廣播網通訊員。他以代寫張國燾的回憶錄而出名。

²⁸ 郝若貝是中國中古時期社會史學家。他曾任教於賓夕法尼亞大學，並與夫人共同組建了「中國歷史軟體有限公司」（Chinese Historical Software, Ltd.）。他用了 30 年時間研發出一個資料庫。這個資料庫後來贈予哈佛燕京圖書館。

²⁹ 中國歷史地理資訊系統，http://sites.fas.harvard.edu/~chgis

³⁰ University of Kansas East Asian Library, "In Godzilla's Footsteps," http://tinyurl.com/godzilla2004

³¹ Council on East Asian Libraries, "Council on East Asian

Libraries Statistics," http://lib.ku.edu/CEAL/php

[32] Carolyn T. Brown, "The Changing Nature of Area Studies," (paper presented at Center for Research Libraries and Library of Congress International Collections Development Workshop, Washington, February 2006), http://www.crl.edu/sites/default/files/attachments/pages/Brown_CRL-LOC.pdf

[33] John Dardess, "Chinese Collections: A View from the Midwest," (paper presented at the Greater Western Library Alliance [GWLA] East Asian Studies Conference, Lawrence, Kansas, June 10, 2002).

[34] 這些會議包括1995年7月13–14日在印第安納大學印第安納波利斯分校舉辦的「展望國際區域圖書館員專業發展研討會」、1997年7月18–19日在印第安納大學印第安納波利斯分校舉辦的「高等教育機構中的國際區域圖書館員專業研討會」、1998年6月24日在華盛頓特區國會圖書館舉辦的「美國大學聯合會／研究圖書館聯合會（AAU/ARL）全球資源專案：促進合作」會議、2005年3月24–25日在耶魯大學舉辦的「全球資源網路會議論壇」和2006年2月27–28日在華盛頓特區國會圖書館舉辦的「國際館藏發展專題研討會」。

[35] 作者感謝堪薩斯大學肯尼斯・斯賓塞研究圖書館大學檔案室的館員幫助檢索文獻，也感謝堪薩斯大學日本研究圖書館員伊藤倫子（Michiko Ito）在日文館藏歷史方面所給予的協助。

參考文獻

大窪愿二編。《ハーバート・ノーマン全集》。東京：岩波書店，1977–1978。

出版年鑑編集部編。《出版年鑑 2007》。東京：出版ニュース社，2007。

Association for Asian Studies. *Newsletter of the Association for Asian Studies* 8, no. 3 (1963).

Beckmann, George M., and Genji Ōkubo. *The Japanese Communist Party, 1922–1945*. Stanford: Stanford University Press, 1969.

Committee on East Asian Libraries, Association for Asian Studies. "East Asian Collections: A Report on Current Trends Written as Part of the ARL Project, 'Scholarship, Research Libraries and Foreign Publishing in the 1990s.'" *Committee on East Asian Libraries Bulletin* 100 (October 1993): 88–109.

Committee on American Library Resources on the Far East, Association for Asian Studies. *Library Resources on East Asia: Reports and Working Papers for the Tenth Annual Meeting of the Committee on American Library Resources on the Far East, Association for Asian Studies, Inc., Chicago, March 21, 1967*. Bibliotheca Asiatica, no. 4. Zug: Inter Documentation, 1967.

Global Resources Network. "Developing Collections for International Studies: Report and Outcomes." http://www.crl.edu/grn/workshopoutcomes.pdf (accessed September 1, 2008).

Hazen, Dan, and James Henry Spohrer, eds. *Building Area Studies Collections*. Wiesbaden: Harrassowitz, 2007.

Heller, Francis H. *Per Aspera Ad Mundum: The University of Kansas Faces the World*. Lawrence: University of Kansas, 2003.

Lo, Karl. *A Guide to the Ssū pu ts'ung k'an: Being an Index to Authors, Titles, and Subjects*. Lawrence: University of Kansas, 1965.

Lo, Karl. "Impression of the East Asian Antiquarian Book Market." *Books and Libraries at the University of Kansas* 3, no. 3 (1966): 2–4.

Lo, Karl. "Twentieth Century China Viewed in the First Issues of Some Lesser-Known Periodicals." *Books and Libraries at the University of Kansas* 5, no. 2 (1968): 2–8.

McDonnell, Lorraine M., Sue E. Berryman, and Douglas Scott. *Federal Support for International Studies: The Role of NDEA Title VI*. Santa Monica: Rand, 1981.

Office of Post-Secondary Education, U.S. Department of Education. "International Education Programs Service: Title VI Programs: Building a U.S. International Education Infrastructure." http://www.ed.gov/about/offices/list/ope/iegps/title-six.html (accessed September 1, 2008).

Poleman, Horace. May, 1962. "Poleman, Horace, to Thomas Buckman." East Asian Studies Committee Minutes and Announcements, Faculty and Other Universities Correspondence, 1962–1970 (17/37, Box 4), University Archives, Kenneth Spencer Research Library.

Teng, Ssu-Yu, and Knight Biggerstaff. *An Annotated Bibliography of Selected Chinese Reference Works*.

Cambridge: Harvard University Press, 1971.

Tsien, Tsuen-Hsuin. "Current Status of East Asian Collections in American Libraries: A Preliminary Report for 1974–1975." *Committee on East Asian Libraries Newsletter* 49 (March 1976): 47–52.

Tsien, Tsuen-Hsuin. *Present Status and Personnel Needs of Far Eastern Collections in America: A Report for the Committee on American Library Resources in the Far East of the Association for Asian Studies*. Chicago: University of Chicago, 1964.

Tsien, Tsuen-Hsuin, and Howard W. Winger, eds. *Area Studies and the Library*. Chicago: University of Chicago Press, 1966.

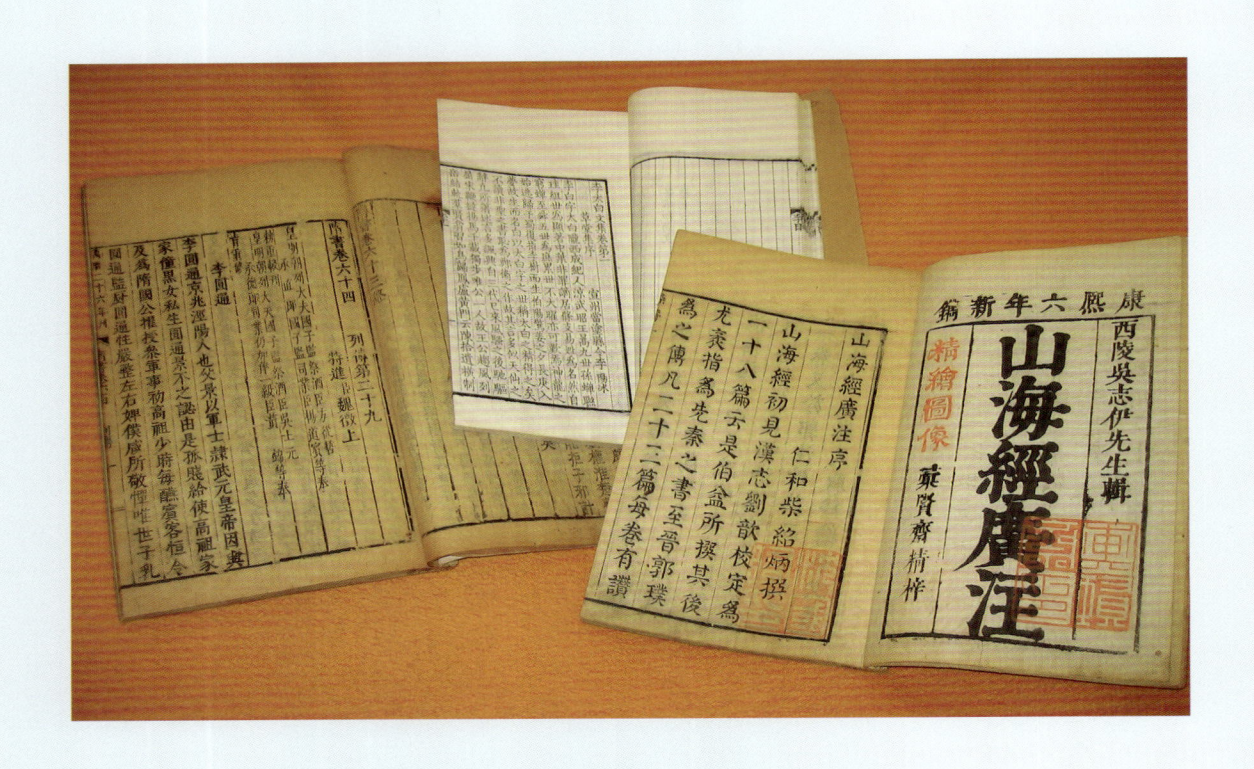

1635年汲古閣刻印的《隋書》；1717年由繆曰芑印行的清初版《李太白文集》；1667年匯賢齋刻印的《山海經廣注》。照片由徐鴻提供。

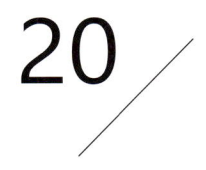

20 / 全球資源共享與資訊服務：匹茲堡大學東亞圖書館

徐鴻（Hong Xu）

美國崑山杜克大學圖書館館長，曾任匹茲堡大學東亞圖書館館長。徐鴻出生於中國四川，在伊利諾大學厄本那—香檳分校獲得圖書館與資訊科學博士學位以及教育心理學碩士學位，並擁有武漢大學圖書館學學士和碩士學位。她發表了許多論文，參與撰寫了數部著作。她的研究方向在圖書館與資訊科學、東亞圖書館管理以及中國研究等方面。

1960 年，匹茲堡大學被選為接受美國《國防教育法》（National Defense Education Act, NDEA）資助而創辦中國研究中心的 20 所大學之一，由此開始收藏中文圖書。5 年後，匹茲堡大學東亞圖書館成立，並開始收藏日文圖書。從 2003 年開始，東亞圖書館也開始系統地收集韓文圖書。近年來，東亞圖書館又將館藏擴展到了電子資源，並與東亞地區的主要圖書館和資訊中心建立了連繫。1995 年，圖書館獲得了日本跨文化交流中心（Japan Center for Intercultural Communication, JCIC）的資助，建立了日本資訊中心（Japan Information Center, JIC）。1998年秋，在美國博物館和圖書館服務署（Institute of Museum and Library Services, IMLS）提供的「國家領導獎」（National Leadership Grant）的幫助下，圖書館建立了中國學術期刊出版物的東亞門戶服務（East Asian Gateway Service）系統，這一系統通過網際網路，為世界各地的學者提供數個亞洲圖書館所藏期刊文章的全文電子文獻傳遞服務。

早期發展

1940 年代初期，匹茲堡大學就計畫建立一個中國文化研究所。為此，大學邀請了兩位中國教授前來講授中國語言文化課程，開始了匹茲堡大學的東亞研究。[1] 在此之前，從 1930 年到 1946 年，洪業在擔任《哈佛燕京學社引得》主編時，將每一期的《引得》都寄給匹茲堡大學圖書館收藏，共有 77 卷，彙集了 33 部儒家經典、佛教和道教經文以及其他著作。匹茲堡大學東亞語言文學系榮譽退休教授王伊同指出，這是匹茲堡大學圖書館入藏最早的東方文獻。[2]

1941 年，中華民國國立中央圖書館以當時的教育部部長和匹茲堡大學校友陳立夫的名義，給匹茲堡大學圖書館捐贈了一套完整的由當時中央圖書館籌備處編輯、上海商務印書館根據文淵閣本影印出版的《四庫全書珍本初集》，共有 231 種圖書，1,960 冊。[3] 這批資料被認為是匹茲堡大學圖書館「最早的線裝書收藏」。[4]

匹茲堡大學直到 1960 年才開始正式收藏中文資料。當年大學受《國防教育法》資助創辦了中國研究中心，隨後又組建了東亞語言文學系。在此之前，時任圖書館實習生的李華偉從 1959 年開始就幫匹茲堡大學圖書館訂購中文圖書，並將它們進行編目。李華偉後來擔任俄亥俄大學圖書館館長、美國國會圖書館亞洲部主任等職，直到 2008 年退休。根據他的回憶，當時圖書館的大部分中文書籍都是為中國研究教授們購買的。從 1959 年到 1962 年的 3 年中，圖書館通過各種管道買了約 200 本圖書和 25 種期刊。[5] 1961 年，郭成棠受聘擔任中文文獻專家和編目館員後，匹茲堡大學圖書館才開始系統地發展中文藏書。郭成棠改進了編目程序，並大幅擴充了中文藏書，重點在中國文學和語言方面，以及一些基本的工具書的收藏。

1965 年，東亞語言文學系開設了日本語言文學課程。大部分社會科學系也增加了東亞研究教授職位。為了支持東亞學術專案的擴展，郭成棠在既沒有聯邦政府資助也沒有匹茲堡大學啟動資金支持的情況下，開始創建日文藏書。同年 9 月，東亞圖書館正式成立，郭成棠為首任館長。新圖書館支持校內多個學術研究專案，包括東亞語言文學、藝術、歷史、經濟學、政治學、地理學、社會學，以及公共與國際事務研究等方面的研究。圖書採購也擴展到從古代到現代的所有人文社會科學領域。到 1965–1966 財政年度，東亞圖書館的藏書總量增長到了 24,312 冊，包括 20 種期刊、3 份報紙和 63 捲微縮膠捲。[6]

成長時期（1966–1975）

1960 年代中期國際研究專案創建之後，匹茲堡大學的東亞研究得到顯著發展。根據郭成棠 1967 年的報告，當年東亞語言文學系有 4 位教授和 249 名學生。大學裡其他與東亞研究相關的院系還有 13 位教授和 548 名學生。[7] 到 1974–1975 財政年度，全校已有 48 位東亞研究方面的教授，為 1,685 名學生開設了 109 門課程。

為了配合東亞研究專案的發展，大學裡的亞洲研究委員會將提升圖書館館藏資源作為一項重中之重的任務。[8] 郭成棠相信最佳的策略是根據大學東亞研究專案每個學科領域的需要，選購圖書資料和文獻。⁹因此，館藏中增加了許多重要典籍，如《二十五史》、《古今圖書集成》、《四部叢刊》、《四部備要》、《百部叢書集成》，各種地方志和年鑑，以及其他工具書。1969 年 1 月，匹茲堡大學圖書館邀請時任哈佛燕京圖書館館長的吳文津，對館藏進行了一次評估。吳文津肯定了東亞圖書館的成績，並對它努力創辦一流的工具書收藏，特別是在書目提要和索引方面的建設表示支持。他發現匹茲堡大學東亞圖書館的收藏在品質上要優於美國其他類似規模的東亞圖書館館藏的平均水準。圖書館在圖書採購上的明智選擇也給他留下了深刻印象。[10]

1968–1969 年，郭成棠為圖書館爭取到了一批珍貴的捐贈，其中包括一些罕見資料，如從 1919 年到 1960 年代有關中國共產主義運動的文獻，還有三大卷當時只有中華人民共和國政府的高級幹部才能查閱的保密資料。[11] 1970 年，圖書館購買了一些絕版的有關中國共產黨以及中日關係的微縮資料。[12] 1971–1972 財政年度，圖書館獲得了 1968 年中國出版的全套馬列主義著作，共計 30 冊。[13] 隨後幾年中，東亞圖書館又得到了 Mathew B. Ridgway 將軍及夫人的捐贈（主要是日本繪畫、文獻和藝術品），其中一幅繪畫是由現代日本風格繪畫大師竹內栖鳳（Takeuchi Seihō）創作的《禁城松翠》（Kinjō Shōsui，1926 年），這幅畫最初是由日本前首相吉田茂（Yoshida Shigeru）贈送給 Ridgway 的。

1972–1973 年，匹茲堡大學東亞圖書館被日本國際交流基金會顧問委員會認定為全美 70 個東亞館藏中最好的 15 個圖書館之一。日本國際交流基金會選擇性地為這些東亞圖書館提供了財政援助，以促進全美日文藏書的發展。[14] 因此，匹茲堡大學東亞圖書館的日文收藏獲得了迅速發展。1974 年，東亞圖書館開始參與與東亞國家圖書館之間的書刊交換專案。首先，圖書館與臺灣國立中央圖書館建立了交換關係。1975 年，它又與北京圖書館（後命名為中國國家圖書館）和日本國會圖書館建立了交換關係。1975 年，東亞圖書館從北京圖書館獲得了 400 冊考古資料，並從臺灣的國立中央圖書館獲得了一些明史研究方面的原始資料。[15]

1974–1975 年，圖書館作為美國 12 個東亞圖書館之一，參加了中文圖書聯合書目的出版計畫。這一計畫是美國國會圖書館中文／韓文文獻調查專案的一部分。在此期間，圖書館還編撰了幾本書目提要：1968 年的《陳誠文集書目提要》（*A Bibliography of Ch'en Ch'eng Collection*）、1968 年的《東亞圖書館期刊與叢書》（*Periodicals and Serials of the East Asian Library*）、1969年的《館藏中國地方史描述書目》（*The Chinese Local History: A Descriptive Holding List*）、1970 年的《東亞期刊和叢書書目提要》（*East Asian Periodicals and Serials: A Descriptive Bibliography*）和 1971 年《匹茲堡大學東亞圖書館微縮資料目錄》（*Catalog of Microfilms of the East Asian Library of the University of Pittsburgh*）。到了 1975 年，東亞圖書館的藏書總量達到了 71,434 冊，[16] 是 10 年前藏書量的兩倍多。[17]

困難時期（1976–1995）

1970 年代中期，美國高等教育的發展開始放緩。許多大學和學院在學生人數縮減和通貨膨脹持續的情況下，面臨著財政預算緊縮問題。但是，國際區域研究專案，特別是東亞研究專案仍然在許多大學裡得到了高度重視。根據錢存訓 1976 年的調查，當年匹茲堡大學的中文藏書在美國 91 個東亞館藏中排名第 14 位，在整個北美地區排名第 18 位。[18] 這一期間中美關係的正常化也激發了美國人對中國的好奇心，促使人們希望獲得更多來自中國的出版物。與此同時，美國也迫切需要更好地瞭解日本，特別是在貿易和地區安全方面。在此種背景下，匹茲堡大學東亞研究專案努力避免衰退。然而，由於缺少經費，加上《國防教育法》終止了資助，東亞圖書館也遭遇了財政支持不足的困境。幸運的是，圖書館通過與東亞國家圖書館的書刊交換專案，獲得了大批贈書。

圖書館在面對購書預算緊張的情況下，調整了自己的策略：一、盡可能多地獲取捐贈和交換資料；二、取消不常用的期刊，但盡可能保持必要的常規訂單；三、精心選購最有可能為教師和研究生使用的資料。[19] 在這一期間，中文藏書的發展集中在中國古代史、考古學和藝術史（從新石器時代到唐朝）的研究文獻上。購置的重要資料包括考古報告、畫冊和藝術作品，以及考古學期刊。根據藝術史教授林嘉琳（Katherine Linduff）的回憶，她和著名史學家許倬雲在從事一項有關西周文明的研究時，大約 85% 的所需資料都是在匹茲堡大學東亞圖書館找到的。[20]

1982 年，郭成棠在一次赴東亞購書之行中，帶回了 150 多冊 1795 年前出版的稀見中文古籍。這些善本包括清康熙六年（1667）匯賢齋刊本《山海經廣注》、康熙三十五年（1696）的《御制耕織圖》，以及康熙五十六年（1717）繆曰芑雙泉草堂影宋刻本《李太白文集》。

從 1970 年代到 1980 年代，圖書館竭力依靠捐贈和交換專案增加藏書量。1976 年，歷史系教授許倬雲說服中華民國駐美大使蕭公權將一批高品質的圖書捐贈給了東亞圖書館。[21] 在 1977–1978 財政年度，捐贈和交換專案獲得的圖書數量幾乎等同於圖書館正規購書經費獲得的圖書數量。從 1980 年代後期開始，圖書館又獲得了一些機構的資助，使資金困境得到了緩解，包括來自北美日本研究資料協調委員會（National Coordinating Council on Japanese Library Resources）、[22] 蔣經國基金會（Chiang Ching-Kuo Foundation）、日本鋼鐵業聯盟（Japan Iron and Steel Federation）和東芝國際基金會（Toshiba International Foundation）等基金會和組織的資助。在同一時期，東亞圖書館與臺灣和中國大陸更多的圖書館建立了交換關係，如臺灣大學、南京大學、武漢大學和上海交通大學。

匹茲堡大學東亞圖書館的中文藏書是美國主要的中文藏書之一，但它的日文藏書卻因無常規經費投入而相對較弱。郭成棠利用他能夠找到的一切經費，建立了一個小型但精選的日文藏書。1975 年秋在赴日期間，郭購得了全套《史学雑誌》的微縮膠片，該雜誌是 100 多年前出版的。從 1980 年代開始，圖書館設立了日文購書常規經費。日文藏書側重於藝術、現代人文社會科學，以及日本醫學史。

日本醫學史文獻的收藏是與賓夕法尼亞大學中國醫學史文庫（Collection on the History of Chinese Medicine）協調進行的，兩者間形成互補。據歷史系教授 Ann Jannetta 的回憶，圖書館最初的重點放在收藏日本現代化早期（17–20 世紀）有關醫學史方面的日文圖書和文章。[23] 1992 年，日本順天堂（Juntendo）大學醫學史系主任和日本醫學史學會創始人酒井シヅ（Shizu Sakai）訪問了東亞圖書館，與時任日文館員的野口幸生（Sachie Noguchi）一起對該館的日文藏書進行了一次評估。[24] 按照 Jannetta 和酒井シヅ的建議，日文藏書重點進一步確定在 18、19 世紀受西方醫學影響下的日本醫學史方面，收入了曾經參與 19 世紀日本醫學轉型的主要醫生，如緒方洪庵（Ogata Kōan）、箕作阮甫（Mitsukuri Genpo）、伊東玄朴（Itō Genboku）等人的傳記，還有相關的地方史文獻及日本著名醫學院的史料。[25] 其他重要的文獻收藏還包括 1836–1843 年的《泰西名醫彙講》，以及明治政府 1874 年創建的中央衛生局從明治時期到大正時期的《衛生局報告》和《衛生局年報》等。

這一時期，東亞圖書館出版了兩本書目提要：《館藏中文詞典書目提要》（*A Descriptive Bibliography of Dictionaries in the Chinese Collection*）（1990）和《中日文期刊和叢書書目提要》（*Chinese and Japanese Periodicals and Serials: Descriptive Bibliography*）（1993）。

21 世紀全球資源共享和資訊服務（1996 至今）

1995 年是過渡的一年，東亞圖書館發生了人事變動。郭成棠退休一年後，來自愛荷華大學的周欣平擔任了東亞圖書館館長。2000 年，周欣平離開匹茲堡前往加州大學柏克萊分校擔任該校東亞圖書館館長。2000–2003 年，沈志佳接任館長職務。

2003 年，沈志佳返回科羅拉多大學，徐鴻擔任東亞圖書館館長。1995 年之後，圖書館發起了一系列重要的全球資源共享和資訊服務計畫。隨著資訊技術的進步，在步入數位圖書館環境後，東亞圖書館在大學圖書館系統的大力支持下，發展為北美發展得最快的東亞圖書館之一。

在此期間，館藏資料的學科種類也得到了大幅擴展，東亞圖書館開始積極收藏許多領域的資料，包括政治學、經濟學、考古學、人類學、藝術史、歷史、語言和文學。圖書館特別重視民國時期和 1949 年之後地方和專題的統計資料和原始文獻。重要館藏資料包括《紡織工業統計資料（1949–1984）》、《商業部系統統計資料（1952–1984）》、《全國農村人民公社收益分配統計資料（1956–1980）》、《抗日戰爭時期國民黨統治區情況資料》、《民國十七年各省市戶口調查統計報告（1928）》、《東北國營煤礦年鑑（1949）》等。圖書館還收藏了許多文革資料，包括非正式出版物和電子資源，其中有 1960 年代末紅衛兵印刷的傳單。2003 年，匹茲堡大學圖書館系統獲得了美國國家人文科學基金會（National Endowment for Humanities）為期 2 年的資助，將東亞圖書館的 3 千冊中文特色文獻製成微縮膠捲。這批文獻包括文革時期發行的資料，以及 1949 年之前出版的專著。雖然圖書館將重心放在當代中國研究文獻方面，但也增加了一些重要古籍的重印本，包括《續修四庫全書》[26] 和 19 世紀到 20 世紀早期出版的 168 種（550 冊）線裝中文書籍，這批書籍直接從哈佛燕京圖書館購得。

從 1990 年代中期開始，日文館藏隨著購書經費和外來資助的增加，獲得了快速發展。重要館藏資料包括日本著名美術期刊《みづゑ》（*Mizue*），以及 1891–1941 出版的《近代美術関係新聞記事資料集成》等文獻。2004 年，前三井（Mitsui）銀行金融經濟研究所向東亞圖書館捐贈了三井銀行藏書（三井文庫），這批資料包括 64,000 冊圖書和期刊。根據野口幸生和奧泉栄三郎（Eizaburō Okuizumi）的調查，北美東亞圖書館日文收藏方面的傳統優勢是在人文學科方面，而社會學科則相對較弱。[27] 匹茲堡大學東亞圖書館日文館藏獲得了三井文庫後，不僅在藏書量上翻了一番，而且躍升為擁有日本公司史圖書資料最多的五大圖書館之一。[28] 三井文庫的圖書分為如下幾類：經濟史、經濟理論、經濟政策、國際經濟學、貨幣和金融、財政政策、產業、管理、勞動和社會政策、統計年鑑、公司和地方史、傳記。該文庫還收藏了有關臺灣、中國東北地區和朝鮮在日本殖民時期的豐富資料。[29]

從 1960 年代中期開始，圖書館利用捐贈的資料開始建立韓文館藏。1996 年，東亞圖書館邀請哈佛燕京圖書館韓文部主任尹忠男（Choong Nam Yoon）對匹茲堡大學的韓國研究資源進行了評估。[30] 2003 年以後，韓文館藏獲得了系統的發展。徐鴻兩次訪問中國延吉，促使匹茲堡大學圖書館系統與中國延邊大學圖書館於 2006 年建立了書刊捐贈與交換關係。東亞圖書館也開始將韓文收藏擴展到整個朝鮮半島，並收集到了 49 種朝鮮期刊，包括《千里馬》、《歷史科學》、《青年生活》、《朝鮮文學》等刊物。

從 2000 年開始，東亞圖書館開始更加廣泛地收藏媒體資料，並建立了電影研究館藏。東亞電影研究方面的教授們利用新獲得的電影館藏擴大了招生人數，並增設了新的大學生培訓專案。該館藏也使教授們得以舉辦年度電影節、公開講座和有關的學術會議。[31] 東亞圖書館還發起了許多數位圖書館專案，其中，「日本文本計畫：一個日本文學研究的線上資源」（The Japan Text Initiative, JTI）就是匹茲堡大學東亞圖書館與維吉尼亞大學圖書館電子文本中心建立的一個合作專案。該計畫通過網際網路提供日本文學名作的日文版本和某些英文譯本。

東亞圖書館最成功和最著名的專案之一是東亞門戶服務。[32] 這一專案由大學圖書館館長 Rush G. Miller 和東亞圖書館前任館長周欣平發起，最初得到蔣經國基金會的資助，1998 年又得到了美國博物館和圖書館服務署[33] 的「國家領導獎」的資助。從 2001 年 10 月開始，東亞門戶服務完全由大學圖書館系統資助，是第一個在美國和中國、美國和韓國之間進行線上全文期刊文章傳遞的服務系統。這一服務由東亞圖書館管理，將美國任何地方的研究者不能在美國圖書館找到的中文學術期刊文獻，免費全文傳送給他們。同時，它還將匹茲堡大學師生在美國圖書館不能找到的韓文期刊文獻全文傳遞給該校師生（美韓之間的文獻傳遞服務從 2004 年開始）。這一服務是雙向的，匹茲堡大學圖書館系統也為中國和韓國的圖書館提供英文期刊文獻的傳遞服務。這一服務從創立起，不僅成功地為在美國、中國以及韓國的數以千計的學者提供了有效的線上期刊文獻傳遞服務，而且還與中國大陸、香港、澳門、臺灣和韓國的學術圖書館建立了廣泛的夥伴關係。到 2007 年為止，這些夥伴圖書館包括清華大學、北京大學、上海交通大學、復旦大學、武漢大學、南京大學、四川大學、中國國家科學圖書館、中國科學院上海生命科學資訊中心、浙江大學、香港中文大學、澳門大學、臺灣中央研究院、臺灣大學、韓國科學技術研究院等機構的圖書館。從 1999 年到 2006 年，這一服務收到了總計 13,537 次索取請求。其中超過一半的請求來自中國的夥伴圖書館。美國的用戶分布在 40 個州，附屬於 130 個學院和大學以及其他許多機構。[34]

1996 年，匹茲堡大學與東京日本跨文化交流中心合作建立了日本資訊中心。從 1998 年開始，中心完全由東亞圖書館負責管理，匹茲堡大學亞洲研究中心的日本研究委員會為中心提供部分資助。日本資訊中心的主要使命是為大學以及社區的普通民眾提供有關日本的資訊。中心涵蓋了許多學科領域，包括經濟學、政治學和政府政策、商務和產業、文化、語言、統計資料等。2008 年，日本資訊中心更名為「日本資訊服務」。

2004 年，東亞圖書館為北美負責東亞館藏建設的中級圖書館員舉辦了為期 3 週的暑期講習班。講習班在亨利‧盧斯基金會（Henry Luce Foundation）的資助下，為參加人員提供了中文工具書和文獻學、中文圖書和出版史、館藏建設、數位圖書館發展、中日韓文圖書編目，以及圖書保護等方面的培訓。12 名來自美中兩國的資深圖書館員和學者來到匹茲堡大學授課，共有 28 名北美東亞圖書館員參加了培訓。

半個多世紀以前，陳立夫用心良苦地捐贈給母校一套《四庫全書珍本初集》影印本，當時他也許未預見東亞圖書館的建立。[35] 然而，根據北美東亞圖書館委員會 2007 年的統計，匹茲堡大學東亞圖書館的藏書量已居於北美 50 個東亞圖書館的第 15 位。在新的世紀裡，它將繼續發展壯大。[36]

註釋

1. "Chancellor of the University of Pittsburgh, John Gabbert Bowman, Administrative Files," Archives & Special Collections (UA.2.10.1921-1945, Folder 13), University Archives, University of Pittsburgh Library System.

2. 王伊同，「Harvard Sinologist Nurtured Asian Studies at Pitt」，載於《王伊同論文集》下冊（臺北：藝文印書館，1988），頁742。

3. "Chancellor of the University of Pittsburgh, John Gabbert Bowman, Administrative Files," Archives & Special Collections (UA.2.10.1921-1945, Folder 13), University Archives, University of Pittsburgh Library System. 參見Bowman校長1941年12月9日的信件。

4. 王伊同，「先師洪煨蓮先生傳略」，載於《王伊同論文集》上冊（臺北：藝文印書館，1988），頁394。

5. 參見李華偉2007年6月2日發給徐鴻的電子郵件。

6. T. C. Kuo, 1966, "The EAL at Pitt Annual Report, 1965/66," Archives & Special Collections, University Library System, University of Pittsburgh.

7. T. C. Kuo, "The EAL at Pitt Annual Report, 1966/67," Archives & Special Collections, University Library System, University of Pittsburgh.

8. T. C. Kuo, "The EAL at Pitt Annual Report, 1966/67," 6–7.

9. T. C. Kuo, 1988, "The EAL at Pitt Annual Report," Archives & Special Collections, University Library System, University of Pittsburgh.

10. "A Report of the East Asian Library of the University of Pittsburgh," 2, prepared by Eugene Wu, Library Director, Harvard-Yenching Library, 1969.

11. T. C. Kuo, "The EAL Annual Report, 1972/73," Archives & Special Collections, University Library System, University of Pittsburgh.

12. T. C. Kuo, "The EAL Annual Report, 1968/69," Archives & Special Collections, University Library System, University of Pittsburgh.

13. T. C. Kuo, "The EAL Annual Report, 1970/71," Archives & Special Collections, University Library System, University of Pittsburgh.

14. T. C. Kuo, "The EAL Annual Report, 1971/72," Archives & Special Collections, University Library System, University of Pittsburgh.

15. T. C. Kuo, "The EAL Annual Report, 1975/76," Archives & Special Collections, University Library System, University of Pittsburgh.

16. 一卷或一個卡片計算為一冊。

17. T. C. Kuo, "The EAL Pitt Annual Report, 1974/75," Archives & Special Collections, University Library System, University of Pittsburgh.

18. Tsuen-hsuin Tsien, "Survey of East Asian Libraries," *Committee on East Asian Libraries Newsletter* (1976).

19. T. C. Kuo, "The EAL Pitt Annual Report, 1977/78," Archives & Special Collections, University Library System, University of Pittsburgh.

20. 林嘉琳2007年6月14日發給徐鴻的電子郵件。信中說明該著作已於1988年由耶魯大學出版社出版。

21. T. C. Kuo, "The EAL Pitt Annual Report, 1975/76," 17.

[22] 2000 年，它更名為北美日文圖書館資源協調委員會。

[23] 參見 Ann Jannetta 2007 年 6 月 7 日給長橋広行（Hiroyuki Good）的關於日本醫學史文庫的備忘錄。

[24] 酒井シヅ在 2008 年也為現任日文館員長橋広行提供了指導。

[25] Tsuen-Hsuin Tsien, "Current Status of Chinese Collections in American Libraries: A Note on the Final Version," *Committee on East Asian Libraries Newsletter* 50 (July 1976): 45–57.

[26] Peter X. Zhou, "The EAL Annual Report, 1995/96," Archives & Special Collections, University Library System, University of Pittsburgh; Peter X. Zhou, "The EAL Annual Report, 1996/97," Archives & Special Collections, University Library System, University of Pittsburgh.

[27] 參見野口幸生 2007 年 5 月 30 日發給徐鴻的電子郵件；"Report of the Mitsui Collection of the University of Pittsburgh Library System," prepared by Eizaburō Okuizumi, 2006.

[28] 俄亥俄州立大學擁有 2,500 種，芝加哥大學擁有約 2,000 種，加州大學柏克萊分校擁有約 2,000 種，密西根大學擁有約 1,200 種。參見村橋勝子，《社史の研究》（東京：ダイヤモンド社，2002），頁 353–354。

[29] "Report of the Mitsui Collection of the University of Pittsburgh Library System," prepared by Eizaburō Okuizumi, 2006.

[30] "Consultant's Report on the Development of the Korean Collection at the East Asian Library, University of Pittsburg," prepared by Choong Nam Yoon, Head Librarian of the Korean Collection, Harvard-Yenching Library, 1996.

[31] 劉新民 2007 年 6 月發給徐鴻的電子郵件中提供了這些資訊。

[32] 這一服務之前被稱為中國學術期刊資料門戶中心和中韓學術期刊資料門戶中心。

[33] 它此前被稱為門戶服務中心。

[34] Rush Miller, Hong Xu, and Xiuying Zou, "Global Document Delivery, User Studies, and Service Evaluation: The Gateway Experience," *The Journal of Academic Librarianship* 34 (July 2008): 314–321.

[35] 根據亞洲研究中心的年度統計報告，在 2004–2005 財政年度，共有 60 位東亞研究教師為 542 名學生提供了 49 門東亞語言課程，同時為 3,936 名學生提供了 189 門東亞研究課程。

[36] 作者衷心感謝 Fern Brody、長橋広行、Ann Jannetta、小林幸惠（Sachie Kobayashi）、郭成棠、李華偉、林嘉琳、劉新民、陸金福、Rush Miller、野口幸生、申東姬（Donghee Sinn）、王伊同、任長正、張海惠、周欣平和鄧秀英在本章寫作過程中提供的支持和幫助。

參考文獻

王伊同。「先師洪煨蓮先生傳略」。《王伊同論文集》上冊，頁 391–398。臺北：藝文印書館，1988。

王伊同。「Harvard Sinologist Nurtured Asian Studies at Pitt」。《王伊同論文集》下冊，頁 737–742。臺北：藝文印書館，1988。

村橋勝子。《社史の研究》。東京：ダイヤモンド社，2002。

Kuo, T. C. 1966. "EAL at Pitt Annual Report, 1965/66." Archives & Special Collections, University Library System, University of Pittsburgh.

Miller, Rush, Hong Xu, and Xiuying Zou, "Global Document Delivery, User Studies, and Service Evaluation: The Gateway Experience." *The Journal of Academic Librarianship* 34 (July 2008): 314–321.

Tsien, Tsuen-Hsuin. "Current Status of Chinese Collections in American Libraries: A Note on the Final Version." *Committee on East Asian Libraries Newsletter* 50 (July 1976): 45–57.

Tsien, Tsuen-Hsuin. "Survey of East Asian Libraries." *Committee on East Asian Libraries Newsletter* (1976).

《魔鏡》（1880）的封面和題名頁。照片由俄亥俄州立大學圖書館提供。

21 / 堅守和倡導傳統價值：
俄亥俄州立大學的東亞館藏

董美然（Maureen H. Donovan）

俄亥俄州立大學圖書館前任日本研究館員及教授。董美然出生於波士頓，在哥倫比亞大學獲得東亞語言文化及圖書館學的雙碩士學位。從 1991 年到 1994 年，她擔任了北美東亞圖書館協會會長。董美然擔任教學工作，也著書立說，還撰寫部落格，並且開發了許多線上資源，內容涉及書目文獻、虛擬資源、漫畫和資訊社會等多方面。

如今在「全球資訊化社會」中，人們通過網際網路可以隨時隨地獲取東亞文字的研究資料。然而，此類資料曾相當匱乏並難以獲取。回顧這段歷史，我們不難發現先輩們所堅守的理念和價值，這種理念在今天仍具有重大意義。俄亥俄州立大學東亞館藏發展的歷史就很好地體現了這一點。儘管該大學的東亞館藏在 1960、1970 年代後才得到顯著穩定的發展，但其淵源可以追溯到俄亥俄州立大學建校之初。

魔鏡：不僅僅是異國情調？

當俄亥俄州立大學的學生們決定將一個日語詞彙「魔鏡」（makiō）作為他們年刊的刊名時，俄亥俄州立大學圖書館可能還沒有任何一本以東亞文字寫成的著作。[1]《魔鏡》於 1880 年創刊，以後每年發行，記錄了俄亥俄州立大學的學生生活。[2] 據說，刊名源自 Edward S. Morse 於 1878–1879 年在俄亥俄州立大學訪問時與學生們的談話。當時俄亥俄州立大學的教授 Thomas Corwin Mendenhall 正以外籍教師的身份，在日本東京帝國大學擔任物理學講座教授。Mendenhall 的學生用日本的魔鏡進行了光學實驗。Morse 與俄亥俄州立大學的學生們談到了這一話題。

魔鏡是一種金屬鏡片，它具有光滑的反射面，可以作為普通鏡片使用，但是當陽光和其他明亮的光線在它的表面產生折射時，魔鏡內部就會產生耀眼的光線投射到牆壁上。作為一種古代的技術，魔鏡可以追溯到中國的漢代。魔鏡反射的圖像常常被用以作為佛教弟子冥想的參照點。在日本禁止基督教期間，秘密的基督教圖像也曾被隱藏在魔鏡中。

2006 年 12 月，在一次名為「製造日本近代光學設備的 DNA 和確立日本在現代高科技中的位置」（Manufacturing DNA for Optical Instruments in Pre-Modern Japan and an Establishment of Japanese Identity in Modern High Technology）的研討會上，京都大學博物館展示了魔鏡。[3] 與會者們探討了現代日本高科技產業早期發展的雛形和源流。此時，魔鏡便成了人們話題的焦點，這是因為用於製造魔鏡的技術是後來被譽為「魔鏡局部解剖法」（makyoh topography）這一高科技的基礎，這種技術目前被用於檢測矽半導體設備的微小缺陷。[4]

基於同樣的寓意，儘管從表面上看，俄亥俄立大學學生年刊選擇「魔鏡」作為刊名，只不過是一群學生給母校添加的一層薄薄的異國情調，但它也可以被看作是大學的一種「DNA」，因為它確立了一種全球視野，以確保俄亥俄州立大學在科學技術和其他學科領域的研究處於一種能涵蓋藝術、人文、外國文化、社會和語言等領域的架構中。儘管現在的學生並不都知道他們年刊刊名的緣起，但是此刊名的沿用具有象徵意義，它反映了俄亥俄州和東亞國家之間的密切連繫。

早期的課程和研究

Olive Branch Jones 從 1887 年到 1927 年擔任了俄亥俄州立大學圖書館第一任館長。她督導了兩個重大的圖書館建設專案以及隨後的館藏搬遷，但是她真正的興趣卻在文獻學的教學上。她退休後仍擁有文獻學副教授的職稱，並繼續從事這方面的研究。[5] Jones 率先將圖書館館員的角色擴展到教學和學術研究方面，她的這種思想超前了她所處的時代數十年。她曾在農學院和文理學院開設文獻學課程，此舉後來在俄亥俄州立大學形成了傳統──圖書館館員擁有與教授相同的地位和職稱，並從事教學、科研和相關服務。

在 Jones 及其繼任者 Earl N. Manchester 擔任館長期間，某些學科領域的東亞語言資料大幅增加，尤其在陶瓷學、藝術史和歷史方面最為明顯。

地處美國中東部的俄亥俄州的陶瓷和製陶業十分繁榮。俄亥俄州立大學於 1894 年建立了美國第一個陶瓷工程學院。該校藝術系也一直開設陶瓷學課程。為支持這些專案，圖書館收集了東亞語言的資料和工藝品，其中特別重要的是這些領域方面的中、日和韓文圖書、陶瓷藝術品、釉彩筆記、檢驗瓷磚等。這些資料大多由俄亥俄州立大學前陶瓷藝術專業的學生和教師捐贈。為紀念著名的陶瓷藝術家和藝術學教授 Arthur E. Baggs，俄亥俄州立大學建立了一個以他命名的巴格斯紀念圖書館（Baggs Memorial Library），該館目前為藝術系的一個特藏館。[6]

藝術史是早期東亞教學的另一個領域。哈佛大學畢業生 Charles Fabens Kelly 於 1914 年到 1922 年期間擔任俄亥俄州立大學藝術系教授，當時他講授的課程是「中國和日本藝術」。芝加哥藝術學院的 Elinor Pearlstein 曾經總結了 Kelly 在俄亥俄州立大學任教期間所作出的貢獻，指出 Kelly「帶領藝術系邁入了『為了文化而研究藝術』的新方向，並可譽為在哈德遜河西岸講授亞洲藝術課程的第一人」。[7] 1911 年，Kelly 還是美國學院藝術協會的創立者之一。在離開俄亥俄州立大學之後，他擔任了芝加哥藝術學院遠東藝術部的主任。俄亥俄州立大學圖書館藏中有一些重要的中日藝術方面的著作就是在 Kelly 任期前後購買的，可能是用來支持他的開創性研究。

圖書館的歷史文獻收藏也反映了大學早期在東亞教學領域方面所做的努力。從 1925 年到 1930 年代早期，從史丹佛大學畢業的 Paul Hibbert Clyde 在俄亥俄州立大學講授日本史、太平洋地區問題及相關課程。[8] Clyde 當時一定建議過大學購買某些資料。大學圖書館的館藏裡有大量英文資料，涵蓋那個時期的重要問題，包括「滿洲問題」，這與 Clyde 不無關係。Clyde 在俄亥俄州立大學期間曾發表了關於這個問題的一本著作：《滿洲的國際爭霸：1689–1922》（*International Rivalries in Manchuria, 1689–1922*）。[9]

從 1948 年到 1955 年，俄亥俄州立大學在美國海軍研究辦公室（U.S. Office of Naval Research）和洛克菲勒基金會（Rockefeller Foundation）的資助下，開展了一個日本社會關係研究專案，有三名研究人員參加了這個專案：John W. Bennett、石野嚴（Iwao Ishino）以及在 1974–1976 年間擔任日本教育部部長的永井道雄（Michio Nagai）。《日本新聞》（*Japan Times*）前主編河合一雄（Kazuo Kawai）擔任了該專案的顧問。為這一專案購置的圖書後來也歸入了圖書館的日文館藏。在有關日本田野調查工作的回憶錄中，Bennett 提到了跨學科研究的重要性，他寫道：「我們工作人員來自美日兩國，代表了每一個社會科學學科和社會心理學科。我們能夠有效並融洽地合作，原因在於我們把研究的重心放在問題和研究對象上，而不是在建立各自的學科理論方面。」[10]

圖 21-1：1920 年的 Kelly，當時他是俄亥俄州立大學藝術系的教授。照片由俄亥俄州立大學檔案館提供。

東亞研究的發展

中國語言學是俄亥俄州立大學設立的第一個東亞研究學科，它在大學中根深蒂固，經久不衰。1960年代，它成為語言學系研究和教學的一個重點，當時的領軍人物是 Charles Fillmore 和王士元。1970年，東亞語言文學系也宣告成立。此前，1961年，在荊允敬（Eugene Ching）、Fillmore 和王士元三位教授的支持下，大學建立了一個東亞語言文學部，並將「初級漢語」作為開設的第一門課程。1962年，又增加了日語課程，同時還設立了完善的漢語和日語學士學位課程。1967年到1969年間，大學又分別設立了漢語語言文學碩士和博士學位課程。隨後，又在1971年和1988年分別設立了日語語言文學碩士和博士學位課程。2005年，大學還增設了韓語語言文學學士學位課程。[11]

俄亥俄州立大學隨後又任命了一批從事東亞歷史、政治學、藝術史和其他方面研究的學者。1968年，隨著東亞研究的學者越來越多，大學設立了東亞研究中心。經過全國遴選，俄亥俄州立大學任命了來自匹茲堡大學的朱昌崚擔任東亞研究中心首任主任。

在 Lewis C. Branscomb, Jr. 擔任圖書館館長的19年間（1952–1971），東亞館藏得到了系統的發展。圖書館也發生了許多重大事件，包括加入研究型圖書館中心，使圖書館館員享有與教授相同的職稱，組建國際線上圖書館電腦中心（Online Computer Library Center, OCLC）和圖書書目的自動化系統。[12] 在他的任期內，圖書館還建立了包括亞洲研究在內的國際區域研究館藏。

1960年代，隨著俄亥俄州立大學東亞研究的興起，東亞研究館藏變得日益重要。正在圖書館計畫建立東亞館藏之際，1963年，波士頓的古德斯比德書店（Goodspeed's Bookstore）以22,500美元的價格出售梅納德·克雷德文庫（Maynard Creed Collection），該文庫收入了有關中國和中亞的西文書籍和期刊。[13] Maynard Creed 是一位學者、書目學家和圖書收藏家。他生活在麻薩諸塞州的劍橋鎮，當時還編撰了亞洲研究協會（Association for Asian Studies）的第一本名錄。[14] Creed 希望編撰一本最新版的高迪愛（Henri Cordier）《中國百科全書》（*Bibliotheca Sinica*），因而他四處奔波收集善本和稀見資料，這些資料日後成了克雷德文庫中國藏書的主要部分。[15] 王士元向俄亥俄州立大學的莫尚國家安全教育委員會（Ohio State's Mershon Committee for Education in National Security）申請到了購置克雷德文庫的經費，促使圖書館購買了文庫中的3,300種圖書和期刊。[16] 克雷德文庫的收購是俄亥俄州立大學系統發展東亞研究館藏的第一步。

1960年代，圖書館的書庫不對大學生開放，只對教授和研究生實行開架借閱。來自克雷德文庫的圖書依照索書號被存放在圖書館總館書庫裡的各個書架上。由於善本室空間有限，克雷德文庫沒有被收入善本書庫。這種存放的方式能夠讓日益增多的東亞研究教授們方便地使用這些資料。克雷德文庫中的善本書包括16–18世紀的出版物、19–20世紀的小冊子和非正式出版物。從1970年代開始，圖書館的書庫開始對大學生開放。這些善本資料仍然在普通書庫裡存放了多年。後來，它們中的珍品才被移至善本庫存放。[17] 近50年後的今天，克雷德文庫中的許多善本已經被重印或數位化。現在，每年都有大量關於東亞研究的西文圖書出版，這種出版速度在當時是難以預料的。該文庫中的許多資料從昔日可以借閱流通的書籍變成今天只能在善本庫閱讀的珍藏，反映了俄亥俄州立大學東亞研究館藏的變化和發展。

嚴文郁：俄亥俄州立大學第一任東亞圖書館館長

面對加強收藏東亞研究文獻的呼聲，1963 年，Branscomb 博士委派一名圖書館行政官員 Rolland E. Stevens 到許多已經建立了國際區域研究圖書館的大學進行訪問。Stevens 回來後為組建一個獨立的東亞圖書館提供了一份藍圖。由於經費緊張，他的建議並沒有得到完全實施。圖書館將重心放在了招募具有適當語言能力的人員上。1963 年，圖書館聘請王治誠來擔任東亞文獻編目員，同時還聘請了京極由里（Yurii Kyōgoku）擔任兼職編目員。次年，嚴文郁受聘擔任俄亥俄州立大學東亞圖書館第一任館長，一直到 1971 年退休。儘管他在俄亥俄州立大學只工作了大約 7 年，但在這短短的時間裡，他發揮了重大的影響力。

圖 21-2：1964 年的嚴文郁，當時他是俄亥俄州立大學東亞圖書館館長。照片由俄亥俄州立大學檔案館提供。

嚴文郁，1904 年生於湖北漢川，畢業於武昌文華圖書館學專科學校，是中國圖書館學界的開拓者之一。從文華圖書館學專科學校畢業後，嚴文郁先在袁同禮領導的北京大學圖書館工作了一段時間，後於 1926 年隨袁同禮來到國立北平圖書館。[18] 從 1930 年到 1932 年，嚴文郁參加了北平圖書館與哥倫比亞大學的人員交換專案，赴哥倫比亞大學圖書館中文部工作，並於 1932 年獲得了該校圖書館學院的圖書館學碩士學位，還完成了關於《四庫全書》的碩士論文。[19] 隨後，他到德國進行了為期一年的館員交換專案，然後返回國立北平圖書館。[20] 此後，他在中國擔任了不同的職位，後於 1949 年再次來到紐約，出任聯合國圖書館編目部的主任。1964 年，他從紐約來到俄亥俄州立大學擔任東亞圖書館館長。1971 年，嚴文郁從俄亥俄州立大學退休後到了臺灣，講授圖書館學，並撰寫圖書館學和中國研究方面的文章和著作。1985 年他再次卸任（教學）工作，但仍繼續從事相關研究。1986 年，嚴文郁獲得了美國華人圖書館館員協會（Chinese

American Library Association's Distinguished Service Award）頒發的傑出貢獻獎，[21] 其著述包括他的圖書館學論文集、[22]《中國圖書館發展史：自清末至抗戰勝利》、[23]《美國圖書館名人略傳》等。[24] 嚴文郁於 2005 年 9 月 25 日逝世，享年 101 歲。[25]

嚴文郁為俄亥俄州立大學東亞圖書館設計了一個中文圖書的系統收藏方案。在經費緊張的情況下，他收集了大量有關漢學研究的文集和名著，顯示了他高超的管理水準。在他任期即將結束時，他還購得了許多清代和日本德川時期出版的重要著作，這些資料現已成為善本。[26] 1967 年，他舉辦了一個名為「中國圖書的故事」（Story of the Chinese Book）的展覽，展出的特色圖書就來自由他新建的館藏。[27] 有資料顯示，同年他也開始收藏日文圖書。

1971 年 7 月 8 日，嚴文郁在他提交的最後一份年度報告中，總結了他看到的一個時代的終結，他寫道：「1960 年代，圖書收藏重點在傳統的中日文資料，以建立基礎館藏。隨著時間的流逝，此類資料將難以獲得。雖然圖書館還會繼續增加此類資料……但收藏的重心必定會轉向現當代文獻。」[28]

中文館藏

1971 年，Branscomb 和嚴文郁退休後，東亞館藏便處於一個轉捩點。Hugh C. Atkinson 接任大學圖書館館長，並在圖書館總館的三樓開闢了東亞研究和其他國際區域研究閱覽室。1971 年 11 月，胡應元被任命為東亞圖書館館長。在來俄亥俄州立大學之前，他在聖路易斯的華盛頓大學擔任相同職位。胡應元繼續推行嚴文郁設計的館藏發展方案。

在任期間他購得了《四庫全書珍本》和較完整的地方史資料，也創建了一個中國戲劇館藏。此後，這一領域就一直是圖書館收藏的重點之一。胡應元在俄亥俄州立大學任期內還編纂了《中國史學辭彙》一書。[29] 1986 年他退休後仍繼續編纂此書，直到 1992 年出版。

胡應元退休後，英國劍橋大學李約瑟研究所和東亞科學史圖書館館長李卡門（Carmen Lee）於 1987 年來到俄亥俄州立大學擔任中韓研究圖書館員。李卡門將重點放在填補館藏的空白，包括重要工具書、期刊的過刊和增刊，以及其他基本文獻建設上，她也收集了當代中國小說以及現當代中國藝術資料。1992 年，李卡門離開了俄亥俄州立大學，接替她的是薛陳慕勤。薛陳慕勤花費了大量精力與臺灣的大學和研究機構建立關係，以獲得中文圖書和期刊的捐贈。1996 年，李國慶被任命為中韓研究圖書館員。為滿足東亞語言文學系的教學和研究需要，李國慶建立了一個大型中國電影文庫，收集了 1930 年代以來中國發行的電影。[30] 此外，他還繼續收集現代中國文學、古典和現代中國戲劇、中國藝術，以及中國語言和語言學方面的文獻。他也開始收集中國印刷出版史方面的資料和中國少數民族文化（特別是彝族文化）的資料，以及電子資源。2005 年，隨著韓國研究專案的建立，韓文文獻的系統收集也步入了正軌。

日文館藏

作為東亞圖書館館長，胡應元最早也採購日文和韓文資料。由於韓文資料都是根據師生們的要求收藏的，胡應元可以聘請學生助理幫助訂購圖書。

然而，就日文資料來說，隨著教師和研究者人數的增多，他需要用其他途徑來發展館藏。

1972 年，東亞語言文學系聘請 James R. Morita 來講授日本文學。此前，Morita 在芝加哥大學創建了日本文學文庫，並擔任日文圖書館館員。雖然 Morita 忙於教學和研究，但是他也對圖書館提出了許多建議，請求圖書館購買基本參考書、叢書、文集和其他資料，以支援日本語言文學的研究和教學。1980 年，福田なをみ（Naomi Fukuda）到訪俄亥俄州立大學，對日文館藏進行了一次調查。當時日文藏書量已經增加到 10,971 冊。福田なをみ特別提到了 Morita 的貢獻，她寫道，「語言文學部分，特別是現代日本文學的文獻比較豐富，已成為館藏的一大特色。」[31] 圖書館至今仍然重視日本語言文化方面的藏書建設。

福田なをみ在她的報告中也提到了俄亥俄州立大學的日文館藏的管理情況，她指出：「對這個相對較小的館藏來說……沒有編目的資料占了很大比例。」[32] 為了解決尚未編目的日文圖書問題，1978 年，董美然受聘為半職日文編目員來校工作，享有講師待遇。

Morita 還在東亞語言文學系設立了一門研究生必修課──日語文獻學和研究方法，這門課程目前由 Richard Torrance 講授。漢語文獻學和研究方法多年來一直由勞延煊講授。1998 年他退休後，東亞語言文學系的另一名教授接替他講授這門課程。這些課程向研究生介紹圖書館的資源，作用重大。

1977 年，William J. Studer 被任命為大學圖書館館長。此前，他在印第安納大學工作。Studer 在任期內最大的特色就是不斷進行變革、創新和發展，特別是在線上書目、讀者教育、館際合作（包括建立俄亥俄州圖書館聯合目錄 OhioLINK）、增加館藏，創辦檔案和特色文庫等方面多有建樹。

Studer 上任初期恰逢日本本田汽車公司在美國的分公司和其他一些日本公司來俄亥俄州中部開辦工廠。州政府對此作出的反應就是在俄亥俄州立大學設立日本研究所，並提供了為期多年的經費。日本研究所的首任所長是政治學教授 Bradley M. Richardson，他是日文館藏的堅定支持者，並將自己在日本收集到的許多研究資料捐贈給了圖書館，其中特別重要的有選舉資料和民意調查報告。日本研究所還利用州政府的撥款和外來贈款，為發展日文館藏提供了強大的財力支援。1979 年，本田公司創始人本田宗一郎（Honda Sōichirō）獲得俄亥俄州立大學的榮譽學位，並向日本研究所捐贈了一筆資金。此外，日本研究所還創建了一個平臺，用來促進從事日本研究的教授和圖書館館員之間在館藏和資訊共享方面的交流。2001 年成立的中國研究所和 2005 年啟動的韓國研究專案為中國和韓國研究提供了相類似的平臺。

1981 年 2 月，董美然被任命為全職館員，負責圖書編目和館藏建設工作。Studer 邀請他以前的一位同事松田靜枝（Shizue Matsuda）來擔任顧問。松田靜枝時任印第安納大學東亞研究圖書館館員。雙方於 1982 年簽訂了俄亥俄州立大學與印第安納大學「日文館藏資源共享和合作採購」協議。松田靜枝倡導東亞圖書館之間的合作，在圖書資料成本高漲時，此舉可擴大日文資料的收藏，特別是日文期刊的收藏。[33] 松田靜枝對 Studer 提出的最重要的建議是建立一個獨立的東亞書庫。為此，教授們已經呼籲了 20 年。Rolland E. Stevens 在

1963 年的報告中也提出了類似的建議。1976 年，由歷史學教授 James R. Bartholomew 擔任主席的東亞研究圖書館委員會向 Studer 提交了一份報告，詳細介紹了全美各大學東亞藏書的存放方式。在各方一致支持的情況下，Studer 決定建立東亞書庫，將東亞文字的館藏合併一處。儘管這一計畫的實施存在難度，如清理書庫，收集東亞圖書，並將它們統一歸放在圖書館總館大樓第九層的指定位置等，然而，1982 年春，這一計畫還是提前完成了。

　　1979 年，日本國際交流基金會（Japan Foundation）資助圖書館購置了日本研究的基本工具書。該基金會後來又給予俄亥俄州立大學日文館藏其他六項資助，用於擴展日本風景建築、哲學、心理學和漫畫方面的收藏。這些由校外資助的專項購書計畫對俄亥俄州立大學的日文館藏產生了重要影響，使其獨具特色，不同於美國的其他日文館藏。儘管俄亥俄州立大學的日文館藏相對歷史較短，但它通過國際線上圖書館電腦中心的書目資料庫，為全美的日本研究資源提供了補充。當時人們認為，新建立的東亞館藏必須努力填補館藏的空白，常常必須重複收藏其他館已有的核心藏書資源，而不可能為資源共享增加新的或獨特的資源。俄亥俄州立大學許多教授那時都在做很專門的研究，傳統的圖書館不見得藏有他們所需要的資料，如現代日本詩歌、明治時期科學家的傳記、民意調查和水稻種植方法等。因此，明智的做法就是收集他們需要的資料，而不是重複購買其他圖書館已有的資料。從 1980 年代中期開始，日文館藏開始實施兩個方面的發展策略：一、建立可靠的工具書館藏，以及日本語言、語言學和文學方面的基礎館藏（大學在這些領域裡招收了大批研究生）；二、根據俄亥俄州立大學教授和研究生的興趣和研究優勢，大力發展特色館藏。

　　與此同時，俄亥俄州立大學東亞研究中心也開始發展壯大。在人類學教授陳中民的領導下，1981 年，東亞研究中心首次成為依照《高等教育法》（Higher Education Act）第 6 條款，由美國教育部資助的「全國東亞研究資源中心」之一。在隨後的幾次評估中，該中心的這一地位不變。這一個專案為圖書館的館藏提供了資助。

　　Gustavus Basch 是俄亥俄州立大學 1926 年的畢業校友，同時也是佛羅里達州邁阿密市的一位成功企業家。Basch 是一個低調謙遜的人，他去世時沒有子嗣，而將自己的大部分財產留給了邁阿密的一些慈善機構。[34] 他還在遺囑中將 1 百萬美元捐贈給了俄亥俄州立大學，並指定將這筆贈款用於「建立和發展一個收藏日文和俄文圖書文獻的圖書館，支援語言和文化研究」。Basch 將他在邁阿密市黃金地段的比斯坎尼大道上的房產賣掉，利用這筆錢建立了巴修基金會。然而，基金會財產的增值還在於 Basch 本人聰明的管理和節儉的生活方式。《邁阿密先驅報》（Miami Herald）刊登過一篇關於 Basch 的文章，提到他常常以公共交通工具代步以節省開支。[35] 俄亥俄州立大學建立了古斯塔夫斯．巴修和西德尼．巴修紀念基金（Gustavus and Sidney L. Basch Memorial Fund），使得他母校的日文館藏以前所未有的速度快速發展。

支持新的學術研究

　　東亞圖書館早在 1960、1970 年代就已經確立了主要的收藏領域，但是隨著館藏的發展與完善，建立特色文獻的時機也悄然到來。與此同時，隨著新科技手段的運用，讀者獲取研究資訊的能力得以提高，新的學術研究也得到了支持。

1982 年，圖書館購置了一批關於沖繩的研究資料。這批資料由俄亥俄州立大學校友 Leon K. Walters 在 1964 年到 1972 年擔任美國聯邦政府駐沖繩的文職人員時收集。Walters 熱衷圖書收藏，在 8 年的駐外工作中，他查尋到許多善本和稀見資料。1997 年，他將自己收藏的有關沖繩的英文資料捐贈給了俄亥俄州立大學。另外，曾擔任過俄亥俄州立大學圖書編目員的京極由里也將她父親京極逸藏（Kyōgoku Itsuzō）收藏的文學和佛學著作共 523 冊捐贈給大學圖書館，其中大部分是 1920 年到 1940 年的出版物。這批資料不少是二戰期間位於猶他州的「托帕茲戰爭撤遷中心」（Topaz War Relocation Center）公共圖書館的藏書。[36] 圖書館同時也收到了東洋川上（Toyo Suyemoto Kawakami）捐贈的文集，東洋川上曾是俄亥俄州立大學圖書館的職員。二戰期間，她被拘禁在日裔美國人的隔離營。東洋川上被譽為日裔美國人的「桂冠詩人」。[37]

1984 年，俄亥俄州立大學從東京神田神保町的一家名叫長門屋的舊書店購買了約 900 種圖書，開始了日本公司史（社史）的收藏。收集日本公司史資料的想法最初由 Bradley M. Richardson 教授提出，當時他擔任日本研究所所長。自 1980 年代末開始，圖書館就與一些日本公司連繫捐贈公司歷史資料事宜。日本公司對此反應積極。圖書館還於 2007 年啟動了一個日本公司史的維基（Wiki）專案，該專案利用維基的標示語言，通過創建網際網路網頁，使人們更方便獲取日本公司史料。[38] 俄亥俄州立大學的此類服務可以追溯到 1990 年代，當時大學為研究者提供了東亞圖書館合作全球資訊網、電影俱樂部和日本電影目錄、日本期刊和報紙聯合目錄方面的服務。[39]

1977 年，俄亥俄州立大學在漫畫家和校友 Milton Caniff 所贈資料的基礎上，創建了漫畫研究圖書館。此後，它逐漸發展成為美國規模最大、收藏最全的漫畫圖書館。1997 年，東亞館藏開始收藏日本經典漫畫，以及與日本漫畫和連環畫有關的歷史資料，逐步建立起了一個系統全面的收藏，內容涵蓋日本古代、現代和當代的漫畫以及相關的第二手資料。

本章重點敘述了 1990 年代之前俄亥俄州立大學的東亞館藏史，所闡述的價值觀至今仍具有重要意義。在 19 世紀，俄亥俄州立大學的學生接觸了異國之物，為他們的年刊找到了刊名。在邁出這勇敢的一步後，他們與東亞文化建立了長久的連繫。隨後好多代的俄亥俄州立大學的學生們也努力維繫了這種關係。Olive Branch Jones、勞延煊、James R. Morita 都為大學留下了重要的遺產，他們從事文獻學和研究方法的教學。直到今天，東亞研究文獻學和研究方法的課程仍在繼續。不過，學生們可以獲取過去所不可想像的資訊資源。

正如本章開篇所提及，俄亥俄州立大學東亞館藏所基於的價值觀，反映了這所大學的根本理念。俄亥俄州的特徵也體現在這些館藏之中：作為一個具有強大工業傳統的州，我們可以在館藏中發現陶藝圖書和公司史資料；作為一個曾經向東亞地區派出過眾多傳教士的地方，這裡的人們對東亞語言、文化和歷史有著深厚的興趣；作為一所培養出著名漫畫家的大學，這裡的圖書館裡有一個日本漫畫文庫，可以激發下一代人的靈感；作為二戰期間遭受拘禁的日裔美國人在戰後遷徙的地方，我們也可以發現記述他們經歷的令人驚嘆的和精美的文獻；作為國際線上圖書館電腦中心和俄亥俄州圖書館聯合目錄的誕生地，新的資訊技術正在這裡被廣泛運用。這些傳統和特徵在新世紀裡將繼續塑造俄亥俄州立大學的東亞館藏與服務。

註釋

1. Robert William Atkinson 在東京大學講授化學，William E. Ayrton 和 John Perry 在該校講授物理。他們是早期魔鏡研究的主要參與者。隨後日本學者又做了許多研究。在 Mendenhall 與他的學生在東京大學做魔鏡實驗的時候，Morse 返回了美國，並在俄亥俄州立大學做了學術講座。正是從他那裡，學生們瞭解到了魔鏡這個詞。據說，他代表學生訪問了「波士頓藝術博物館的一位日本職員，向他詢問了『魔鏡』對應的日語單詞，得到了『Ma-kio』或『Ma-kyō』這一詞彙，這便是後來更清楚的拼寫方法。他也向 Morse 教授展示了這一日語單詞以及相應的漢字拼寫。」J. C. Galbraith, "The History of the Makio," in Steve Nash, ed., *The Makio 100 Centennial* (Columbus: Ohio State University, 1982), 23. 也可參見 Teijiro Muramatsu, "Chemistry: Catalyzing Indigenous Industy," *Age of Tomorrow* 126 (March 1993): 11.

2. 參見網站 http://www.ohiounion.com/makio。該刊在 1881 年、1893 年和 1979 年沒有出版。1995 年到 2000 年臨時停刊，2001 年重新發行。

3. 展覽會名為「從東亞到世界：魔鏡」，2006 年 12 月 6 日到 8 日，在京都大學綜合博物館舉辦。會議的日文名稱是「第 8 回江戶のモノづくり國際シンポジウム：近世科學技術の DNA と現代ハイテクにおける我が國科学技術アイデンティティの確立」，2006 年 12 月 6 日到 8 日在京都大學舉辦，從當時貼出的海報上可以看到會議的英文譯名："From East Asia to the World: Magic Mirrors"。

4. 釘宮公一，「温故知新の鏡面評価技術」，《表面科学》16 卷 1 号（1995）：82–85。也可參見 Ferenc Riesz, "Makyoh Topography: A Simple Yet Powerful Optical Method for Flatness and Defect Characterization of Mirror-like Surfaces," *Optical Micro- and Nanometrology in Manufacturing Technology* 5458 (August 2004): 86–100.

5. George Schoyer, *History of the Ohio State University Libraries, 1870–1970* (Columbus: Office of Educational Service, Ohio State University Libraries, 1970), 3–4. 也可參見 Raimund Goerler, May 12, 2005, "Olive B. Jones and You," Research, Publications, and Presentations (Ohio State University Libraries) (Z733.O38 S3 1970), Ohio State University Libraries.

6. Margaret Carney, *Not Just Another Library: The Arthur E. Baggs Memorial Library Collection at the Ohio State University* (Columbus: Ohio State University College of the Arts, 1999).

7. Elinor Pearlstein, "The Chinese Collections at the Art Institute of Chicago: Foundations of Scholarly Taste," *Orientations* 24, no. 6 (June 1993): 40.

8. Edward C. Carter, *China and Japan in Our University Curricula, with a Special Section on the University of Hawaii* (Chicago: University of Chicago Press, 1930), 140.

9. Paul H. Clyde, *International Rivalries in Manchuria, 1689–1922* (Columbus: Ohio State University Press, 1926); Paul H. Clyde, *International Rivalries in Manchuria, 1689–1922*, 2nd ed. (Columbus: Ohio State University Press, 1928).

10. John W. Bennett, "Doing Photography and Social Re-

search in the Allied Occupation of Japan, 1948–1951: A Personal and Professional Memoir," http://library.osu.edu/sites/rarebooks/japan 這一網站 2004 年獲得了東亞人類學學會大衛・普拉斯獎（David Plath Media Award）。

[11] Ohio State University Department of East Asian Languages and Literatures, "History," https://deall.osu.edu/about-us#history

[12] George Schoyer, *History of the Ohio State University Libraries, 1870–1970*, 16–23. 也可參見 "History of OCLC," http://www.oclc.org/about/history/defualt.htm

[13] "Ohio State University Acquires Big Chinese Collection," *The Columbus Dispatch*, October 3, 1963.

[14] "Membership of the Far Eastern Association, February 10, 1949," *The Far Eastern Quarterly* 8 (February 1949): 243.

[15] 1980 年代，我隨父親 Alfred M. Donovan 來到波士頓時，聽古德斯比德書店的 Silverstein 先生說過此事，我父親是書店的老主顧。當 Silverstein 聽說我是俄亥俄州立大學的圖書館館員時，他問我是否聽說過梅納德・克雷德文庫的事。當我表示沒聽過的時候，他從自己文件中給我整理出了一份 69 頁的詳細書目清單，儘管這些圖書是在 20 年前售出的。他也提到 Achilles Fang 曾對文庫進行過評估。在俄亥俄州立大學圖書館現已無法查閱到有關購置這一文庫的原始文件，因而 Silverstein 先生提供的這份清單使我們對這一特藏文庫有了新的認識。

[16] 莫尚國家安全教育委員會是今天的莫尚國際安全研究中心，它是利用 Ralph D. Mershon 捐贈的遺產建立的。參見 "Mission and History," https://mershoncenter.osu.edu/about-mciss/mission-and-history.html

[17] 目前存於善本庫中的克雷德文庫資料包括 Juan Gonzales de Mendoza, *Dell'historia della China* (1590)、Nicolas Trigault, trans., *Histoire de l'expedition chrestienne en la Chine* (1618)，以及 Athanasius Kircher, *China monumentis* (1667)。

[18] Sally Tseng, "Mr. Wenyu Yen: The 1986 CALA Distinguished Service Award Recipient," in Zhijia Shen, Liana Hong Zhou, and Karen T. Wei, eds., *Bridging Culture: Chinese American Librarians and Their Organization—A Glance at the Thirty Years of CALA, 1973–2003* (Guangxi: Guangxi Normal University Press, 2004), 274–276.

[19] Wen-Yu Yen, "Ssu k'u ch'uan shu, 'The Four Treasures Library' and Its Influence upon Chinese Culture: An Historical and Critical Study," Master's thesis, Columbia University, 1932.

[20] Sally Tseng, "Mr. Wenyu Yen: The 1986 CALA Distinguished Service Award Recipient," 274–276.

[21] Sally Tseng, "Mr. Wenyu Yen: The 1986 CALA Distinguished Service Award Recipient," 274–276. 也可參見 http://www.cala-web.org

[22] 嚴文郁，《嚴文郁先生圖書館學論文集》（臺北：輔仁大學圖書館學系，1983）。

[23] 嚴文郁，《中國圖書館發展史：自清末至抗戰勝利》（臺北：中國圖書館學會，1983）。

[24] 嚴文郁，《美國圖書館名人略傳》（臺北：文史哲出版社，1998）。

[25] 《中華民國圖書館學會電子報》，2005 年 10 月 12 日，22 期，http://www.lac.org.tw/LacBulletin/bulletinShow.aspx?NewId=371&type=1

[26] 李國慶，《美國俄亥俄州立大學圖書館中文古籍書錄》（桂林：廣西師範大學出版社，2003）。

[27] Wen-yu Yen, "Annual Report, 1966–67," Maureen Donovan Papers, The Ohio State University Archives. 報告講述了展覽會的五個主題：（1）漢字字體的演變和書寫方式的發展；（2）書寫材料；（3）不同裝訂方式的圖書；（4）書寫工具：毛筆、墨、硯臺、

宣紙；（5）中國印章：雕版印刷的前身。

[28] Wen-yu Yen, July 8, 1971, "Annual Report, 1970–71," Maureen Donovan Papers, The Ohio State University Archives.

[29] 胡應元，《中國史學辭彙》（臺北：華香園出版社，1992）。

[30] Department of East Asian Languages and Literatures, Ohio State University, "Chinese Literature, Performance and Media Studies," https://deall.osu.edu/programs/graduate/chinese-literature-performance-and-media-studies

[31] Naomi Fukuda, *Survey of Japanese Collections in the United States, 1979–1980* (Ann Arbor: Center for Japanese Studies, University of Michigan, 1980), 112.

[32] Naomi Fukuda, *Survey of Japanese Collections in the United States, 1979–1980*, 112.

[33] Indiana University Libraries and Japan-United States Friendship Commission, *Current Japanese Serials in the Humanities and Social Sciences Received in American Libraries* (Bloomington: Indiana University Libraries, 1980).

[34] Geoffrey Tomb, "Who's Who at Zoo? Mysterious Donor Leaves $2 Million," *Miami Herald*, November 14, 1990, 1A.

[35] Geoffrey Tomb, "Who's Who at Zoo? Mysterious Donor Leaves $2 Million," 1A.

[36] Board of Trustees, Ohio State University, August 29, 2001, "The Ohio State University Official Proceedings of the one Thousand Three Hundred and Seventy-Fifth Meeting of the Board of Trustees," 52, https://kb.osu.edu/bitstream/handle/1811/50106/ARV-BOT-Min-20010829.pdf?sequence=1&isAllowed=y

[37] Maureen H. Donovan and Shelley Bloom, 2006, "The Toyo Suyemoto Papers: A Guide SPEC, CMS. 161," https://library.osu.edu/finding-aids/rarebooks/suyemoto161.php 也可參見 Toyo Suyemoto, I Call to Remembrance : Toyo Suyemoto's Years of Internment (New Brunswick: Rutgers University Press, 2007). 該出版物中收入了這一文庫的圖畫和資料。

[38] "Japanese Company Histories (Shashi) Wiki," https://library.osu.edu/wiki/index.php?title=ShashiDB

[39] "East Asian Libraries Cooperative," https://web.archive.org/web/20020124072157/http://pears.lib.ohio-state.edu; "Kinema Club and Kinejapan Mailing List," https://web.archive.org/web/20140702034728/http://pears.lib.ohio-state.edu/Markus/Welcome.html; "Union list of Japanese Serial and Newspapers, rev. ed., September 30, 2000," https://web.archive.org/web/20060901082049/http://pears.lib.ohio-state.edu/uljsn; "Portal to Asian Internet Resources," http://digicoll.library.wisc.edu/PAIR 這些專案得到俄亥俄州立大學圖書館的支持和美國教育部第二條款 A 項（1994–1996）項目的資助。同時為這些專案提供資助的還有日美友好協會（1994–2000）、Sun 微系統公司（1995）、美國大學協會（Association of American Universities, AAU）／研究型圖書館協會的全球資源專案（1997–1998, 2000）、本田美國研發公司（1998–1999）以及美國教育部第六條款項目的贈款（2000–2006）。

參考文獻

李國慶。《美國俄亥俄州立大學圖書館中文古籍書錄》。桂林：廣西師範大學出版社，2003。

李國慶。「網路環境下的華文書目資源共享：俄亥俄州立大學圖書館中文書藏與 OhioLINK」。《華文書目資料庫合作發展研討會論文集》。國家圖書館漢學研究中心編，頁 89–96。臺北：國家圖書館，2000。

胡應元。《中國史學辭彙》。臺北：華香園出版社，1992。

嚴文郁。《中國圖書館發展史：自清末至抗戰勝利》。臺北：中國圖書館學會，1983。

嚴文郁。《美國圖書館名人略傳》。臺北：文史哲出版社，1998。

嚴文郁。《嚴文郁先生圖書館學論文集》。臺北：輔仁大學圖書館學系，1983。

Donovan, Maureen H.「大学図書館におけるマンガ・コレクションの課題と視点」。《マンガ研究》6（2004年12月）：156–165。

Donovan, Maureen H. and Lucy Shelton Caswell. 小野耕世譯。「アーカイヴス紹介（1）オハイオ州立大学カトゥーン・リサーチ・ライブラリー——創立25周年の歩みと展望」。《Intelligence》2（2003年2月）：37–44。

Bennett, John W. "Doing Photography and Social Research in the Allied Occupation of Japan, 1948–1951: A Personal and Professional Memoir." http://library.osu.edu/sites/rarebooks/japan (accessed February 17, 2008).

Carney, Margaret. *Not Just Another Library: The Arthur E. Baggs Memorial Library Collection at the Ohio State University*. Columbus: Ohio State University of the Arts, 1999.

Donovan, Maureen H. "Challenges of Collecting Research Materials on Japanese Popular Culture: A Report on Ohio State's Manga Collection." In *In Praise of Film Studies: Essays in Honor of Mamoru Makino*, edited by Aaron Gerow and Abe Mark Nornes, 225–232. Yokohama: Kinema Club, 2001.

Donovan, Maureen H. "Japanese Company Histories May Offer an Advantage." *Success Stories: Japan* (June 2002): 8–9.

Donovan, Maureen H., and Yuji Tosaka. April 25, 2005. "Report on the Information Needs Assessment of the Japanese Collections at the Ohio State University." https://kb.osu.edu/bitstream/handle/1811/6180/Report%20on%20the%20Information%20Needs%20Assessment%20of%20the%20Japanese%20Collections.pdf?sequence=1&isAllowed=y (accessed February 17, 2008).

Fukuda, Naomi. *Survey of Japanese Collections in the United States, 1979–1980*. Ann Arbor: Center for Japanese Studies, University of Michigan, 1980.

Hu, David Y. "The East Asian Collection in the Ohio State University Library." *Committee on East Asian Libraries Bulletin* 57 (October 1978): 5–8.

Indiana University Libraries, and Japan-United States Friendship Commission. *Current Japanese Serials in the Humanities and Social Sciences Received in American Libraries*. Bloomington: Indiana University Libraries, 1980.

Ohio State University Libraries. *Chinese periodicals and serials in the Ohio State University Libraries*. Columbus: Chinese Collection, Ohio State University Libraries, 1999.

Ohio State University Libraries. *Classified Bibliography of Chinese Literary Works Held in the Ohio State University Libraries*. Columbus: Ohio State University Libraries, 1981.

Raab, Alison A. "Manga in Academic Library Collections: Definitions, Strategies, and Bibliography for Collecting Japanese Comics." Master's thesis, University of North Carolina, 2005. 特別參見第5章 "Manga in the Field: Manga Collection Strategies in Academic Libraries." https://cdr.lib.unc.edu/indexablecontent/uuid:4683a3fc-5e13-4bf1-8761-a5061baafafe?dl=true

Schoyer, George. *History of the Ohio State University Libraries, 1870–1970*. Columbus: Office of Educational Services, Ohio State University Libraries, 1970.

Shen, Zhijia, Liana Hong Zhou, and Karen T. Wei, eds. *Bridging Cultures: Chinese-American Librarians and Their Organization—A Glance at the Thirty Years of CALA, 1973–2003*. Guilin: Guangxi Normal University Press, 2004.

Walters, Leon K. "An American Collector in Okinawa." *Biblio: The Magazine for Collectors of Books, Magazines, and Ephemera* 2, no. 12 (1997): 52–57.

民國時期的婦女期刊文庫。照片由黃麗娜拍攝。

22 / 北卡羅萊納大學教堂山分校的東亞館藏

黃熹珠（Hsi-Chu Bolick）

北卡羅萊納大學教堂山分校東亞圖書館館長。黃熹珠出生於臺灣新竹，在臺灣師範大學獲得社會教育學學士學位，並輔修新聞。她還獲得了印第安納大學應用語言學研究所、圖書館學暨資訊科學研究所的碩士學位。她發表了許多文章，闡釋了非羅馬語言圖書的編目工作，特別是中文資料的編目。

北卡羅萊納大學教堂山分校（下文簡稱北卡羅萊納大學或北卡大學）東亞圖書館藏的發展受惠於與鄰近的杜克大學從 1940 年代建立起來的長期合作關係。兩個大學之間的這種合作實際上在東亞藏書建立以前就已經開始。至今，此校際合作已經從東亞文獻的收藏擴展到其他領域。

館藏建立之前的合作

北卡羅萊納大學圖書館與杜克大學圖書館至今已有 70 多年的合作關係。[1] 這種合作促成了兩校間規模龐大的聯合館藏的建立。到 2009 年年末，兩校的聯合館藏已經有近 8 百萬件文獻。[2] 在美國，僅有少數大學能夠為他們的師生提供如此龐大的圖書資源。

北卡羅萊納大學和杜克大學兩校間的合作可以追溯到 1930 年代美國大蕭條時期。當時兩校校長面對美國南部的財政困境，認識到建立夥伴關係是一個有效可行的途徑，來實現建立頂尖學府的遠景。1933 年，北卡羅萊納大學校長 Frank Porter Graham 與杜克大學校長 William P. Few 組建了一個學術合作聯合委員會，來研討如何以合作的方式來突破當時兩校所面臨的嚴峻經濟困難，將兩校有限的資源用來提升雙方學術研究的品質。

兩年後，他們發布了一份《校際合作專案協議書》。這份重要的歷史性文件宣稱：

> 目前北卡羅萊納大學和杜克大學所承擔的責任和面臨的機遇，唯有通過合作才能妥善應對……杜克大學和北卡羅萊納大學在辦學狀況和共處的地緣方面都具有建立合作關係的理想條件……兩所大學都清楚，推行這項校際合作在客觀環境和技術上會存在困難，但是我們有信心克服這些困難，最終建立一個獨特的大學中心。作為這個中心的一部分，我們可以加強各自大學的學術力量，為南部乃至全美國的生活做出卓越貢獻。[3]

在校際合作的大框架下，兩位校長也強調了圖書館合作的重要性：

> 儘管兩校的圖書館在美國東南部各州中已經是規模最大的（直到今天也是如此），但就所能提供的學習研究資源來說，它們還是遠遠不能達到美國北部和東部那些大型圖書館的水準。由於我們這兩所大學地理位置臨近，實現彼此間圖書館資源的互補，這將是最優途徑。[4]

1935 年達成的這份協議成為兩校後來合作的基石，指導了幾十年的雙邊合作。北卡羅萊納大學和杜克大學的共同目標是通過合作而不是競爭來增強各自的實力。在後來的幾十年裡，北美其他圖書館間的合作也都依據類似的理念，即：對資源有切實的需求，但自身又沒有足夠的經費，因此在使用有限的經費時，必須最大限度地發揮其購買力。

一個國際區域研究的合作模式

北卡羅萊納大學和杜克大學之間合作規劃的制定者們認為，兩校必須重視各自的學術優勢，完善服務，跨越各自本身的局限，使合作專案得到健康的發展。很快，雙方就針對國際區域研究的領域，指定了專職人員負責館藏建設與合作購書專案。

二戰開始時，北卡羅萊納大學與杜克大學就根據兩校合作框架開始收集國際區域研究的圖書文獻。國際區域研究具有跨學科的特點，因此可以根據地理的界限來劃分，建設有深度的館藏。[5] 杜克大學和北卡羅萊納大學所有的國際區域研究合作館藏發展專案都是按地理界線劃分的，同時也依據兩校各自的研究領域和資源優勢而定。[6] 在資源共享的理念下，雙方同意「對於雙方教師提出的館藏和服務要求，一視同仁」。[7] 儘管這個合作協議的目標是減少兩校重複購買率，尤其是昂貴的圖書，然而，雙方仍可重複購置那些使用頻率高的核心文獻，為本校所用。這就給了從事館藏建設的圖書館員們很大的靈活性，「他們可以自由地填補各校所需的館藏資源，建立起兩校共享館藏。」[8]

北卡羅萊納大學和杜克大學間的這種成功的合作模式也歸功於圖書收藏分工之外所匹配的服務，把給讀者帶來的不便減至最低。這些服務包括兩館間的聯合目錄和快速免費的館際互借系統。兩館館員也都為對方學校的師生提供參考諮詢服務。

從 1940 年代起，兩校建立了拉丁美洲研究館藏合作專案。此專案從 1960 年代開始擴展到東亞研究領域。今天兩校的東亞館藏就是基於這種合作而發展起來的。

東亞研究的緣起

當 1957 年蘇聯發射了第一顆人造衛星後，美國政府在 1958 年通過了《國防教育法》（National Defense Education Act），該法案的第六項條款專門資助對國家和地區的研究。在此背景下，北卡羅萊納大學設立了第一個東亞研究的永久性教授職位。地理系在 1958 年聘請了 John Douglas Eyre 來校任教。他成為該校第一位講授東亞課程的教授。Eyre 以他二戰期間在日本的豐富經歷，致力於將亞洲研究融入大學的核心課程中。在他的努力下，該校在 1967 年建立了一個以東亞為中心的國際研究專業。汪一駒於 1962 年受聘擔任北卡羅萊納大學歷史系教授，講授中國 19 世紀和 20 世紀初的經濟史和外交史。汪一駒在 1967 年離開了北卡羅萊納大學，接替他的是清史專家柯思樂（Lawrence Kessler）。柯思樂與 Eyre 一道在北卡大學積極推進東亞研究。1963 年，語言學、斯拉夫語和東方語言系聘請了 Anita Marten 來講授基礎漢語。直到 1979 年，東亞語言課程歸屬語言學、斯拉夫語和東方語言系。1979 年後，東亞語言課程則歸併到了東亞研究中。越戰期間，隨著學生們對亞洲的興趣高漲，1968 年北卡羅萊納大學又聘請了一批東亞研究學者，包括中國政治學教授齊錫生和中國文學教授 Jerome Seaton。次年，政治學系聘請了日本學專家 James White。宗教研究系的 James Sanford 也從 1971 年開始講授中日佛學。隨後陸續加入東亞研究教授團隊的還有研究日本現代史的 Miles Fletcher、研究美國和東亞外交政策的專家 Michael Hunt，以及分別講授日本、中國、東南亞人類學的 Jane Bachnik、馮珠娣（Judith Farquhar）和 Donald Nonini。此時，北卡羅萊納大學教堂山分校擁有的東亞研究課程已涵蓋了人文和社會科學的核心領域。

圖 22-1：北卡羅萊納大學教堂山分校校長 Graham。1933 年，他發起與杜克大學的校際學術合作專案。照片由北卡羅萊納大學圖書館北卡羅萊納文庫提供。

圖 22-2：Eyre 是首位在北卡羅萊納大學教堂山分校開設東亞研究課程的教授。照片由《卡羅萊納校友評論》（Carolina Alumni Review）的 Dan Sears 拍攝。

東亞館藏的緣起

隨著北卡羅萊納大學聘請東亞研究方面的教授，該校圖書館從 1964 年開始有系統地收集中文資料。在隨後的幾年裡，杜克大學也開始收藏東亞文獻，並在 1968 年聘請了第一位通曉中日文的圖書館館員。兩校圖書館於 1968 年確定將館藏合作專案擴展到東亞文獻方面。北卡羅萊納大學負責收藏有關中國（包括中國大陸和港澳臺地區）的文獻，杜克大學則負責收集有關日本的文獻。在這個框架下，兩校的教授都可以指導雙方的館藏建設及相關服務。[9]

1969 年，陳興夏受聘擔任北卡羅萊納大學圖書館的首位東亞圖書館館員。此時北卡羅萊納大學的東亞研究剛剛起步，館藏的發展優先收集東亞研究的英文文獻。1972 年，中文收藏開始啟動。同年，國際商業機器公司（International Business Machines Corporation, IBM）退休高級主管 T. Elbert Clemmons 提供了一筆捐款。Clemmons 是北卡羅萊納大學的校友，他指定將這筆捐款用於發展中文館藏，此舉從此造就了美國南部最大的中文館藏。

Clemmons 生於北卡羅納州的哈羅斯波洛（Hallosboro）小鎮，他常說，第一次世界大戰後，他的教堂山之行是他人生中邁出的最重要的一步。[10] 他回憶說，在選擇上大學時，他父親建議他去上一所商學院，以便將來當一名會計，從而能夠在溫暖的大樓裡工作。但是他卻想去上北卡羅萊納大學教堂山分校。這是由於他兒時所崇拜的英雄都上了大學，而鎮裡還沒有人去念北卡羅萊納大學教堂山分校區。他的朋友們大多不贊成他選擇北卡教堂山分校區。「我的浸禮會教友們建議我去威克森林大學，而不贊同我選上這所『無信仰的』大學。我的衛理會教友建議我去上三一學院，也就是後來的杜克大學。」[11] Clemmons 對世界的看法反映出他幼年就已具有獨立思考的個性和品質。1927 年，Clemmons 從北卡羅萊納大學教堂山分校畢業，獲得商科學士學位。同年，他加盟 IBM，並很快就升到高層主管的職位。1957 年，他替 IBM 創辦了一個針對公司年輕主管的培訓學校。這個學校替 IBM 造就了許多管理人才，來掌控 IBM 蓬勃發展的資料處理業務。

1962 年，Clemmons 從 IBM 退休時，為支持發展美國南部的高等教育而慷慨解囊。在給母校提供的許多捐贈中，1972 年的這筆捐款與他在亞洲的一次旅行有關。1973 年 1 月 2 日，他給孫子們寫了一封信，信中闡明了中國的重要性，並告訴孫子們他為母校提供了一筆用於亞洲研究的捐款。他這樣描述他即將開始的中國之行：

> 對於這個擁有世界五分之一的人口和世界最古老的文明之一的大國，我們對她幾乎一無所知，學之甚少。在臺灣，我們很少看到古老中國的景象。當我們到香港時，我們的感覺就如摩西（Moses）一樣，「摩西從摩押平原登上了尼波山，到達了與耶利哥相對的毗斯迦山頂。耶和華把基列直到旦（以色列）的大片土地指給他看，並說現在我使你眼睛看到了，但你卻到不了那裡。」

> 三千年後，我和 Lanie 來到了耶利哥。我確信我們的子孫到訪「天朝大國」之旅的速度將比我們快捷。我堅信這一地方的重要性，因此，在我啟程去這個國家之前，我在我的母校設立了一項鼓勵人們從事東方研究的基金。[12]

Clemmons 對中國的這一評價反映了他的遠見卓識。他的這種觀點在當時的美國南部還是很不尋常的。1970 年代初，中美尚未建立外交關係，文化大革命也造成了中國的保守。但是，隨著尼克森（Richard Milhous Nixon）總統 1972 年訪華和中美外交關係正常化，美國國內的形勢在變化。在 1974 年，他的捐款被用來建立 Clemmons 東方研究文庫，採購的書籍裡都貼有鳴謝 Clemmons 的藏書票。

　　陳興夏於 1974 年離開北卡大學前往美國國會圖書館工作。接任東亞館館員職缺的是馬以德（Edward Martinique）。馬以德在臺灣和日本生活過。他與教授們一道，特別是與講授中國詩歌的 Jerome Seaton 一起，合作建立了收藏豐富的 Clemmons 東方研究文庫，館藏以中國文學為主，兼有藝術、歷史、文化和其他方面的資料。

　　Clemmons 的捐款至今仍是東亞館收藏的主要資金來源。通過這筆基金，東亞館購得了 1911–1949 年間出版的民國時期重要的出版物，包括《東西洋考每月統記傳》（1833–1907）、《萬國公報》（1874–1907）、《大公報》（1929–1946）、《申報》（1872–1949）、第一份漢語畫報《點石齋畫報》（1884–1898），以及第一份中國文學期刊《瀛寰瑣記》（1872–1875）。Clemmons 的捐款還被用來購買與中國研究有關的一些專題資料，例如西藏研究方面的《民國藏事史料彙編》和《民國漫畫期刊集萃》等。

　　1978 年，北卡羅萊納州立大學圖書館加盟北卡羅萊納大學教堂山分校和杜克大學圖書館的合作。三校聯盟採用了一個新名字——三角地區研究型圖書館聯盟（Triangle Research Libraries Network, TRLN）。新聯盟成立之時，三家又共同獲得了聯邦政府第二條款 C 項的撥款資助。這項資助進一步支援了國際區域研究方面的合作購書專案。中文圖書採購的領域主要在語言文學方面，其次是歷史、政治學和政府研究。這些學科領域的發展反映了北卡羅萊納大學教堂山分校和杜克大學 1990 年代中期以前東亞研究的重點。從 1990 年代中期開始，杜克大學建立了自己的中文館藏，重點收藏當代大眾文化和社會科學方面的研究文獻。

1980 年代後的東亞研究

　　隨後的 30 年中，北卡羅萊納大學東亞研究得到持續發展，從事東亞研究的教授人數、有關東亞研究的課程、學生人數和來自校外的科研經費都在逐年增加。東亞課程由一些著名的東亞研究學者講授，包括歷史系的柯思樂和 Miles Fletcher，以及人類學系的馮珠娣。1993 年，由於北卡大學南亞和東南亞方面的教學和研究專案日益增多，東亞研究課程更名為亞洲研究課程。

　　2003 年，北卡羅萊納大學建立了亞洲研究系，授予學士學位，由樂鋼擔任系主任。這一舉措反映了北卡羅萊納大學致力於建立一個完整的亞洲研究體系，「通過開設廣泛的人文和社會科學課程，來促進美國對東亞、南亞、東南亞、西亞和所有亞洲地區的歷史、文化和社會的瞭解。」[13] 同時，它也體現了大學裡「多種亞洲語言學習的需求，因為語言能力是學生和研究者們研究亞洲社會和文化所必需的。」[14]

　　亞洲研究在北卡羅萊納大學的發展不是偶然的，它是該校 20 世紀末全球化發展戰略的一個主要部分，這一發展從 2001 年開始加快。大學設立了專門負責國際事務的副校長一職。第一個擔任這個職位的人是講授中國史的講座教授 Peter Coclanis。由聯邦快遞公司（FedEx）捐款而建立的全球教育中心大樓也在 2007 年完工。這些舉措都反映了北卡羅萊納大學致力於國際研究、加快國際化進程的決心。與亞洲有關的國際合作和國際教育專案是北卡羅萊納大學 1990 年代末以來發展最快的一個領域，學術研究的範圍涵蓋人文、社會科學及其他領域，如公共衛生。[15] 與亞洲的合作專案中，與中國有關的研究尤為引人注目。2007 年，北卡羅萊納大學校長 James Moeser 到北京和上海訪問，幫助中國制定醫療改革計畫。目前，中國是北卡羅萊納大學三個最重要的全球合作和研究區域之一。[16] 北卡羅萊納大學東亞研究方面的迅速發展也體現在教學領域。從 2002 年到 2008 年，弗里曼基金會（Freeman Foundation）給北卡羅萊納大學提供了數百萬美元的資助，用於開設本科生的亞洲研究課程。大學也開始在各個學科領域裡招聘具有亞洲知識的教授。2006 年，東亞語言教學課程中增加了韓語教學。

1980 年代以來的東亞館藏發展

　　美國最好的公立大學在 1980 年代大多存在預算緊縮的問題。馬以德採取了與東亞國家的圖書館建立圖書交換專案的辦法來補充中文館藏的收藏，尤其在期刊方面。目前，東亞館藏 650 種漢語期刊中一半以上是通過館際交換得來的。兩個最大的交換夥伴是中國國家圖書館和臺灣國立中央圖書館。馬以德於 1998 年從圖書館退休。東亞館館員的職位由黃熹珠繼任。在千禧年後的第一個 10 年裡，圖書館擴充了不少新資源，如地理資訊系統和其他高科技產品。教授們不但可以利用它們來授課，還可以將有關的教學資料根據需要加以個性化編輯處理。

　　東亞文獻的編目在 1980 年代中期開始實現自動化。隨著圖書收藏的擴大和數量的增加，勞動密集型的編目程序造成了大量積壓。1986 年，北卡羅萊納大學圖書館成為美國首批參加國際線上圖書館電腦中心（Online Computer Library Center, OCLC）中日韓文自動編目系統測試的機構之一。一年後，此系統正式取代館內東亞文獻的人工編目。1990 年代末，北卡羅萊納大學參加了由美國國會圖書館主導的書目資料由威妥瑪拼音（Wade-Giles）向漢語拼音轉換的專案。這是歷時兩年的工程浩大的專案，所有館藏編目資料中的漢字的羅馬拼音系統都從威妥瑪拼音轉換成中國大陸通行的漢語拼音系統。

中文館藏

　　中國語言文學方面的收藏是東亞館藏中的重點，收集範圍從唐代到現當代，集中在宋以後的文學資料，如詩歌、戲劇、小說、散文和方言及語言學資料。館藏中的中國歷史文獻範圍廣泛，重要主題包括中美外交關係、基督教傳教士活動、經濟政治發展、社會狀況、軍事事務和政府公報等。各個歷史時期的原始資料，如民國期刊、地方志和明清時代的政府公文是收藏的重點。1990 年代後，圖書館開始大量收集民國時期的婦女雜誌。杜克大學的歷史學家穆素潔（Sucheta Mazumdar）在這方面為圖書館提供了很多幫助。這一特藏已收有多種重要期刊，包括 1915–1931 年出版的《婦女雜誌》。現執教於哥倫比亞大學的北卡羅萊納大學前任中國歷史學教授林郁沁（Eugenia Lean）對這份婦女雜誌給予了肯定。它的重要性是因為它「將婦女問題的討論與當時的救國救民運動連繫在一起，使人們真正關心有關的社會和政治的問題」。[17] 查閱《全國中文期刊聯合目錄》中所列的 1949 年之前的婦女期刊，我們可以看出北卡羅萊納大學圖書館收藏的許多民國時期婦女期刊在該目錄中並未收入，如四川女學講義編輯所從 1904 年到 1905 年 5 月發行的《女學講義》，以及江蘇常熟女子月刊社從 1904 年 1 月到 1907 年 7 月發行的《女子世界》等。[18]

藝術、建築和文化研究文獻以前現代時期的藝術史和考古學資料為主，包括佛教藝術和東亞建築，特別是中國和日本的宮殿、園林、神社和寺廟等。館藏重點反映了北卡大學和杜克大學的藝術史學者所共同關心的研究課題。杜克大學的藝術史學家阿部賢次（Stanley Abe）是這個館藏發展的指導者。館藏還包括了大量中國大陸和臺灣主要博物館和藝術機構出版的書畫、雕刻和藝術品圖片。宗教研究文獻包括東亞和東南亞地區的佛教、儒教、道教和神道教經典，如《乾隆大藏經》和記載 20 世紀前半期中國佛教發展的刊物《海潮音》。此外還有禪宗、淨土宗、大眾宗教運動和其他方面的資料。

社會科學文獻包括商業、經濟、政治、社會、人類學、民族研究和教育等領域的重要著作。最近幾年新增的文獻涵蓋人權、民主化進程、民族關係、醫療改革、婦女研究和大眾傳媒等方面。圖書館還重點收集了歷史和當代資料，如人口統計、公共衛生和少數民族調查等方面的資料。值得一提的是一套 1,500 冊的臺灣文庫，收有臺灣政府、大學、博物館和圖書館方面的資料，還有地圖、手稿、研究報告和年鑑。醫學文獻的收藏也頗具規模。北卡大學收藏中醫學的文獻是從 1983 年 Gail Henderson 受聘來校開設社會醫學這門課程開始的。目前的館藏資料包括古典中醫著作的現代譯本、中國醫學的歷史研究和理論著作、中醫傳記資料和工具書等。

北卡大學從 1990 年代起開始收集中國大陸、臺灣和香港的影像資料，包括中國早期電影、動畫片、武俠片、獨立製作影片、紀錄片和地下電影等。駐美國亞特蘭大的臺北經濟文化辦公室於 2005 年捐贈給北卡大學圖書館 130 部 16 毫米的 1980 年代「新臺灣電影」，包括 1980、1990 年代臺灣一些重要導演的作品，如侯孝賢、楊德昌和王童導演的電影。

日文館藏

北卡羅萊納大學的日本館藏長期依賴杜克大學，僅收集本科生教學方面所需的少量核心資源。語言資料是這個館藏最大的部分。不過重要的日本文學著作（包括日本文學名著的英譯本）、日本歷史，以及日本出版的重要漢學著作、藝術、建築、表演藝術和禪宗等領域的重要著作也有收藏。由於北卡羅納大學裡首位東亞學教授 Eyre 研究日本地理，館藏中也有一個日本地理文庫。

從 1990 年代中期起，北卡大學的日本學研究方面已有幾位重要學者，如日本文學教授 Jan Bardsley、

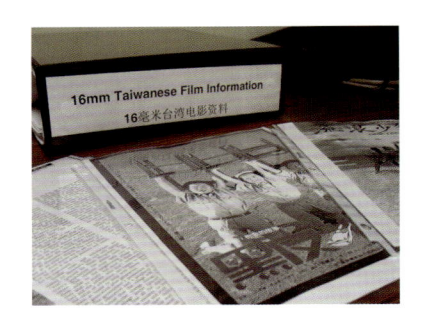

圖 22-3：駐美臺北經濟文化辦公室贈送的新臺灣電影資料。照片由黃麗娜拍攝。

教育學教授保田柳虹（Ryuko Kubota）等。北卡羅萊納大學在 2005 年成立了全球史研究專案並開始招收博碩士生。Daniel Botsman 是歷史系新聘請的一位研究日本德川和明治時期的專家。日文館藏也開始增收德川和明治時期的日本研究文獻，包括一份重要的英語報紙——《日本每週郵件》（Japan Weekly Mail, 1870–1994），和德川時期的原版畫冊，如《繪本楠公記》。這本畫冊出版於 19 世紀，記錄了 14 世紀日本武士楠木正成（Kusunoki Masashige）的傳奇人生。另外還有一套 40 冊連環畫集，用黃裱紙印刷，相當於德川時期的通俗小說。這是現代學者公認的日本漫畫的前身。

韓文館藏

儘管北卡羅萊納大學的韓文館藏至今才算是剛剛起步，藏書中卻擁有一套完整的《燕行錄全集》。它是一套在韓國出版的中文繁體字的圖書，收錄了 18 世紀朝鮮特使往返中朝的旅行紀錄，還包括許多有趣的資料。這些資料在同期的中國史料中尚無紀錄。

千禧年起，北卡羅萊納大學從事東亞研究的師生逐年增多，他們的學習和研究已經超出傳統東亞研究領域，從人文學科迅速擴展到包括醫學、商業、城市和地區規劃、法律和心理學等新領域。電子資訊資源也逐漸取代紙本文獻，而資料庫的訂購需要有連續性。圖書館在大力發展電子資源的同時，仍然收集紙本資源。北卡大學與杜克大學兩校圖書館之間的合作分工和館藏共享協議也因為大環境的變化而面臨一系列重大挑戰——由於中國重新成為全球大國，兩所大學都急需擴充中國研究方面的資料收藏；由於日本和韓國研究方面教授隊伍的擴大，北卡羅萊納大學也不能完全依賴杜克大學來滿足該校教學和科研所需的日、韓文資料。此外，電子資料庫採用使用者認證的方式，極大地限制了資源的分享，使得館際間的資源共享無法進行。雙方各自都得訂購同樣的資料庫。面對這些挑戰，北卡羅萊納大學將遵循該校學術特色和傳統，繼續發展東亞圖書館藏與服務。[19]

註釋

1. 對這一長期合作最全面的論述可見 Patricia B. Dominguez and Luke Swindler, "Cooperative Collection Development at the Research Triangle University Libraries: A Model for the Nation." *College & Research Libraries* 54 (November 1992): 470–496.

2. 北卡羅萊納大學教堂山分校與杜克大學的夥伴關係後來有所擴展，1978 年有北卡羅萊納州立大學加盟，1994 年又有北卡羅萊納中央大學加盟。這一聯盟目前被稱做三角地區研究型圖書館聯盟（Triangle Research Libraries Network, TRLN）。

3. Joint Committee on Intellectual Cooperation of Duke University and the University of North Carolina, *A Program of Cooperation: Duke University, The University of North Carolina, Durham, Chapel Hill* (Chapel Hill, 1935), 7–8.

4. Joint Committee on Intellectual Cooperation of Duke University and the University of North Carolina, *A Program of Cooperation: Duke University, The University of North Carolina, Durham, Chapel Hill*, 9.

5. "Cooperation in Latin American Purchases Duke-UNC-Tulane," October 1939, Librarian's Records, Latin American Cooperative Program, 1938–1941, University Archives, UNC University Libraries; "Cooperation in Library Purchases between Duke University, Tulane University and the University of North Carolina: Policy and Procedures," 1940, Librarian's Records, Latin American Cooperative Program, 1938–1941, University Archives, UNC University Libraries. UNC-Tulane 幾年後退出了這一協議。

6. Patricia B. Dominguez and Luke Swindler, "Cooperative Collection Development at the Research Triangle University Libraries: A Model for the Nation," 476–480.

7. Patricia B. Dominguez and Luke Swindler, "Cooperative Collection Development at the Research Triangle University Libraries: A Model for the Nation," 477.

8. Patricia B. Dominguez and Luke Swindler, "Cooperative Collection Development at the Research Triangle University Libraries: A Model for the Nation," 476.

9. "Tentative Selection Guidelines for Asian Materials," March 15, 1972, Duke-UNC Cooperation, Govan's Files, Administrative Office, UNC University Libraries; "Draft Proposal: Request for Funds to Maintain and Expand Subject Collections of Each Institution According to Existing Cooperative Collection Agreements," Match 1978, UNC Collection Development Department, Cooperation Programs Files, UNC University Libraries.

10. T. Elbert Clemmons, *A Great Time to Be Alive: An Autobiography* (Stuart: Southeastern Press, 1968), 75.

11. T. Elbert Clemmons, *A Great Time to Be Alive: An Autobiography*, 33.

12. T. Elbert Clemmons, *You Really Can't Retire: An Autobiography* (Stuart: Southeastern Press, 1978), 116.

13. UNC Department of Asian Studies, "Mission," https://asianstudies.unc.edu/mission

14. UNC Department of Asian Studies, "Mission," https://asianstudies.unc.edu/mission

[15] UNC Global, "UNC Global Program in Asia," http://globalhealth.unc.edu/asia.php

[16] Myron S. Cohen, January 26, 2009, "UNC Global Health Update," https://global.unc.edu/news/unc-global-health-update

[17] 林郁沁 2001 年 11 月 5 日的電子郵件。

[18] 初國卿,「中國近現代女性期刊述略」,載於上海基督女青年會編,《中國近現代女性期刊匯編（二）》（北京：線裝書局,2007）。有關三角地區研究型圖書館聯盟的歷史,參見 "History of TRLN," https://www.trln.org/about/history-of-trln

[19] 作者要感謝北卡羅萊納大學教堂山分校社會科學文獻學家 Luke Swindler,以及杜克大學國際與區域研究中心主任和日本研究圖書館員 Kristina Kade Troost 在本章寫作過程中所提供的幫助。Swindler 先生還撰寫了本地區圖書館合作史的一部分內容。

參考文獻

初國卿。「中國近現代女性期刊述略」。《中國近現代女性期刊匯編（二）》。上海基督女青年會編。北京：線裝書局，2007。

"Annual Report." Prepared by East Asian Resources, Collection Development Department, Academic Affairs Library, University of North Carolina at Chapel Hill, 1968.

"Annual Report." Prepared by East Asian Resources, Collection Development Department, Academic Affairs Library, University of North Carolina at Chapel Hill, 1970.

Bolick, Hsi-Chu. "Problems in the Establishment of Nonunique Chinese Personal Headings with Special Reference to NACO Guidelines and Vendor-Supplied Authority Control." *Library Resources & Technical Services* 43 (April 1999): 95–105.

Bolick, Hsi-Chu, and Ling-Kuan Huang. "Guo Moruo Quanji. Wenxue Pian Suoyin." http://www.unc.edu/~bolick/web-l.htm (accessed September 2, 2008).

"Chinese Course Listing, 1965–1966." University Archives, UNC University Libraries.

Clemmons, T. Elbert. *A Great Time to Be Alive: An Autobiography*. Stuart: Southeastern Press, 1968.

Clemmons, T. Elbert. *You Really Can't Retire: An Autobiography*. Florida: Southeastern Printing, 1978.

Cohen, Myron S. January 26, 2009. "UNC Global Health Update." https://global.unc.edu/news/unc-global-health-update (accessed September 2, 2008).

Collection Development Department, UNC University Libraries. "Librarians' Records on Latin American Cooperative Program, 1938–1941." UNC University Libraries.

"Cooperation in Latin American Purchases Duke-UNC-Tulane." October 1939. Librarian's Records, Latin American Cooperative Program, 1938–1941, University Archives, UNC University Libraries.

"Cooperation in Library Purchases between Duke University, Tulane University and the University of North Carolina: Policy and Procedures." 1940. Librarian's Records, Latin American Cooperative Program, 1938–1941, University Archives, UNC University Libraries.

"Department of Library and Information Science, National Taiwan University." https://www.lis.ntu.edu.tw/english (accessed September 2, 2008).

Dominguez, Patricia B., and Luke Swindler. "Cooperative Collection Development at the Research Triangle University Libraries: A Model for the Nation." *College & Research Libraries* 54 (November 1992): 470–496.

"History of TRLN." https://www.trln.org/about/history-of-trln (accessed September 1, 2008).

Joint Committee on Intellectual Cooperation of Duke University and the University of North Carolina. *A Program of Cooperation: Duke University, The University of North Carolina, Durham, Chapel Hill*. Chapel Hill, 1935.

Kurzman, Charles, and Charles W. Ernest. "Islamic Studies Programs in U.S. Universities" (paper presented at the Social Science Research Council Workshop, in Brooklyn, May 21–23, 2009).

Lee, Amy Lan-huei. *Chinese and Japanese Periodical*

Holdings in the University of North Carolina at Chapel Hill. Chapel Hill: East Asian Resources, Collection Development Department, Academic Affairs Library, University of North Carolina at Chapel Hill, 1989.

"Record and General Catalogs, 1961–1962." University Archives, UNC University Libraries.

"Record and General Catalogs, 1962–1963." University Archives, UNC University Libraries.

"Record and General Catalogs, 1963–1964." University Archives, UNC University Libraries.

"Record and General Catalogs, 1964–1965." University Archives, UNC University Libraries.

"Record and General Catalogs, 1965–1966." University Archives, UNC University Libraries.

"Record and General Catalogs, 1966–1967." University Archives, UNC University Libraries.

"Record and General Catalogs, 1969." University Archives, UNC University Libraries.

Seaton, Jerome, and Edward Martinique. *A Decade of the T. Elbert Clemmons Collection of Orientalia at the Walter Royal Davis Library of the University of North Carolina at Chapel Hill*. Chapel Hill: East Asian Resources, Collection Development Department, Academic Affairs Library, University of North Carolina at Chapel Hill, 1985.

St. John-Breen, Maureen, Christopher J. Ward, and Katherine Mary Thornton. *East Asian Serials on Microforms: Materials Available at the University of North Carolina at Chapel Hill, Davis Library, Microforms Department*. Chapel Hill: Microforms Department, Davis Library, University of North Carolina at Chapel Hill, 1999.

UNC Department of Asian Studies. "Mission." https://asianstudies.unc.edu/mission (accessed September 2, 2008).

UNC Global. "UNC Global Program in Asia." http://globalhealth.unc.edu/asia.php (accessed September 10, 2009).

17世紀印刷的《蓬萊の卷物‧蓬萊物語》。照片由伊利諾大學厄巴那—香檳分校善本與手稿圖書館提供。

23 / 玉米地中的珍寶：伊利諾大學厄巴那—香檳分校的東亞館藏

魏陳同麗（Karen T. Wei）

伊利諾大學厄巴那—香檳分校亞洲圖書館前任館長、圖書館學教授。魏陳同麗來自臺灣臺北，在伊利諾大學厄巴那—香檳分校獲得了東亞研究碩士學位，在德克薩斯農工大學獲得了圖書館學碩士學位。她的著述涉及圖書館和資訊服務、圖書管理、中國婦女研究等領域。她獨撰和合編了 3 本著作和 1 本單行本，並發表了許多有關圖書館學和東亞研究的論文。

1867 年，當 John Milton Gregory 來到伊利諾試圖將伊利諾工業大學創辦成「工業界的西點軍校」時，他並沒有想到通過一次激烈競標後，他竟然會在一個美國農村小鎮的泥濘平原上，花費了 13 年時間來創建一所大學。[1] 1868 年 3 月 2 日，這所大學正式成立。當天，有 3 名學生註冊入學，這正好跟「包括董事會在內的大學教授的人數相同」。[2] 1885 年，這所大學更名為伊利諾大學，成為美國總統林肯（Abraham Lincoln）1862 年簽署《莫雷爾法案》（Morrill Act）後最初創辦的 37 所公立贈地大學之一。《莫雷爾法案》授權美國各州劃撥一塊土地，「創建一所主要的公立（州立）大學，在開設科學和古典研究課程的同時，也開設農業、機械技術和軍事訓練方面的課程。」[3]

大學校園建造在世界最遼闊的平原之一的伊利諾州中東部大平原中心地帶。這片肥沃的農業區出產的主要農作物是玉米和大豆。從 1920 年到 1930 年擔任伊利諾大學校長的 David Kinley 曾饒有興趣地將大學形容為「肥沃荒漠中的學術綠洲」。[4] 1982 年，大學更名為伊利諾大學厄巴那—香檳分校（University of Illinois Urbana–Champaign, UIUC，以下簡稱伊大）。從建校至今，伊大已經從初創於一片泥濘平原上的學校蛻變為 50 所「極具藝術氣息」的大學之一，以其幽美的環境、協調的建築和獨特的地標而聞名。[5] 大學開設的本科和研究生專業涉及 150 多個領域，吸引來自世界各地的學生。據 2007 學年的統計，有來自 123 個國家的 5,300 多名國際學生在伊大註冊入學，其中包括了 4,000 多名來自亞洲各地區的學生。[6] 伊利諾大學厄巴那—香檳分校是伊利諾州公立大學裡的旗艦大學。

伊大與東亞的關係可以追溯至 20 世紀初。1908 年 6 月，清政府駐美國特命全權公使伍廷芳應邀在第 37 屆畢業典禮上講話。他演講的題目是「中美為何要成為朋友？」[7] 也許是由於伍廷芳的到訪和鼓勵，從此之後伊大一直有著為數甚多的中國學生，其中有些人後來頗具名氣。著名的中國校友包括臺灣前中央研究院院長和臺灣大學校長錢思亮，以及奧斯卡最佳導演李安等。在過去的 140 年間，眾多來自中國大陸、香港、臺灣、印度、日本、韓國和其他亞洲國家及地區的學生來這裡求學。

伊大的東亞研究

二戰後不久，伊大首次開設了東亞研究課程。1960 年代，大學成立了亞洲研究中心。這得益於 1964 年福特基金會（Ford Foundation）向大學捐贈的一筆為數 80 萬美元的資助，[8] 用於在文理學院建立該中心。[9] 中心開設了東亞、南亞和西亞（中東）地區的語言、文學和文化課程，並授予研究生和大學生學位。亞洲研究中心 1970 年設立了文學碩士課程，[10] 又在 1973 年設立了亞洲研究的大學主修。[11] 1984 年，當南亞和西亞問題專家脫離亞洲研究中心後，它就更名為東亞及太平洋地區研究中心，[12] 負責主導全校有關東亞、東南亞和太平洋地區的教學、科研、專案規劃和推廣。目前有 100 多位本校和 30 多位校外的東亞問題專家隸屬該中心。[13]

1970、1980 年代，人們對東亞和其他地區的研究產生了濃厚興趣。在此背景下，伊大董事會於 1990 年批准建造了一棟國際研究大樓，作為東亞和太平洋地區研究以及其他研究專案的辦公樓。[14] 1991 年，東亞語言文學系正式成立，並授予學士和研究生學位。它開設了中、日、韓的語言、文學、社會和文化方面的課程。此後，伊大東亞方面的研究生專案迅速發展。到了 1995 年，伊大培養的東亞研究方面博士生的人數在全美名列前 15 名。[15] 伊大亞洲圖書館的中日韓文藏書量到 2008 年時也達到了近 29 萬冊。

1965 年之前的東亞館藏

伊利諾大學圖書館創建於 1867 年，當時大學利用州政府撥給的 1 千美元在紐約市購買了 644 冊圖書。在隨後的 10 年裡，圖書館藏書量緩慢增長。[16] 1912 年，伊大校長 Edmund J. James 在向董事會的演說中提出圖書館要「盡快收集到至少 1 百萬冊圖書」，州政府也應該「撥給 1 百萬美元來建造一棟新的圖書館大樓」。[17] 此後，伊大圖書館逐步發展成為世界上最大的公立學術圖書館之一。目前，它擁有 1 千萬冊圖書和 2 千多萬件藏品。[18] 它也是伊利諾州唯一擁有大規模中日韓文獻的公立大學。因此，伊大的亞洲圖書館不僅為本校和本地社區提供服務，而且還為本州和州外的使用者提供服務。1920 年代，伊大開始收藏少量中日文圖書。1934 年，為了慶祝中華民國國慶，中國校友會籌資捐贈了一套由商務出版社 1929 年出版的《四部叢刊》給伊大，包括 323 種圖書，共計 2,112 冊。這是伊大遠東圖書館開館前收到的最大一批中文圖書捐贈，遠東圖書館是今天亞洲圖書館的前身。[19]

1960 年代中期，伊大遠東圖書館成立，開始有系統地選購中日文圖書。最初，遠東圖書館隸屬於大學總圖書館的特殊語言部。1965 年之前，包括中日韓文在內的所有語言的圖書，都混合排放在大學圖書館總館的書架上。

遠東圖書館（1965–1978）

1964 年，伊大成立了亞洲研究中心並開設了東亞研究課程。最初的重點在中國和日本歷史、語言和社會科學方面。同年 9 月，伊大圖書館成立了特殊語言部，以應對教學研究的需求和非西方語言資料快速發展所帶來的挑戰。新的部門包括斯拉夫語部和亞洲部，後者得到了福特基金會的資助。亞洲部下轄遠東圖書館和南亞館。[20]

1965 年，漢學家吳祿夫（Ernst Wolff）來到伊大擔任亞洲文獻顧問。他後來成為遠東圖書館的首任館長。吳祿夫出生於清朝末年的中國，後到德國求學，最後在西雅圖的華盛頓大學獲得了漢學博士學位。[21] 他上任後的使命是建立一個支持亞洲研究的圖書館。在隨後的 10 年中，他得到了大學圖書館館長 Robert B. Downs 的大力支持。Downs 在 1943–1971 年期間擔任伊大圖書館館長。

吳祿夫上任後的第一項任務是將中日韓文的圖書挑出集中存放在一個地方，當時的存放地點是總圖書館地下室一間狹小的書庫。他剛到任時東亞圖書的數量不多，他首先開始收集中日文工具書。為此，他複製了較陳舊卻全面的華盛頓大學東亞圖書館的參考書目卡片，並把這些卡片送到香港的書商處，讓他們為伊大購置這些基本工具書。[22] Downs 也指定吳祿夫擔任美國中西部四所大學聯合購置東亞圖書計畫的負責人，並兩次派他前往東亞購書。吳祿夫的這兩次出行採購大大地豐富了伊大的東亞圖書館藏。他購買了中日研究方面的核心書籍及大量日文工具書，這些日文工具書後來成為伊大學者從事日本歷史和社會科學方面研究的文獻基礎。除此之外，吳祿夫還系統採購了幾套微縮膠捲。[23] 1970 年，伊大東亞圖書增長到了 27,000 冊，是吳祿夫上任時藏書量的 28 倍。

吳祿夫的另一項任務是決定如何給東亞圖書編目。伊大的東亞圖書是按照美國國會圖書館的分類法來編目的，與總圖書館的藏書分開陳列。此種圖書分類法有別於大學總圖書館採用的杜威十進分類法。[24] 吳祿夫當時決定將東亞語言的圖書以國會圖書館分類法來編目是極為明智的。幾年後，吳祿夫在一篇題為〈我是如何創辦東亞圖書館〉的文章中稱讚 Downs 是一位有遠見的人，儘管當時圖書館的部分人員反對吳祿夫的做法，但 Downs 還是支持了東亞圖書的編目方法，並建立了一個獨立的東亞研究館藏。吳祿夫也提到亞洲研究中心的教授們的支持，特別是研究日本的 Solomon B. Levine 和研究中國的 Robert B. Crawford。

1978 年，吳祿夫退休，此時東亞藏書已從他上任時的幾千冊增長到了 10 萬餘冊。吳祿夫的繼任者是汪燮。在與汪燮交接時，吳祿夫用了當年毛澤東主席將權力移交給華國鋒時說的話：「你辦事，我放心。」[25]

亞洲圖書館（1978–1990）

1978 年，遠東圖書館提出了變革和改進方案。當年 8 月，汪燮接任遠東圖書館館長。在到伊利諾大學上任之前，他曾擔任過明尼蘇達大學東亞圖書館館長。1979 年 1 月，遠東圖書館和南亞及西亞圖書館合併成立了亞洲圖書館，汪燮被任命為新圖書館的館長。[26]

此次合併使亞洲圖書館的員工人數和館舍空間都有所增長。亞洲圖書館在總圖書館三樓有了新的館址，並沿用至今。館藏包括東亞（中、日、韓語）、中東（阿拉伯語和波斯語）、南亞（孟加拉語、古吉拉特語、印地語、旁遮普語、梵語、坦米爾語、烏爾都語等）和東南亞（印度尼西亞語、泰語和越南語），所有這些語言的圖書都集中存放在亞洲圖書館的書庫裡。書庫緊挨著亞洲圖書館的閱覽室和職員辦公室，因而更方便圖書館員工和讀者間的互動。汪燮善於與圖書館行政人員溝通，這種嫺熟的技巧使他成功地將東亞、南亞、東南亞和中東（西亞）館藏整合成一個單位，提高了亞洲圖書館的地位。他發起了一項新的購書計畫來擴展東亞館藏的數量和品質。到 1990 年汪燮離開伊大時，東亞館藏量超過了 16 萬 5 千冊。

1990 年以來的亞洲圖書館

1990 年，魏陳同麗擔任亞洲圖書館代理館長，並於 1992 年被正式任命為亞洲圖書館館長。1990 年，亞洲圖書館使用了多年的研究型圖書館資訊網路中日韓文系統（RLIN CJK）轉換為國際線上圖書館電腦中心的中日韓文系統（OCLC CJK）。當時伊大其他分館都已經使用了這個系統。[27] 從 1990 年代開始，中日韓文館藏逐步擴展。1991 年，東亞語言文化系成立。1998 年，該系增設了博士課程，此後每年都招收約 30 名學生。隨著學生人數的增長，對圖書館資料的需求也隨之增加，包括紙本資料和數位資源。2007 年，東亞館藏量達到了 29 萬冊，另外還有許多數位資源。

1996 年秋，亞洲圖書館加入了東亞資源共享計畫，這是由美國教育部第二條款 A 類資助的一個院校之間的合作專案，將六所美國中西部地區的大學（伊利諾大學、印第安納大學、依阿華大學、明尼蘇達大學、俄亥俄州立大學和威斯康辛大學）所擁有的部分東亞館藏資源在網上提供讀者使用。亞洲圖書館為此掃描了部分中日韓文期刊目錄，並提供了文獻連結。[28] 亞洲圖書館也與中國大陸、臺灣、日本和韓國的許多圖書館建立了交換關係。[29]

中文館藏

伊大中文館藏的重點在人類學、藝術、佛教、民俗、歷史（明、清、民國和中華人民共和國）、語言學、文學、政治和政府、哲學、社會狀況和臺灣研究等方面。從 1965 年到 1970 年，在福特基金會的資助下，吳祿夫購得賴弗勒文庫（Reifler Collection）和香港的廖氏竹林齋（廖公安）文庫。賴弗勒文庫來自羅逸民（Erwin Reifler）的私人藏書。羅逸民是西雅圖華盛頓大學的一位漢學家，1965 年去世。他收藏的中文圖書主要是語言學、古典文學著作及碑帖。吳祿夫從賴弗勒文庫中購得了 366 冊圖書。[30] 在購得賴弗勒文庫之後不久，吳祿夫便來到香港洽購廖氏竹林齋文庫，購回了近 8 千冊古典著作，以及歷史、文學和藝術方面的圖書。[31] 廖氏竹林齋文庫中比較著名的藏書包括 1716 年刻印的《康熙字典》、1735 年插圖版的《繡像第七才子書》和 1889 年刊印的《周易傳義音訓》。在隨後幾年裡，伊大又購得了少量重要的私人藏書，如 1978 年從印第安納大學中國史教授鄧嗣禹的私人藏書中購得的 56 冊圖書和從印第安納大學中國文學教授柳無忌處購得的 180 冊圖書，其中包括三本明版書——1573 年刻印的《穀山筆麈》、1629 年刻印的《西京雜記》和《酉陽雜俎》。1983 年，曾任哈佛燕京圖書館首任館長的裘開明將他私人收藏的 250 冊手稿、圖片、善本圖書和文物捐贈給了伊大圖書館，主要是圖書館學和經濟學方面的資料。[32]

1980 年代，亞洲圖書館為紀念錢思亮而建立了錢思亮博士紀念文庫。錢思亮於 1923 年在伊利諾大學獲得化學博士學位。他的兒子錢復是臺灣前外交部長。為紀念他的父親，錢復捐贈了一套《影印摛藻堂四庫全書薈要》給伊大。1988 年，伊利諾大學校長 Morten Weir 接受了這套 500 冊的贈書。[33] 1982 年，亞洲圖書館建立「親筆簽名文庫」。它最初收集了 1930 年代作家的簽名，這是中國現代文學史上的一個特殊時期。該文庫後來擴展到伊大教授的中文著（譯）作，以及當代著名作家的作品，特別是曾經到訪過伊大的作家。

在尼克森（Richard Milhous Nixon）總統歷史性訪問中國幾年後，中國開始允許外國圖書館直接向中國的書商購買圖書。汪燮決定與北京的一家書商實施「配書計畫」。從 1983 年到 1985 年，書商共提供了約 7 千冊圖書，每本平均價格是 1.5 美元。這些圖書反映了當時中國社會的經濟狀況，以及中國政府的改革政策。[34] 此計畫後來在與廈門大學合作下又持續了數年。1990 年代開始，圖書館便開始以專業學科館員選購及捐贈和交換方式來獲得中文圖書。

1990 年代，圖書館購得了高羅佩（van Gulik）中國民間小說和文學作品集微縮膠捲、《清代蒙古車王府中國戲曲和曲藝文集》微縮膠捲、《中國傳記文檔》、中央研究院歷史語言研究所存《清代內閣大庫原藏明清檔案》、《中華民國史史料外編》、《前日本末次研究所

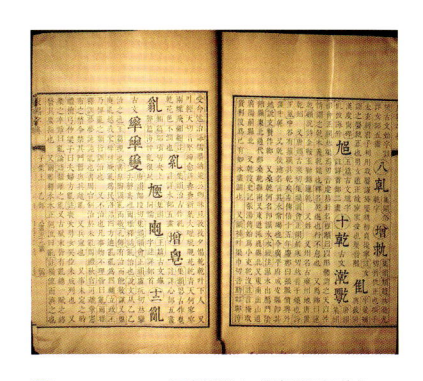

圖 23-1：1716 年刻印的《康熙字典》。照片由伊利諾大學厄巴那—香檳分校善本與手稿圖書館提供。

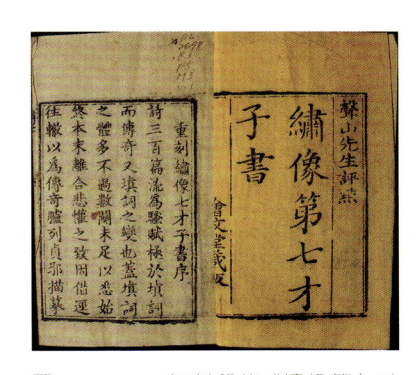

圖 23-2：1735 年刻印的《繡像第七才子書》。照片由伊利諾大學厄巴那—香檳分校善本與手稿圖書館提供。

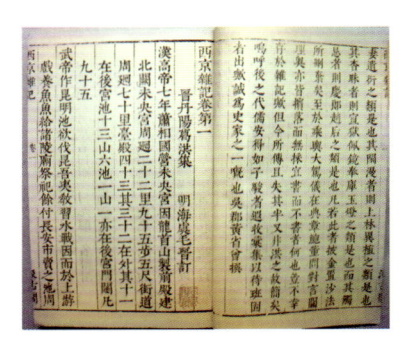

圖 23-3：1629 年刻印的《西京雜記》。照片由伊利諾大學厄巴那—香檳分校善本與手稿圖書館提供。

情報資料》、《中國明朝檔案總匯》、《四庫禁毀書叢刊》、《清代硃卷集成》、《北京圖書館珍藏本年譜叢刊》、《北京圖書館藏家譜叢刊》、《中國佛教學術論典》、《東北史志》等大型文獻資料。

在中國改革開放前，北美大部分東亞圖書館一般從香港和臺灣採購中文圖書。1980 年之前，伊大圖書館收集了臺灣出版的各類學科的圖書。1988 年，伊大圖書館與臺灣的淡江大學建立一個合作計畫，設立臺灣研究文庫。伊大—淡江大學文庫收藏領域是臺灣歷史、文學、文化和社會生活。近幾年，該文庫也開始收集經濟政治方面的著作。此外，亞洲圖書館還獲得了臺灣捐贈的大量圖書，包括 1982 年亞洲研究協會（Association for Asian Studies）年會獲展的 5 百冊臺灣出版的圖書和該協會後來贈送的圖書。

日文館藏

伊大日文館藏的主要收藏領域是歷史、文學、語言教學法、佛教、前現代藝術、戲劇和性別研究。日文館藏早期的重點在日本現代史和政治學方面。歷史學方面的重要資料包括日本明治時期和之前的重要經濟著作。在宗像清彥（Kiyohiko Munakata）的協助下，圖書館收集了許多重要的藝術圖書。[35] 其他重要的日文收藏包括 1969 年在 Crawford 的幫助下購得的密西根大學山極越海（Joseph K. Yamagiwa）的私人藏書，即著名的山極文庫。山極越海曾任密西根大學遠東語言和文學系主任，他的文庫是他終身學術研究的結晶。這個文庫收藏了大約 1,800 冊圖書，多為日本語言學方面的著作。文庫中最重要的資料包括明治時期之前的各種文學刊物和江戶時期出版的歷史小說、百科全書和詞典，其中一些相當珍貴，還有一套保存完好的江戶早期（17 世紀）的卷軸，它描述了蓬萊山的景象，題為《蓬萊の卷物．蓬萊物語》，卷軸中的文本和插圖交疊編排。文庫也收藏了 1728 年版的《松之國．塩竈松島圖》地圖、一本奈良繪本畫冊《熊野の本地》及百萬塔陀羅尼。百萬塔陀羅尼是山極越海於 1969 年以 4 百美元的價格購得的。這個小佛塔裡面裝有一件雕板印刷的佛經，據說是現存最早的印刷品之一，於 770 年稱德（Shōtoku）天皇敕命印刷。

圖 23-4：1728 年印刷的《松之國．塩竈松島圖》。照片由伊利諾大學厄巴那─香檳分校善本與手稿圖書館提供。

山極文庫的獲得無疑提升了伊大日文藏書的品質。[36] 圖書館還購得了 1949–2000 年間出版的日本叢書《古典文庫》，共計 657 冊，其中大部分文本現在已很難見到。[37]

圖書館在 2005 年購得了日本學者宮澤正典（Masanori Miyazawa）收藏的猶太人研究文庫。文庫收有約 2 千冊宮澤正典的私人藏書，多為有關日本人對猶太人印象的論著，頗具特色。[38] 此外，圖書館還擁有約 50 種偽滿洲國、韓國和臺灣的日文原始檔案，其中某些檔案還標有「高度機密」的字樣。

韓文館藏

1965 年，伊大圖書館特殊語言部的年度報告中沒有關於韓文資料的報告。語言學系的韓國語言學家金鎮宇教授（Chin W. Kim）到任後，圖書館才開始採購韓文書籍。1968 年，在他的要求下，亞洲圖書館開始收集語言學方面的韓文圖書和期刊。[39] 1978 年，圖書館

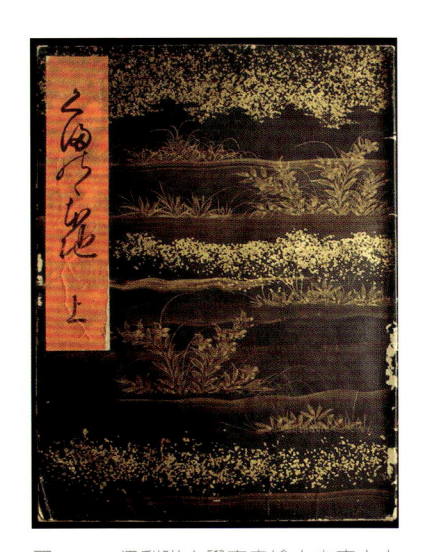

圖 23-5：伊利諾大學奈良繪本文庫中之一卷《熊野の本地》。照片由伊利諾大學厄巴那─香檳分校善本與手稿圖書館提供。

圖 23-6：《熊野の本地》一頁。照片由伊利諾大學厄巴那—香檳分校善本與手稿圖書館提供。

圖 23-7：百萬塔陀羅尼，一個小木塔中裝有約 770 年刻印的佛經。照片由伊利諾大學厄巴那—香檳分校善本與手稿圖書館提供。

擁有大約 1 千冊韓文圖書。到了 1990 年，韓文藏書量增加到了 4 千冊。1990 年以來，韓文館藏迅速增長。伊大韓國校友會和校內韓國音樂舞蹈專業出資協助伊大發展韓文館藏，三年內添購了 2 千多本學術專著和 24 種期刊。[40] 2002 年，伊大圖書館獲得了韓國首爾廣播系統的捐款，用於購置韓文圖書。2005 年春，圖書館聘請了一位全職的韓國研究館員，主持韓文館藏工作。2008 年，韓文藏書量已經達到了 1 萬 6 千餘冊。韓文館藏重點在歷史、語言學、文學、社會運動、民俗和性別研究方面，還有大量的視頻資料。韓國基金會（Korean Foundation）、韓國研究基金會（Korea Research Foundation）和韓國國會圖書館（National Assembly Library of Korea）都為伊大圖書館提供捐贈及交換專案，提高了韓文館藏的品質和數量。

伊利諾大學的校方和教授們都意識到亞洲日趨重要的地位。在過去的 40 多年中，亞洲圖書館在大學的亞洲研究和課程發展中發揮了重要作用。它將繼續為實現伊大的理想作出貢獻。

註釋

1. Maynard Brichford, "A Brief History of the University of Illinois," http://www.library.illinois.edu/archives/UIHISTORY.pdf

2. Burt E. Powell, *The Movement for Industrial Education and the Establishment of the University, 1840–1870*. Semi-Centennial History of the University of Illinois, vol. 1 (Urbana: University of Illinois, 1918), xi.

3. 有關 1862 年《莫雷爾法案》的詳細情況，請見 "Learn about the Morrill Land Grant Acts," http://www.higher-ed.org/resources/morrill_acts.htm

4. Maynard Brichford, "A Brief History of the University of Illinois," http://www.library.illinois.edu/archives/UIHISTORY.pdf

5. Thomas A. Gaines, *The Campus as a Work of Art* (New York: Praeger, 1991), 103–104, 155–156.

6. 數據來源於伊利諾伊大學厄巴那─香檳分校註冊國際學生統計。"Fall 2007 International Student Enrollment Statistics," https://isss.illinois.edu/download_forms/stats/fa07_stats.pdf

7. Ting-Fang Wu, "Why China and America Should Be Friends," President James's Correspondence Files (2/5/3, Box 17), University of Illinois Archives, University of Illinois at Urbana-Champaign.

8. "Board of Trustees Transactions, 52nd Report," January 15, 1964, Trustee's Reports (1/1/802), 1011, University of Illinois Archives, University of Illinois at Urbana-Champaign.

9. "Board of Trustees Transactions, 52nd Report," May 20, 1964, Trustee's Reports (1/1/802), 1189, University of Illinois Archives, University of Illinois at Urbana-Champaign.

10. "Board of Trustees Transactions, 56th Report," July 22, 1970, Trustee's Reports (1/1/802), 14–15, University of Illinois Archives, University of Illinois at Urbana-Champaign.

11. "Board of Trustees Transactions, 57th Report," July 18, 1973, Trustee's Reports (1/1/802), 329–330, University of Illinois Archives, University of Illinois at Urbana-Champaign.

12. "Board of Trustees Transactions, 63rd Report," February 21, 1985, Trustee's Reports (1/1/802), 175, University of Illinois Archives, University of Illinois at Urbana-Champaign.

13. "Center for East Asia and Pacific Studies," http://www.eaps.illinois.edu

14. "Board of Trustees Transactions, 65th Report," January 11, 1990, Trustee's Reports (1/1/802), 439, University of Illinois Archives, University of Illinois at Urbana-Champaign.

15. "Why Study East Asian Languages and Cultures?" https://ealc.illinois.edu/admissions/why-study-east-asian-languages-and-cultures

16. Lucile Elizabeth Wilcox, "History of the University of Illinois Library, 1868–1897" Master's thesis, University of Illinois at Urbana-Champaign, 1931, 16.

17. "Library History and University Librarians," https://www.library.illinois.edu/geninfo/history

18 "University Library, University of Illinois at Urbana-Champaign," http://www.library.illinois.edu/administration/collections/about/about.html

19 汪燮,「伊大中文圖書資源發展回顧——第一個二十五年（1965–90）」,《香檳季刊》1 卷 4 期（1992 年 12 月）：18–21。

20 "Annual Report of the Special Languages Department for the Year Ending June 30, 1965," Subject File, 1925–1999 (35/2/2, Box 5), University of Illinois Archives, University of Illinois at Urbana-Champaign.

21 吳祿夫,「How I Stated the East Asian Library」,《香檳季刊》3 卷 2–4 期（1995 年 4 月）：32–33。

22 吳祿夫,「How I Stated the East Asian Library」, 32–33。

23 "Annual Report of the Special Languages Department for the Year Ending June 30, 1965," Subject File, 1925–1999 (35/2/2, Box 5), University of Illinois Archives, University of Illinois at Urbana-Champaign.

24 "Annual Report of the Special Languages Department for the Year Ending June 30, 1965," Subject File, 1925–1999 (35/2/2, Box 5), University of Illinois Archives, University of Illinois at Urbana-Champaign.

25 吳祿夫,「How I Stated the East Asian Library」, 32–33。

26 "Asian Library Annual Report, 1978–1979," prepared by William Wong, Head, Asian Library.

27 "Asian Library Annual Report, 1990–1991," prepared by William Wong, Head, Asian Library.

28 "Asian Library 1996/97 Annual Report," prepared by Karen T. Wei, Head, Asian Library.

29 "Asian Library 1996/97 Annual Report," prepared by Karen T. Wei, Head, Asian Library.

30 吳祿夫和 Reifler 夫人從 1965 年到 1967 年的通信,現存亞洲圖書館文獻室。

31 汪燮,「伊大中文圖書資源發展回顧——第一個二十五年（1965–90）」, 18–21。

32 "Asian Library Annual Report, 1982–1983," prepared by William Wong, Head, Asian Library.

33 汪燮,「伊大中文圖書資源發展回顧——第一個二十五年（1965–90）」, 18–21。

34 汪燮,「伊大中文圖書資源發展回顧——第一個二十五年（1965–90）」, 18–21。

35 "Annual Report of the Special Languages Department for the Year Ending June 30, 1967," Subject File, 1925–1999 (35/2/2, Box 5), University of Illinois Archives, University of Illinois at Urbana-Champaign.

36 "Annual Report of the Special Languages Department for the Year Ending June 30, 1969," Subject File, 1925–1999 (35/2/2, Box 5), University of Illinois Archives, University of Illinois at Urbana-Champaign.

37 "Asian Library Annual Report, July 1, 2000–June 30, 2001," prepared by Karen T. Wei, Head, Asian Library.

38 "Asian Library Annual Report, 2004–2005," prepared by Karen T. Wei, Head, Asian Library.

39 "Annual Report of the Special Languages Department for the Year Ending June 30, 1968," Subject File, 1925–1999 (35/2/2, Box 5), University of Illinois Archives, University of Illinois at Urbana-Champaign.

40 "Asian Library Annual Report, 1992–1993," prepared by Karen T. Wei, Head, Asian Library.

參考文獻

吳祿夫。「How I Stated the East Asian Library」,《香檳季刊》3 卷 2–4 期（1995 年 4 月）：32–33。

汪燮。「伊大中文圖書資源發展回顧——第一個二十五年（1965–90）」。《香檳季刊》1 卷 4 期（1992 年 12 月）：18–21。

Brichford, Maynard. "A Brief History of the University of Illinois." http://www.library.uiuc.edu/archives/UIHISTORY.pdf

Ebert, Roger. *An Illini Century: One Hundred Years of Campus Life*. Urbana: University of Illinois Press, 1967.

Gaines, Thomas A. *The Campus as a Work of Art*. New York: Praeger, 1991.

Kersey, Harry A., Jr. *John Milton Gregory and the University of Illinois*. Urbana: University of Illinois Press, 1968.

Kinley, David. *The Autobiography of David Kinley*. Urbana: University of Illinois Press, 1949.

"Learn about the Morrill Land Grant Acts." http://www.higher-ed.org/resources/morrill_acts.htm

Nevins, Allan. *Illinois*. New York: Oxford University Press, 1917.

Powell, Burt E. *The Movement for Industrial Education and the Establishment of the University, 1840–1870*. Semi-Centennial History of the University of Illinois, vol. 1. Urbana: University of Illinois, 1918.

Solberg, Winton U. *The University of Illinois, 1867–1894: An Intellectual and Cultural History*. Urbana: University of Illinois Press, 1968.

Solberg, Winton U. *The University of Illinois, 1894–1904: The Shaping of the University*. Urbana: University of Illinois Press, 2000.

University of Illinois at Urbana-Champaign. *Illini Years: A Picture History of the University of Illinois, 1868–1950*. Urbana: University of Illinois Press, 1950.

University of Illinois at Urbana-Champaign Library. "Library Collections." http://www.library.uiuc.edu/administration/collections/about/about.html

Wilcox, Lucile Elizabeth. "History of the University of Illinois Library, 1868–1897." Master's thesis, University of Illinois at Urbana-Champaign, 1931.

「James A. Thomas 與兩名太監」，1900 年攝於北京，照片由杜克大學珀金斯圖書館（Perkins Library）提供。

24 / 杜克大學東亞圖書館：變革的動力

Kristina Kade Troost

杜克大學圖書館國際區域研究部主任、日本研究圖書館員。Troost 出生於費城，在哈佛大學獲得了歷史學和東亞語言博士學位，在明尼蘇達大學獲得歷史學碩士學位。她發表的著述涉及日本中古時期的社會和經濟史，以及日本研究的圖書管理。她也因自己設立的日本研究網站而聞名。她是北美東亞圖書館協會前任會長。

　　藏書看似沒有生命，實則有生命：它們的存在受到了時空的制約，它們的緣起和發展與收藏機構同步，它們的範圍和取向反映了教學科研的需求，它們的內容和特點則是大學教授、圖書館員和捐贈者通過無數次抉擇後的產物。杜克大學的東亞館藏正是如此。

　　20 世紀初，美國南部普遍貧困而且交通不便，卻長期派遣商人、士兵和傳教士到世界各地。北卡羅萊納州因盛產菸葉而成為全球的工業中心之一。1920–1930 年代，三一學院整合為杜克大學。在 1929 年到 1940 年間，當地一位從事對華菸草貿易的商人憑藉他在全美擁有的最大菸草財產，捐贈給杜克大學 1,500 冊圖書，為東亞收藏奠定了基礎。但是，如大蕭條時期南部其他大學一樣，杜克大學在東亞的教學科研和圖書收藏方面，仍然遠遠落後於美國的一些常春藤學校以及加州和中西部大型的公立大學。[1] 在 1969 年之前，杜克大學在聲譽和辦學重點方面只是一所南方大學。1969 年，Terry Sanford 出任該大學的校長，學校便開始實施一項長遠規劃，增強杜克大學在全美和國際上的聲譽。從 1960 年代末到 1970 年代初，杜克大學聘請了受過國際研究方面訓練的教授，為圖書館收集中日文資料和招募有這方面語言專長的圖書館館員提供了最初的動力。從 1990 年代開始，杜克大學加快了國際化進程並力爭變成一所 21 世紀的全球性大學，[2] 杜克大學在東亞研究方面也加大了師資、[3] 圖書館員和圖書資源方面的投入。[4]

毫無疑問，21 世紀的杜克大學和它的東亞收藏將和過去一個世紀一樣與許多因素連繫在一起——美國南部大學的全球視野和東亞諸國作為國際大國的地位、杜克大學創辦國際性大學的願景，以及杜克大學日益擴展的針對世界各大洲的教學和科研活動等。

早期

1838 年，在今天的三一鎮，衛理會和貴格會教徒創建了一所學校，它便是後來的三一學院。1892 年，三一學院搬至達勒姆（Durham）。1924 年，菸草產業家 James B. Duke 建立了總價值為 4 千萬美元的杜克基金會，規定基金的年收入分別用於資助南卡州與北卡州的醫院、孤兒院、衛理會教堂、三所學院和一所在原來的三一學院基礎上建立的大學。對於杜克先生來説，教育是僅次於宗教的第二大文明力量。他提供了 1 千 9 百萬美元用於建造一所新校園，將原來的三一學院升格成為一所大學。他將這所大學更名為杜克大學，以紀念他去世的父親 Washington Duke。[5]

三一學院更名為杜克大學後不久，便開始創建一個研究型圖書館。William P. Few 校長堅信學生有研究的權利，而且他們的言論自由也要受到保護。他還為教授提供了專項經費，資助他們外出為圖書館購買資料。[6] 圖書館的東亞收藏始於 James A. Thomas 的捐贈，他在 1920 年代末到訪過達勒姆和三一學院。他留下了一本 Howard Hensman 所著的書《塞希爾·羅德斯的生平》（*Life of Cecil Rhodes*）。他到中國之後，「有關中國和遠東的圖書」便源源不斷地「流向」三一學院圖書館。[7] Thomas 還贈送了由美國學術團體委員會（American Council of Learned Societies）列出的研究中國的西文圖書聯合目錄中的一些書籍。他的這批贈書帶來了後來更多的圖書捐贈，特別是有關中國藝術方面的書籍。[8]

東亞研究方面的教授的招募和課程設置可以追溯到 1930 年代。儘管 Marius Jenson 在總結 1930 年代杜克大學的特徵時稱其為「課程範圍有限而少有創新的十年」，[9] 但杜克大學在此期間還是聘請了東亞研究方面的專家：從事國際關係研究的林白樂（Paul Linebarger）和從事遠東歷史研究的 Paul Hibbert Clyde。1940 年代，德效騫（Homer Dubs）也在杜克大學講授東亞宗教。林白樂和 Clyde 都是中國研究專家，他們與同事們一起編寫了關於中國和日本的比較教材，目標是「為東亞研究提供系統的導論」。[10] 他們都去過東亞，林白樂還出生在中國，能讀漢語。但是，他們並沒有致力於創辦一個獨立的學科，而只是在那些以北美特別是美國文化為重點的系裡來開設有關東亞的概論課程。[11]

在此期間，圖書館系統地發展了有關東亞的英語圖書收藏，特別是期刊的收集。從大學圖書館館長的報告中可以發現，他期望建立一個可以與美國東北部和中西部大型圖書館比肩而立的圖書館。儘管杜克大學沒有多少中日文藏書，它卻建立起了一個充實的有關東亞的英語收藏。今天圖書館中有許多重要期刊的全套資料，包括《東亞研究期刊》及其前身《遠東季刊》，還有《國華》、《日本學志》、《日本亞洲協會公報》、《太平洋事務》和《通報》等。由於杜克大學曾是衛理會教士創辦的學校，圖書館也收藏了《傳教評論》等期刊。圖書館也廣泛收集了有關英聯邦、西歐和拉美國家的資料，還獲得了來自傳教士、海員和商人的原始文檔，他們中的許多人到過中國和日本。這些珍貴文檔後來成為由 Adam Matthew 出版的一套名為「西方人眼中的中國和日本」的微縮膠捲的一部分。[12]

二戰後：國際區域研究的發展

第二次世界大戰之後，杜克大學的東亞教學和科研仍然集中於歷史、政治和宗教方面。1960 年代末到 1970 年代招聘的學者們已經習慣於使用東亞語言的資料。即使他們沒有在戰爭期間或日本被占領期間接受訓練，他們也受到了二戰期間所形成的訓練方法的影響，此種方法強調說寫並重的語言教學和跨學科的研究。與林白樂和克拉德不同，他們受過正規的中國研究或日本研究的訓練，並將這些研究方法帶到杜克大學。

1967 年，杜克大學聘任了日本歷史學專家 Bernard Silberman。[13] 鑑於杜克大學和北卡羅萊納大學教堂山分校有合作收藏的歷史，[14] 杜克大學開始收藏日文資料，而北卡羅萊納大學教堂山分校早在 1964 年就開始購買中文資料，以支援該校政治系和歷史系的 Robert Rupen 和 Lawrence Kessler 的教學科研專案。因此，杜克大學決定不再收集中文資料，而是著重日文資料的收藏。[15] 圖書館除了有學校劃撥的經費外，還獲得了日本世博會紀念基金（Japan World Exposition Commemorative Fund）和日本國際交流基金會（Japan Foundation）的資助，以及聯邦政府《國防教育法》（National Defense Education Act）[16] 提供的經費。圖書館聘請了相關語言方面的專家林文綽和林淳美，他們都在臺灣長大，懂漢語和日語。[17]

Silberman 為圖書館選購了多學科的核心館藏，包括眾多的歷史期刊，如《史學雜誌》、《歷史學研究》等，以及全套的《中央公論》、通史和文選大系，還有 19 世紀到 20 世紀的勞工文獻資料和政治史文獻。他也訂閱了一些綜合性的報紙，如《赤旗》、《朝日新聞》、《官報》、《世界》，以及關於勞工、歷史和政治方面的專題期刊。在隨後的幾年中，大學新聘任了幾位具有東亞語言能力的教授，他們對研究資料的需求也推進了東亞收藏的擴充。

1970 年，杜克大學聘請了 Roger Corless 講授宗教學，1971 年聘請了 Martin Bronfenbrenner 講授經濟學，1974 年聘請了 Margaret McKean 講授政治學。與此同時，杜克大學還先後聘請了 Alan Stone 和 Thomas Huber 接替 Silberman 的工作，隨後又聘請了 Arif Dirlik 講授中國歷史。杜克大學還先後聘請了 Robert Rolf 和 Richard Kunst 講授漢語和日語。這些教授的到來都影響了圖書館的收藏。Bronfenbrenner 需要白皮書及統計和經濟資料，Corless 需要有關佛教的核心文獻，而 McKean 則需要有關政治和環境的資料。Stone 建立了一個有關足尾（Ashio）銅山礦難的收藏，而 Huber 則收集了有關明治維新的重要資料。圖書館為 Kunst 購買了有關商代銘文的資料。除了 Silberman 購買的資料外，這些新的收藏都各不相同，它們反映了教授們的興趣。儘管圖書館購買了許多核心資料，如（日本）帝國議會紀錄和《日本時報》的微縮膠捲、《大藏經》、《人民日報索引》等，但從總體上來看，圖書館當時的東亞館藏仍然缺乏工具書方面的收集。

在此背景下，杜克大學於 1972 年建立了專門的東亞研究課程，授予國際比較區域研究的大學生學位。儘管有關課程不足以組成一個完整的東亞研究主修，但是它們至少可以使大學生修讀有關東亞的課程。隨後，杜克大學於 1972 年建立了國際研究中心和北卡州三角地區的東亞研討會，提供了一個學術交流和合作的平臺，並於 1975 年在聯邦政府教育部第六類專案資助下成立了三校聯合研究中心（杜克大學、北卡羅萊納大學教堂山分校和北卡羅萊納州立大學）。此時，圖書館的收藏還是集中在英語和日語資料方面，前者用以支持本科生教學，後者用以支持教授們的科研。

杜克大學和北卡羅萊納大學教堂山分校的教學科研都有持續發展。杜克大學聘請了更多教授來講授有關中國的課程，如 Dirlik Kunst，北卡羅萊納大學教堂山分校也聘請了多個從事日本研究的教授，如 Miles Fletcher、James White 和 James Sanford。這樣，歷史上延續下來的這種收藏的分工逐漸給兩所大學的圖書館帶來了壓力。主要原因是由於教授和研究生的興趣日益廣泛，所需資料常常也屬於對方圖書館收藏的範圍。因此，杜克大學的林文綽和北卡羅萊納大學教堂山分校的 Edward Martinique 便修改了兩館的合作收藏協議，同意「在此種環境中，兩校（從 1979 年開始）可在其收藏領域，根據對方學校讀者的要求為其採購有關資料」。[18]

此時，杜克大學的東亞研究仍然顯著落後於常春藤名校以及美國西海岸的大學和中西部的十大公立學校。東亞語言課程發展尤為緩慢。1974 年，學校聘請了一名教授講授漢語和日語。亞洲和非洲語言文學專業直到 1988 年才建立，並且直到 1998 年才升格為一個系，遠遠落後於全國其他許多大學。[19]

1981 年，杜克大學獲得了一筆 1 百萬美元的捐贈。學校利用這筆款項，建立了亞太研究所（Asian/Pacific Studies Institute），[20] 聘請了新的教授，包括研究中國政治學、文化人類學和日本史的教授 Andrew Gordon，並由 Edward Fowler 和王瑾分別講授日語和漢語。教授們把圖書館視為學校教學科研的一個重要組成部分，並將研究所經費的 10% 用於購買圖書資料。教授們的熱情參與促使圖書館更加專業地收藏和管理東亞文獻。當教授們在圖書館的線上目錄中找不到書時，他們就質疑圖書編目的品質和當時存在的依靠教授選購圖書的體制。[21] 顯然，北卡羅萊納大學教堂山分校擁有專職文獻學家—— Martinique，該校中文資料的收藏顯著地優於杜克大學日文收藏，[22] 而日文資料卻是杜克大學負責的範圍。教授和學生們於是就要求圖書館聘請這方面的專家。杜克大學 1985 年請董美然和森田一子（Ichiko Morita）來對圖書館進行評估。[23] 評估最初著重在圖書編目和圖書館效率方面，最後的評估對東亞文獻的整體發展作出了要求，並建議聘請一位負責日文資料的文獻學家兼編目員。

1990 年代至今

　　1986 年，圖書館聘請了以日語為母語的工作人員，並於 1989 年啟用了國際線上圖書館電腦中心（Online Computer Library Center, OCLC）的中日韓編目系統。1990 年 10 月，圖書館聘請了 Kristina Kade Troost 來校擔任日本研究館員。[24] 由於長期以來教授們抱怨東亞圖書分散在整個珀金斯圖書館（Perkins Library）的各個角落，[25] 為了滿足他們的要求，圖書館成立了一個單獨的東亞書庫並配以專用的閱覽室，並在 1991 年夏秋時，將存放在珀金斯圖書館普通書庫中的中日韓文圖書和期刊搬至新的書庫（除了藝術史著作單獨存放在禮來圖書館〔Lilly Library〕中，沒有進行搬遷）。教授們也對採購日文資料的圖書館經費進行了評估。為了避免其他大學試圖招攬 Gordon 教授，作為留住 Gordon 條件的一部分，杜克大學大幅增加了日語資料的採購經費，並保持了經常性的增長。總之，杜克大學的東亞收藏無論在大學圖書館系統內部還是在全國圖書館系統中都已進入主流。它的運作變為常態，不再被看作是一個局外或邊緣性的館藏。東亞文獻的收藏成為圖書館館藏發展工作的一部分。與杜克大學相類似的大學相比，杜克大學的東亞收藏仍舊相對較小，不過，它發展的基礎已經奠定。

圖 24-1：東亞閱覽室。照片由杜克大學珀金斯圖書館提供。

1990 年，Deborah Jakubs 創立了圖書館的國際區域研究部門，並把所有的國際區域研究圖書館員集中在這個部門裡。這一重組有助於杜克大學實施國際化發展。杜克大學於 1994 年制定了國際化的發展戰略，Jakubs 是參與該計畫的委員之一，國際區域研究收藏被大學視為新的發展專案，也是擴展現有專案的主要依託。此間，基於許多相同的原因——教授們的積極行動、大學對國際化的重視、大學的機構重組——學校的東亞教學和科研專案開始擴展。1990 年，林南被任命為亞太研究所所長，隨後大學又迅速聘任了一批新教授。這些舉措得益於大學的機構重組：1995 年，大學批准設立日語作為主修和輔修；1998 年，亞洲和非洲語言文學學科升級為系；同年，大學又批准了東亞研究的碩士學位和研究學位證書專案。教授人數也從 10 名猛增至 30 多名，其中一些是長期聘任，一些是在各種基金資助下新設的臨時聘任，還有一些是其他院系聘請的中國或日本研究方面的研究人員。伴隨著專業設置的發展，來自中國和日本的留學生以及許多亞裔美國學生也蜂擁而至。1980 年代日本經濟的增長和 1990 年代日本動漫產業的興起，以及美國對華貿易的擴展，都激發了本科生對當代日本和中國的興趣。由於美國高中的外語教學和學生出國學習機會的增加，本科生使用中日韓文資料的能力也日益增強。

　　此時，杜克大學開始發展出其獨特的東亞教學與科研體系，並將重心放在 19 和 20 世紀的跨國研究和文化研究上。冷戰結束後，人們對日本和中國研究的意義有了新的認識，開始強調兩者之間的連繫，並將經濟發展和國與國之間的競爭視為極為重要的事務。杜克大學的東亞研究從來都不側重於古代語言文化等傳統領域，即便是受過古代研究訓練的教授也將自己的研究重心（或部分重心）轉移到了當代。從亞太研究所的名稱就可以看出，它最初側重於太平洋周邊國家的研究，但是從 1990 年代起，研究所的方向就拓展至全球範圍，包括環境、少數民族、殖民地經歷、文化和政治之間的交叉等議題都成為了教授們研究的重點。近年來，許多教授也開始重視視覺研究和影視、廣告、藝術史、文學、宗教及歷史領域中的圖像研究。

　　在過去的十五年裡，杜克大學的東亞收藏發展迅速，藏書量從 1990 年的近 21,000 冊增至 2007 年的 98,000 冊。[26] 2005 年，珀金斯圖書館完成擴建後，東亞書庫搬到了新館的二樓，相關的人員也搬來這裡。新的館舍為教授、學生以及圖書館館員們都帶來了極大便利。工作人員也從兩名專業圖書館館員和一名全職輔助人員增加到五名專業圖書館館員和兩名全職輔助人員。[27] 杜克大學與北卡羅萊納大學教堂山分校的長期合作專案也進行了調整，以適應中國出版業的發展和杜克大學的教授們在大眾文化研究方面的興趣。

　　Patricia Steinhoff 在 1990 年代對當時的日本研究作了五大「特徵」概括，即增長、國際化（即後來的全球化）、專業化、差異化和正規化。[28] 這些特徵很好地表現在杜克大學東亞教學科研和東亞文獻的發展方面。今天，杜克大學東亞研究教授的人數是原先的三倍多，圖書館的東亞藏書量是原先的四倍多。杜克大學和圖書館通過機構重組和資金投入來支持學校國際化的發展。東亞收藏也將重心放在增強優勢上，專注於特色收藏，以便與其他圖書館館藏相區分。杜克大學東亞館藏的發展日益正常化和主流化，在人員的配備與工作程序上，已與西歐研究或美國研究方面的館藏建設別無二致。

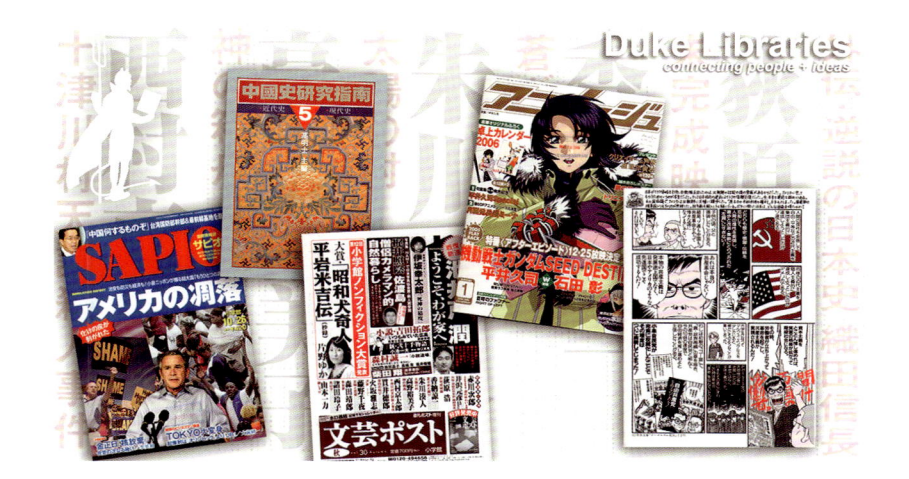

圖 24-2：東亞雜誌。照片由杜克大學珀金斯圖書館提供。

中文館藏

　　與其他大學的東亞圖書館相比，杜克大學的中文藏書量相對較少，但它發展迅速，每年以約 5 千冊的速度增長。從 1990 年代中期開始，由於杜克大學中國研究的迅速發展，北卡羅萊納大學教堂山分校的資料收集不能完全滿足杜克大學教授們的科研需要，因此，發展本校自己中文館藏的呼聲日益加大。1996 年，杜克大學在聘請了一名校外顧問對中文館藏進行了評估後，開始逐漸擴展中文館藏。[29] 杜克大學的中國研究具有鮮明特色，它側重於當代中國研究。在社會科學領域，杜克大學研究中國的教授團隊中大約有一半人的科研和教學興趣在當代中國的社會、經濟和政治方面。在人文學科領域，雖然杜克大學有三名教授從事古代中國的研究（藝術史、歷史和宗教），他們也對當代中國研究有興趣；此外，還有三位教授關注當代的大眾文化、環境政策和全球化問題。

　　1990 年代中期，在基金會的資助下，杜克大學開始訂購藝術史、經濟學、政治學和社會學領域的中文核心期刊以及一些統計年鑑，還購買了一些基礎性的參考資料。當時，中國文學教授王瑾在盧斯基金會（Henry Luce Foundation）的資助下，開始收集大眾文化方面的資料，包括有關時尚、音樂、青少年、旅行、娛樂和廣告方面的雜誌和報紙，成為杜克大學中文館藏中的特色資料。

杜克大學的教授們在從事中國研究時，常常跨越學科、邊界甚至年代的劃分。杜克大學的中文館藏也體現了這種特徵。館中收藏的資料有關於中國移民和海外華僑的研究，有關於商品、糧食和人口的全球流動，物質文化轉型過程中全球化與本土化的連繫，還有文學、傳媒、政策研究和政治過程的交錯，以及臺灣、香港和中國大陸的電影研究、環境研究、經濟發展、公共政策、文化研究、非政府組織作用方面的研究等。

　　杜克大學的中文收藏的優勢領域包括佛教藝術、現代歷史、政治學、大眾文學、外交關係、經濟發展、社會研究、民族研究、人口研究、統計年鑑和當代地方志。其中特別值得一提的是杜克大學收藏的中國影視資料，包括許多 1930 年代到 1960 年代製作的電影，以及 1980 年代以後製作的電視劇。這些影視作品涉及各種題材、形式和地區，包括武俠片、藝術片、試驗劇、劇情片、恐怖片、喜劇片和動畫片，以及歷史故事片、愛情片、紀錄片和地下電影。最近，杜克大學購得了一批 1950 年代到 1970 年代的新聞簡報和電影宣傳資料，並由 IDC 出版集團（IDC Publishers）將其製成網上資料庫，在杜克大學的線上書目可以檢索這一資料庫。

　　採購來的全文電子資料庫使杜克大學很快就建立起了一個核心書籍和期刊的資料庫。教師和學生可以方便地進行查閱，利用資料庫強大的檢索功能來獲取全文資料，獲益良多。在資料收集的過程中，捐贈的圖書也是重要的一部分。除臺灣中央圖書館和中國駐華盛頓大使館的捐贈外，易勞逸（Lloyd Eastman）的捐贈也豐富了有關國民黨時期的資料。許倬雲捐贈了有關中國早期歷史的資料，而鮑耀明則捐贈了有關中國文學和文化方面的資料。這些捐贈有助於解決杜克大學在歷史文獻收藏方面所固有的欠缺。英文書籍的捐贈也同樣重要。James R. Ransom 捐贈的東亞（主要是中國）歷史、政治和文化方面的資料擴充了圖書館 1950 年之前的收藏。這批資料包括有關滿洲鐵路的圖書、傳教士所著以及關於傳教士的著作、兒童語言教材，以及部分中華人民共和國出版的圖書。

日文館藏

　　杜克大學的日文館藏重點在 19–20 世紀的日本，優勢領域是現代藝術史、婦女和勞工史、日本殖民史、現代文學、漫畫與動畫。其中某些資料，如勞工史，可以追溯到杜克大學最早聘任日本研究學者的時期，而其他資料的收集則是最近才開始。特別是現代藝術史方面，圖書館正力圖收集更多的史料，並將主要精力放在支持北卡州三角地區多所大學中從事相關研究的師生上，而非建立一個包羅萬象的館藏。圖書館也力圖變成美國東南部地區的日本研究資源中心。北卡州三角地區的大學的教授對日本殖民時期的研究具有共同興趣，因此，圖書館便要收集相關的資料來支持他們的研究。與從事中國研究的教授一樣，從事日本研究的教授們也越來越多地進行跨學科和跨國家的研究，不論是高柏對中日汽車產業的研究，還是 Anne Allison 對日本、泰國和巴黎版本的《美少女戰士》（*Sailor Moon*）的比較，這些研究都擴展了圖書館的收藏。圖書館也收集支持新研究領域的核心資料和工具書，包括電子資料和紙本資料。日文圖書的大量再版也使得杜克大學可以購得許多原始資料，特別是圖像視覺資料，從而有力地支持了大學的歷史、藝術史和文學方面的教學與科研。隨著數位技術的進步、文化的全球化和知識的重新分類，跨學科和跨文化的視覺研究方法在日本研究中成為必不可缺少的手段。基於杜克大學對大眾文化研究的整體側重，圖書館收集了大量廣告、電影、婦女雜誌、漫畫和動畫等領域的重要資料。[30]

為促進讀者獲取電子資源，杜克大學採取的措施包括給一些免費的線上資源編目，比如日本國立情報學研究所（The National Institute of Informatics）的線上目錄（NACSIS Webcat）[31] 和日本國會圖書館（National Diet Library）的近代數位圖書館（Kindai Digital Library）。圖書館館員為紙本館藏和電子資源編寫了使用指南。1995年，日本國際交流基金會進行了一次問卷調查，請被調查者評出他們最常用的美國收藏日本文獻的圖書館。杜克大學與美國國家檔案局（National Archives）、伊利諾大學、印第安納大學、康乃爾大學和奧勒岡大學並列第四類館。這幾個圖書館的藏書量都在 5 萬冊以上，杜克大學東亞圖書館儘管是美國南部唯一重要的日文收藏館，其當時的藏書量僅為其他圖書館的一半。[32]

圖書捐贈在杜克大學的日文資料收集中的作用也很顯著，其中兩項捐贈尤其值得提及。1985年，在美日財團的幫助下，圖書館獲得了前田義德（Yoshinori Maeda）約 5 千冊的私人藏書。前田義德曾任共同通訊社主席和理事以及日本放送協會（NHK）總裁。這批藏書不僅包括日本放送協會的大量出版物和有關的廣播資料，還有豐富的圖像資料，包括有關 1970 年日本大阪世博會、1964 年和 1972 年奧運會的資料和出版物，以及關於歐洲經濟共同體和日本外交政策等方面的許多重要研究資料。10 年後，杜克大學又從法政大學（Hosei University）獲得了 5 千冊有關勞工和城市史的資料。最近，杜克大學還獲得了一批有關日本 1960 年代到 1970 年代學生運動的捐贈。

韓文館藏

作為一個獨立的學科，杜克大學的韓國研究是近幾年才發展起來的。1993 年，一個學術規劃委員會建議設立韓國研究專案，並將重心放在當代韓國社會和文化研究方面。1993 年，為滿足學生的要求，杜克大學開始提供韓語教學，並開設了有關的政治學和社會學課程。1998 年，杜克大學聘任了第一位正式編制的韓文教師。從 1995–1996 學年開始，杜克大學開始提供為期四年的韓文和文學翻譯課程。杜克大學的韓國學生會非常積極，每月舉辦韓國論壇。來自韓國的研究生有的從事東亞研究，有的從事社會科學研究。杜克大學的大學生和研究生們也撰寫了一些有關朝鮮半島的榮譽學士論文和博碩士論文，他們關注的要點集中在軍事史、婦女史、經濟學、心理學和政治學等方面，其中，1950 年以來有關朝鮮半島的學位論文共計 25 篇。目前還有歷史系、經濟學系、政治學系和文學系的一些學生正在撰寫有關朝鮮半島的學位論文。

2000 年以來最大的改變是將朝鮮半島的研究整合到東亞研究之中。在某種程度上，這是由於教授們在研究中傾向於將整個東亞作為一個地區來看待，並從事跨邊界研究。某些教授對日本或中國與近代朝鮮的歷史關係感興趣，另一些則對當代韓國問題感興趣。由於朝鮮半島研究也著重於跨國性並涉及現代化問題、電影和婦女研究等領域，它成為東亞研究中所必不可少的一部分。從 1990 年代開始，韓國的電影和電視劇在全球範圍內受到歡迎。韓國電影蟬聯了多項國際大獎，贏得了好評，以至於好萊塢如今也爭相購買韓國電影劇本的版權。韓國電視劇在中國和日本的風靡也使得人們對韓國文化和社會情況表現出空前的熱情，形成了媒體評論員所說的地區「韓流」，這也引起了杜克大學學生們的研究興趣。

韓文資料的收集在此種背景下得到了發展。1990 年之前，圖書館的韓文書籍不足 300 冊。此後，圖書館得到眾多機構的資助，包括韓國國際交流財團（Korea Foundation）、前赴韓傳教士創辦的韓國研究基金會（Korea Research Foundation）、聯邦政府教育部第六類項目以及弗里曼基金會（Freeman Foundation）。在它們的幫助下，杜克大學開始收集韓文資料，並依靠教授的推薦，收藏文學和電影相關的資料。收藏的主要增長出現在 1999 年之後。從 1999 年到 2007 年，韓文藏書量從 1,025 冊增加到 4,429 冊，電影從 17 部增加到 377 部。

隨著朝鮮半島研究的發展，教授們對圖書館工作人員的欠缺以及過於依賴教授選書的狀況感到不滿。圖書館於 2006 年聘請김정숙（Joy Hyon Kim）對韓文的收藏進行了一次評估。2007 年秋，杜克大學聘請了一位專業的圖書館員來負責這方面的收藏。[33]

特藏文獻

如前所述，杜克大學圖書館特藏部收集的有關東亞的珍貴資料包括傳教士和早期英國駐日本外交官的報告、東印度公司的文件、商人和海員的日記和信件，以及立體像卡和明信片。它還收集了 Robert L. Eichelberger 將軍的文集。Eichelberger 在二戰期間指揮了所有對日本進行占領的地面進攻部隊。特藏部也收有日本的廣告資料，存放在特藏部的哈特曼中心（Hartman Center）。[34] 最近該部還獲得了有關日本 1960 年代學生運動的檔案，以及漢學家 Sidney Gamble 於 1908–1932 年間在中國拍攝的照片。[35] 此外，還有一些較小的收藏，如北京及近郊的凹版照片、日本戰時的宣傳資料、特倫特醫學史資料庫（Trent Collection）中的 6 本 18 世紀的日本醫學典籍，以及 Warner Wells 收集到的 1945 年 8 月和 9 月的廣島的資料等。

從東亞文獻的早期收集到現在，東亞研究以及這方面的資訊需求都發生了顯著變化。科技的進步解決了某些問題，但也提出了新的挑戰，特別是在杜克大學與北卡羅萊納大學教堂山分校之間的合作上，儘管兩所大學都將對方的教師看作是一家人，但是供應商卻不會因此調整資料庫的價格。除了必須解決數位資源的版權問題，合作模式也需要不斷改進，以適應新的情況。杜克大學將不僅與北卡羅來納大學教堂山分校以及北卡州三角地區的研究圖書館合作，而且也將參與全美和國際合作。瞭解北美其他東亞圖書館收藏的優勢能幫助杜克大學圖書館向教師和學生推薦其他館的特色收藏，也能更明確自己的收藏特色。

圖 24-3：杜克大學圖書館的 Sidney Gamble 照片文庫收藏了中國 20 世紀早期的許多珍貴照片。Gamble 拍攝了這張 1919 年 11 月 29 日北京學生在天安門廣場抗議的照片。照片由杜克大學圖書館藝術文獻檔案室提供。

圖 24-4：從 1908 年到 1932 年，Gamble 先後四次來到中國，走遍了中國境內的許多地方。1925 年 4 月 2 日，他拍攝了這張孫中山先生葬禮的照片。照片由杜克大學圖書館藝術文獻檔案室提供。

圖 24-5：作為漢學家和社會學者，Gamble 收集了許多中國社會經濟狀況的調查資料，涉及當時中國城鄉生活的許多方面。圖為 1925–1926 年（確切日期未知）一支送葬隊伍抬著一個紙塔。照片由杜克大學圖書館藝術文獻檔案館提供。

圖 24-6：Gamble 於 1917–1919 年間拍攝的四川萬縣橋。照片由杜克大學圖書館藝術文獻檔案館提供。

註釋

1. 1960 年代中期，北卡羅萊納大學教堂山分校和杜克大學都聘任了專職圖書館館員，開始建立東亞資料的收藏。其他一些南方學校稍後才建立東亞館藏：佛羅里達大學和埃默里大學分別開始於 1980 年代和 1990 年代。維吉尼亞大學雖然早在 1950 年就開始了收藏東亞出版物，但直到最近才開始重視這個館藏。其他南方大學的圖書館在二戰後利用教授選書建立起了小型收藏，但尚未聘請東亞研究方面的圖書館員。

2. 杜克大學 1994 年制定的戰略規劃「建構我們的未來」中的一項重要議程就是實現大學的國際化。

3. 到 1995 年，杜克大學成為日本國際交流基金會所列出的美國 19 所設有完整日本學研究生課程的大學之一，它是當時美國南方唯一的這樣一所大學。

4. 從 1990 年開始，圖書館的經費和人員配備都顯著增長，藏書量從 1990 年的近 21,000 冊增長到 2007 年的 98,000 冊，表明大學加大了支持力度。

5. Duke University Archives, "Duke University: A Brief Narrative History," http://library.duke.edu/uarchives/history/narrativehistory.html

6. 從 1930 年代開始，杜克大學依靠教授選書，建立起了有關西歐、英帝國和英聯邦以及拉丁美洲國家的重要收藏。John L. Sharpe III and Esther Evans, eds., *Gnomon, Essays for the Dedication of the William R. Perkins Library, April 16, 1970* (Durham: Duke University Library, 1970), 8–11.

7. James A. Thomas（1862–1940）是 James B. Duke 和 Benjamin Duke 的朋友和商業夥伴。他在中國生活了 30 多年，負責管理英美菸草公司的業務。見 https://library.duke.edu/sites/default/files/dul/about/Thomas%26eunuchs.jpg。他的大部分贈書是關於中國的，有些還是用中文出版的，少量是關於朝鮮和日本的。Thomas 也捐贈了一套幾乎完整的 1859 年到 1939 年的皇家亞洲學會中國北部分會會刊。"Annual Report 1932–33," *Duke University Library Bulletin* 7 (December 1933): 14.

8. 見杜克大學圖書館館長年度報告中的捐贈明細，可參 *Duke University Library Bulletin*, 1931–1933 和 *University Libraries*, 1941–1968。

9. Marius Jansen, "Stages of Growth," in Japan Foundation, ed., *Japanese Studies in the United States. Part 1: History and Present Condition* (Tokyo: Japan Foundation, 1988), 27.

10. Paul M. A. Linebarger, Djang Chu, and Ardath W. Burks, *Far Eastern Governments and Politics: China and Japan* (New York: D. Van Nostrand, 1954), v–vi; Paul H. Clyde and Burton F. Beers, *The Far East, A History of the Western Impact and the Eastern Response, 1830–1965*, 4th ed. (Englewood Cliffs: Prentice-Hall, 1966).

11. 林白樂（Paul Linebarger）在教學休假期間曾在國防部服務。1946 年在他的安排下，一批關於「自由中國」的贈書從中國運到杜克大學。"Report to the President, 1945–46," 4, prepared by J. P. Breedlove, Acting Librarian, 1946.

12. Adam Matthew Publications, *Japan through Western Eyes: Manuscript Records of Traders, Travellers, Missionaries, and Diplomats, 1853–1941* (Marlborough: Adam Matthew Publications, 1996); William R. Perkins

Library, *China through Western Eyes: Manuscript Records of Traders, Travellers, Missionaries, and Diplomats, 1792–1942* (Marlborough: Adam Matthew Publications, 1996).

[13] 根據 "Duke University Library Report to the President, 1967–1968," 4, prepared by Benjamin E. Powell, Duke University Libraries. 圖書館在大學聘請 Bernard Silberman 教授之前，只有極少量的日語資料。

[14] 杜克大學和北卡羅萊納大學教堂山分校的合作歷史可以追溯到 1930 年代，當時這兩所鄰近的大學圖書館交換各自的圖書目錄卡片，以避免不必要的重複。"The University Libraries," *Bulletin of Duke University* 8, no. 4-A (April 1936): 165–167.

[15] Wen-Chouh Lin and Edward Martinique, "Cooperative Library Activities in East Asian Studies between Duke University and the University of North Carolina at Chapel Hill," *Journal of East Asian Libraries* 66 (October 1981): 25–28. 需要注意的是 Silberman 是杜克大學聘請的第一位日本研究專家。

[16] 圖書館於 1974–1975 年還獲得了日本世博會紀念基金會 1 萬美元的捐贈。此外，還於 1980 年代初從日本國際交流基金會獲得 3 千美元以收購日語書籍。引自 Margaret McKean 向東亞委員會（1984?）提交的備忘錄，見東亞圖書館員檔案。

[17] 林文綽和林淳美分別於 1968 年和 1974 年被圖書館聘為工作人員。他們的職責不限於圖書編目，還包括給日本圖書供應商下訂單。

[18] Wen-chouh Lin and Edward Martinique, "Cooperative Library Activities in East Asian Studies between Duke University and the University of North Carolina at Chapel Hill," *Journal of East Asian Libraries* 66 (October 1981): 27.

[19] 根據 Marius Jenson 記載，1981 年，杜克大學亞太研究所和北卡羅納日本中心建立之前，美國已經有 24 個有關東亞的跨學科研究中心。Association for Asian Studies, ed. *Japanese Studies in the United States. Part 1: History and Present Condition*, 159–180. Tokyo: Japan Foundation, 1988.

[20] 同年，北卡羅萊納州立大學建立了北卡羅萊納州日本研究中心，不過它更多地關注於北卡羅萊納州與日本商界的交流，而不是兩者間的學術交流。

[21] 1980 年代末，整個珀金斯圖書館（Perkins Library）的圖書選購從教授負責轉變為專業人員負責。1983 年，圖書館聘任了首位專業文獻學家。

[22] 在 1980 年代的 10 年間，北卡羅萊納大學增加了 4 萬冊中文圖書，而杜克大學僅僅增加了 4 千冊日文圖書。在眾多校內文件中，教師們的不滿溢於言表。

[23] "Report of the Survey on the East Asian Language Materials Processing at Duke University Library," November 1985, prepared by Ichiko Morita and Moureen Donovan, Ohio State University Libraries. 這份報告指出杜克大學有潛力建立一個日本研究館藏，但需要更多的資金和努力。報告還指出，「杜克大學不必模仿複製現有的大型日文館藏……但是應該有效利用圖書收藏方法，建立一個具有自己特色和優勢的館藏」。

[24] 1984 年，圖書館張貼出了招聘日本研究圖書館館員的公告，要求這位圖書館館員負責日語資料的選擇、購買和編目。1986 年，秋葉洋子（Yoko Akiba）被聘任為日文圖書館館員，但是她的職責僅限於圖書編目。由於對她的聘用，圖書館暫時無力再招聘一位日文文獻學家。洋子的丈夫聰志（Satoshi）當時還在圖書館學院學習，他先被聘為日文圖書採購員，並逐漸承擔起日文文獻學家的工作，直到他 1989 年離開杜克去了康乃爾大學。

[25] 文件中包括從 1974 年到 1985 年東亞研究教授的簽名信件。其中，1985 年 10 月 28 日的信中這樣寫道：「杜克大學中文和日文資料的最大問題是資料散布在珀金

斯圖書館的各個角落 ── 這樣的安排，使教授們很難利用這些資料進行嚴肅的科研，僅僅增加圖書購買量也無濟於事。」

26 中文圖書藏書量已經從 8,281 冊增至 35,667 冊，日文圖書藏書量從 12,980 冊增至 57,977 冊，韓文圖書藏書量從 293 冊增至 4,429 冊。

27 圖書館於 2000 年聘請了一位中國研究圖書館館員，2002 年聘請了一位日文編目員，2007 年 12 月又聘請了一位韓國研究圖書館館員。東亞圖書館還為圖書館院系的實習生提供資助，儘管杜克大學自己沒有圖書館學院，但是圖書館接納了來自北卡羅萊納大學教堂山分校和其他一些圖書館學院的學生前來實習。此外，珀金斯圖書館的工作人員也提供東亞圖書的借閱和上架服務。

28 Japan Foundation, and Association for Asian Studies, *Japanese Studies in the United States: The 1900s.* Japanese Studies, no. 26 (Tokyo: Japan Foundation, 1996). 特別參見 Chapter 1, "Themes of Change."

29 "Consultant's Report: Library Support for Chinese Studies at Duke University Based on a Campus Visit on March 5 and 6, 1996, at the Duke University Libraries," March 10, 1996, prepared by Peter X. Zhou, Head, East Asian Library, University of Pittsburgh.

30 圖書館特藏部的哈特曼中心（Hartman Center）的廣告資料收藏補充了這些資料。

31 "NACSIS Webcat" 是日本東京前國立科學資訊系統中心（National Center for Science Information System, NACSIS）圖書資訊編目處的線上書目。2000 年，NACSIS 更名為國立情報學研究所（National Institute of Informatics, NII），但是線上書目仍然保持原名（NACSIS Webcat），域名則使用新的名稱縮寫；參見 http://webcatplus.nii.ac.jp

32 Japan Foundation and Association for Asian Studies, *Japanese Studies in the United States: The 1900s.*

33 "Developing Korean Library Resources at the Duke University: A Report on Site Visit, Feb. 1–3, 2006," prepared by Joy Hyon Kim, Curator, Korean Heritage Library, University of Southern California.

34 "Hartman Center Collections and Guides," https://library.duke.edu/rubenstein/hartman/collections-and-guides

35 "Sidney D. Gamble Photographs," http://library.duke.edu/digitalcollections/gamble

參考文獻

Adam Matthew Publications. *Japan through Western Eyes: Manuscript Records of Traders, Travellers, Missionaries, and Diplomats, 1853–1941*. Marlborough: Adam Matthew Publications, 1996.

"Annual Report 1932–33." *Duke University Library Bulletin* 7 (December 1933): 3–31.

Clyde, Paul Hibbert. *Japans Pacific Mandate*. New York: Macmillan, 1935.

Clyde, Paul Hibbert, and Burton F. Beers. *The Far East: A History of the Western Impact and the Eastern Response, 1830–1965*, 4th ed. Englewood Cliffs: Prentice-Hall, 1966.

"Consultant's Report: Library Support for Chinese Studies at Duke University Based on a Campus Visit on March 5 and 6, 1996, at the Duke University Libraries." March 10, 1996. Prepared by Peter X. Zhou, Head, East Asian Library, University of Pittsburgh.

"Council on East Asian Libraries Statistics." https://ceal.unit.ku.edu

"Developing Korean Library Resources at the Duke University: A Report on Site Visit, Feb. 1–3, 2006." Prepared by Joy Hyon Kim, Curator, Korean Heritage Library, University of Southern California.

Haught, Matthew J. "John W. Hartman Center for Sales, Advertising and Marketing History." *American Journalism* 32, no. 4 (October 2015): 501–503.

Jansen, Marius. "Stages of Growth." In *Japanese Studies in the United States. Part 1: History and Present Condition*. Edited by Association for Asian Studies, 27–68. Tokyo: Japan Foundation, 1988.

Japan Foundation. *Directory of Japan Specialists and Japanese Studies Institutions in the United States and Canada: Japanese Studies in the United States.* Japanese Studies, no. 24. Tokyo: Japan Foundation, 1995.

Japan Foundation, and Association for Asian Studies. *Japanese Studies in the United States: The 1990s*. Japanese Studies, no. 26. Tokyo: Japan Foundation, 1996.

Lin, Wen-Chouh, and Edward Martinique. "Cooperative Library Activities in East Asian Studies between Duke University and the University of North Carolina at Chapel Hill." *Journal of East Asian Libraries* 66 (October 1981): 25–28.

Linebarger, Paul M. A., Djang Chu, and Ardath W. Burks. *Far Eastern Governments and Politics: China and Japan*. New York: Von Nostrand, 1954.

"Report of the Survey on the East Asian Language Materials Processing at Duke University Library." November 1985. Prepared by Ichiko Morita and Moureen Donovan, Ohio State University Libraries.

Sharpe, John L., and Esther Evans. *Gnomon: Essays for the Dedication of the William R. Perkins Library, April 16, 1970*. Durham: Duke University Library, 1970.

Steinhoff, Patricia G., Michael Wade Donnelly, Japan Foundation, and Association for Asian Studies. *Japanese Studies in the United States and Canada:*

Continuities and Opportunities. Japanese Studies, no. 36. Tokyo: Japan Foundation, 2007.

"The University Libraries." *Bulletin of Duke University* 8, no. 4-A (April 1936): 151–173.

University Archives. "Duke University: A Brief Narrative History." http://library.duke.edu/uarchives/history/narrativehistory.html

William R. Perkins Library. *China through Western Eyes: Manuscript Records of Traders, Travellers, Missionaries, and Diplomats, 1792–1942*. Marlborough: Adam Matthew Publications, 1996.

一張中國「文革」時期的海報。這位農民手中握著《毛主席語錄》，將它作為向大自然開戰的武器。照片由加州大學聖地牙哥分校圖書館提供。

25 / 加州大學聖地牙哥分校東亞圖書館的過去、現在和未來

程健（Jim Cheng）

哥倫比亞大學斯塔東亞圖書館館長，加州大學聖地牙哥分校國際關係與太平洋研究圖書館和東亞圖書館前館長。程健出生於中國蘇州，在上海復旦大學獲得漢語言文學學士學位，在華盛頓大學獲得比較文學以及圖書館學和資訊科學碩士學位。由於在東亞電影研究和圖書收藏方面的工作成就，他獲得了 2009 年的傅爾布萊特學者研究基金（Fulbright Scholar Research Award）資助，並被《圖書館雜誌》（*Library Journal*）提名為 2008 年度的風雲人物。他發表了許多關於東亞電影和圖書館學的論文。他的研究方向在中文數位資源、中國獨立電影和臺灣電影研究等方面。

1992年，李學博發表了《北美東亞圖書館指南》（*A Guide to East Asian Collections in North America*）。15 年後，李學博的著作使我們注意到北美東亞圖書館所發生的深刻變革，但他的著作尚未提及數位資源。如今，數位資源已成為東亞圖書館的重要組成部分，例如，加州大學聖地牙哥分校圖書館就收藏了東亞研究方面的大量數位資源，包括電子書、期刊、報紙、學位論文和會議論文等。[1] 另一個改變是大量音像資料的出現。近年來人們對東亞地區的電影、視覺藝術和音樂產生了巨大興趣。因此，對北美東亞圖書館收藏方面的這些變化做出更加詳細的介紹變得更為迫切，而加州大學聖地牙哥分校東亞圖書館相對短暫的發展歷程正好向我們展示了這些變化。

加州大學聖地牙哥分校被認為是二戰後在美國建立的最好的研究型大學。[2] 在它創立之時，加州大學系統已經擁有了兩所頂級大學——加州大學柏克萊分校和加州大學洛杉磯分校。加州大學聖地牙哥分校

的創立者們從一開始便計畫建立一個圖書館，使之可以與加州大學洛杉磯分校和柏克萊分校的大型圖書館相媲美。加州大學聖地牙哥分校的第二任校長John Galbraith 在接受校長任命時說，他擔任校長的條件是「大學理事會需要認同」一項原則，即加州大學聖地牙哥分校需要建立加州大學系統中第三個最好的學術圖書館。[3] 在他的任期內，大學圖書館的建設成為了學校標誌性的工程。加州大學聖地牙哥分校東亞圖書館正是在這樣的環境下建立的。然而，直到1987年大學建立國際關係與太平洋研究圖書館時，東亞館藏才開始全面發展。當年，國際關係與太平洋研究研究生院（International Relations and Pacific Studies Graduate School）正式成立。[4] 次年，當時的大學圖書館總館長Dorothy Gregor 和副館長 George Soete 作了一項戰略決策，將加州大學聖地牙哥分校的東亞圖書館分成兩個分別存放卻接受統一管理的文庫：經濟學、商務、當代政治學和國際關係方面的中日韓文館藏組建成「國際關係與太平洋研究圖書館文庫」，遷入國際關係與太平洋研究研究生院；而人文社會科學方面的中日韓文資料則組建成了單獨的東亞圖書館，仍留在大學的總圖書館裡。

1990年2月，國際關係與太平洋研究圖書館搬至新落成的研究所綜合區的一幢新樓中。英語、西班牙語和德語資料與中日韓文資料交叉擺放在書架上。1991年，大學的總圖書館完成了一個擴建專案，將總圖書館和各個分館中的中日韓文人文社會科學資料挑選出來，在大學總圖書館的四樓組建了東亞圖書館。

在取得所有這些進展之前，加州大學聖地牙哥分校的圖書館已經開始收藏漢語和日語資料。

1967年，大學聘任了首位漢學教授葉維廉，圖書館每年為他提供500美元的預算用於購買中文資料。1987年，王自揚成為首位中文圖書館員和編目員，此時館藏的中文資料已經達到了7千冊。1987年，首位日本研究教授三好將夫（Masao Miyoshi）也從加州大學柏克萊分校來到加州大學聖地牙哥分校。為了適應新成立的國際關係與太平洋研究研究所逐漸發展的日本研究專案，加州大學聖地牙哥分校圖書館開始收藏日文資料。1988年，由谷英治（Eiji Yutani）成為首位日文圖書館員。1986年，首位韓國研究教師 Larry B. Krause 加入了國際關係與太平洋研究研究生院。[5] 他從1989年到1990年擔任韓國—太平洋專案（Korea-Pacific Program）主任。1987年，圖書館開始收藏韓文資料。

從1988年到1990年，William Tuchrello 擔任了國際關係與太平洋研究圖書館館長。1990年，盧國邦接替他擔任館長，並一直工作到2002年。盧國邦帶領圖書館迅速發展東亞研究方面的數位資源。1995年，他獲得了國家安全教育專案（National Security Education Program）為期兩年的資助，用來設立一個可以對包括中日韓文資料在內的多種語言提供線上檢索的電腦伺服器。1996年3月，國際關係與太平洋研究圖書館啟用了這個伺服器。圖書館還與臺灣中央研究院達成了協議，使中央研究院的中國研究資料庫向加州大學聖地牙哥分校的用戶開放。盧國邦還於1997年組建了一個名為太平洋沿岸數位圖書館聯盟（Pacific Rim Digital Library Alliance）的組織。[6] 這個組織的宗旨是「通過電子手段促進使用者更好地獲取學術研究資料」。為此，他四處奔波，廣泛吸納組織成員。到 2008 年，這一組織已經在整個太平洋地區擁有 31 個學術圖書館會員。[7] 此外，1999 年，加州大學聖地牙哥分校圖書館還與史丹佛大學的同仁一起建立了「東亞研究線上書目提要」網路資料庫。[8] 圖書館還採購了《四庫全書》全文資料庫和 4 萬冊中文全文電子書。[9]

加州大學聖地牙哥分校為東亞圖書館提供了財政支持。東亞圖書館每年的圖書預算從 1967 年的 500 美元增長到 2006 年的 318,377 美元，此外還有一些專項購書經費、電子資料訂閱費和基金會贈款。

館藏發展

加州大學聖地牙哥分校東亞圖書館的歷史較為短暫，因而它沒有重複走美國其他許多東亞圖書館傳統的發展道路。圖書館集中精力利用資訊技術來發展和提升館藏及服務。從 1990 年開始，東亞圖書館開始使用數位資源，並與加州數位圖書館（California Digital Library）合作，在加州大學系統內為東亞數位資源的版權管理、資料共享、獲取和大規模數位化工程提供支援。在館藏發展方面，加州大學體系內館藏發展的分工使得各個分校的圖書館可以集中開發某方面的資源。加州大學聖地牙哥分校東亞圖書館的中文收藏著重在明代以後的人文社會科學資料。國際關係與太平洋研究圖書館的收藏則集中在當代太平洋沿岸地區的經濟、商務、政治和國際關係方面。

圖書館的藏書發展採用了五項策略：第一，圖書館與加州大學系統中其他各分校圖書館進行合作購書。[10] 到 2008 年為止，圖書館與加州大學各分校圖書館聯合訂購了 14 個東亞資料庫。第二，在與加州大學其他分校圖書館合作時，圖書館致力於開發自己的特色文庫。總體而言，加州大學聖地牙哥分校沒有收藏明代以前的資料，在這方面圖書館主要依賴加州大學其他分校（特別是加州大學洛杉磯分校和加州大學柏克萊分校）的東亞圖書館。這樣，圖書館可以將重心放在自己的優勢領域。每年中國研究圖書館員與歷史系的教授一道，為中國史專業的新進博士生組織一次田野考察。這些學生由一位資深教授帶隊，訪問加州大學洛杉磯分校、加州大學柏克萊分校和史丹佛大學

圖 25-1：創辦於 1987 年的國際關係與太平洋研究圖書館，它的藏書集中在國際關係、商業、經濟學、政治學等領域。照片由加州大學聖地牙哥分校圖書館提供。

圖 25-2：東亞圖書館占據了吉賽爾圖書館（Geisel Library）的整個四樓。照片由加州大學聖地牙哥分校圖書館提供。

的東亞圖書館，使他們熟悉那裡的收藏，並學習如何利用這些資料。第三，圖書館提升了公眾對其藏書資源的認識。圖書館經常組織推廣服務活動，如2003年的中國地下電影節、[11] 2004年的日本電影研討會、[12] 2007年的「勿忘文革：多媒體展示」、[13] 2008年的韓國電影節暨研討會——「電影視野中的南北韓」[14]等。第四，圖書館直接向個人購買珍貴資料，包括地下電影、海報、照片和藝術檔案。第五，圖書館還大力購買珍貴紙質文獻的數位影像及數位影像的版權，如中國文革時期的宣傳畫，並將其數位化。

2008年，圖書館館藏達到了143,125冊，包括5百多種現刊和3千多部電影，現當代中日研究方面的館藏特別優秀。中文文庫集中收集了從明代至今的史料，以及現當代中國文學和中國藝術史方面的重要收藏。日文館藏的重點是歷史和文學，特別是日本現代教育史和日本在朝鮮半島的殖民史方面的文獻。韓文館藏則集中在現代韓國史和文學方面。國際關係與太平洋研究圖書館的收藏重點在國際關係、全球經濟、地緣政治、國際財政和商業等領域。

數位文庫和多媒體館藏

加州大學聖地牙哥東亞圖書館的東亞數位資源是一大特色。讀者可以全文檢索許多中文電子期刊、電子書以及日語工具書資料庫。由於圖書館的發展策略側重於數位資源，它建立了美國東亞研究方面最大的數位文庫之一。另外，它還有以下重要多媒體館藏。

中國地下／獨立電影文庫

這一文庫擁有1千多部電影，吸引了來自世界各地的學者。這些電影涉及了當代中國社會的許多方面，包括失業問題、農民工、污染、宗教、先鋒藝術、鄉鎮選舉、同性戀和文化大革命。利用這一文庫，加州大學聖地牙哥分校和其他學術機構的學者發表了有關這些問題的專著和論文。康奈爾大學、密西根大學、牛津大學和香港城市大學等多所大學的教授們也將這一特藏資料作為授課和研究生討論班的教材。[15]

其他中國電影

圖書館還收藏了中國1920–1950年代製作的電影，[16]包括滿映（滿洲映畫協會或滿洲電影協會）和滿鐵（滿鐵映畫製作所或南滿洲鐵路公司電影製作室）電影收藏，這是北美學術圖書館裡唯一的此類收藏。滿映和滿鐵電影文庫收錄了1932–1945年日本占領滿洲期間，滿映獨立或聯合制作的60多部紀錄片和5部劇情片，以及滿鐵製作或聯合制作的26部紀錄片。這些電影提供了當時的地理概貌、風土人情和人民生活方面的珍貴資料，其中大部分電影在二戰結束時被蘇聯紅軍沒收，並一直存放在俄羅斯的電影檔案館裡。1990年代初，日本的天下公司（TenSharp）從俄羅斯檔案館購得了這些電影。隨後，這些電影被製作成42份錄影帶以兩種電影系列出版：1994年日本天下發行的《映像の証言滿洲の記錄》和1998年日本映画新社發行的《滿鉄記錄映画集》。2005年，東亞圖書館購得這批電影。這批電影中還包括兩部被當時國民政府列為「漢奸附逆」的作品。[17]

日韓電影

2004 年，加州大學聖地牙哥分校的日本研究將它擁有的 160 部日本電影轉交給圖書館後，圖書館便開始系統地收藏日本電影。目前，日本電影文庫收藏了二戰期間製作的 30 部戰爭片和 73 部武士電影。北韓電影是圖書館韓語電影文庫的特色。圖書館還為 2008 年 1 月在加州大學聖地牙哥分校韓語電影節和研討會上放映的 5 部北韓電影製作了英文字幕。到 2008 年，韓語電影文庫已經擁有了約 100 部北韓的紀錄片和劇情片。

臺灣民間音樂文庫

這一文庫收藏了 352 張唱片、錄音帶、光碟和錄影帶。這一特色文庫始於音樂系教授 Nancy Guy 在臺灣進行的有關民間音樂的田野研究。她從臺灣購買了許多民間音樂和戲曲的唱片。圖書館從她手中購得這批資料。

東亞視覺藝術文庫

這一文庫包括 18,797 張幻燈片、照片和海報。圖書館將其中大部分資料進行了數位化，讀者可以通過藝術品數位圖書館（ArtStor）查閱。其中一些資料還在 2007 年 1 月舉辦的中國文化大革命宣傳畫展覽上展出。[18] 文庫還收藏了有關日本藝術、建築和歷史的著作，包括廣島原子彈爆炸和日裔美國人被拘押的資料。韓國藝術作品也收藏在這個文庫中。

朝鮮戰爭和宣傳海報

圖書館最近購買了 66 張來自北韓的海報，並做成數位化典藏，以方便讀者通過藝術品數位圖書館和羅傑系統（Roger，即加州大學聖地牙哥分校圖書館線上書目）進行查詢。

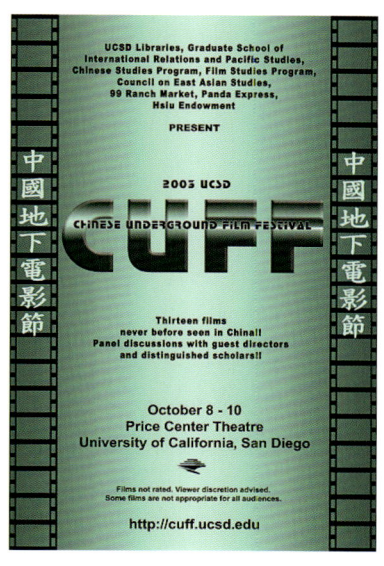

圖 25-3：2003 年 10 月，加州大學聖地牙哥分校主辦了中國地下電影節。照片由加州大學聖地牙哥分校圖書館提供。

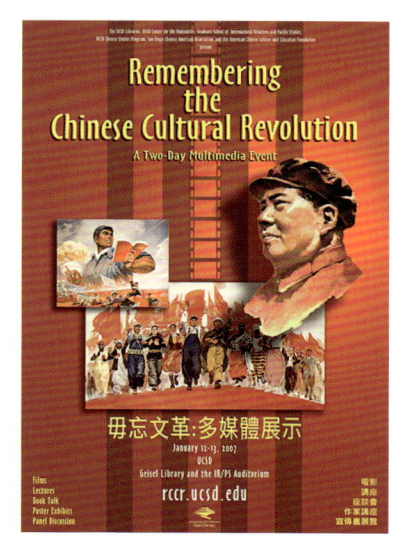

圖 25-4：2007 年 1 月舉辦「勿忘文革：多媒體展示」活動，在兩天的活動中展出了東亞電影和傳媒文庫收藏的資料。照片由加州大學聖地牙哥分校圖書館提供。

圖 25-5：朝鮮的一張海報。在朝鮮，政治海報被廣泛用作宣傳工具。加州大學聖地牙哥分校擁有 66 張朝鮮海報，存放在戰爭與革命海報文庫中。照片由加州大學聖地牙哥分校圖書館提供。

數位資源提供了史無前例的檢索能力。今天的圖書館除了採用了新方法來收集資料外別無選擇。大規模數位化專案和開放內容聯盟已經使越來越多的數位資源以商業化或免費的方式對公眾開放。這些發展也許會促進人們新的興趣，並且改變他們使用文獻的方式。我們必須重新審視建立東亞圖書館藏的傳統原則。「21 世紀的新型圖書館」游走於各種文檔形式、語言和媒體之間，它會打破地域、政治和文化的邊界，成為新觀念的孵化器。根據李學博的著作，在北美所有的東亞圖書館中，加州大學聖地牙哥分校東亞圖書館的歷史較短，為倒數第二。耶魯大學東亞圖書館的歷史最為悠久（1868 年開始收藏東亞圖書）。加州大學聖地牙哥分校東亞圖書館走過的短暫旅程正好反映了 21 世紀所有東亞圖書館變革的速度和這些變革所帶來的機遇。[19]

註釋

1. 加州大學聖地牙哥分校（通過購買和訂閱）收藏了以下東亞研究方面的資料庫：中文資料庫包括中國學術期刊（CAJ）、萬方數據庫、人民日報、全版報紙資料庫（UDNDATA）、臺灣百科全書、中國數據在線、四庫全書、四部叢刊、超星電子書和《古今圖書集成》。日文資料庫包括日經資料庫（Nikkei Telecom）、國立情報學研究所資料庫（CiNII）、日本知識（JapanKnowledge）和雜誌增刊（MagazinePlus）。韓文資料庫包括韓國研究資訊服務系統（KISS）。

2. Nancy Scott Anderson, *An Improbable Venture: A History of the University of California, San Diego* (La Jolla: University of California San Diego Press, 1993), 257.

3. Nancy Scott Anderson, *An Improbable Venture: A History of the University of California, San Diego*, 91.

4. Nancy Scott Anderson, *An Improbable Venture: A History of the University of California, San Diego*, 219.

5. University of California San Diego, Schools of Global Policy & Strategy, "Faculty & Research," http://gps.ucsd.edu/faculty-research/index.html

6. Pacific Rim Research Libraries Alliance, "PRRLA History," http://pr-rla.org/organization/?page_id=3

7. Pacific Rim Research Libraries Alliance, "Membership," http://pr-rla.org/membership

8. 2005 年，由於加州大學聖地牙哥超級電腦中心（San Diego Supercomputing Center, SDSC）軟體的過時和史丹佛大學資料管理員的退休，該資料庫終止對外服務。

9. 2006 年，中文電子圖書文庫從加州大學聖地牙哥超級電腦中心轉到供應商的鏡像網站，參考 "Welcome to China Maxx," http://chinamaxx.net/login.jsp

10. University of California East Asian Bibliographer Group, "East Asian Digital Materials Sample Cost Sharing Models," https://web.archive.org/web/20100616141628/http:/gort.ucsd.edu/uceab/CDLEADsharingModels.htm

11. 參考 "University of California San Diego Libraries," http://cuff.ucsd.edu

12. 參考 "University of California San Diego Libraries," http://cuff.ucsd.edu

13. 參考 "University of California San Diego Libraries," http://cuff.ucsd.edu

14. 參考 "University of California San Diego Libraries," http://cuff.ucsd.edu

15. 有關電影文庫的詳細介紹可參見 Jim Cheng, "The Chinese Underground Film Collection at the University of California, San Diego," in Paul G. Pickowicz and Yingjin Zhang, eds., *From Underground to Independent: Alternative Film Culture in Contemporary China* (Lanham: Rowan and Littelfield, 2006), 209–244. 也可參見下列文章：Matthew David Johnson, "A Scene Beyond Our Line of Sight: Wu Wenguang and New Documentary Cinema's Politics of Independence," in Paul G. Pickowicz and Yingjin Zhang, eds., *From Underground to Independent: Alternative Film Culture in Contemporary China*, 47–76; Paul G. Pickowicz, "Social and Political Dynamics of Underground Filmmaking in China," in Paul G. Pickowicz and Yingjin Zhang, eds., *From Underground to Independent: Alternative Film Culture in Contemporary China*,

1–23; Zhiwei Xiao and Mo Chen, "Chinese Underground Films: Critical Views from China," in Paul G. Pickowicz and Yingjin Zhang, eds., *From Underground to Independent: Alternative Film Culture in Contemporary China*, 143–160; Yingjin Zhang, "My Camera Doesn't Lie? Truth, Subjectivity, and Audience in Chinese Independent Film and Video," in Paul G. Pickowicz and Yingjin Zhang, eds., *From Underground to Independent: Alternative Film Culture in Contemporary China*, 23–46; Yingjin Zhang, "Playing with Intertextuality and Contextuality: Film Piracy on and off the Chinese Screen," in Corey K. Creekmur and Mark Sidel, eds., *Cinema, Law, and the State in Asia* (New York: Palgrave Macmillan, 2007), 213–230.

16 加州大學聖地牙哥分校的中國電影文庫創建於 1978 年。但是直到 2003 年它才歸入東亞電影文庫。當年，東亞電影文庫正式建立。這一文庫由歷史系教授畢克偉（Paul G. Pickowicz）、文學系教授戴威廉（William Tai）和張英進以及程健共同管理。它收藏了 2,700 多種涉及中國早期電影製作的資料和大量 1949 年之後的電影。

17 畢克偉，「《春江遺恨》的是是非非與淪陷時期的中國電影」，《文藝研究》1（2007 年 1 月）：105–113。

18 參考 "University of California San Diego Libraries," http://cuff.ucsd.edu

19 本章作者感謝 Phyllis Mirsky、王自揚、由谷英治、Harold Colson、Moureen Harden、Linda Barnhart、葉維廉、三好將夫、Stephan Haggard、Dennis Kelliher 和 Maria R. Adams 在本章寫作過程中提供的幫助。Mirsky 和 Adams 還抽出時間審閱和編輯了初稿。

參考文獻

畢克偉。「《春江遺恨》的是是非非與淪陷時期的中國電影」。《文藝研究》1（2007年1月）：105–113。

Anderson, Nancy Scott. *An Improbable Venture: A History of the University of California, San Diego*. La Jolla: University of California San Diego Press, 1993.

Baskett, Michael. "The Attractive Empire: Colonial Asia in Japanese Imperial Film Culture, 1931–1953." PhD dissertation, University of California, Los Angeles, 2000.

Cheng, Jim. *An Annotated Bibliography for Chinese Film Studies*. Hong Kong: Hong Kong University Press, 2004.

Cheng, Jim. "The Chinese Underground Film Collection at the University of California, San Diego." In *From Underground to Independent: Alternative Film Culture in Contemporary China*. Edited by Paul G. Pickowicz and Yingjin Zhang, 209–244. Lanham: Rowman and Littlefield, 2006.

Cheng, Jim. "Putting the Spotlight on Korean Film: 2008 UCSD Korean Film Festival/Symposium." *Korea Policy Review* 4, no. 5 (May 2008): 29–31.

Cheng, Jim. "Turning the Spotlight on Korean Film: 2008 UCSD Korean Film Festival/Symposium." *Korea Foundation Newsletter* 17, no. 3 (March 2008): 16–17.

Creekmur, Corey K., and Mark Sidel, eds. *Cinema, Law, and the State in Asia*. New York: Palgrave Macmillan, 2007.

Huang, Xianwen. "Manying, Mantie De Jilupian Gaishu." *Journal of East Asian Libraries* 142 (June 2007): 15–24.

Japan–United States Friendship Commission. *A Guide to the Japanese Library Collections of Western North America*. Berkeley: University of California, 1989.

Lee, Thomas H. *A Guide to East Asian Collections in North America*. New York: Greenwood Press, 1992.

Pickowicz, Paul G., and Yingjin Zhang, eds. *From Underground to Independent: Alternative Film Culture in Contemporary China*. Lanham: Roman & Littlefield, 2006.

Pacific Rim Research Library Alliance. "Membership." http://pr-rla.org/membership (accessed September 9, 2008).

Pacific Rim Research Library Alliance. "PRRLA History." http://pr-rla.org/organization/?page_id=3 (accessed September 9, 2008).

UCSD Council on East Asian Studies. "UCSD Council on East Asian Studies: National Resource Center Proposal, 1996." Unpublished manuscript.

University of California East Asian Bibliographers Group. "East Asian Digital Materials Sample Cost Sharing Models." https://web.archive.org/web/20100616141628/http:/gort.ucsd.edu/uceab/CDLEADsharingModels.htm (accessed September 9, 2008).

University of California San Diego Libraries. "Japan after the Bubble: Japanese Cinema Today and Tomorrow/Japanese Film Symposium." http://jfs.ucsd.edu (accessed September 8, 2008).

University of California San Diego Libraries. "Korea, North

and South: A Cinematic Perspective/Korean Film Festival/Symposium." http://kns.ucsd.edu (accessed September 8, 2008).

University of California San Diego Libraries. "Remembering the Chinese Cultural Revolution: A Two-Day Multimedia Presentation," http://rccr.ucsd.edu (accessed September 8, 2008).

University of California San Diego Libraries. "2003 UCSD Chinese Underground Film Festival." http://cuff.ucsd.edu (accessed September 8, 2008).

Yutani, Eiji. "Developing New Japanese Collections and Services at the University of California, San Diego, 1988–1993." *East Asian Libraries Bulletin* 101 (December 1993): 75–80.

附錄 A：(1) 北美主要東亞圖書館通覽（統計資料截止 2008 年 6 月 30 日）

機構 （按英文字母排序）	紙本館藏總量（冊）中文	日文	韓文	非中日韓文 [a]	總計	電子書總量（件）	其他資料總量（件）[b]	館藏總量
阿爾伯特大學	40,880	10,735	1,383	0	52,998	0	4,881	57,879
亞利桑那大學	142,530	43,940	0	0	186,470	0	959	187,429
賓漢姆頓大學	15,327	2,168	2,125	0	19,620	0	608	20,228
楊百翰大學	53,941	15,506	8,652	0	78,099	0	296	78,395
英屬哥倫比亞大學	304,833	154,934	27,115	76,775	563,057	429	33,745	597,231
布朗大學	113,898	21,444	4,856	0	140,198	0	0	140,198
加州大學柏克萊分校	485,925	379,454	88,502	18,471	972,352	780,961	83,091	1,836,404
加州大學戴維斯分校	49,837	28,946	2,617	12	81,412	0	44,431	125,843
加州大學歐文分校	73,556	25,490	13,989	0	104,203	1,338	2,259	107,800
加州大學洛杉磯分校	301,095	188,818	48,464	53,025	591,402	5,977	26,315	623,694
加州大學河濱分校	32,336	2,351	2,182	28,724	64,905	0	1,075	65,980
加州大學聖地牙哥分校	88,227	58,843	6,694	0	153,764	50,750	11,593	216,107
加州大學聖塔芭芭拉分校	100,398	51,698	1,591	2,028	155,715	0	0	155,715
芝加哥大學	433,366	218,232	61,580	0	713,178	0	47,137	760,315
科羅拉多大學波爾德分校	64,251	16,578	483	0	81,312	0	2,952	84,264
哥倫比亞大學	394,792	290,552	77,807	76,056	839,207	0	75,092	914,299
康乃爾大學	381,138	152,711	11,895	79,624	625,366	0	54,753	680,119
杜克大學	39,580	60,693	5,084	86,635	186,187	584	16,661	203,432
埃默里大學	17,733	6,315	478	98,769	123,295	34	1,468	124,797
遠東研究圖書館	38,787	762	1,485	6,757	47,974	0	397	48,371
佛羅里達大學	23,328	12,883	947	3,565	40,723	0	5,842	46,565
喬治城大學	26,514	22,174	5,338	0	54,026	0	1,572	55,598
哈佛大學當代日本文獻中心	0	4,387	0	5,126	9,513	0	0	9,513
哈佛大學	697,662	309,386	138,797	73,641	1,222,387	0	113,574	1,335,961
夏威夷大學	156,405	131,130	63,196	0	350,731	6,176	20,328	377,235
伊利諾大學厄本那—香檳分校	187,451	73,695	15,830	802	278,238	0	10,186	288,424
印第安納大學	141,897	71,784	17,941	50,305	290,127	0	6,900	297,027
堪薩斯大學	138,946	78,229	4,478	39,771	261,424	46	10,339	271,809
國會圖書館	1,011,816	1,172,234	263,732	413,424	2,861,206	0	77,823	2,939,029
馬里蘭大學	52,824	72,834	9,727	1,313	136,698	0	4,452	141,150
麥基爾大學	67,583	8,129	1,073	230	77,012	25	1,566	78,603

附錄 A：(1) 北美主要東亞圖書館通覽（統計資料截止 2008 年 6 月 30 日）（續）

機構 （按英文字母排序）	紙本館藏總量（冊）中文	日文	韓文	非中日韓文[b]	總計	電子書總量（件）	其他資料總量（件）[a]	館藏總量
大都會藝術博物館	17,308	15,955	2,162	0	35,425	0	N/A	35,425
密西根大學	413,916	297,211	28,047	0	733,145	0	76,791	809,936
密西根州立大學	26,853	6,300	472	59,415	93,040	10	560	93,610
明尼蘇達大學	112,157	39,454	2,616	400	154,627	1,119	7,289	163,035
納爾遜—阿特金斯藝術博物館	12,883	6,986	661	9,278	29,808	0	0	29,808
北卡羅萊納大學教堂山分校	140,559	6,224	456	61	147,300	0	13,295	160,595
奧柏林學院	23,306	4,530	0	22,211	50,047	948	1,090	52,085
俄亥俄州立大學	144,608	115,718	5,325	0	265,653	0	56,372	322,025
賓夕法尼亞大學	157,247	79,611	7,131	0	244,234	0	2	244,236
匹茲堡大學	259,131	122,583	9,046	14,544	405,304	1,704	15,971	422,979
普林斯頓大學	489,374	189,342	18,848	0	697,564	0	49,353	746,917
羅格斯大學	120,491	9,928	2,749	0	133,168	0	5,088	138,256
南加州大學	58,347	29,203	58,700	0	146,250	0	8,669	154,919
史丹佛大學	321,428	194,959	29,827	78,764	624,978	780,624	35,452	1,441,054
德克薩斯大學奧斯汀分校	84,105	64,902	4,499	0	153,506	0	3,726	157,232
多倫多大學	240,003	173,517	39,227	4,790	457,537	1,468	29,087	488,092
維吉尼亞大學	38,967	9,314	466	51,149	99,896	0	0	99,896
華盛頓大學（西雅圖）	268,606	144,358	94,764	37,748	545,476	0	50,811	596,287
聖路易斯華盛頓大學	94,129	52,486	1,976	0	148,591	0	4,750	153,341
華盛頓大學法學院（西雅圖）	9,604	26,811	2,194	6,752	45,902	0	83	45,985
威斯康辛大學麥迪遜分校	147,705	72,544	4,887	40,844	265,980	138	6,890	273,008
耶魯大學	477,424	261,562	12,679	0	751,563	7,202	75,680	834,445
以上 53 個北美東亞圖書館協會成員館合計	9,335,007	5,610,533	1,214,773	1,441,009	17,591,793	1,639,533	1,101,254	20,332,580

說明：附錄中所有統計資料均出自 CEAL Statistics Committee, 2007–2008, "Council on East Asian Libraries Statistics 2007–2008: For North American Institutions," *Journal of East Asian Libraries* 147 (February 2009): 50–78.

[a] 非中日韓文資料指不是用中日韓文字出版的東亞研究出版物，主要包括西文參考書和東亞少數民族語言文字的出版物。

[b] 圖書館其他資料包括微縮資料、地圖、圖片資料、電影、聲像資料等。

附錄 A：(2) 北美主要東亞圖書館館藏總量排名（2008 年）

排名	機構名稱	紙本館藏（冊）	其他資料（件）	館藏總量	地區	類型
1	國會圖書館	2,861,206	77,823	2,939,029	中大西洋	美國非大學機構
2	哈佛大學	1,222,387	113,574	1,335,961	新英格蘭	美國私立大學
3	加州大學柏克萊分校	972,352	83,091	1,055,443	太平洋	美國公立大學
4	哥倫比亞大學	839,207	75,092	914,299	中大西洋	美國私立大學
5	耶魯大學	751,563	75,680	827,243	新英格蘭	美國私立大學
6	密西根大學	733,145	76,791	809,936	中東北部	美國公立大學
7	芝加哥大學	713,178	47,137	760,315	中東北部	美國私立大學
8	普林斯頓大學	697,564	49,353	746,917	中大西洋	美國私立大學
9	康乃爾大學	625,366	54,753	680,119	中大西洋	美國私立大學
10	史丹佛大學	624,978	35,452	660,430	太平洋	美國私立大學
11	加州大學洛杉磯分校	591,402	26,315	617,717	太平洋	美國公立大學
12	英屬哥倫比亞大學	563,057	33,745	596,802	加拿大不列顛哥倫比亞省	加拿大大學
13	華盛頓大學（西雅圖）	545,476	50,811	596,287	太平洋	美國公立大學
14	多倫多大學	457,537	29,087	486,624	加拿大安大略省	加拿大大學
15	匹茲堡大學	405,304	15,971	421,275	中大西洋	美國公立大學
16	夏威夷大學	350,731	20,328	371,059	太平洋	美國公立大學
17	俄亥俄州立大學	265,653	56,372	322,025	中東北部	美國公立大學
18	印第安納大學	290,127	6,900	297,027	中東北部	美國公立大學
19	伊利諾大學厄本那—香檳分校	278,238	10,186	288,424	中東北部	美國公立大學
20	威斯康辛大學麥迪遜分校	265,980	6,890	272,870	中東北部	美國公立大學
21	堪薩斯大學	261,424	10,339	271,763	中西北部	美國公立大學
22	賓夕法尼亞大學	244,234	2	244,236	中大西洋	美國私立大學
23	杜克大學	186,187	16,661	202,848	南大西洋	美國私立大學
24	亞利桑那大學	186,470	959	187,429	山地	美國公立大學
25	加州大學聖地牙哥分校	153,764	11,593	165,357	太平洋	美國公立大學
26	明尼蘇達大學	154,627	7,289	161,916	中西北部	美國公立大學
27	北卡羅萊納大學教堂山分校	147,300	13,295	160,595	南大西洋	美國公立大學
28	德克薩斯大學奧斯汀分校	153,506	3,726	157,232	中西南部	美國公立大學
29	加州大學聖塔芭芭拉分校	155,715	-	155,715	太平洋	美國公立大學
30	南加州大學	146,250	8,669	154,919	太平洋	美國私立大學
31	聖路易斯華盛頓大學	148,591	4,750	153,341	中西北部	美國私立大學

附錄 A：(2) 北美主要東亞圖書館館藏總量排名（2008 年）（續）

排名	機構名稱	紙本館藏（冊）	其他資料（件）	館藏總量	地區	類型
32	馬里蘭大學	136,698	4,452	141,150	南大西洋	美國公立大學
33	布朗大學	140,198	-	140,198	新英格蘭	美國私立大學
34	羅格斯大學	133,168	5,088	138,256	中大西洋	美國公立大學
35	加州大學戴維斯分校	81,412	44,431	125,843	太平洋	美國公立大學
36	埃默里大學	123,295	1,468	124,763	南大西洋	美國私立大學
37	加州大學歐文分校	104,203	2,259	106,462	太平洋	美國公立大學
38	維吉尼亞大學	99,896	-	99,896	南大西洋	美國公立大學
39	密西根州立大學	93,040	560	93,600	中東北部	美國公立大學
40	科羅拉多大學波爾德分校	81,312	2,952	84,264	山地	美國公立大學
41	麥基爾大學	77,012	1,566	78,578	加拿大魁北克省	加拿大大學
42	楊百翰大學	78,099	296	78,395	山地	美國私立大學
43	加州大學河濱分校	64,905	1,075	65,980	太平洋	美國公立大學
44	阿爾伯特大學	52,998	4,881	57,879	加拿大阿爾伯塔省	加拿大大學
45	喬治城大學	54,026	1,572	55,598	中大西洋	美國私立大學
46	奧柏林學院	50,047	1,090	51,137	中東北部	美國私立大學
47	遠東研究圖書館	47,974	397	48,371	中西北部	美國非大學機構
48	佛羅里達大學	40,723	5,842	46,565	南大西洋	美國公立大學
49	華盛頓大學法學院（西雅圖）	45,902	83	45,985	太平洋	美國公立大學
50	大都會藝術博物館	35,425	-	35,425	新英格蘭	美國非大學機構
51	納爾遜—阿特金斯藝術博物館	29,808	-	29,808	中西北部	美國非大學機構
52	賓漢姆頓大學	19,620	608	20,228	中大西洋	美國公立大學
53	哈佛大學當代日本文獻中心	9,513	-	9,513	新英格蘭	美國私立大學

說明：排名依據紙本館藏和其他資料總量，暫不包括電子書。

附錄 B：北美主要東亞圖書館館藏發展經費一覽（2007-2008 年度）

機構 （按英文字母排序）	行政撥款 （美元 $）	私人捐贈 （美元 $）	機構資助 （美元 $）	東亞研究系所的 補助（美元 $）	總採購金額 （美元 $）
阿爾伯特大學	21,800.00	0.00	3,000.00	0.00	24,800.00
亞利桑那大學	68,980.00	0.00	0.00	0.00	68,980.00
楊百翰大學	30,200.00	0.00	0.00	0.00	30,200.00
英屬哥倫比亞大學	0.00	0.00	30,000.00	0.00	30,000.00
布朗大學	74,670.00	0.00	0.00	0.00	74,670.00
加州大學柏克萊分校	684,155.00	233,745.00	60,951.00	167,956.00	1,146,807.00
加州大學戴維斯分校 [a]	0.00	0.00	0.00	0.00	57,262.16
加州大學洛杉磯分校	394,926.00	29,891.00	43,776.00	16,000.00	484,593.00
加州大學河濱分校	23,676.00	0.00	0.00	0.00	23,676.00
加州大學聖地牙哥分校	434,830.00	80,203.00	0.00	0.00	515,033.00
加州大學聖塔芭芭拉分校	57,336.00	0.00	0.00	5,000.00	62,336.00
芝加哥大學	364,316.62	163,049.75	116,515.00	119,064.71	762,947.00
科羅拉多大學波爾德分校	94,450.00	0.00	1,865.00	856.00	97,171.00
哥倫比亞大學	873,476.00	236,644.00	45,403.00	81,221.00	1,236,744.00
康乃爾大學	459,833.00	38,440.00	31,296.00	39,000.00	568,569.00
杜克大學	339,627.00	76,853.00	44,421.00	4,109.00	465,010.00
埃默里大學	82,805.00	149,349.00	6,000.00	0.00	238,154.00
遠東研究圖書館	37,750.00	0.00	0.00	0.00	37,750.00
佛羅里達大學	41,979.00	0.00	12,841.00	0.00	54,820.00
喬治城大學	49,037.00	0.00	3,000.00	0.00	52,037.00
哈佛大學	65,000.00	597,002.00	810,469.00	9,000.00	1,481,471.00
夏威夷大學	242,225.00	79,393.00	76,947.00	16,000.00	414,565.00
伊利諾大學厄本那—香檳分校	146,555.84	0.00	9,891.00	15,000.00	171,447.00
印第安納大學	206,631.00	7,570.00	4,172.00	13,200.00	231,573.00
堪薩斯大學	125,925.00	0.00	33,200.00	9,000.00	168,125.00
國會圖書館	1,165,700.00	30,000.00	46,100.00	0.00	1,241,800.00
麥基爾大學	70,800.00	18,000.00	0.00	0.00	88,800.00
密西根大學	694,648.00	22,000.00	66,697.00	0.00	783,345.00
密西根州立大學	80,000.00	0.00	0.00	5,000.00	85,000.00
明尼蘇達大學	107,700.00	0.00	5,000.00	0.00	112,700.00
納爾遜—阿特金斯藝術博物館	21,564.00	0.00	0.00	0.00	21,564.00

附錄 B：北美主要東亞圖書館館藏發展經費一覽（2007-2008 年度）（續）

機構 （按英文字母排序）	行政撥款 （美元 $）	私人捐贈 （美元 $）	機構資助 （美元 $）	東亞研究系所的 補助（美元 $）	總採購金額 （美元 $）
北卡羅萊納大學教堂山分校	59,860.00	22,390.00	15,000.00	0.00	97,250.00
奧柏林學院	31,552.28	0.00	0.00	0.00	31,552.28
俄亥俄州立大學	160,976.00	42,687.00	20,000.00	40,000.00	263,663.00
賓夕法尼亞大學	411,787.00	0.00	46,452.00	6,000.00	464,239.00
匹茲堡大學	262,228.00	24,296.00	19,961.00	7,447.00	313,932.00
普林斯頓大學	855,783.00	0.00	0.00	100,500.00	956,283.00
南加州大學	257,954.00	0.00	0.00	0.00	257,954.00
史丹佛大學	945,904.00	0.00	49,267.00	7,553.00	1,002,724.00
德克薩斯大學奧斯汀分校	105,926.68	1,618.00	0.00	4,000.00	111,545.00
多倫多大學	286,568.00	0.00	30,000.00	0.00	316,568.00
維吉尼亞大學[b]	0.00	0.00	0.00	0.00	93,594.31
華盛頓大學（西雅圖）	322,062.00	13,093.00	65,159.00	60,161.00	460,475.00
聖路易斯華盛頓大學	97,800.00	0.00	13,660.00	0.00	111,460.00
華盛頓大學法學院（西雅圖）	55,582.00	0.00	0.00	0.00	55,582.00
威斯康辛大學麥迪遜分校	176,481.00	0.00	0.00	0.00	176,481.00
耶魯大學	717,482.00	157,547.00	30,000.00	0.00	905,029.00
以上 47 個北美東亞圖書館協會成員館合計	**11,808,541.42**	**2,023,770.75**	**1,741,043.00**	**726,067.71**	**16,450,279.96**

說明：[a,b] 加州大學戴維斯分校和維吉尼亞大學的統計資料僅包括總採購金額，不單獨分項。

索引

（按漢字筆畫排序，英文索引按字母排序）

150 週年世界博覽會, 63, 66
Sesquicentennial Exposition

丁愛博, 211
Dien, Albert

丁龍漢學講座教授, 95–96
Dean Lung Professorship

九州, 30
Kyushu

人類關係區域檔案組織, 199
Human Relations Area Files, Inc.

人權, 171, 231, 242, 296, 339
human rights

八木書店, 29, 35
Yagi Shoten

卜德, 63, 65, 66
Bodde, Derk

三一學院, 336, 359, 360
Trinity College

三井（家族）文庫, 10, 20, 82–83, 86
Mitsui (family) Collection

三井（銀行）文庫, 310
Mitsui (Bank) Collection

三井高堅, 82, 86
Mitsui, Takakata

三木身保子, 228
Miki, Mihoko

三好將夫, 378
Masao, Miyoshi

三洋館, 282
Sanyo Pavilion

三畏堂, 256
Sanweitang

三島由紀夫, 98
Mishima, Yukio

三角地區東亞研討會, 362
Triangle East Asia Colloquium

三角地區研究型圖書館聯盟, 337, 341, 368
Triangle Research Libraries Network (TRLN)

上中修三, 168
Uyenaka, Shuzo

上田真, 168
Ueda, Makato

上架, 11–12, 81, 200, 202, 266–267, 282, 290, 291
shelving

上原征生, 129, 132
Uyehara, Yukuo

上原豐明, 257
Uehara, Toyoaki

上海交通大學, 308, 310
Shanghai Jiaotong University

上海圖書館, 84
Shanghai Library

久野, 81
Kuno, Y. S.

口木山人, 256
Kuchiki, Sanjin

土佐藩, 228
Tosa domain

土肥慶蔵, 86
Dohi, Keizō

大江健三郎, 98
Ōe, Kenzaburō

大阪世博會（1970）, 282, 367
World Exposition, Osaka

大原東野, 250, 256
Ōhara, Tōya

大清帝國海關, 40, 51
Customs Service, Imperial Chinese Maritime

大眾文化, 82, 98, 295, 296, 337–338, 364, 365, 367
popular culture

大眾文學書庫, 98
popular literature, collections

大蕭條, 146, 333, 359
Great Depression

大韓民國, 132–133
Republic of Korea

大韓民國臨時政府, 231
Korean Provisional Government

大藏經, 41, 86, 184, 185, 186, 253, 294, 339, 362
Tripitaka

女性作家, 338–339
women writers

小野英二郎, 238, 239–240
Ono, Eijino

山東京傳, 116
Santō, Kyōden

山極文庫, 352–353
Yamagiwa Collection

川端康成, 98
Kawabata, Yasunari

工農運動文庫, 216
tenant movements, collections

中日文全年強化課程, 111
Full-Year Asian Language Concentration (FALCON)

中日戰爭, 112, 126, 214, 216
Sino–Japanese War

索引　393

中日關係, 214, 216, 228–229, 307
Sino–Japanese relations

中央研究院, 84, 311, 351, 378
Academia Sinica

中共中央文獻研究室, 217
Central Party Documents Center of China

中西部四所大學聯盟, 349
Consortium of Four Mid-Western Universities

中村源作, 129
Nakamura, Gensaku

中國 1949 年之前的資源, 33, 214
China, pre-1949 resources

中國共產黨, 87, 128, 214, 215, 294
Chinese Communist Party

中國年畫, 103
paper gods, Chinese

中國的公共圖書館, 186
public libraries in China

中國知識基礎設施工程（中國知網）, 202
China National Knowledge Infrastructure (CNKI)

中國社會科學院, 217
Chinese Academy of Social Sciences (CASS)

中國社會黨, 79, 144
Chinese Socialist Party

中國科學社, 115
China Science Society

中國科舉考試, 228
civil service examinations, Chinese

中國國內革命戰爭, 45, 211, 212, 214, 215
civil war (Chinese)

中國國家圖書館, 128, 184, 307, 338
National Library of China

中國貿易, 39, 40
China trade

中國熱, 150
China fever

中國戲曲, 230, 255, 256, 294, 322, 338
drama, Chinese

中國藝術和考古學, 163, 164, 166, 217, 265–266, 294–295, 322
Chinese art and archaeology

（中國）彝族, 322
Yi minority (Chinese)

中華人民共和國, 87, 114, 127, 215, 307, 350, 366
People's Republic of China

中華蘇維埃共和國文庫, 212
Chinese Soviet Republic, collections

中醫, 28, 111, 142, 227, 230, 308–309, 339
medicine, Chinese

丹山堂, 256
Danshantang

丹珠爾大藏經, 28
Tanjur

之江大學, 64
Hangchow Christian College

五四運動, 215, 293–294
May Fourth Movement

今西龍, 134
Imanishi, Ryū

今村惠猛, 130
Imamura, Emyō

今関天彭, 82
Imazeki, Tenpo

元明戲曲, 255, 256, 294
Yuan-Ming drama

內部資料, 290
neibu materials

公司史, 310, 325–326
corporate histories

公立贈地大學, 269, 347
public land grant institutions

公共法, 99
Public Law

天下公司, 380
TenSharp

天使島, 77
Angel Island

天理大學, 257
Tenri University

太平天國, 128
Taiping Rebellion

太平洋沿岸地區, 277, 379
Pacific Rim region

太平洋沿岸數位圖書館聯盟, 378
Pacific Rim Digital Library Alliance (PRDLA)

太平洋運輸貿易, 77–78
Pacific shipping trade

孔好古, 294, 299
Conrady, August

孔祥熙, 143, 173
Kung, H. H.

少數民族作家, 339
minority authors

尤桐, 148
You, Tong

尤袤, 255
You, Mao

尹忠男, 310
Yoon, Choong Nam

巴利語, 181
Pali language

戈登・普蘭格文庫, 242
Gordon W. Prange Collection

戈鯤化, 40–41, 55
Ko, K'un-hua

文化大革命, 14, 48–49, 51, 84, 114, 215, 294, 309, 337, 380, 381
Cultural Revolution

文史資料, 87
Wenshi ziliao

文明書局, 41,
Wen Ming Book Company

文華圖書館學專科學校, 41, 56, 321
Boone College and Library School

文樂, 103
Bunraku

方李邦琴, 89
Fang, Florence

方聞, 151
Fong, Wen

日本內務省員警署檔案, 30
Japan, Ministry of Home Affairs, Police Bureau, Collection

日本天理圖書館, 134
Tenri Central Library

日本文化中心, 97
Japanese Culture Center

日本文本計畫, 310
Japan Text Initiative

日本世博會紀念協會, 258, 292, 361
Japan World Exposition Commemorative Association

日本外務省, 30
Japanese Foreign Ministry

日本左翼運動文庫, 216, 290, 295
Japanese Left-Wing Movements, collections

日本亞洲協會, 64, 361
Asiatic Society of Japan

日本社會關係文庫, 319
Japanese social relations, collections

日本映画新社, 380
Nihon Eiga Shinsha

日本耶魯協會, 9–10, 19–20
Yale Association of Japan

日本風景建築, 324
Japanese landscape architecture

日本宮內廳, 97–98
Imperial Household Ministry

日本國立情報學研究所的線上目錄, 367, 372
NACSIS Webcat

日本國家地圖中心, 30
Japan Map Center

日本國會圖書館, 83, 171, 240, 278, 290, 307, 367
National Diet Library

日本國際交流基金會, 14, 83, 129–130, 168, 259, 292, 307, 324, 361, 367
Japan Foundation

日本期刊報紙聯合目錄, 325
Union List of Japanese Serials and Newspapers

日本殖民主義和帝國主義文庫, 45, 97, 146, 216, 295–296, 310, 366, 380
Japanese colonialism and imperialism, collections

日本資訊中心, 305, 311
Japan Information Center

日本跨文化交流中心, 305, 311
Japan Center for Intercultural Communication

日本戰後文庫, 132, 216
Japan, postwar, collections

日本鋼鐵業聯盟, 308
Japan Iron and Steel Federation

日本雜誌紀念會館, 211
Nihon Zasshi Kinen Kaikan

日本藝術收藏, 130, 188, 295, 319, 381
Japanese art, collections

日美友好委員會, 14, 130, 258, 324
Japan–United States Friendship Commission

日裔美國人歷史和關係文庫, 201, 230
Japanese American history and relations, collections

木村重治, 129
Kimura, Shigeji

木版畫, 295
hanga

毛秉文, 215
Mao, Bingwen

毛晉, 270
Mao, Jin

毛澤東, 116, 128
Mao, Zedong

牛津大學, 55, 380
Oxford University

王士元, 320
Wang, William S. Y.

王伊同, 306
Wang, Yi-t'ung

王安, 270
Waltner, Ann

王自揚, 270, 378
Wang, Richard T.

王治誠, 321
Wang, Sze-tseng

王重民, 143, 148, 150, 152, 154
Wang, Zhongmin

王恩葆, 66
Wang, En-pao

王浚東, 291
Wang, Tsun-tung

世德堂, 255
Shidetang

加州大學柏克萊分校（柏克萊加州大學）, 10, 77–90, 133, 202, 210, 217, 265, 266, 273, 288, 293, 309, 313, 378, 379, 380, 387, 389, 391
University of California, Berkeley

加州大學柏克萊分校村上文庫, 82, 86
Murakami Library, University of California, Berkeley

加州大學洛杉磯分校, 53, 225–231, 378, 379
University of California, Los Angeles

加州大學聯合體, 379
University of California Consortium

加州數位圖書館, 379
California Digital Library

加拿大亞太基金會, 278
Asia Pacific Foundation of Canada

加拿大亞洲研究, 277
Asian studies in Canada

包嘉禮, 293
Bjorge, Gary

北平大同書店, 184
Peking Union Bookstore

北杜夫, 98
Kita, Morio

北京大學圖書館, 30, 321
Peking University Library

北京木刻印刷, 189
Peking xylographs

北京圖書館, 128, 240, 307
Peking Library; 參見國立北平圖書館, National Beiping Library; 中國國家圖書館, National Library of China

北美日本研究資料協調委員會, 308
National Coordinating Council on Japanese Library Resources

北美韓文館藏聯盟, 134, 170, 242, 278
Korean Collection Consortium of North America

北美韓國學生聯合會, 148
Korean Student Federation of North America

北海道, 30
Hokkaido

卡內基公司, 167
Carnegie Corporation

卡內基基金會, 129, 199, 239, 288
Carnegie Foundation

古吉拉特語, 281, 350
Carnegie Foundation

古物保管會, 164
Committee on the Preservation of Antiquities

古德斯比德書店, 320
Goodspeed's Bookstore

史丹佛大學, 48, 82, 100, 209–218, 242, 266, 288, 319, 379, 380
Stanford University

史丹佛大學太平洋關係研究所, 210
Institute for Pacific Relations (Stanford University)

史密森尼學會, 295
Smithsonian Institution

史景成, 166
Shih, C. C.

司徒琳, 257
Struve, Lynn

司馬江漢, 280
Shiba, Kōkan

四角號碼系統, 46
four-corner system

四庫圖書分類法, 144, 179–187, 266
siku classification system

外山正一, 238
Toyama, Masakazu

外交政策資料, 367
foreign policy, collections

市橋大和, 210
Ichihashi, Yamoto

平岡武夫, 151
Hiraoka, Takeo

平版印刷, 46
lithographic printing

弗里曼基金會, 104, 338, 368
Freeman Foundation

本田宗一郎, 323
Honda, Sōichirō

民主運動文獻, 170, 171, 216, 230, 231
democracy, collections

民俗資料, 228, 230, 251, 350, 354
folklore, collections

民樂, 381
folk music

永井道雄, 319
Nagai, Michio

瓦剌文字, 81
Oirat script

甘珠爾大藏經, 28
Kanjur

田長霖, 78, 89
Tien, Chang-Lin

田長霖東亞研究中心, 89, 90
Chang-Lin Tien Center for East Asian Studies

田清波, 49
Mostaert, Antoine

由谷英治, 378
Yutani, Eiji

白迪安, 151
Perushek, Diane E.

白凱, 215
Bernhardt, Kathryn

白霖, 210
White, Lynn

皮影戲藏品, 147
shadow theater, collections

矢永千年, 11, 12
Yanaga, Chitoshi

矢田部良吉, 109
Yatabe, Ryōkichi

石坦安, 266
von den Steinen, Diether

石野嚴, 319
Ishino, Iwao

交流圖書公司, 255
Jiaoliu

交換專案, 28, 201, 307, 308, 321, 338, 354
exchange programs

伊利諾工業大學, 347
Illinois Industrial University

伊能忠敬, 30
Inoh, Tadataka

伊斯蘭, 51, 186
Islam

伍冬瓊, 278
Ng, Tung-King

伍廷芳, 348
Wu, Ting-fang

伏見宮紀念獎學會東洋文庫, 130
Prince Fushimi Memorial Scholarship Society Oriental Library

伏見宮學會, 130
Fushimi Society

全國東亞研究資源中心, 14, 67, 324
National Resource Center for East Asian Studies

全球資源分享, 324
Global Resource Sharing

全球資源網路, 297
Global Resources Network

共同通訊社, 367
Kyodo News Service

共產主義文獻和館藏, 169, 214, 216, 295, 307
communism, texts and collections

列維・巴伯東方婦女獎學金, 238
Levi L. Barbour Scholarship for Oriental Women

印地文, 277, 281, 282, 350
Hindi

印刷史, 10, 29, 82, 86, 150, 185, 187–190, 229, 269, 271
printing, history

印度藝術和建築, 281
Indian art and architecture

印章, 279
seal impressions

印第安納大學, 251–259, 297
Indiana University

合作發展, 22, 217, 323, 333-337, 340, 350
cooperative development

合作計畫, 351
collaborative programs

合作編目, 46, 101
cooperative cataloging

合作購書專案, 51, 66, 334, 337
cooperative acquisitions programs; 參見合作發展, cooperative development

吉賽爾圖書館, 379
Geisel Library

同志社大學, 133
Doshisha University

吐魯番, 152
Turfan

回溯收藏, 217
retrospective acquisitions

在日本和夏威夷的日本朋友, 129
Japanese friends in Japan and Hawai'i

地方志, 28, 44, 97, 114, 127, 148, 164, 169, 170, 190, 202, 217, 230, 278, 279, 280, 281, 294, 307, 338, 366
gazetteers

地理探索中心, 52
Center for Geographical Exploration

地圖與地圖收藏, 9, 28, 30, 51, 83, 87, 112, 116, 126, 132, 148, 241, 251, 280, 282, 339, 352
maps and map collections

多倫多大學慕氏圖書館, 161–162, 164–171
Mu Library, University of Toronto

多倫多韓國商人學術研究基金會, 170
Toronto Korean Traders Scholarship Foundation

多語詞典, 81
polyglot dictionaries

安政大地震, 4
Ansei earthquake

寺廟卷宗, 10
temple records

年輕人圖書館協會, 180
Young Men's Library Asscciation

成島柳北, 118
Narushima, Ryūhoku

托帕茲戰爭撤遷中心, 325
Topaz War Relocation Center

早稻田大學圖書館, 102
Waseda University Library

有吉佐和子, 98
Ariyoshi, Sawako

朱永琛, 227
Chu, Y. C.

朱利安・懷特藝術藏書, 227
Julian Wright Collection of Fine Arts

朱昌崚, 320
Chu, Samuel C.

朱勇奎, 133
Choo, Yong Kyu

朱棣文, 78
Chu, Steven

朱維信, 168, 169
Chu, Raymond

朱德, 116
Zhu, De

江亢虎, 79, 80, 91, 144, 146
Kiang, Kang-hu

江戸文学総瞰, 257
Edo Bungaku Sokan

江南製造局, 76, 78
Jiangnan Arsenal

江蘇常熟女子月刊社, 339
Jiangsu Changshu nuzi yuekanshe

池信孝, 210
Ike, Nobutaka

灰色文獻, 216
gray literature

索引　397

牟復禮, 150
Mote, Frederick W.

百年紀念博覽會, 66
Centennial Exposition

竹內栖鳳, 307
Takeuchi, Seihō

艾思仁, 152
Edgren, Sören

自然科學院（費城）, 64
Academy of Natural Sciences (Philadelphia)

西安事變, 212
Xi'an Incident

西門菲沙大學, 282
Simon Fraser University

西藏, 28, 50, 99, 102, 117, 142, 181, 182, 185, 186, 188, 199, 202, 228, 252
Tibet

西藏文獻和藏書, 28, 34, 45, 50-51, 81, 99, 117, 128, 180–186, 195, 199, 202, 228, 252, 282, 297, 337
Tibetan texts and collections

西藏研究, 51, 99, 103, 199, 228, 337
Tibetan studies

住友集團, 14
Sumitomo Group

何炳棣, 278, 280
Ho, Ping-ti

佛教文獻與藏書, 10, 28, 51, 54, 85, 99, 130, 186, 188, 227, 228, 251, 253, 281, 294, 318, 339
Buddhist texts and collections

克羅齊亞洲圖書館, 116
Kroch Asian Library

冷戰, 12, 13, 15, 86, 133, 364
Cold War

吳才德, 50
Woodside, Alexander

吳文津, 43, 46, 48, 49, 57, 168, 198, 212, 307
Wu, Eugene Wen-chin

吳勉學, 270, 271
Wu, Mianxue

吳貽芳, 238
Wu, Yifang

吳祿夫, 349, 350, 351
Wolff, Ernst

宋子文, 215
Soong, T. V.

宋版, 170, 187
Song editions

宋學鵬, 280
Song, Xuepeng

尾形光琳, 188
Ogata, Korin

尾崎久弥文庫, 257
Ozaki Kyuya Collection

李又安, 66, 67
Rickett, Adele

李方桂, 128, 198, 199
Li, Fang-Kuei

李日如, 282
Lee, Ron Bick

李安, 348
Lee, Ang

李克, 66
Rickett, Allyn

李承晚, 133, 148
Rhee, Syngman

李直方, 279
Lee, Chi Fong

李政, 133
Lee, Chung

李約瑟, 182
Needham, Joseph

李珥, 30
Yi, I

李國慶, 322
Li, Guoqing

李紹昌, 126, 127
Lee, Shao-chang

李聖儀, 98
Yi, Sŏng-ŭi

李遠哲, 78
Lee, Yuan T.

李歐梵, 257
Lee, Leo Ou-fan

李學博, 257, 258, 259
Lee, Thomas Hsueh-po

李鴻章, 97
Li, Hongzhang

李鐘石, 67
Lee, Chong-Sik

杜百勝, 166, 167
Dobson, W. A. C. H.

杜克大學, 333, 334, 335, 336, 337, 338, 339, 340
Duke University

杜克基金會, 360
Duke Endowment

杜甫, 270, 279
Du, Fu

杜威, 45, 97, 266, 349
Dewey, John

杜威十進分類法, 45, 267, 349
Dewey Decimal System

杜德維, 40
Drew, Edward Bangs

汪一駒, 335
Wang, Y. C.

汪精衛, 214
Wang, Jingwei

汪燮, 299
Wong, William Sheh

汲古閣, 256, 357, 270, 304
Jiguge

沃爾特圖書館, 266
Walter Library

沖繩和沖繩研究, 131
Okinawa and Okinawan studies

398　東學西漸：北美東亞圖書館 1868–2008

沖繩研究中心, 132
Center for Okinawan Studies

狄培理, 97
de Bary, Wm. Theodore

角田柳作, 97, 98, 100, 102
Tsunoda, Ryūsaku

谷崎潤一郎, 98
Tanizaki, Jun'ichirō

貝尼克善本與手稿珍藏圖書館, 13
Beinecke Rare Book and Manuscript Library

足利演正, 227, 228
Ashikaga, Ensho

辛亥革命, 112, 152, 212, 214
Chinese Revolution of 1911

辛克萊爾圖書館, 126
Sinclair Library

辛德勒中文典籍和歷史藏書, 294
Schindler Collection of Chinese Classics and History

阪西志保, 29
Sakanishi, Shiho

阪卷俊三, 131
Sakamaki, Shunzo

亞太研究所, 362, 364
Asian/Pacific Studies Institute

亞洲研究中心, 282
Institute of Asian Research

亞洲研究協會, 45, 111, 239, 288, 290, 320, 352
Association for Asian Studies

亞裔加拿大人歷史, 281
Asian Canadian history

坦米爾語, 281, 350
Tamil

京極逸藏文庫, 325
Kyōgoku Collection

周文重, 115
Zhou, Wenzhong

周明之, 202
Chou, Min-Chi

周欣平, 84, 89, 216, 309, 310
Zhou, Peter X.

周原, 270
Zhou, Yuan

周恩來, 128
Zhou, Enlai

周鴻翔, 227
Chou, Hung-Hsiang

奈良國立博物館, 294
Nara National Museum

奈良繪本, 352, 353
Nara ehon

姉崎正治, 41, 129
Anesaki, Masaharu

孟加拉語, 281, 350
Bengali

宗教研究, 111, 209, 335
religious studies

宗像清彥, 352
Munakata, Kiyohiko

屈萬里, 150, 152, 170
Qu, Wanli

岩崎ユリキ, 171
Iwasaki, Yuriki

庚子賠款, 114
Boxer Indemnity

延安, 116, 128, 211
Yan'an

延邊大學, 310
Yanbian University

抱甕老人, 256
Baoweng laoren

拉薩, 185
Lhasa

拓片, 49, 71, 84, 86, 87, 148, 164
rubbings

昌彼得, 152
Chang, Bide

明代出版文化, 271
Ming printing culture

明刻本、明版收藏, 270
Ming editions, collections

明治維新, 216, 361
Meiji Restoration

明治學院, 65
Meiji Gakuin

易勞逸, 366
Eastman, Lloyd

服部宇之吉, 41
Hattori, Unokichi

東內良雄, 211
Higashiuchi, Yoshio

東方研究所（芝加哥大學）, 183
Oriental Institute (University of Chicago)

東方研究所和圖書館（夏威夷大學）, 124, 125, 126, 127, 129, 130, 132, 133
Oriental Institute and Library (University of Hawai'i)

東方俱樂部, 210
Oriental Club

東方學, 350
Oriental studies

東西方哲學家會議, 124, 125
East–West Philosophers' Conference

東西方醫學中心, 230
Center for East–West Medicine

東亞門戶服務, 305, 310
East Asian Gateway Service

東亞研究, 3, 6, 9–14, 50, 52, 65–68, 81, 87, 102, 104, 111, 141, 147, 149–151, 161–163, 165, 190, 199–200, 209–210, 225, 229–230, 238–239, 253–254, 265, 287, 291–292, 305–308, 317, 320–321, 335, 337, 348, 360–364, 377
East Asian studies

東亞資源分享計畫, 350
Project for East Asian Resources Sharing (PEARS)

東亞圖書編目聯盟, 201
East Asian Bibliographic Group

東亞圖書館協會, 48, 200, 202
Council on East Asian Libraries (CEAL); 統計, statistics, 296, 311

東亞圖書館委員會, 57, 150, 311
Committee on East Asian Libraries; 參見東亞圖書館協會, Council on East Asian Libraries

東亞圖書館網路聯盟, 325
East Asian Libraries Cooperative World Wide Web

東亞圖書館學, 41–43, 49, 53, 201–203, 242, 311
librarianship, East Asian

東京帝國大學, 41, 64, 238, 318
Tokyo Imperial University

東京審美書院, 188
Shimbi Shoin

東芝國際基金會, 259, 308
Toshiba International Foundation

東洋川上, 325
Kawakami, Toyo Suyemoto

松井正人, 130
Matsui, Masato

松平春嶽, 4
Matsudaira, Shungaku

松田靜江, 257, 258
Matsuda, Shizue

林白樂, 360, 361
Linebarger, Paul

林同炎, 78
Lin, Tung-yen

林昌榮, 148
Liem, Channing

林南, 364
Lin, Nan

林嘉琳, 308
Linduff, Katherine

林語堂, 148, 299
Lin, Yutang

武漢大學, 308, 311
Wuhan University

河合一雄, 319
Kawai, Kazuo

法明頓計畫, 84
Farmington Plan

法政大學, 367
Hosei University

波士頓亞圖書館, 3–4
Boston Athanaeum

版權, 154, 218, 368, 379, 380
Copyright

牧野守文庫, 104
Makino Mamoru Collection

牧野泰子, 258
Makino, Yasuko

社史, 325
shashi

秉志, 115
Bing, Zhi

芝加哥大學, 19, 53, 127, 133, 179, 180, 183, 184, 185, 186, 187, 189, 190, 192, 252, 253, 270, 273, 279, 313, 323
University of Chicago

芝加哥公共圖書館, 180
Chicago Public Library

芝加哥歷史學會, 180
Chicago Historical Society

芥川龍之介獎, 84
Akutagawa Prize

芭芭拉・科蒂斯・足立文樂收藏品, 103
Barbara Curtis Adachi Bunraku Collection

芮沃壽, 11, 12, 13, 21, 211
Wright, Arthur

芮瑪麗, 11, 12, 211, 212
Wright, Mary

近代數位圖書館, 367
Kindai Digital Library

近衛文麿文獻, 212
Prince Konoe Documents Collection

邱吉爾, 167
Churchill, Winston

金大中, 225, 226
Kim, Dae-Jung

金子英生, 13, 14
Kaneko, Hideo

金斗輝, 30
Kim, To-hui

金成河, 49
Kim, Sungha

金賽研究所圖書館, 251, 252, 255
Kinsey Institute Library

金鎮宇, 353
Chin, W. Kim

金韻梅, 64
Jin, Yunmei/Kim, Yamei

金鑲玉, 255
Jinxiangyu

長門屋, 325
Nagatoya

阿什利院士, 167
Ashley Fellow

阿加西講座教授, 80
Agassiz chair

阿拉斯加—育空—太平洋博覽會, 196
Alaska–Yukon–Pacific Exposition

俄亥俄州立大學, 258, 317
Ohio State University

俄亥俄州圖書館聯合目錄, 258, 323
OhioLINK

俄羅斯—亞洲關係, 130
Russian–Asian relations

俄羅斯在華移民藏書, 170
Russian immigrants in China, collections

俄羅斯遠東地區, 130
Russian Far East

前田文庫（杜克大學）, 367
Maeda Collection (Duke University)

前田文庫（康奈爾大學）, 116
Maeda Collection (Cornell niversity)

前田愛, 116
Maeda, Ai

前日義德, 367
Maeda, Yoshinori

南州書樓, 278
Nanzhou shulou

南京大學, 151, 308, 310
Nanjing University

南京國子監, 270
Nanjing Guozijian

南京條約, 3, 55, 252
Treaty of Nanjing

南社, 255, 256
Nanshe/Southern Society

南滿鐵路公司, 29, 34, 35, 216, 380
South Manchurian Railway Company

哈佛燕京分類法, 45, 66, 88, 89, 198, 266
Harvard–Yenching Classification

哈佛燕京學社, 41–45, 49, 50, 52, 252
Harvard–Yenching Institute

哈特曼中心, 368
Hartman Center

奎章閣, 133, 134
Kyujanggak

姚鈞石, 278
Yao, Junshi

威爾斯廣島文庫, 368
Wells Collection on Hiroshima

威德納圖書館, 41, 43, 47, 50
Widener Library

宣紙, 127
mulberry paper

帝國陸軍, 29
Army, Imperial

恆慕義, 28, 29, 252
Hummel, Arthur W., Sr.

政府出版物, 27, 28, 214, 278
government documents and publications

政治海報, 51, 230, 380, 381, 382
political posters

施友忠, 198
Shih, Vincent Y. C.

施堅雅, 211
Skinner, William

施肇基, 109, 110, 115
Sze, Sao-Ke Alfred

柏林大學, 181
University of Berlin

柯立夫, 49
Cleaves, Francis Woodman

柯立芝, 41, 42
Coolidge, Archibald Cary

柯思樂, 335, 337, 361
Kessler, Lawrence

柳亞子, 255
Liu, Yazi

柳無忌, 254–257, 351
Liu, Wu-Chi

栂尾祥雲, 227
Toganoo, Shoun

洛克菲勒西藏研究中心, 199
Rockefeller Center for Tibetan Research

洛克菲勒基金會, 9, 11, 19, 66, 86, 97, 114, 147, 183, 184, 195, 197–199, 239, 319
Rockefeller Foundation

洛杉磯佛教聯合會, 228
Los Angeles Buddhist Church Federation

洛馬・普雷塔地震, 217
Loma Prieta earthquake

洪業, 51, 58, 252, 306
Hung, William

活字印刷, 30, 31, 86, 98, 188, 229
movable-type printing

浅見文庫, 86, 87, 133
Asami Collection

浅見倫太郎, 82, 86
Asami, Rintarō

狩野探幽, 188
Kano, Tanyu

珀金斯圖書館, 363, 364
Perkins Library

皇家安大略博物館, 162, 163, 164, 165, 166, 167, 168, 174
Royal Ontario Museum of Toronto (ROM)

研究型圖書館資訊網路, 46, 212, 279, 350
Research Libraries Information Network (RLIN)

研究型圖書館聯盟, 15, 57, 101, 152, 200
Research Libraries Group (RLG)

研究圖書館中心, 320
Center for Research Libraries

科羅拉多大學, 202, 253, 288
University of Colorado

約翰・克雷拉圖書館, 80, 180, 182, 183
John Crerar Library

約翰・埃科爾斯館藏, 116
John M. Echols Collection

紅軍, 380
Red Army

美亞保險, 89
American Asiatic Underwriters; 參見 美國保險公司 American Insurance Group (AIG)

美軍觀察團, 116, 128
United States Army Observer Group

美國—日本關係, 14
United States–Japan relations

美國—東亞關係, 15
United States–East Asian relations

美國大學聯合會／研究型圖書館聯合會全球資源專案, 297
Association of American Universities/Association of Research Libraries Global Resources Program

美國太平洋關係研究所協會, 9
American Council of the Institute of Pacific Relations

美國民俗中心, 28
American Folklife Center

美國地理學會, 64, 143
American Geographical Society

美國自然歷史博物館, 181
American Museum of Natural History

美國東方學會, 3, 4, 64
American Oriental Society

美國保險公司, 89
American Insurance Group (AIG)

美國海軍研究辦公室, 319
U.S. Office of Naval Research

美國國會, 27, 125, 287
United States Congress

美國基督教長老會出版社, 28
American Presbyterian Missionary Press

美國教育部, 67, 83, 201, 202, 210, 324, 350, 362
United States Department of Education

美國教育部贈款, 14, 83, 199, 202, 210, 335, 350, 368
United States Department of Education grants

美國博物館和圖書館服務署, 305, 310
Institute of Museum and Library Services (IMLS)

美國圖書館協會, 198
American Library Association

美國鋁業公司, 42
Aluminum Company of America

美國學術團體委員會, 22, 200, 238, 360
American Council of Learned Societies

美國歷史協會, 180
American Historical Association

耶魯大學, 113
Yale University

耶魯學院圖書館, 3, 4, 5, 6
Yale College Library

胡佛圖書館, 211–213
Hoover Library

胡漢民, 51
Hu, Han-min

胡廣, 270
Hu, Guang

胡適, 111, 115, 143, 144, 149, 150, 152, 154
Hu, Shih

胡應元, 322
Hu, David Y.

致和堂, 256
Zhihetang

英國聖公會差會, 78
Church Missionary Society

英屬哥倫比亞大學, 277–282
University of British Columbia

英屬哥倫比亞大學蒲阪藏書, 278–280
Puban Collection, University of British Columbia

范德, 270
Farmer, Edward

范德康, 51
van der Kuijp, Leonard

茅以升, 115
Mao, Yisheng

軍事史文庫, 170, 216, 367
military history, collections

郅玉汝, 254, 256
Chih, Yu-Ju

音樂專藏, 171, 217, 381
music collections

首爾廣播系統, 354
Seoul Broadcasting System

香港大學, 278, 279
University of Hong Kong

香港聯合研究所, 128
Union Research Institute of Hong Kong

倪德衛, 211
Nivison, David

原田助, 128–129
Harada, Tasuku

哥倫比亞大學, 7, 11, 95–104, 134, 197, 321
Columbia University

哥倫比亞大學圖書館線上資訊系統, 101
Columbia Libraries Information Online

哥倫比亞學院, 102
Columbia College

夏威夷大學太平洋關係研究所, 130
Institute for Pacific Relations (University of Hawai'i)

夏威夷大學東西方中心, 125, 126, 128, 130–132, 133
East–West Center (University of Hawai'i)

夏威夷大學漢密爾頓圖書館亞洲館阪卷／霍利文庫, 122, 131
Sakamaki/Hawley Collection, University of Hawai'i

夏威夷沖繩團結協會, 132
United Okinawan Association of Hawai'i

夏斯特里印度—加拿大研究所, 281
Shastri Indo–Canadian Institute

夏德, 96, 97
Hirth, Frederick

孫中山, 79, 126
Sun, Yat-sen

孫念禮, 141–149
Swann, Nancy Lee

孫科, 80
Sun, Ke

宮川長春, 280
Miyagawa, Chōshun

宮澤日本猶太研究文庫, 353
Miyazawa Collection of Jewish Studies in Japanese

容閎, 5–6, 7, 15, 17
Yung, Wing

徐家璧, 257
Hsu, Chia-pi

徐乾學, 188
Xu, Qianxue

徐紹棨, 278
Xu, Shaoqi

徐鴻, 309, 310
Xu, Hong

徐鴻寶, 164
Xu, Hongbao

旁遮普語, 277, 281, 282, 350
Punjabi

時新小說, 79
Shixin xiaoshuo

書目卡片, 46, 143, 198, 290, 349
catalog cards

書法, 43, 82, 86, 225, 294
calligraphy

書業堂, 256
Shuyetang

（書籍）保存和維護, 104
conservation and preservation

校友會, 5
alumni associations; 參見日本耶魯協會 Yale Association of Japan

校際漢語學習中心, 110
Inter-University Program for Chinese Language Study

格致書院, 78
Gezni shuyuan/Chinese Polytechnic Institution and Reading Room

浪華書林, 256
Naniwa Shorin

浮世繪, 10, 23, 102, 175, 256, 295
ukiyo-e

海印寺, 86
Haein-sa

海西西, 152
Heissig, Walther

烏爾都語, 277, 281, 282, 350
Urdu

特倫特醫學史資料庫, 368
Trent Collection

神田信夫, 188
Kanda, Nobuo

神道教文庫, 29, 51, 54
Shinto collections

秦文錦, 86
Qin, Wenjin

秦希燮檔案庫, 231
Hei Sop Chin Archival Collection

稱德女皇, 229
Shōtoku, Empress

納西族文本特藏, 28, 45
Naxi texts and collections

納爾遜—阿特金斯藝術博物館, 294
Nelson–Atkins Museum of Art

紐伯瑞圖書館, 80, 179–181, 182–183, 184, 185, 186, 187, 189, 190
Newberry Library

紐約公共圖書館, 104, 288
New York Public Library

翁山蘇姬, 51
Aung San Suu Kyi

能劇, 295
Noh

荊允敬, 320
Ching, Eugene

袁世凱, 79
Yuan, Shikai

袁同禮, 164, 321
Yuan, Tung-li

郝若貝, 295
Hartwell, Robert

郝若貝文庫, 295
Hartwell collection

馬以德, 337, 338
Martinique, Edward

馬里蘭大學, 242
University of Maryland

馬拉地語, 281
Marathi

馬若孟, 211, 212
Myers, Ramon

馬泰來, 151
Ma, Tai-loi

馬敬鵬, 14, 151
Marr, Antony

馬瑞志, 265, 266
Mather, Richard

高沢皓司, 132
Takazawa, Koji

高沢皓司文庫, 132
Koji Takazawa Collection

高柏, 366
Gao, Bai

高迪愛, 320
Cordier, Henri

高等研究院, 146, 147, 148, 149
Institute for Advanced Study

高等資訊研究基金會, 168
Foundation for Advanced Information and Research (FAIR)

高楚芳, 270
Gao, Chufang

高楠順次郎, 129
Takakusu, Junjiro

高瀨保 , 212
Takase, Tamotsu

高藹鴻 , 254
Liu, Helen

動畫 , 230, 296, 339, 366, 367
Anime

區域研究和語言專案 , 4, 8, 10, 12, 13, 14, 40, 66, 110, 111, 126, 166, 168, 198, 199, 210, 238, 277, 282, 287-288, 296, 308, 320–322, 334–335, 337, 348, 360, 362–366
area studies and language programs; 參見加拿大的亞洲研究 , Asian studies in Canada; 東亞研究 , East Asian studies; 國際研究 , international studies

國友忠夫 , 129
Kunitomo, Tadao

國外廣播資訊服務 , 128
Foreign Broadcast Information Service (FBIS)

國民黨 , 143, 214, 309, 366
Guomindang

國立中央圖書館 , 128, 150, 240, 306, 307, 338, 366
National Central Library

國立日本文學研究所 , 83
National Institute of Japanese Literature

國立北平圖書館 , 321
National Beiping Library; 參見中國國家圖書館 , National Library of China

國立北京圖書館 , 240, .307
National Peking Library; 參見中國國家圖書館 , National Library of China

國立臺灣大學 , 170, 308, 311
National Taiwan University

國防教育法 , 14, 199, 210, 254, 287, 288, 290–293, 305, 306, 308, 335, 361
National Defense Education Act

國家人文科學基金會 , 82, 309
National Endowment for the Humanities

國家安全教育專案 , 378
National Security Education Program

國會圖書館 William Gamble 文庫 , 28
William Gamble Collection, Library of Congress

國會圖書館分類法 , 45, 349
Library of Congress Classification

國會圖書館伊能忠敬地圖庫 , 30
Inoh Maps Collection, Library of Congress

國會圖書館諾伊斯文庫 , 28–29, 35
Noyes Collection, Library of Congress

國際中文善本聯合書目專案 , 152
International Union Catalogue of Chinese Rare Books Project

國際文化振興會 , 129, 130
Kokusai Bunka Shinkokai

國際東方研究者大會 , 5
International Congress of Orientalists

國際研究 , 125, 133, 196, 199, 203, 255, 278, 306, 335, 338
international studies

國際線上圖書館電腦中心 , 46, 57, 102, 200, 293, 320, 324, 326, 338, 350, 363
Online Computer Library Center (OCLC)

國際關係與太平洋研究研究生院和圖書館 , 378
International Relations and Pacific Studies Graduate School and Library

基督教和東亞基督教傳教士 , 4, 6, 30, 64, 162, 163, 166, 230, 294, 318, 338
Christianity and Christian missionaries in East Asia

婦女出版文庫 , 338–339
Women's Press Collection

密韻樓 , 84, 86
Miyun lou

崎原貢 , 131
Sakihara, Mitsugu

崔勇浩 , 133
Ch'oe, Yong-ho

崔致遠 , 30
Ch'oe, Ch'i-won

常石道雄 , 11, 13
Tsuneishi, Warren

康乃爾大學 , 108–117, 184, 380
Cornell University

康有為 , 112, 230
Kang, Youwei

康格 , 96, 97
Conger, E. H.

康無為 , 211
Kahn, Harold

張之洞 , 293
Zhang, Zhidong

張祖翼 , 86
Zhang, Zuyi

張庚樓 , 164
Zhang, Yu-lou

張琨 , 186
Chang, Kun

張學良 , 146, 212
Zhang, Xueliang

張燮 , 270
Zhang, Xie

情色藝術和文獻 , 252
erotic art and literature

排版 , 187
typography

排華法案（加拿大）, 277
Chinese Exclusion Act (Canada)

教會學校 , 41, 64, 124
missionary schools

梁啟超 , 112, 126, 230
Liang, Qichao

梁裕燦 , 133
Yang, You Chan

梅納德·克雷德文庫 , 320–321
Maynard Creed Collection

梅隆基金會, 201
Mellon Foundation

梅鼎祚, 270
Mei, Dingzuo

梵語, 50, 181, 281, 282, 350
Sanskrit

梶山季之, 132
Kajiyama, Toshiyuki

淡江大學, 352
Tamkang University

清岡映一, 129
Kiyooka, Eiichi

渋沢榮一, 129
Shibusawa, Eiichi

畢乃德, 110, 114
Biggerstaff, Knight

移民, 39, 40, 44, 77, 124, 126, 132, 170, 217, 230, 242, 277, 282, 296, 366
emigration/immigration

莫余敏卿, 227
Mok, Man-Hing

莫雷爾法案, 347
Morrill Act

莫爾森獎, 167
Molson Prize

許自昌, 270
Xu, Zichang

許倬雲, 308, 366
Hsu, Cho-yun

貨幣學, 8, 310
numismatics

通商口岸條約制度, 3, 5
treaty port system

郭成棠, 306–309
Kuo, Thomas. C.

野上彌生子, 98
Nogami, Yaeko

野口幸生, 216–217, 309, 310
Noguchi, Sachie

釣魚臺運動, 51, 59
Diaoyutai Movement

陳中民, 324
Chen, Chung-min

陳之邁, 278
Chen, Zhimai

陳介祺, 84
Chen, Jieqi

陳立夫, 306, 311
Chen, Lifu

陳受榮, 210
Chan, Shau-Wing

陳受頤, 127
Chen, Shou-yi

陳省身, 78
Chern, Shiing-Shen

陳納德, 215
Chennault, Claire

陳榮捷, 127
Chan, Wing-tsit

陳潤成, 254
Chen, Runcheng

陳澧, 278
Chen, Li

陳獨秀, 256
Chen, Duxiu

陳興夏, 336, 337
Chen, Lawrence H.

陳寶琛, 144
Chen, Baochen

陶晉生, 254
Tao, Jinsheng

陶瓷工程, 318
ceramic engineering

陶瓷和製陶業, 318
pottery and ceramics industry

陶湘, 255
Tao, Xiang

陶潛, 279
Tao, Qian

麥卡錫時代, 87, 125
McCarthy era

麥基爾大學, 144, 146, 147, 165, 268
McGill University

麥嘉締, 63–64, 65
McCartee, Divie Bethune

傅蘭雅, 78–81, 210
Fryer, John

傑瑟普北太平洋考察隊, 181
Jesup North Pacific Expedition

勞工運動文庫, 214, 216, 361, 366–367
labor movements, collections

勞延煊, 323, 325
Lao, Yan-shuan

勞費爾藏書, 179–180, 183–190
Laufer collection

喇嘛教, 185, 186, 189
Lamaism

堪薩斯州館際互借專案, 292
State of Kansas Interlibrary Loan Grant

報紙館藏, 117, 199, 211, 216, 217, 230, 240, 281, 282, 294, 306, 325, 340, 361, 365, 377, 383
newspapers, collections

媒體, 4, 85, 90, 150, 170, 172, 230, 271, 282, 310, 368, 380, 381, 382 media; 參見影像資料 film and media collections

寒春, 116
Hinton, Joan

敦煌, 128, 152, 294
Dunhuang

斯特林紀念圖書館, 10, 11, 13, 19, 20
Sterling Memorial Library

斯特恩東方藝術文庫, 291, 295
Harold Philip Stern oriental art collection

斯塔東亞圖書館（柏克萊）大樓, 86–90
C. V. Starr East Asian Library (Berkeley), construction

斯塔基金會, 88, 101, 103–104
Starr Foundation

斯萬文庫, 281
Swann Collection

普林斯頓大學, 14, 104
Princeton University

普林斯頓大學明代書目提要計畫, 152
Ming bibliography project, Princeton University

景頤齋, 280
Jingyizhai

朝河貫一, 6–10, 15, 18, 19, 20, 29
Asakawa, Kan'ichi

朝鮮, 30, 171, 296, 310, 381
North Korea

朝鮮戰爭, 30, 49, 98, 381
Korean War

朝鮮總督府, 134
Japanese Government General of Korea

森田一子, 362
Morita, Ichiko

殖民主義, 216, 310
colonialism; 參見日本殖民主義和帝國主義, Japanese colonialism and imperialism

湯迺文, 84
Tang, Raymond

猶太研究, 353
Jewish studies

琳琅閣書店, 255
Rinrōkaku Shoten

童世綱, 142, 149–152
Tung, James S. K.

華文學校、燕京華文學校、華北協和華語學校, 84, 164
College of Chinese Studies

華國鋒, 350
Hua, Guofeng

華盛頓大學, 195–203, 281, 288, 289, 349, 350
University of Washington

華盛頓大學約瑟夫・洛克藏書, 202
University of Washington, Joseph F. Rock Collection

華盛頓文獻中心, 29
Washington Document Center

華德森圖書館, 290
Watson Library

菱川師宣, 280
Hishikawa, Moronabu

菲爾德自然歷史博物館, 180
Field Museum of Natural History

著作權管理, 379
rights management

視覺藝術、研究和收藏, 51, 366–367, 368, 377, 381
visual arts, studies, and collections

費正清, 44, 48, 198, 252
Fairbank, John King

費正清中國研究中心, 49
Fairbank Center for Chinese Studies

費城種子公司, 280
Philadelphia Seed Company

賀蔣佛經善本庫, 84, 86
Ho-Chiang Collection of Buddhist Sutras

越南語館藏, 45, 50, 350
Vietnamese collections

開成學校, 64
Kaisei Gakko

開放內容聯盟, 382
Open Content Alliance

陽早, 116
Engst, Erwin

雅各布・希夫中國考察, 181
Jacob H. Schiff Expedition to China

順天堂大學, 309
Juntendo University

飲食文化, 296
food culture

馮平山圖書館, 278
Fung Ping Shan Library

馮珠娣, 335, 337
Farquhar, Judith

馮夢龍, 256
Feng, Menglong

黃宗智, 215
Huang, Philip C. C.

黃俊凱, 291
Huang, C. K.

黃思禮, 166, 167
Walmsley, Lewis C.

黃培, 254
Huang, Pei

傳記書庫, 216
biographical materials, collections

塙保己一, 188
Hanawa, Hokiichi

奧村多喜衛, 130
Okumura, Takie

奧村文庫, 130
Okumura Collection

奧林匹克, 367
Olympics

廈門大學, 351
Xiamen University/Amoy University

微縮資料庫, 30, 88, 103, 104, 114, 128, 134, 152, 169, 171, 195, 199, 201, 212, 214, 216, 240, 242, 251, 257, 290, 294, 306, 307, 308, 309, 349, 351, 362
microfilm collections

新民出版社, 212
Xinmin chubanshe

楊守敬, 66
Yang, Shoujing

楊杏佛, 115
Yang, Xingfo

殿版, 186–188
palace editions

溥儀, 127
Puyi

滝沢馬琴, 116, 256
Takizawa Bakin

照片和幻燈片館藏, 9, 28, 50–52, 54, 103, 114, 116, 130, 132, 142, 171, 368, 380, 381
photographs and slides, collections

當代中國文庫, 86–90, 128, 214, 294
Contemporary China, collections; 參見文史資料, Wenshi ziliao

禁城松翠, 307
Kinjō Shōsui

經文, 29
prayer charms

義和團運動, 51, 80, 112, 163, 214
Boxer Rebellion

義理壽, 141–150, 153, 154, 164
Gillis, I. V.

聖路易斯華盛頓大學, 270, 288, 322
Washington University in Saint Louis

萬有圖書, 201, 255
Universal Books/Wanyou

萬惟英, 13
Wan, Wei-ying

葉志詵, 86
Ye, Zhishen

葉桂芳, 124
Yap, William Kwai Fong

葉理綏, 44
Elisséeff, Serge

葉維廉, 378
Yip, Wai-lim

葛思德, 141–152
Gest, Guion Moore

葛思德東方圖書館, 143, 147, 148, 149, 150, 151, 156
Gest Oriental Library; 參見葛思德華文藏書庫 Gest Chinese Research Library/Gest Collection

葛思德華文藏書庫, 142–150
Gest Chinese Research Library/Gest Collection

葛飾北斎, 116, 256
Katsushika, Hokusai

董美然, 258, 323, 362
Donovan, Maureen

蒂莫西・布萊克斯通考察專案, 182
Timothy B. Blackstone Expedition

裘開明, 41–47, 127, 144, 266–270, 351
Chiu, Kaiming

裘開明圖書分類法, 198
Chiu System; 參見哈佛燕京分類法 Harvard–Yenching Classification

資源分享, 48, 258, 309, 323, 379
resource sharing

跨國主義, 367
Transnationalism

道教經文, 306
Daoist canons

鈴木大拙, 129
Suzuki, Daisetsu

鈴木幸久, 242
Suzuki, Yukihisa

雷峰塔, 28
Thunder Peak Pagoda

電子出版, 202
electronic publishing

圖書分類法, 10, 11, 42, 45–47
classification schemes; 參見杜威十進分類法, Dewey Decimal System; 哈佛燕京分類法, Harvard–Yenching Classification; 國會圖書館分類法, Library of Congress Classification; 四庫圖書分類法 Siku Classification System

圖書館自動化, 15, 152, 200–201, 338
library automation

圖書館際合作, 46
interlibrary cooperation

廖氏竹林齋文庫, 350–351
Liao family collection

歌川豊広, 256
Utagawa, Toyohiro

歌川豊国, 116
Utagawa, Toyokuni

歌舞伎, 295
Kabuki

滿文文獻和藏書, 28, 45, 49–50, 54, 80, 81, 143, 179, 183, 185, 188
Manchu texts and collections

滿映, 380
Man'ei

滿洲國, 114, 132, 216, 296, 310, 353, 366, 380
Manchukuo/Manchuria

滿洲貴族, 45, 49, 142
Manchu nobility

滿鐵, 380
Mantetsu

（漢字）羅馬化, 45, 46, 101, 338
romanization

漢學, 152, 163, 166, 190, 268, 296, 339
sinology

漫畫, 296, 324, 325, 340, 364, 366–367
manga

漫畫研究圖書館, 325
Cartoon Research Library

漫畫家, 325
cartoonists

漫畫期刊, 337
comic journals

福田なおみ, 239, 323
Fukuda, Naomi

福特基金會, 12–14, 86, 199, 200, 210, 239, 254–256, 266, 288, 290, 291, 293, 348, 349, 350
Ford Foundation

端方, 109
Tuan Fang

維吉尼亞大學圖書館電子文本中心, 310
University of Virginia Library Electronic Text Center

維吾爾語, 28
Uyghur

翟理斯, 96
Giles, H. A.

臧懋循, 270
Zang, Maoxun

臺灣研究藏書, 170, 350, 352
Taiwan studies collections

蒙文文獻和藏書, 28, 49, 80, 81, 179, 183, 184, 185, 189–190, 195
Mongolian texts and collections

蒙古, 29
Mongolia

蝋山政道, 129
Royama, Masamichi

褚家駿, 254, 255, 257
Ju, William Chia-Chiun

語言和語言學, 85, 282, 320
language and linguistics

語言學, 4, 51, 85, 86, 110, 111, 115, 128, 134, 151, 182, 210, 217, 320, 322, 324, 335, 338, 350, 352, 353, 354
linguistics; 參見語言和語言學, language and linguistics

語言學校, 239
language school

賓夕法尼亞大學, 63–68, 308
University of Pennsylvania

趙之謙, 86
Zhao, Zhiqian

趙元任, 78, 115, 127
Chao, Yuen Ren

趙玉彬, 142, 143
Zhao, Yubin

遠東大都會藝術研究中心, 292
Metropolitan Center for Studies in Far Eastern Art

遠藤周作, 84
Endo, Shusaku

齊北齋, 255
Qibeizhai

齊錫生, 335
Chi, Hsi-sheng

劉子健, 151
Liu, James T. C.

劉君若, 266
Liu, Chun-Jo

劉若愚, 211
Liu, James J. Y.

墨憨齋, 256
Mohanzhai

審查, 380
censorship

廣島, 368, 381
Hiroshima

影像資料, 170–171, 230, 295–296, 310, 339, 366, 367–368, 380–382
film and media collections; 節日, festivals, 380; 地下及獨立電影, under-ground and independent, 380–382

德山基金會, 259
Daesan Foundation

慕學勳, 161
Mu, Hsueh Hsun

慰安婦, 296
comfort women

數位化, 87, 103–104, 116, 134, 152, 215, 218, 242, 282, 381
digitization

數位資源, 53, 54, 68, 97, 103–104, 217, 230, 242, 259, 294, 296, 305, 309, 340, 350, 368
e-resources; 存取, access to, 103–104, 366–367, 368; 東亞網路資源, East Asian Internet resources 325, 350; 電子書, e-books, 242, 377, 378, 380–381, 382; 電子期刊, e-journals, 305, 310, 380; 電子報紙, e-newspapers, 377; 搜索能力, search capabilities, 382

數位資源與數位化計畫, 51, 87, 152, 172, 218, 242, 282, 309–311, 325, 338, 367, 378, 379, 380
digital resources and initiatives

樂鋼, 337
Yue, Gang

權並恒治, 282
Gonnami, Tsuneharu

歐立德, 49
Elliott, Mark

歐洲經濟共同體, 367
European Economic Community

潁原文庫, 257
Ebara Bunko

潘銘燊, 279
Poon, Ming-sun

線上數位文庫, 242
online digital repository

編目, 14, 41, 45–47, 367
cataloging; 參見合作編目, cooperative cataloging

蓮花生大師, 186
Padmasambhava

蔣介石, 212, 215
Chiang, Kai-shek

蔣汝藻, 84
Chiang Meng-p'ing

蔣紹愚, 84
Chiang, James Shao-yu

蔣經國, 215
Chiang, Ching-kuo

蔣經國基金會, 202, 308, 310
Chiang Ching-Kuo Foundation

衛三畏, 6, 7
Williams, Samuel Wells

衛德明, 152, 199
Wilhelm, Hellmut

鄧之誠, 252
Deng, Zhicheng

鄧汝言, 293
Teng, Ju-yen

鄧嗣禹, 184, 252–254, 256, 259, 293, 351
Teng, Ssu-yu

鄭保羅, 266, 268, 270
Cheng, Paul P. W.

鄭炯文, 53–54, 228
Cheng, James K.

鄭勝武, 63, 66–67
Cheng, Sheng-wu

鄭裕彤, 169, 170
Cheng, Yu Tung

魯德福, 226–228
Rudolph, Richard C.

儒家, 6, 78, 228, 279, 306
Confucianism

學生會, 367
students associations

學生運動館藏, 212, 214, 242, 367, 368
student movements, collections

戰時出版物, 30, 240
wartime publications

歷史地理學, 217
historical geography

澳門, 5, 128, 310
Macao

燕京大學, 42, 45, 56, 197, 252
Yenching University

盧國邦, 200–201, 288–291, 378
Lo, Karl Kwok Bong

盧斯基金會, 202, 311
Henry Luce Foundation

穆素潔, 338
Mazumdar, Sucheta

縣人會, 230
Kenjinkai

蕭公權, 198, 308
Hsiao, Kung-Chuan

賴弗勒文庫, 350, 351
Reifler Collection

賴肖爾, 44, 148
Reischauer, Edwin O.

賴肖爾日本研究所, 49
Reischauer Institute for Japanese Studies

賴德烈, 9, 113
Latourette, Kenneth Scott

鋼和泰, 50, 58
von Staël-Holstein, Alexander

錢以佳, 88, 89
Tsien, Billie

錢存訓, 187, 253, 279, 293, 308
Tsien, Tsuen-hsuin

錢思亮, 348, 351
Qian, Siliang/Chien, Shih-liang

錢思亮紀念文庫, 351
Shih-liang Chien Memorial Collection

錢復, 351
Chien, Frederick F./Qian, Fu

錢謙益, 86
Qian, Qianyi

錫伯語, 50
Sibe language

雕版印刷和插圖, 4, 6, 34, 49, 51, 82, 98, 166, 187, 189, 252, 255, 280, 294
woodblock prints and illustrations

霍利文庫（華盛頓大學）, 199
Hawley Collection (University of Washington)

鮑廷博, 278
Bao, Tingbo

鮑耀明, 366
Bao, Yaoming

嶺南大學, 51, 127
Lingnan University

戲劇館藏, 102, 130, 169, 170, 217, 230, 257, 271, 295, 322, 338, 352
theater, collections

戴德華, 197
Taylor, George E.

戴鴻慈, 109, 110
Tai, Hung-Chi

聯合木材公司, 89
Union Lumber Company

聯合出版研究服務部, 128
Joint Publications Research Service (JPRS)

聯合訂閱, 379
consortial subscriptions

聯合國圖書館, 321
United Nations Library

薛君度, 214
Hsueh, Chun-tu

賽珍珠, 110, 116
Buck, Pearl

鍬形蕙斎, 280
Kuwagata, Keisoi

鍾人傑, 270
Zhong, Renjie

霞亭文庫, 257
Katei Bunko

韓丁, 116
Hinton, William H.

韓三石, 133
Hahn, Sam Suk

韓文學術資料全文, 310
full-text Korean-language academic publications

韓玉珊, 228
Han, Yu-shan

韓美文化協會, 133
Korean American Cultural Association

韓國—太平洋專案, 378
Korea–Pacific Program

韓國人權運動, 171, 231
Korean human rights movements

韓國中心, 49
Korea Center

韓國研究基金會, 354, 368
Korea Research Foundation

韓國研究專案, 322, 323
Korean Studies Initiative

韓國國家博物館, 294
National Museum of Korea

韓國國會圖書館, 217, 354
National Assembly Library of the Republic of Korea (NAL)/Korean National Assembly Library

韓國基金會, 98, 133, 134, 170, 202, 242, 281, 296, 354, 368
Korea Foundation

韓國農業報告文集, 171
farming reports, Korean, collections

韓國獨立運動, 231
Korean Independence Movement

齋藤茂吉, 171
Saito, Mokichi

禮來珍本圖書館, 252
Lilly Rare Book Library

舊金山亞洲藝術博物館, 294
Asian Art Museum of San Francisco

藏傳佛教資源中心, 51
Tibetan Buddhist Resource Center

醫學文本和藏書, 227, 230, 279, 308, 368
medical texts and collections

醫學史學會, 309
Society for the History of Medicine

魏源, 64
Wei, Yuan

懷履光, 161–166
White, William Charles

瀨古六郎, 129
Nakaseko, Rokuro

羅伯茨圖書館, 161, 169
John P. Roberts Library

羅郁正, 256
Lo, Irving Yu-cheng

羅逸民, 350
Reifler, Erwin

藝術收藏, 227, 291, 294
art, collections; 參見中國藝術和考古學, Chinese art and archaeology; 情色藝術和文獻, erotic art and literature; 印度藝術和建築, Indian art and architecture; 日本藝術收藏, Japanese art, collections

藝術品數位圖書館, 339, 381
ArtStor database

譚良19世紀末中國改革檔案文庫, 230
Tom Leung Archival Collection of Chinese Reforms in the Late Nineteenth Century

譚卓垣, 124, 127
Taam, Cheuk-Woon

譚煥廷, 214
Tam, Mark

嚴一萍, 254
Yan, Yiping

嚴文郁, 321–322
Yen, Wen-yu

蘇軾, 255, 279
Su, Shi

饒大衛, 11, 12
Rowe, David N.

櫻山文庫, 256
Sakurayama Bunko

蘭姆藏北遠征隊, 142
Lamb Expedition to Northern Tibet

顧子剛, 184
Ku, T. K.

顧立雅, 183–184
Creel, Herrlee G.

顧炎武, 187
Gu, Yanwu,

魔鏡, 317–318, 327
Magic mirrors

聽氷閣, 86
Teihyōkaku

George Beans 的日本德川時期地圖集, 280
George Beans Collection of Maps of the Tokugawa Period

George Sansom 和 Herbert Norman 藏書, 280
George Sansom and Herbert Norman collections

Glenn Shaw 藏書, 131
Glenn Shaw Collection

Google 圖書專案, 218, 242
Google Books Project

Griffis 藏書, 116
Griffis Collection

Marshall R. Pihl 書庫, 134
Marshall R. Pihl Collection

Mathew B. Ridgway 收藏, 307
Mathew B. Ridgway Collection

Robert Arthur Burton 文庫, 294
Robert Arthur Burton Collection

김정숙, 368
Kim, Joy Hyon

박관두, 132
Park, Kwandoo

Agassiz, Louis, 78

Angell, James Burrill, 238

Aris, Michael, 51

Atkinson, Hugh C., 322

Aydelotte, Frank, 148, 149

Baggs, Arthur E., 318

Barnhart, John, 252

Barrett, Edward, 143

Bartholomew, James R., 324

Basch, Gustavus, 324

Beans, George H., 280

Beckmann, George M., 202
Bennett, John W., 319
Berdahl, Robert, 89
Berry, Mary Elizabeth, 83
Berton, Peter, 48
Bingham, Woodbridge, 84
Blackburn, Robert, 168
Blacen, Vincent, 167
Bottorff, Ann N., 212
Boxer, Charles, 252
Brandon, James, 130
Branscomb, Lewis C., Jr., 320
Bronfenbrenner, Martin, 361
Brown, Samuel Robbins, 5
Buck, Peter, 130
Buckman, Thomas, 290
Buss, Claude, 210
Buttinger, Joseph, 51
Bynner, Witter, 79
Cammann, Schuyler, 66
Caniff, Milton, 325
Carpentier, Horace W., 80, 81, 95–97
Carvalho, Eugene, 291–293
Cass, Lewis, 238
Cheng, Nancy, 63, 67
Clark, Arthur H., 112
Clemmons, T. Elbert, 336
Clyde, Paul Hibbert, 319, 360
Cody, Canon H. J., 163
Coney, Donald, 81
Conger, Sarah Pike, 112
Conroy, Francis Hilary, 66
Cook, James, 124

Corless, Roger, 361
Cornell, Ezra, 109
Coville, Cabot, 114
Crawford, Robert B., 349, 352
Creed, Maynard, 320
Currelly, Charles T., 163, 165, 166
de Resillac-Roese, Robert, 144
Dodds, Harold W., 148
Domke, Paul, 128
Dore, Ronald, 280
Downs, Robert B., 349
Duke, James B., 360
Duke, Washington, 360
Eichelberger, Robert L., 368
Etchemendy, John, 213
Eyre, John Douglas, 335, 339
Farley, Earl, 288
Ferguson, John C., 164
Fernald, Helen, 166
Few, William P., 334, 360
Fillmore, Charles, 320
Fisher, Harold H., 211
Fletcher, Miles, 335, 337, 362
Flexner, Abraham, 146, 147
Forth, Stuart, 290
Fung, Coleman, 89
Furness, Horace Howard, 65
Galbraith, John, 378
Gale, James S., 30
Gamble, Sidney, 368
Gaskill, Gussie E., 113
Gershevsky, Ruth Hale, 198
Gibbs, Josiah W., 4

Goodrich, Anne S., 103
Gordon, Andrew, 362–363
Gowen, Herbert H., 195–197
Graham, Frank Porter, 334
Gregor, Dorothy, 378
Gregory, John Milton, 347
Griffis, William Elliot, 4–5, 116
Guy, Nancy, 381
Haas, Mimi, 89
Haas, Peter, 89
Hadley, Arthur Twining, 7
Hall, Charles Martin, 42
Hamilton, Charles E., 82
Hamlin, Arthur, 269
Harding, Alfred, 116
Harris, Townsend, 238
Hartwell, Marianne Colson, 295
Harvard, John, 40
HathiTrust, 242
Havens, Tom, 88
Hawley, Frank, 131
Hayes, Rutherford B., 238
Heller, Francis, 287
Hepburn, James Curtis, 64, 65
Higgins, Myra, 4
Hoover, Herbert C., 211
Hopp, Ralph H., 268
Huber, Thomas, 361
Huff, Elizabeth, 81
Hutchins, Robert M., 183
Irick, Robert L., 290
Jakubs, Deborah, 364
James, Edmund J., 348

Jansen, Marius B., 151, 228
Jefferson, Thomas, 27
Jenks, Jeremiah, 111
Jones, Olive Branch, 318, 325
Jones, Sumie, 257
Jordan, David Starr, 210
Kahler, Karl, 67–68
Kaizawa, Stanley, 130
Keene, Donald, 97, 98, 104
Keller, Michael A., 218
Kelley, Charles Fabens, 319
Kennedy, George A., 9, 15
Kim, Donald, 133
Kinley, David, 347
Kinney, Robert, 133
Koerner, Walter, 278
Kofoid, Charles A., 84
Krader, Ruth, 199
Krause, Larry B., 378
Krueger, John R., 189–190
Kunst, Richard, 361
Larson, Louise Leung, 230
Laufer, Berthold, 28, 142, 145, 179, 180–190
Lessing, Ferdinand D., 81, 84, 146
Levine, Solomon B., 349
Levy, Marion J., Jr., 149, 151
Lewis, John, 210–211
Liang, James, 67
Lockwood, William W., 151
Logan, John A., 142
Lomer, Gerhard R., 144
Low, Seth, 95, 96
MacArthur, Douglas, 211

MacKenzie, Finlay, 166
MacMillan, H. R., 280
Malott, Deane, 287
Manchester, Earl N., 318
Marsh, O. C., 5
Marten, Anita, 335
Matthew, Adam, 361
McCallum, Don, 227
McKean, Margaret, 361
McKinnon, Elizabeth, 82
Mendenhall, Thomas Corwin, 317–318
Metcalf, Keyes, 44
Michael, Franz H., 200
Mond, Robert, 164, 165
Morley, James, 97, 98, 100
Morrison, Hedda, 51
Morse, Edward S., 317
Mountbatten, Lord, 167
Newberry, Walter Loomis, 180
Norman, Herbert, 280, 290
Notehelfer, Fred, 227
Noyes, Crosby Stuart, 28–29, 35
Oppenheimer, Robert, 149
Palais, James, 202
Pearlstein, Elinor, 319
Pelliot, Paul, 164
Pettus, William B., 84, 164
Pickens, Rev. Claude L., Jr., 51
Poleman, Horace, 289
Pollard, Robert Thomas, 197
Poole, William Frederick, 180
Poppe, Nikolai, 198, 199
Putnam, Herbert, 28

Ransom, James R., 366
Ranz, Jim, 292
Rice, Condoleezza, 213
Rice, Eleanor Elkins Widener, 52, 59
Rice, Howard C., Jr., 151
Richardson, Bradley M., 323, 325
Ridgway, Mathew B., 307
Robinson, R. H., 166
Rock, Joseph, 28, 34, 199
Rockhill, William Woodville, 28, 34
Rolf, Robert, 361
Roosevelt, Quentin, 28
Roosevelt, Theodore, 114
Rowley, George, 148
Rubinger, Richard, 357
Ruch, Barbara, 67
Rumsey, David, 87
Rupen, Robert, 361
Ruttinman, Margaret, 166
Sakamoto, James Y., 201
Samuel, Sigmund, 164, 165
Sanford, James, 335, 362
Sanford, Terry, 359
Saunders, E. Dale, 66
Saywell, William, 169
Scalapino, Robert, 87
Schenck, Hubert G., 211
Schurman, Jacob Gould, 110
Schwab, John C., 7
Seaton, Jerome, 335
Shepherd, William, 268
Shively, Donald, 82
Sieg, L. P., 198

Simon, W., 168

Sinclair, Gregg M., 124, 125, 126, 129, 132–133

Smith, Thomas, 287, 291

Soete, George, 378

Sovern, Michael I., 101

Soward, F. H., 278

Sproul, Robert Gordon, 82

Stanford, Edward, 266, 268

Stanford, Leland, 210

Starr, Cornelius Vander, 88

Statler, Oliver, 132

Steinhoff, Patricia, 364

Stevens, Frederick W., 5

Stevens, Rolland E., 321, 323

Stone, Alan, 361

Stone, Edgar, 166

Stonefish, Warren M., 201

Straight, Willard Dickerman, 115

Strangway, David W., 277

Stuart, John, 215

Studer, William J., 323–324

Sutton, Joseph, 258

Swann, P. C., 168

Swinton, W. E., 168

Symons, Eleanor, 290

Taylor, Romeyn, 270

Theme, Frederick P., 200

Thomas, James A., 360

Thurman, Robert, 99

Tompkins, Edward, 78

Torrance, Richard, 323

Treat, Payson, 210

Troost, Kristina Kade, 363

Tuchrello, William, 378

Tushingham, Douglas, 167

Van Name, Addison, 4–6, 8, 9, 15, 16, 17, 18, 19

Vosper, Robert, 226, 288

Wagner, Edward, 49

Wales, Nym, 212, 215

Walker, Paula, 202

Wallacker, Benjamin, 288

Walters, Leon K., 325

Wason, Charles W., 111–114, 117

Wason, Mabel, 114

Wheeler, Benjamin, 80

Williams, E. T., 80

Williams, Frederick Wells, 7

Williams, Tod, 88, 89

Wilson, Betsy, 202

Wilson, George, 257

Woolsey, Theodore Dwight, 4

Wright, Julian, 227

國家圖書館出版品預行編目（CIP）資料

東學西漸：北美東亞圖書館 1868-2008 / 周欣平主編. --
新北市：華藝學術出版：華藝數位發行，2019.07
　　面；　公分
譯自：Collecting Asia: East Asian Libraries in
North America, 1868-2008
ISBN 978-986-437-166-2（精裝）

1.東亞圖書館 2.圖書館史 3.北美洲

024.4　　　　　　　　　　　　　　　　108008797

東學西漸：北美東亞圖書館 1868–2008
Collecting Asia: East Asian Libraries in North America, 1868–2008

| 主　　　編 ／ 周欣平 |
| 責任編輯 ／ 吳若昕 |
| 封面設計 ／ 張大業 |
| 版面編排 ／ 許沁寧 |

| 發 行 人 ／ 常效宇 |
| 總 編 輯 ／ 張慧鉌 |
| 業　　務 ／ 周以婷 |

出　　版 ／ 華藝數位股份有限公司　學術出版部（Ainosco Press）
　　　　　　地址：234 新北市永和區成功路一段 80 號 18 樓
　　　　　　電話：(02)2926-6006　　傳真：(02)2923-5151
　　　　　　服務信箱：press@airiti.com

發　　行 ／ 華藝數位股份有限公司
　　　　　　戶名（郵政／銀行）：華藝數位股份有限公司
　　　　　　郵政劃撥帳號：50027465
　　　　　　銀行匯款帳號：0174440019696（玉山商業銀行 埔墘分行）

法律顧問 ／ 立暘法律事務所　歐宇倫律師

　 ISBN ／ 978-986-437-166-2
　　DOI ／ 10.978.986437/1662
出版日期 ／ 2019 年 7 月
定　　價 ／ 新台幣 2,900 元
海外價 ／ 美金 99.00 元

版權所有・翻印必究　　Printed in Taiwan
（如有缺頁或破損，請寄回本社更換，謝謝）